재무제표 이해와 분석

윤주석 저

도서출판 두남

머리말

현대사회에서 회계에 대한 지식은 회계전문가만의 전유물이 결코 아니며, 누구나 알아야 할 필수 교양 지식이다.

본서는 회계정보를 담고 있는 재무제표에 대한 기본적인 내용의 이해와 재무제표의 분석 및 활용 방법을 알기 쉽게 이해할 수 있도록 집필되었다. 따라서 회계를 처음 입문하는 학생들과 기업에 종사하는 실무자를 대상으로 회계정보의 활용 측면에 초점을 맞추었으며, 특히 국내외 실제 기업들의 실제 재무제표를 포함시켜 학습효과를 극대화시키고자 하였다. 그리고 회계정보의 생산 측면 즉, 회계처리 절차와 재무제표 작성에 대해서는 기초적인 내용만을 포함시켜 필요한 경우 선택적으로 학습하게 하였다.

본서의 내용을 소개하면 다음과 같다.

첫째, 본서의 내용은 크게 3부분 즉, 재무제표의 이해와 재무제표의 분석과 활용 그리고 재무제표의 산출 등으로 구분되고 있다. 재무제표 이해 편에서는 재무제표의 기본 내용 및 개념을 소개하고 있고, 재무제표의 분석과 활용에서는 먼저 발생주의에 입각한 재무제표 즉, 재무상태표와 손익계산서의 전통적인 분석 방법을 소개하고 있으며, 그 다음에는 현금주의에 입각한 재무제표인 현금흐름표의 내용과 분석 방법을 소개하고 있다. 그리고 재무제표의 활용과 관련해서는 재무제표의 분식에 대한 내용과 적발 방법을 소개하고 있는데, 전통적인 방법과 함께 현대적인 방법이라 할 수 있는 분식 적발모형에 대한 내용과 적용 사례를 포함시키고 있다.

또한 입문자에게 부담이 될 수 있는 분야이지만 기업도산 예측모형에 대한 내용과 적용 사례도 쉽게 이해할 수 있도록 서술해서 포함시키도록 하였다. 한편 마지막 부분에서 재무제표 산출에 대한 과정을 소개함으로써 회계의 기초와 재무제표 산출에 대한 기본과정을 습득하도록 하여 재무제표의 이해를 돕고자 하였다.

둘째, 본문 내용과 관련된 많은 예제와 실제 사례를 포함시켜서 학습자로 하여금 본문 내용의 현장감 있는 학습에 도움이 되도록 하였다. 특히 다양한 실제 사례를 회계현장이란 타이틀 아래 많이 소개하고자 하였다.

셋째, 회계입문자에게 회계와 재무제표 분석에 대한 흥미와 실무 감각을 배양할 수 있도록 회계현실을 담은 읽을거리를 마련해서 각장의 마지막 부분에 수록하였다.

넷째, 회계학 분야는 실제로 직접 다양한 연습문제를 풀어보지 않고서는 회계지식을 제대로 습득하기가 어렵다. 이에 따라 재무제표의 이해와 분석 및 활용에 도움이 될 다양한 주·객관식 연습문제를 많이 수록하였으며, 열심히 공부하고자 하는 학습자를 위해서 모범 답안을 제공하였다.

본서를 학습한 독자들의 재무제표 분석 및 활용에 대한 기본 능력이 배양되기를 기대하면서, 본서의 부족한 점은 다음 기회에 보완하도록 노력하겠다. 교수님과 독자 여러분의 좋은 의견 주시길 고대하겠다.

마지막으로 본서를 출간해주신 도서출판 두남의 전두표 사장님과 편집을 위해 수고해주신 편집 담당자에게 감사드린다.

2015년 9월

저 자

차 례

1 부 재무제표의 이해

제1장 회계 기본의 이해 11

제2장 재무제표의 이해 41

제6장 재무제표의 분식 363

제7장 기업도산예측 409

3 부 재무제표 산출과정의 이해

제8장 회계거래와 계정 425

제9장 분개와 전기 447

제10장 결 산 471

제11장 회계의 순환과정 489

재무제표의 이해

PART 1

CHAPTER

회계 기본의 이해

현대사회에서 회계는 회계전문가만의 전유물이 아니다. 會計(accounting)는 모든 경제주체가 수행하는 경제적 활동의 결과를 측정하고 기술하는 수단으로 이용되기 때문에 현대사회를 살아가는 사람에게 회계지식의 습득은 반드시 필요하다. 금전출납부 또는 가계부를 작성하는 일, 재산증식을 위해 금융기관과 금융상품을 선택하는 일 또는 증권투자 대상기업을 선택하는 일, 납부하여야 할 각종 세금을 산출하는 일, 대학 졸업 후 입사할 우량기업을 선택하는 일, 내 집 마련을 위해 아파트 청약시 시공건설회사의 건실성을 판단하는 일, 기업을 설립하여 운영하는 일 등 일상생활이나 기업경영에서 현대를 살아가는 사람이면 누구나 회계개념을 이용하거나 또는 회계정보를 이용하지 않으면 안 된다. 따라서 경제적 활동을 수행하는 모든 사람들이 회계정보가 어떻게 산출되고 그 정보가 담고 있는 의미가 무엇인가를 이해하고 활용하는 것은 선택이 아니라 필수인 것이다.

1. 회계의 의의와 목적

현대에는 기업과 이해관계를 갖고 있거나 또는 갖고자 하는 사람들이 특정 기업과 관련하여 경제적 의사결정을 하는 경우가 많아지고 있다. 이러한 경제적 의사결정의 예로는 특정 기업의 주식이나 사채를 구입 또는 처분하거나 은행의 대부담당자들이 금전을 대여하거나 대부된 금액을 회수하는 경우 등을 들 수 있다. 이들이 경제적 의사결정을 하기 위해서는 관련기업에 대한 각종 정보가 필요하다. 예를 들면 기업이 보유하고 있는 자산의 가치는 얼마인가, 채무는 어느 정도인가, 이익은 얼마나 창출하여 어느 정도 배당을 하고 있으며 앞으로 이익창출능력은 어떤 방향으로 변할 것인가, 또는 현금은 어떻게 유입되어 사용되었으며 배당과 신규투자에 필요한 현금은 어떻게 조달하였는가 등에 관한 정보를 들 수 있다.

현대 회계는 기업과 관련된 이해관계자집단(interested parties, stakeholder)의 이러한 정보욕구를 충족시키기 위하여 기업의 경제적 활동을 측정하고 이를 회계정보로 전환하여 정보이용자에게 전달함으로써 합리적인 의사결정을 가능케 하는 **서비스 활동**(service activities)으로, 이는 다음 [표 1-1]과 같이 요약할 수 있다.

[표 1-1] 회계의 의의

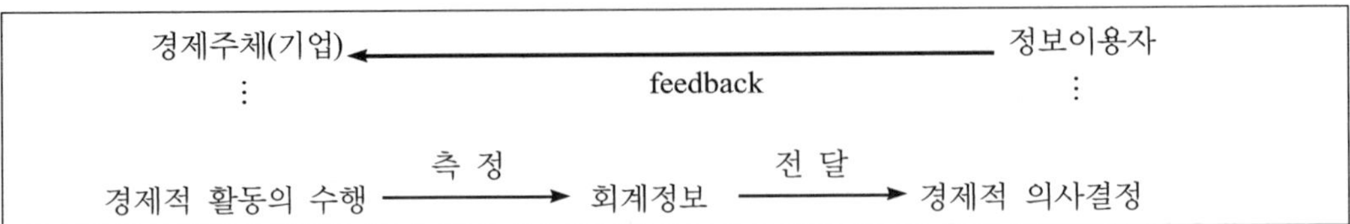

이와 같이 會計(accounting)란 정보이용자들의 경제적 의사결정에 유용한 정보를 제공하기 위하여 경제주체의 경제적 활동을 측정·전달하는 행위이다. 회계의 대상은 기업의 경제적 활동뿐만 아니라 가계·정부 등 모든 경제주체의 경제적 행위가 포함된다.

회계의 목적은 정보이용자들(information users)의 경제적 의사결정에 유용한 정보(useful information)를 제공하는 것으로, 이는 현대 회계이론의 논리적 전개과정에서 기본 토대를 이루고 있다.

이러한 관점은 기업이 수행한 경제적 활동에 대한 단순한 역사적 기록을 통하여 경영자에게 부과된 **수탁책임**(stewardship)의 이행여부를 보고하고자 했던 전통적 회계와는 달리 회계정보의 **유용성**(usefulness of accounting information) 측면을 강조하는 새로운 관점으로 변화된 것이다.

수탁책임이란 경영자가 투자자로부터 자금을 조달해서 기업을 경영할 경우 경영자는 자금이 어떻게 사용되고, 그 자금을 이용하여 얼마를 벌었으며 또한 현재의 자금상태 또는 재무상태는 어떠한지를 정직하게 기록하여 투자자에게 정기적으로 보고할 의무를 말한다. 이러한 수탁책임의 성실한 이행을 위해서 회계라는 제도가 생기게 되었다. 그러나 오늘날에는 수탁책임(또는 회계보고책임)도 여전히 중요하지만 이 보다는 회계정보의 유용성 때문에 회계가 현대사회의 필수불가결한 제도로 인정받고 있다.

2. 회계정보의 이용자와 정보수요

기업과 관련된 회계정보이용자는 내부이용자와 외부이용자로 구분된다. 내부이용자는 경영자집단을 지칭하며 외부이용자집단은 경영자 이외의 모든 이해관계자를 지칭하는 것으로, 현재 및 잠재적 투자자, 종업원, 대여자, 공급자와 그 밖의 거래 채권자, 고객, 정부와 유관기관, 일반대중 등을 포함한다.

다양한 이용자의 정보수요가 재무제표를 통해 모두 충족될 수는 없지만, 모든 이용자에게 공통으로 필요한 정보수요가 존재한다. 투자위험을 감수하고 기업에 자본을 제공하는 투자자의 정보수요를 충족시키기 위해 제공되는 재무제표 정보는 또한 그 밖의 이용자의 정보수요도 상당부분 충족시킬 것으로 보고 있다. 이들의 회계정보수요에 대해서 간단하게 설명하면 다음과 같다.

① 경영자 : 경영자는 제품의 가격 책정, 예산편성, 종업원의 성과평가를 통해 성과급 책정, 소유주에 대한 배당액 산정, 기존 사업의 확장 또는 축소나 폐지, 계획된 신규사업의 추진 등의 의사결정에 관련된 정보를 필요로 한다.

② 투자자 : 투자위험을 감수하는 자본제공자와 그들의 투자자문가는 투자에 내재된 위험과 투자수익에 대한 정보에 관심을 갖는다. 그들은 매수, 보유 또는 매도에 관한 의사결정을 위해 정보를 필요로 한다. 소유주는 또한 기업의 배당능력을 평가할 수 있는 정보를 필요로 한다.

③ 종업원 : 종업원과 종업원을 대표하는 기구는 고용주인 기업의 안정성과 수익성에 대한 정보에 관심을 갖는다. 그들은 또한 기업의 보수, 퇴직급여 및 고용기회 제공능력을 평가할 수 있는 정보를 필요로 한다.

④ 대여자: 금융기관과 같은 대여자는 대여금과 대여금에 대한 이자가 지급기일에 적절히 지급되는지를 결정하는 데 도움을 줄 수 있는 정보를 필요로 한다.

⑤ 공급자와 그 밖의 거래 채권자 : 공급자와 그 밖의 채권자는 기업의 지급기일내 지급능력을 결정하기 위한 정보를 필요로 한다. 거래 채권자는 당해 기업을 주거래처로서 장기적인 관계를 유지할 목적이 아닌 한, 일반적으로 당해 기업에 대해 대여자보다는 단기적인 관심을 가질 가능성이 높다.

⑥ 고객 : 고객은 특히 특정 기업과 장기간 거래관계를 유지하고 있거나 의존도가 높은 경우에 그 기업의 존속가능성에 대한 정보에 관심을 갖는다.

⑦ 정부와 유관기관 : 정부와 유관기관은 자원의 배분과 기업의 활동에 관심을 가진다. 이들은 기업 활동을 규제하고 조세정책을 결정하며 국민 소득이나 이와 유사한 통계자료의 근거로 사용하기 위해 정보를 필요로 한다.

⑧ 일반대중 : 기업은 다양한 방법으로 일반대중에게 영향을 미친다. 예를 들어, 기업

은 종업원의 고용과 지역 내 공급자의 양성과 같은 다양한 방법으로 지역경제에 상당한 기여를 할 수 있다. 일반대중은 재무제표에서 기업의 성장과 활동범위에 관한 추세와 현황에 대한 정보를 얻을 수 있다.

3. 회계정보 이용의 전제 : 회계정보의 신뢰성

앞에서 설명한 것처럼 회계정보이용자는 아주 다양하고 광범위하다. 회계정보이용자는 각자 자신의 한정된 경제적 자원의 효율적인 배분과 경제적 효익의 극대화를 위해 회계정보를 이용하고 있다.

이와 같이 회계정보는 사회구성원의 각기 다른 경제적 의사결정에 기초자료로 이용되고 있는 데, 이 경우 무엇보다 중요한 것은 기업이 제공하는 회계정보를 신뢰할 수 있어야 한다는 점이다. 그러나 기업에 대한 회계정보는 기업을 직접 운영하는 경영자가 작성·공시하기 때문에 기업의 자율에 맡기고서는 회계정보의 신뢰성을 높은 수준으로 확보하는 데 한계가 있다.

이에 따라 회계정보의 신뢰성(integrity)을 확보하기 위한 제도적 장치가 마련되고 있다. 그 장치 중의 하나는 기업이 회계처리 및 재무제표 작성시 준수해야 할 기준(standards)을 제정하여 모든 기업으로 하여금 이 기준을 반드시 준수하도록 하고 있다. 또 하나의 장치는 외부감사제도를 도입하여 회계전문가인 공인회계사(certified public accountants, CPA)로 하여금 독립적인 위치에서 기업이 작성한 재무보고서를 감사할 수 있도록 하고 있다.

그러나 이러한 제도적 장치가 마련되었다고 해서 저절로 회계정보의 신뢰성이 확보되는 것은 아니기 때문에 이러한 제도적 장치에 더해서 회계정보를 직접 생산하는 일에 관여하는 회계담당자들에게 뛰어난 개인적 역량과 탁월한 전문가적 식견 및 예리한 판단능력을 구비할 것이 요구되고 있을 뿐만 아니라, 여기에다 한 걸음 더 나아가 높은 윤리의식과 실천 행위를 필요로 하고 있다.

1) 회계의 준수규정 : 일반적으로 인정된 회계원칙

앞에서 회계정보의 신뢰성을 확보하기 위해서는 기업이 회계처리 및 재무제표 작성시 준수해야 할 기준(standards)이 필요하다고 하였다. 이 기준을 회계실무에서는 일반적으로 인정된 회계원칙(generally accepted accounting principles, GAAP)이라고 한다. 이 원칙은 지금까지 알려지고 수용되고 있는 회계의 기본개념과 규정에 의해서 지배를 받으며, 권위 있는 기관의 전폭적인 지지(substantial authoritative support)를 받아 제정된다. 이 원칙은 재무제표에 어떤 정보가 포함되어야 할지, 그리고 이 정보가 어떻게 만들어지고 공시되어야 할지를 결정하는 일반적인 체계(general framework)을 제공하게 된다. 따라서 재무제표를 작성하거나 효과적으로 사용하고 해석하기 위해서는 작성자와 이용자 모두 이 원칙을 이해하지 않으면 안 된다.

기업이 일반적으로 인정된 회계원칙을 준수하게 되면 기업이 작성해서 공시하는 재무제표에 포함된 회계정보는 목적적합하고, 신뢰할 수 있으며, 비교가능하게 되어 회계정보이용자는 그 정보들을 가지고 그들의 경제적 의사결정을 합리적으로 수행할 수 있게 된다.

다시 말해 목적적합한 정보(relevant information)는 회계정보이용자의 의사결정을 올바르게 하는 데 영향을 미치게 되며, 신뢰할 수 있는 정보(reliable information)는 이용자들이 안심하고 사용할 수 있는 믿음을 제공하게 되고, 또한 비교가능한 정보(comparable information)는 기업간의 비교를 하는 데 기여를 하기 때문에 이러한 특성을 지닌 회계정보를 제공받은 정보이용자는 그만큼 의사결정을 용이하게 합리적으로 수행할 수 있게 되는 것이다.

우리나라의 경우 일반적으로 인정된 회계원칙으로는 상장기업에 적용되는 국제회계기준(International Financial Reporting Standards, IFRS)과 비상장기업에 적용되는 일반기업회계기준그리고 중소기업에 적용되는 중소기업회계기준 세 가지가 존재하고 있다. 이와 같이 한 회계기준으로 통일하지 않은 이유는 상대적으로 규모가 작은 비상장기업의 경우 국제회계기준을 준수하도록 할 경우 경제적 부담이 너무 크기 때문에 그 부담을 덜어주기 위한 조치라고 보면 된다.

2) 국제회계기준

최근 들어 국제회계기준위원회(International Accounting Standards Board, IASB)에서 제정된 국제회계기준이 전 세계 대부분 국가의 일반적으로 인정된 회계원칙으로 자리를 잡게 되었다. 그 배경으로는 오늘날 경제가 글로벌화되면서 전 세계기업을 상대로 자금을 투자하거나 대여해주는 외부정보이용자들이 각국의 고유한 특징을 반영하여 제정된 회계기준에 따른 회계정보를 이용하여 경제적 의사결정을 하게 되면 신뢰성과 비교가능성이 저하되어 합리적인 의사결정이 어려워지는 문제점이 발생할 수 있다는 점을 들 수 있다.

따라서 국가간의 경계를 넘어서 효율적인 자본 배분을 촉진시키기 위해 전 세계 기업의 재무보고 지침(guideline)인 고품질의 단일 국제회계기준(a single set of high quality international accounting standards)이 제정되고 각 국가들이 이를 속속 채택하고 있는 것은 전 세계시장의 글로벌화(Globalization)에 기인하는 것이다.

국제회계기준은 **원칙중심**(general principles－based)의 회계기준을 제정하는 접근방식을 택하고 있다. 이 접근법에서는 특정 경제적 사건이 발생하면 이에 대한 일반적인 회계처리 원칙을 규정하고 기업과 외부감사인으로 하여금 특정 상황에서 이 일반원칙을 적용하는 것에 대해 판단을 하도록 하는 방식이다. 결국 이 접근법에서는 근본적으로 투자자 등 정보이용자에게 기업의 **경제적 실질**(economic substance)을 충실하게 반영하는 정보를 제공해야 한다는 원칙하에 기업이 스스로 재량을 가지고 판단하여 회계처리 및 재무제표를 작성·공시하도록 하고 있는 것이다. 이에 따라 기업 회계담당자의 회계처리 부담과 책임이 한층 커졌으며, 이들 뿐만 아니라 기업의 재무제표를 감사하는 외부감사인에게도 기업의 자유재량적인 회계처리의 적정성에 대한 판단 업무로 인해 전보다 한층 강화된 고도의 전문성이 요구되는 쪽으로 회계환경이 급변하게 되었다.

그러나 이 접근법은 재무보고상의 광범위한 원칙을 가진 보고기준의 일관성을 더 한층 확보할 수 있게 해주며, 독립적인 외부감사인으로 하여금 전문적인 판단을 할 수 있는 더 많은 기회를 제공하여 외부감사인의 위상을 높이는 긍정적인 측면도 가지고 있다. 그러나 경영자로 하여금 재량권을 악용해서 기업경영상 바람직하지 못하다고 생각되는 보고를 회피할 여지를 제공할 수 있으며, 판단상의 차이로 인해 기업간의 상이한 회계처리와 제공 방식이 발생하여 기업간의 비교가능성이 저해되는 부정적인 측면도 함께 가지고 있다.

3) 회계감사

앞에서 회계정보의 신뢰성을 확보하기 위한 제도적 장치의 하나로 외부회계감사제도가 도입되고 있다고 하였다.

외부감사제도는 기업이 작성 공시하는 재무제표가 기업의 재무상태와 경영성과 그리고 현금흐름을 완전하고 신뢰할 수 있는 수준으로 나타내고 있는지에 대해 기업과 독립적인 위치에 있는 회계전문가인 공인회계사로 하여금 보증(assurance)을 하게 하는 제도이다.

따라서 **회계감사**(auditing)의 일차적인 목적은 기업의 회계처리과정에서 발생한 오류나 부정행위를 적발하는 것이 아니라 재무제표를 작성·공시하는 과정에서 준수하여야 할 기준(이를 일반적으로 인정된 회계원칙이라 한다.)을 제대로 준수하였는지를 판단·평가하고 이에 대한 감사인의 의견을 표명하는 것이다.

감사인이 표명할 수 있는 감사의견은 적정의견, 한정의견, 부적정의견 및 의견거절 등 4가지로 구분된다. **적정의견**이란 감사범위의 제한을 받지 않고 회계감사기준을 지켜 감사한 결과 재무제표가 기준에 따라 적정(fairness)하게 작성되었다고 판단되는 경우에 표명되는 의견이다.

한정의견은 감사수행 결과 재무제표에 중요한 영향을 미치는 감사범위의 제한이 있거나 또는 회계처리방법, 회계변경, 재무제표 표시방법에서 기준에 위배되는 사항을 일부 발견했을 때 표명된다.

부적정의견은 기준에 위배되는 사항이 매우 중대해 재무제표가 전체적으로 왜곡표시되어 무의미하다고 인정될 때 표명한다.

의견거절은 감사인의 독립성이 결여돼 있거나 특히 감사범위에 중요한 제한이 있을 때 표명되는 의견이다.

따라서 부적정의견과 의견거절이 표명된 기업의 재무제표는 신뢰성이 매우 낮기 때문에 정보이용자는 의사결정에 그 재무제표에 포함된 정보를 이용할 경우 오도된 의사결정(misleading decision making)에 도달할 수 있게 될 것은 자명하다. 이런 회사는 대게 경영상에도 심각한 문제가 있는 부실기업인 경우가 보통이며, 이에 따라 기업도산으로 이어져 투자자나 채권자에게 큰 폭의 재산상의 손실을 끼치는 경우를 보게 된다.

4) 회계전문직의 역량과 윤리의식

회계정보의 신뢰성을 확보하기 위한 조건 중의 하나로 회계직 종사자는 개인적인 우수한 역량, 고도의 회계지식, 탁월한 판단능력과 더불어 높은 수준의 윤리수준과 실천 의지 등을 갖추어야 한다고 앞에서 언급한 바 있다.

원칙중심(general principles－based)의 회계기준인 국제회계기준이 도입된 상황에서 기업은 일반적인 회계처리 원칙 범위 내에서 재량권을 가지고 판단하여 회계처리 및 재무제표를 작성·공시하도록 하고 있다. 이에 따라 회계종사자의 회계처리 부담과 책임이 한층 커졌으며, 이에 따른 회계종사자 개인의 우수한 역량, 고도의 회계지식, 탁월한 판단능력 뿐만 아니라 더 나아가 높은 수준의 **윤리 의식**과 **실천 의지**가 요구되게 되었다. 또한 기업의 재무제표를 감사하는 외부감사인에게도 기업의 자유재량적인 회계처리 적정성에 대한 판단 업무로 인해 전보다 한층 강화된 고도의 전문성이 요구되는 쪽으로 회계환경이 급변하게 되었다. 이러한 환경에 부응하는 역량 있는 인재들의 체계적인 교육 및 배양을 통해 회계전문 인력으로의 배출과 충원 및 업무 수행이 이루어지지 않으면 회계정보 신뢰성 확보를 위한 기본 토대를 탄탄하게 구축하기가 어려워질 것이다.

한편 회계감사는 기업의 회계처리과정에서 발생한 오류나 부정행위를 적발하는 것이 주된 목적이 아니기 때문에 공인회계사의 감사보고서가 첨부된 재무제표라 하더라도 현실적으로 오류나 악의적인 회계수치의 조작 등이 완전 배제된 것이라 보장할 수 없다. 실제로 이런 부분을 공인회계사가 실수로 또는 의도적으로 간과 내지는 묵과하는 경우도 있고, 심한 경우에는 기업과 공모해서 **재무제표 조작**(이를 **회계분식**이라고 함)에 가담한 경우를 뉴스를 통해 접하기도 한다. 따라서 공인회계사들에게는 자본주의 파수꾼으로 회계정보이용자의 보호라는 투철한 사명의식과 더불어 고도의 윤리수준과 실천이 요구되고 있다.

윤리(ethics)란 옳고 그름을 구별하는 도덕적인 원칙 또는 가치를 의미하는 것으로서 올바른 행동과 잘못된 행동을 구별하는 기준이 된다. 다행스럽게도 최근에는 윤리가 기업의 중요한 자산이며, 장기적 관점에서 볼 때도 윤리적 행동이 경영자와 주주 및 감사인 모두에게 이익이 된다는 인식이 기업계 전반에 걸쳐 확산되고 있다.

기업의 경우 윤리의 가치를 인식해서 종업원들에게 윤리적 행동을 고취시키기 위한 윤리강령을 제정하고 이와 관련하여 특별히 고안된 특수프로그램을 설치한 윤리적 기업의 수가 확산되고 있으며, 이에 따라 대학에서도 기업윤리과정을 설치하여 윤리교육을 강화하는 방향으로 나아가고 있다. 한편 공인회계사회에서도 이에 부응해서 최근에 고도의 윤리적 기준을 고취시키는 데 초점을 맞추어서 감사과정에서 준수해야 하는 실천적 행동규범인 직업윤리규정을 강화시키는 윤리의식 제고 노력을 추진하고 있다.

결국 재무회계과정이 하나의 통제시스템이며, 경영자나 감사인의 부정이 계속해서 발생하는 한, 도덕적·경제적 관점에서 볼 때 **윤리의식 제고**를 통해 회계의 투명성을 확보하는 것이 최상이란 인식의 전환이 무엇보다도 제일 바람직하다.

4. 회계의 기능

회계는 경제주체가 수행한 경제적 활동을 측정하여 회계정보(accounting information)를 산출하고 산출된 정보를 정보이용자들에게 전달하는 정보시스템(information system)으로, 정보이용자들이 전달된 회계정보를 경제적 의사결정에 이용함으로써 모든 경제주체의 한정된 자원을 효율적으로 배분하도록 하는데 중요한 역할을 수행한다. 따라서 회계의 주요 기능은 측정기능과 전달기능으로 나눌 수 있다.

1) 회계정보의 측정기능

測定機能(measuring function)이란 기업이 수행한 경제적 행위가 당해 기업의 경제적 자원과 이에 대한 청구권에 미치는 영향을 화폐액으로 측정·기록하여 회계정보를 산출하는 행위로, 기업이 수행한 거래를 인식한 다음 이를 화폐가치로 환산하여 회계정보로 전환하는 과정을 말한다. 이때 회계정보가 화폐가치로 측정되는 이유는 화폐단위가 가치비교를 위해서 가장 유용한 공통척도이기 때문이다. 그리고 기업의 경제적 행위를 회계정보로 전환하기 위한 회계시스템으로는 복식부기(double entry book-keeping)가 이용되고 있다.

2) 회계정보의 전달기능

傳達機能(communication function)이란 회계정보시스템에 의하여 산출된 회계정보를 정보이용자에게 전달하는 행위를 말한다. 기업의 회계정보이용자는 불특정 다수이므로 이들에게 전달하기 위해서 최근에는 인터넷을 이용한 **전자공시방법**(기업의 홈페이지나 금융감독원의 전자공시시스템 등)을 이용하고 있으며, 전달수단으로는 재무보고서(재무제표 등)가 사용된다.

5. 재무회계와 관리회계

회계는 분류관점에 따라 여러 유형으로 나눌 수 있는데, 이중 정보이용자에 따른 분류만을 간단하게 정리하면 다음과 같다.

이는 산출된 회계정보의 이용자에 따른 분류방법으로 財務會計(financial accounting)와 管理會計(managerial accounting)로 나뉜다. 현대의 회계목적을 정보이용자들의 경제적 의사결정에 유용한 정보를 제공하는 것이라 하였으므로, 이러한 정보이용자에 따른 분류방법이 현대적 회계사고에 부합되는 분류방법이라 할 수 있다.

① 재무회계 : 외부이용자집단(투자자, 채권자, 종업원, 정부 당국, 고객, 지역 주민 등)의 경제적 의사결정에 유용한 정보를 제공하기 위하여 수행하는 회계를 말한다.
재무회계에서의 정보이용자집단은 다양하다는 것이 특징이다. 따라서 각 집단의 정보욕구 또한 다양할 수밖에 없으므로 이를 모두 충족시킨다는 것은 매우 어려울 뿐만 아니라, 충족시킨다 하더라도 많은 정보량이 필요할 것이다.
그리하여 재무회계에서의 재무제표는 정보이용자들의 공통된 정보욕구만을 충족시킬 수 있는 회계정보를 반영·보고한다는 의미에서 일반목적 재무제표라 한다.
또한 관리회계와는 달리 재무회계는 기업이 이미 수행한 경제적 활동에 대한 결과만을 표준적인 회계처리지침(기업회계기준이 이에 해당됨)을 준수하여 보고하므로 객관적인 과거 재무정보만을 제공하게 된다.

② 관리회계 : 내부이용자(경영자)의 경영의사결정에 유용한 정보를 제공하는 것을 목

적으로 하는 회계로, 경영자의 경영의사결정으로는 예산편성, 성과평가, 제품의 가격결정, 신규투자 여부의 결정 등을 들 수 있다. 따라서 관리회계는 경영의사결정의 유형에 적합한 회계정보를 제공하여야 한다.

관리회계의 재무보고서는 특정 의사결정에 적합한 회계정보만을 보고하므로, 이러한 점에서 특수목적 재무보고서라 한다. 경영자의 경영의사결정은 주로 미래에 대한 현재의 선택으로, 관리회계에서 제공하는 회계정보는 일반적으로 주관적인 미래예측정보이며 재무정보뿐만 아니라 물량단위로 표시된 정보도 보고된다.

6. 회계정보와 투자의사결정 : 예화

현대사회의 구성원으로 살아가면서 수많은 경제적 의사결정을 해야 하는 현대인에게는 회계정보의 이해와 활용이 매우 중요하다는 점을 앞에서 강조한 바 있다.

회계에 대한 체계적인 설명에 들어가기에 앞서 먼저 회계를 처음 접하는 여러분에게 회계정보의 이해와 적절한 활용이 얼마나 중요한지를 실감시키기 위해서 투자의사결정과 관련된 가상적인 이야기를 소개하고자 한다.

당신이 최근에 자식이 없는 친척으로부터 생각지도 않던 거액의 유산을 갑자기 상속받게 되었다고 가정해보자. 당신은 재산증식에 대해서는 별로 아는 바가 없다. 그래서 이 돈을 어떻게 해야 할지 망설이다가 재테크전문가의 자문을 받기로 하였다. 이 전문가는 그 돈을 써버리든가, 아니면 투자하든가 하는 두 가지 선택방안이 있음을 말해주었다.

당신의 돈을 소비하는 방안을 선택한다면, 예를 들어 호화가구도 구입하고, 최고급 호텔에 투숙하여 값비싼 음식을 먹어 가면서 세계여행도 즐기고, 값비싼 의상으로 몸치장하는데 물쓰듯 돈을 써버리면 된다. 그러나 소비라는 것은 현재의 만족을 가져다 주는 것일 뿐, 미래의 가치를 지니는 것은 아니다.

투자하는 방안을 선택한다면, 당신은 지금 만족을 가져다 주기보다는 나중에 더 많은 돈을 가져다주는 것에 돈을 쓰게 될 것이다.

본질적으로 투자란 미래의 더 많은 소비를 위해 현재의 소비를 희생하는 것이다.

투자의 예로서는 주식이나 채권에 대한 투자, 부동산에 대한 투자, 골동품에의 투자 등을 들 수 있으며, 은행에다 예금해 놓는 것도 제일 단순한 투자라고 말할 수 있다.

돈을 투자하기로 결정하였다고 하자. 그래서 재테크전문가로부터 약간의 조언을 받아가면서 투자대안을 탐색하기 시작했다. 그러나 여러 가지 상이한 형태의 투자대안이 무수히 있음을 발견하고서 그 투자대안 가운데서 최적의 투자안을 선정하는 것이 보통 어려운 일이 아님을 곧 깨닫게 되었다.

그래서 이러한 일은 당신의 능력의 범위를 벗어나는 것이기 때문에 포기하기로 하고, 은행에 그 돈을 넣어 두기로 마음을 굳혔는데, 때마침 그 소식을 들은 한 친구가 벤처기업의 경영자 한 사람을 데리고 왔으며, 그 경영자는 한가지 흥미있는 제안을 하였다.

그 경영자는 소프트웨어를 개발하는 회사를 운영하고 있으며, 창업한 지 2년도 안돼 그 분야에서 명성을 얻게 되었다는 것이다. 지금 현재 이 회사는 그동안 적잖은 연구개발비의 투입을 통해 아주 혁신적인 새로운 시스템을 개발 중에 있으며, 이제 완성을 거의 눈앞에 둔 상태에서 자금부족으로 인해 포기해야 될 안타까운 상황에 처해 있다는 것이다.

10억 원만 있으면 얼마 안 있어 시스템개발이 완료되고, 곧바로 판매되어서 수십억 원의 이익을 올릴 수 있다며 투자해 줄 것을 간청하였다. 그리고 이 돈을 투자해 준 대가로 꽤 큰 투자수익을 가져갈 수 있을 거라는 말도 잊지 않았다.

↠ 재무보고서

당신은 이 회사 경영자의 말만 가지고서는 선뜻 투자결정을 내릴 수 없다는 생각이 들었다. 그래서 그 말을 믿을 수 있게 하는 문서증거를 제시해 줄 것을 요구하였다.

며칠 후 이 회사 경영자는 회사의 회계담당자가 작성해 준 재무제표를 제시해 주었다. 그는 재무제표에 나타난 수치의 의미를 열심히 설명하여 주었다.

재무제표상의 수치만을 놓고 보았을 때는 분명히 장래가 밝아 보였지만, 이 회사 경영자의 설명이 어쩐지 미덥지 않다는 생각이 들었다. 이 회사는 절대적으로 돈이 필요한 것은 사실이고, 그렇다면 잠재적 투자자에게 이 회사의 상황을 장밋빛으로 보이게끔 재무제표의 수치를 꾸밀 수도 있다는 의구심이 들었기 때문이다.

그래서 당신은 이 분야의 전문가로서 독립된 제3자에 해당되는 사람에 의해서 검토되고 검증된 재무제표를 다시 제출해 줄 것을 요구하게 되었다.

결국 당신은 공인회계사의 독립적인 감사를 받은 재무제표를 제출해 줄 것을 요청한 셈이다. 이 회사 입장에서는 돈도 더 들고 시간도 더 지체되는 일이지만, 투자유치가 절대적으로 불가피한 상황에서 어쩔 수 없이 응하지 않을 수 없었다.

시간이 어느 정도 경과한 다음에 다음과 같은 7가지의 서류가 제출되었다.

⑴ 외부감사인 보고서
⑵ 경영자 확인서
⑶ 재무상태표
⑷ 포괄손익계산서
⑸ 자본변동표
⑹ 현금흐름표
⑺ 주　석

1) 감사인 보고서

당신은 먼저 이 회사의 재무제표를 얼마나 신뢰할 수 있는지를 알기 위해 외부감사인의 보고서를 살펴보았다.

그 결과 재무제표를 전반적으로 신뢰할 수 있다는 생각을 가지게 되어 우선 마음이 놓였다. 왜냐하면 외부감사인 보고서에는 외부감사인이 이 회사의 기록을 철저히 검토하였으며, 이 회사 재무제표가 기업회계기준에 따라 작성되었고, 이 회사의 재무상태와 경영성과를 적정하게 나타내고 있다고 결론을 내리고 있었기 때문이다.

그러나 당신은 회계감사기준과 일반적으로 인정되는 회계처리기준이라는 것이 있음을 처음 알게 되었으며, 또한 재무제표를 작성하는 데는 경영자가 추정하는 부분이 많이 있다는 사실도 처음으로 알게 되었다. 이러한 발견은 다소간 염려하는 마음을 갖게 하였다. 왜냐하면 설령 공인회계사에 의한 감사가 이루어졌다 해도 이 회사 경영자가 재무제표에 어느 정도 주관적인 영향을 끼쳤을 것이란 생각이 들었기 때문이다.

[표 1-2] 감사보고서

외부감사인의 감사보고서

미래로주식회사
주주 및 이사회 귀중

본 감사인은 미래로주식회사의 20×2년과 20×1년 12월 31일 현재의 재무상태표와 동일로 종료되는 회계연도의 포괄손익계산서, 자본변동표및 현금흐름표를 감사하였습니다. 이 재무제표를 적정하게 작성할 책임은 회사 경영자에 있으며, 본 감사인의 책임은 동 재무제표에 대하여 감사를 실시하고 이를 근거로 이 재무제표에 대하여 의견을 표명하는 데 있습니다.

본 감사인은 회계감사기준에 따라 감사를 실시하였습니다. 이 기준은 본 감사인이 재무제표가 중대하게 왜곡표시되지 아니하였다는 것을 합리적으로 확신하도록 감사를 계획하고 실시할 것을 요구하고 있습니다. 감사는 재무제표상의 금액과 공시내용을 뒷받침하는 감사증거에 대하여 시사의 방법을 적용하여 검증하는 것을 포함하고 있습니다. 또한 감사는 재무제표의 전반적인 표시내용에 대한 평가뿐만 아니라 회사가 적용한 회계원칙과 경영자에 의한 중요한 추정에 대해 평가하는 것을 포함하고 있습니다. 본 감사인이 실시한 감사가 감사의견 표명을 위한 합리적인 근거를 제공하고 있다고 본 감사인은 믿습니다.

본 감사인의 의견으로는 위 재무제표가 미래로주식회사의 20×2년과 20×1년 12월 31일 현재의 재무상태와 동일로 종료되는 회계연도의 재무성과 및 현금흐름의 내용을 일반적으로 인정되는 회계처리기준에 따라 중요성의 관점에서 적정하게 표시하고 있습니다.

20×3년 3월 31일

대쪽회계법인
대표이사 공인회계사 안타협

2) 경영자 확인서

그 다음 당신은 재무제표가 어떻게 작성되고 그리고 어떻게 감사받았는지를 더 자세히 알기 위해서 경영자 확인서를 검토해 보기로 하였다. 그 결과 이 회사의 경영자가 기업회계기준에 따라 재무제표를 작성할 책임을 지기로 하고 있다는 것과, 회사가 내부통제조직을 가지고 있어서 자산을 보호하고 있을 뿐만 아니라 거래가 적절하게 기록. 보고되고 있음을 정당하게 보증하고 있음을 알게 되었다. 그러나 여전히 당신은 기업회계기준을 이해하고 있지 못하며, 또한 재무제표가 경영자의 추정과 판단의 영향을 받고 있다는 점에 우려를 가지고 있다. 그래서 한편으로는 안심되기도 했지만 또 한편으로는 여전히 걱정이 가시지가 않았다.

[표 1-3] 경영자 확인서

경영자 확인서

우리 회사의 재무제표를 일반적으로 인정되는 회계처리기준에 따라 작성할 책임이 우리 회사에 있다는 사실을 알고 있습니다. 이에 따라 우리 회사는 재무제표를 일반적으로 인정되는 회계처리기준을 성실하게 준수하여 작성하였으며, 일부 경영자의 최선을 다한 추정과 판단이 개입된 부분이 있습니다. 우리 회사에서 적용한 회계원칙 및 중요 회계방침은 재무제표 주석에 표시된 바와 같으며 이는 전년도와 동일하게 적용된 것입니다.

우리 회사는 자산을 보호하고 거래가 승인된 대로 적절하게 집행·기록·보고됨을 정당하게 보장하기 위해서 설계된 내부통제구조를 유지하고 있습니다. 통제시스템은 문서상의 방침과 절차, 책임과 권한의 적절한 분배, 인원의 신중한 선발과 훈련, 그리고 종합적인 내부감사계획을 통해 수행되고 있습니다. 우리 회사의 방침과 절차에는 우리 회사와 우리 회사에 소속된 모든 종업원이 최상의 윤리표준을 지켜야 하며, 회사업무를 비난받는 일없이 수행하여야 할 것을 규정해 놓고 있습니다.

독립적 회계감사법인인 대쪽회계법인이 우리 회사의 재무제표를 감사하였으며, 감사보고서를 별첨하는 바입니다.

20×3년 3월 31일
대표이사 최첨단

3) 재무제표

당신은 [표 1-4]에 제시된 2개년도의 재무제표와 [표 1-5]로 제시한 주석을 간단히 검토하였다. 그 결과 재무제표에는 과거에 관한 정보만이 포함되고 있다는 사실을 발견하고 약간 실망스러운 생각이 들었다. 제일 관심사항인 이 회사의 미래를 전망하는 데 관련된 정보는 아무것도 재무제표에 포함돼 있지 않았다. 이 회사가 당신의 투자에 대한 대가로 만족스런 수익을 가져다 줄 수 있을지는 전적으로 미래에 발생할 것에 달려 있다. 과거는 대체로 미래에 대한 불충분한 지표에 지나지 않을 뿐이다.

당신은 각 재무제표가 이 회사의 재무상태와 경영성과의 상이한 측면을 강조하고 있다는 것도 알게 되었다.

[표 1-4] 요약재무제표

(단위: 만원)

	20×3	20×2
재무상태표		
자산		
현금및현금성자산	₩ 100,000	₩ 60,000
매출채권	80,000	90,000
기계장치	330,000	300,000
토지	500,000	500,000
자산합계	1,010,000	950,000
부채와자본		
유동부채	50,000	30,000
비유동부채	420,000	450,000
자본금	400,000	400,000
이익잉여금	140,000	70,000
부채와자본합계	1,010,000	950,000
손익계산서		
수익	₩ 1,650,000	₩ 1,500,000
비용	1,450,000	1,350,000
당기순이익	200,000	150,000
자본변동표(이익잉여금부분)		
전기이월이익잉여금	₩ 70,000	₩ 0
가산:당기순이익	200,000	150,000
차감:배당금	(130,000)	(80,000)
차기이월이익잉여금	140,000	70,000
현금흐름표		
영업활동현금흐름	₩ 250,000	₩ 120,000
투자활동현금흐름	(50,000)	(340,000)
재무활동현금흐름	(160,000)	280,000
현금의증가(감소)	40,000	60,000
기초현금잔액	60,000	0
기말현금잔액	100,000	60,000

재무상태표는 회사의 자산, 부채, 그리고 주주지분(자본)을 나타내고 있었다. 손익계산서에서는 당기순이익이란 수치를 산출하기 위해 수익에서 비용을 차감시켜 표시하고 있었다. 자본변동표(이익잉여금부분)는 ① 2개년도의 재무상태표에 나타난 기초이익잉여금과 기말이익잉여금, ② 손익계산서의 맨 마지막에 표시된 당기순이익, 그리고 ③ 배당금을 포함하고 있었다. 현금흐름표는 2개년도의 재무상태표에 나타난 현금의 기초와 기말잔액, 그리고 영업활동·투자활동 및 재무활동에서 발생된 현금흐름을 보

여주고 있었다.

그러나 당신은 재무제표상의 이러한 용어들을 이해하고 있지 못하며, 이 재무제표가 전달하고자 하는 정보에 대해서도 별로 아는 바가 없었다. 따라서 이 회사가 투자할만한 가치가 있는 기업인지를 당신이 평가한다는 것은 불가능한 일이었다.

4) 주 석

다음으로 당신은 재무제표에 관해 의문나는 사항들을 명쾌하게 해결해 줄 것을 기대하면서 [표 1-5]의 주석을 검토하기로 하였다. 주석에는 재무제표에 나타나 있는 많은 수치가 이 회사 경영자에 의해서 이루어진 가정과 추정의 결과임을 기술하고 있었다. 이 말은 이미 앞서 검토한 바 있는 외부감사인 보고서나 경영자 확인서에서도 확인된 바 있기 때문에 더 이상 놀라울 것이 아니었다.

[표 1-5] 주 석

- 현금 및 현금성자산 : 현금 및 현금성자산에는 예금이 포함된 금액이다.
- 매출채권 : 매출채권잔액은 미회수되리라 예상되는 부실채권의 금액을 차감시킨 잔액 이다.
- 기계장치 : 기계장치는 취득원가로 기록되었으며, 신규증설을 위해 지출된 금액은 사용연수를 증대시켰기 때문에 취득원가에 가산시켰다. 기계장치의 취득원가는 내용연수인 10년에 걸쳐서 정액법에 의거하여 감가상각하고 있다.
- 토지 : 토지는 취득원가로 기록되었다.
- 유동부채 : 유동부채는 미지급급여, 단기차입금, 미지급이자, 미지급법인세, 그리고 판매보증충당부채 등으로 구성되어 있다.
- 비유동부채 : 비유동부채는 대부분 1년 후에 만기가 되는 장기차입금이다.
- 자본금 : 자본금은 회사주주가 불입한 보통주 자본금이다.
- 수익인식 : 매출수익은 제품이 배송될 때 손익계산서에 반영된다. 용역수익은 용역의 완성도에 비례해서 추산하여 계상한다.
- 비용 : 비용은 판매비와 관리비, 회수불능채권의 추산액(대손상각비), 그리고 유형자산의 감가상각비로 구성되어 있다.

주석을 통해서 이 회사가 대체적 회계처리방법 가운데서 한 방법을 선택할 수 있다는 것도 알게 되었다. 당신은 일반적으로 인정된 회계원칙에 관해 아는 바가 별로 없지만, 일반적으로 인정된 회계원칙을 따른다 해서 재무제표가 정확해지며 편차가 없어지는 것이 아니라는 사실을 짐작할 수 있게 되었다. 주석에는 이 회사 경영자에 의해서 이루어진 가정과 추정뿐만 아니라 사용하고 있는 대체적 회계처리방법도 분명하게 나타나 있었다.

지금까지의 검토 끝에 이 회사가 투자하기에 적당한 투자대상일 것 같은 생각이 들기 시작했다. 그러나 회계에 대한 지식이 없기 때문에 이 생각에 자신을 할 수는 없었다. 그래서 재테크전문가의 도움을 받기로 하였다.

↔ 재무제표의 설명과 예비분석

1) 재무제표란 무엇인가?

재테크전문가는 재무제표의 의미와 재무제표에서 사용되고 있는 기본적인 용어에 대한 설명을 하는 것부터 시작하였다. 재테크전문가의 설명을 정리하면 다음과 같다.

① 재무상태표 : 회사의 자산, 부채, 그리고 자본(주주지분)이 열거된 재무상태표는 회사의 특정 시점의 재무상태를 나타내는 보고서이다. 자산에는 회사의 현금잔액, 회사의 거래처로부터 받을 금액(매출채권), 그리고 회사가 구입한 기계장치와 토지의 구입가격(취득원가) 등이 포함되어 있다. 부채는 회사가 채권자에게 현재 지급해야 할 의무를 지고 있는 금액으로 구성되어 있다. 자본(주주지분)에는 자본금과 이익잉여금이 있다. 자본금은 회사 소유주에 의해서 이루어진 최초의 투자액을 말하며, 이익잉여금은 과거에 발생한 이익 중 회사에 유보되고 있는 부분이다.

② 손익계산서 : 손익계산서는 두 가지 구성요소, 즉 수익과 비용으로 구분할 수 있다. 수익은 판매된 재화와 용역으로부터 창출된 자산을 화폐로 측정한 것이며, 비용은 재화와 용역의 판매와 관련해서 발생된 자산의 유출을 화폐로 측정한 것이다. 이 두 금액의 차액을 당기순이익이라고 하며, 이 금액의 크기에 따라 특정 기간 동안의 영업활동에 대한 성패가 결정된다.

③ 자본변동표(이익잉여금부분) : 자본변동표에서의 이익잉여금부분은 회사의 과거이익의 측정치인 이익잉여금의 증감을 보여준다. 손익계산서의 당기순이익이 이익잉여금의 기초잔액에 먼저 가산이 된다. 그 다음 소유주에게 투자의 대가로 지급되는 배당금을 차감시키면 이익잉여금의 기말잔액이 계산되게 된다.

④ 현금흐름표 : 현금흐름표는 회계기간 동안의 현금의 증가와 감소를 요약한 것이다. 기초현금잔액을 이 회사의 영업활동·투자활동 그리고 재무활동과 관련된 순현금흐름과 조정한다. 영업활동은 회사가 실제로 고객에게 제공한 재화와 용역에 관련된 것이며, 투자활동은 기계장치와 토지 같은 자산을 구입하거나 매각하는 활동과 관련된 것이다. 재무활동은 회사의 자금조달 원천과 관련해서 현금이 수취되거나 지출된 활동으로서, 소유주의 자본불입과 배당금 지급 그리고 차입과 상환이 그 예가 될 수 있다.

2) 재무제표의 예비분석

재무제표상의 용어와 재무제표의 의미에 대한 설명을 해주고 난 다음, 재테크전문가는 제일 먼저 이 회사가 재무적으로 얼마나 튼튼해 보이는 지에 주목하였다.

재테크전문가는 먼저 현금흐름표의 분석에 초점을 맞추었다. 이 회사의 현금상태는 증가하고 있고 영업활동을 통해서 지난 2년간 각각 12억 원과 25억 원의 현금흐름이 발생했다는 점을 지적하였다. 또한 이 회사는 창업이래 대폭적인 신규설비투자가 이루어졌으며, 20×3년 동안에 배당금 지급과 부채상환에 16억 원이 지급됐다는 점에 주목하였다.

요약하면, 이 회사는 재테크전문가가 보기에 충분한 현금창출능력을 가지고 있다는 것이다. 이 전문가는 현금창출능력이 매우 중요하다고 믿고 있는데, 그 이유는 지급능력을 유지하기 위해서는 만기가 도래한 채무를 변제하기에 충분한 현금을 창출하지 않으면 안 되기 때문이라는 것이다.

재테크전문가는 그 다음 손익계산서와 자본변동표(이익잉여금부분)로 눈을 돌렸다. 이 회사는 과거 2년 동안 15억 원과 20억 원의 이익을 올렸으며, 동시에 소유주들에게 20×2년에는 8억 원, 20×3년에는 13억 원의 많은 배당금을 지급한 사실에 주목하였다.

이러한 수치들은 이 회사가 수익력(earning power), 즉 성장능력을 가지고 있다는 것과 소유주들에게 상당한 투자수익을 제공하고 있음을 보여주고 있는 것이다. 그 다음 재무상태표를 통해서 이 회사의 자산이 과거 2년 동안 95억 원에서 101억 원으로 증가되었으며, 반면에 부채는 48억 원에서 47억 원으로 감소되었다는 사실에 주목하였다. 이러한 추세는 이 회사의 장래가 밝다는 것을 나타내주는 것이라고 재테크전문가는 말해주었다.

이 회사의 재무적 강점을 세밀하게 분석하기 위해서는 비율분석이 필요하다고 재테크전문가는 말하였다. 재테크전문가가 손익계산서와 재무상태표의 항목과 금액을 이용하여 몇 가지 비율을 계산해 보았다.

그 결과 총수익 대 순이익비율이 20×2년 10%(150,000/1,500,000)에서 20×3년에 12% (200,000/1,650,000) 이상으로 증가되었으며, 총자산 대 총부채비율은 20×2년의 50% (480,000/950,000)에서 20×3년에 47%(470,000/1,010,000) 이하로 떨어졌으며, 그리고 순이익 대 배당금비율은 20×2년의 53%(80,000/150,000)에서 20×3년의 65%(130,000/200,000)로 대폭 증가하였음을 제시하였다.

이 회사가 속한 산업의 평균비율과 비교를 한 끝에 재테크전문가는 이 회사의 재무비율이 유사기업의 재무비율보다 대체로 양호하게 나타나고 있음을 보고하였다.

↠ 투자형태는 어떤 방식으로?

재테크전문가의 분석 결과에 힘입어서 당신은 (주)미래로가 양호한 투자대상이라고 결정하였다. 이제 문제는 어떤 방식으로 투자할 것인가를 결정하는 것이다. 다시 말해 대여 형태로 돈을 빌려줄 것인지, 아니면 이 회사의 소유권(지분)을 구입할 것인지를 결정할 차례인 것이다.

재테크전문가는 이 두 가지 투자형태와 관련된 잠재적 수익과 위험은 아주 상이한 것임을 설명해 주었다. 더욱이 재무제표에 공시되고 있는 정보 가운데 어떤 정보가 더 중요한 것인지는 어떤 종류의 투자를 행하느냐에 달려있다는 것이다.

재테크전문가의 설명을 정리하면 다음과 같다.

1) 부채투자

당신이 (주)미래로에게 10억 원을 빌려준다면 당신은 부채투자를 하는 셈이다. 그렇게 되면 당신은 이 회사의 채권자가 될 것이며, ① 만기일, ② 이자율, ③ 담보물, ④ 기타 제한조건(예를 들어, 돈을 빌려준 기간 동안에 일정한 현금잔액을 유지하라든가, 배당금에 제한을 가하는 것과 같은 조건)과 같은 사항이 명기된 부채약정을 회사경영자와 체결하게 될 것이다.

당신은 이 회사의 채권자의 한 사람으로서 이 회사가 이자의 지급 및 만기시 원금상환능력을 가지고 있는지에 제일 관심을 두게 될 것이다. 이러한 지급은 현금으로 이루어지기 때문에, 당신은 돈을 빌려주는 기간 동안의 회사의 현금관리기록과 현금창출능력에 각별한 관심을 가지게 될 것이다. 따라서 이 경우에는 현금흐름표에서 제공하는 정보가 가장 목적적합한 정보이므로, 이 정보의 분석에 초점을 맞추어야 할 것이다. 또한 담보로 제공된 자산의 판매가치와 이 회사가 지고 있는 그 이외의 채무에 대해서도 관심을 가져야 한다. 따라서 회사의 자산과 부채를 나타내고 있는 재무상태표도 유용한 정보를 내포하고 있는 것이다.

그러나 재테크전문가는 이 회사의 재무상태표에 계상되어 있는 대부분의 자산이 자산의 취득 당시에 지급된 가격(이를 역사적 원가라 함)으로 표시된다는 점을 상기시켰다. 이러한 사실은 자산의 역사적 원가가 담보자산의 적절한 금액인 현행판매가격과 일치하지 않는 경우가 대부분이기 때문에 걱정스러운 것이었다.

2) 지분투자

당신은 (주)미래로에 돈 10억 원을 대여해주는 방안 대신에 이 회사의 지분을 구입하는 것을 원할 수도 있다. 이 경우 당신은 지분투자자로서 이 회사의 소유주 또는 주주의 한 사람이 될 것이다.

지분투자는 부채투자와는 좀 다른 고려를 하여야 한다. 예를 들어 주주로서 당신의 투자대가는 주로 배당금의 형태가 될 것이다. 배당금은 회사가 영업을 잘 해서 경영성과가 좋게 나타났을 때는 많이 받을 수 있지만, 반대의 경우에는 적게 또는 전혀 못받는 경우도 있을 수 있다. 따라서 주주로서의 주된 관심사는 회사 경영자의 성과, 즉 장래에 이익을 창출하고 유지할 수 있는 능력일 것이다.

이러한 목표를 달성하기 위해서 경영자는 만기 도래한 부채를 상환하는데 이용 가능한 자금이 있다는 것과 장기적으로 만족스러운 수익을 가져다 줄 수 있는 자산에 투자하고 있다는 점을 확신시켜주지 않으면 안 된다.

이에 따라 주주는 4가지 재무제표 모두에 포함되어 있는 정보에 관심을 가지게 된다. 다시 말해 자산과 부채를 나타내는 재무상태표, 수익력을 보여주는 손익계산서, 배당금 지급과 관련된 자본변동표의 이익잉여금부분, 그리고 과거의 현금관리정책을 보여주는 현금흐름표, 이상 4가지 재무제표 모두에 대해 주주는 관심을 갖게 된다. 그러나 주주는 이 중에서 손익계산서에 더 각별한 관심을 가질 것이다. 왜냐하면 이사회에서는 일반적으로 경영자의 전체적인 경영성과이며 회사의 수익력으로 간주되는 당기순이익에 대해 일정비율을 배당금으로 책정하는 경향이 있기 때문이다.

3) 최종의사결정

재테크전문가와의 장시간 논의과정을 거쳐서 결국 당신은 (주)미래로의 지분에 투자하기로 최종결정을 내리기로 하였다. 감사인 보고서, 경영자의 책임확인서, 재무제표 및 주석에 포함된 정보를 통해서 당신은 (주)미래로가 양호한 지급능력을 가지고 정상적인 영업활동을 수행하고 있다는 것과, 동종업체보다 높은 수익력을 보여주고 있다는 것과, 그리고 주주에게 상당한 수익을 제공하고 있다라는 결론에 이르렀기 때문이다.

(주)미래로가 개발하고 있는 새로운 시스템이 그 산업에 대변혁을 초래하리라는 이 회사 경영자의 예측이 적중한다면, 장래에 분명히 엄청난 투자수익을 올릴 수 있을 것으로 당신은 판단을 내린 것이다. 이 경우 주주는 경영성과에 비례해서 거액의 배당금을 투자대가로 받게 되지만, 채권자는 경영성과와는 관계없이 단지 약정에 따라 일정 금액의 이자와 만기시 원금만을 지급받게 될 것이다.

따라서 당신은 이 회사의 지분에 투자하기로 결정을 내렸으며, 이러한 결정에 만족감을 느끼고 있다. 그러나 당신은 미래는 불확실하며, 또한 당신의 투자에는 위험이 뒤따른다는 점을 절감하고 있다. 더욱이 앞에서 재무보고서를 검토하는 과정에서 제기되었던 몇 가지 우려하였던 문제들은 여전히 해소되지 않은 채 남아 있다.

가상적인 예화를 통해서 여러분은 여러 가지 경제적 의사결정을 합리적으로 하는데 회계정보가 결정적인 역할을 담당하고 있음을 알았을 것이다. 여러분이 회계를 반드시 배워야 할 이유 중의 하나도 여러분이 현대사회를 살아가면서 여러 가지 경제적 의사결정문제에 부닥칠 수밖에 없기 때문이다. 이러한 현실 속에서 기꺼이 회계정보의 적절한 사용법을 습득하고자 하는 사람은 여러 가지 경제적 의사결정문제에 회계정보를 적절히 활용해서 합리적인 의사결정을 행함으로써 자기의 재산을 능력 것 증식하여 물질적 풍요로움을 누리면서 살아갈 수 있게 될 것이다.

한편 이 예화를 주의 깊게 읽은 여러분은 회계가 무엇인지, 재무제표가 무엇인지, 재무제표를 작성하는 데는 경영자 또는 회계담당자의 판단이 개입되고 있다는 것과 재무제표를 작성하는데 있어서 반드시 지켜야 할 일반적으로 인정된 회계원칙이 있다는 사실 등 회계전반에 대해서 대충 짐작할 수 있게 되었을 것이다. 사실 이러한 내용이 여러분이 본서를 통해서 배울 내용인 것이다.

이제 다음 장에서 본격적으로 미래의 회계정보이용자인 여러분이 관심을 갖고 있는 회계정보를 가득 담고 있는 재무제표를 체계적으로 이해하기 쉽게 설명하는 것으로부터 출발하고자 한다.

연습문제

1-1 객관식문제

01 현대재무회계의 목적은 무엇인가?

① 경영자의 수탁책임 이행여부에 관한 정보 제공
② 이해관계자들의 이해관계 조정을 위한 정보 제공
③ 외부정보이용자의 합리적인 의사결정에 유용하고 적정한 정보 제공
④ 회사의 회계와 감사인의 감사에 통일성과 객관성을 부여하기 위한 정보제공

02 다음 설명 중 전통적인 회계와 비교하여 현대회계의 특징이라고 볼 수 없는 것은? (증권분석사)

① 회계정보의 제공자보다 회계정보의 이용자를 더 중요시한다.
② 정보의 의사결정 유용성을 중요시한다.
③ 경영자의 소유자에 대한 수탁책임(stewardship)을 가장 중요시한다.
④ 정보의 신뢰성뿐만 아니라 정보의 목적적합성을 중요시한다.

03 기업이 공인회계사로부터 매년 회계감사를 받는 주된 이유는 무엇인가? (증권분석사)

① 재무제표의 공정성과 신뢰성에 대한 독립된 전문가로서의 의견을 표명하기 위해
② 회사직원들의 내부공모에 의한 부정을 적발하기 위해
③ 기업의 회계부서에서 연차재무제표를 작성하는 방대한 작업을 지원하기 위해
④ 주주 등의 외부이해관계자들에 대한 경영자의 재무보고책임을 대신하기 위해

04 다음 중 회계의 기본적 기능에 해당하는 것은?

① 측정과 전달　② 내부통제
③ 수탁책임의 이행여부의 평가　④ 재무제표분석

05 기업과 관련된 회계를 정보이용자를 기준으로 분류한 경우 가장 적절한 분류는?

① 정부회계와 기업회계　② 재무회계와 관리회계
③ 거시회계와 미시회계　④ 세무회계와 의사결정회계

06 재무회계에 대한 다음 설명 중 틀린 것은?

① 현대재무회계의 목적은 수탁책임의 이행여부를 보고하기 위한 것이다.
② 일반목적 재무보고서를 작성·공시한다.

③ 주로 과거의 경제적 사실을 화폐단위로 측정·보고한다.
④ 일반적으로 인정된 회계원칙에 준하여 재무제표를 작성한다.
⑤ 외부이용자의 경제적 의사결정에 유용한 정보를 제공한다.

07 재무회계에서 작성·보고하는 회계정보의 특성에 대한 설명 중 틀린 것은?

① 재무정보
② 과거 경제적 행위에 대한 결과
③ 주기적으로 작성·공시
④ 기업회계기준에 준하여 작성
⑤ 특정 의사결정에 관련된 세부적 정보

08 관리회계는 다음 중 주로 누구의 의사결정에 필요한 정보를 제공하는가?

① 경영자
② 투자자
③ 채권자
④ 세무당국
⑤ 종업원

09 다음 중 재무제표에 포함되지는 않지만 재무보고서의 하나로 정기업의 이해관계자에게 전달되는 보고서는?

① 재무상태표
② 재무제표의 주석
③ 경영자확인서
④ 자본변동표

10 일반목적 재무제표는 다음 중 어떤 것의 산물인가?

① 재무회계
② 관리회계
③ 재무회계와 관리회계
④ 세무회계

1-2 당신은 이번 학기에 회계원리를 수강 신청하였다. 당신이 회계분야의 직업에 종사할 생각을 갖고 있지 않다는 것을 잘 알고 있는 당신의 절친한 친구가 당신에게 왜 쓸데없이 시간낭비를 하고 있느냐고 물었다.
당신의 친구에게 회계원리를 이수하는 이유를 당신의 일상적인 생활과 앞으로 희망하는 직업과 관련해서 설명하시오.

1-3 회계인에게 있어 윤리의식의 함양이 중요한 문제로 부각되고 있다. 이와 관련해서 윤리의식을 함양하기 위한 교육을 대학에서 반드시 실시해야 한다는 주장이 있는 반면에, 또 다른 한편에서는 윤리를 교육시킨다는 것이 가능하지 않기 때문에 그럴 필요가 없다는 주장도 있다. 여러분의 생각은 어떠한지를 기술하시오.

읽을거리 1

"재무제표는 「건강기록부」 회계사는 「의사」"

회계사출신 경영인 : (주)태평양 李能熙 부회장

『기업의 재무제표에는 그 기업의 과거와 현재가 담겨 있어요. 최고경영자는 이것을 정확히 읽어야 합리적인 경영전략을 제시할 수 있습니다』

李能熙(이능희·59)(주) 태평양부회장은 공인회계사 출신답게 재무제표에 기업의 「모든 것」이 들어 있다고 믿는다.

『기업이 오랫동안 살아남으려면 기업의 체질이 건강해야 합니다. 사람의 몸과 마찬가지로 기업도 산성체질인지 알칼리성인지는 재무상태표나 손익계산서에 고스란히 나타나 있지요』

이런 생각은 지난 1966년 대학졸업 후 공인회계사 자격증을 딴 이후 줄곧 경리쪽에서 잔뼈가 굵으면서 굳어진 것. 한 무역회사에 다니던 그는 1976년 태평양화학에 경리부장으로 입사해 경리 관리담당 이사를 거쳐 1995년 (주)태평양 대표이사에 올랐다.

이부회장은 회계지식과 경력을 회사 경영에 십분 활용한다. 신속한 의사결정을 할 수 있다는 것이 그가 내세우는 가장 큰 장점이다.

『의사가 환자를 진찰하듯 나는 재무제표를 통해 회사를 진단합니다. 내 자신이 이 방면의 전문가이다 보니 숫자를 통해 기업의 흐름을 빨리 읽고, 빨리 판단을 내릴 수 있습니다. 그만큼 한발 앞서 가는 거죠』

그는 공인회계사 출신이란 것과 최고 경영자라는 직위의 접점을 「나무」와 「숲」을 동시에 보는 안목으로 설명한다. 「회계사의 세심한 눈」과 「최고경영자의 총체적 판단력」이 조화를 이룬다면 나무와 숲을 다같이 볼 수 있다는 얘기. 이부회장은 최근의 잇따른 기업 부도사태에 언급, 『공인회계사 출신이 기업체에 더 많이 들어와야 한다』고 말한다.

『재무제표의 건전성을 추구하는 회계사의 관점에서 회사를 운영하면 그만큼 투명경영이 이루어져 기업부실 예방에도 도움이 될 것입니다』

– 동아일보 1997년, 李明宰 기자 –

금융 잘 몰라 흑자부도

「기술자 사관학교」·「대기업들이 1계급 특진을 내세우며 기회만 나면 직원을 스카웃하려는 중소기업」.

1987년 이후 연 9년 동안 「보링그라우팅(연약지반 보강)공사」라는 전문공사 분야에서 도급순위 1위를 확고하게 굳혔던 「삼보(三寶)지질」의 별명들이다. 그러나 이 회사는 지난 1월 3일 부도로 쓰러졌고 현재 법정관리를 받고 있다. 부도 당시 업계는 물론, 금융관계자들조차 삼보지질의 부도에 의아심을 가졌다. 삼보지질은 지난해 27억 원의 이익금을 남겼을 정도로 견실한 회사였기 때문. 그러나 삼보지질은 운영자금이 없어 43억 원의 부도를 냈고 현재 인수절차가 진행중이다.

창업자인 강병산 사장은 "금융을 모르고 경영을 한 무지의 결과"라고 스스로 실패원인을 분석했다. 강 사장은 또 "기술자 키우는 데만 신경을 쏟았지, 재무전문가를 양성하는 데는 소홀히 했다"고 솔직히 털어놓았다.

삼보지질의 매출액 대비 순수 기술개발 투자비는 4%선. 기술개발비에 건설장비까지 포함하면 무려 20%선을 웃돈다. 동종 업계의 순수 기술개발투자비는 1% 내외에 불과하다. 직원교육에도 매출의 3%인 30억 원 이상을 투자했다. 그러나 직원양성도 지질토목분야에 그쳤고 재무-회계분야와는 거리가 멀었다.

"지난 1992년 이후 증자를 해서 회사자금사정을 호전시켜야 했어요. 1993~1994 년도에 증자를 했으면 1백30억 원 정도의 현금이 들어올 수 있었는데 시기를 놓쳤지요."

사장은 기업공개를 위해서는 1년간 대주주 지분변동이 없어야 한다는 규정에 얽매여 증자를 하지 않았다고 했다. 그러다가 지난해 어려움이 닥치자 부랴부랴 증자를 하려 했으나 정부의 돌연한 「건설업체 신규증자 금지 조치」로 그만 철퇴를 맞고 말았다. 삼보지질의 매출액은 1992년 4백억 원에 불과했으나 지난해에는 1천억 원으로 늘어났다. 그러나 자본금은 지난 1992년 이후 57억5천만 원에서 변동이 없었던 것. 덩치가 커지고 쓸 돈은 늘어나는데 자본금은 그대로여서 결국 외부차입이 늘어날 수밖에 없었다.

이같은 상황에서 지난해 한 고위공무원 부인으로부터 장비를 임차하면서 검찰의 수사를 받게 되자 제2금융권에서 자금회수를 시작, 부도를 맞게 되었다. "미리 자본금과 덩치를 키우고, 금융기관을 설득했다면 부도만은 막을 수 있었을 것"이라는 게 강사장의 판단이다. 서울대 지질학과 출신인 강사장은 졸업한 해인 지난 1976년 단돈 5백만 원을 갖고 삼보지질을 설립했다. 이후 어려움을 모르고 성장을 거듭, 1987년에는 업계 1위 자리에 올라섰다.

그러나 지난해 5월 돌발사태에 직면하자 부랴부랴 재무전문가를 채용했으나 손 한번 쓸 기회조차 없이 부도가 나고 말았다.

– 조선일보, 실패기업에서 배운다, 1996. 4.29 –

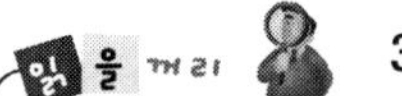  3

파업과 변칙회계

정부와 재계가 그토록 외자유치 노력을 해 왔는데도 외국인 투자가들은 여전히 대한(對韓) 투자에 냉담하다. 외자유치가 부진한 것은 좀처럼 수그러들 줄 모르는 강성 노동운동과 엉망진창인 기업회계제도 때문이다.

중국 및 동남아국가 등에 대규모투자를 하고 있는 어느 외국 기업인은 대한(對韓) 투자가능성을 타진한 끝에 이런 결론을 내렸다고 한다. "아무래도 한국은 안되겠어요. 다른 투자여건은 좋지만 강성노조가 걸림돌이 되고 있어요. 회사의 경영상태를 아랑곳하지 않는 노조 때문에 기업하기도 어렵고, 경제가 회복될 전망도 불투명합니다."

현대자동차사태만 봐도 그렇다. 법은 온데 간데 없고 막무가내 불법파업이 성행하고 있다. 노사정 합의니, 국민회의 측의 중재노력이니 하며 법 이전에 정치적 절충이 우선하고 있다. 무엇 때문에 여야합의로 노동관계법을 통과시켰는지 모를 일이다.

법대로 소정의 절차에 따라 노사협상을 하고 해고기피노력을 한 뒤 최종적으로 정리해고를 하면 되는 것이지 정치가 개입하고 재야운동권이 개입함으로써 사태를 꼬이게 만드는 것이 과연 온당한지 의문이다.

정부의 노동정책은 오락가락이다. 정리해고를 가급적 자제해줄 것을 요구했다가 뒤늦게 정리해고 없이는 기업의 구조조정이 불가능하다는 식으로 정책의 일관성이 확보되지 못했다. 그러다가 민노총을 봐줘라, 노조간부는 가급적 정리해고하지 말라고 은근히 압력을 가하는 등 노동운동권에 대한 태도가 불투명하기 짝이 없다. 청와대 참모들 사이에도 의견이 엇갈리는 모양이다. 실업이 늘어나는 것은 정치–사회적으로 바람직스럽지 못하지만 경제를 살리기 위해서는 어느 정도의 정리해고나 노동운동의 합리화과정은 불가피하다. 정부가 애매한 태도를 보여서는 IMF사태의 극복은 불가능하다.

「기업회계의 불투명」도 외자유치를 방해하고 있다. 얼마전 우리정부의 통상본

부대표들이 미국에 갔을 때 대부분의 미국기업인들은 "우리가 조사한 바로는 한국민간기업의 회계장부는 너무 엉망이다. 차라리 공기업의 회계장부는 속임수가 적었다. 그런 불투명한 회계장부를 만드는 민간기업에 투자하기는 어렵다"고 부정적인 반응을 나타냈다고 한다.

우리 대기업들 사이에는 그동안「분식(粉飾)결산」이라는 말이 유행했다. 회사의 대외 신인도를 유지시켜 주가가 떨어지는 것을 막기 위해 엉터리 가짜결산을 하는 경우가 많았다. 은행융자를 수월하게 받기 위해서나 비자금을 조성하기 위해서도 회계장부를 조작했다. 분식결산은 탈세수법으로 활용되기도 했다.

최근 기아자동차가 변칙 회계처리를 통해 3조 원 가량의 적자를 숨겨온 곳으로 밝혀져 업계에 충격을 줬다. 기아만 그런가. 웬만한 대기업들도 사실상 적자가 났는데도 손익계산서는 흑자로 발표됐다.

우리기업의 회계장부는 국제적 기준에 맞는 결합재무제표 작성을 통해 투명성을 확보할 때가 되었다. 그래야만 외국투자자의 신뢰를 얻고 정경유착의 폐해도 사라질 것이다. 노동운동의 합리성과 기업회계의 정직성이 확보될 때 우리는 경제를 되살릴 수 있다.

— 崔青林 칼럼, 조선일보, 1998년 8월 20일 —

4

미국 기업 회계조작 심해

최근 세계 4위의 소프트웨어 업체인 컴퓨터 어소시에이츠사가 추정에 의한 회계처리를 한 것이 아닌가하는 의문이 제기 되는 것과 때를 맞춰 비즈니스위크가 미국 기업들의 회계관행을 커버스토리로 다뤘다.

이번 점검에선 그 동안 회계처리의 문제가 불거졌던 모토롤라나 루슨트 테크놀로지를 비롯해 시스코 IBM 아마존 등까지 도마에 올랐다.

비즈니스위크는 매출이나 이익을 부풀리는데 사용된 이들 기업들의 회계 처리 기법을 '숫자놀음'으로 평가했다. 특히 새로 부각되고 있는 추정(Pro forma)에 의한 회계처리를 대표적인 회계기법의 악용 사례로 지적했다. 이에 따르면 미국 경제의 거품이 커졌다가 갑자기 꺼지는 과정에서 많은 CEO들이 실적을 부풀리기 위해 비정상적인 것은 물론이고 때로는 의문이 제기되는 회계처리 방법까지 이용하는 것으로 나타났다.

이들 관행들은 전적으로 합법적일지라도 투자자들을 호도하기 위해 사용 될 수 있다는 점에서 문제가 있다고 비즈니스위크는 지적했다.

비즈니스위크는 기업들이 주로 사용하는 변칙으로 비용 과다계상(Big Bath), 벤더 파이낸싱, 연금 이용법, 사전인식, 백도어 바게인 등을 꼽았다.

- 비용 과다계상 : 차후 회계연도에 이익이 급격히 늘어나는 것처럼 보이도록 선행 회계연도에 비용을 필요이상으로 과다하게 계상하는 방법이다. 다음 회계연도에 발생할 비용까지 한꺼번에 올리면 당해 회계연도엔 이익이 다소 줄더라도 다음 회계연도엔 똑같은 영업을 해도 이익이 급격히 개선된 것으로 포장할 수 있다. 시스코 다임러크라이슬러 코닥 등이 이 기법을 사용했다.
- 벤더 파이낸싱 : 매출을 부풀리기 위해 재무구조가 좋지 않은 판매상에 자금을 지원하고 자사 제품을 사도록 하는 방법이다. 일시적으로 매출이 나 이익이 늘어나겠지만 자금지원을 끊으면 매출이 급격히 떨어진다. 모토롤라 루슨트테크놀로지 노텔 등이 이 기법을 이용했다. 모토롤라의 경우 터키 텔심사에 17억달러를 대출하고 15억달러의 주문을 받은 것으로 알려졌다.
- 연금 이용법 : 이익이 날 때 연금에 대규모 자금을 넣어 두고 연금에서 나오는 배당금을 주석에 기재하지 않음으로써 투자자들이 영업이익이 많이 난 것으로 착각하도록 만든다. IBM GE 등이 이를 이용했다.
- 사전인식 : 결정되지 않은 매출을 마치 실제로 발생한 것처럼 간주한다 . 특별한 내용없이 이를 매출계정에 기재한다. 마이크로스트래터지 인포믹스 센던트 등이 이 기법을 이용했다.
- 막후협상 : 플렉스트로닉스 아마존 등이 이용한 방법으로 대형 고객의 주식을 사주거나 신주인수권을 싸게 주는 등의 방법으로 매출을 조작한다. 투자자들이 의문을 가질 수 있기 때문에 여러 번 반복하기는 어려운 방법이다. 이 때문에 미래의 성과는 오히려 들쭉날쭉하게 나타날 수 있다.

비즈니스위크는 기업들이 이 같은 방법을 임의로 사용함으로써 회계정보 의 연속성에 심각한 왜곡을 가져오는 것으로 지적했다. 특히 최근 신경제 기업들을 중심으로 추정에 의한 회계처리로 마음대로 숫자놀음을 하고 있어 일반적으로 인정된 회계기준을 위협하고 있다고 분석했다.

– 매일경제 2001년 5월 7일 –

감사의견이란?

12월 31일이 결산일인 기업의 결산공고는 3월의 신문을 펼쳐보면 쉽게 찾아볼 수 있다. 결산공고는 경영자가 1년 동안의 경영실적을 결산해서 공인회계사의 감사를 필한 다음 공인회계사의 감사의견과 함께 투자자 등 기업의 이해관계자에게 보고하는 것이다. 일정규모(총자산 70억 원) 이상의 기업들은 공인회계사의 감사를 받은 재무제표를 공표하도록 되어 있다.

공인회계사의 감사는 기업이 작성한 재무제표에 공신력을 부여하고 투자자를 보호하기 위해 실시된다. 최근에 감사인이 부실감사로 물의를 빚고 이와 관련하여 민·형사소송을 통해 형사처벌 및 손해배상판결을 받는 것 등을 보면 회계감사의 중요성이 얼마나 큰지를 실감하게 된다. 감사인은 회계감사를 실시한 후 최종결론으로 감사의견을 표명하게 된다. 감사인이 표명할 수 있는 감사의견은 적정의견, 한정의견, 부적정의견 및 의견거절 등 4가지로 구분된다.

신문지상에 공고된 감사의견의 대부분은 적정의견이다. 감사범위의 제한을 받지 않고 회계감사기준을 지켜 감사한 결과 재무제표가 기업회계기준에 따라 적정하게 작성되었다고 판단되는 경우에 표명되는 의견이다.

그 다음으로 많이 등장하는 것은 한정의견이다. 이 의견은 감사수행 결과 재무제표에 중요한 영향을 미치는 감사범위의 제한이 있거나 또는 회계처리방법, 회계변경, 재무제표 표시방법에서 기업회계기준에 위배되는 사항을 일부 발견했을 때 표명된다.

부적정의견과 의견거절은 거의 발견하기가 어렵지만 간혹 어쩌다가 눈에 띌 때가 있다. 부적정의견은 기업회계기준에 위배되는 사항이 매우 중대해 재무제표가 전체적으로 왜곡표시되어 무의미하다고 인정될 때 표명한다. 의견거절은 감사인의 독립성이 결여돼 있거나 특히 감사범위에 중요한 제한이 있을 때 표명되는 의견이다.

적정의견을 제외한 나머지는 감사를 수행함에 있어 무언가 문제가 있었다는 것을 의미한다. 특히 부적정의견과 의견거절의 경우는 회계상은 물론 경영상에도 심각한 문제가 있는 것으로 보아야 한다. 이런 의견을 받은 기업중 대부분이 도산의 길을 걸었다는 사실이 이를 입증해주고 있다. 그렇다면 적정의견이 주어진 경우 기업경영에 아무 문제가 없고 기타 다른 의견이 나오면 경영상 문제가 있음을 의미하는 것일까? 그렇지는 않다. 왜냐하면 감사의견은 경영의 적정성에 대한 의견이 아니라, 재무제표가 일반적으로 인정된 회계원칙에 따라 제대로 작성되었는가를 나타내는 것이기 때문이다. 따라서 감사인의 적정의견은 기업의 회계처리가 기업회계기준을 잘 준수해서 작성되었다는 것을 나타내는 것일 뿐, 기업 재무구조의 건실성을 나타내는 것이 결코 아니란 점을 기억해 둘 필요가 있다.

배우자에 대한 후회없는 선택을 위해서는 용모, 성격, 집안내력, 출신학교, 학교성적, 건강여부 등을 종합적으로 확인해서 결정하는 것이 바람직하다. 투자자가 투자대상기업을 결정할 때도 마찬가지이다. 재무제표와 감사의견만 가지고 판단을 내려서는 안되고, 재무제표에 반영되지 않는 계량화가 불가능한 질적 요소, 예를 들어 유능한 인력을 가지고 있는가, 기술력은 어떤가, 시장경쟁력을 갖추고 있는가, 미래 유망업종인가 하는 것 등을 고려해서 종합적으로 판단을 내려야 한다.

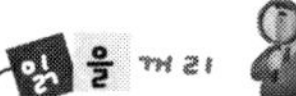

6

감사 「적정」해도 부실가능성

대우그룹이 지급불능사태에 빠져 워크아웃 대상으로 선정되자 많은 투자자들이 회계감사가 제대로 이뤄졌는지에 대해 의문을 제기하고 있다. 감독 당국마저 금융기관의 실사 후 회계처리에 문제가 있다는 점이 노출되기 전에는 감리에 착수할 의사가 없다고 밝혀 궁금증만 더해주고 있는 실정이다.

그런데 재미있는 것은 올해 7월에 쓰러진 대우그룹 계열사에 대해 대부분의 회계법인들이 불과 몇 달 전인 지난 2월에서 3월 사이에 '적정'의견을 내렸다는 점이다. 특히 대우자동차는 부채총계가 연간 매출액의 두 배가 넘어 1년내 벌어서 이자 갚기도 어려운 상황에 빠졌고 (주)대우 역시 부채총계가 연간 매출액보다는 적지만 종합상사나 건설업종의 이익률로는 감내하기 어려운 22조 원의 부채를 떠안고 있었는데도 이같은 의견이 나온 것이다.

이에 대해 S회계법인 관계자는 "특정 사안에 대해선 표본을 추출해 입 회검사까지 하는 등 감사절차를 거쳤으며 기준대로 회계처리를 했다고 판 단해 적정의견을 내렸다"고 설명했다. 그렇지만 회계법인들은 금융기관의 실사가 진행될 경우 추가부실이 밝혀질 가능성이 있다는 점은 인정한다. 회계감사 기준과 실사 기준이 다르므로 어쩔 수 없다고 한다.

특히 회계감사는 제한된 기간내 적은 보수를 받고 하므로 실상을 밝히는 데는 한계가 있다는 것이다. 감독당국 역시 회계감사의 한계를 인정하는 분위기다. 그렇다면 투자자들은 누구를 믿어야 하는가. 우선 '적정' 의견을 이해할 필요가 있다. 이는 해당기업이 잘 돌아간다는 것이 아니라 단지 회계기준을 준수했다는 점을 의미할 뿐이다.

이를 보완하려고 새 회계기준에선 해당기업의 영속성이 의심될 경우 특기사항으로 명시하도록 했다. 그런데 지난 해 대우계열사 감사보고서엔 대부분 외환위기로 영향을 받을 가능성이 있다고는 했지만 이같은 얘기는 없었다.

회계법인들은 재무제표의 숫자가 이미 이를 암시하기 때문에 도산을 하기 전에는 그런 내용을 쓸 수 없다고 한다. 감독당국 역시 재무제표 상 숫자의 능력을 인정하고 들어간다. 결국 재무제표를 분석할 수 있어야 위험을 피할 수 있다는 얘기이다. 지금 많은 금융기관들이 투자등급이어서 대우채권을 샀다는 말로 투자자들의 비난에서 벗어나려 한다.

그러나 회계감사의 특성을 안다면 이같은 핑계는 재무분석을 못했거나 안했다는 것으로 해석되니 딱한 노릇이다.

– 매일경제 1999년 10월 1일 –

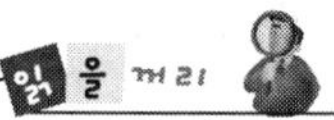

7

기업자료 찾으려면

금융감독원이나 한국공인회계사회가 운영하는 공시실에는 외부감사 대상기업의 재무제표가 비치돼 있어 누구나 열람이 가능하다. 상장회사 코스닥등록법인은 물론 자산액이 70억 원 이상인 비상장사의 결산 자료도 볼 수 있다. 금융감독원의 공시실에는 감사보고서는 물론 사업보고서 유가증권신고서 합병신고서 대량주식보유보고 등 공시와 관련된 모든 자료를 열람할 수 있다. 한국공인회계사회의 공시실에는 감사보고서만 비치돼 있다. 증권거래소도 공시실을 운영하고 있는데 이곳에서는 상장기업이 제출한 감사보고서 등 공시서류를 열람할 수 있다.

이들 공시실을 찾아 재무제표를 보려면 열람증만 작성하면 되고 소정의 복사료를 내면 사본도 구할 수 있다. 이들 공시실은 오전9시부터 오후5시까지 운영되고 있다.

한편 인터넷으로도 기업의 재무제표를 손쉽게 볼 수 있게 됐다. 금융감독원은 전자공시시스템을 통해 기업의 공시자료를 인터넷에 올린다. 주소는 「http://dart.fss.or.kr」이다. 공시이용자들이 편리하게 사이버공간에서 공시서류를 검색할 수 있게 된 것은 1999년 3월부터 시행되는 전자공시제도 때문이다. 전자공시는 공시서류를 제출해야하는 기업들이 인터넷으로 서류를 접수시키고 금감원의 검토과정을 거쳐 이를 곧바로 인터넷상에 공시하는 제도다.

전자공시제도 도입으로 일반 이용자들이 편리하게 인터넷으로 기업의 각종 재무정보를 접할 수 있게 되었지만 아직은 도입초기여서 과거의 결산보고서까지 검색할 수 있기까지는 적잖은 시간이 소요될 것으로 보인다. 데이터 축적기간이 필요하기 때문이다. 현재 증권거래소의 인터넷 홈페이지(www.kse.or.kr)에 들어가면 과거 3년치의 결산자료까지 검색할 수 있다. 증권거래소 자료는 상장기업에만 한정돼 있다. 또 전자공시체제가 갖춰져 있지 않아 수작업으로 일일이 입력시켜야하는 어려움 때문에 재무제표가 공시실에 비치되고서도 1주일이 지난 후에야 인터넷에서 검색이 가능한 단점이 있다.

– 한국경제, 1999년 3월 1일 –

8

회계학 전공자 공직 진출문 활짝

회계 관련 전공자들에게도 공직 진출의 문이 활짝 열린다. 행정안전부는 최근 공무원임용령 및 지방공무원임용령 개정안을 입법예고하면서 행정직렬에 회계직류를 신설하기로 했다고 17일 밝혔다.

행안부는 2009년 회계연도부터 회계제도로 발생주의와 복식부기가 시행됨에 따라 전문 회계인력 선발을 위해 회계직류를 새로 만드는 한편, 회계 선진화를 지원하기 위한 방안도 마련할 방침이다. 발생주의는 현금의 수지(收支)를 기준으로 삼지 않고 거래 발생을 기준으로 수입·비용을 인식하는 회계제도다.

행안부 관계자는 "국가 회계 주무부처인 기획재정부가 회계직류 신설을 요청해 입법예고했고 시행방안을 구체화하기 위해 논의 중"이라고 밝혔다.

이 관계자는 "회계직류는 5·7·9급 직급별로 신설될 것으로 보인다."면서도 "공개채용과 특별채용 여부, 시험과목 등이 확정되기까지는 상당한 시간이 걸릴 것"이라고 덧붙였다.

회계직류 선발은 공무원임용시험령 개정 등 관련 법령의 개정을 거쳐 이르면 2012년부터 시행될 전망이다.

회계직류 신설 필요성은 정부가 2011년부터 모든 상장기업의 회계 기준으로 한국채택국제회계기준(K-IFRS)을 적용키로 하면서 강하게 제기돼 왔다. 또 2011년도 공무원시험부터 모든 회계 관련 과목이 K-IFRS를 따르기로 한 것도 회계직 신설 결정에 영향을 미친 것으로 보인다.

회계·세무사를 준비하는 수험생들은 이를 반기는 분위기다. 3년째 회계사 시험에 도전하고 있는 최모(29)씨는 "아직 구체적인 선발 방안은 나오지 않았지만 다들 많은 관심을 보이고 있다."면서 "회계학 전공자나 회계사 수험생들에게는 또 하나의 기회가 될 것"이라고 기대했다.

– 서울신문, 2010년 11월 18일 –

CHAPTER

재무제표의 이해

회계(accounting)란 정보이용자들에게 유용한 정보를 제공하기 위하여 기업의 경제적 활동을 측정·전달하는 서비스활동 또는 정보시스템이라고 하였다. 회계의 측정은 복식부기(double entry book-keeping)를 이용하여 재무제표를 작성하는 과정으로, 회계의 전반적인 내용을 파악하기 위해서는 먼저 재무제표의 의미와 그 유용성 및 복식부기의 기본원리를 먼저 이해하여야 한다. 이와 같은 관점에서 제2장부터 제6장까지는 재무제표의 의의와 그 유용성 및 분석방법을, 그리고 제6장부터 제9장까지는 재무제표 산출과정인 복식부기의 기본원리 및 회계순환과정(결산과정)을 체계적으로 설명하기로 한다.

재무제표는 재무상태표·손익계산서·자본변동표·현금흐름표 및 주석으로 구성된다. 본 장에서는 기업활동의 결과가 재무제표에 어떻게 반영·보고되는지를 설명하고, 각 재무제표의 의미와 구성요소, 기본양식과 유용성 및 재무제표간의 상호관계를 설명하기로 한다.

1. 기업활동과 재무제표

1) 기업의 목표와 활동

기업은 투자자에게 이익을 분배하기 위하여 재화(goods)나 용역(services)을 고객에게 판매하고 이를 통하여 이익을 창출하는 것을 목적으로 설립·운영된다.

기업들은 판매하는 주된 재화나 용역이 상이함에도 불구하고 수익성(이익창출능력)과 유동성(지급능력)의 확보라는 동일한 목표를 가지고 있으며 이러한 목표를 달성하기 위하여 재무활동·투자활동 및 영업활동을 계속해서 반복적으로 수행한다.

기업의 목표와 활동간의 관계를 도표로 정리하면 다음 [표 2-1]과 같다.

[표 2-1] 기업의 목표와 활동

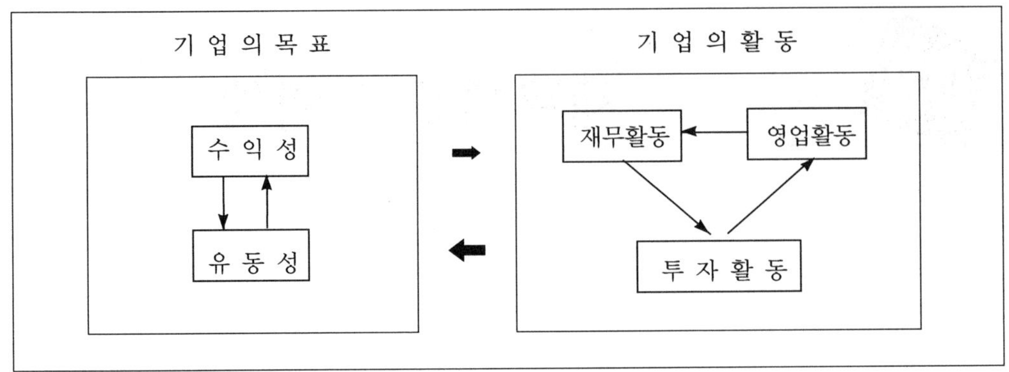

각 기업들은 고객으로부터 충분한 돈을 벌어들여서 기업 자체의 경비를 지출할 수 있어야 하며, 또한 투자자에게 적정한 배당을 하여 지속적인 투자가 이루어질 수 있도록 충분한 이익을 창출하여야 한다.

새로운 투자자를 유치하고 기존 투자자의 지속적인 투자를 유지하기 위해서는 충분한 이익을 창출하여야 하므로 이러한 필요성에서 수익성이란 목표가 생겨났다. 또한 기업을 운영하는데 필요한 경비를 충당하고 투자자에게 배당을 하며, 만기가 도래한 부채를 상환하기 위해서는 충분한 자금을 보유하고 있어야 하는데 이러한 필요성에서 유동성이란 목표가 생겨났다.

예를 들어, 현대자동차가 이익을 남길 수 있는 가격으로 많은 자동차를 판매한 경우 수익성이란 목표는 달성할 수 있으나, 만약 차를 구입한 고객이 제때에 구입대금을 갚지 않는다면 현대자동차는 거래처와 종업원에게 지급할 수 있는 자금이 부족하여 유동성이라는 목표는 달성할 수 없게 된다.

수익성 목표를 달성하고 있지 못하나 유동성 목표를 달성하고 있으면 지급능력은 유지되고 있기 때문에 단기적으로는 생존이 가능하다. 그러나 일정 기간 후에도 수익성 목표를 달성하지 못하면 도산의 길로 들어설 수밖에 없다. 수익성 목표를 달성하고 있으나 유동성 목표를 달성하지 못하면 지급능력이 상실되어 곧바로 도산기업으로 전락하게 된다. 이렇게 도산하는 기업을 흑자도산기업이라고 한다.

결국 **收益性**(profitability)과 **流動性**(liquidity)은 수레의 두 바퀴와 같은 것으로서 기업이 생존하고 성장하기 위해서는 반드시 함께 달성하여야 할 목표이다. 모든 기업들은 이 목표를 달성하기 위하여 3가지 기업활동, 즉 재무활동·투자활동·영업활동을 수행한다.

財務活動(financing activities)이란 기업을 설립·운영하는데 필요한 자금을 조달하는 행위와 관련된 것으로, 주식을 발행하여 자본가로부터 자금을 조달하거나 이익을 자본가에게 분배하는 행위 및 채권자로부터 자금을 차입하거나 차입된 자금을 상환하는 행위 등을 말한다. **投資活動**(investing activities)은 기업이 재화나 용역을 생산·판매하는 과정에서 필요한 각종 자산을 취득하거나 처분하는 것과 관련된 활동을 말한다. 그리고 **營業活動**(operating activities)이란 기업의 목적사업과 관련된 활동으로, 원재료나 상품의 구입, 제품의 생산, 상품이나 제품 또는 용역의 판매 및 대금의 회수, 종업원의 급여 등 판매비와 관리비의 지급, 정부에 대한 세금납부 등이 포함된다. 기업활동을 요약하면 다음 [표 2-2]와 같다.

[표 2-2] 기업활동

재무활동 : 자금의 조달과 상환
↓ 조달된 자금의 이용
투자활동 : 생산 및 판매활동에 필요한 자산의 취득 및 처분
↓ 취득한 자산의 활용
영업활동 : 상품이나 제품의 구입·생산·판매

2) 기업활동과 재무제표

3가지 기업활동은 회계정보시스템의 측정과정을 거쳐 다음과 같이 4가지 재무제표(Financial Statements ; F/S)에 반영된다.

[표 2-3] 세 가지 기업활동과 재무제표

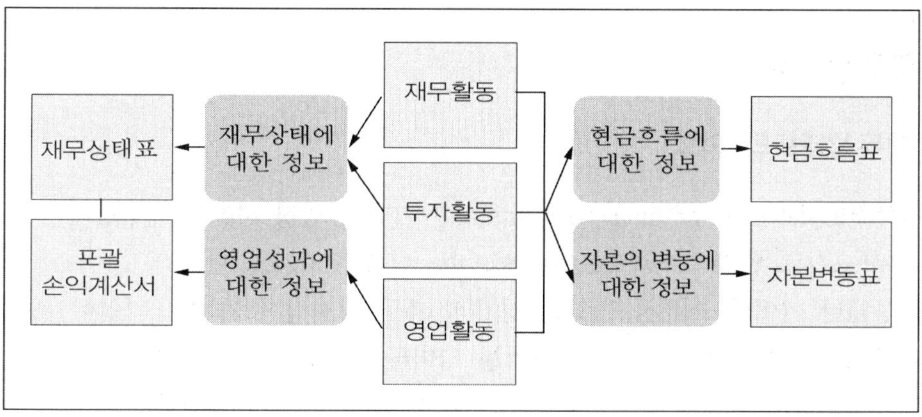

재무상태표(statement of financial position, balance sheet)는 특정 시점의 기업의 자산과 부채 및 자본을 표시한다. 재무상태표상 자산은 재화나 용역을 생산·판매하는데

필요한 경제적 자원으로, 이는 투자활동의 결과를 표시하며, 부채와 자본은 기업이 소유하고 있는 자산을 취득하는데 필요한 자금을 조달하기 위하여 채권자나 자본가로부터 각각 조달한 자금의 크기를 표시하는 것으로, 이는 재무활동의 결과를 표시한다. 이때 자본은 자본가가 출자한 부분과 기업이 창출한 이익 중 재투자를 위하여 유보된 이익잉여금으로 구분된다.

손익계산서(profit and loss statement)는 재화나 용역을 생산·판매하는 활동인 영업활동의 결과가 보고되어 기업의 이익이 어떻게 창출되었는지를 설명한다.

자본변동표(statement of changes in equity)는 재무상태표에 표시되어 있는 자본 구성항목인 자본금이나 이익잉여금이 어떻게 변동되어 현재의 금액이 되었는지를 설명한다.

현금흐름표(statement of cash flows)는 기업을 운영하는데 있어서 현금이 영업활동과 투자활동 및 재무활동을 통하여 각각 얼마나 유입되고 유출되었는지를 설명한다. 기업활동과 재무제표간의 관계를 요약하면 다음과 같다.

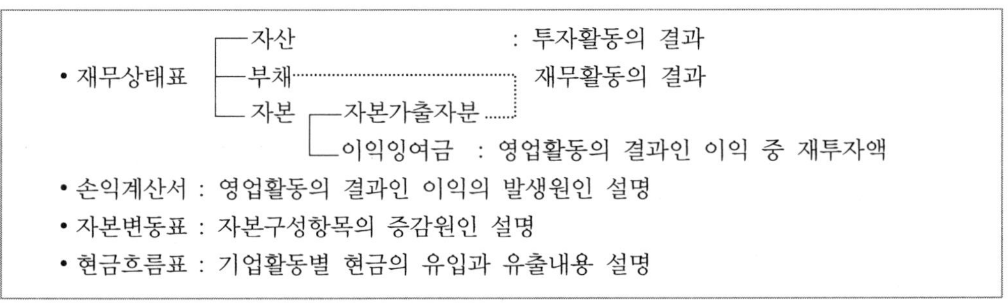

2. 재무상태표

1) 재무상태표의 의의

재무상태표(statement of financial position)란 기업의 일정 시점의 재무상태를 나타내는 재무보고서로 일명 **대차대조표**(balance sheet ; B/S)라고도 한다.

재무상태란 기업이 소유하고 있는 경제적 자원의 재산적 가치와 기업이 채권자와 자본가에게 지급하여야 할 의무의 크기를 의미하는 것으로, 재무상태표에는 자산·부채·자본이 포함되어 작성·보고된다. 자산·부채·자본의 크기는 기업이 경영활동을 수행하는 과정에는 계속하여 증감되므로 재무상태표란 기업의 연속적인 경영활동과정 중 일정시점을 기준으로 작성된 것이며, 이러한 의미에서 기업의 재무상태를 어느 시점에서 순간적으로 촬영한 스냅(snap) 사진에 비유할 수 있다.

2) 재무상태표의 구성요소

(1) 자 산

資産(assets)이란 기업이 소유하고 있는 경제적 자원으로써, 과거의 거래나 사건의 결과로 특정 기업에 의해 획득된 미래의 **경제적 효익**(future economic benefit) 또는 **용역잠재력**(service potentials)을 의미한다.

일반적으로 이러한 자산은 당해 기업에 귀속된 재화(예 상품, 비품, 건물 등)와 채권(예 외상매출금, 받을어음, 대여금 등)을 말하며, 이들은 미래에 언젠가는 기업에 현금으로 유입된다. 예를 들어 상품은 미래에 판매과정을 거쳐서 직접적으로 현금유입이 되고, 외상매출금은 고객이 대금을 지급할 때 현금으로 유입되며, 컴퓨터와 같은 비품은 업무의 효율적인 처리를 가능하게 하여 사무직 인원을 감축하게 하며 이로 인해 인건비와 같은 비용을 절감하는 방식으로 간접적으로 미래기간에 현금이 유입되도록 한다.

이와 같이 미래의 순현금흐름을 창출할 수 있는 능력을 미래의 경제적 효익 또는 용역잠재력이라 한다.

재무상태표상 자산으로 계상되기 위해서는 다음과 같은 조건을 충족시켜야 한다.

① 기업실체가 수행한 거래 또는 기업실체에 발생된 사건의 결과로 해당 기업에 소유되어 배타적으로 사용할 수 있는 권리가 있어야 한다. 그러므로 임차하여 사용하고 있는 건물은 자산으로 계상할 수 없다.

② 기업실체가 소유 및 통제하고 있을 뿐만 아니라 해당기업에 경제적 효익을 가져다 주어야 한다. 그러므로 소유하고 있는 상품일지라도 부패되거나 진부화 되어 매각가능성이 없는 경우에는 이미 상품의 경제적 효익은 상실된 것이므로 자산으로 계상할 수 없다.

③ 기업실체가 획득한 경제적 자원은 화폐단위로 측정할 수 있어야 한다. 예를 들어 외부에서 유상으로 취득한 상표권은 자산으로 계상할 수 있다. 왜냐하면 취득시 그 가치(경제적 효익)를 화폐단위로 측정할 수 있기 때문이다. 그러나 자체적으로 개발한 자기 회사의 상표가 경제적 가치를 인정받고 있다 하더라도 그 가치를 화폐단위로 측정할 수 없기 때문에, 자기 회사의 상표를 자산으로 계상하지 않는다.

자산은 원칙적으로 1년을 기준으로 유동자산과 비유동자산으로 구분한다.[1)]

---

1) 회계기준에서는 1년 기준과 영업주기 기준(1년을 초과하는 경우)에 의해 유동자산을 구분하

• **유동/비유동항목으로 구분하는 이유** : 자산과 부채를 유동 또는 비유동항목으로 구분하는 것은 운전자본으로 사용되는 자산 및 부채와 장기적인 경영활동에 사용되는 자산 및 부채를 구분·표시해 줄 수 있고, 기업의 유동성과 지급능력을 평가하는 데에 유용한 정보를 제공해 주기 때문이다.

流動資産(current assets)이란 결산일로부터 1년 이내에 현금으로 전환가능한 자산을 의미하는 것으로, 당좌자산(현금과현금성자산·단기금융상품·외상매출금·받을어음·단기대여금 등)과 재고자산(상품·제품)이 포함된다. 따라서 단기에 현금으로 전환이 가능한 유동자산을 많이 보유하고 있다는 것은 만기일이 도래한 부채의 상환능력이 높다는 것으로, 유동자산의 크기는 채권자입장에서 볼 때 중요한 정보라 할 수 있다.

비유동자산(noncurrent assets)이란 현금으로 전환하기보다는 투자목적이나 영업활동에 사용하기 위하여 장기적으로 보유하고자 하는 자산으로, 투자자산·유형자산 및 무형자산으로 구분된다. **투자자산**(long-term investments)이란 여유자금의 증식이나 타회사를 지배하기 위하여 장기간 보유하고 있는 자산으로, 장기금융상품·투자유가증권·장기대여금·투자부동산 등이 포함된다.

[표 2-3] 자산의 분류

자산	유동자산	당좌자산	1년 이내에 판매과정 없이 현금화되는 자산
		재고자산	1년 이내에 판매과정을 거쳐 현금화되는 자산
	비유동자산	투자자산	여유자금의 증식 또는 다른 회사의 지배·통제를 위해 장기간 투자된 자산
		유형자산	영업활동에 장기간 사용할 목적으로 보유하고 있는 실물자산
		무형자산	영업활동에 장기간 사용할 목적으로 보유하는 형태가 없는 자산

고 있다. 1년 기준만 인정되는 상황에서 만일 기업의 정상적인 영업주기가 1년을 초과할 경우에는 영업주기내에 사용되거나 현금으로 전환되는 자산이 비유동자산으로 분류되어 유동자산 금액이 기업의 정상적인 영업과정에서의 운영자금을 표시하지 못하는 문제점이 있다. 따라서 유동자산을 구분하는 데 1년 기준에 영업주기 기준을 추가하여 유동자산의 분류요건을 구체적으로 명시하고 있다. 이에 따라 정상적인 영업주기 내에 판매 혹은 사용되는 재고자산과 회수되는 매출채권은 재무상태표일 후 1년 내에 실현되지 않더라도 유동자산으로 분류한다.

▶ 정상영업주기 기준의 의미 : 정상영업주기(normal operating cycle)란 제조과정(제조업) 또는 판매과정(판매업)에 투입될 재화와 용역을 취득한 시점부터 제조 및 판매과정을 거쳐 최종적인 대금회수시점까지 소요되는 기간을 말한다.

유형자산(property, plant and equipment)이란 장기간 영업활동에 사용할 목적으로 보유하고 있는 실물자산으로, 토지·건물·구축물·기계장치·선박·차량운반구·비품 등이 포함된다. **무형자산**(intangible assets)이란 장기간 영업활동에 사용할 목적으로 보유하고 있는 계약 또는 법률적 권한으로, 영업권·산업재산권(특허권이나 상표권 등)·장기간 영업활동에 사용할 목적으로 보유하고 있는 계약 또는 법률적 권한으로, 영업권·산업재산권(특허권이나 상표권 등)·라이선스와 프랜차이즈, 저작권, 컴퓨터소프트웨어, 임차권리금, 광업권·어업권·개발비 등이 포함된다.

(2) 부 채

負債(liabilities)란 과거의 거래나 사건의 결과로 특정 기업이 제3자에게 미래에 재화나 용역을 이전하여야 하는 특정기업의 현재의 의무를 말한다. 이때 제3자를 일반적으로 채권자(creditor)라 하는데, 그 이유는 이들이 기업실체에 대하여 신용을 제공하였기 때문이다.

따라서 채권자는 부채로 계상된 만큼 기업의 자산에 대한 청구권을 가지게 된다.

부채는 1년을 기준으로 유동부채와 비유동부채로 분류한다.[2)] **流動負債**(current liabilities)란 결산일로부터 1년 이내에 만기일이 도래하는 부채를 의미하는 것으로, 외상매입금·지급어음·단기차입금·미지급금·선수금 등이 포함된다.

그러므로 재무상태표상 유동자산과 유동부채의 크기를 비교하여 당해 기업의 단기지급능력을 평가할 수 있다. 그리고 **비유동부채**(long-term liabilities)란 만기일이 결산일로부터 1년 이후에 도래하는 부채로, 사채·장기차입금·충당부채 등이 포함된다.

비유동부채 중 사채(社債)는 주식회사가 확정채무임을 표시하는 증권을 발행하여, 다수인으로부터 장기간 거액의 자금을 차입함으로써 발생하는 부채이다. 사채가 발행되면 사채발행회사는 정기적으로 이자지급일에 일정액의 이자를 지급해야 하고, 만기일에 액면가액인 원금을 상환할 의무를 갖게 된다. 사채에는 담보(보증)여부에 따라

---

2) 유동부채를 구분하는 이유 중의 하나는 기업의 정상적인 영업주기에서 사용되는 순운전자금의 규모를 파악하는 것이다. 따라서 영업주기가 1년을 초과할 경우에는 단순히 1년을 기준으로 유동부채를 구분하는 것은 적절하지 않다. 따라서 회계기준에서는 유동부채의 분류에도 유동자산과 같이 영업주기기준을 추가하고 유동부채의 분류요건을 구체적으로 정하였다. 다만, 영업활동과 관계없이 발생한 부채는 영업주기와 관계가 없기 때문에 이들 부채 중 12개월 이내에 상환되어야 하는 것은 영업주기에 관계없이 유동부채로 분류하도록 하였다.

▶ 영업주기 기준을 적용할 경우 정상적인 영업주기 내에서 발생한 매입채무와 미지급비용 등은 재무상태표일로부터 1년 내에 결제되지 않더라도 유동부채로 분류한다. 당좌차월, 단기차입금 및 유동성장기차입부채 등은 재무상태표일로부터 1년 내에 결제되어야 하므로 영업주기와 관계없이 유동부채로 분류한다.

담보(보증)사채와 무담보(무보증)사채, 상환조건에 따라 만기상환사채와 수시상환사채, 보통주로 전환할 수 있는 권리가 부여된 전환사채, 보통주를 매입할 수 있는 권리가 부여된 신주인수권부사채 등 다양한 사채가 있다.

[표 2-4] 부채의 분류

구분	종류	내용
부채	유동부채	결산일로부터 1년 이내에 만기일이 도래하는 부채
	비유동부채	결산일로부터 1년 이후에 만기일이 도래하는 부채

(3) 자 본

資本(capital)은 총자산에서 총부채를 차감한 **소유주지분**(owner's equity) 또는 **주주지분**(stockholders' equity)을 말하는 것으로, 일명 **잔여지분**(residual equity)·순재산·순자산이라고도 한다.

여기서 **잔여지분**(residual equity)이라 함은 기업의 자산 중 채권자 지분인 부채를 차감한 잔액만이 소유주(투자자 또는 자본가)에게 귀속되기 때문이다.

자본의 분류는 기업의 형태에 따라 다르다. 개인기업이나 합명회사 또는 합자회사와 같은 인적결합기업(partnership)의 자본은 자본금계정 하나로 기입되나, 주식회사의 자본은 발생원천에 따라 자본금, 자본잉여금, 자본조정, 기타포괄손익누계액 및 이익잉여금으로 분류하여 기입한다.

자본금(capital stock)은 발행한 주식의 액면총액인 법정자본금을 의미하고, 자본잉여금은 주주와의 거래에서 발생한 이익을 의미하며, 주식발행초과금이 대표적이다.

자본금과 자본잉여금은 주주가 회사에 직접 출자한 자본으로 **납입자본**(contributed capital)이라고도 한다.

그리고 **자본조정**이란 자본총액을 증가시키거나 감소시키기 위하여 사용한다. 자본조정에는 자기주식, 주식할인발행차금, 배당건설이자, 주식매수선택권, 감자차손 및 자기주식처분손실 등이 있다.

또한 **기타포괄손익누계액**(accumulated other comprehensive income)은 자산재평가이익, 매도가능금융자산평가손익, 파생금융상품평가손익, 해외사업장의 외화재무제표환산손익 등을 누적시킨 금액으로서 손익계산서에 당기손익항목으로 인식하지 않고 기타포괄손익으로 반영되는 항목을 말한다.

이익잉여금(retained earnings)은 기업의 경영성과인 이익 중 배당을 하지 않고 재투자를 위해 기업내부에 유보한 금액을 의미한다.

[표 2-5] 자본의 분류

자본	자본금	보통주자본금 :	보통주 발행주식수 × 보통주 액면가
		우선주자본금 :	우선주 발행주식수 × 우선주 액면가
	자본잉여금 :		주식발행·소각 등 주주와의 자본거래로부터 발생한 잉여금
	이익잉여금 :		영업활동에서 창출된 이익 중 재투자를 위해 회사내에 유보시킨 금액
	자본조정 :		자본에 가산 또는 차감하는 형식으로 표시되는 일시적인 항목
	기타포괄 손익누계액 :		당기손익에 포함되지 않는 평가손익이나 외화환산손익 등의 항목

예제 2-1 ▌ 이익잉여금의 의미

재무상태표

(주)푸른꿈 20×3년 12월 31일 현재 (단위 : 천원)

차 변 : 자	산	대 변 : 부 채 와 자 본	
현 금	300,000	매 입 채 무	500,000
매 출 채 권	400,000	단 기 차 입 금	800,000
상 품	800,000	장 기 차 입 금	500,000
토 지	700,000	납 입 자 본	1,000,000
건 물	1,000,000	이 익 잉 여 금	700,000
산 업 재 산 권	300,000		
	3,500,000		3,500,000

이익잉여금이 주주에게 분배하기 위해 보유하고 있는 현금을 의미하는 것이 아니라는 것을 설명하고자 한다. (주)푸른꿈의 20×3년도 말 현재의 이익잉여금은 ₩700,000이 계상되어 있다. 그러나 현금은 ₩300,000이 계상되고 있다. 따라서 이익잉여금은 현금으로 보유되고 있는 것이 아니라 재투자되어 여러 자산의 형태로 보유되고 있는 것을 알 수 있다. 이 점은 채권자로부터 차입한 차입금과 주주가 출자한 자본금의 경우도 마찬가지이다. 따라서 이익잉여금은 특정 자산이 아닌 총자산에 대한 청구금액의 크기를 나타낼 뿐이다.

주식회사가 발행하는 주식에는 **보통주**와 **우선주**가 있다. **보통주**를 소유한 주주는 주주총회에서 지분비율에 비례하는 의결권의 행사를 통해 경영에 참여할 수 있고 신주발행시 우선적으로 신주인수권을 가진다. **우선주**는 보통주에 비하여 이익배당과 청산으로 인한 재산분배에 있어서 우선청구권이 주어진 주식이다. 그러나 일반적으로 자기권리가 침해되지 않는 사항에는 의결권이 없다. 우선주는 보통주와 마찬가지로 주주지분이기 때문에 배당이 매년 보장되는 것은 아니고 주주총회에서 배당금지급이 결의되었을 때에만 보통주에 우선하여 배당을 받게 된다.

자본 중 이익잉여금에 대한 의미를 해석할 때 유의할 점은 이익잉여금이 현금 등 특정 자산으로 유보된 것이 아니라는 것이다. 재무상태표상 자본총액 중에서 부채는 채권자로부터 조달된 자금의 크기를, 자본금과 자본잉여금은 자본가로부터 조달된 자금의 크기를 표시하듯이, 이익잉여금은 이익 중 배당을 하지 않고 재투자를 위해 유보한 기업의 경영성과에 대한 크기를 나타낼 뿐이라는 것이다.

3) 재무상태표의 양식

재무상태표의 양식은 대체로 보고식과 계정식으로 구분되며, 이 중 한 가지를 선택해서 사용하고 있다. **보고식**이란 재무상태표를 자산·부채·자본순으로 나열하여 작성한 양식을 말하며, **계정식**이란 T자 형식(이를 T계정이라 한다)을 이용하여 왼쪽에는 자산을, 오른쪽에는 부채와 자본을 대응하는 형식으로 기입·작성한 것이다. 이때 왼쪽 변을 차변이라 하고, 오른쪽 변을 대변이라 한다. 따라서 계정식으로 작성된 재무상태표의 양식은 [표 2-5]와 같다.

[표 2-5] 계정식 재무상태표의 양식(유동성·비유동성 구분 및 유동성배열법)

재무상태표

××회사 ××년 ×월 ×일 현재 (단위 : 원)

자 산		부채와 자본	
유 동 자 산	(×××)	Ⅰ. 유동부채	(×××)
Ⅰ. 당 좌 자 산	×××	Ⅱ. 비유동부채	(×××)
Ⅱ. 재 고 자 산	×××	부 채 총 계	×××
비유동자산	(×××)	Ⅰ. 자 본 금	(×××)
Ⅰ. 투 자 자 산	×××	Ⅱ. 자본잉여금	(×××)
Ⅱ. 유 형 자 산	×××	Ⅲ. 자 본 조 정	(×××)
Ⅲ. 무 형 자 산	×××	Ⅳ. 기타포괄손익누계액	(×××)
Ⅳ. 기타비유동자산	×××	Ⅴ. 이익잉여금	(×××)
		자 본 총 계	×××
자 산 총 계	×××	부채 및 자본총계	×××

재무상태표는 재무상태표라는 문구와 작성기업 및 작성일자가 표시되어야 하며, 차변에는 자산을 대변에는 부채와 자본을 기입한다. [표 2-5]의 양식을 보면 자산은 유

동자산과 비유동자산으로 그리고 부채도 유동부채와 비유동부채로 분류해서 유동항목을 가장 먼저 보고하고 있는데, 이런 보고 방식을 **유동성·비유동성구분법** 및 **유동성배열법**이라고 한다.

그러나 이 방식과는 반대로 차변에서는 비유동자산을 가장 먼저 보고하고 대변에서는 자본을 그리고 그 다음에는 비유동부채를 보고하는 **유동성배열법의 역순 방식**도 가능하다. 이 방식은 영국에서 사용되어 왔으며, 국제회계기준에서도 이 영향을 받아 이 방식이 주로 사용되고 있다. 그러나 어느 방식을 선택하든 문제는 없다.

유동성·비유동성구분법 및 역유동성배열법에 따라 작성된 재무상태표의 양식은 [표 2-6]과 같다.

[표 2-6] 계정식 재무상태표의 양식(역유동성배열법)

재무상태표

××회사 ××년 ×월 ×일 현재 (단위 : 원)

자 산		자본과 부채	
비유동자산	(×××)	Ⅰ. 자 본 금	(×××)
Ⅰ. 유 형 자 산	×××	Ⅱ. 자본잉여금	(×××)
Ⅱ. 무 형 자 산	×××	Ⅲ. 자 본 조 정	(×××)
Ⅲ. 투 자 자 산	×××	Ⅳ. 기타포괄손익누계액	(×××)
Ⅳ. 기타비유동자산	×××	Ⅴ. 이익잉여금	(×××)
유 동 자 산	×××	자 본 총 계	×××
Ⅰ. 재 고 자 산	×××	Ⅰ. 비유동부채	(×××)
Ⅱ. 당 좌 자 산	×××	Ⅱ. 유 동 부 채	(×××)
		부 채 총 계	×××
자산총계	×××	자본 및 부채총계	×××

그런데 여기서 주의해야 할 점은 저자가 제시한 재무상태표의 양식이 종전에 기업회계기준에서 사용하던 표준 양식에 의거한 소분류 방식을 반영하고 있는데, 국제회계기준하에서는 반드시 그렇게 할 필요는 없다는 것이다. 국제회계기준에서는 몇몇 필수항목만은 반드시 표시해야 하지만 그밖에는 기업이 영위하는 사업에서의 해당 항목의 성격이나 기능에 따라 이용자의 목적에 가장 유용하도록 정보를 나타내는 방법으로 분류할 수 있는 재량권이 허용되고 있기 때문이다.

한편 채권자와 소유주로부터 조달된 자금을 이용하여 경제적 자원을 취득한 결과인 자산의 합계와 자금조달의 원천인 부채와 자본의 합계는 항상 같을 수밖에 없다. 이와 같이 재무상태표의 차변의 합계와 대변의 합계가 같다는 것을 **대차평균의 원리**

(principle of equilibrium)라 한다. 이에 따라 조달된 자금을 운용하여 취득한 자산의 합계는 자금의 조달원천인 부채 및 자본의 합계와 언제나 일치·균형 또는 대조를 이룬다고 해서 자산·부채·자본을 집계한 표를 전통적으로 'Balance Sheet', 즉 대차대조표(貸借對照表)라고 이름을 붙여 사용해 온 것이다.

유동성·비유동성구분법 및 유동성배열법에 따른 간단한 재무상태표 양식의 예를 들면 다음과 같다.

| 회계현장 2-1 | 공표용 보고식 재무상태표의 예

재 무 상 태 표

주식회사 스타벅스커피코리아 (단위: 백만원)

과 목	제 18 (당) 기말		제 17 (전) 기말	
자 산				
Ⅰ. 유 동 자 산		51,846		42,881
현금및현금성자산	1,433		8,795	
매출채권및기타채권	11,474		11,247	
기 타 유 동 자 산	4,943		5,852	
재 고 자 산	33,996		16,988	
Ⅱ. 비 유 동 자 산		336,633		258,914
장 기 금 융 상 품	3		3	
유 형 자 산	159,919		118,657	
무 형 자 산	6,121		5,548	
기 타 금 융 자 산	154,107		119,435	
기 타 비 유 동 자 산	7,385		9,100	
이 연 법 인 세 자 산	9,098		6,171	
자 산 총 계		388,479		301,796
부 채				
Ⅰ. 유 동 부 채		202,616		107,283
매입채무및기타채무	46,544		31,143	
단 기 차 입 금	55,832		-	
유동성장기차입금	40,000		30,000	
당 기 법 인 세 부 채	7,451		5,252	
이 연 수 익	1,300		789	
기 타 금 융 부 채	19,680		17,760	
기 타 유 동 부 채	31,811		22,339	
Ⅱ. 비 유 동 부 채		16,993		52,645

장 기 차 입 금	-		40,000	
순확정급여부채	4,263		3,659	
충 당 부 채	10,466		7,743	
기 타 금 융 부 채	2,263		1,242	
부 채 총 계		219,609		159,928
자 본				
Ⅰ. 자 본 금	20,000		20,000	
Ⅱ. 이 익 잉 여 금	148,870		121,868	
자 본 총 계		168,870		141,868
부채와 자본 총 계		388,479		301,796

예제 2-2 ▌ 계정식 재무상태표의 작성 예

재 무 상 태 표

(주)희망 20×3년 12월 31일 현재 (단위 : 백만원)

자 산			부 채	
Ⅰ. 유 동 자 산		(20,000)	Ⅰ. 유 동 부 채	(13,000)
(1) 당 좌 자 산		(15,000)	1. 매 입 채 무	6,000
1. 현금및현금성자산		10,000	2. 단 기 차 입 금	5,000
2. 매 출 채 권		5,000	3. 미 지 급 법 인 세	2,000
(2) 재 고 자 산		(5,000)	Ⅱ. 비 유 동 부 채	(15,000)
1. 상 품		5,000	1. 사 채	10,000
Ⅱ. 비 유 동 자 산		(26,000)	2. 장 기 차 입 금	5,000
(1) 투 자 자 산		(5,000)	부 채 총 계	28,000
1. 매도가능금융자산		3,000	자 본	
2. 투 자 부 동 산		2,000	Ⅰ. 자 본 금	(12,000)
(2) 유 형 자 산		(15,000)	1. 보 통 주 자 본 금	12,000
1. 토 지		10,000	Ⅱ. 자 본 잉 여 금	(5,000)
2. 건 물	7,000		1. 주 식 발 행 초 과 금	5,000
감가상각누계액	(2,000)	5,000	Ⅲ. 자 본 조 정	△(1,000)
(3) 무 형 자 산		(5,000)	1. 자 기 주 식	1,000
1. 영 업 권		3,000	Ⅳ. 이 익 잉 여 금	(2,000)
2. 산 업 재 산 권		2,000	1. 이 익 준 비 금	1,000
3. 개 발 비		1,000	2. 미처분이익잉여금	1,000
			(당기순이익 400)	
			자 본 총 계	18,000
자 산 총 계		46,000	부 채 와 자 본 총 계	46,000

참고 2-1  재무상태표와 관련된 기본적인 계정과목

1. 자 산

1) 유동자산

① 현금및현금성자산 : 통화 및 통화대용증권(타인발행수표, 자기앞수표 등)과 당좌예금·보통예금 및 현금성자산, 여기서 당좌예금이란 수표를 발행할 목적으로 예입한 것을 말한다. 또한 현금성자산이란 큰 거래비용 없이 현금으로 전환이 용이하고 이자율변동에 따른 가치변동의 위험이 중요하지 않은 유가증권 및 단기금융상품으로서 취득당시 만기(또는 상환일)가 3개월 이내에 도래하는 것을 말한다.

② 단기매매금융자산과 매도가능금융자산 : 타회사의 주식(시장성이 있는 주식에 한함)·채권(사채·공채·국채) 등과 같은 유가증권 중 단기간 내의 매매차익을 목적으로 취득한 것으로 매수와 매도가 적극적이고 빈번하게 이루어지는 것을 단기매매금융자산이라 하고, 단기매매금융자산이나 만기보유금융자산이 아닌 것으로 1년 이내에 만기가 도래하거나 또는 매도할 의사를 가지고 보유하는 유가증권을 매도가능금융자산이라 한다. 재무상태표일로부터 만기가 1년 이내에 도래하는 만기보유금융자산도 유동자산으로 분류된다.

③ 단기금융상품 : 금융기관이 취급하는 정기예금·정기적금·사용이 제한되어 있는 예금 및 기타 정형화된 금융상품(기업어음·어음관리구좌·양도성예금증서·환매채 등) 등으로 단기적 자금운용목적으로 소유하거나 기한이 1년 내에 도래하는 것.

④ 외상매출금 : 일반적인 상거래(영업활동)에서 상품이나 제품을 외상으로 판매하여 발생한 채권

⑤ 받을어음 : 일반적인 상거래(영업활동)에서 상품이나 제품을 외상으로 판매하고 어음을 받아 발생한 어음상 채권, 단 외상매출금과 받을어음을 묶어서 **매출채권**이라 한다.

⑥ 단기대여금 : 차용증서나 어음을 받고 금전을 대여함으로써 발생한 만기가 1년 이내의 채권

⑦ 미수금 : 일반적인 상거래가 아닌 영업외활동에서 유가증권이나 건물 등을 외상으로 처분하여 발생한 채권

⑧ 상품 : 판매업을 영위하는 기업이 일반적인 상거래 과정(당해 기업의 목적사업)을 통하여 판매를 목적으로 보유하고 있는 재화(예 : 서점의 책, 부동산 매매업자의 토지나 건물 등) 단, 제조업을 영위하는 기업에서는 제품이라 한다. 이와 같이 영업활동에서 판매를 목적으로 보유하고 있는 상품이나 제품을 **재고자산**이라 한다.

⑨ 소모품(저장품) : 업무용으로 사용되는 종이, 볼펜, 장부, 청소도구 등

⑩ 선급금 : 상품이나 원재료 등을 구입하기로 하고 계약금으로 대금 중 일부를 미리 지급한 것

⑪ 선급비용 : 다음 회계기간에 수익을 창출시키기 위해 미리 현금이 지급된 비용

⑫ 대손충당금 : 결산일 현재의 매출채권과 기타채권 중 차기에 회수불가능할 것으로 예상되는 부실채권금액에 해당되는 것으로 매출채권과 기타채권의 차감항목으로 표시된다. 매출채권이나 기타채권을 직접 차감시키지 않고 대손충당금계정을 사용하는 이유는 대손상각비를 계상한 시점에서 어떤 채무자의 채권을 못 받게 될 것인지를 알 수 없기 때문이다.

2) 비유동자산

(1) 투자자산

① 장기투자금융자산(매도가능금융자산과 만기보유금융자산 및 관계기업투자주식) : 타회사에 중대한 영향력의 행사를 통해서 수익력을 증대시킬 목적으로 장기간 보유하는 주식이나 사채는 투자자산으로 분류되는데, 단기매매금융자산이나 만기보유금융자산이 아닌 주식과 채

권은 매도가능금융자산으로 분류되며, 만기가 확정된 채무증권(채권)으로서 상환금액이 확정되었거나 확정이 가능한 채무증권을 만기까지 보유할 적극적인 의도와 능력이 있는 것은 만기보유금융자산으로 분류됨.

② 장기금융상품 : 유동자산에 속하지 아니하는 금융상품과 사용이 제한된 예금(일명 꺾기라 함)

③ 투자부동산 : 시세차익 목적 또는 임대수익 목적으로 소유하는 토지·건물 및 기타 부동산

(2) 유형자산

① 토지 : 영업활동에 사용할 목적으로 보유하고 있는 대지·임야·전답·잡종지 등. 단, 영업상 판매를 목적으로 보유하고 있는 경우에는 '상품'이 되고, 영업활동과 관계없이 투자목적으로 보유하고 있는 경우에는 '투자부동산'이 된다.

② 건물 : 영업활동에 사용할 목적으로 보유하고 있는 건물과 냉난방·조명·통풍 및 기타의 건물부속설비

③ 기계장치 : 영업활동에 사용할 목적으로 보유하고 있는 기계설비

④ 차량운반구 : 영업활동에 사용할 목적으로 보유하고 있는 육상운반구(철도차량, 자동차 등)

⑤ 비품 : 영업활동에 장기간 사용할 목적으로 보유하고 있는 책상·응접세트·컴퓨터 등.

⑥ 감가상각누계액 : 토지를 제외한 유형자산의 경제적 가치의 감소분은 매 연도 감가상각비란 비용으로 계상되는데, 매 연도의 감가상각비를 모두 합산해 놓은 것을 감가상각누계액이라 말한다. 감가상각누계액은 자산 란에서 해당 유형자산의 차감항목으로 보고된다.

(3) 무형자산

① 영업권 : 다른 회사를 인수·합병할 때 그 회사의 순자산가액(자산에서 부채를 차감한 잔액)보다 인수·합병대가를 더 많이 지급한 경우 순자산가액과 인수·합병대가와의 차액을 영업권이라 함. 영업권은 동종산업에 속한 기업의 평균이익을 초과한 초과이익에 대한 대가.

② 산업재산권 : 일정기간 독점적·배타적으로 이용할 수 있는 권리로서 특허권·실용신안권·의장권·상표권·상호권 및 상품명 등을 나타내는 계정과목.

③ 임차권리금 : 건물이나 기타자산의 임차시에 임차한 건물이나 기타자산이 다른 자산에 비해 상대적으로 입지조건, 고객관계 등이 유리한 경우 그 대가로 보증금 이외에 소위 권리금이란 이름으로 지급한 금액을 나타내는 계정과목

④ 컴퓨터 소프트웨어 : 외부에서 구입하여 사용하는 자산인식조건을 충족시키는 소프트웨어의 구입비를 나타내는 계정과목. 소프트웨어 내부개발비는 자산인식조건을 충족시킬 경우 개발비로 계상됨.

⑤ 개발비 : 특정 신제품이나 신기술의 개발과 관련하여 발생한 비용으로서 미래의 경제적 효익을 확실하게 기대할 수 있는 것.

2. 부 채

1) 유동부채

① 외상매입금 : 일반적인 상거래(제품이나 상품의 매입)에서 발생한 외상으로 인한 채무

② 지급어음 : 일반적인 상거래(제품이나 상품의 매입)에서 발생한 외상으로 인한 어음상 채무 단, 외상매입금과 지급어음을 묶어서 **매입채무**라 한다.

③ 단기차입금 : 차용증서나 어음을 발행하여 주고 금전을 차입함으로써 발생한 상환기간이 1년 이내인 채무

④ 미지급금 : 일반적인 상거래가 아닌 영업외활동에서 유가증권이나 건물 등의 외상 구입으로 발생한 채무

⑤ 미지급비용 : 영업활동에서 발생한 비용으로 아직 지급하지 않은 것
⑥ 선수금 : 상품이나 원재료 등을 판매하기로 하고 계약금으로 대금 중 일부를 미리 받은 금액
⑦ 선수수익 : 현금을 미리 수취하였으나 이번 회계기간의 수익으로 처리할 수 없는 것
⑧ 유동성장기부채 : 상환기일이 결산일로부터 1년 이내가 된 장기부채

2) 비유동부채

① 사채 : 일시 거액의 자금을 사채권을 발행하여 차입한 경우 발생한 채무로 상환기간이 1년 이상임
② 장기차입금 : 차용증서나 어음을 발행하여 주고 금전을 차입함으로써 발생한 채무로 상환기간이 1년 이상임
③ 충당부채 : 자산의 감소나 유출이 미래에 발생하지만 그 발생원인이 당기에 있고 그 금액을 합리적으로 추정할 수 있는 부채로 판매보증충당부채, 공사보증충당부채 등이 있다.
④ 이연법인세부채 : 세법에 따라 실제 납부해야 할 법인세 금액이 회계기준에 따라 계상된 법인세비용보다 적어질 때 발생하는 채무로 미래의 법인세 부담이 증가됨.

3. 자 본

① 자본금 : 주주의 출자분으로 발행주식수의 액면총액(발행주식수×액면단가).
단, 개인기업의 경우에는 소유주의 출자분 전액을 자본금계정 하나에 기입한다.
② 자본잉여금 : 주주 또는 자본가와의 거래에서 발생한 잉여를 말하며 여기서 주주 또는 자본가와의 거래란, 주식회사의 경우에는 주식발행을 통한 자본금을 증가시키는 증자(增資) 또는 발행된 주식을 매입·소각하여 자본금을 감소시키는 감자(減資) 등을 의미하고, 개인기업의 경우에는 소유주의 추가출자나 자본의 인출을 말한다. 자본잉여금의 예로는 회사가 발행한 주식의 발행가액과 액면가액의 차액인 주식발행초과금이 있다. 자본잉여금은 배당에는 사용할 수 없고 결손보전이나 자본전입에만 사용할 수 있다.
③ 자본조정 : 자본전체에 가산하거나 차감하는 항목. 예를 들어 회사가 자사주식을 일시보유 목적으로 매입하였을 경우 자기주식이라고 하는데 이는 자본조정항목이므로 자본에서 차감 표시한다.
④ 기타포괄손익누계액 : 당기순이익에 포함되지 않는 손익의 누계액을 말한다. 대표적인 항목으로는 재평가이익과 매도가능금융자산평가손익이 있으며, 이들 항목은 아직까지는 소유주에게 분배할 수 없는 손익이기 때문에 자본항목으로 계상된다.
⑤ 이익잉여금 : 기업이 창출한 이익 중 배당을 하지 않고 기업 내에 유보한 금액.

4) 재무상태표와 관련된 산식

(1) 회계등식

會計等式이란 앞에서 설명한 대차평균의 원리를 등식화한 것으로, 기업이 소유하고 있는 경제적 자원의 가치(자산합계)와 이러한 경제적 자원을 획득하기 위하여 조달된 자금(부채와 자본)은 항상 같다는 원리를 말한다.

기업의 자산이란 채권자와 소유주의 몫(지분 ; equity)으로 나눌 수 있으므로 부채를 채

권자지분, 자본을 소유주지분 또는 주주지분이라 한다. 회계등식을 정리하면 다음과 같다.

자산(경제적 자원) = 부채(채권자지분) + 자본(소유주지분 또는 주주지분)

(2) 자본등식

資本等式이란 자본을 중심으로 등식을 유도한 것으로 자본가(소유주)에게 귀속되는 순부(純富, net worth), 또는 순재산을 중요시 여기는 회계사고에서 유래된 것이다.

기업의 자산이란 소유주의 재산으로 적극적 재산이라 하고, 부채란 소유주의 채무로 소극적 재산이라 한다. 자본등식은 다음과 같다.

자산(적극적 재산) − 부채(소극적 재산) = 자본(순재산 또는 순자산)

5) 재무상태표의 유용성

재무상태표의 유용성은 다음과 같다.

(1) 기업실체의 재무상태에 관한 정보제공

財務狀態(financial position)란 해당기업의 경제적 자원의 가치인 자산과 이에 대한 채권자지분인 부채 및 투자자지분인 자본에 대한 크기를 말한다. 기업이 경제적 자원을 획득하기 위해서는 자금이 필요한 데 이러한 자금의 조달방법을 부채와 자본을 통하여 설명한다. 그리고 조달된 자금을 이용하여 필요한 경제적 자원을 취득하게 되는 데 이러한 자금의 운용결과를 자산으로 설명한다.

(2) 당해 기업의 유동성(단기지급능력)에 관한 정보제공

流動性(liquidity)이란 자산의 경우 현금으로의 전환가능성을 의미하고, 부채는 만기까지의 기간을 의미한다. 이때 현금으로의 전환가능성이 높을수록, 만기까지의 기간이 짧을수록 유동성이 높다. 따라서 자산과 부채의 각 항목은 유동성에 차이가 있다.

이미 설명한 것처럼 결산일로부터 1년을 기준으로 하여 1년 내에 현금화할 수 있는 자산을 유동자산으로, 1년 이내에 만기가 도래하는 부채를 유동부채로 분류하고 있다. 유동자산이 유동부채보다 많을수록 단기지급능력(solvency)이 양호하다고 한다. 단기지급능력은 순운전자본과 유동비율에 의해 측정하는 것이 일반적이며, 이들 산식은 다음과 같다.

유동비율이 1.5~2 또는 150%~200%이면 단기지급능력이 양호한 것으로 평가한다.

순운전자본 = 유동자산 – 유동부채

$$유동비율 = \frac{유동자산}{유동부채}$$

(3) 당해 기업의 재무구조(장기지급능력)에 관한 정보제공

財務構造란 부채와 자본의 구성비율을 의미한다. 채권자에 대한 기업의 최종적인 담보는 자본이라 할 수 있다.

따라서 부채와 자본의 크기를 상호 비교함으로써 채권자에 대한 기업의 담보능력을 측정할 수 있게 된다. 자기자본이 부채보다 많을수록 담보능력이 크기 때문에 이런 기업은 장기적으로 안정성(safety)을 지닌다. 장기지급능력을 측정하기 위해 부채총액과 자기자본(또는 자본총액)을 비교하는 산식을 부채비율이라고 하며, 다음과 같이 나타낸다. 부채비율이 2 또는 200% 미만이며 장기지급능력이 양호한 것으로 평가한다.

$$부채비율 = \frac{부채총액}{자산총액}$$

(4) 투자수익률에 관한 정보제공

재무상태표상의 투자규모를 나타내는 자산총액 또는 자산의 구성항목에 기업의 경영성과인 순이익을 관련시켜서 투자성과의 정도를 측정하여 투자의 효율성 여부를 평가할 수 있다. 기업의 전체적인 수익성 측정은 투자수익률(return on investment, ROI)에 의해 측정하는데, 이는 투자한 금액을 통해서 얼마나 이익을 창출했는지를 보여준다.

$$투자수익율 = \frac{당기순이익}{평균자산총계}$$

6) 재무상태표의 한계

재무상태표는 기업의 재무상태와 재무적 강·약점을 평가하는데 유용한 재무제표이다. 그러나 회계 자체에 내재되어 있는 한계점 때문에 재무상태표의 유용성에도 어느

2-3 ▌재무상태표와 장·단기지급능력

재 무 상 태 표

(주)자유 20×3년 12월 31일 현재 (단위 : 천원)

차 변 : 자 산		대 변 : 부 채 와 자 본	
현금 및 현금성 자산	1,000,000	매 입 채 무	1,000,000
매 출 채 권	800,000	선 수 금	200,000
선 급 금	200,000	단 기 차 입 금	800,000
상 품	1,000,000	사 채	700,000
토 지	450,000	장 기 차 입 금	150,000
건 물	800,000	납 입 자 본	1,000,000
차 량 운 반 구	200,000	이 익 잉 여 금	600,000
	4,450,000		4,450,000

(주)자유의 20×3년도 말 현재의 유동자산(현금, 매출채권, 선급금, 상품)은 30억 원이고, 유동부채(매입채무, 선수금, 단기차입금)는 20억 원이다. 따라서 1년 이내에 만기가 도래하는 유동부채보다 1년 이내 현금으로 전환할 수 있는 유동자산은 10억 원(순운전자본)이 더 많으므로 단기지급능력은 양호한 것으로 평가할 수 있다. 유동비율은 1.5로 역시 단기지급능력이 양호한 것으로 평가한다. 부채비율은 1.78로 장기지급능력도 양호하다고 평가할 수 있다.

정도 제약이 따를 수밖에 없다. 정보이용자는 재무상태표가 안고 있는 다음과 같은 한계점 때문에 재무상태를 완벽하게 나타내는 보고서가 될 수 없다는 점을 인식하고 이용하여야 한다.

첫째, 재무상태표에는 미래에 효익을 가져다주는 기업의 경제적 자원이 자산으로 모두 계상되고 있지 않다. 예를 들어 탁월한 능력을 지닌 경영진, 우수한 연구개발인력과 같은 인적자원, 잘 알려진 브랜드가치 등은 객관적인 화폐단위로 측정할 수 없기 때문에 자산으로 계상되지 않고 있다.

둘째, 자산은 취득시의 가격(이를 역사적 원가라 함)으로 재무상태표상에 나타내는 것이 원칙이다. 그리고 자산의 보유를 통해서 발생된 가치의 증가도 보유기간 중 반영되지 않는다. 따라서 창업초기의 기업을 제외하고는 재무상태표는 일반적으로 기업의 재무상태를 현행가치로 나타내지 못한다. 특히 화폐가치가 안정되어 있지 않은 상황에서는 더욱 그렇다.

셋째, 기업이 재무제표를 정기적으로 정보이용자에게 작성·보고하는 과정에서 불가피하게 추정이 개재되게 된다. 이에 따라 측정치의 정확성이 보장되지 않는다.

넷째, 현행 회계기준에는 대체적 회계처리방법이 허용되고 있는 부분이 있기 때문에 회계담당자는 이 중 한 방법을 선택해서 사용하게 된다. 이 경우 선택한 방법에 따라서 결과가 다르기 때문에 재무상태에 미치는 영향이 다르며, 기업간의 재무상태를 비교하는데도 어려운 문제가 생긴다.

다섯째, 기업의 재무구조가 부실한 기업의 경우 이를 은폐하기 위해서 가공의 자산을 계상하거나 부채를 미계상(이를 부외부채라고 함)하는 경우도 있다.

3. 포괄손익계산서

1) 포괄손익계산서의 의의

포괄손익계산서(statement of comprehensive income, profit and loss statement ; P/L)는 일정기간의 기업의 경영성과를 표시하는 재무제표로서, 일명 이익계산서(income statement)라고도 한다. 재무상태표가 재무상태에 대한 순간의 스냅(snap)사진이라면, 손익계산서는 일정 회계기간 동안 기업의 경영성과를 촬영한 비디오 테이프라고 말할 수 있다.

손익계산서에는 수익과 비용 및 당기순손익이 포함되어 작성·보고된다. 손익계산서상 당기순손익의 크기는 기업의 수익성을 평가하기 위해 사용되는 가장 일반적이고 유용한 측정치로, 많은 정보이용자들이 관심을 갖는 정보중의 하나이다.

회계상 수익과 비용 및 이익이란 일상생활에서는 다음과 같이 표현된다. 예를 들어, 아르바이트를 하여 하루 ₩50,000을 번다고 하자. 그러면 하루 ₩50,000을 벌기 위해서는 교통비와 식비 등 경제적 희생이 따르는데 그 금액이 ₩10,000이라 하자. 이러한 경우, 일상생활에서는 ₩50,000을 벌어 ₩10,000은 사용하고 ₩40,000이 남았다고 한다.

회계상 표현으로는 벌어들인 ₩50,000은 수익이고 ₩50,000을 벌기 위해 사용된 ₩10,000은 비용이며 남은 ₩40,000은 이익인 것이다. 이와 같이 수익이란 벌어들인 것을 의미하고, 비용이란 벌기 위하여 소비된 가치를 말한다. 그래서 이익이란 수익에서 비용을 차감한 나머지가 된다.

앞에서 언급한 것처럼 이익은 자본가에게 배당을 통하여 분배되며, 배당되지 않고 재투자를 위하여 유보한 금액은 재무상태표상 이익잉여금으로 표시된다.

2) 포괄손익계산서의 구성요소

(1) 수 익

收益(revenues)이란 상품이나 제품의 판매 및 용역의 제공 등 해당 기업의 목적 사업인 일반적인 상거래에서 발생한 순자산(자본)의 증가분으로, 이에는 매출과 용역수익이 포함된다.

앞에서 인용한 예를 이제 회계상의 예로 바꾸어 보자. 예를 들어, 어떤 판매회사가 판매용으로 ₩30,000에 매입한 상품을 ₩50,000에 현금매출한 경우, 상품을 판매하여 벌어들인 매출액 ₩50,000을 수익이라고 한다.

이를 회계상 의미로 분석하면 자산인 현금 ₩50,000이 증가하고 그 결과 자본가의 몫인 자본이 증가한 것이라고 말할 수 있다.

한편, 자본가의 추가적인 투자(추가출자 또는 증자라 함)를 제외한 영업외활동에서 발생한 순자산의 증가분(예 단기매매금융자산처분이익·유형자산처분이익 등)은 이득(gains)이라고 한다.

(2) 비 용

費用(expenses)이란 상품이나 제품의 판매 및 용역의 제공 등 해당 기업의 목적 사업인 일반적인 상거래에서 발생한 순자산(자본)의 감소분으로, 이에는 판매된 상품이나 제품의 원가인 매출원가와 판매 및 관리활동에서 발생한 판매비와 관리비(급여, 광고선전비, 수도광열비 등)가 포함된다.

예를 들어, 매입가격(이를 원가라 함) ₩30,000의 상품을 ₩50,000에 매출한 경우, 매출액 ₩50,000을 벌기 위하여 상품의 원가 ₩30,000이 희생되었으므로 상품의 원가 ₩30,000이 비용인 매출원가가 된다. 이를 회계상 의미로 분석하면 수익인 매출액 ₩50,000을 얻기 위하여 상품이라는 자산이 ₩30,000 감소하였고, 그 결과 자본가 몫인 자본이 ₩30,000 감소되게 된 것이다.

한편, 자본가에 대한 환급(감자 또는 인출) 및 자본가에 대한 배당을 제외한 영업외활동에서 발생한 순자산의 감소분(예 단기매매금융자산처분손실·유형자산처분손실 등)은 손실(losses)이라고 한다.

(3) 순이익(순손실)

일정기간 동안 발생한 특정 기업의 수익과 이득에서 비용과 손실을 차감한 금액을 순이익이라 하고, 수익과 이득보다 비용과 손실이 큰 경우에는 그 차액을 순손실이라 한다. 이 때 특정회계기간의 순이익이나 순손실을 당기순이익 또는 당기순손실이라 한다. 따라서 당기순손익에는 당해 기업이 일정기간 동안 창출한 영업활동에 의한 성과와 영업외활동에 의한 성과가 모두 포함된다.

3) 포괄손익계산서의 양식

손익계산서는 손익계산서라는 문구와 작성기업 및 회계기간이 표시되어야 하며, 수익과 비용 및 당기순손익을 기입한다.

손익계산서의 양식은 보고식과 계정식으로 구분된다. 계정식이란 대변에 수익, 차변에 비용과 당기순이익(당기순손실은 대변에 표시됨)을 표시해서 작성하는 방식이며, 보고식이란 수익·비용·당기순손익의 순으로 위에서 아래로 나열하여 작성한 것으로, 그 기본양식은 [표 2-7] 및 [표 2-8]과 같다.

[표 2-7] 계정식 손익계산서의 양식

손익계산서

(주)××회사	20×3년 1월 1일부터 12월 31일까지		(단위 : 원)
비　　용	×××	수　　익	×××
당기순이익	×××		
	×××		×××

[표 2-8] 보고식 손익계산서의 양식

손익계산서

(주)××회사	20×3년 1월 1일부터 12월 31일까지	(단위 : 원)
수　　익		×××
비　　용		(×××)
당기순이익		×××

그러나 회계기준에서는 포괄손익계산서의 양식을 보고식으로 작성하도록 하고 있다. 보고식으로 작성되는 포괄손익계산서도 다시 ① 단일의 포괄손익계산서를 작성하는 방법과 ② 두 개의 손익계산서를 작성하는 방법으로 나눌 수 있으며, 이 중 한 가지를 선택해서 작성된다.

단일의 포괄손익계산서를 작성하는 방법은 당기손익과 기타포괄손익이 함께 반영된 단일보고서를 작성하는 방법이며, 이 보고서를 포괄손익계산서라고 부른다. 반면에 두 개의 손익계산서를 작성하는 방법은 당기손익의 구성항목만을 반영한 보고서(손익계산서라고 함)와 별도로 손익계산서의 당기순이익에다 기타포괄손익항목을 반영한 또 하나의 보고서(포괄손익계산서라 함)를 작성하는 분리 방법이다. 다시 말해 단일의 포괄손익계산서를 두 부분으로 나누어서 표시하는 방법인 것이다.

이 두 방법에 따른 간단한 양식을 제시하면 다음 [표 2-9] 및 [표 2-10]과 같다.

이 책에서는 포괄손익과 관련된 항목이 나타나지 않는 경우에는 포괄이란 단어를 빼고 손익계산서란 이름을 사용하겠다.

[표 2-9] 단일의 포괄손익계산서의 작성

포괄손익계산서

(주)××회사	회계기간	(단위 : 원)
수　　익		×××
비　　용		(×××)
당기순이익		×××
기타포괄손익		×××
총포괄손익		×××

[표 2-10] 손익계산서(두 개의 보고서)의 작성

손익계산서

(주)××회사	회계기간	(단위 : 원)
수　　익		×××
비　　용		(×××)
당기순이익		×××

포괄손익계산서

(주)××회사	회계기간	(단위 : 원)
당기순이익		×××
기타포괄손익		×××
총포괄손익		×××

한편 「한국채택 국제회계기준서」에서는 비용을 성격별 또는 기능별로 분류해서 손익계산서에 표시하도록 하고 있다. **성격별 비용법**(nature of expense method)은 비용을 원재료 구입, 종업원급여비용, 감가상각비, 광고선전비처럼 성격별로 구분해서 표시하는 방법이며, **기능별 비용법**(function of expense method)은 비용을 매출원가, 물류원가, 관리비용처럼 기능별로 구분해서 표시하는 방법을 말한다. 기능별 비용법이 전통적인 방

식과 유사하며, 그 손익계산서 양식(기타포괄손익항목 제외)은 [표 2-11]과 같다.

[표 2-11] 보고식 손익계산서의 양식(기능별 비용법, 영업손익 미표시)

손익계산서		
××회사	회계기간	(단위 : 원)
Ⅰ. 매 출 액		×××
Ⅱ. 매 출 원 가		(×××)
Ⅲ. 매출총손익		×××
Ⅳ. 기 타 수 익		×××
Ⅴ. 물 류 원 가		(×××)
Ⅵ. 관 리 비 용		(×××)
Ⅶ. 금 융 비 용		(×××)
Ⅷ. 기 타 비 용		(×××)
Ⅸ. 법인세비용차감전순손익		×××
Ⅹ. 법인세비용		(×××)
Ⅺ. 당기순손익		×××
주당이익(단위 : 원)		×××

한편 위의 양식에는 영업손익이 표시되고 있지 않다. 그러나 국제회계기준이 도입된 나라에 속한 기업 가운데 영업손익을 표시하는 경우도 발견되고 있으며, 영업손익은 반복적인 사업활동을 반영한 이익지표로서 재무분석가들에 의해 미래현금흐름의 금액, 시기 및 불확실성을 예측하는데 유용하게 사용되고 있기 때문에 손익계산서상에 명시해야 한다는 주장이 강력하게 제기 되어 왔다. 또한 국제회계기준 선택적용 기간동안에 정보이용자들은 국제회계기준을 적용한 (포괄)손익계산서에 영업손익이 표시되지 않거나 영업손익 산출에 포함된 항목에 기업간 차이가 있어 비교가능성이 저하된다는 문제 제기도 있어 왔다.

이에 따라 한국회계기준위원회에서는 이러한 문제 제기를 수용해서 (포괄)손익계산서상에 영업손익을 생략하는 기업은 영업손익과 영업손익 산출내역 등을 재무제표 주석으로 공시토록 개정함에 따라 손익계산서에 명시적으로 영업손익을 표시할 수도 있고, 아니면 주석에 영업손익 산출내역을 표시 하여야 한다.

영업손익이 표시된 손익계산서의 양식(기타포괄손익항목 제외)은 [표 2-12]와 같다.

[표 2-12] 보고식 손익계산서의 양식(기능별 비용법, 영업손익 표시)

손익계산서

××회사	회계기간	(단위 : 원)
Ⅰ. 매 출 액		×××
Ⅱ. 매 출 원 가		(×××)
Ⅲ. 매출총손익		×××
Ⅳ. 물 류 원 가		(×××)
Ⅴ. 관 리 비 용		(×××)
Ⅵ. 영업손익		(×××)
Ⅶ. 금 융 비 용		(×××)
Ⅷ. 기 타 수 익		×××
Ⅸ. 기 타 비 용		(×××)
Ⅹ. 법인세비용차감전순손익		×××
Ⅺ. 법인세비용		(×××)
Ⅻ. 당기순손익		×××
주 당 이 익(단위 : 원)		××

▌회계현장 2-2▐ 보고식 손익계산서(기능별 비용법)

연결 포괄손익계산서

호텔 롯데 (단위 : 백만원)

과 목	제 42 기	제 41 기
Ⅰ. 매 출 액	4,716,547	3,827,426
Ⅱ. 매 출 원 가	2,972,500	2,430,546
Ⅲ. 매 출 총 이 익	1,744,047	1,396,880
Ⅳ. 판 매 비 와 관 리 비	1,336,732	1,087,733
Ⅴ. 영 업 이 익	407,315	309,147
기 타 수 익	31,038	26,402
기 타 비 용	(56,595)	(64,040)
금 융 수 익	104,254	104,468
금 융 원 가	(137,529)	(104,152)
지 분 법 손 실	(77,108)	(22,492)
Ⅵ. 법인세비용차감전순이익	271,374	249,332
Ⅶ. 법 인 세 비 용	86,778	103,695
Ⅷ. 당 기 순 이 익	184,596	145,637

지배기업의 소유주지분	184,859	146,567
비 지 배 지 분	(263)	(930)
Ⅸ. 기 타 포 괄 이 익	(572,892)	42,906
Ⅹ. 당 기 총 포 괄 이 익	(388,296)	188,543
XI. 주 당 이익 (단위: 원)		
기본 및 희석주당이익	3,618	2,881

한편 비용을 성격에 따라 분류하면 재료구입비, 종업원급여비용, 감가상각비, 운송비, 광고선전비 등처럼 분류된다. **성격별 비용법**에 따른 **포괄손익계산서 양식**(기타포괄손익항목 포함)은 [표 2-13]과 같다.

[표 2-13] 보고식 손익계산서의 양식(성격별 비용법)

포괄손익계산서

××회사 회계기간	(단위 : 원)
Ⅰ. 수 익	×××
Ⅱ. 기 타 수 익	×××
Ⅲ. 제품과 재공품의 변동	(×××)
Ⅳ. 원재료와 소모품의 사용액	(×××)
Ⅴ. 종업원급여비용	(×××)
Ⅵ. 감가상각비와 기타상각비	(×××)
Ⅶ. 기 타 비 용	(×××)
Ⅷ. 금 융 원 가	(×××)
Ⅸ. 법인세비용차감전순손익	×××
Ⅹ. 법인세비용	(×××)
Ⅺ. 당기순손익	×××
Ⅻ. 기타포괄손익	×××
XIII. 총포괄손익	×××
주 당 이 익(단위 : 원)	×××

기능별 비용법과 성격별 비용법 중 어떤 방법을 선택할 것인가는 역사적 요인, 산업적 요인과 기업의 성격에 달려있다. 각 방법은 기업의 유형에 따라 장단점이 있기 때문에 경영진으로 하여금 신뢰성 있고 목적적합한 방법을 선택하도록 하고 있다. 그러나 비용의 성격에 대한 정보가 미래현금흐름을 예측하는데 유용하기 때문에 비용을 기능별로 분류하는 경우에는 추가공시가 필요하다.

한편 주당이익(earnings per share, EPS)을 손익계산서 본문 마지막 란에 별도 표시하여야 한다. 주당이익은 기업의 이익을 기간 중의 가중평균유통주식수로 나누어 계산한 것으로, 이는 기업의 규모에 관계없이 모든 기업의 수익성을 비교할 수 있는 정보를 제공하기 때문에 의사결정에 유용하게 이용된다. 예를 들어 주당순이익을 이용하면 ₩2,000,000의 순이익과 200,000주의 유통주식수를 가진 기업의 성과와 순이익이 ₩600,000이고 유통주식수가 30,000주인 기업의 성과를 비교할 수 있다.

▮회계현장 2-3▮ 보고식 손익계산서(성격별 비용법)

연결 포괄손익계산서

호텔 신라 (단위 : 백만원)

과 목	제 42 기	제 41 기
I. 매출액	2,908,977	2,296,998
II. 재료비	1,612,907	1,327,414
III. 인건비	164,501	122,857
IV. 기타영업비용	992,589	760,161
V. 영업이익	138,980	86,567
VI. 영업외손익		
금융수익	16,356	19,518
금융비용	(26,141)	(26,808)
투자손익	(878)	902
기타영업외수익	14,511	16,337
기타영업외비용	(29,054)	(80,493)
영업외손익 합계	(25,205)	(70,544)
VII. 법인세비용차감전순이익	113,775	16,022
법인세비용	40,292	5,212
VIII. 당기순이익	73,483	10,810
IX. 주당이익 (단위; 원)		
기본주당이익	1,866	274
희석주당이익	1,866	274

한편, 매출원가는 제조업과 판매업의 경우에는 계산방식에 차이가 있다. 다음 [표 2-14]에 제조업과 판매업의 매출원가 계산방식이 제시되었다. 제조업의 원가계산과정은 원가회계에서 다룬다.

[표 2-14] 제조업과 판매업의 매출원가 계산방식

제조업의 매출원가			판매업의 매출원가		
	기초제품 재고액	10,000		기초상품 재고액	10,000
+	당기제품 제조원가	80,000		당기매입액	80,000
	합계	90,000		합계	90,000
−	기말제품 재고액	20,000	−	기말상품 재고액	20,000
	매출원가	70,000		매출원가	70,000
	제조원가명세서(요약)				
	재료원가	55,000			
	노무원가	15,000			
	제조간접원가	10,000			
+	기초재공품재고액	7,000			
−	기말재공품재고액	7,000			
	당기 제품제조원가	80,000			

한편 계정식이란 T계정을 이용하여 앞에서 설명한 보고식 손익계산서 내용 중 차변에는 비용(매출원가, 판매비와 관리비, 기타비용, 법인세비용)과 당기순이익을 대변에는 수익(매출액, 기타수익)과 당기순손실을 대응하는 형식으로 기입하여 작성한 것을 말한다. 계정식 손익계산서는 공표용으로는 작성되지 않고 교과서에서 설명용으로 많이 작성하여 사용한다.

수익과 비용의 위치는 다음과 같이 결정된 것이다. 수익은 자본(이익잉여금)의 증가요인으로 자본에 가산하기 위해서는 같은 변인 대변에 기입하고, 비용은 자본의 감소요인이므로 차감하기 위하여 반대 변인 차변에 기입한 것이다. 그리고 손익계산서의 차변과 대변의 합계를 일치시키기 위하여 수익이 비용보다 큰 경우에는 차변에 당기순이익을, 비용이 수익보다 큰 경우에는 대변에 당기순손실을 기입한다.

일단 이후 설명과정에서는 이해하기 쉬운 계정식을 이용하기로 한다. 계정식과 보고식 양식에 따른 손익계산서 작성 예를 들면 다음과 같다.

예제 2-4 ▌ 손익계산서(계정식)의 작성 예

손익계산서

20×3년 1월 1일부터
12월 31일까지

(주)미래 (단위 : 원)

매 출 원 가	4,000,000	매 출	6,000,000
급 여	1,000,000	이 자 수 익	1,500,000

이 자 비 용	500,000		
당 기 순 이 익	2,000,000		
	7,500,000		7,500,00

손익계산서

20×3년 1월 1일부터 12월 31일까지

(주)자유 (단위 : 원)

매 출 원 가	4,000,000	매 출	5,000,000
급 여	1,000,000	임 대 료	2,000,000
이 자 비 용	2,500,000	당 기 순 손 실	500,000
	7,500,000		7,500,000

(주)미래는 대변의 수익총액은 ₩7,500,000이고 차변의 비용총액은 ₩5,500,000이므로 대변 금액이 ₩2,000,000이 크다. 그러므로 차변합계와 대변합계를 일치시키기 위하여 당기순이익 ₩2,000,000을 차변에 기입한 것이다. 그리고 (주)자유는 대변의 수익총액은 ₩7,000,000이고 차변의 비용총액은 ₩7,500,000이므로 차변금액이 ₩500,000이 크다. 그러므로 차변합계와 대변합계를 일치시키기 위하여 당기순손실 ₩500,000을 대변에 기입한 것이다.

예제 2-5 ▮ 손익계산서 작성(보고식)

다음은 가나다 회계법인의 손익계산서 관련 자료이다. 이 자료를 가지고 기능별 비용법과 성격별 비용법에 의해 손익계산서를 작성해보자.

용역매출 : ₩500,000

용역원가 : 직원급여 ₩150,000, 소모품비 ₩10,000

판매비 : 광고비 ₩20,000, 접대비 ₩5,000

관리비 : 수도광열비 ₩5,000, 감가상각비 ₩20,000

법인세비용 : ₩50,000

손익계산서(성격별비용법)

(주)가나다 1/1－12/31 (단위:원)

용 역 매 출	500,000
급 여 비 용	(150,000)
소 모 품 비 용	(10,000)
광 고 비	(20,000)
수 도 광 열 비	(5,000)

손익계산서(기능별비용법)

(주)가나다 1/1－12/31 (단위:원)

용 역 매 출	500,000
용 역 원 가	(160,000)
판 매 비	(25,000)
관 리 비	25,000
법인세차감전순이익	290,000

감 가 상 각 비	(20,000)	법 인 세 비 용	50,000
접 대 비	(5,000)	당 기 순 이 익	240,000
법인세차감전순이익	290,000		
법 인 세 비 용	50,000		
당 기 순 이 익	240,000		

기능별 비용법의 경우 판매비와 관리비에 대해서 그 내역을 주석으로 공시하면 된다.

참고 2-2 손익계산서와 관련된 기본적인 계정과목

1. 수 익

1) 영업수익

① 매출 : 재고자산(상품이나 제품)의 판매대가(매출액＝매출원가＋매출총이익). 단, 서비스업종인 경우에는 용역의 제공대가를 용역수익, 용역매출 또는 수수료수익이라 한다.

2) 영업외수익(기타수익)

① 이자수익 : 대여금이나 예금으로부터 발생한 이자

② 임대료 : 건물이나 토지 등을 임대함으로써 발생하는 집세나 텃세

③ 수수료수익 : 거래의 알선 등을 통하여 받는 수수료

④ 유가증권(단기매매, 매도가능, 만기보유금융자산)처분이익 : 유가증권을 원가 이상으로 처분하여 남은 이익

⑤ 단기매매금융자산평가이익 : 결산일 현재 보유하고 있는 단기매매금융자산(주식과 사채)의 장부가액보다 결산일 현재의 시가(공정가액)가 높을 경우의 그 차액

⑥ 유형자산처분이익 : 토지나 건물 등 유형자산을 원가(또는 장부가액) 이상으로 처분하여 남은 이익

⑦ 잡이익 : 영업외활동에서 발생한 비교적 적은 이익(예 : 폐품의 처분액 등)

2. 비 용

1) 영업비용

① 매출원가 : 판매된 상품이나 제품의 원가

② 급여 : 사무직 종업원에게 지급되는 보수

③ 여비교통비 : 종업원의 출장시 지급되는 교통비나 숙박비

④ 통신비 : 전화, 전보, 우표 및 엽서 등에 지급되는 금액

⑤ 수도광열비 : 수도요금, 전기요금, 연료비 등으로 지급되는 금액

⑥ 세금과공과 : 법인세나 부가가치세 등을 제외한 각종 세금(예 : 재산세, 자동차세, 사업소세 등)과 공과금(예 : 상공회의소회비, 적십자회비 등). 단, 건물 등의 취득시에 발생하는 취득세나 등록세는 해당 자산의 취득원가에 포함하여 자산으로 기록한다.

⑦ 임차료 : 건물이나 토지 등을 임차하여 사용함으로써 지급하는 집세나 텃세

⑧ 보험료 : 보험에 가입하고 납부하는 각종 보험료

⑨ 광고선전비 : 광고 및 선전활동에 지급되는 금액
⑩ 운반비 : 상품이나 제품 등을 판매하면서 발생한 운임 등의 발송비용. 단, 상품이나 비품 등의 구입시 발생하는 운임은 해당 자산의 취득원가에 포함하여 자산으로 기록한다.
⑪ 판매수수료 : 상품이나 제품 등의 판매사원에게 지급되는 수수료
⑫ 소모품비 : 소모품의 사용으로 발생한 비용
⑬ 대손상각비 : 매출채권과 기타채권 중 일부는 채무자의 부도와 같은 예상치 못한 사건으로 인해 회수가 불가능한 부실채권이 되는 경우가 있다. 회수불가능할 것으로 예상되는 부실채권금액을 결산시에 비용으로 처리하는데 이를 대손상각비라 한다.
⑭ 감가상각비 : 토지를 제외한 유형자산의 경제적 가치의 감소분으로 결산시에 계상되는 비용
⑮ 복리후생비 : 종업원의 복리후생을 위하여 지출하는 비용(회식비, 경조사비, 선물대금 등)
⑯ 접대비 : 영업의 목적으로 거래처와의 관계를 유지하기 위한 지출.
⑰ 차량유지비 : 회사소유 차량운반구 유지와 관련하여 지급되는 금액(유류대, 차량수리비, 검사비, 정기주차요금 등)
⑱ 잡비 : 영업활동에서 발생한 비교적 적은 금액의 비용(예 : 신문·잡지의 구독료 등)
⑲ 교육훈련비 : 종업원의 업무능력 향상을 위한 업무관련 교육, 훈련, 연수 등에 지출된 금액

2) 영업외비용(기타비용)
① 단기매매금융자산과 당기손익인식금융자산평가손실 : 결산일 현재 보유하고 있는 단기매매유가증권(주식과 사채)의 장부가액보다 결산일 현재의 시가가 낮을 경우의 그 차액
② 유가증권(단기매매, 매도가능, 만기보유금융자산)처분손실 : 유가증권을 원가 이하로 처분하여 발생하는 손실
③ 유형자산처분손실 : 토지나 건물 등 유형자산을 원가(또는 장부가액) 이하로 처분하여 발생한 손실
④ 기부금 : 특수관계가 없는 자(국가 또는 지방자치단체, 사회복지법인, 학교, 종교단체 등)에게 법인의 사업과 관계없이 무상으로 증여한 현금이나 그밖의 자산의 가액

3) 금융비용
① 이자비용 : 차입금 등 채무에 대한 이자와 어음 등의 할인시 발생하는 할인료

4) 손익계산서의 유용성

손익계산서의 유용성은 다음과 같다.

(1) 당해 기업의 경영성과에 대한 원인표시

기업활동은 영업활동·투자활동 및 재무활동으로 분류된다. 기업의 목적사업과 관련된 활동이 영업활동이고, 이외의 활동은 영업활동을 지원하기 위한 것으로 영업외활동이라 한다. 따라서 각 활동에서 발생된 성과는 그 의미가 다를 수밖에 없다. 그리하여 손익계산서 항목 중 영업활동에서 발생한 것을 수익(revenues ; 매출액)과 비용(expenses ; 매출원가와 판매비와 관리비)이라 하고, 영업외활동에서 발생된 것을 이득(gains)과 손실(losses)이라 하여 이들을 손익계산서에 발생원천별로 구분하여 보고 한다.

(2) 수익성(이익창출능력)과 미래현금흐름의 예측정보 제공

정보이용자들의 궁극적인 관심사는 당해 기업으로 유입되리라 예상되는 순현금흐름이다. 순현금흐름은 이익창출능력에 의하여 영향을 받게 되므로, 일반적으로 미래의 순현금흐름도 미래의 이익창출능력을 이용하여 예측한다. 미래의 이익창출능력은 과거의 수익성을 이용하여 예측할 수 있다.

이 때 매기 경상적이고 반복적인 항목과 비경상적이고 비반복적인 항목은 미래에 그 발생가능성이 다르므로 미래의 이익창출능력에 대한 예측력이 다르다. 따라서 경상적이고 반복적인 항목과 비경상적이고 비반복적인 항목은 이를 구분하여 이용해야 한다.

(3) 가처분 부(배당가능 이익)에 관한 정보제공

기업은 창출한 이익을 투자자(소유주)에게 배당형식으로 분배하게 된다. 손익계산서에는 해당기업의 경영성과가 보고되므로 이를 통하여 배당가능이익이 어느 정도가 되는지를 알 수 있게 된다.

예제 2-6 ▌ 손익계산서의 유용성 : 경영성과의 원인 설명

다음은 자산규모가 유사한 자동차 판매회사인 (주)씽씽과 (주)낑낑의 손익계산서이다. 두 회사의 20×3년도 당기순이익은 각각 ₩70,000,000이다. 손익계산서를 이용하여 두 기업의 경영성과의 건전성 여부를 비교하면 다음과 같다.

손익계산서

(주)씽씽 1/1 − 12/31	(단위:천원)
매 출 액	400,000
매 출 원 가	(250,000)
판 매 비 용	(50,000)
영 업 이 익	100,000
유형자산처분손실	(30,000)
당 기 순 이 익	70,000

손익계산서

(주)낑낑 1/1 − 12/31	(단위:천원)
매 출 액	400,000
매 출 원 가	(250,000)
판 매 비 용	(100,000)
영 업 이 익	50,000
유형자산처분이익	20,000
당 기 순 이 익	70,000

20×3년도 두 회사의 당기순이익은 ₩70,000,000으로 동일하지만 (주)씽씽의 경영성과가 보다 양호하다고 할 수 있다. 그 이유는 다음과 같다.

(주)씽씽은 목적사업인 영업활동에서 ₩100,000,000의 경영성과를 창출하였으나 (주)낑낑은 ₩50,000,000의 경영성과를 창출하였으며, 영업이익의 차이에 대한 원인은 (주)낑낑의 판매비용이 (주)씽씽에 비하여 2배나 많이 발생하였기 때문이다.

그러므로 기업활동에서 창출된 것이 아닌 성과는 손익계산서에 포함시켜서는 안 된다. 이러한 것에는 소유주와의 거래에서 발생한 이득과 손실(예 자본잉여금)이 해당된다.

예제 2-7 ▌ 추세분석에 의한 수익성 평가

다음은 서비스업종에 종사하는 (주)한아름의 3년간 비교손익계산서이다. 이를 이용하여 수익성을 평가하면 다음과 같다.

비교손익계산서

(단위 : 원)

	20×1년	20×2년	20×3년
용역매출	128,000	124,000	114,000
판매비용	80,000	75,000	65,000
관리비용	41,100	40,500	39,000
영업이익	6,900	8,500	10,000
금융비용	1,000	1,500	2,000
법인세비용 차감전순이익	5,900	7,000	8,000
법인세비용	1,180	1,400	1,000
당기순이익	4,720	5,600	6,400

(주)한아름의 당기순이익은 계속하여 증가하고 있으므로 수익성이 개선되고 있는 것처럼 보인다. 그러나 당기순이익의 증가원인을 살펴보면 수익은 감소하고 있으나 상대적으로 판매비와관리비가 보다 많이 감소하고 있기 때문임을 알 수 있다. 판매비와 관리비의 계속적인 감소원인은 수익의 감소로 인한 비용의 절감 부분일 수도 있고, 기업의 이익을 증가시키기 위한 의도적인 조치부분(예를 들어, 판매인원의 감축이나 광고비의 삭감 등)일 수도 있다. 만약, 판매비와 관리비가 순이익을 의도적으로 증가시키기 위한 조치에 의하여 감소된 경우라면 이후 수익은 계속하여 감소추세를 보일 가능성이 높다.

그리고 (주)한아름의 경우, 영업외활동에서 발생한 금융비용의 증가에도 주목할 필요가 있다. 금융비용이 증가하는 것은 영업자금의 부족으로 이를 충당하기 위해 차입자금에 의존할 가능성이 높기 때문이다. 이에 대한 상세한 정보는 현금흐름표를 통하여 얻을 수 있다.

결론적으로 (주)한아름의 수익성은 당기순이익만 비교·분석하면 개선되고 있는 것처럼 보이지만 그 원인을 분석해 보면 정반대의 결과일 수도 있다. 이와 같은 분석을 위한 당기순손익의 발생원천에 관한 정보를 손익계산서가 제공하는 것이다.

5) 손익계산서의 한계

재무상태표와 마찬가지로 손익계산서도 한계점을 가지고 있기 때문에 재무제표를 의사결정에 이용할 때 이 점을 고려해야 한다. 손익계산서의 한계점을 정리하면 다음과 같다.

첫째, 손익계산서상의 순이익은 진실한 이익 또는 경제학상의 이익과 차이가 있다. 왜냐하면 회계학상의 순이익은 화폐액으로 측정될 수 있는 이익만을 포함하고 있으며, 기업의 순자산을 실질적으로 증가시켰으나 화폐액으로 측정할 수 없어서 제외되는 부분이 있기 때문이다.

둘째, 재무상태표와 마찬가지로 손익계산서의 작성시 회계담당자의 주관과 판단이 개입되는 부분이 많이 있다.

셋째, 현행 회계기준에서 대체적 회계처리방법을 허용하고 있기 때문에 사용하는 방법에 따라 경영성과, 즉 순이익이 다르게 측정되어 경영성과에 대한 기업간 비교와 동일기업의 기간별 비교를 저해시키게 된다. 한편 경영자의 의도에 따라 회계처리방법과 추정사항에 대한 변경 등을 이용해서 이익이 조작될 여지가 있게 된다.

넷째, 손익계산서상의 순이익은 투자자의 기회비용을 반영해서 측정된 것이 아니다. 손익계산서상의 순이익은 채권자들에 대한 자금조달비용인 금융비용을 차감한 후 계산되지만, 투자자에 대한 기회비용개념으로서의 자금조달비용은 반영하고 있지 않다. 최근에는 실무에서 재무제표분석시 투자자의 기회비용을 반영한 지표로 EVA (economic value added, 경제적 부가가치)개념을 사용하여 이러한 문제점을 보완하고 있다. EVA 개념은 제4장 보론에서 설명된다.

❚ 회계현장 2-4 ❚ 순이익 우량기업과 불량기업의 예

포괄손익계산서

아모레퍼시픽 (단위 : 억원)

	제 9 기	제 8 기	제 7 기
매출액	31,823	26,676	25,104
매출원가	9,486	8,483	8,053
매출총이익	22,337	18,193	17,051
판매비와관리비	17,317	14,438	13,302
영업이익	5,020	3,756	3,749
금융수익	142	116	119
금융비용	11	9	6
기타영업외손익	(403)	(229)	(147)
법인세비용차감전순이익	4,747	3,634	3,715
법인세비용	1,181	926	951

당기순이익	3,566	2,708	2,763
기타포괄손익			
당기총포괄이익	3,438	2,703	2,642

포괄손익계산서

STX조선해양 (단위: 백만원)

	제 48 기	제 47 기	제 46 기
매출액	2,204,889	2,225,111	3,315,636
매출원가	2,421,475	3,632,240	3,669,410
매출총이익	(216,586)	(1,407,129)	(353,774)
판매비와관리비	87,272	96,163	88,453
영업이익	(303,858)	(1,503,292)	(442,227)
기타수익	56,408	148,475	4,791
기타비용	375,903	2,195,543	353,459
금융수익	2,530,293	1,119,553	588,180
금융비용	548,349	1,820,432	612,677
법인세비용차감전순이익	1,358,591	(4,251,239)	(815,392)
법인세비용	3,379	(322,533)	148,626
당기순이익	1,361,970	(4,573,772)	(666,766)
총포괄손익	1,360,614	(4,571,769)	(662,588)

6) 당기순손익의 산출방법

기업의 목적은 이윤추구이므로 많은 회계정보 중 정보이용자들의 주요 관심사 중 하나가 바로 당기순이익이나 당기순손실이다. 수익이 자본의 증가요인이고 비용이 자본의 감소요인이듯이, 당기순이익은 자본의 증가요인이고 당기순손실은 자본의 감소요인이다. 왜냐하면 이익이 남았다는 것은 그만큼 자본주의 몫인 자본이 증가하는 것이고, 손실이 발생하였다는 것은 그만큼 자본가의 몫인 자본이 감소하는 것이기 때문이다. 당기순손익의 산출방법은 자본유지접근법과 거래접근법으로 구분된다. 이를 살펴보면 다음과 같다.

(1) 자본유지접근법

資本維持接近法(capital maintenance approach)은 기업의 이익을 기초의 자본을 그대로 기말에도 유지하면서 일정기간 동안의 최대 배당가능액으로 보아 재무상태표상 기말자본과 기초자본을 비교하여 순손익을 산출하는 방법이다. 따라서 이는 소유주에게 귀속되는 순재산(순자산)의 크기를 비교하여 순손익을 산출하므로 일명 재산법이라고도 한다. 이러한 자본유지접근법은 순손익의 발생원인을 설명하지 못하고, 다만 당기의 기업 경영의 결과인 당기순손익의 수치만 제시하여 준다. 자본유지접근법의 산식을 정리하면 다음과 같다.

당기순손익 = 기말자본 − (기초자본 + 증자액 − 자본의 환급 및 배당액)

여기서 증자란 주식의 발행을 통한 주식회사의 자본금의 증가나 개인기업의 경우 자본가의 추가출자를 의미하고, 자본의 환급이란 주식의 매입·소각으로 인한 주식회사의 자본금이 감소하는 감자나 개인기업의 경우에는 자본가에 의한 자본의 인출을 의미한다.

예제 2-8 ▌ 주식회사의 기말재무상태표

(주)새봄의 기초자본은 자본금 ₩2,000,000과 이익잉여금 ₩600,000이었으며, 당기이익 중 ₩200,000을 배당하였다. 기말 현재 자산과 부채는 다음과 같으며, 기중 증자나 감자는 없었다고 하자.

현금 ₩1,300,000 상품 ₩1,500,000 비품 ₩700,000 차입금 ₩1,000,000

이상의 자료를 이용하여 자본유지접근법에 따라 당기순이익을 산출하면 다음과 같다.

기초자본 = ₩2,000,000 + ₩600,000 = ₩2,600,000
기말자본 = ₩1,300,000 + ₩1,500,000 + ₩700,000 − ₩1,000,000 = ₩2,500,000
당기순이익 = ₩2,500,000 − (₩2,600,000 − ₩200,000) = ₩100,000

재무상태표를 작성하면 다음과 같다. 기초이익잉여금 ₩600,000과 당기순이익 ₩100,000이 합산된 배당가능이익 ₩700,000 중 ₩200,000을 배당하였으므로 기말재무상태표상 이익잉여금은 ₩500,000으로 기입된다.

재무상태표

(주)새봄 20×3년 12월 31일현재 (단위 : 원)

현금 및 현금성자산	1,300,000	차입금	1,000,000
상품	1,500,000	자본금	2,000,000
비품	700,000	이익잉여금	500,000
	3,500,000		3,500,000

예제 2-9 ▌ 개인기업의 기말재무상태표

개인기업인 한나라상회의 기초자본은 ₩2,600,000이었으며, 당기 중 자본가가 ₩200,000을 인출하였다. 기말현재 자산과 부채는 다음과 같으며, 기중 추가출자는 없었다고 하자.

현금 ₩1,300,000　상품 ₩1,500,000　비품 ₩700,000　차입금 ₩1,000,000

이상의 자료를 이용하여 자본유지접근법에 따른 당기순이익을 산출하면 다음과 같다.

당기순이익 = ₩2,500,000 − (₩2,600,000 − ₩200,000) = ₩100,000

기초자본 ₩2,600,000에서 ₩200,000을 인출하였고 당기순이익이 ₩100,000이므로 기말재무상태표상 자본금은 ₩2,500,000으로 기입된다.

재무상태표

한나라상회　　20×3년 12월 31일현재　　(단위 : 원)

현금 및 현금성자산	1,300,000	차 입 금	1,000,000
상 품	1,500,000	자 본 금	2,500,000
비 품	700,000		
	3,500,000		3,500,000

(2) 거래접근법

去來接近法(transaction approach)은 일정 기간 동안 발생한 수익(이득포함)과 비용(손실포함)을 비교하여 순손익을 산출하는 방법으로, 일명 손익법이라고도 한다. 이는 자본유지접근법과는 달리 경영성과의 원인을 설명함으로써 정보이용자들에게 당기순손익의 원인에 관한 유용한 정보를 제공한다. 그리하여 회계상 당기순손익은 거래접근법을 이용하여 산출되며 이를 반영한 재무제표가 바로 손익계산서이다. 거래접근법의 산식을 정리하면 다음과 같다.

당기순손익 = 수익(이득포함) − 비용(손실포함)

7) 재무상태표와 손익계산서와의 관계

자본유지접근법과 거래접근법에 의하여 각각 산출된 일정 기간의 당기순손익은 같다. 자본유지접근법은 기초와 기말시점의 재무상태(구체적으로는 자본)를 비교하여 당기순손익을 산출하지만, 거래접근법은 일정기간 발생한 수익(이득포함)과 비용(손실포함)을 집계하여 당기순손익을 산출함으로써 이익잉여금의 변동요인 중 가장 중요한 당기순손익의 원인을 설명하여 준다.

따라서 손익계산서는 재무상태표의 기초이익잉여금이 기말이익잉여금으로 변동된 원인 중 가장 중요한 당기순손익의 원인을 설명함으로써, 기초재무상태표와 기말재무상태표를 연결해 주는 역할을 수행한다. 이를 예를 들어 설명하면 다음과 같다.

예제 2-10 ▌ 재무상태표와 손익계산서와의 관계

아래 예에서 보는 바와 같이 이 기업의 기초이익잉여금 ₩10,000이 기말이익잉여금 ₩28,000으로 변동되었다.

기중에 배당을 하지 않았다는 전제하에서 재무상태표에는 이익잉여금, 즉 당기순이익 ₩18,000이 증가된 결과만 제시될 뿐, 그 증가이유를 설명하지 못한다. 이익잉여금의 증가요인인 당기순이익의 원인은 손익계산서에서 수익항목과 비용항목으로 자세하게 설명되고 있다.

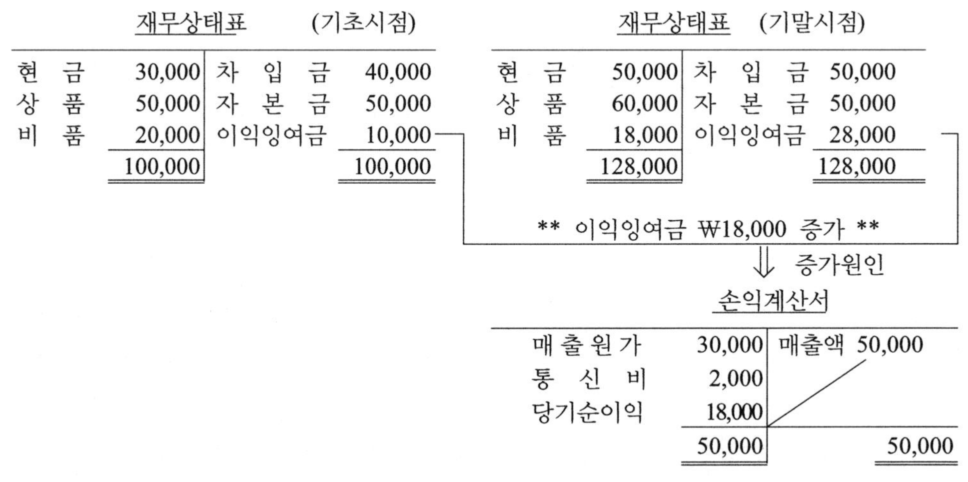

재무상태표 (기초시점)

현 금	30,000	차 입 금	40,000
상 품	50,000	자 본 금	50,000
비 품	20,000	이익잉여금	10,000
	100,000		100,000

재무상태표 (기말시점)

현 금	50,000	차 입 금	50,000
상 품	60,000	자 본 금	50,000
비 품	18,000	이익잉여금	28,000
	128,000		128,000

** 이익잉여금 ₩18,000 증가 **

⇓ 증가원인

손익계산서

매출원가	30,000	매출액	50,000
통 신 비	2,000		
당기순이익	18,000		
	50,000		50,000

예제 2-11 ▌ 이익과 현금의 차이

회계를 잘 모르는 사람들은 이익과 현금을 구별하지 못하는 경향이 있다. 이런 사람들은 올해 이익이 얼마 발생했다 하면 그만큼을 현금으로 벌어들인 것으로 잘못 생각하게 된다. 이익과 현금의 차이를 [예제 2-10]을 가지고 설명해보자.

이 기업의 당기순이익은 이익잉여금의 순증가분으로 ₩18,000이며, ₩18,000의 당기순이익이 발생하게 된 원인을 자세히 설명하고 있는 것이 손익계산서라고 위 예에서 이미 설명하였다. 그런데 이 기업의 재무상태표에 나타나 있는 현금을 보면 ₩50,000으로 이만큼 현재 가지고 있다는 뜻이다. 그리고 기초의 현금과 기말의 현금간의 차액 ₩20,000이 올해 증가된 돈으로 당기순이익으로 계상된 ₩18,000과는 분명히 차이를 보이고 있다. 이와 같이 이익과 현금은 전혀 다른 것으로 뒤에서 나오는 회계개념인 발생주의와 현금주의를 배우면 쉽게 이해될 수 있다.

흑자도산이란 말이 있다. 이는 당기순이익은 발생하고 있는데 현금이 부족해서 부도가 나 기업이 망했다는 말이다. 쉽게 말하면 흑자도산이란 기업이 물건(상품 또는 제품)을 잘 팔고는 있는데 대금회수가 잘 안돼서, 또는 기업확장을 빚을 내서 무리하게 하다가 물건을 대준 거래처와 돈을 빌려준 채권자에게 돈을 제때 못 갚아서 발생하는 현상인 것이다.

이를 통해서 우리는 물건을 잘 파는 것(매출증대)도 중요하지만 이에 못지 않게, 또는 그 이상으로 현금관리문제(지급능력유지)가 중요하다는 사실을 깨달아야 한다. 다시 말해 이익을 많이 내는 것도 중요하지만 기업을 운영하는 데는 이익보다 현금이 더 중요하다는 말이다. 거래처의 물건 값, 종업원의 월급, 채권자의 부채원금과 이자, 정부에 대한 세금, 이 모든 것들은 이익이 아닌 현금으로 지급된다는 사실을 명심해야 한다. 요즈음 여유있는 현금관리에 초점을 맞춘 현금흐름경영이란 말이 유행하고 있는데 바로 이를 반영한 말인 것이다.

위의 예로 다시 돌아가 보자. 기초의 현금과 기말의 현금간의 차액 ₩20,000이 올해 벌어드린 돈인데 이에 대한 원인분석은 현금흐름경영의 기본일 것이다. 다시 말해 올해 벌어들인 돈이 물건을 잘 팔고 대금회수를 잘해서 그런 것인지, 빚을 많이 내서 그런 것인지 아니면 보유부동산을 매각해서 그런 것인지 등에 대한 원인분석을 해야 이 기업의 지급능력이 좋은지 여부를 정확히 판단할 수 있을 것이다. 벌어드린 돈에 대한 원인을 자세히 설명해주는 재무제표가 현금흐름표이다.

4. 자본변동표

1) 자본변동표의 의의

자본변동표(statement of changes in equity)는 자본의 변동내용에 대한 포괄적인 정보를 제공한다. 자본변동표는 재무상태표에 표시되어 있는 자본의 변동내용을 설명하는 재무보고서로서, 자본을 구성하고 있는 모든 항목의 변동내용에 대한 정보를 제공하게 된다.

자본변동표는 재무제표간의 연계성을 제고시키며 재무제표의 이해가능성을 높인다.

재무상태표에 표시되어 있는 자본의 기초잔액과 기말잔액을 모두 제시함으로써 재무상태표와 연결할 수 있고, 자본의 변동내용은 손익계산서와 현금흐름표에 나타난 정보와 연결할 수 있어 정보이용자들이 보다 명확히 재무제표간의 관계를 파악할 수 있게 된다.

2) 자본변동표의 양식

자본변동표는 자본금, 자본잉여금, 자본조정, 기타포괄손익누계액 및 이익잉여금 등의 자본구성항목을 각 항목별로 기초잔액과 변동사항 및 기말잔액으로 표시한다. 기초잔액은 전기말의 금액이고 기말잔액은 기초잔액에 기중변동사항을 가감한 것으로 각 항목별 변동사항이 자본변동표의 핵심정보라고 말할 수 있다. 자본변동표의 기본 양식은 [표 2-14]와 같다.

[표 2-14] 자본변동표의 기본 양식

자본변동표

회사명 제×기 20×3년 1월 1일부터 20×3년 12월 31일까지 (단위 : 원)

구 분	자 본 금	자본잉여금	이익잉여금	총 계
20×3. 1. 1(기초잔액)	×××	×××	×××	×××
유 상 증 자(감자)	×××	×××		×××
당기순이익(손실)			×××	×××
배 당 금			(×××)	(×××)
20×3. 12. 31(기말잔액)	×××	×××	×××	×××

한편 이익잉여금항목에 반영되는 증감내용을 가지고 별도로 작성하는 보고서를 **이익잉여금처분계산서**라고 한다. 이 보고서는 과거에 자본변동표가 작성되기 전에는 재무제표의 하나에 해당되었지만 지금은 상법 등 법규에서 요구하는 경우에 주석으로 공시하도록 하고 있다.

이익잉여금의 증감원인에는 여러 가지가 있으나 가장 기본적인 사항은 앞에서 언급한 당기순손익과 배당이다. 당기순이익은 이익잉여금의 증가요인이고, 당기순손실과 배당은 감소요인이다.

따라서 전기이월이익잉여금에 당기순손익을 가감한 금액이 당기에 처분가능한 이익잉여금으로 이를 처분전이익잉여금이라 하며, 처분전이익잉여금에서 이익잉여금의 처분금액을 차감한 잔액이 차기로 이월되는 차기이월이익잉여금이 된다.

이익잉여금처분계산서의 기본양식은 [표 2-15]와 같다.

[표 2-15] 이익잉여금처분계산서의 기본양식

이익잉여금처분계산서

전기이월이익잉여금	xxx
가산 : 당기순이익	xxx
처분전이익잉여금	xxx
차감 : 배 당 액	xxx
차기이월이익잉여금	xxx

5. 현금흐름표

1) 현금흐름표의 의의와 양식

기업을 운영하는 데 있어 인체의 혈액과 같은 역할을 하는 것이 현금이다. 기업의 도산 원인 중 상당 부분이 현금부족으로 인한 자금압박에서 기인하는 것으로 현금의 유입과 유출내용에 관한 정보는 정보이용자의 입장에서 볼 때 주요 관심사 중의 하나라 할 수 있다. 이러한 정보욕구를 충족시키기 위하여 작성·보고하는 것이 현금흐름표이다.

현금흐름표가 제공하는 현금흐름 정보는 기업실체의 현금지급능력, 재무적 탄력성, 수익성 및 위험 등을 평가하는 데 유용하며, 여러 기업실체의 미래현금흐름의 현재가치를 비교하고 기업가치를 평가하는 데 필요한 기초자료를 제공한다.

손익계산서를 통해서 산출된 회계이익은 영업활동에서의 순현금흐름과 일치하지 않으므로 현금흐름표는 회계이익과 현금흐름간의 차이 및 그 차이의 원인에 대한 정보를 제공한다는 점에서 재무상태표와 손익계산서를 보완하는 중요한 역할을 담당하고 있다.

현금흐름표(statement of cash flows)란 일정기간 동안 기업의 영업활동과 투자활동 및 재무활동으로 인한 각각의 현금의 유입액과 유출액을 설명하기 위한 재무보고서로, 이는 기초의 현금잔액이 기말의 현금잔액으로 변동한 원인을 설명한다. 기업의 경영활동별 현금의 유입과 유출의 주요 내용을 살펴보면 다음 [표 2-16]과 같다.

[표 2-16] 활동별 현금흐름

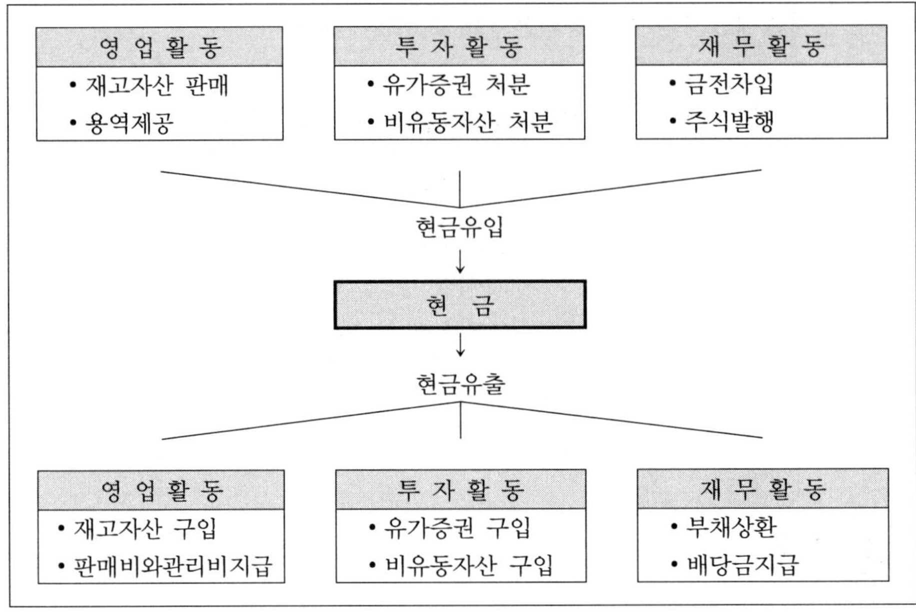

(1) 영업활동 현금흐름은 사업활동의 지속, 차입금상환, 배당금지급 및 신규 투자 등에 필요한 현금을 외부로부터 조달하지 않고 자체적인 영업활동으로부터 얼마나 창출하였는지에 대한 정보를 제공한다.
영업활동은 주로 제품의 생산과 판매활동, 상품과 용역의 구매와 판매활동 및 관리활동을 포함한다.

(2) 투자활동 현금흐름은 미래이익과 미래현금흐름을 창출할 자원의 확보와 처분에 관련된 현금흐름에 대한 정보를 제공한다. 투자활동은 현금의 대여와 회수활동, 투자자산·유형자산 및 무형자산의 취득과 처분활동을 포함한다.

(3) 재무활동 현금흐름의 정보는 주주, 채권자 등이 미래현금흐름에 대한 청구권을 예측하는 데 유용하다. 재무활동은 현금의 차입과 상환, 신주발행과 배당금의 지급을 포함한다.

이상의 내용을 반영한 현금흐름표의 양식은 [표 2-17]과 같으며, 이를 직접법에 따른 양식이라고 한다. 한편 또 다른 양식으로 간접법이 있는데 실무에서는 간접법에 따른 양식을 선호하고 있으며 [표 2-18]처럼 되어 있다. 간접법을 이해하기 위해서는 회계원리 수준의 회계지식이 필요하다.

[표 2-17] 현금흐름표의 양식(직접법)

현금흐름표

(회사명)	(회계기간)	(단위 : 원)
Ⅰ. 영업활동 현금흐름		×××
가. 매출 등 수익활동으로부터의 유입액	×××	
나. 공급자 및 종업원에 대한 유출액	(×××)	
다. 이자수익 유입액	×××	
라. 배당금수익 유입액	×××	
마. 이자비용 유출액	(×××)	
바. 법인세 등 유출액	(×××)	
Ⅱ. 투자활동 현금흐름		×××
1. 투자활동으로 인한 현금유입액	×××	
2. 투자활동으로 인한 현금유출액	(×××)	
Ⅲ. 재무활동 현금흐름		×××
1. 재무활동으로 인한 현금유입액	×××	
2. 재무활동으로 인한 현금유출액	(×××)	
Ⅳ. 현금의 증가(감소) (Ⅰ+Ⅱ+Ⅲ)		×××
Ⅴ. 기초의 현금		×××
Ⅵ. 기말의 현금		×××

[표 2-18] 현금흐름표의 양식(간접법)

현금흐름표

(회사명)	(회계기간)	(단위 : 원)
Ⅰ. 영업활동 현금흐름		×××
1. 법인세비용차감전순이익(손실)	×××	
2. 현금의 유출이 없는 비용 등의 가산	×××	
3. 현금의 유입이 없는 수익 등의 차감	(×××)	
4. 영업활동으로 인한 자산·부채의 변동	×××	
영업활동창출 현금흐름	×××	
5. 이자와 법인세 유출액 차감	(×××)	
Ⅱ. 투자활동 현금흐름		×××
1. 투자활동으로 인한 현금유입액	×××	
2. 투자활동으로 인한 현금유출액	(×××)	
Ⅲ. 재무활동 현금흐름		×××
1. 재무활동으로 인한 현금유입액	×××	
2. 재무활동으로 인한 현금유출액	(×××)	
Ⅳ. 현금의 증가(감소) (Ⅰ+Ⅱ+Ⅲ)		×××
Ⅴ. 기초의 현금		×××
Ⅵ. 기말의 현금		×××

2) 현금흐름표의 유용성

기업활동의 목표인 유동성과 수익성은 서로 독립적이다. 수익성이 있는 기업이라 하더라도 현금이 부족해서 지급불능에 처해지는 경우도 있으며, 반면에 수익성이 없는 기업이라 하더라도 충분한 현금을 보유하고 있을 수도 있다. 따라서 정보이용자 입장에서 기업의 미래를 평가하기 위해서는 유동성과 수익성을 동시에 평가하여야 한다. 수익성에 관한 정보는 손익계산서를 통하여 얻을 수 있으며 유동성에 관한 정보는 재무상태표를 이용하여 얻을 수 있다.

그러나 재무상태표만을 이용하여 유동성을 평가하는 경우에는 일정 시점의 유동성만을 나타내므로 보다 유용한 방법은 현금흐름표를 이용하는 것이다.

▌회계현장 2-5▌ 하나투어의 현금흐름표(간접법)

연결 현금흐름표

하나투어 (단위 : 백만원)

	제 22 기	제 21 기	제 20 기
영업활동 현금흐름	103,655	45,893	39,175
영업활동에서 창출된 현금흐름	111,825	58,715	40,788
당기순이익	35,387	36,063	37,396
현금의 유출이 없는 비용등의 가산	27,288	27,686	29,353
현금의 유입이 없는 수익등의 차감	(5,506)	(6,289)	(7,453)
영업활동으로 인한 자산 부채의 변동	54,663	1,255	(18,509)
이자 지급	(194)	(199)	(157)
이자 수취	4,432	5,286	4,962
배당금 수취	143	98	17
법인세 납부	(12,551)	(18,007)	(6,434)
투자활동 현금흐름	(39,542)	(41,301)	(44,082)
투자활동으로 인한 현금 유입액	108,669	102,621	91,481
투자활동으로 인한 현금유출액	(148,211)	(143,921)	(135,563)
재무활동 현금흐름	(31,738)	(15,043)	7,553
재무활동으로 인한 현금유입액	21,909	8,608	23,651
재무활동으로 인한 현금유출액	(53,647)	(23,652)	(16,099)
현금및현금성자산의 증가(감소)	32,375	(10,451)	2,647
기초현금및현금성자산	81,853	93,016	91,206
현금및현금성자산의 환율변동 효과	(297)	(712)	(837)
기말현금및현금성자산	113,931	81,853	93,016

기업이 건전한 재무구조를 갖기 위해서는 영업활동을 통하여 유입된 현금으로 영업비용과 주주에 대한 배당금을 지급하고 부채를 상환하여야 한다. 그러나 영업활동에서 유입된 현금보다 유출된 금액이 많은 경우에는 부족한 영업자금을 보충하기 위하여 보유하고 있는 자산을 처분하든가 아니면 외부에서 자금을 조달하여야만 할 것이다. 만약에 영업활동에서 발생한 부족자금이 계속해서 누적되는 경우 심한 자금압박으로 인한 도산의 가능성도 고려할 수 있을 것이다. 이러한 정보는 현금흐름표에 반영·보고된다. 따라서 몇 개 연도의 현금흐름표를 이용하면 다음과 같은 질문에 대한 답을 얻을 수 있게 된다.

① 기업의 지급능력이 개선되고 있는가 아니면 악화되고 있는가?
② 영업활동을 통해서 영업비용, 만기가 도래한 부채, 이자 및 배당금의 지급을 신속하게 이행할 수 있을 정도의 충분한 현금을 계속적으로 창출해내고 있는가?
③ 영업활동을 통해서 성장을 뒷받침할 수 있을 정도와 주주에게 배당금을 지급할 수 있을 정도의 충분한 현금이 창출되고 있는가?
④ 영업활동으로부터 현금을 창출시킬 수 있는 기업의 능력이 개선되고 있는가 아니면 악화되고 있는가?

현금흐름표는 현금흐름의 패턴을 통해서 개략적인 분석이 가능하다. 현금흐름의 발생가능한 패턴 8가지와 그 의미를 정리하면 [표 2-19]와 같다.

[표 2-19] 현금흐름패턴에 의한 현금흐름표 분석

	영업활동 현금흐름	투자활동 현금흐름	재무활동 현금흐름	일반적 의미
#1	+	+	+	영업활동에서 창출한 현금, 자산매각대금 및 재무활동에서 조달한 현금을 비축해서 타회사를 인수·합병하거나 신사업분야에 진출을 모색하고 있는 유동성이 매우 풍부한 회사임
#2	+	−	−	영업활동에서 창출한 현금으로 비유동자산을 구입하고 있으며, 또한 부채를 상환하거나 배당금을 지급하고 있는 회사임
#3	+	+	−	영업활동에서 창출한 현금과 자산매각대금으로 부채를 상환하거나 소유주에게 배당금을 지급하고 있는 회사임
#4	+	−	+	영업활동에서 창출한 현금과 차입금 또는 주주의 출자대금으로 회사확장에 필요한 투자를 하고 있는 회사임.
#5	−	+	+	영업활동에서 현금을 창출하지 못하는 문제점을 비유동자산의 매각과 차입 또는 주주의 추가출자에 의해서 해결하고 있는 회사임

	영업활동 현금흐름	투자활동 현금흐름	재무활동 현금흐름	일반적 의미
#6	−	−	+	급격히 성장하는 회사로 영업활동에서의 부족현금과 비유동자산 구입에 필요한 현금을 장기차입금이나 신규 출자액으로 보충하고 있음.
#7	−	+	−	영업활동에서의 부족현금과 채권자에 대한 차입금 상환액이나 주주에게 지급할 배당금을 비유동자산의 매각을 통해서 해결하고 있는 회사임
#8	−	−	−	영업활동에서의 부족현금과 채권자에 대한 채무상환액 또는 주주에게 지급할 배당금을 현금비축액으로 해결하는 회사임

예제 2-12 ▌ 현금흐름표 작성 및 평가

20×3년 동안의 현금흐름에 관련된 자료를 가지고 현금흐름표를 작성 및 평가하시오.

(1) 매출대금 회수액	₩300,000
(2) 매입대금 지급액	150,000
(3) 판매비와 관리비 지급액	100,000
(4) 이자비용 지급액	100,000
(5) 법인세 지급액	50,000
(6) 토지와 건물 구입대금 지급액	600,000
(7) 은행으로부터의 차입액	500,000
(8) 주식 발행대금 불입액	1,000,000
(9) 배당금 지급액	100,000

<u>현금흐름표</u>

Ⅰ 영업활동 현금흐름		₩(100,000)
매출 등 수익활동으로부터의 유입액	300,000	
매입 및 종업원에 대한 유출액	250,000	
이자비용 유출액	100,000	
법인세비용 유출액	50,000	
Ⅱ 투자활동 현금흐름		(800,000)
유형자산의 구입	800,000	
Ⅲ 재무활동 현금흐름		1,300,000
차입금의 차입	400,000	

주식의 발행	1,000,000	
배당금의 지급	(100,000)	
Ⅳ 현금의 증가		₩400,000

현금흐름이 건전하다는 것은 영업활동에서 창출되는 현금흐름이 풍부하다는 것을 의미한다. 영업활동에서 창출되는 현금흐름이 풍부한지 여부는 투자활동으로 인한 현금흐름과의 비교를 통해서 판단할 수 있다. 영업활동에서 창출되는 현금흐름이 투자활동으로 인한 현금흐름보다 많을수록 영업활동에서 창출되는 현금흐름이 풍부한 기업이라고 말할 수 있다. 영업활동으로 인한 현금흐름과 투자활동으로 인한 현금흐름간의 +차액은 잉여현금흐름으로 부채상환, 배당금 지급 및 추가설비투자자금으로 사용될 수 있다. 따라서 잉여현금흐름이 충분한 기업일수록 외부자금의존도가 낮아져서 재무구조가 건전한 우량기업이 될 수밖에 없다.

위의 예의 기업은 영업활동에서 창출되는 현금흐름이 부족하기 때문에 외부자금에 의존해서 회사를 운영하는 상황을 보여주고 있다. 이 회사는 영업활동에서의 부족자금과 투자활동에 소요되는 자금 및 배당금을 외부자금 즉, 차입 및 주식발행자금으로 꾸려가고 있다. 이러한 상황이 지속될 경우 자금난이 심화되어 기업존속이 어려워질 수 있다.

예제 2-13 ▌ 현금흐름의 평가

다음의 3회사는 동일 업종에 속한 회사로 수년간 영업을 지속해 오고 있다.

현금흐름표

	A회사	B회사	C회사
영업활동 현금흐름	₩90,000	₩40,000	₩(24,000)
투자활동 현금흐름			
유형자산의 처분			26,000
유형자산의 취득	(48,000)	(25,000)	
재무활동 현금흐름			
차입금의 차입			13,000
차입금의 상환	(27,000)		
현금의 증가	₩15,000	₩15,000	₩15,000

이들 3회사의 현금흐름 증가액은 모두 ₩15,000으로 동일하다. 그러나 이들 회사의 현금흐름에 대한 원천과 운용은 아주 상이하다. A회사는 영업활동으로 인한 현금흐름 ₩90,000을 창출하여 이를 가지고 유형자산을 ₩48,000에 취득하고 차입금

₩27,000을 상환하고 있다. B회사는 영업활동으로 인한 현금흐름 ₩40,000을 창출하여 이를 가지고 유형자산을 ₩25,000에 취득하는 데만 사용하고 있다. C회사는 영업활동으로 인한 현금흐름을 창출하지 못하고 오히려 영업활동에서 ₩24,000을 사용하고 있다. 이에 따라 이 회사는 부족자금을 보충하기 위해서 보유하고 있는 유형자산을 ₩26,000에 처분하고 차입금 ₩13,000을 차입하여 결과적으로 현금의 증가 ₩15,000을 보고하고 있다.

이러한 현금흐름분석을 통해서 A회사가 B회사나 C회사보다 미래의 의무를 이행할 수 있는 현금창출능력이 뛰어나다는 것을 알 수 있다. 또한 A회사의 영업활동을 통한 현금창출능력의 우수성은 미래의 성과에 대한 양호한 징조가 되고 있다. 반면에 C회사 영업활동을 통한 현금창출능력의 부실은 미래의 성과에 대한 불길한 징조가 되고 있다. 물론 이러한 평가는 잠정적인 것으로서 재무상태표와 손익계산서가 제공하는 정보를 포함한 다른 정보에 의해서 뒷받침이 되어야 한다.

▌회계현장 2-6▌현금흐름 우량기업과 불량기업의 예

<현금흐름 우량기업의 요약 현금흐름표>

현금흐름표

아모레퍼시픽 (단위 : 억 원)

	제6기	제7기	제8기	제9기
Ⅰ. 영업활동 현금흐름	3,655	2,821	4,095	4,874
Ⅱ. 투자활동 현금흐름	−2,926	−2,758	−2,607	−4,458
Ⅲ. 재무활동 현금흐름	−4,142	−4,487	−4,487	−4487
Ⅳ. 현금의 증가	314	−358	1,039	−327

<현금흐름 불량기업의 요약 현금흐름표>

현금흐름표

태일정밀(주) (단위 : 백 만원)

	1992	1993	1994	1995	1996
Ⅰ. 영업활동 현금흐름	−24,111	−5,579	−11,839	−9,167	−33,473
Ⅱ. 투자활동 현금흐름	−4,229	−29,815	−26,610	−36,443	−113,850
Ⅲ. 재무활동 현금흐름	30,611	55,573	45,021	89,906	109,372
Ⅳ. 현금의 증가	2,271	20,179	6,572	44,297	−37,951
Ⅴ. 기초의 현금	3,167	5,438	25,617	32,189	76,486
Ⅵ. 기말의 현금	5,438	25,617	32,189	76,486	38,535

이와 같이 현금흐름표는 재무상태표와 손익계산서에서 제공되지 않는 현금의 증감 원인을 기업활동별로 구분하여 현금흐름표에 반영·보고함으로써 기업의 지급능력과 또한 투자와 재무활동으로 인한 자산·부채 및 자본의 변동내용도 아울러 설명하게 된다. 현금흐름표에 대한 보다 자세한 설명은 제5장에서 이루어진다.

예제 2-14 ▌ 현금흐름표와 다른 재무제표간의 관계

이익과 현금의 차이를 예제 2-10에서 설명한 바 있다. 예제 2-10으로 다시 돌아가 보자. 기초의 현금과 기말의 현금간의 차액 ₩20,000이 올해 벌어드린 돈이며, 이에 대한 원인분석은 흑자도산을 막고 건실한 경영을 하는데, 이른바 현금흐름경영을 하는데 기본이라고 하였다. 다시 말해 올해 벌어들인 돈이 영업활동(매출 및 대금회수)을 잘 해서 그런 것인지, 영업활동은 부진하지만 재무(또는 금융)활동(자금조달)이 순조로와서 그런 것인지, 아니면 투자활동(비유동자산의 매각) 때문에 그런 것인지 등에 대한 원인분석을 해야 이 기업의 지급능력이 좋은지 여부를 정확히 판단할 수 있을 것이다. 자본의 순증가분인 당기순이익의 발생원인을 자세히 설명해주는 재무제표가 손익계산서이듯이, 현금의 순증감액에 대한 원인을 경영활동별로 자세히 설명해주는 재무제표는 바로 현금흐름표이다. [예제 2-9]에 있는 재무상태표와 손익계산서를 가지고 현금흐름표를 작성하면 다음과 같다.

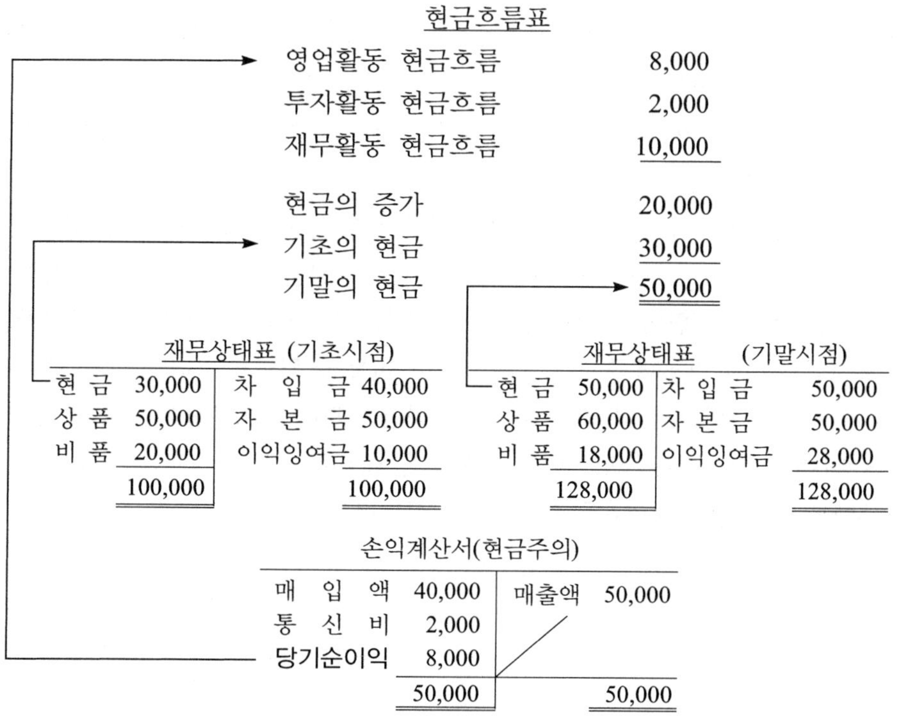

현금흐름표

영업활동 현금흐름	8,000
투자활동 현금흐름	2,000
재무활동 현금흐름	10,000
현금의 증가	20,000
기초의 현금	30,000
기말의 현금	50,000

재무상태표 (기초시점)

현 금	30,000	차 입 금	40,000
상 품	50,000	자 본 금	50,000
비 품	20,000	이익잉여금	10,000
	100,000		100,000

재무상태표 (기말시점)

현 금	50,000	차 입 금	50,000
상 품	60,000	자 본 금	50,000
비 품	18,000	이익잉여금	28,000
	128,000		128,000

손익계산서(현금주의)

매 입 액	40,000	매출액	50,000
통 신 비	2,000		
당기순이익	8,000		
	50,000		50,000

위에서 보는 바와 같이 기초재무상태표와 기말재무상태표를 보면, 현금은 ₩30,000에서 ₩50,000으로 변동되어 ₩20,000이 증가하였는데 그 원인이 현금흐름표상 경영활동별로 구분·표시되고 있다. 즉, 영업활동으로 인한 현금흐름 ₩8,000은 매출대금 ₩50,000에서 거래처에 대한 상품 매입대금 지급액 ₩40,000과 통신비 지급액 ₩2,000을 합한 ₩42,000을 차감시킨 차액이다. 투자활동으로 인한 현금흐름 ₩2,000은 기초와 기말의 비품간의 변동액으로 비품매각대금이다. 재무활동으로 인한 현금흐름 ₩10,000은 기초와 기말의 차입금간의 변동액으로 당기중에 차입한 현금이다.

3가지 경영활동으로부터 들어온 현금을 모두 합하면 바로 ₩20,000이 된다. 결국 현금흐름표는 손익계산서 항목과 재무상태표 항목 중 현금과 관련된 항목을 3가지 경영활동별로 모아놓은 재무제표임을 알 수 있다. 이상의 현금흐름표 작성과 관련된 설명내용은 아직 이해하기 힘들 것이다. 지금으로서는 현금의 순증감액에 대한 원인을 경영활동별로 자세히 설명해주는 재무제표라는 정도만 알아두면 될 것이다. 이와 관련된 내용은 뒤에서 자세하게 설명된다.

6. 재무제표간의 관계

지금까지 재무제표의 각각에 대한 기본양식과 그 유용성을 설명하였다. 이러한 재무제표는 각각 다른 정보내용을 반영하고 있지만 이들은 상호 유기적인 관계를 지니고 있는 것으로, 손익계산서와 자본변동표 및 현금흐름표는 기초의 재무상태에서 기말의 재무상태로 변동한 원인을 설명한다.

즉, 손익계산서는 이익잉여금의 주요 변동원인인 당기순손익의 발생원인을 발생원천별로 구분하여 설명하고, 자본변동표는 자본의 증감원인을 설명함으로써 기초자본이 기말자본으로 변동된 원인을 설명하며, 현금흐름표는 현금의 증감액을 기업활동별로 구분·표시함으로써 기초현금이 기말현금으로 변동된 원인과 투자활동과 재무활동으로 인한 자산·부채 및 자본의 변동원인을 설명함으로써 기초자산이나 부채 및 자본이 기말자산이나 부채 및 자본으로 변동한 원인을 대부분 설명하게 된다. 이러한 재무제표간의 유기적관계(articulation)를 예를 들어 설명하면 다음과 같다.

예제 2-15 ▌ 재무제표간의 관계

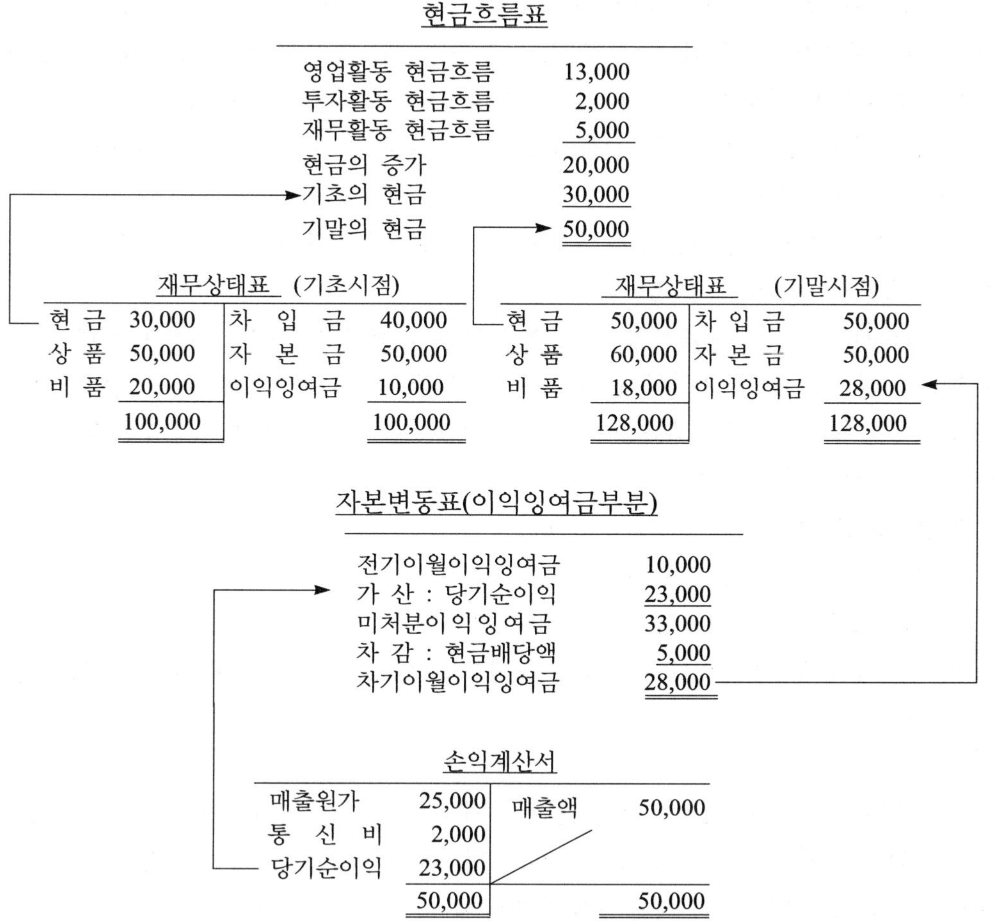

현금흐름표

영업활동 현금흐름	13,000
투자활동 현금흐름	2,000
재무활동 현금흐름	5,000
현금의 증가	20,000
기초의 현금	30,000
기말의 현금	50,000

재무상태표 (기초시점)

현 금	30,000	차 입 금	40,000
상 품	50,000	자 본 금	50,000
비 품	20,000	이익잉여금	10,000
	100,000		100,000

재무상태표 (기말시점)

현 금	50,000	차 입 금	50,000
상 품	60,000	자 본 금	50,000
비 품	18,000	이익잉여금	28,000
	128,000		128,000

자본변동표(이익잉여금부분)

전기이월이익잉여금	10,000
가 산 : 당기순이익	23,000
미처분이익잉여금	33,000
차 감 : 현금배당액	5,000
차기이월이익잉여금	28,000

손익계산서

매출원가	25,000	매출액	50,000
통 신 비	2,000		
당기순이익	23,000		
	50,000		50,000

예에서 보는 바와 같이 기초재무상태표가 기말재무상태표로 변동한 원인을 현금흐름표와 자본변동표 및 손익계산서가 설명하고 있다. 즉, 현금은 ₩30,000에서 ₩50,000으로 변동되어 ₩20,000이 증가하였는데 그 원인은 현금흐름표상 경영활동별로 구분·표시되고 있고, 이익잉여금은 ₩10,000에서 ₩28,000으로 변동되어 ₩18,000이 증가하였는데 그 원인은 자본변동표상 당기순이익 ₩23,000과 배당액 ₩5,000으로 설명되고 있으며, 당기순이익 ₩23,000에 대한 원인은 손익계산서상 수익(이득)과 비용(손실)항목으로 설명되고 있다. 다만, 본 예에서는 비교재무상태표상 현금과 이익잉여금의 변동원인만 설명되었을 뿐 나머지 자산·부채 및 자본의 증감원인에 대한 설명은 이루어지지 않고 있으나 이는 현금흐름표상 투자활동과 재무활동으로 인한 현금흐름의 구체적인 내용으로 대부분 설명되는 것으로 이에 대한 내용은 생략된 것이다. 이는 제5장 현금흐름표에서 자세하게 설명된다.

7. 주석

재무제표는 작성자의 편의와 이용자들의 재무제표에 대한 이해가능성을 높이기 위하여 관련 계정과목의 통합 등 그 양식을 간소화하고 있다. 또한 재무제표의 본문에는 계량화된 재무적 정보만을 반영·보고함으로써 기업과 관련된 질적 정보는 제공되지 않는다. 대신 질적 정보와 의사결정에 중요한 정보는 주기와 주석을 통하여 자세하게 공시하도록 하고 있다.

註記란 재무제표상의 해당과목 다음에 그 회계사실의 내용을 간단한 자구 또는 숫자로 괄호안에 표시하는 방법이다.

註釋(notes)이란 재무제표상의 해당 과목 또는 금액에 기호를 붙이고 난외欄外) 또는 별지에 동일한 기호를 표시하여 그 내용을 간결·명료하게 기재하는 방법을 말한다. 따라서 정보이용자는 재무제표를 이용시 주기와 주석사항을 충분히 검토·분석하여 의사결정에 활용하여야 한다.

주석에 포함되는 내용은 다음과 같다.

(1) 재무제표 작성 기준 및 중요한 거래와 회계사건의 회계처리에 적용한 회계정책
(2) 회계기준에서 주석공시를 요구하는 사항
(3) 재무제표 본문에 표시되지 않는 사항으로서 재무제표를 이해하는 데 필요한 추가정보

국제회계기준에서는 기업이 적합한 재무제표 표시방법을 선택할 수 있도록 최소한의 계정과목만 제시하고 있으며, 재무제표 형식도 구체적으로 정하고 있지 않아, 재무제표 표시방법과 계정과목 배열체계가 다양해지고 재무제표 본문은 간략해지게 된다. 이에 따라 간략해진 본문을 보충하는 내용들이 주석에 포함되게 되어 주석의 중요성이 높아진다. 따라서 재무제표 본문과 주석을 연계한 세밀한 분석이 더욱 필요해지게 되었다.

8. 연결재무제표

연결재무제표는 2개 이상의 기업이 지배·종속관계에 있을 때 지배기업이 연결실체에 대해 작성하는 재무제표를 말한다. 여기서 연결실체란 지배기업과 그 지배기업의 모든 종속기업을 의미한다.

또한 지배·종속관계란 지배기업이 직접적으로 또는 종속기업을 통해 간접적으로 기업의 의결권 있는 주식과 출자지분의 과반수를 소유하는 경우 그 기업에 대해 지배력

을 갖게 됨에 따라 성립되게 된다. 여기서 지배력은 지배기업이 경제활동에서 효익을 얻기 위해 종속기업의 재무정책과 영업정책을 결정할 수 있는 능력을 말한다. 연결재무제표는 연결재무상태표와 연결손익계산서, 연결자본변동표, 연결현금흐름표로 구성된다.

연결재무제표에서는 지배기업과 종속기업 재무제표의 자산, 부채, 자본, 수익, 비용을 같은 항목별로 합산하며, 지배·종속관계에 있는 기업간의 출자·거래관계는 상계처리를 통해 모두 제거됨에 따라 나타나지 않는다. 이에 따라 연결재무제표에는 순수하게 외부와의 거래를 통한 연결실체의 매출액과 손익현황 등에 대한 단일 경제적 실체의 재무정보가 포함되게 된다.

국제회계기준에서는 연결재무제표가 **주된 재무제표**이고 개별기업의 재무제표는 보조 자료로 쓰여진다. 따라서 회계정보이용자의 연결재무제표에 대한 이해와 분석능력이 필요해지고 있다.

9. 재무제표와 경영자의 관심

기업의 외부정보이용자에게 있어서 재무제표의 중요성은 아무리 강조해도 지나치지 않을 것이다. 기업의 내부정보이용자인 경영자도 기업의 재무상태, 경영성과 및 현금흐름에 대해서 대단히 관심을 가지고 있다. 그러므로 경영자는 부진한 성과를 내고 있는 분야에 대해 개선조치를 취할 수 있도록 가능한 자주, 그리고 신속하게 재무제표를 받아 보길 원한다. 대부분의 대기업체는 적어도 월간 기준으로 경영자에게 재무제표를 작성해서 제공한다. 최근에는 업무의 전산화로 인해서 재무제표는 주간, 일간 또는 심지어 시간기준으로도 작성될 수 있다.

경영자는 연차재무제표에 대해서 특별한 관심을 가지고 있다. 왜냐하면 연차재무제표가 기업외부의 의사결정자에 의해서 가장 널리 사용되기 때문이다. 예를 들어 채권자가 연차재무제표를 양호한 것으로 판단하였다면, 부실하다고 판단하였을 경우보다 기꺼이 신용을 확대하고자 할 것이다.

재무상태표가 양호하다는 것은 상대적으로 부채가 많지 않고, 가까운 미래에 만기가 도래하는 부채와 비교해서 더 많은 유동성 자산을 보유하는 경우를 말한다. 또한 손익계산서가 양호하다는 것은 수익 창출하는 데 필요한 비용에 비해 더 많은 수익이 보고되는 경우를 말한다. 양호한 현금흐름표란 많은 금액의 현금잔액뿐만 아니라 영업활동에서 창출되는 현금흐름이 많은 경우를 의미한다. 회사의 긍정적인 특성이 계속해서 나타나고 있고, 이런 징후가 재무제표에서 발견될 수 있음을 보여 주는 것이 투자자와 채권자 쪽에서 회사에 대한 신뢰도를 증진시키도록 하는 데 특히 도움이 된다.

재무제표의 중요성 때문에, 경영자는 재무상태와 경영성과를 개선시킬 수 있는 방안을 강구하게 된다. 예를 들어, 많은 금액의 현금성 자산이 재무상태표와 현금흐름표에 보고되도록 하기 위해서 자산의 현금구입과 같은 계획이 다음 회계연도 초로 연기되어서 시행될 수도 있다. 반면에 상당히 많은 현금을 보유하고 있는 상태일 경우에는 가까운 미래에 만기도래하는 부채를 상환하거나, 만기도래부채를 장기부채로 대체하기도 하고, 심지어 소유주의 추가적인 출자를 통해서 대체하기도 한다. 이는 그렇게 하지 않았을 경우에 나타날 미래의 현금흐름유출이 별로 심각하지 않다는 것을 보여주기 위한 조치인 것이다.

이러한 행동은 회사의 상황이 양호하다는 것을 재무제표에다 나타내기 위해 경영자가 취한 의도적인 조치들로 **회계분식**(window dressing)이라고도 한다. 재무제표이용자들은 재무제표가 회계연도 말의 재무상태와 회계연도 동안의 재무적 성과를 적정하게 나타낼 수 있는 반면에, 전체 회계연도 모두에 대한 기업의 대표적인 재무적 상황을 반드시 나타내는 것은 아니라는 점을 인식하고 있어야 한다. 특히, 연차보고서에 있어서 경영자는 회사를 정당한 방법을 동원해서 가능한 양호한 것으로 보이기 위한 시도를 하게 된다. 그 결과로 많은 채권자들은 회계연도 중에 공표되는 중간재무제표, 즉 반기 또는 분기별 재무제표가 연차재무제표를 통해서 알 수 없는 추가적인 중요한 정보를 제공하는 것으로 생각하고 있다. 재무제표가 더 짧은 기간을 주기로 작성될수록 경영자가 분식을 하여 회사를 실제보다 재무적으로 더 양호하게 보이도록 할 가능성은 줄어들 것이다.

예제 2-16 ▌ 재무제표 작성과 분석 1

다음 계정과목은 20×3년 12월 31일 현재 (주)정상의 장부에서 제공된 것이다.

현 금	₩150,000	토 지	₩590,000	비 품	₩200,000
외상매출금	300,000	단기투자자산	50,000	상 품	580,000
건 물	1,000,000	외상매입금	400,000	장기차입금	300,000
자본금	100,000	자본잉여금	650,000	기초이익잉여금	1,170,000
매 출 액	2,700,000	이 자 비 용	40,000	배당금지급액	140,000
매출원가	1,500,000	급 여	270,000	법인세비용	280,000
임 차 료	180,000	수도광열비	60,000		

물음 (1) 20×3년 12월 31일로 종료되는 사업연도의 손익계산서와 자본변동표(이익잉여금항목), 그리고 20×3년 12월 31일 현재의 재무상태표를 작성하시오.

(2) 이 회사의 지급능력을 평가하시오.

해답 (1)

손익계산서

차변	금액	대변	금액
매출원가	1,500,000	매출액	2,700,000
급여	270,000		
임차료	180,000		
수도광열비	60,000		
이자비용	40,000		
법인세비용	280,000		
당기순이익	370,000		
	2,700,000		2,700,000

자본변동표(이익잉여금항목)

전기이월이익잉여금	1,170,000
가 산 : 당기순이익	370,000
미처분이익잉여금	1,540,000
차 감 : 현금배당액	(140,000)
차기이월이익잉여금	1,400,000

재무상태표

자산	금액	부채 및 자본	금액
현금	150,000	외상매입금	400,000
단기투자자산	50,000	장기차입금	300,000
외상매출금	300,000	부채합계	700,000
상품	580,000	자본금	100,000
비품	200,000	자본잉여금	650,000
토지	590,000	이익잉여금	1,400,000
건물	1,000,000	(당기순이익	370,000)
	2,850,000		2,850,000

해답 (2) 단기지급능력의 측정지표인 유동비율을 계산해 보면 2.7(₩1,080,000/₩400,000)이 된다. 보통 유동비율이 2 이상이면 양호하다고 보는데 이 회사는 이 값을 초과하고 있어 단기지급능력이 대단히 양호하다고 평가된다.

장기지급능력을 측정하는 대표적인 비율인 부채비율의 값을 계산해보면 0.33(₩700,000/₩2,150,000)가 된다. 보통 부채비율이 2 이하이면 양호하다고 보는데, 이 회사는 0.33밖에 안 돼 재무구조가 대단히 건전하며, 이에 따라 장기지급능력이 대단히 양호하다고 평가된다.

예제 2-17 ‖ 재무제표 작성과 분석 2

지구촌여행사는 20×3년 1월 1일에 설립되어 6개월 동안 영업을 순조롭게 수행하고 있다. 그런데 이 회사의 주주들이 그 동안의 영업상황과 재무상태 및 현금흐름에 관심을 갖고 있어서 재무제표를 작성해서 설명해 주기로 하였다. 다음 계정과목은 20×3년 6월 30일 현재 지구촌여행사의 장부에서 제공된 것이다.

현 금	₩333,000	매출채권	₩20,000	소 모 품	₩5,000
토 지	180,000	비 품	20,000	차 량	30,000
미지급금	1,000	단기차입금	50,000	자 본 금	400,000
자본잉여금	100,000	기초이익잉여금	0	기말이익잉여금	?
용역매출	97,000	급 여	12,000	임 차 료	11,000
통신비	10,000	수도광열비	4,000	이자비용	2,000
배 당 금	21,000				

현금수입: 용역매출대금 회수액	₩77,000	주식발행대금 납입액	₩500,000
토지매각대금	220,000	단기차입금 차입액	50,000
현금지급: 토지취득대금	400,000	배당금지급액	21,000
비품과 차량구입액	50,000	소모품 및 모든 비용	43,000

물음 (1) 이 회사의 손익계산서, 자본변동표(이익잉여금항목), 현금흐름표, 그리고 재무상태표를 작성하시오.

(2) 이 회사의 영업성과와 지급능력을 평가하시오.

(3) 당신이 은행의 대출담당자라면 이 회사에 대출을 허용하겠는가?

해답 (1)

손익계산서

급 여	12,000	용역매출	97,000
임 차 료	11,000		
통 신 비	10,000		
수 도 광 열 비	4,000		
이 자 비 용	2,000		
당 기 순 이 익	58,000		
	97,000		97,000

자본변동표(이익잉여금항목)

전기이월이익잉여금	0
가산: 당기순이익	58,000
미처분이익잉여금	58,000
차감: 배당금	(21,000)
차기이월이익잉여금	37,000

재무상태표

자산		부채 및 자본	
현 금	333,000	미 지 급 금	1,000
매 출 채 권	20,000	단 기 차 입 금	50,000
소 모 품	5,000	부 채 합 계	51,000
토 지	180,000	자 본 금	400,000
비 품	20,000	자 본 잉 여 금	100,000
차 량	30,000	이 익 잉 여 금	37,000
	588,000		588,000

현금흐름표

영업활동 현금흐름		34,000
매출대금회수액	77,000	
영업비와 이자지급액	(43,000)	
투자활동 현금흐름		(230,000)
토지매각	220,000	
토지구입	(400,000)	
비품과 차량구입	(50,000)	
재무활동 현금흐름		529,000
단기차입금 차입	50,000	
주식발행	500,000	
배당금지급	(21,000)	
현금의 증가		333,000
기초의 현금		0
기말의 현금		333,000

(2) 6개월 동안의 매출액 ₩97,000에 비해 당기순이익 ₩58,000은 대단히 높은 영업성과를 보여 주고 있다. 이에 따라 이 회사는 배당금을 ₩21,000이나 지급할 수 있었다. 한편 현금 보유액이 ₩333,000이나 되고 총자산이 ₩588,000인데 비해 총부채는 ₩51,000으로 자산이 부채를 훨씬 초과하고 있는 모습을 보여 주고 있다. 결국, 자본이 ₩537,000이나 되어 차후 추가차입을 위한 안전장치를 갖추고 있다. 따라서 이 회사의 재무상태도 대단히 건전하다고 말할 수 있다.

(3) 이 회사는 풍부한 현금을 보유하고 있으며, 자산도 부채를 훨씬 초과하고 있다. 또한 현금흐름표를 보면 영업활동에서도 충분한 수준은 아니지만 +의 현금을 창출하고 있다. 은행은 대출심사시 이런 점에 관심을 갖고 분석을 하게 된다. 따라서 이 회사는 유동성이 풍부하고 재무상태가 건전하며, 영업활동에서의 현금창출능력도 어느 정도 갖추고 있기 때문에 금융기관의 대출심사시 대출적격대상 기업이 될 것으로 평가된다.

연습문제

2-1 객관식문제

01 재무상태표를 작성하는 목적과 거리가 먼 것은?

① 재무상태표작성일 현재 기업의 재무상태에 관한 정보제공
② 재무상태표작성일 현재 기업의 경제적 자원의 현황과 그 자금조달원천에 관한 정보제공
③ 재무상태표작성일 현재 기업의 순자산의 실질가치에 관한 정보제공
④ 재무상태표작성일 현재 기업의 자본축적의 정도를 판단할 수 있는 정보제공

02 다음 재무상태표에 대한 설명 중 틀린 것은?

① 일정 시점의 재무상태를 표시한다.
② 차변에는 기업이 지니고 있는 가치가 있는 모든 경제적 자원이 표시된다.
③ 대변에는 기업의 경제적 자원에 대한 채권자지분과 소유주지분이 표시된다.
④ 재무상태표는 보고식 또는 계정식으로 작성할 수 있다.

03 다음 중 자산의 본질을 가장 잘 설명하는 것은? (증권분석사)

① 시장가치가 형성되어 있어 언제라도 매각가능한 재산이다.
② 기업이 소유하고 있는 것으로 미래에 효익을 제공해 줄 경제적 자원이다.
③ 기업이 소유하고 있는 물리적 형태를 지닌 자산이다.
④ 기업에 대한 소유주의 투자액을 말한다.

04 회계기준상 재무상태표에 보고할 유동성배열법에 따른 자산의 배열순서는?

① 당좌자산, 유형자산, 투자자산, 무형자산, 재고자산
② 당좌자산, 재고자산, 투자자산, 유형자산, 무형자산
③ 투자자산, 유형자산, 당좌자산, 재고자산, 무형자산
④ 유형자산, 무형자산, 투자자산, 재고자산, 당좌자산

05 다음 중 유동자산과 비유동자산을 분류하는 기준은?

① 금액의 중요성 ② 발생원인
③ 자산의 형태 ④ 현금으로의 전환기간

06 다음 중 유동부채와 비유동부채를 분류하는 기준은?

① 금액의 중요성 ② 발생원인
③ 만기까지의 기간 ④ 부채의 형태

07 다음 중 자본잉여금과 이익잉여금을 분류하는 기준은?

① 금액의 중요성 ② 발생원인
③ 적립목적 ④ 현금으로의 전환기간

08 한빛상회는 당기결산결과 다음과 같은 재무상태표를 얻었다. 조사결과 자본금 이외의 계정에 대한 금액은 정확하였으나 분류상 잘못이 발견되었다. 정확한 자본금은?

재무상태표

현 금	120,000	미지급금	50,000
유가증권	50,000	매출채권	20,000
매입채무	70,000	보 증 금	40,000
상 품	60,000	자 본 금	190,000
차 입 금	20,000	당기순이익	20,000
	320,000		320,000

① ₩130,000 ② ₩100,000
③ ₩80,000 ④ ₩50,000

09 일정기간에 있어서 기업의 경영성과를 나타내는 재무제표는?

① 재무상태표 ② 손익계산서
③ 이익잉여금처분계산서 ④ 현금흐름표

10 손익계산서가 제공하지 못하는 정보는? (증권분석사)

① 기업의 수익성을 판단할 수 있고 미래의 순이익흐름을 예측할 수 있다.
② 채권자지분과 소유자지분에 관한 자료를 제공한다.
③ 기업의 경영계획, 배당정책을 수립하는 중요한 자료가 된다.
④ 경영자의 경영능력, 경영성과를 평가할 수 있다.

11 기초자산 ₩100,000, 기초부채 ₩40,000, 기말자산 ₩150,000, 기말부채 ₩50,000, 수익 ₩200,000, 당기 배당액이 ₩20,000인 경우 비용은 얼마인가?

① ₩140,000 ② ₩160,000
③ ₩180,000 ④ ₩200,000

12 다음 자료는 W회사의 자료이다. 기초부채는 얼마인가? (주택관리사)

기초자산총액	₩85,000	기말자산총액	₩72,000
기말부채총액	30,000	총수익	60,000
총비용	68,000		

① ₩42,000 ② ₩35,000
③ ₩43,000 ④ ₩30,000

13 다음 (가) (나) (다)에 맞는 등식은?

(가) 손익계산서 등식	(나) 자본 등식	(다) 회계 등식

① (가) 총비용=당기순이익+총자산
(나) 자산+부채=자본
(다) 자산−자본=부채
② (가) 총비용+당기순손실=총수익
(나) 자산=부채+자본
(다) 자산−부채=자본
③ (가) 총비용+당기순이익=총수익
(나) 자산−부채=자본
(다) 자산=부채+자본
④ (가) 총비용=당기순이익+총수익
(나) 자산=부채+수익
(다) 자산=부채+수익

14 부산(주)는 금년에 ₩920,000의 순이익을 보고하고, 배당금으로 ₩480,000을 지급하였다. 기말이익잉여금이 ₩2,500,000이면, 기초이익잉여금은 얼마인가? (증권분석사)

① ₩2,940,000 ② ₩2,060,000 ③ ₩3,900,000 ④ ₩1,100,000

15 일정한 회계기간 동안의 기업의 경영활동별 현금의 유입과 유출을 나타내는 재무제표는 다음 중 무엇인가?

① 손익계산서 ② 재무상태표
③ 이익잉여금처분계산서 ④ 현금흐름표

16 회사가 장기적으로 존속하기 위해서는 어떤 활동에서 +의 현금창출이 되어야 하는가?

① 영업활동 ② 투자활동 ③ 재무활동 ④ 조달활동

17 미래에 건물부지로 사용하기 위해 토지를 구입하였다. 어떤 활동에 해당되는가?

① 영업활동 ② 투자활동 ③ 재무활동 ④ 구입활동

18 내년에 공장을 확장하기 위해 주식을 발행하여 자금을 조달하였다. 어떤 활동에 해당되는가?

① 영업활동 ② 투자활동 ③ 재무활동 ④ 조달활동

19 다음 상황 중 건강한 기업의 정상적인 현금흐름패턴을 보여주고 있는 경우는?

	영업현금흐름	투자현금흐름
①	positive(+)	positive(+)
②	positive(+)	negative(−)
③	negative(−)	negative(−)
④	negative(−)	positive(+)

20 다음 중에서 심각한 재무적 곤경을 겪고 있는 회사의 현금흐름패턴은 어떤 것인가?

	영업활동	투자활동	재무활동
①	+	−	+
②	−	+	+
③	+	−	−
④	+	+	−

21 성장기에 진입한 기업이 정상적으로 가지는 현금흐름패턴을 어떤 모습인가?

	영업활동	투자활동	재무활동
①	−	−	+
②	− 또는 +	−	+
③	+	+	+
④	− 또는 +	−	−

22 +의 영업현금흐름, 0에 가까운 투자현금흐름, 그리고 −의 재무현금흐름을 보여주고 있다. 이에 가장 합당한 이유와 관련된 것은?

① 회사가 확장투자를 위한 신규자금을 모집하고 있다.
② 회사가 많은 양호한 성장기회를 가지고 있지 못하다.
③ 회사가 급속한 성장으로 인해 심각한 자금난을 겪고 있다.
④ 회사가 고객이 원하는 재화와 서비스를 제공하지 못하고 있다.

23 성장기에 진입한 기업의 현금흐름패턴을 가장 잘 설명해주는 것은?

① 현금보유액을 영업활동상의 부족분을 충당하고 채권자와 투자자에게 지불하는데 사용한다.
② 영업활동상의 부족분을 충당하고 유형자산 구입을 위해 현금을 차입한다.
③ 영업활동에서 창출된 현금을 유형자산 구입과 부채 상환하는데 사용한다.
④ 영업활동상의 부족분을 유형자산 매각, 차입 및 증자를 통해 조달된 자금으로 충당한다.

24 영업활동현금흐름의 의미는 다음 중 무엇인가?

① 현금주의 당기순이익　　② 발생주의 당기순이익
③ 영업이익　　④ 매출총이익

25 주석에 대한 설명으로 가장 적당한 것은? (주택관리사)

① 주석은 재무제표의 일부이다.
② 주석은 재무제표와는 별개의 것이다.
③ 주석은 감사보고서에만 포함되는 것이다.
④ 주석은 재무제표 본문 안에 괄호로 간단하게 어떤 내용을 표시하는 방법이다.
⑤ 주석의 표시는 선택적이다.

2-2 다음은 경영컨설팅을 사업으로 하고 있는 (주)비젼의 20×3년 12월 31일 계정잔액이다.

현 금	₩19,500	자 본 금	₩7,750	이익잉여금(기초)	₩120,000
외상매출금	25,000	소 모 품	18,000	차 량	12,750
비 품	100,000	외상매입금	34,500	소모품비	37,000
용역매출	100,000	배 당 금	15,000	미지급급여	2,500
광고선전비	7,000	급 여	22,000	잡 비	8,500

물음 (1) 20×3년 12월 31일로 종료되는 사업연도의 재무상태표를 작성하시오.
(2) 20×3년도의 당기순이익을 기준으로 결정한 이 회사의 배당금 지급액 ₩15,000이 적정한 결정인지에 대해 의견을 제시하시오.

2-3 다음은 차수리업을 하는 (주)클린카의 20×3년 12월 31일 계정잔액이다.

현 금	₩9,200	자 본 금	₩100,000	이익잉여금	₩?
외상매출금	800	소 모 품	400	차 량	10,000
토 지	68,000	기계장치	55,000	건 물	52,000
외상매입금	14,000	단기차입금	29,000	미지급급여	3,000

물음 (1) 20×3년 12월 31일로 종료되는 사업연도의 재무상태표를 작성하시오.
(2) 재무상태표를 보고 유동성을 평가하시오.
(3) 손익계산서와 현금흐름표는 (2)의 답변을 하는데 어떻게 도움이 되는지를 기술하시오.

2-4 다음은 숙박업을 사업으로 하고 있는 (주)월드호텔의 20×3년 12월 31일 계정잔액이다.

현 금	₩21,400	자 본 금	₩100,000	이익잉여금	₩ ?
외상매출금	10,600	토 지	425,000	차 량	15,400
비 품	90,000	건 물	450,000	미지급금	54,800
장기차입금	620,000	미지급이자	12,000		

물음 (1) 200×3년 12월 31일로 종료되는 사업연도의 재무상태표를 작성하시오.
(2) 이 회사의 유동성을 평가하시오.

2-5 다음은 (주)놀부의 20×3년 12월 31일 현재의 일부 회계자료이다.

현 금	₩30,000	외상매출금	₩40,000	상 품	₩60,000
만기보유증권	20,000	선급비용	5,000	외상매입금	28,000
단기차입금	5,000	유동성장기부채	16,000	미지급이자	12,000
장기차입금	30,000	이익잉여금	45,000		

물음 (1) 200×3년 12월 31일 현재의 순운전자본과 유동비율을 계산하시오.
(2) 이 회사는 오늘 거래처와 채권은행으로부터 일주일 안에 모든 채무를 회수할 것이란 통보를 받았다. 이 회사가 보유하고 있는 유동자산으로 이 회사의 모든 채무를 일주일 동안에 갚을 수 있는 능력이 있는지를 평가하시오.

2-6 **다음은 반도체를 생산하는 (주)황금쌀의 20×3년 12월 31일 현재의 회계자료이다.**

현　　금	₩19,000	외상매출금	₩37,000	소 모 품	₩1,000
제　　품	64,000	단기매매증권	10,000	매도가능증권	5,000
기계장치	125,000	특허권	10,000	선급보험료	5,000
외상매입금	25,000	유동성장기부채	18,000	장기차입금	40,000
사　　채	30,000	미지급급여	5,000	선수수익	10,000
미지급법인세	8,000	자 본 금	10,000	자본잉여금	40,000
이익잉여금	?	기계장치감가상각누계액	25,000		

물음 (1) 20×3년 12월 31일 현재의 재무상태표를 작성하시오.

(2) 당신은 이 회사의 거래처이다. 20×3년 12월 31일 현재 이 회사의 외상매입금 가운데 ₩10,000이 당신이 받아야 할 금액이다. 당신은 최근의 경제상황의 급격한 악화로 이 회사의 보유 유형자산의 가치가 ₩30,000 정도로 평가되고 있다는 소식을 듣고, 이 회사에 대한 외상대금을 받을 수 있는지에 대해 걱정하고 있다. 이 회사의 지불불능의 위험이 있는지를 평가해보시오.

2-7 **다음 자료는 (주)미래의 20×2년과 20×3년도의 영업활동의 결과이다.**

	20×3	20×2
매 출 액	₩300,000	₩350,000
수도광열비	15,000	8,500
급　　여	115,000	110,000
광고선전비	10,000	20,000
법인세비용	9,000	36,500
이 자 비 용	25,000	15,000
매 출 원 가	115,000	85,000
이 자 수 익	10,000	10,000

물음 (1) 20×3년 및 20×2년 12월 31일로 종료되는 사업연도의 비교손익계산서를 작성하시오. 단, 회계기준양식으로 작성할 것.

(2) 20×4년의 수익성을 향상시키기 위해 이 회사가 취할 조치는 무엇이라고 생각하는가? 당신의 의견을 제시하시오.

2-8 **상담녀 씨는 (주)창업컨설팅이란 창업상담회사를 운영하고 있다. 그녀는 20×3년도의 재무제표 작성을 하는데 당신의 도움을 청하였다. 다음에 주어진 자료를 이용해서 물음에 답하시오. 당기에 배당금은 지급되지 않았다.**

현　　금	₩170,000	자 본 금	₩400,000	이익잉여금(기초)	₩124,000
외상매출금	30,000	소 모 품	20,000	토　　지	240,000
건　　물	1,000,000	미지급금	60,000	장기차입금	720,000
용역매출	420,000	임 차 료	24,000	광고선전비	20,000
이자비용	7,000	급　　여	200,000	잡　　비	13,000

물음 (1) 20×3년 12월 31일로 종료되는 사업연도의 손익계산서를 작성하시오.
(2) 20×3년 12월 31일 현재의 기말이익잉여금을 계산하시오.
(3) 20×3년 12월 31일 현재의 재무상태표를 작성하시오.
(4) 이 회사의 유동비율을 계산하고 이 비율이 제공하는 정보의 의미를 설명하시오.

2-9 (주)봄봄의 20×3년 1월 1일 현재 자본금은 ₩3,000,000이고 이익잉여금은 ₩400,000이다. 12월 31일 재무상태와 경영성과가 다음과 같은 경우, 재무상태표와 손익계산서를 작성하시오. 단, 이익잉여금에 대한 배당은 없었다.

(1) 20×3년 12월 31일 현재의 재무상태

현　　금	₩350,000	대여금	₩500,000	받을어음	₩350,000
외상매출금	300,000	단기매매증권	800,000	상　품	1,200,000
비　품	1,000,000	외상매입금	100,000	지급어음	200,000
선수금	300,000	자 본 금	3,000,000	이익잉여금	?

(2) 20×3년 1월 1일부터 12월 31일까지의 경영성과

매 출 액	₩9,000,000	이 자 수 익	₩800,000	유형자산처분이익	₩200,000
매출원가	7,000,000	급　　여	2,000,000	단기매매증권처분손실	20,000
통 신 비	150,000	광고선전비	100,000	세 금 과 공 과	50,000
소모품비	80,000	임 차 료	100,000		

2-10 다음 계정과목은 20×3년 6월 30일 현재 (주)푸른꿈의 장부에서 제공된 것이다.

현　　금	₩150,000	토　지	₩700,000	비　　품	₩200,000
외상매출금	300,000	단기매매증권	50,000	상　　품	580,000
건　물	1,000,000	외상매입금	410,000	장기차입금	300,000
자본금	100,000	자본잉여금	650,000	이익잉여금(기초)	1,170,000
매 출 액	2,750,000	이 자 비 용	40,000	배당금지급액	50,000
매출원가	1,450,000	급　　여	270,000	법인세비용	350,000
임 차 료	180,000	수도광열비	60,000		

물음 (1) 20×3년 6월 30일 현재의 재무상태표를 작성하시오. 힌트 : 손익계산서 항목은 당기순이익을 계산하기 위해 필요하다.
(2) 당신은 이 회사의 홍보담당 이사이다. 이 회사가 위치한 지역신문사의 기자가 회사의 재무상태표를 보더니, 회사의 주주들은 단지 ₩100,000을 투자한 반면, 차입은 ₩700,000씩이나 한 무책임한 악덕주주들이라고 하면 서 이 사실을 기사화해서 사회에 고발하겠다고 으름짱을 놓는 것이었다. 당신은 기자의 반응에 대해 어떻게 대응하겠는가?

2-11 다음은 (주)늘봄의 20×3년 12월 31일 현재의 회계자료이다.

현 금	₩250,000	선급비용	₩20,000	받을어음	₩50,000
외상매출금	60,000	매도가능증권	150,000	상 품	300,000
토 지	460,000	외상매입금	400,000	비 품	200,000
특허권	60,000	자 본 금	20,000	이익잉여금(기초)	130,000
매 출 액	6,500,000	이 자 비용	200,000	유형자산처분이익	60,000
매출원가	4,680,000	급 여	450,000	건물감가상각누계액	140,000
수 선 비	60,000	미지급금	80,000	감 가 상 각 비	180,000
법인세비용	140,000	임 차 료	90,000	비품감가상각누계액	70,000
보험료	20,000	소모품비	70,000	자 본 잉 여 금	100,000
미지급이자	50,000	장기차입금	390,000	건 물	500,000

물음 (1) 20×3년도의 손익계산서와 20×3년 12월 31일 현재의 재무상태표를 작성하시오.

(2) 당신은 이 회사의 재무담당 이사이다. 몇 몇 주주들이 찾아와서 배당금 지급을 하지 못하는 이유를 따져 물었다. 주주들은 이익잉여금잔액을 볼때 적어도 ₩400,000 정도는 배당금으로 지급할 수 있는 게 아닌가 물었다. 당신은 주주들에게 어떻게 답변할 것인가?

2-12 다음은 (주)소망의 20×3년 12월 31일 현재의 회계자료이다.

현 금	₩?	외상매출금	₩46,500	소 모 품	₩29,400
상 품	60,000	비 품	20,000	토 지	70,500
건 물	145,000	외상매입금	25,600	단기차입금	20,000
장기차입금	45,800	자 본 금	45,000	이익잉여금(기초)	272,500
매 출 액	417,000	매출원가	200,000	임 차 료	25,600
광고선전비	10,000	급 여	40,100	건물감가상각누계액	29,000
수도광열비	9,500	소 모 품 비	7,900	감 가 상 각 비	16,500
법인세비용	52,800	배 당 금	60,750	비품감가상각누계액	4,000
이자비용	6,000				

물음 (1) 20×3년도의 손익계산서와 20×3년 12월 31일 현재의 재무상태표를 작성하시오.

(2) 20×3년 12월 31일 현재의 유동비율과 부채비율을 계산하고 이 회사의 단기 및 장기지급능력을 평가하시오.

(3) 이 회사의 20×3년 12월 31일 현재의 이익잉여금 잔액이 자본금보다 더 많은 금액이 계상된 이유를 설명하시오.

2-13 다음은 (주)사랑의 20×3년도 영업활동과 관련된 회계자료이다.

매 출 액	₩120,000	매 출 원 가	₩37,000	임 차 료	₩1,500
광고선전비	2,700	급 여	18,300	소모품비	800
수도광열비	5,000	잡 비	4,000	감가상각비	7,300
법인세비용	21,100	배 당 금	12,400	이익잉여금(기초)	156,500

물음 (1) 20×3년도의 손익계산서와 자본변동표(이익잉여금항목)를 작성하시오.
(2) 20×3년도에 당기순손실 ₩25,000이 계상되었다고 가정하고 이익잉여금 처분계산서를 작성하시오.
(3) (2)와 같이 당기순손실이 발생한 상황하에서 이 회사는 주주에게 배당금을 지급할 것을 고려하고 있다. 이에 대한 여러분의 생각을 말해 보시오.

2-14 **다음은 (주)푸른꿈의 20×3년도 12월 31일 현재의 재무상태표이다.**

재무상태표

(주)푸른꿈			20×3. 12. 31
현 금	3,400,000	받 을 어 음	14,000,000
기 부 금	1,700,000	임 차 료	2,000,000
토 지	41,500,000	소 모 품	800,000
급 여	3,000,000	외 상 매 출 금	2,600,000
장기금융상품	6,700,000	지 급 어 음	30,000,000
외 상 매 입 금	3,000,000	자 본	9,900,000
	59,300,000		59,300,000

이 회사의 회계담당자가 갑자기 병원에 입원하는 바람에 관리업무를 담당하고 있는 신바람 씨에게 대신 재무상태표 작성업무가 맡겨졌다. 신씨는 학교 다닐 때 회계원리를 열심히 공부하지 않았기 때문에 걱정이 태산 같았다.

희미한 기억을 되살려 자산계정과 부채계정으로 생각되는 계정과목을 찾아 배열하였다. 그런데 재무상태표는 차변과 대변의 합계가 언제나 균형을 이루어야 한다는 정도는 확실히 기억하고 있었기 때문에 차이나는 금액을 자본의 금액으로 해서 대차가 일치된 재무상태표를 완성하였다.

물음 이 회사의 재무상태표를 올바르게 수정하시오. (자본을 제외한 모든 계정의 금액은 정확함)

2-15 **다음은 (주)꿈나라의 20×3년 12월 31일로 종료되는 회계연도의 손익계산서와 자본변동표(이익잉여금)이다. 이 재무제표는 이 회사의 경리보조를 맡고 있는 나초보 양이 작성한 것이다.**

손익계산서

(주)꿈나라		20×3. 12. 31
매 출 액		₩ 195,000
차감 : 배당선언액		(7,500)
순매출액		₩ 187,500
차감 : 판매비		(20,800)
매출총이익		₩ 166,700
차감 : 영업비		
금융비용	₩ 4,100	
매출원가	113,700	
법인세비용	11,900	(129,760)
영업이익		₩ 36,940

기타항목		
배당금수익	₩ 1,800	
관 리 비	(24,300)	(22,500)
당기순이익		₩ 14,440

자본변동표(이익잉여금항목)

(주)꿈나라	20×3. 12. 31
이월이익잉여금	₩ 58,000
가산 : 당기순이익	14,440
수정후 이익잉여금	₩ 72,440
차감 : 유가증권처분손실	(4,000)
차기이월이익잉여금	₩ 68,440

물음 올바른 손익계산서와 자본변동표(이익잉여금항목)를 작성하시오. (단, 금액은 모두 정확함)

2-16 (주)청결은 청소대행회사이다. 이 회사는 사업에 관련된 기록을 완전하고 정확하게 하고 있다. 그런데 이 회사의 회계담당자가 사장하고 말다툼을 벌인 후 20×3년도의 재무제표를 가지고 잠적해 버렸다. 할 수 없이 사장이 손익계산서와 재무상태표를 작성했는데 다음과 같다.

손익계산서

(주)청결 20×3. 1. 1~20×3. 12. 31 (단위: 천원)

수 익		47,700
외상매출금	15,200	
용역매출(현금매출액)	32,500	
비 용		37,800
배 당 금	4,000	
외상매입금	4,500	
수도광열비	12,200	
급 여	17,100	
당 기 순 이 익		9,900

재무상태표

(주)청결	20×3. 12. 31		(단위: 천원)
현 금 예 금	7,400	용역매출(외상매출액)	26,200
건물과 기계장치	80,000	자 본 금	20,000
차감: 단기차입금	(50,000)	당기순이익	9,900
토 지	40,000	이익잉여금	21,300
자 산 합 계	77,400	부채 및 자본 합 계	77,400

사장은 올해의 당기순이익에 대해서 대단히 실망하였다. 왜냐하면 지난 10여 년 동안 평균 ₩25,000,000의 당기순이익이 발생됐었기 때문이다. 사장은 회계학을 배우고 있는 당신에게 보고된 당기순이익이 회사의 수익력을 정확히 반영하고 있는지 그리고 재무상태표는 올바르게 작성되었는지 보아달라고 부탁을 하였다.

물음 (1) 20×3년도의 올바른 손익계산서를 작성하시오.

(2) 20×3년도의 자본변동표(이익잉여금항목)를 작성하시오. 20×3년 1월 1일의 이익잉여금 실제잔액은 ₩42,700,000이다. 20×3년 12월 31일 현재의 재무상태표에 나와 있는 이익잉여금 잔액은 틀린 금액임을 주의하라. 왜냐하면 사장이 재무상태표 작성시 맨 마지막에 차변 합계액과 이익잉여금을 제외한 대변 계정과목의 합계액과의 차액을 이익잉여금 기말잔액으로 계산하여 대차를 일치시켰기 때문이다.

(3) 20×3년 12월 31일 현재의 정확한 재무상태표를 작성하시오.

(4) 사장이 작성한 손익계산서와 당신이 작성한 손익계산서 간의 주요한 차이를 사장에게 설명하시오.

2-17 **당신의 친구가 소규모 벤처회사인 (주)미래테크의 2개 연도분의 손익계산서를 가지고 왔다. 당신의 친구는 이 회사의 장래 매출과 경영방식에 대한 장미빛 전망을 친척으로 들었지만 본인은 회의적이라면서 당신의 의견을 요청하였다. 손익계산서의 어떤 항목을 세밀히 검토해야 할지를 기술하시오. 이 회사의 손익계산서는 다음과 같다.**

손익계산서

	20×3	20×2
매　　출	₩800,000	₩600,000
매출원가와 판매관리비	(400,000)	(420,000)
영업이익	400,000	180,000
기타수익	250,000	60,000
법인세비용차감전순이익	650,000	240,000
법인세비용	(260,000)	96,000
당기순이익	390,000	336,000

2-18 **다음 동종 산업군에 속한 (주)고속과 (주)안전의 재무상태표와 손익계산서를 이용하여 다음 물음에 답하시오.**

(주)고속　비교재무상태표

	당 기	전 기
1. 유동자산	350,000	200,000
2. 비유동자산	550,000	280,000
합　계	900,000	480,000
1. 유동부채	400,000	190,000
2. 비유동부채	300,000	100,000
3. 자　본	200,000	190,000
합　계	900,000	480,000

(주)안전　비교재무상태표

	당 기	전 기
1. 유동자산	280,000	250,000
2. 비유동자산	520,000	500,000
합　계	800,000	750,000
1. 유동부채	140,000	150,000
2. 비유동부채	240,000	220,000
3. 자　본	420,000	380,000
합　계	800,000	750,000

(주)고속 비교손익계산서	당 기	전 기
1. 매 출 액	410,000	150,000
2. 영 업 비 용	(260,000)	(90,000)
3. 이 자 비 용	(70,000)	(29,000)
4. 당 기 순 이 익	80,000	31,000

(주)안전 비교손익계산서	당 기	전 기
1. 매 출 액	370,000	330,000
2. 영 업 비 용	(250,000)	(220,000)
3. 이 자 비 용	(40,000)	(37,000)
4. 당 기 순 이 익	80,000	73,000

(1) 두 회사가 각기 만기 3개월의 단기차입 ₩100,000을 요구하고 있다. 귀하가 은행의 대부담당자인 경우 어느 기업에 ₩100,000을 대여하겠는가? 추가적인 정보가 필요하면 해당정보와 의사결정 결과 및 이유를 설명하시오.

(2) 호황으로 두 기업이 취급하는 상품의 수요가 급증하리라 예상되는 경우, 귀하는 두 회사 중 어느 기업의 주식에 투자하겠는가? 그 이유를 설명하시오.

2-19 **튼튼은행의 대부계 대리인 나분석씨는 판매업종인 (주)가람과 서비스업종인 (주)산천으로부터 각각 운영자금의 대출신청을 받았다. 나분석씨는 대출결정을 위하여 각 기업의 재무상태표를 받아 이를 검토하였다. 각 기업의 재무상태표는 다음과 같다.**

재무상태표

(주)가람	20×3년 12월 31일		(단위: 천 원)
현금	9,000	매입채무	12,000
매출채권	14,000	단기차입금	18,000
상품	85,000	부채합계	30,000
소모품	500	자 본	183,000
비품	9,000		
건물	80,000		
차량	2,000		
토지	14,000		
자산합계	213,500	부채와 자본합계	213,000

재무상태표

(주)산천	20×3년 12월 31일		(단위: 천 원)
현금	11,000	미지급금	3,000
매출채권	4,000	단기차입금	168,000
소모품	1,000	부채합계	171,000
비품	56,000	자 본	70,000
토지	160,000		
차량	9,000		
자산합계	241,000	부채와 자본합계	241,000

물음 (1) 재무상태표만을 놓고 볼 때 두 회사 중 어떤 회사에 대출하는 것이 안전한지를 재무상태표상의 계정과목과 금액을 사용해서 설명하시오.

(2) 대출여부를 결정하는데 있어서 재무상태표 이외의 필요한 정보가 있으면 기술하시오.

2-20 오투자씨는 (주)돌풍과 (주)순풍 중 한 회사에 투자할 생각을 가지고 두 회사의 손익계산서를 입수하였다. (주)돌풍이 (주)순풍보다 더 많은 당기순이익을 보고하고 있지만 오씨는 어쩐지 마음이 내키지 않아 회계학을 전공하고 있는 당신에게 조언을 부탁하였다. 두 회사의 손익계산서는 다음과 같다.

	손익계산서	(단위: 원)
	(주)돌풍	(주)순풍
매출	520,000	550,000
매출원가	400,000	350,000
매출총이익	120,000	200,000
판매비와 관리비	300,000	50,000
영업이익(손실)	(180,000)	150,000
영업외수익	80,000	150,000
계속사업이익(손실)	(100,000)	300,000
중단사업이익	200,000	
중단사업손실		(360,000)
당기순이익	100,000	(60,000)

물음 (1) 영업이익 또는 당기순이익은 회사를 평가할 때 사용할 좋은 지표인지에 대해 설명하시오.

(2) (주)돌풍의 중단사업이익과 (주)순풍의 중단사업손실은 반복적으로 발생하는 항목인가, 아니면 몇 년에 한 번 정도 발생하는 항목인가? 이들 항목은 두 회사의 다음 연도 순이익에 어떤 영향을 미칠 것인지에 대해 설명하시오.

(3) 위의 손익계산서 자료를 토대로 해서 어떤 회사에 투자를 권유할지에 대해 근거와 함께 설명하시오.

2-21 (주)꿈과 사랑의 회계담당자인 당신은 사장으로부터 이사회에 제출할 현금흐름표를 작성해 달라는 지시를 받았다. 20×3년 동안의 현금흐름에 관련된 자료를 살펴본 결과 다음과 같았다.

(1) 매출로부터의 현금수입액	₩2,800,000
(2) 매입과 종업원에 대한 지출액	1,480,000
(3) 기타 영업비용으로 지출된 금액	1,000,000
(4) 토지와 건물 구입대금으로 지출된 금액	1,650,000
(5) 은행으로부터의 차입금	500,000
(6) 주식발행으로 인한 불입금액	1,000,000
(7) 배당금 지급액	120,000

물음 20×3년도의 현금흐름표를 작성하고 현금흐름이 건전한지를 평가하시오.

2-22 (주)신바람자동차의 요약현금흐름표이다.

	20×3	20×2	20×1
영업활동 현금흐름	?	(252)	?
투자활동 현금흐름	150	?	(400)
재무활동 현금흐름	(200)	400	800
현금의 증가	?	(2)	78
기초의 현금	76	?	0
기말의 현금	156	76	?

물음 (1) ?의 금액을 기입하시오.

(2) 현금흐름표를 분석하고 이 회사의 지급능력이 양호한지를 평가하시오.

2-23 (주)미래전자는 기업을 확장하기 위해 생산라인 설치자금을 은행에서 장기차입할 계획을 세우고 은행에 대출신청을 했다. 다음은 이 회사의 요약재무제표이다.

	20×3	20×2
재무상태표		
유동자산	₩14,000	₩12,000
비유동자산	50,000	43,000
유동부채	7,000	6,000
비유동부채	26,000	21,000
자본금	25,000	25,000
이익잉여금	6,000	3,000
손익계산서		
수익	₩35,000	₩32,000
비용	23,000	26,000
당기순이익	12,000	6,000
현금흐름표		
영업활동 현금흐름	₩15,000	₩9,000
투자활동 현금흐름	(14,000)	(12,000)
재무활동 현금흐름	7,000	5,000
현금의 증가	8,000	2,000
기초의 현금	3,000	1,000
기말의 현금	11,000	3,000

물음 위의 재무제표에 대한 분석결과를 가지고 은행 입장에서 대출여부를 결정하시오.

2-24 다음은 (주)희망반도체의 요약재무제표이다.

	20×3	20×2
재무상태표		
유동자산	₩9,000	₩8,000
비유동자산	18,000	15,000
유동부채	7,000	4,000
비유동부채	9,000	7,000
자본금	9,000	9,000
이익잉여금	2,000	3,000
손익계산서		
수익	₩92,000	₩89,000
비용	78,000	72,000
당기순이익	14,000	17,000
현금흐름표		
영업활동 현금흐름	₩12,000	₩15,000
투자활동 현금흐름	(8,000)	(5,000)
재무활동 현금흐름	(5,000)	(8,000)
현금의 증가	(1,000)	2,000
기초의 현금	5,000	3,000
기말의 현금	4,000	5,000

물음 위의 재무제표에 대한 분석결과를 가지고 투자자 입장에서 이 회사의 주식을 구입할 것인지 여부를 결정하시오.

2-25 (주)야망의 회계담당자인 당신은 사장으로부터 이사회에 제출할 현금흐름표를 작성해 달라는 지시를 받았다.
20×3년 동안의 현금흐름에 관련된 자료를 살펴본 결과는 다음과 같았다.

	기초잔액	기말잔액
현금	₩20,000	₩50,000
매출로부터의 현금수입액		600,000
은행으로부터의 단기차입금	100,000	250,000
은행으로부터의 장기차입금	100,000	70,000
주주에 대한 배당금 지급액		150,000
기계장치 구입대금	850,000	1,050,000
매입과 종업원에 대한 지출액		235,000
이자비용에 대한 지출액		50,000
법인세비용에 대한 지출액		55,000

(1) 이 회사의 현금흐름표를 작성하시오. 단 기초와 기말잔액간의 증가 또는 감소는 당기 중의 현금의 유입액 또는 유출액으로 본다.

(2) 이 회사의 현금흐름이 건전한지에 대해 평가하시오. 현금흐름의 건전성을 평가하는데 추가적으로 고려하여야 할 정보가 있으면 기술하시오.

2-26 **나제비 씨는 택배회사를 설립하고 사업을 시작하였다. 1개월 동안의 사업이 반영된 장부상의 내용을 정리한 결과 다음과 같다.**

현금예금	₩61,000	소모품	₩12,000	비 품	₩100,000
차 량	200,000	미지급금	20,000	이익잉여금기말잔액	?
자본금	350,000	용역매출	39,000	수도광열비	2,000
통신비	10,000	임차료	7,000	급 여	5,000
현금수입 : 매출대금 회수액			39,000	주식발행대금	350,000
현금지급 : 비품과 차량 구입			300,000	소모품구입과 비용지급	16,000
배당금 지급			12,000		

단, 미지급금에는 미지급비용이 포함되어 있다.

물음 (1) 이 회사의 4가지 재무제표를 작성하시오.

(2) 이 회사의 사장은 이 사업을 계속할 것인지 아니면 그만둘 것인지에 대해 당신에게 자문을 요청해왔다. 1개월간의 영업성과, 현금흐름, 현재의 재무상태 그리고 배당금에 대한 평가결과를 토대로 사업을 계속하는 것이 좋을 지에 대한 당신의 의견을 기술하시오.

2-27 **오대출 씨는 에이스은행의 대출담당자이다. 오 씨는 대출을 신청한 으뜸회사와 버금회사를 평가하고 있다. 두 회사는 기업의 규모가 거의 같으며, 20×3년의 현금 기초잔액도 거의 비슷하다. 오 씨는 두 회사의 3년 동안 현금흐름 증가액이 똑같기 때문에 두 회사의 현금흐름상태가 똑같은 것으로 보고 모두 대출적격회사로 판단하고 있다. 다음은 두 회사의 요약현금흐름표이다.**

비교현금흐름표

(단위: 백만원)

	으뜸회사			버금회사		
	20×1	20×2	20×3	20×1	20×2	20×3
영업활동 현금흐름	200	260	300	160	80	(40)
투자활동 현금흐름	(100)	(160)	(200)	(140)	(100)	160
재무활동 현금흐름	160	(60)	20	240	60	-
현금흐름의 증가액	260	40	120	260	40	120

물음 (1) 당신은 대출담당자의 평가결과에 동의하는가? 동의여부에 대한 당신의 의견을 근거를 들어서 설명하시오.

(2) 버금회사의 재무활동 현금흐름이 20×3년에 0으로 표시되고 있다. 그 이유를 설명하시오.

(3) 당신이 현금흐름표만을 사용하여 대출심사를 한다면 어떤 회사에 대출을 하겠는가? 근거를 들어서 기술하시오.

2-28 다음은 정보시스템구축업을 하는 (주)미래정보의 20×3년 1월 한 달간의 손익계산서이다.

손익계산서

용역수익		
현금회수분	₩105,000	
현금미회수분(외상)	30,500	₩135,000
비용		
급여지급분	50,000	
급여미지급분	3,000	
소모품비(×2년 12월 현금구입분)	2,000	
감가상각비	500	
기타영업비(현금지급)	26,000	81,500
법인세비용차감전 순이익		54,000
법인세비용(미지급)		13,500
당기순이익		₩40,500

물음 이 회사의 사장은 1월 한 달 동안에 영업활동을 통해 벌어드린 돈이 얼마인지를 알고 싶다고 했다. 이 회사의 사장이 알기 쉽게 1월 한 달 동안에 영업활동을 통해 벌어드린 돈을 계산하시오.

2-29 다음은 (주)우리의 불완전한 재무제표이다. 재무제표상의 괄호에 적당한 금액을 기입하시오.

재무상태표

현 금	₩5,000	매 입 채 무	₩7,000
상 품	10,000	자 본 금	(1)
건 물	40,000	이 익 잉 여 금	(2)
토 지	10,000		
자 산 합 계	₩65,000	부 채 와 자 본 합 계	₩65,000

손익계산서

매 출	₩80,000
매출원가	(3)
관리비	10,000
당기순이익	₩(5)

이익잉여금처분계산서

기초이익잉여금	₩10,000
당기순이익	(6)
배당금	5,000
기말이익잉여금	₩25,000

2-30 (주)부자부동산은 영업개시후 첫 달의 영업을 반영한 다음과 같은 재무제표를 작성하였다. 재무제표간의 상호 관련성을 고려하여 빈 칸의 금액을 계산하시오.

손익계산서

(주)부자부동산	20×3. 3. 1 - 3. 31	(단위: 천원)
수 익		(a)
용 역 매 출	(a)	
비 용		7,500
급 여	3,680	
임 차 료	2,000	
수도광열비	(b)	
잡 비	440	
이 자 비 용	200	
당 기 순 이 익		(c)

이익잉여금처분계산서

(주)부자부동산 20×3. 3.1 - 3. 31	(단위 : 천원)
이월이익잉여금	(d)
가산 : 당기순이익	5,500
수정후 이익잉여금	(e)
차감 : 배당금	(f)
차기이월이익잉여금	(g)

재무상태표

(주)부자부동산 20×3. 3. 31 (단위: 천원)

자산		부채 및 자본	
현금예금	(h)	단기차입금	12,000
토 지	20,000	자 본 금	(i)
		이익잉여금	(j)
자 산 합 계	26,500	부채 및 자본 합 계	(k)

현금흐름표

(주)부자부동산	20×3. 3. 1 - 3. 31	(단위 : 천원)
영업활동 현금흐름		(l)
용역대금회수액	13,000	
영업비용지급액	7,300	
이자비용지급액	200	
투자활동 현금흐름		(20,000)
토지매입대금 지급액	20,000	
재무활동 현금흐름		(m)
단기차입금 차입대금	(n)	
주식발행대금	10,000	
배당금 지급액	(1,000)	
현금의 증가		(o)
기초의 현금(3월 1일)		(p)
기말의 현금(3월 31일)		(q)

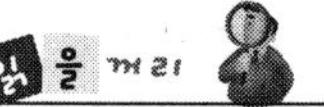 1

IFRS시대 개막 … 1분기 재무제표 5월에 공시

주석에 알짜정보 … 꼼꼼히 봐야

새로운 회계원칙인 국제회계기준(IFRS · International Financial Reporting Standards) 시대가 본격 개막했다. 약 2000개 상장사와 비상장 금융회사가 IFRS에 따라 작성한 1분기 재무제표가 오는 5월 공시된다.

IFRS 적용 대상 기업은 유가증권시장 코스닥 상장사 1767개와 비상장 금융회사(저축은행 제외) 197개 등 1964개(10월 말 기준)로 추산된다. 이 중 12월결산 법인은 IFRS 기준에 맞춰 1분기(1~3월) 재무제표를 작성,5월까지 공시해야 된다. 종전 한국회계기준(K-GAAP)으로 산출된 전년 동기 수치도 IFRS로 전환해 함께 발표해야 한다. 이용자들이 IFRS 도입 전후 재무 현황 변화를 비교할 수 있게 하기 위해서다.

IFRS에 의해 새로 작성되는 포괄손익계산서에 K-GAAP의 핵심 항목인 영업이익을 포함하며,계산 내역은 재무제표 주석에 밝히도록 했다. 포괄손익계산서에는 통상 영업이익이 표시되지 않거나 기업 간 산출 항목이 달라 비교가 어렵다는 지적이 많았기 때문이다. 포괄손익계산서에 영업이익 표기를 생략하는 기업은 영업이익과 산출 내역을 주석에 공시해야 한다.

IFRS는 회계규칙 위주의 K-GAAP과 달리 기업의 경제적 실질가치를 반영한다는 점에서 효용이 높다는 평가다. 재무제표를 통해 글로벌 비교 분석이 가능한 것도 장점이다. 금융감독원 관계자는 “IFRS 도입으로 재무제표 본문은 간단해지는 반면 이를 보충 설명하는 주석 분량은 훨씬 많아진다”며 “주석에 알짜 정보가 들어 있기 때문에 정확한 기업정보를 알려면 재무제표 본문과 주석을 연계해 꼼꼼하게 분석할 필요가 있다”고 설명했다.

IFRS 의무 적용 대상이 아닌 비상장 기업들은 기존 회계기준을 수정한 일반기업회계기준을 적용한다. 이 회계기준은 금융자산의 매각이나 손실에 대한 기준을 명확히 하고,무형자산도 잔존가치나 내용연수의 변경을 허용했다. 이들 기업도 감독당국 승인 없이도 언제든지 IFRS를 선택할 수 있다.

－한국경제 2011년 1월 1일－

읽을 거리 2

IFRS는 선진국 진입 위한 예방접종

“국민소득은 지도자가 잘하면 1만 달러, 민주화가 잘되면 2만 달러가 된다고 합니다. 그러나 4만 달러 수준에 올라서려면 투명하고 신뢰 받는 사회가 돼야 합니다. 이를 위해선 기업의 회계장부부터 투명해야 합니다.”

권오형 한국공인회계사회 회장은 기업 회계의 투명성 제고의 중요성에 대해 이같이 역설했다. 올해 국내 모든 상장기업에 ‘국제회계기준(IFRS)’이 적용되는 것에 큰 기대를 거는 것도 이 같은 이유에서다.

권 회장은 “공정가치 중심의 회계기준이 적용되면 기업의 실질적 가치를 적절히 나타낼 수 있어 회계의 투명성과 신뢰도가 획기적으로 제고되고 기업의 대외 이미지도 동반 상승하게 될 것”이라고 말했다.

그는 IFRS를 ‘영어’에 비유했다. 만국의 공통어 영어가 글로벌 비즈니스 에서 경쟁력을 확보하기 위한 필수 요건이 된 것처럼, 세계 자본시장의 통합화·국제화에 따라 IFRS 적용은 피할 수 없는 선택사항이 됐다는 것.

국제기준에 맞게 재무제표가 작성되는 IFRS의 도입은 분명 국내 회계산업의 글로벌화를 촉발시키고 해외 비즈니스의 기회도 더욱 확대될 수 있는 기폭제가 될 것이라는 기대다.

그러나 IFRS 전면 도입을 둘러싸고 중소기업의 비용 부담 증가, 재무 상황 악화 등 업계의 우려도 만만치 않은 것이 현실. 이에 대해 그는 “IFRS 도입 비용은 일종의 건강검진 비용”이라고 설명했다. 사전에 정밀한 건강검진을 받고 이에 따라 적절한 조치를 취하면 건강하게 오래 살 수 있지만 그렇지 못하면 갑작스런 사고로 위태해질 수 있다는 것.

이런 관점에서 도입 비용은 문제점이라기 보다는 ‘미래를 위한 최고의 투자’라고 말한다. 또 결국 재무제표가 정직해지면 자본 조달이 용이해지고 주가도 상승하게 되므로 초기 도입 비용에 대한 부담은 얼마든지 상쇄할 수 있다고 강조했다.

그는 IFRS의 성공적인 도입을 위해서는 무엇보다도 기업의 경영자 마인드가 바뀌어야 한다고 했다. 많은 사람들이 IFRS 도입으로 기업의 회계부서 정도만 가장 큰 영향을 받는다고 생각하는데 이는 잘못된 오해라는 것.

“영어가 글로벌 비즈니스에서 경쟁력을 확보하기 위한 필수 요건이 된 것처럼 세계 자본시장의 통합화·국제화에 따라 IFRS 적용은 피할 수 없는 선택 상황이 됐죠. IFRS의 도입은 국내 회계산업의 글로벌화를 촉진시키는 기폭제가 될 것입니다.” (이하 생략)

– 아시아경제 2010년 12월 31일 –

읽을 거리 3

재무제표 바로 읽기 : 항목별 체크포인트

기업의 재무정보는 증권투자의 기본이다. 기업의 내재가치가 높을수록 주가가 오르기 마련이어서 재무정보를 정확히 이해하는 것이 무엇보다 중요하다. 그래서 기업의 내재가치를 보여주는 재무제표를 읽지 못하면 주식투자에서 낭패를 당하기 쉽다. 채권투자자도 마찬가지다. 최근 들어선 12월 말 결산 상장회사들의 재무제표(영업실적보고서)를 보여 주는 결산공고가 쏟아져 나오는 것과 때를 맞추어 재무제표에 "친숙"해지려고 노력하는 투자자들이 급증하고 있다. 공인회계사들은 재무제표 보기에서는 기업의 성장성 안정성 수익성측면을 세분해 따져나가야 한다고 밝히고 있다.

➢성장성과 수익성이 기본이다=기업의 성장성과 수익성을 나타내는 것은 재무제표 중에서도 손익계산서에 들어 있다. 손익계산서의 첫줄에 나오는 매출액은 기업의 성과를 나타내는 가장 기본적인 데이터이다. 매출액이 전사업연도에 비해 늘었다는 것은 기업이 성장했다는 것을 의미하기 때문이다. 손익계산서엔 수익성 지표도 들어 있다. 흔히 기업의 수익성을 따질 때 당기순이익을 잣대로 든다. 실제 기업에 고스란히 남는 수익이기 때문이다. 그러나 당기순이익에만 너무 집착해 기업의 수익성을 평가하는 것은 금물이다. 특히 IMF 이후 재무상태 악화로 상당수 기업들이 땅이나 공장을 내다 팔아 엄청난 특별이익을 내는 바람에 영업에서는 적자를 냈지만 당기순이익은 흑자가 된 사례가 적지 않다. 특별이익 때문에 장부상 실적은 흑자일지라도 실제 영업실적이 갈수록 나빠지는 기업은 다음해엔 적자로 돌아서기 쉽다. 수익력의 근본척도는 아무래도 영업손익이나 법인세 차감전순이익(경상이익)으로 따지는 것이 좋다는 게 회계전문가들의 지적이다. 회사 본연의 영업결과로 얻는 영업이익이 매년 늘어나면 일단 성장잠재력이 있다고 생각해도 좋다. 회사의 주된 영업활동과 투자활동 등 "본업"과 관계되는 활동에서 얻어지는 법인세 차감전순이익(경상이익)도 눈여겨보아야 할 지표다. 영업이익을 아무리 많이 내더라도 차입금이 너무 많아 금융비용이 과중하다면 법인세 차감전순이익(경상이익)이 크게 줄어들 수도 있다. 기업의 영업성적 뿐만 아니라, 재무성적도 함께 평가할 수 있는 지표가 경상이익이다.

➢불황기엔 안정성도 중요하다=실적은 좋더라도 일시적인 자금부족으로 흑자도산하는 기업을 종종 볼 수 있다. 현금회수가 제대로 되지 않거나 여유자금없이 외형확대에만 매달리는 경우에 이런 일이 많다. IMF 이후 불황기에 이런 도산이 줄을 이었다. 기업의 안정성 평가는 우선 여유자금을 따지는 것이다.

여유자금이 있더라도 그 항목을 따져야 한다. 영업에서 판매와 수금이 빠르게 이뤄져 생긴 “여유”라면 더없이 좋은 것이다. 장사를 잘해 현금을 확보하고 있다는 얘기가 되기 때문이다. 만약, 여유자금이 은행 등에서 차입한 것이라면 정밀하게 따져볼 필요가 있다. 이런 경우 당장은 현금흐름이 괜찮아 부도위험은 없더라도 차입금 상환부담 때문에 곤란을 겪을 수도 있다. 그래서 부채비율이 지나치게 높은지 여부를 판단할 필요가 있다. 지난 해에는 자산재평가 붐이 일어나 일시에 대폭 부채비율이 낮아진 기업이 많았다. 자산재평가를 통한 재무구조 개선은 수치만 바꾼 것이지 기업의 근본적인 가치를 높인 것은 아니라는 점을 유념해야 한다. 설비투자 여부도 기업의 현금흐름에 적잖은 변수다. 설비투자가 진행 중일 때는 많은 돈이 필요해 현금지불능력이 떨어질 가능성이 있다. 설비투자가 끝나고 현금이 들어오기까지는 긴 회수기간이 걸리기 마련 이어서 자금 여유없이 무리하게 투자했다가 낭패를 당하는 기업이 많다는 점도 주의해야 한다. 따라서 현금흐름표의 증감에도 주목하지 않으면 안 된다.

– 한국경제 1999년 3월 1일 –

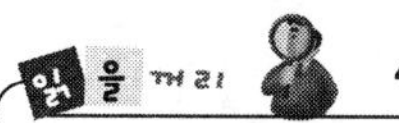

4

재무제표 바로 읽기 : (1) 재무상태표

사람들이 의사표현수단으로 언어를 사용하듯 기업도 경영상태를 주주 채권자 등 이해관계자들에게 전달하기 위한 수단이 필요하다. 매년 또는 매반기 마다 발표하는 재무제표가 바로 회사의 경영상태를 나타내는 표현수단이다. 그 중 가장 기본적인 것이 재무상태표다.

재무상태표는 회사의 현재 재산(자산)이나 부채(빚)가 얼마인지를 설명하는 목록이다. 재무상태표의 차변에는 현금이나 재고자산, 매출채권 또는 토지·건물 등을 포함하는 자산이 표시된다. 대변에는 자산을 구입, 또는 보유하기 위한 재원의 조달내용을 보여 준다. 일반인들에게는 재무제표가 낯설고 어렵게 보이지만 몇 가지 점을 눈여겨보면 어느 정도 회사의 재무상태를 파악하는데 도움이 될 수 있다.

첫째, 회사가 도산할 위험이 어느 정도인가 하는 것이다. 이는 유동성비율로 판단할 수 있다. 유동성비율은 1년 내에 현금화할 수 있는 자산(유동자산)이 1년 안에 지급해야 하는 부채(유동부채)보다 얼마나 많은가를 보여주는 지표다. 이 비율이 높을수록 회사가 일단 안전하다고 할 수 있는데, 적어도 2백 %는 웃돌아야 한다.

둘째, 전체 부채가 자본에 비해 얼마나 많은가를 보는 부채비율이다. 경제가 침체기에 접어들 때는 특히 부채비율에 유의해야 한다. 아무리 영업에서는 이익을 많이 냈더라도 부채가 많으면 그만큼 이자부담이 커 남는 장사를 하기 어렵다.

셋째, 자금의 적정배분 여부를 살펴보는 것이다. 장기에 걸쳐 현금화되는 비유동자산에의 투자(설비투자 등)가 자기자본 한도 내에서 이뤄졌는가를 보는 것이다. 부득이한 경우라도 만기가 1년 이상인 장기채무를 보탠 범위 내에서 하는 기업이 안정적이다. 비유동자산을 자기자본과 부채의 합계액을 나눈 값인 비유동장기적합률이 1백 % 이하가 되는 게 바람직하다. 끝으로 자본에 포함되어 있는 당해 연도 이익(당기순이익)이 자기자본에 비해 어느 정도인가를 보는 것이다. 자기자본이익률이 은행금리 수준을 넘어야 회사가 정상적인 영업성과를 올렸다고 볼 수 있기 때문이다.

-한국경제 1999년 2월 11일-

재무제표 바로 읽기: (2) 경영성과 평가방법

회사는 영리가 주된 목적이기 때문에 이익을 얼마나 많이 내는지가 중요하다. 손익계산서가 바로 회사의 경영성과를 가장 잘 보여 주는 재무제표다. 손익계산서에 열거되는 항목을 살펴보자. 우선, 매출총이익은 제품판매액에서 그 제품을 만들기 위해 직접 들어간 원가를 뺀 것으로 수익력의 근본이 된다. 매출총이익에서 관리인건비나 판매비, 사무실 임차료 등 이른바 “판매비와 관리비(판관비)”를 제하면 영업이익이 된다. 회사의 주된 영업활동과 관련된 이익이 바로 영업이익이다. 그리고 영업이익에서 영업외손익을 가감한 것이 바로 법인세비용차감전순이익이다. 영업외손익은 회사의 영업행위와는 직접 관련이 없는 수익이나 비용을 말한다. 차입금에 대한 이자(이자비용)나 예금으로 생긴 이자수익이 주로 영업외손익으로 잡힌다. 당기순이익은 법인세비용차감전순이익에서 세금(법인세)를 뺀 것으로 고스란히 회사에 남는 이익이다. 손익계산서를 볼 때 몇 가지 주의해야 할 점이 있다.

첫째, 당기순이익에만 너무 집착해서는 안 된다. 수익력의 근본척도는 아무래도 영업손익을 먼저 꼽는다. 영업이익이 매년 늘어나는 회사는 성장잠재력이 있다고 보아도 좋다. 또 회사의 정상적인 영업활동에서 얻어지는 경상이익도 눈여겨보아야 한다. 경상손실이 생겼어도 땅이나 공장을 팔아 큰 이익을 내면 당기순이익이 날 수도 있는데 이런 경우에는 다음해에 적자로 반전될 가능성이 크다.

둘째, 회사의 이익을 살필 때는 반드시 한 해 실적만 보지 말고 과거 몇 년간의 추세를 따져 봐야 한다. 성장추세냐 쇠퇴추세냐는 아주 중요한 시그널이다.

셋째, 금융비용보상률을 살펴야 한다. 당기순이익에 금융비용, 즉 이자비용을 보탠 금액이 금융비용의 몇 배나 되는지를 보는 것이다. 금융비용에는 외화부채 때문에 생기는 환차손도 포함되는데, 이 지표가 부실하면 정상적인 채무상환 능력이 부족해 지급불능 위험에 빠질 수 있다. 통상 이 비율이 2배가 넘어야 적정 수준이다.

끝으로 매출액에 대한 당기순이익의 정도를 나타내는 매출액순이익률도 살펴 보는 게 좋다. 얼마나 실속 있는 장사를 했는지 보여 주는 지표이기 때문이다. 그러나 절대적인 이익률 기준이란 없기 때문에 업계평균에 비해 높은지 여부를 따지거나 전에 비해 개선됐는지 등을 체크하는 것이 현실적이다.

–한국경제 1999년 2월 12일–

재무제표 바로 읽기 : (3) 자금흐름을 읽는 요령

가끔 주변에서 이익은 많이 내는데도 자금부족에 허덕이거나 심지어 흑자 도산으로 쓰러지는 기업을 볼 수 있다. 이런 기업은 제품이 잘 팔려나가도 판매대금이 외상으로 쌓이거나 외형신장에만 혈안이 돼 사업확장에만 열을 올리는 경우가 대부분이다. 그래서 회사의 자금사정이 어떠한지 살피는 것은 대단히 중요하다. 재무제표 중 회사의 자금흐름을 보여주는 것이 바로 현금흐름표다. 현금흐름표는 1년 동안 회사운영에 사용된 자금과 회사에 들어온 자금을 항목별로 보여주고 쓰고 남은 자금이 얼마인지도 나타내준다. 생산·판매활동과 같이 회사영업과 관련해 쓰였거나 들어온 현금항목은 "영업활동 현금흐름"이다. 회사의 근본적인 자금창출능력을 의미한다. 유가증권 부동산의 구입이나 매각과 같은 항목은 "투자활동 현금흐름"으로 일시적인 자금흐름을 나타낸다. 은행차입이나 상환, 회사채 발행이나 증자 자금 등은 "재무활동 현금흐름"으로 회사의 자금부족을 메꾸어 주는 구실을 한다. 현금흐름표를 볼 때 가장 먼저 살펴야 할 점은 회사가 1년간 쓰고 남은 여유 자금이 있는가 하는 것이다. 요즘과 같은 금융위기에서는 충분한 자금창출능력이 있어야 사업을 원활하게 운영할 수 있다.

둘째 여유자금이 있더라도 그 항목을 따져봐야 한다. 여유자금이 영업에서 생긴 것이라면 판매와 수금이 빠르게 이뤄지고 있다는 의미로 기업입장에서는 매우 바람직한 현상이다. 그러나 자산매각이나 은행차입으로 여유자금이 생겼을 경우엔 주의해야 한다. 다음해부터 매출이 줄어들 우려가 있거나 회사경영을 차입금에 의존하고 있다는 뜻이 될 수 있기 때문이다. 마지막으로 회사의 영업상태를 고려해야 한다.

통상 회사가 신규 설비투자로 제품을 생산해 판매하는 데는 적잖은 기간이 걸리게 마련이고 소요자금도 재무활동에 의존할 수밖에 없다. 따라서 설비투자가 진행 중일 때는 많은 돈이 필요해 현금지불능력에 문제가 생길 수도 있다. 그러나 설비투자가 끝나고 본격적인 생산에 들어가면 판매대금이 들어올 것이므로 당장 현금흐름이 좋지 않다고 해서 반드시 나쁘다고만 할 수는 없다.

-한국경제 1999년 2월 19일-

재무제표 바로 읽기: (4) 기업의 안전성 평가방법

경영성과는 좋지만 일시적으로 자금압박에 시달려 흑자도산하는 기업을 종종 볼 수 있다. 제아무리 성장성이 뛰어난 회사라도 적당한 여유자금을 확보하고 있지 못하면 파산이라는 막다른 골목에 몰릴 가능성이 높다. 그래서 기업의 재무제표를 평가할 때 성장성이나 실적에만 초점을 맞췄다가는 낭패를 당하기 십상이다. 특히, IMF체제 이후 도산하는 기업이 속출하면서 기업의 안정성이 무엇보다 중요한 기업평가 잣대로 등장했다.

기업 안정성은 여유자금을 얼마나 확보하고 있는가와 지속적으로 현금을 벌어들일 수 있는 현금창출능력이 어느 정도인가로 평가할 수 있다. 현금창출능력은 무엇보다 영업을 통해 얼마만큼의 수익을 내는 지로 판가름된다. 이같은 기업의 경영성과는 손익계산서에 그대로 나타난다. 그러나 손익계산서에 표시된 이익이 곧바로 회사가 벌어들인 현금을 의미하는 게 아니라는 점에 유의해야 한다.

손익계산서상의 이익은 단지 일정한 기준에 따라 계산된 이익을 지칭하는 것이지 실제 현금이 얼마나 들어오고 나갔는지를 따져 산출한 이익이 아니다. 따라서 당기에 이익을 냈더라도 실제 회사가 보유하고 있는 현금은 오히려 줄어들 수도 있고 당기순손실이 났더라도 현금이 늘어났을 수도 있다. 예컨대 새로운 사업을 위해 대규모로 여유자금을 투입했다고 하자. 이 경우 회사의 손익계산서에는 현금유출이 손실로 잡히지 않지만 실제로 이 회사는 상당한 자금부족을 겪을 수도 있다. 게다가 신규투자에도 불구하고 정상적으로 영업이 이뤄지지 않는다면 회사 돈이 여기에 묶이게 되고 회사의 존립자체가 위협받을 수도 있다.

이런 경우에는 단순히 당기순이익만으로 회사를 평가해서는 안 된다. 회사의 자금이 어떻게 사용되고 있고 신규투자의 사업전망이 어떤지에도 주의를 기울여야 한다. 영업으로 벌어들이는 돈 외에도 사채나 은행차입 등으로 어느 정도의 현금을 확보하고 있는지도 기업의 안정성과 직결된다. 비록, 차입금이 많아 재무구조가 썩 좋지는 않더라도 회사채발행이나 증자 등을 통한 재무활동으로 현금을 넉넉히 마련해 놓은 기업은 일시적인 자금부족으로 쓰러질 가능성이 적다. 기업의 여유자금을 얼마나 확보하고 있는지는 현금흐름표에 그대로 있다.

-한국경제 1999년 2월 20일-

재무제표 바로 읽기: (5) 주석 꼼꼼히 살펴라

재무상태표 손익계산서 현금흐름표는 기업의 가장 기본적인 재무제표다. 하지만 재무제표에는 표현방식상 숫자로 된 정보만 나타나기 때문에 숫자로 표현할 수 없는 내용은 제대로 반영되지 않는다. 또 일정한 기준에 따라 재무제표가 작성되기 때문에 기준에 맞지 않는 내용도 빠진다. 기업경영과 관련해 무척 중요한 내용일지라도 숫자로 표시할 수 없거나 기준에 맞지 않으면 재무제표에 반영되지 않는 것이다.

이런 이유 때문에 재무제표에 제대로 나타내지 못하는 회계정보는 재무제표의 "주석"에 반드시 기재토록 하고 있다. 따라서 단순히 재무상태표 등 재무제표만 따질게 아니라 주석사항도 꼼꼼히 살펴야 한다. 또 주석사항에는 재무제표에 나타난 수치에 대한 자세한 설명도 곁들여 있어 일반인이 기업의 재무제표를 쉽게 이해하는 데 도움이 된다.

첫째, 지급보증이 어느 정도인지 따져야 한다. 예컨대 A사가 B사에 지급보증(빚보증)해 줬을 경우 B사에 문제가 생기면 A사가 대신 채무(빚)를 갚아야 하나 현재까지 그러한 일이 일어나지 않으면 그 영향이 A사의 재무제표에 나타나지 않는다. 그러나 실제로 B가 부도 등으로 인해 빚을 갚지 못하는 사태가 발생하면 A사가 B사의 빚을 대신 갚아 줘야 하기 때문에 막대한 손해를 입을 수밖에 없다. 따라서 지급보증을 받은 기업의 재무안정성도 반드시 따져봐야 할 대목이다.

둘째, 돌발변수가 있는지 없는지도 확인해야 한다. 예컨대, 회사가 소송에 연루돼 있는지 여부를 점검하는 것이다. 최근 미국 담배회사들이 천문학적인 손해배상판결을 받아 엄청난 손실을 안게 된 것은 대표적인 사례다. 그러나 소송에 관련된 피해예상액은 재무제표에 전혀 반영되지 않는다. 최근 사회적으로 부각되고 있는 Y2k문제도 마찬가지다. 회사가 실제로 이 문제를 해결할 준비가 전혀 돼 있지 않아도 재무제표에는 이 사실이 전혀 나타나지 않는다.

셋째, 회계기준을 변경해 인위적으로 손익을 조정했는지도 따져야 한다. 현행 기업회계기준에는 똑같은 상거래인데도 기업이 선택적으로 자신에게 유리한 회계방식을 적용할 수 있는 여지가 많기 때문이다. 그 대표적인 것이 바로 유형자산의 감가상각방법이다. 감가상각방식을 정률법으로 하느냐 정액법으로 하느냐에 따라 당기순이익에 직접적인 영향을 주는 경우가 많다. 따라서 기업이 감가상각방식을 바꾼 배경을 따져 보고 동종업종에서 통상 어떤 방식을 사용하고 있는지 비교하는 것이 좋다.

－한국경제 1999년 2월 23일－

과도한 유동부채가 부도를 불러왔다: 삼익악기 사례

세계적인 피아노 및 전자악기 제조업체로서 세계 3대 악기제조업체중 하나인 삼익악기가 1996년 10월에 부도를 내고 쓰러졌다. 이 회사는 그 동안 경기침체로 매출이 감소함에 따라 적자상태에서 헤어나지 못하고 고전을 면치 못하고 있었다. 이에 따라 재무구조도 악화되기 시작했으며, 만성적인 자금난에 시달리게 되었다. 자구책으로 유휴부동산을 매각처분하는 등 필사적인 노력을 기울였으나 너무나 과중한 부채, 그것도 단기채무인 유동부채 때문에 계속 만기가 되서 돌아오는 어음을 막지 못하고, 결국 부도처리되는 비운을 맛보게 되었다.

다음은 이 회사의 최근 3년간 및 1996년 반기분의 요약재무상태표이다.

요약재무상태표

(단위 : 억 원)

	93.12	94.12	95.12	96.6
유동자산	1,611.4	2,056.6	2,327.6	2,182.7
비유동자산	902.7	907.6	943.6	920.9
자산총계	3,316.6	3,795.1	3,823.1	3,725.6
유동부채	1,943.7	2,344.8	2,591.5	2,630.4
비유동부채	1,232,0	1,275.8	1,096.0	995.4
부채총액	3,175,7	3,620.7	3,687.5	3,625.9
자본금	200.0	213.9	248.3	248.3
자본잉여금	312.3	26.2	35.8	2.1
이익잉여금	△371.4	△80.2	△169.1	△171.4
자본총계	140.8	174.3	135.5	99.6

이 회사의 재무상태표를 잘 관찰하면 부도발생의 가능성을 예보해주는 징후를 발견할 수 있다. 먼저 이 회사의 부채와 자본을 살펴볼 것 같으면 자본보다 부채가 훨씬 많아 재무구조가 대단히 취약함을 금방 알 수 있다. 더군다나 부채구성을 보면 상환기간이 장기인 비유동부채보다 1년 이내에 갚아야 하는 유동부채가 2배 정도나 많게 나타나고 있으며, 그것도 비유동부채는 감소추세를 보이고 있는데 반해 유동부채는 계속 증가추세를 보이는 정상적인 기업에서는 찾아보기 힘든 기현상이 연출되고 있다.

1996년 6월말 현재 반기재무상태표에 나타난 총부채는 3천 6백 2십 6억 원인데, 그 중 유동부채가 2천 6백 3십억 원으로 무려 73%나 차지하고 있다. 경쟁업체인 영창악기의 유동부채의 비중이 54%로 나타나고 있는 것을 보면 삼익악기의 유동부채의 비중은 지나치게 높은 것임에 틀림없다. 이는 언제라도 부도가 발생할 가능성이 상존하고 있었다는 의미로 해석할 수 있다. 이러한 상황이 초래된 배경으로는 장기자금의 조달길이 막히자 비유동부채의 상환분까지도 단기자금을 조달해서 갚아 나가고 있었기 때문이 아닌가 생각된다. 이 회사는 쉽게 말하자면 급전을 융통해서 하루하루를 살얼음판 걷듯이 위태롭게 연명해 가다가 수익성이 호전되지 못하자 급기야는 급전을 융통할 길마저 막혀 결국 부도를 내게 되었다고 볼 수 있다.

삼익악기의 1996년 6월 현재 장·단기 지급능력을 나타내는 재무비율과 제조업 평균비율과의 비교를 해 보자.

단기채무지급능력의 평가기준인 유동비율과 당좌비율 모두 95년 12월 기준 제조업 평균비율보다 낮게 나타남에 따라 단기채무지급능력이 매우 취약한 상태임을 보이고 있다. 장기채무지급능력의 평가기준인 부채비율은 놀랍게도 제조업 평균비율인 286.8%보다 무려 12배 이상이나 높은 3638.5%로 나타나고 있어 역시 지급능력이 회복하기 어려울 정도로 취약해져 있음을 단적으로 보여주고 있다. 결국, 이 회사는 수익성이 계속 저하됨에 따라 타인자본, 그것도 장기가 아닌 단기채무에 대한 과중한 금융부담을 견디다 못해 쓰러졌음을 재무상태표는 잘 보여 주고 있다.

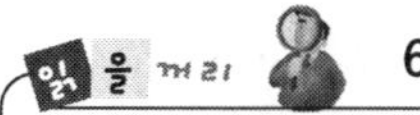

6

유보율 최고기업 : 태광산업

경기침체로 기업들마다 구조조정을 통해 불황타개전략수립에 여념이 없다. 그러나 불황이 닥쳐도 비교적 여유가 있는 기업이 있다. 바로 유보율이 높아 불황에 적응력이 강한 기업들이다.

국내 상장기업 중 유보율이 가장 높은 업체는 태광산업이다. 화섬업체인 태광산업의 유보율은 2009년 12월 31일 현재 32,811%로 그야말로 경외적인 유보율을 기록하고 있다. 유보율은 다음 산식처럼 자본총계에서 배당금으로 유출된 금액과 자본금을 차감한 잔액을 자본금으로 나누어서 계산한 것이다.

$$유보율 = \frac{자본총계 - 배당금지급액 - 자본금}{자\ 본\ 금}$$

결국, 유보율이 높다는 것은 자본에서 잉여금이 차지하는 비중이 높다는 것을 말한다.

태광산업의 경우, 매년 경영성과가 우수하여 많은 당기순이익이 발생하였으며, 이에 따라 당기순이익 중 일부만 주주에게 배당금으로 지급하고 나머지는 유출시키지 않고 이익잉여금으로 차곡차곡 쌓아놓았기 때문에 이익잉여금이 자본금보다 훨씬 많아져서 유보율이 매우 높게 나타나게 된 것이다.

유보율이 높다는 것은 현금을 많이 보유하고 있는 것이 아니라, 앞으로 돈을 더 많이 벌 수 있게끔 재투자를 많이 했다는 의미인 것이다. 따라서 유보율이 높은 기업은 장래 전망이 매우 밝은 내실있는 기업으로서 경기침체기에도 역경을 쉽게 극복할 수 있게 된다. 유보율이 높은 기업은 주식가격도 매우 높은 편이다. 실제로 태광산업의 주가는 액면가격 ₩5,000 짜리가 보통 1백만원이 넘는 가격대(2009년말 종가는1,262,000원임)에서 형성되고 있을 정도로 몇 개 안 되는 귀족주(貴族株) 중의 하나로 불리고 있다. 다음은 이 회사의 최근 4년간의 요약재무상태표이다.

요약재무상태표

(단위 : 억 원)

	2006	2007	2008	2009
유 동 자 산	4,148.1	3,385.8	2,958.9	5,143.7
비 유 동 자 산	11,910.1	13,315.6	13,884.4	13,156.2
자 산 총 계	16,058.2	16,701.5	16,843.4	18,299.9
유 동 부 채	1,857.0	2,007.8	2,666.7	1,237.7
비 유 동 부 채	324.2	505.3	440.3	255.9
부 채 총 액	2,181.3	2,513.2	3,107.0	1,493.7
자 본 금	55.3	55.6	55.6	55.6
자 본 잉 여 금	6,522.4	6,522.4	6,522.4	6,522.4
이 익 잉 여 금	7,506.5	8,103.6	7,597.2	11,010.1
자 본 총 계	16,058.2	16,701.5	16,843.4	18,299.9

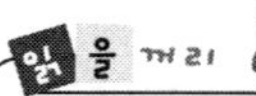

7

재무상식 : 매출채권 많으면 투자 유의해야

누구라도 이런 기업이 있을까 하고 궁금해 하겠지만 실제로 있는 기업이다. A사는 지난 해 상반기에 2조 8819억 원 어치의 물건을 팔았다. 연간으로 환산하면 매출액이 5조 원을 넘어설 것이니 국내에선 상당히 큰 회사라고 할 것이다.

그런데 이 회사의 매출채권 항목을 보면 지난 97년말 2조 4751억 원에서 98년 6월말 4조 4057억 원으로 1조 9306억 원이나 늘었다.

매출채권이란 말 그대로 물건을 팔고 아직 수금을 못해 외상으로 깔아 놓은 돈이다. A사는 상반기에 판 물건의 67%를 외상으로 깔아 놓았다는 계산이 나온다. 이 정도로 외상을 깔아 놓는 회사라면 시장에 새로 들어와 대 기업이나 외국 바이어를 상대로 물건을 넘긴 경우 이외에는 상상할 수가 없다.

그런데 A사는 설립된 지 오래됐고 국내에 뿌리를 내리고 있으니 무엇인가 이상하다. 뿐만이 아니라 미수금 항목도 지난 상반기중 2036억 원에서 4487억 원으로 2451억 원이 늘었다. 이 부분까지 합치면 외상으로 깔아 놓은 금액은 상반기 매출액의 75.5%나 된다. 최근 금융감독원은 A사의 이같은 재무상태를 보고 고심을 하고 있다. 회사 규모가 크니 쉽게 건드리지도 못하고 놔두자니 자칫 화근을 키울까 두려워서이다.

요약재무제표에는 여기서 거론한 매출채권이란 항목 자체가 없어 투자자들은 매출채권이 어떻게 변하는지를 모르고 투자를 한다. 일반인들의 관심이 미치지 못하는 만큼 부실을 감추는데 많이 활용되는 항목이 매출채권이다. 투자에서 재무분석이 얼마나 중요한지를 다시 생각해봐야 할 것이다.

–매일경제 1999년 1월 19일–

재무상식 : 이상한 대여금

미스비시나 도요타 등 수출로 떼돈을 번 일본의 기업들에게 자금운용은 한 때 커다란 일거리였다. 남는 자금을 어떻게 굴리느냐에 따라 이익이 크게 달라지기 때문이다. 조어를 잘하는 그들은 이와 관련해 財테크란 말까지 만들어냈다. 이처럼 여유가 있어 자금을 운용할 때는 별문제가 없지만 대규모 부채를 떠안고 있는 기업이 여유를 부리듯이 위장하는 모습이 가끔 목격된다.

재무제표에는 대여금이라는 계정이 있다. 본래 이 계정은 여유가 있는 기업이 남는 자금을 주주나 종업원 또는 계열사에 빌려주었다고 적는 곳이다. 때문에 대여금이 많으면 그만큼 튼튼한 기업으로 인식할 수도 있다.

그런데 빚을 짊어진 기업이 거액의 대여금을 달아놓았다면 생각해볼 일이다. 기업들은 여유자금을 금융기관에 맡겨 두거나 유가증권으로 투자하는 게 일반적이다. 직접 돈놀이를 하는 것은 그만큼 위험이 크기 때문에 사채업자가 아닌 이상 쉽게 나서지 않는다.

그런데도 대규모 대여금을 달고 있다면 거기엔 곡절이 있을 것이다. 이자수익을 노리는 것이라기보다 어려운 계열사나 대주주에게 빌려준 것일 가능성이 크다. 어려운 계열사에 빌려준 자금이라면 당연히 회수가 불가능하다고 보아야 한다. 자금을 회수하면 계열사가 당장 자금난에 빠지고 이는 곧 모 기업에 영향을 주기 때문이다.

대주주에게 대여한 자금 역시 일부를 대주주가 사용할 수도 있지만 우회해서 계열사에 지원된 경우가 많아 이 역시 회수가 어려운 것으로 보아야 한다. 이 정도이면 그래도 좋다. 실제는 대규모 적자를 냈으나 대여금으로 처리해 흑자를 맞추는 경우도 있기 때문이다.

어느 경우이든 여유가 없는 기업의 대여금은 색안경을 쓰고 볼 대상이다.

–매일경제 1999년 1월 29일–

재무상식 : 재고자산 너무 많으면 투자유의

지금은 일반 투자자들의 관심권 밖으로 밀려난 섬유회사인 D사는 백화점까지 거느려 한 때 그룹 명칭까지 사용할 정도로 제법 규모가 컸다. 그런데 이 회사의 재무제표에는 재미있는 내용이 담겨 있었다. 95년말 이 회사의 매출액은 3801억 원이었는 데 재고자산이 3674억 원이나 됐던 것이다. 그중에 완제품 재고만도 2332억 원이나 됐다고 했다. 제조업체의 재고가 1년 동안 팔만큼이나 된다면 어딘가 찜찜하지 않을 수 없다. 섬유제품이라도 값이 비싼 것이 있겠지만 평균적으로 1억 원 어치이면 트럭에 가득 채우고도 남을 것이다. 1억 원당 트럭 1대분이라 쳐도 이 회사의 재고자산은 트럭 3000대분이 넘는다.

회계법인이 실제로 감사를 한다고 할 때 헤아리는 데만도 엄청난 기간이 걸릴 물량이고 누구든 문제가 있다는 점을 바로 알 수 있었을 것이다. 그러나 이때까지만 해도 감사보고서에 나타난 의견은 '적정'이었다. 이 회사의 장부는 95년 이전까지는 매년 30억 원대의 이익을 냈고. 자본 총계도 꽤 있는 것으로 치장됐다.

그러나 재무제표를 제대로 들여다본 사람이라면 재고자산이 이렇게 많으니 어딘가 잘못됐다는 점을 직감했을 것이다. 이 회사는 96년초 3000억 원대의 재고를 계열사에 팔아 넘기면서 10분의 1도 안 되는 헐값에 넘겨 2932억 원의 손실을 냈다고 공시했다. 결국, 이 회사는 부도를 내고 투자자들의 머리에서 잊혀져 가고 있다.

투자결정에 앞서 재고자산의 적정성을 보는 게 얼마나 중요한지를 알려 주는 단적인 사례이다.

–매일경제 1999년 1월 21일–

재무상식 : 팔려고 내놓은 부동산도 재고자산

IMF체제에 들어선 이후 실질소득이 줄어들자 사람들은 소비를 대폭 줄였다. 이 때문에 기업들은 재고가 산더미처럼 쌓인다고 탄식을 내지르고 있다. 그런데 건설업체는 물론이고 토지공사나 주택공사 등도 재고가 넘친다고 아우성이다. 이들이 부동산 재고를 걱정하자 이번엔 제조업체들까지 부동산 재고가 많다고 한숨을 내쉬고 있다.

일상적으로 재고라고 하면 공장이나 상점에 쌓인 공산품을 연상하는데, 투자용으로 쓰이는 부동산도 입장에 따라서는 재고자산으로 분류할 수 있다. 이처럼 회계에서 보는 자산의 종류는 일반인들이 생각하는 것과는 다소 차이가 있다.

재고자산은 생산과정에 투입하거나 판매를 해야만 현금으로 바꿀 수 있는 것을 말한다. 여기엔 이미 공정을 마친 상품이나 제품뿐 아니라 반제품이나 원재료 저장품 등이 포함된다. 일반인들이 생각할 때 들어가 사는 집이라도 이처럼 기업의 매물이 되면 재고자산으로 변한다.

완성은 안 됐지만 외부에서 가공해왔거나 그대로 팔 수 있는 반제품도 재고자산에 포함된다. 자동차회사가 자동차를 만들기 위해 사들인 철판이나 가구 회사가 수입한 목재 등도 재고이다. 이뿐만 아니라, 제품을 만드는데 사용하지 않는 박스나 포장지 등도 재고자산에 포함된다.

회사가 창고에 보관하지 않더라도 신용장을 개설해 상대방이 배에 실어 놓은 물건처럼 이미 주문을 해 놓은 물건도 재고로 치부된다. 못이나 페인트 기름, 사무용품 등 한 번 써서 사라질 물건도 재무제표에서는 이쪽으로 적는다.

이처럼 재고자산은 다양한 형태로 존재하므로 비밀스럽게 숨길 수 있는 여지가 많아 분식결산 목적으로 애용된다. 기업들이 결산을 할 시기에 재고자산 항목을 가장 먼저 새겨보는 것도 이 때문이다.

－매일경제 1999년 1월 11일－

[재무제표 읽기] 순이익 내용 상세히 확인하라

매년 결산기가 되면 어김없이 기업들의 당기순이익이 나온다. 투자가들은 이를 통해 자기가 주식을 산 회사의 실적이 어땠는지를 보고 이를 근거로 다음에 투자를 지속할 것인가를 결정한다. 때문에 자료는 발표하기 전에 회계감사를 받는 등 제법 까다로운 절차를 거쳐야 한다.

그런데 이렇게 공식적으로 발표된 당기순이익 수치를 믿을 수 없다면, 어쩔 것인가. 실제로 발표된 수치들이 규정을 준수한 것만은 틀림없는 데, 그것으로 회사의 가치를 정확히 판단하기 어려운 경우가 많다.

이와 같은 가장 큰 이유는 당기순이익을 산정하기 전에 구조적으로 특별이익이나 특별손실을 가감하기 때문이다. 다시 말해 겉으로 드러난 수치가 추세에서 크게 벗어났기 때문에 그것만 가지고는 향후 전망을 제대로 할 수 없다는 한계에 부딪치게 된다.

실제로 지난 해 536억 원의 순이익을 낸 L사는 한 사업을 외국사에 매각한 것을 부랴부랴 정산해 747억 원의 특별이익을 12월 말일자로 잡았다. 232억 원의 이익을 낸 K사 역시 연말에 부동산을 매각에 따른 특별이익 237억 원을 잡았다. 회사측은 이 부동산을 팔았다고 했지만 실제 매각대금을 받지도 않은 상태에서 소유권 이전등기만 하고 이익을 잡아 놨다. 흑자를 맞추는 게 얼마나 급했으면 돈도 받지 않고 장부상에 이익으로 올렸을까.

Y사도 이보다 결코 덜하지 않다. 지난 해 매출액이 301억 원밖에 안 된 이 회사는 대주주인 T사가 전환사채에 대한 채무를 면제해줬다고 220억 원을 특별이익으로 올렸다. 이런 회사는 돈이 들어오고 아니고는 차후 문제이다. 실적이 적자로 발표되면 다음해 금융기관 거래가 여간 어려워지는 게 아니기 때문이다.

당기순이익을 내는 과정에서 이처럼 이상한 일들이 벌어진다. 그런데 재미있는 것은 이 모든 일들이 회계기준이 허용하는 범위 내에서 이뤄진다는 점이다. 이 같은 재무제표를 믿고 판단해야 하는 책임은 전적으로 투자자에게 있으니 정신을 차지리 않으면 손실을 보기 십상이다.

특별이익을 내서 적자를 메우고 흑자로 포장한 기업 가운데 일부는 영업을 통해 이익을 내지 못할 수도 있다. 이들은 시간이 지나면 다시 재무구조가 악화된 모습을 나타낼 가능성이 크므로 유의해야 한다. 특히, 이들 중 일부는 실질적으로 거래가 이뤄졌다고 판단하기 어려운 상황에서 특별이익을 잡아놓고 재무적 위험성을 숨기는 곳도 있다.

IMF체제에 접어들면서 이처럼 회계처리를 하는 기업들은 오히려 늘어나고 있다. 특별이익으로 순이익을 조정하는 일이 비일비재하다 보니 최근엔 경상이익까지 보고 투자여부를 결정해야 한다는 지적이 일고 있다.

－매일경제 1999년 5월 28일－

영업이익 눈여겨 보라

3월말 결산법인인 신무림 제지는 1998년 상반기 결산에서 41억 원의 손실을 냈다. 전기인 98년 3월말엔 107억 원의 적자를 기록했다. 그런데 국제금융공사(IFC)는 이 회사에 ＣＢ로 4500만 달러 증자 참여로 2100만 달러 대출로 1600만 달러 등 8200만 달러를 지원했다. ＩＦＣ가 적자상태에 있던 이 회사를 지원하게 된 이유는 무엇인가. 98년말 이 회사의 영업이익은 296억 원이었다. 또 98년 9월말 반기 영업이익은 104억 원이었다. 영업에서 상당한 수준의 이익을 내는 이 회사가 적자를 내게된 것은 순전히 금융비용 때문이었다.

저리자금을 지원해 고금리 차입금만 청산해주면 흑자전환이 가능할 것으로 본 IFC는 치밀한 조사 끝에 자금지원을 결정했다. 결과적으로 이 회사는 지난

3월말 결산에서 2161억 원 매출에 40억 원의 흑자를 냈다. 반면에 B사는 지난 97년 346억 원의 매출액을 올렸는데 순이익은 214억 원에 달했다. 이 회사는 이렇다할 특별이익도 없었으나 경상이익을 보니 285억 원이나 됐다. 어딘가 이상해 영업이익을 보니 7억 3000만원에 불과했다. 경상이익을 내는 과정이 정상적이지 않았던 것이다. 이들 양사의 실적은 매우 대조적이다.

과거 특별이익이나 특별손실 항목 때문에 당기순이익이 왜곡되는 일이 잦자 기업을 볼 때 경상이익을 중시하게 됐다. 그러나 기업회계기준이 개정되면서 경상이익을 왜곡할 수 있는 요소가 다분히 생겨났다.

투자자산이나 유형자산을 매각해서 생긴 이익, 받지 못할 것으로 생각해 손실로 처리했던 빚을 받은 경우, 갚아야 할 부채가 줄어든 데서 생긴 이익 등이 영업외수익으로 잡히게 됐기 때문이다.

예전엔 정기적으로 발생하는 이익이나 손실이 아닐 경우, 특별이익이나 특별손실로 잡았는데, 이를 영업외수익이나 영업외비용으로 처리하므로 투자판단에 주의가 필요한 것이다. 그만큼 경상이익까지도 비정기적인 요인에 의해 바뀔 가능성이 커졌다.

그 동안 영업외비용이나 수익은 자금조달이나 상환과 관련된 재무활동의 결과로 해설할 수 있었으나 이제 경상이익을 조정하는 방편으로도 쓰이게 된 셈이다. 이들 사례는 투자에 앞서 영업이익을 참고해야 필요성이 얼마나 커졌는지를 잘 나타내고 있다. 신무림제지의 경우처럼 순이익은 적자라도 영업이익이 양호하다면 주가를 감안해 투자에 나설 수도 있다.

반면에 B사와 같은 경우라면 순이익에 관계없이 투자에 신중을 기해야 할 필요가 있는 것이다. 이런 점에서 영업이익은 중요한 투자판단의 지표로 부각되고 있다.

－매일경제 1999년 6월 4일－

매출액 영업력 잣대

투자자들이 투자에 앞서 가장 먼저 보게 되는 이익항목 가운데 당기순이익이나 영업이익에 대해 짚어봤다. 그런데 손익계산서의 제일 위쪽을 차지하고 있는 계정은 매출액이다. 많은 사람들이 매출액을 제일 위에 적어 놓자고 약속을 한 것은 그만큼 쓰임새가 많기 때문일 것이다.

매출액은 이익에 앞서 해당 회사의 영업력과 생존 가능성을 나타내는 지표가 될 수 있다. 여기서 사용하는 것은 매출액의 규모가 될 것이다. 그렇다면 매출액의 규모는 어느 정도가 돼야 하는가. 먼저 해당기업의 부채와 비교를 해 보자.

현대자동차의 97년 매출액은 11조 6619억 원인데 부채총계는 8조 3066억 원이었다. 매출액이 40.3%정도 더 많다. 그러나 98년엔 매출액 8조 6980억 원에 부채총계는 7조 9945억 원으로 8.8%만이 많을 뿐이다. 결과적으로 97년 흑자를 냈던 이 회사는 지난 해 적자를 기록했다.

여기서 눈치 빠른 사람이라면 매출액이 부채총계의 일정비율 이상이 되어야 흑자를 낼 수 있다는 점을 알아차릴 수 있을 것이다. 이는 부채에 이자율을 곱한 만큼의 금융비용이 매년 발생하므로 이를 감당하려면 적정수준의 매출액이 유지되어야 하기 때문이다.

기업의 마진율은 업종에 따라 다르지만 대기업의 경우, 10~20%선이 대부분일 것이다. 연간 이자율을 10%로 잡으면 마진율 10%인 기업은 부채만큼의 매출액으론 이자도 감당하기 어렵다. 기업을 운영하는데 필수적인 인건비 광고비, 사무실 유지비 등은 적자로 쌓일 것이다.

매출액으로 해당기업의 능력을 판단할 때 차입금을 써야 정확하겠지만 외상구입이 많으면 그만큼 마진율이 떨어진다는 점을 고려한다면 부채총계로 간단히 비교해도 큰 무리는 없다. 경험적으로 부채총계가 연간 매출액에 육박하거나 넘어서는 기업은 일단 우량기업의 범주에선 제외시킬 수 있다.

국내 자동차사 중 가장 뛰어나다는 현대차의 구조가 이렇다면 다른 자동차회사들의 부채총계는 연간 매출액보다 많다는 것은 보지 않아도 알 수 있을 것이다. 그런데 이처럼 부채가 많은 회사 중 일부는 지난 해 흑자를 냈다고 발표하기도 했다.

시장의 전문가들은 매출액이 부채총계보다 적은 기업이 흑자를 냈다는데 찬사를 보내기보다는 오히려 의혹의 눈길을 보내고 있다. 진실 이 감추어진 것이 아니냐는 것이다.

－매일경제 1999년 6월 18일－

8

[새 1000년 준비] 패러다임 시프트 "캐시플로" 경영

전통적인 기업활동의 목표는 매출과 이익의 극대화다. 하지만 위기인 지금은 생존이 목표다. 이 상황에선 오로지 현금확보가 관건이다. 기업경영 포인트는 현장중시, 손익중심에서 유동성 확보로 옮겨질 수밖에 없다. 그래서 "현금흐름(cash-flow) 경영"이 각광을 받는다.

캐시플로 경영도 우선은 가지고 있는 현금의 양에서 시작된다. 보유현금의 규모는 적정해야 한다. 현금이 많다고 건전한 기업은 아니다. 무작정 쌓아 놓기만

하는 것은 오히려 손실이다. 기회비용이 발생하거나 기회이익의 상실로 이어진다. 따라서 현금은 완충(buffer)기능을 할 수 있는 규모로 제한돼야 한다. 적정량만을 확보한다는 것은 현금 수요·공급의 최적화를 전제로 한다. 유통속도와 회전율이 높아야 한다는 뜻이다. 동시에 안정적인 미래의 현금유입선이 확보되지 않으면 안 된다.

현금흐름을 최적화하는 데는 "C.A.S.H 원칙"이 적용된다. 악성재고 등 현금흐름의 장애물을 제거(Clearing)하고 현금유입선(거래선)을 다양화(Adaptability)해야 한다. 또 현금흐름 속도(Speed)를 높이는 동시에 유입·유출에 조화(Harmony)가 이뤄져야 한다. 최적화를 위해선 재무상태표뿐 아니라, 손익계산서와 이익잉여금처분계산서 등의 현금흐름 항목들을 모두 추적해서 관리해야 한다.

캐시플로 경영에선 사업구조 개편의 기준도 현금흐름에 두어진다. 기존 사업을 정리하거나 다른 사업을 인수할 때의 판단근거가 "현금흐름"이어야 한다는 얘기다. 모기업이더라도 현금흐름이 기대되지 않는 사업은 정리대상이다. 그룹 내 계열기업의 조합을 짜는 사업 포트폴리오 원칙도 현금흐름이 최우선 고려사항이다. 이익의 규모보다는 현금순환력이 실적판단의 잣대다.

저성장이 확실시되는 상황에서는 부동산은 투자기피 대상이다. 현금의 흐름을 막는 자산으로 분류된다. 미국기업을 예로 들 수 있다.

GE는 지난 90년 3억 달러에 불과했던 사내유보금을 97년에 무려 1백40억달러로 늘렸다. 투자수익률이 20% 이상인 사업에만 M&A(인수합병)나 신규진출을 추진한다는 게 대원칙이다. '도요타뱅크'라고 불리는 일본의 도요타자동차는 여유자금을 단 하루도 회사에 묶히지 않는다. 하루짜리 야간자금(overnight)으로 돌리는 회계시스템을 갖고 있다.

현금이 스톡(stock)이라면 현금흐름은 플로(flow)다. 인체에 비유한다면 기업의 자산은 "체격", 손익은 "체력"이다. 현금흐름은 "혈액"이다. 체격이나 체력이 부족해도 당분간은 버틸 수 있다. 그러나 혈액순환이 막히면 곧바로 사망한다.

한국경제는 혈액을 자충하지 못하고 외부에서 수혈받다가 수혈이 끊기면서 위기를 맞은 경우다. 당연히 회복의 초점은 보혈이다. 유동성 확충이다.

–한국경제 1999년 1월 9일–

[권성수의 국제회계기준 바로알기] 재무제표에 뒤따라 붙는 주석

경영진이 내린 판단·추정 근거 제공
숨겨진 부채·재무 위험관리등도 설명

국제회계기준에 따라 작성된 재무제표에는 무척 많은 분량의 주석이 뒤에 붙어 있는 것을 흔히 볼 수 있다. 재무제표 공시는 재무상태표와 포괄손익계산서로 시작되는데 보통 각각 한두 페이지로 요약해 보여 주기 때문에 이를 '숲'에 비유한다면, 그러한 재무제표에 뒤따라 붙는 주석은 숲을 구성하는 '나무'들에 대해 자세히 설명해 준다고 할 수 있다.

기업 재무보고의 요약표라고 할 수 있는 재무제표(숲)는 기업의 대강은 알 수 있어도 기업을 제대로 이해하는 데에 부족하므로 숲 속의 나무들을 자세히 들여다 보기 위해서는 주석을 잘 읽을 필요가 있다. 특히 국제회계기준은 원칙중심으로서 경제실질에 기초한 경영진의 판단에 많이 의존하므로 재무제표에 표시된 금액은 경영진의 판단과 추정(짐작)에 의해 영향을 받은 것이라고 할 수 있다.

그러한 경영진이 내린 판단과 추정의 근거에 대한 설명이 바로 주석에서 제공된다. 또한, 주석에는 경영진이 선택한 회계정책(예: 원가로 표시하는지, 공정가치로 표시하는지)과 같은 매우 중요한 정보가 요약되어 있는가 하면, 기업이 갖고 있는 자산과 부채의 종류 등 재무제표 항목에 대한 자세한 정보가 들어 있다.

또한 재무제표에서 나타내 보이지 못한 숨은 자산과 숨은 부채에 대한 설명도 주석에서 찾을 수 있다. 말하자면 장차 자산이나 부채로서 나타날 가능성이 있는 항목이지만 당장에는 재무제표에 표시되지 않은 항목에 대한 정보도 얻을 수 있다. 주석에서는 차입약정 위반사항이나 숫자로는 다 설명할 수 없는 비재무적 사항, 예를 들어 기업의 재무위험 관리에 대해서도 설명한다.

주석정보의 구체적 예를 들면, 기업이 보유하고 있는 비상장주식에 대해 공정가치를 어림 짐작해 평가한 금액을 재무상태표에 표시하고 그러한 평가금액이 어떤 근거와 가정과 방법을 사용하여 계산되었는지를 붙임 주석에서 자세히 설명하게 된다. 그리고 사용된 가정이 달라진다면 평가금액이 어떻게 바뀌는지에 대해서도 설명해 준다.

기업이 보유하는 금융자산 등은 위험(변동가능성)에 노출되어 있는 것이 보통이다. 이 경우 재무제표에 표시된 금액만 봐서는 그러한 위험에 대해 알 수가 없다. 그러나 자산에 포함된 위험을 모르고서야 기업에 대한 정확한 판단을 내리기가 어렵다.

주석이 주는 또 하나의 팁은 기업이 제공하는 주석에서 기업의 재무보고능력과 정보제공 태도도 간접적으로 엿볼 수 있다는 점이다. 왜냐하면 주석의 작성방식에 특별한 제한이 거의 없고 경영진에게 많은 재량이 주어지기 때문에 동일한 항목에 대한 설명이더라도 기업별로 다양하게 기술될 수 있다.

예를 들어 A기업은 전문성을 갖고 상세한 정보를 담아 설명하는데, B기업은 최소한의 데이터 만을 형식적으로 나열하는 데 그칠 수도 있다. A기업의 경우, 아마도 전문성이 있는 회계전문가를 확보하고 있거나 투자자에게 투명하고 신뢰성 있는 정보를 보고하려는 경영진의 적극적인 의지가 반영되었을 수 있다.

－서울경제 2010년 6월 20일－

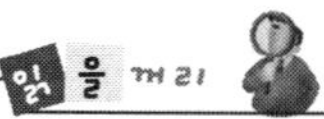

10

브랜드가치 활용 높다

최근 해태음료 매각을 둘러싸고 제값을 받으려는 채권단과 싸게 사려 는 매수자 간의 줄다리기가 한창이다. 대우그룹 구조조정을 추진하는 과정에서도 역시 제값을 받을 수 있느냐는 얘기가 많이 거론된다. 여기서 '제값'이란 무엇을 의미하는 것일까.

제값을 받는다는 것은 한마디로 영업권을 인정받고 파는 것을 말한다. 그런데 이 영업권은 파는 쪽의 힘이 있어야 구실을 하는 특성이 있다. 지난 97년과 98년에 서통과 로케트전기는 각각 '선파워'와 '로케트전기'라는 밧데리 브랜드와 영업권을 다국적기업에 거액을 받고 매각했다. 이들 두 회사는 모두 국내에서 확실한 시장점유율과 높은 인지도를 가지고 있어, 거래를 성사시킬 수 있었다.

그런데 이들이 부도를 낸 후에 매각을 시도했다고 가정해 보자. 십중팔구는 땅값과 기계장치 등의 값만 받아도 다행이었을 것이다. 영업권은 이처럼 정상적으로 가동할 때와 그렇지 않을 때에 차이가 크다.

항간에는 해태음료의 '해태'라는 브랜드값만도 매각하려는 값 정도가 될 것이란 얘기가 나돌고 있다. 대우그룹 계열사들 역시 궁지에 몰리기 전에 매각했더라면 조금은 나은 조건으로 팔 수 있었을 것이라고 아쉬워하는 사람들이 있다.

이는 어디까지나 정상적으로 돌아갈 때 할 수 있는 얘기이다. 금감위가 자금을 지원하면서까지 대우그룹의 구조조정을 그룹측에 맡겨 추진하는데는 이러한 배려가 깔려 있을 것이다.

회계상으로 볼 때 창립기업은 브랜드 가치나 영업권을 장부에 잡지 못한다. 역으로 영업권이나 브랜드를 매각한 대금은 고스란히 이익으로 잡히게 된다. 이런 점에서 높은 시장점유율과 인지도를 갖고 있는 기업의 가치는 장부가 이상으로 높게 쳐줄 수 있다. 최근 들어 브랜드의 가치가 중시되는 것은 이 같은 맥락에서 이해할 수 있다.

남에게 돈을 주고 산 영업권이나 브랜드는 재무상태표의 무형자산부분에 계상한다. 이 때, 영업권이나 브랜드 값은 가게의 권리금과 같아 이를 충분히 활용할 때는 액면 이상으로 인정해 주지만, 그렇지 못하다면 오히려 자산에서 빼 주는 것이 합리적인 기업평가이다.

－한국경제 1999년 8월 6일－

CHAPTER

재무제표의 기초개념

재무회계는 외부이용자들의 공통적인 정보욕구를 충족시키기 위한 재무제표를 작성·공시하는데 초점을 맞추고 있다. 재무제표는 기업에서 마음에 내키는 대로 아무렇게나 작성해서 공시하는 것이 아니다. 반드시 기업회계기준이란 표준이 되는 회계처리지침을 준수해서 외부이용자의 의사결정에 유용하고 신뢰할 수 있는 정보를 담은 재무제표를 작성·공시하도록 되어 있다.

이에 따라 기업회계기준은 재무제표가 달성해야 할 목적, 재무제표의 기본전제인 회계공준, 재무제표 정보가 유용하기 위해서 갖추어야 할 바람직한 질적 특성, 재무제표의 기본 원칙 등을 바탕으로 해서 제정된 것이다. 이 장에서는 기업회계기준의 바탕이 되고 있는 재무제표의 기초개념과 재무제표의 작성기준을 설명한다.

1. 재무회계와 정보이용자

1) 재무회계의 의의와 정보이용자

財務會計(financial accounting)란 외부정보이용자들의 경제적 의사결정에 유용한 정보를 제공하기 위하여 기업의 경제적 행위를 측정·전달하는 과정이다. 외부정보이용자에는 투자자(소유주), 채권자, 종업원, 정부당국, 고객, 지역주민 등 경영자집단을 제외한 기업과 관련된 모든 이해관계자집단이 포함된다. 정보이용자에게 유용한 정보란 이들의 궁극적인 관심사를 충족시킬 수 있는 정보를 말한다.

2) 정보이용자의 주요 관심사

재무회계가 그 목적을 달성하기 위해서는 정보이용자들의 궁극적인 관심사를 충족시킬 수 있는 회계정보를 산출하여 전달하여야 하므로 이들 중 투자자, 채권자 및 종업원의 주요 관심사를 개관해 보기로 한다.

(1) 투자자(소유주)

投資者는 채권자와 더불어 재무제표의 주된 이용자라 할 수 있다. 이들은 어느 기업의 주식을 구입할 것인가, 현재 보유하고 있는 주식을 계속 보유할 것인가 아니면 처분할 것인가 등의 의사결정을 하게 된다. 이러한 의사결정은 기업이 얼마나 이익을 창출하여 배당을 어느 정도 할 수 있으며 주가는 어떻게 변할 것인가 등에 대한 예측에 의하여 결정된다. 결국 이들의 주요 관심사는 현재의 의사결정의 결과 미래에 본인에게 유입되리라 예상되는 현금(배당과 매매차익)의 크기와 유입시기 및 불확실성의 정도라 할 수 있다.

(2) 채권자

債權者는 어느 기업에 금전을 대여할 것인가, 대여한 금액을 그대로 둘 것인가 아니면 회수할 것인가 등의 의사결정을 하게 된다. 이러한 의사결정은 기업이 매기 이자와 만기에 원금을 지급할 수 있는 능력에 의하여 결정된다. 결국 이들의 주요 관심사도 현재의 의사결정의 결과 미래에 본인에게 유입되리라 예상되는 현금(이자와 원금)의 크기와 유입시기 및 불확실성의 정도라 할 수 있다.

(3) 종업원

從業員은 현재의 복지수준과 임금수준으로 계속 근무할 것인가 아니면 임금인상을 요구하거나 직장을 옮길 것인가 등의 의사결정을 하게 된다. 이러한 의사결정은 기업이 임금을 지급하고 복지혜택을 계약대로 수행할 수 있는가 하는 능력과 기업의 종업원에 대한 경영정책 등에 의하여 영향을 받는다. 결국 이들의 주요 관심사도 현재의 의사결정 결과 미래에 본인에게 유입되리라 예상되는 현금(임금과 복지혜택)의 크기와 유입시기 및 불확실성의 정도라 할 수 있다.

이상의 분석 결과 기업의 외부이용자들의 궁극적인 관심사는 그들에게 유입되리라 예상되는 **현금의 크기와 유입시기 및 불확실성**(amounts, timing and uncertainties)의 정도라고 할 수 있다. 이는 결국 기업으로 유입되리라 예상되는 현금에 의하여 영향을 받을 수밖에 없다. 따라서 이들의 공통된 관심사는 당해 기업에 유입되리라 예상되는 순현금흐름의 크기와 유입시기 및 불확실성의 정도라고 할 수 있다.

재무보고를 통해 이와 같은 정보이용자들의 궁극적인 관심사을 충족시키기 위해서는 당해 기업의 미래 현금흐름에 대한 전망을 평가할 수 있는 정보가 재무제표에 반영·제공되어야 하며, 당해 기업의 미래 현금흐름에 대한 전망은 당해 기업의 단기지급능력을 나타내는 유동성과 장기지급능력을 나타내는 안정성 및 이익창출능력을 표시하는 수익성 등을 이용하여 평가할 수 있다. 따라서 정보이용자입장에서는 재무제표의 작성과정을 이해하는 것도 중요하지만 보다 중요한 것은 재무제표가 담고있는 이러한 정보를 어떻게 찾아내어 의사결정에 어떻게 활용할 것인가 하는 점이다.

2. 재무제표의 작성기준 : 일반적으로 인정된 회계원칙

1) 회계원칙의 의의와 필요성

會計原則(accounting principles)이란 일명 회계기준(accounting standards)이라고도 하며, 이는 재무제표를 작성·공시하기 위한 회계처리과정에서 준수하여야 할 준거지침을 말한다. 회계처리과정이란 기업의 거래를 측정하여 재무제표에 반영·공시하는 행위이므로, 회계원칙의 주요 내용은 기업의 거래의 결과를 얼마로 평가하여 어느 회계기간의 재무제표에 어느 정도의 정보량으로 공시할 것인가에 대한 준거지침이 된다.

회계원칙의 주요 내용은 **측정기준**(일명 평가기준이라 함)과 **인식기준** 및 **공시기준**으로 구분할 수 있다. **측정기준**(measurement principle)이란 재무제표에 보고할 금액을 결정하는 데 이용되는 준거지침을 말하고, **인식기준**(recognition principle)이란 거래의 결과를 어느 회계기간의 재무제표에 반영(일명 귀속이라 함)할 것인가를 결정하는 데 이용되는 준거지침을 말하며, **공시기준**(disclosure principle)이란 재무제표에 회계정보를 반영·보고할 때 정보량을 어느 정도로 할 것인가를 결정하는 데 이용되는 준거지침을 말한다.

이러한 회계원칙에 준하여 작성·공시된 재무제표가 정보이용자들의 의사결정에 유용하기 위해서는 정보이용자들의 의사결정에 활용될 수 있어야 한다. 그러면 정보이용자들은 의사결정시 재무제표를 어떻게 활용할 것인가? 특정 기업의 특정 회계기간에 대한 재무제표만을 가지고 의사결정을 할 수는 없다.

왜냐하면 특정 기업의 한 회계기간에 대한 재무제표만을 이용하는 경우 당해 기업의 재무상태와 경영성과 등에 대한 변화 추세를 알 수 없을 뿐만 아니라 다른 기업에 대한 상대적 위치도 알 수 없기 때문이다. 따라서 정보이용자들이 재무제표를 의사결정에 활용하기 위해서는 특정 기업의 재무제표를 여러 기간 동안 비교(이를 **기간별 비교**라 한다)하거나 다른 기업과 비교(이를 **기업간 비교**라 한다)하게 된다.

이와 같이 정보이용자들이 재무제표를 의사결정에 활용하기 위해서는 재무제표의

기간별 비교(일명 추세분석 또는 시계열분석이라 한다)와 **기업간 비교**(일명 횡단적 분석이라 한다)를 하게 된다. 이러한 비교시 특정 기업의 동일한 경제적 사건에 대한 회계처리방법이 기간별로 다르거나 또는 비교 기업과 다른 경우에는 비교의 의미가 상실되고 말 것이다. 따라서 재무제표가 정보이용자들의 의사결정에 유용하기 위해서는 동일한 경제적 사건에 대해서는 매기 동일한 회계처리(이를 **계속성**이라 한다)가 이루어져야 하고, 동일 산업군에 속한 다른 기업과도 동일하게 회계처리(이를 **통일성**이라 한다)가 이루어져야 한다.

재무제표에 이러한 계속성과 통일성을 갖춘 회계정보가 반영·공시되기 위해서는 특정 회계사건에 대한 관련 회계처리지침이 요구되는데, 이러한 요구에 부응하여 제정된 것이 바로 회계원칙이다. 따라서 회계원칙은 비교가능한 회계정보가 재무제표에 반영·보고될 수 있도록 하기 위하여 회계처리과정에 대한 준거지침으로 제정된 것이다.

2) 회계원칙의 제정방법

회계원칙의 제정방법에는 연역적 방법과 귀납적 방법으로 구분된다. 이를 간략하게 설명하면 다음과 같다.

(1) 연역적 방법

演繹的方法(deductive method)이란 일련의 기본적 가정이나 일반화된 명제를 기초로 논리적인 추론과정을 거쳐 이러한 기본적 가정이나 일반화된 명제에 일치하도록 회계원칙을 제정하는 방법을 말한다. 즉, 이를 도표로 정리하면 다음과 같다.

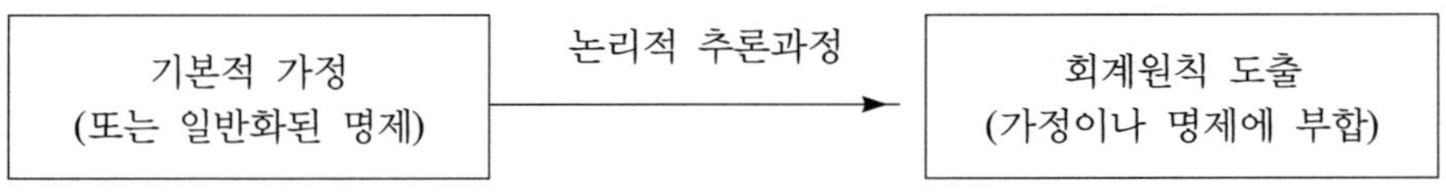

재무보고의 목적을 정보이용자에게 유용한 정보를 제공한다는 당위적 명제하에서 연역적 방법으로 도출된 회계원칙을 규범적 회계원칙(規範的 會計原則)이라 한다.

연역적 방법으로 제정된 회계원칙은 논리적 일관성이 유지된다는 장점을 지니나, 기본적 가정 등이 잘못된 경우 그로부터 도출된 회계원칙도 잘못될 수 있으며 또한 공리적인 명제를 기본적 가정으로 채택하는 경우 그 결과 도출된 회계원칙은 실무에 사용할 수 없는 경우도 발생할 수 있다. 따라서 연역적 방법으로 도출된 회계원칙은 실무에서의 수용가능성에 대한 검증이 필요하다.

(2) 귀납적 방법

歸納的 方法(inductive method)이란 회계실무를 관찰하여 공통된 사항을 추출하고 이를 회계원칙으로 설정하는 방법을 말한다. 즉, 이를 도표로 정리하면 다음과 같다.

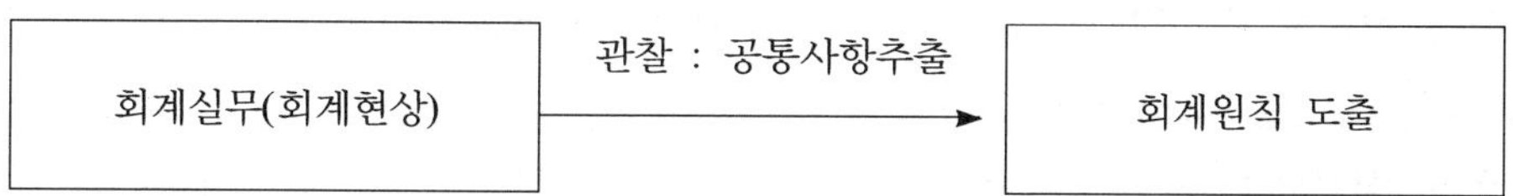

귀납적 방법에 의하여 도출된 회계원칙은 회계실무에 사용되고 있는 공통된 회계처리방법을 회계원칙으로 수용한 것이므로 이는 회계현상을 있는 그대로 설명하는 기술적 회계원칙(記述的 會計原則)의 특징을 지닌다.

귀납적 방법에 의하여 제정된 회계원칙은 실무에서의 수용가능성이 높다는 장점을 지니나, 제정된 회계원칙간에 논리적 일관성이 결여될 가능성이 있으며 또한 관찰자의 편견이나 적절치 못한 관찰방법의 사용 등으로 잘못된 회계원칙이 도출될 수 있다.

3) 일반적으로 인정된 회계원칙

일반적으로 인정된 회계원칙(generally accepted accounting principles ; GAAP)이란 앞에서 언급한 연역적 방법이나 귀납적 방법에 의하여 제정된 회계원칙 중 사회적 합의를 거쳐 현재 실무의 회계처리과정에서 사용되는 것을 말한다.

회계원칙이 사회적 합의과정을 거쳐 일반적으로 인정된 회계원칙으로 수용되는 이유는 다음과 같다. 특정 경제적 사건에 대한 회계처리방법이 다양하게 존재하는 경우(예를 들면 유가증권의 평가기준으로 원가법과 시가법) 특정 회계원칙이 실무에 적용되면 그로 인한 기업의 재무상태나 경영성과가 특정 정보이용자집단에게는 유리하고 다른 정보이용자집단에게는 불리할 수가 있다.

예를 들어, 원가 ₩10,000의 유가증권이 결산일 현재 ₩30,000이라 가정하자. 이때 원가법을 적용하는 경우 재무상태표에 유가증권은 ₩10,000으로 보고되지만, 시가법을 적용하는 경우에는 ₩30,000으로 계상되면서 동시에 손익계산서에 이득(유가증권평가이익)이 ₩20,000으로 계상된다.

시가법을 적용하는 경우 경영자의 경영성과는 높게 평가되고 또한 투자자에게는 배당가능이익이 증가하므로 경영자와 투자자에게는 유리하나, 채권자입장에서는 오히려 불리할 수가 있다. 이유는 기업의 이익이 많게 보고되어 법인세와 배당이 많아지므로 채권자에 대한 담보능력은 그만큼 감소한다고 볼 수 있기 때문이다.

이와 같이 회계원칙 중 일반적으로 인정된 회계원칙으로 무엇이 수용되느냐에 따라 정보이용자집단간의 이해관계가 상충될 수 있으므로 일반적으로 인정된 회계원칙이 제정되기 위해서는 이해관계자집단간의 합의과정을 거치게 되는 것이다. 그러므로 경제적 환경이 변화되는 경우 이러한 합의 사항은 변경될 수밖에 없으며 또한 변화된 경제적 환경에 부응한 회계처리를 위하여 일반적으로 인정된 회계원칙은 환경의 변화에 따라 항상 변경될 수 있는 가능성을 지니게 된다. 이상에서 설명한 일반적으로 인정된 회계원칙의 특징을 정리하면 다음과 같다.

① 현재 실무에서 회계행위를 수행하는 경우 준수하여야 할 준거지침이다.
② 다수의 권위있는 기관의 지지(사회적 합의)를 얻어야 한다.
③ 실무에서 사용 가능하여야 한다.
④ 회계환경의 변화에 따라 항상 변화가능성을 내포하고 있다.

이와 같이 일반적으로 인정된 회계원칙은 연역적 방법과 귀납적 방법에 의해 제정된 회계원칙 중 이해관계자집단간의 사회적 합의를 거쳐 수용된 것이므로, 현존하는 일반적으로 인정된 회계원칙은 규범적 회계원칙과 기술적 회계원칙이 모두 포함된다.

우리나라의 일반적으로 인정된 회계원칙으로는 상장기업을 대상으로 한 「한국채택국제회계기준」, 비상장기업을 위한 「일반기업회계기준」이 있다.

우리나라는 국제회계기준위원회(International Accounting Standards Board, IASB)가 제정한 국제회계기준(International Financial Reporting Standards, IFRS)을 전면 수용하고 2007년에 「한국채택국제회계기준(K－IFRS)」을 제정하였으며, 2011년부터 모든 상장기업이 의무적으로 준수하도록 되어 있다. 「한국채택국제회계기준」은 회계기준서, 회계기준해석서, 결론도출근거 및 실무지침으로 구성된다.

국제회계기준을 도입한 배경으로는 회계의 투명성 제고와 신뢰성 향상 및 국가간·기업간 비교가능성 제고라고 할 수 있다. 그동안 관행화 되다시피 하였던 분식회계로 인해 우리나라 기업의 재무제표에 대한 국제자본시장에서의 신뢰도는 높을 수가 없었다. 이에 따라 우리나라 기업의 재무제표를 글로벌 회계기준인 국제회계기준(IFRS)에 따라 작성하도록 함으로써 국제사회의 신뢰를 얻기 위한 제도적 장치를 마련하게 된 것이다. 또한 세계 경제가 글로벌화 되고 있는 상황에서 국제회계기준에 따라 작성된 우리나라 기업의 재무제표는 국제자본시장에서 그대로 사용될 수 있음으로 인해 글로벌 기업의 부담도 경감되는 혜택도 발생하게 된다.

4) 국제회계기준의 특징

그동안 우리나라의 일반적으로 인정된 회계원칙인 「기업회계기준」은 미국식 체계를 그대로 모방해왔으며, 이에 따라 특정 경제적 사건이 발생하면 이에 대한 구체적인 회계처리절차를 상세하게 규정하는 기준서를 제정하였었다. 이런 접근방식을 **규칙중심**(rules−based) 회계기준 이라 한다.

이에 반해 국제회계기준은 **원칙중심**(general principles−based)의 회계기준을 제정하는 접근방식을 택하고 있다. 이 접근법에서는 특정 경제적 사건이 발생하면 이에 대한 일반적인 회계처리 원칙을 규정하고 기업과 외부감사인으로 하여금 특정 상황에서 이 일반원칙을 적용하는 것에 대해 판단을 하도록 하는 방식이다. 결국 이 접근법에서는 근본적으로 투자자 등 정보이용자에게 기업의 **경제적 실질**(economic substance)을 충실하게 반영하는 정보를 제공해야 한다는 원칙하에 기업이 스스로 재량을 가지고 판단하여 회계처리 및 재무제표를 작성·공시하도록 한다. 이에 따라 기업 회계담당자의 회계처리 부담과 책임이 한층 커졌으며, 이들 뿐만 아니라 기업의 재무제표를 감사하는 외부감사인에게도 기업의 자유재량적인 회계처리 적정성에 대한 판단 업무로 인해 전보다 한층 강화된 고도의 전문성이 요구되는 쪽으로 회계환경이 급변하게 되었다. 그러나 이 접근법은 재무보고상의 광범위한 원칙을 가진 보고기준의 일관성을 더 한층 확보할 수 있게 해주며, 독립적인 외부감사인으로 하여금 전문적인 판단을 할 수 있는 더 많은 기회를 제공하여 외부감사인의 위상을 높이는 긍정적인 측면도 가지고 있는 반면에, 경영자로 하여금 재량권을 악용해서 기업경영상 바람직하지 못하다고 생각되는 보고를 회피할 여지를 제공할 수 있다는 부정적인 측면도 함께 가지고 있다.

국제회계기준의 특징을 정리하면 다음과 같다.

① 국제적 협업을 통해 제정되는 기준

② 원칙중심의 기준체계

③ 공정가치 평가 강조

④ 연결재무제표 중심

3. 재무제표의 기본개념

재무회계는 외부정보이용자에게 유용한 정보를 제공하기 위하여 일반적으로 인정된 회계원칙에 준하여 재무제표를 작성·공시한다. 일반적으로 인정된 회계원칙이란 연역적 방법이나 귀납적 방법에 의하여 제정된 회계원칙 중 사회적 합의를 거쳐 현재의 회계실무를 주도하는 회계원칙이다. 이러한 회계원칙의 제정과 재무제표 작성·공시에 관련된 기초개념 및 주요한 회계원칙에 대한 내용을 설명하기로 한다.

재무제표 작성·표시에 관련된 기초개념을 **재무제표개념체계**라고 하는데 이는 외부이용자를 위한 재무제표의 작성과 표시에 있어 기초가 되는 개념을 정립하기 위해 만

들어진 것이다. 개념체계는 다음 [표 3-1]과 같은 체계로 구성되어 있다.

[표 3-1] 재무회계개념체계

재무회계의 목적 (재무제표의 목적)	외부정보이용자의 의사결정에 유용한 정보제공				
재무제표의 기본가정	계속기업				
재무제표의 질적특성	근본적 질적특성		보강적 질적특성		
재무제표의 요소	자산	부채	자본	수익	비용

한편 재무제표의 작성과 표시를 위한 **개념체계의 목적**을 살펴보면 다음과 같다.

① 한국회계기준위원회가 향후 새로운 한국채택국제회계기준을 제정하거나 기존의 한국채택국제회계기준의 개정을 검토할 때에 도움을 제공한다.

② 한국채택국제회계기준에서 허용하고 있는 대체적인 회계처리방법의 수를 축소하기 위한 근거를 제공하여 한국회계기준위원회가 재무제표의 표시와 관련되는 법규, 회계기준 및 절차를 조화시킬 수 있도록 도움을 제공한다.

③ 재무제표의 작성자가 한국채택국제회계기준을 적용하거나 한국채택국제회계기준이 미비한 거래에 대한 회계처리를 하는 데 도움을 제공한다.

④ 감사인이 재무제표가 한국채택국제회계기준을 따르고 있는지에 대한 의견을 형성하는 데 도움을 제공한다.

⑤ 재무제표의 이용자가 한국채택국제회계기준에 따라 작성된 재무제표에 포함된 정보를 해석하는 데 도움을 제공한다.

⑥ 한국회계기준위원회의 업무활동에 관심 있는 이해관계자에게 한국채택국제회계기준을 제정하는 데 사용한 접근방법에 대한 정보를 제공한다.

1) 재무보고의 목적

(1) 의사결정에 유용한 정보

재무보고의 목적은 개념적 틀의 토대를 이룬다. 그렇다면 재무보고의 목적은 무엇인가? 일반목적 재무보고의 목적은 보고실체에 대해 현재와 미래의 지분 투자자와 자금

대여자 및 기타채권자가 자본제공자 입장에서 의사결정을 수행하는데 유용한 재무정보를 제공하는 것이다. 자본제공자의 의사결정에 유용한 정보는 자본제공자가 아닌 기타 재무보고 이용자들에게도 역시 유용한 것으로 본다.

의사결정자에게 정보를 제공하기 위해 기업은 일반목적의 재무제표를 작성한다. 일반목적 재무제표는 기업의 재무상태와 경영성과를 체계적으로 표현한 것이다. 재무제표의 목적은 광범위한 정보이용자의 경제적 의사결정에 유용한 기업의 재무상태, 경영성과와 재무상태변동에 관한 정보를 제공하는 것이다.

(2) 재무상태, 경영성과와 재무상태변동에 관한 정보

기업의 재무상태는 기업이 통제하는 경제적 자원, 기업의 재무구조, 유동성과 지급능력, 영업 환경변화에 대한 적응능력에 의해 영향을 받는다. 기업이 통제하는 경제적 자원과 그 자원을 과거에 조정한 능력은 기업의 미래 현금 및 현금성자산의 창출능력을 예측하는 데 유용하다.

성과 특히 수익성에 관한 정보는 그 기업이 장래 통제하게 될 가능성이 높은 경제적 자원의 잠재적 변동가능성을 평가하는 데 유용하다. 성과 정보는 기업이 현재의 자원으로부터 현금을 창출할 수 있는 능력을 예측하는 데 유용하다. 또한 추가적인 자원을 효과적으로 동원할 수 있는지 판단하는 데도 유용하다.

기업의 재무상태변동에 관한 정보는 일정 회계기간 동안의 기업의 투자, 재무 및 영업활동을 평가하는 데 유용하다. 이러한 정보는 재무제표이용자에게 기업의 현금 및 현금성자산의 창출능력과 기업의 현금흐름 사용 필요성에 대한 평가의 기초를 제공한다.

재무상태에 관한 정보는 주로 재무상태표를 통해 제공되며, 성과에 관한 정보는 주로 포괄손익계산서를 통해 제공된다. 재무상태변동에 관한 정보는 현금흐름표와 같은 별도의 재무제표를 통해 제공된다. 재무제표는 주석과 부속명세서, 그리고 그 밖의 정보도 포함한다. 예를 들어, 이러한 주석 등은 재무상태표와 포괄손익계산서의 항목에 대하여 이용자의 정보수요에 목적적합한 추가 정보를 포함할 수 있다.

재무제표의 이용자가 경제적 의사결정을 하기 위해서는 기업의 현금 및 현금성자산의 창출 능력과 그 시기 및 확실성에 대한 평가가 필요하다. 이러한 능력은 예를 들어 기업의 종업원과 공급자에 대한 지급능력, 차입금에 대한 이자 및 원금 지급능력과 소유주에 대한 배당금 지급능력을 궁극적으로 결정한다. 정보이용자에게 기업의 재무상태, 성과 및 재무상태변동에 초점을 둔 정보가 제공된다면 이들은 기업의 현금 및 현금성자산의 창출능력을 보다 잘 평가할 수 있을 것이다.

(3) 수탁책임에 관한 정보

재무제표는 위탁받은 자원에 대한 경영진의 수탁책임이나 회계책임의 결과를 투명하게 보여주어야 한다. 경영진의 수탁책임이나 회계책임을 평가하려는 정보이용자의 목적은 경제적 의사결정을 하기 위해서이다. 예를 들어, 이러한 경제적 의사결정에는 기업의 투자지분을 계속 보유하거나 매도할지 또는 경영진을 재선임하거나 교체할지와 같은 결정이 포함될 수 있다.

2) 회계공준(가정)

會計公準(accounting postulates)은 재무제표를 작성·공시하는데 있어 기초가 되는 기본전제로서, 일반적으로 "논의 이전의 자명한 명제" 또는 "공리적인 명제"를 의미한다. 이러한 공준은 기업실체를 둘러싼 환경으로부터 귀납적으로 도출되며 일명 **환경적 가정**이라 부른다. 회계공준에는 실체의 공준, 계속기업의 공준, 화폐단위 측정의 공준 및 기간별 보고의 공준이 포함된다. 그러나 국제회계기준의 개념체계에서는 이 네 가지 중에서 **계속기업의 가정**만을 회계공준에 명시적으로 포함시키고 있다.

(1) 실체의 공준

實體의 公準(entity postulate)은 특정기업실체를 형성하는 구성원, 즉 소유주·종업원 등과는 독립적으로 존재하는 기업 자체를 독자적으로 경제적 행위를 수행할 수 있는 경제적 실체(economic entity), 즉 특정 회계단위로 간주하고 특정 회계단위의 입장에서 그 경제활동에 대한 재무정보를 측정·보고하는 가정이다. 그러므로 기업의 자산은 소유주의 것이 아닌 기업 자체의 것이고, 부채 역시 기업의 채무이며, 기업의 목표는 소유주의 부(wealth)를 극대화하는 것이 아니라 기업 자체의 순이익을 극대화하는 것이다. 회계보고의 대상 또한 소유주뿐만 아니라 기업과 이해관계가 있는 모든 이해관계자집단이 된다.

따라서 회계행위를 수행한다는 것은 곧 해당 실체의 경제적 행위를 측정하여 재무제표에 반영·보고하는 것이다. 예를 들어 (주)한빛의 이재통이라는 주주가 은행으로부터 개인 명의로 금전을 차입하였다고 하자. 이러한 거래는 이재통 주주라는 개인과 관련된 경제적 행위로 (주)한빛과는 아무런 관계가 없다. 따라서 (주)한빛의 재무제표에 반영되지 않는다. 그러나 이재통 씨가 자기 자신을 회계실체로 하여 작성하는 재무제표에는 이러한 거래의 영향이 반영된다. 이와 같이 실체의 공준은 특정실체가 작성하는 당해 실체에 관한 정보만을 포함하여야 함을 의미하는 것으로 특정 실체가 재무제표를 작성함에 있어 그 재무제표에 포함시켜야 할 정보의 범위를 결정하는 기준이 된다. 회계실체의 단위로는 개인, 동창회, 정부, 대학, 기업, 기업의 사업부, 기업 집단(그룹) 등 독립적인 경제적 행위를 수행하는 경제단위는 모두 가능하며, 경제단위의 판단 시 법적 형식보다는 경제적 실질을 기준으로 한다. 예를 들어 지배회사와 종속회사는 단일 법적 실체는 아니지만 단일 경제적 실체를 형성하여 하나의 특정 회계단위로서 연결재무제표의 작성대상이 된다.

(2) 계속기업의 공준

기업은 설립된 후 부실 경영으로 인하여 도산이 되기도 하고 또는 수요의 급격한 변화나 관련 법규의 변경 등 다른 이유에 의하여 영업을 중지하기도 한다. 그러나 대부분의 기업은 기업의 창립 목적(예 사회에서 필요한 제품의 생산, 부가가치의 창출, 이익의 창출 등)이 달성되는 한 계속해서 영업활동을 수행하게 된다.

繼續企業의 公準(going concern postulate)이란 이와 같이 반증이 없는 한 기업은 목적과 의무를 이행하기에 충분할 정도로 장기간 존속한다는 가정으로, 이러한 가정 하에서만 과거의 경제활동의 결과인 재무제표가 미래를 예측할 수 있는 정보가 되는 것이다. 또한 기업이 계속하여 존재한다는 전제가 되므로, 이해관계자집단의 의사결정에 필요한 정보를 기업의 청산시점까지 기다렸다 제공하는 것이 아니라 인위적으로 기간을 구분하여 기간별로 제공하게 된다.

만약 기업실체의 중요한 경영활동이 축소되거나 기업실체 자체를 청산시킬 의도나 필요가 있어 계속기업을 가정하기 어려운 경우에는 계속기업을 전제로 한 기준과는 다른 기준을 적용하는 것이 타당할 수 있으며 이때 그 적용된 기준은 공시되어야 한다.

그러나 계속기업의 공준이 전제되는 상황에서는 기업이 영업활동에 사용하기 위하여 취득한 경제적 자원은 청산가치가 아닌 역사적 원가(historical cost)로 측정하여야 하며, 이후 영업기간에 걸쳐서 원가를 기간별로 배분시키는 대응(matching)과정을 통하여 비용으로 인식한다. 따라서 재무제표상의 측정치는 기업이 영업을 중지하지 않고 정상적인 경영활동을 계속 수행한다는 전제하에서 의미를 갖게 된다는 점을 유의하여야 한다.

(3) 화폐단위 측정의 공준

貨幣單位 測定의 公準(monetary measurement postulate)은 기업이 수행한 경제적 행위를 화폐단위로 계량화하여 재무제표에 반영·보고한다는 것으로, 화폐단위를 이용하는 경우 설명과 전달에 있어서 오해를 줄일 수 있고 비교가능성을 높이게 된다.

예를 들어 한 청과물상점이 현금 ₩20,000, 귤 10상자, 사과 200개를 가지고 있다고 하자. 그러면 여러분은 이 정보만을 가지고서는 이 청과물상점의 총자산 가치가 얼마나 되는지를 알 수 없을 것이다. 왜냐하면 귤과 사과를 현금에 합산할 수 없기 때문이다. 그러나 만약 귤 1상자의 원가가 ₩30,000이고 사과의 개당 원가가 ₩500이라는 것을 알게 된다면 이때 비로소 이들 과일의 가격을 현금에 가산할 수 있게 되어 총자산의 가치를 알 수 있게 될 것이다. 그 결과 이 청과물상점의 총자산이 ₩420,000(=₩20,000+10×@₩30,000+200×@₩500)이 되게 된다.

이와 같이 상이한 종류의 경제적 자원을 의미있는 정보로 전환하기 위해서는 동일한 단위로 나타낼 수 있어야 하며 이를 위해 회계에서 사용하는 공통적인 측정단위가 바로 화폐단위인 것이다. 상이한 경제적 사실을 화폐금액으로 전환시킴으로써 우리는 이를 산술적으로 다룰 수 있게 되어 한 계정과목을 다른 계정과목에 가산하거나 차감할 수 있게 되는 것이다. 이에 따라 재무제표 작성이 가능해지며, 또한 재무제표 항목간의 비교와 기간별 및 기업간 비교도 가능해지게 된다.

그러나 화폐단위 측정의 공준은 회계가 오로지 화폐금액으로 나타낼 수 있는 사실만을 재무제표에 반영·보고하는 것으로, 경제적 가치가 있는 기업의 경제적 자원이라 하더라도 화폐단위로 측정불가능한 것은 재무제표에 반영·보고할 수 없게 된다. 그리하여 다음과 같은 사실들은 재무상태표를 살펴보아도 알 수 없는 것이다.

① 최고경영자의 능력이나 건강상태

② 종업원의 사기나 업무의 수행능력

③ 노동쟁의의 발생 유무

이와 같이 재무제표는 정보이용자에게 유용한 정보일지라도 화폐단위로 환산할 수 없는 기업의 질적 정보(qualitative information)는 반영하지 못하고 단지 화폐금액으로 나타낼 수 있는 재무정보만을 포함하고 있기 때문에, 회계는 필연적으로 기업의 상태에 대한 불완전한 기록일 수밖에 없으며, 또한 기업에 관한 가장 중요한 정보를 언제나 제공하는 것도 아니라는 점을 유념하여야 한다.

화폐단위에는 명목단위와 불변구매력단위로 나눌 수 있는데, 회계에서는 시간의 경과에도 불구하고 화폐가치가 비교적 안정적이라는 전제하에서 명목화폐단위를 사용한다. 따라서 화폐가치가 변동하는 경우 이에 의한 영향을 재무제표에 반영하지 못한다는 문제점도 지니게 된다. 그러나 극도의 인플레이션이나 기타 사유로 인해 명목화폐단위의 사용이 재무정보의 왜곡을 가져오고 나아가 정보이용자의 의사결정을 크게 오도할 가능성이 있다면 보다 적정한 다른 기준을 고려할 수 있다.

(4) 기간별 보고의 공준

期間別 報告의 公準(periodicity postulate)은 한 기업실체의 존속기간을 일정 기간 단위로 인위적으로 분할하여 각 기간에 대해 경제적 의사결정에 유용한 회계정보를 산출하여 정보이용자에게 보고하자는 가정이다. 이는 계속기업의 공준으로부터 기업은 경영활동을 계속 수행한다는 전제가 되므로 기업의 청산시점까지 기다렸다가 기업의 경영 결과를 보고하는 경우 정보이용자들은 의사결정에 필요한 정보를 적기에 전달받을 수가 없게 된다. 그러나 기업실체의 이해관계자들은 지속적으로 경제적 의사결정을 해야 하므로 적시성이 있는 정보를 요구하게 되고 이러한 요구를 충족시키기 위하여 기업실체의 경영성과를 특정 회계기간에 귀속시켜야 할 필요가 있다. 따라서 기업실체의 존속기간을 일정기간으로 구분하고 각 회계기간에 대한 재무제표를 작성하여 기간별 재무상태, 경영성과 및 재무상태의 변동내역에 대한 정보를 제공하게 된다.

그러나 이 가정을 적용하는 데 있어서 신뢰성과 적시성(또는 목적적합성)간의 균형이 필요하다. 다시 말해 회계기간은 합리적으로 정확한 결과를 제공할 수 있을 정도로 충분히 길기도 해야 하지만, 현재의 이용가능한 정보를 적기에 공급할 수 있도록 알맞은 정도로 짧기도 하여야 한다. 이러한 점을 반영하여 현재에는 1년의 회계기간에다 분기의 회계기간을 함께 사용하고 있다. 재무제표에 나타나고 있는 회계기간은 기간별 경영활동에 대한 비교가 가능하도록 동일한 기간으로 분할되어 있다.

이와 같이 회계기간의 공준은 회계정보의 질적 특성 가운데 적시성뿐만 아니라 비교가능성과도 밀접한 관련이 있음을 알 수 있다.

한편 기간별 보고의 공준의 문제점으로서는 회계기간으로 분할된 기간 동안의 경영성과를 측정하는 데 많은 추정과 가정이 나타남으로써 신뢰성의 저하가 발생하게 된다는 점이다.

3) 회계정보 (또는 재무제표 정보)의 질적 특성

회계의 목적은 정보이용자들의 의사결정에 유용한 정보를 제공하는 것이다. 그런데 유용성(usefulness)이란 다분히 추상적인 개념으로 어떠한 정보가 유용한 정보인지를 판단하기가 어렵다.

따라서 유용성이라는 추상적인 개념을 보다 구체화하기 위하여 제시된 것이 바로 재무제표 정보 또는 회계정보의 질적 특성이다. **會計情報의 質的特性**(qualitative characteristics)이란 회계정보가 유용한 정보가 되기 위해서 갖추어야 할 특성으로, 이는 동일한 경제적 현상에 대해 둘 이상의 대체적 회계처리방법이 존재하는 경우 그 중에서 어떤 회계처리방법을 선택할 것인지를 판단해 주는 기준이 된다. 또한 경영자와 감사인이 회계정책을 선택 또는 평가하거나, 재무제표이용자가 회계처리에서 사용한 방법의 적절성을 평가할 때 판단기준이 된다. 재무제표 정보를 유용하게 만들거나 어느 정보가 더 유용한지를 판단할 수 있게 하는 질적 특성을 표로 나타내면 [표 3-2]와 같다.

[표 3-2] 회계정보의 질적 특성

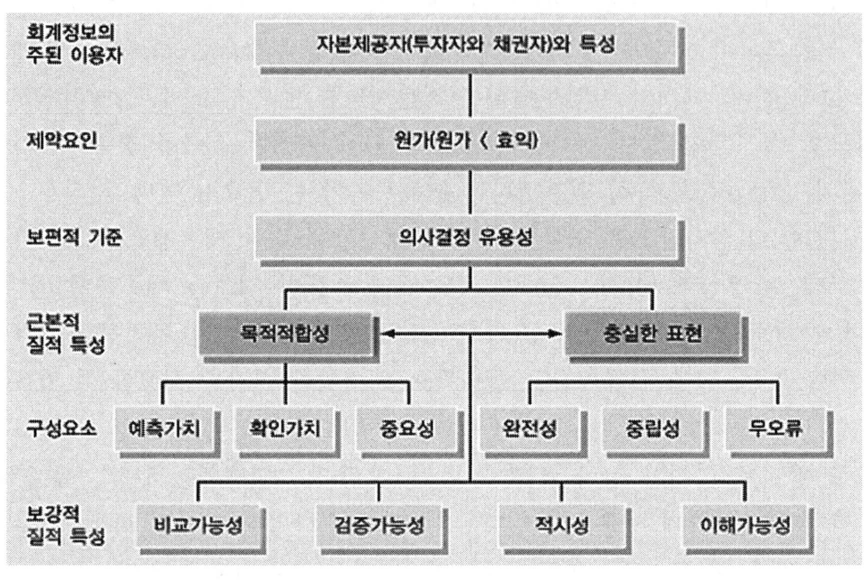

재무정보가 유용하기 위해서는 목적적합해야 하고 나타내고자 하는 바를 충실하게 표현해야 한다. 또한 재무정보가 비교가능하고, 검증가능하며, 적시성 있고, 이해가능한 경우 그 재무정보의 유용성은 보강된다.

4. 회계정보의 질적 특성 : 근본적 질적 특성(fundamental qualities)

1) 목적적합성

目的適合性(relevance)은 정보를 이용하여 의사결정을 하는 경우 정보 없이 의사결정을 하는 경우와 비교하여 미래의 불확실성이 감소되거나 의사결정에 차이가 발생하도록 하는 정보의 속성을 말한다. 즉, 목적적합성이란 미래의 불확실성을 감소시키거나 의사결정에 차이를 야기시킬 수 있는 정보의 능력을 말한다. 회계정보가 목적적합성을 갖추기 위해서는 ① 예측가치(predictive value), ② 확인가치(confirmatory value) 및 ③ 중요성(materiality)을 지녀야 한다.

예측가치는 회계정보가 기업의 미래 재무상태, 경영성과, 순현금흐름, 자본변동을 예측할 수 있는 능력을 말한다. **확인가치**는 회계정보가 기업의 재무상태, 경영성과, 순현금흐름, 자본변동 등에 대한 정보이용자의 원래 기대치나 예상치를 확인(confirm) 또는 수정(correct)하는 능력을 말한다. 예측가치와 확인가치는 서로 관련이 되어 있는 경우가 많다. 예를 들어 분기분고서는 연간 순이익을 예측하는 토대를 제공해줄 뿐만 아니라 과거 성과에 대한 확인 정보를 제공해주기도 한다.

중요성은 어떤 정보가 누락되거나 잘못 기재된 경우 특정 기업의 재무정보에 근거한 정보이용자의 의사결정에 영향을 줄 수 있다면 그 정보는 중요한 것이다. 즉, 중요성은 개별 기업 재무보고서 관점에서 해당 정보와 관련된 항목의 성격이나 규모 또는 이 둘 모두에 근거하여 해당 기업에 특유한 측면의 목적적합성(entity specific aspect of relevance)을 의미한다.

2) 충실한 표현 또는 표현의 충실성(faithful representation)

재무보고서는 경제적 현상을 글(words)과 숫자(numbers)로 나타내는 것이다. 재무정보가 유용하기 위해서는 목적적합한 현상을 표현하는 것뿐만 아니라 나타내고자 하는 현상을 충실하게 표현해야 한다. 만약 어떤 기업이 1년 동안 매출액이 30억원인데, 이를 20억원으로 보고한다면 이 정보는 충실한 표현이 결여된 정보가 되는 것이다. 회계정보가 완벽하게 충실한 표현을 달성하기 위해서는 ① 완전성(completeness), ② 중립성(neutrality), ③ 무오류(free from error)의 속성을 갖추어야 한다.

정보이용자에게 필요한 모든 사실, 기술 및 설명을 포함하여 정보이용자가 보고되는 정보를 이해하는 데 필요한 모든 정보의 완전공시(full disclosure)가 제공할 때 그 정보는 **완전성**을 갖춘 정보가 된다.

중립성은 사전에 의도된 결과나 성과를 유도할 목적을 가지고 재무제표에 특정정보를 표시함으로써 정보이용자의 의사결정이나 판단에 영향을 미쳐서는 안 된다는 것을 의미한다.

무오류는 회계정보의 보고시 오류나 누락이 없고, 정보를 제공하는 데 사용된 절차의 선택과 적용에 절차상 오류가 없다는 것을 의미한다.

5. 회계정보의 질적 특성 : 보강적 질적 특성(enhancing qualities)

목적적합하고 충실하게 표현된 정보의 유용성을 보강시키기 위해서는 보강적 질적 특성이 필요하다. 보강적 질적 특성에는 비교가능성, 검증가능성, 적시성, 및 이해가능성이 있다. 보강적 질적 특성은 만일 어떤 두 가지 방법이 현상을 동일하게 목적적합하고 충실하게 표현하는 것이라면 이 두 가지 방법 가운데 어느 방법을 현상의 서술에 사용해야 할지를 결정하는 데에도 도움을 줄 수 있다.

보강적 질적 특성은 가능한 한 극대화되어야 한다. 그러나 보강적 질적 특성은, 정보가 목적적합하지 않거나 충실하게 표현되지 않으면, 개별적으로든 집단적으로든 그 정보를 유용하게 할 수 없다.

1) 비교가능성

比較可能性(comparability)이란 정보이용자가 여러 경제적 현상 간의 유사점과 차이점을 식별하고 이해할 수 있게 하는 질적 특성이다. 비교가능성은 기업간의 비교 또는 동일 기업의 기간별 비교와 관련된다.

일관성(consistency)은 비교가능성과 관련은 되어 있지만 동일하지는 않다. 일관성은 한 보고기업 내에서 기간 간 또는 같은 기간 동안에 기업 간, 동일한 항목에 대해 동일한 절차와 방법을 적용하는 것을 말한다. 비교가능성은 목표이고 일관성은 그 목표를 달성하는 데 도움을 준다.

비교가능성은 통일성이 아니다. 정보가 비교가능하기 위해서는 비슷한 것은 비슷하게 보여야 하고 다른 것은 다르게 보여야 한다. 재무정보의 비교가능성은 비슷한 것을 달리 보이게 하여 보강되지 않는 것처럼, 비슷하지 않은 것을 비슷하게 보이게 한다고 해서 보강되지 않는다.

2) 검증가능성(verifiability)

검증가능성은 정보가 나타내고자 하는 경제적 현상을 충실히 표현하는지를 정보이용자가 확인하는 데 도움을 준다. **검증가능성**은 합리적인 판단력이 있고 독립적인 서로 다른 관찰자가 어떤 서술이 충실한 표현이라는 데, 비록 반드시 완전히 일치하지는 못하더라도, 의견의 일치(consensus)에 도달할 수 있다는 것을 의미한다.

검증은 직접적 또는 간접적으로 이루어질 수 있다. 직접 검증은, 예를 들어, 현금을 세는 것과 같이, 직접적인 관찰을 통하여 금액이나 그 밖의 표현을 검증하는 것을 의미한다. 간접 검증은 모형, 공식 또는 그 밖의 기법에의 투입요소를 확인하고 같은 방법을 사용하여 그 결과를 재계산하는 것을 의미한다. 예를 들어, 투입요소(수량과 원가)를 확인하고 같은 원가흐름가정을 사용(예: 선입선출법 사용)하여 기말 재고자산을 재계산하여 재고자산의 장부금액을 검증하는 것이다.

3) 적시성(timeliness)

적시성은 의사결정에 영향을 미칠 수 있도록 의사결정자가 정보를 제때에 이용가능하게 하는 것을 의미하는 회계정보의 한 속성이다. 일반적으로 정보는 오래될수록 유용성이 낮아진다. 그러나 일부 정보는 보고기간 말 후에도 오랫동안 적시성이 있을 수 있다. 예를 들어, 일부 정보이용자는 추세를 식별하고 평가할 필요가 있을 수 있기 때문이다.

4) 이해가능성

理解可能性(understandability)이란 기업의 경영활동과 회계처리과정에 대하여 어느 정도 합당한 수준의 지식을 가지고 있거나 그 지식을 습득하기 위해 지속적으로 노력하고 있는 정보이용자를 전제로 그들이 쉽게 이해될 수 있는 수준과 방식 및 내용으로 회계정보가 작성·보고되어야 한다는 회계정보의 속성이다.

정보를 명확하고 간결하게 분류하고, 특징지으며, 표시하면 이해가능하게 된다. 그러나 일부 현상은 본질적으로 복잡하여 이해하기 쉽게 할 수 없다. 그 현상에 대한 정보를 재무보고서에서 제외하면 그 재무보고서의 정보를 더 이해하기 쉽게 할 수 있다. 그러나 그 보고서는 불완전하여 잠재적으로 오도할 수 있다.

재무보고서는 사업활동과 경제활동에 대해 합리적인 지식이 있고, 부지런히 정보를 검토하고 분석하는 정보이용자를 위해 작성된다. 때로는 박식하고 부지런한 정보이용자도 복잡한 경제적 현상에 대한 정보를 이해하기 위해 전문가의 도움을 받는 것이 필요할 수 있다.

6. 제약요인; 원가

원가는 재무보고로 제공될 수 있는 정보에 대한 **포괄적 제약요인**이다. 따라서 보고기업은 제공되는 특정 정보에서 기대되는 효익과 그 정보를 제공하는데 소요되는 원가를 비교하여 정보제공 여부를 판단하여야 한다. 결국 해당 정보 제공의 효익이 그 원가를 정당화하는 정보를 보고해야 되는데, 이를 위해서는 정보 제공에 다른 원가와 그 에 따른 효익을 고려할 필요가 있다.

회계정보의 제공에는 반드시 원가(예 정보수집 및 처리비용, 배포비용, 감사비용, 분석 및 해석비용, 정보공시로 인한 피해발생비용 등)가 발생하고, 그 정보를 이용하는 정보이용자에게는 측정하기가 간단치는 않지만 분명히 효익(예 자본비용의 절감 효익, 올바른 의사결정 등)과 원가가 발생하게 된다.

7. 회계원칙

會計原則(accounting principles)이란 특정 거래나 사건을 측정하고 이를 재무제표에 보고하는 방법을 기술한 것으로, 기본원칙에는 앞에서 언급한 것처럼 측정기준과 인식기준 및 공시기준 등을 들 수 있다.

재무회계는 이러한 회계원칙에 의하여 회계사건이 재무제표에 반영되고 정보이용자에게 전달되므로, 회계정보가 의사결정에 유용하기 위해서는 회계정보의 질적 특성이 회계정보에 반영될 수 있도록 회계원칙이 제정되어야 한다. 따라서 본 장에서는 기본적인 회계원칙이 논리적으로 어떻게 유도되고 그 의미가 무엇인지를 설명하기로 한다.

1) 자산의 측정기준

測定(measurement)이란 측정대상에 측정치를 부여하는 과정으로, 회계상 측정은 기업의 경제적 행위를 화폐단위로 환산하는 절차라 할 수 있다. 즉, 회계상 측정을 정리하면 다음 [표 3-3]과 같다.

[표 3-3] 회계상 측정

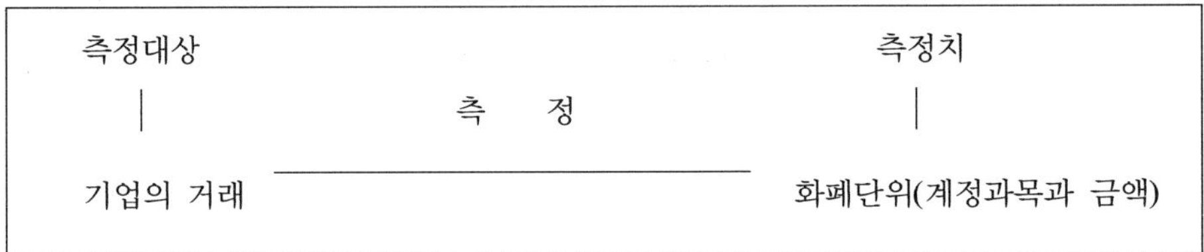

이때 화폐단위측정의 공준에서 언급한 바와 같이 화폐단위의 안정이라는 전제하에서 화폐단위는 명목가치를 이용한다. 그러나 특정 거래나 사건을 화폐단위로 환산하는 경우 명목가치를 이용한다 하더라도 시장의 유형과 적용되는 시점에 따라 화폐로 환산된 가액이 달라지게 되는 데, 이중 어떠한 측정기준을 선택하느냐 하는 문제가 바로 회계상 평가(valuation)이다.

시장의 유형에는 투입시장(input market)과 산출시장(output market)으로 나눌 수 있다. 투입시장은 기업이 생산활동이나 영업활동을 수행하는 데 필요한 재화나 용역을 기업에 공급해주는 시장, 즉 공급자 시장을 말하며, 산출시장은 기업이 생산하거나 획득한 재화나 용역이 판매되는 시장, 즉 소비자 시장을 말한다.

적용되는 시점에는 과거 실제거래가 발생되었던 시점의 과거가격, 현재 재무제표를 작성하고자 하는 시점의 현행가격, 그리고 미래 영업활동에 사용하거나 처분을 통해서 유입되리라 예상되는 미래가격으로 나누어진다.

시장 유형과 적용 시점을 결합하여 측정기준을 나타내면 역사적 원가, 현행투입가격, 현행산출가격 및 미래현금흐름의 현재가치로 구분된다. 이를 정리하면 다음 [표 3-4]와 같다.

[표 3-4] 자산의 측정기준

시장 \ 시점	과거가격	현행가격	미래가격
투 입 시 장	역사적 원가	현행투입가격	
산 출 시 장		현행산출가격	미래현금흐름의 현가

이러한 측정기준 중 역사적 원가를 제외한 나머지를 일반적으로 시가(market value)라 한다. 각 측정기준을 설명하면 다음과 같다.

(1) 역사적 원가

歷史的 原價(historical cost)는 取得原價(acquisition cost)라고도 하며, 해당 자산의 취득의 대가로 지급한 현금 또는 기타 지급대가의 공정가치로 측정된 금액을 의미한다. 유·무형자산의 경우 감가상각 등에 따라 당해 자산의 취득원가는 조정되어 측정된다.

역사적 원가는 교환거래(arm's length transaction)에 의해 결정된 가격으로 측정이 용이하고, 객관적이라 신뢰성이 높으며, 경영자의 수탁책임의 한계를 명확히 한다는 장점을 지닌다. 그러나 화폐가치가 변동하는 상황에서는 보고시점의 자산의 실질적인 가치를 반영하지 못하는 단점을 지니게 된다.

(2) 현행투입가격

現行投入價格(current input price)이란 현재 기업이 보유하고 있는 자산과 동일한 자산 또는 유사한 자산을 현재시점에서 취득한다고 할 때 지급하여야 할 현금액 또는 현금등가액으로 측정된 금액을 말하며, 이를 일반적으로 현행원가(current cost)라 한다. 여기서 현금등가액(cash equivalent price)이란 현금이 개입되지 않은 경우 현금거래가 이루어진다고 가정했을 때 현금으로 지급될 금액을 의미한다.

현행원가는 자산이 지니고 있는 용역잠재력의 근사치라 할 수 있으므로 현행원가에 의해 평가된 자산은 재무상태표일 현재의 실질가치를 반영하며 미래의 현금흐름을 예측하는 데 보다 유용한 정보를 제공할 수 있는 장점을 지니고 있으나, 평가의 객관성이 결여되기 쉬운 단점도 가지고 있다.

(3) 현행산출가격

現行産出價格(current output price)이란 기업이 소유하고 있는 자산을 현시점에서 판매한다고 할 때 그 자산의 판매로부터 수취할 수 있는 현금액 또는 현금등가액으로 이에는 현행시장가치, 순실현가능가치 및 청산가치로 구분된다.

現行市場價値(current market value)란 기업이 보유하고 있는 자산을 현재의 정상적 처분거래를 통해서 수취될 수 있는 현금이나 현금등가액으로 측정된 금액을 의미한다.

純實現可能價値(net realizable value)는 기업이 보유하고 있는 자산을 정상적인 경영활동과정에서 미래에 당해자산이 현금 또는 현금등가액으로 직접 전환될 때 수취할 것으로 예상되는 금액에서 그러한 전환에 직접 소요될 비용(예를 들면 판매비용이나 추가가공비)을 차감한 가액으로 측정된다. 순실현가능가치는 미래의 예상되는 수취액을 재무제표 작성시점의 현재가치로 환산하지 않는 금액이다.

淸算價値(liquidation value)란 예상하지 못한 정상적인 환경이 아닌 상태에서 사정이 급하여 자산을 강제처분한다고 할 때 받을 현금액으로, 자산을 판매하는 시장조건이 다르다는 점을 제외하곤 현행시장가치와 같은 의미이다.

현행산출가격에 의한 평가액은 재무상태표일 현재 자산의 실질가치를 반영하고 자산을 판매하지 않고 현재 보유함으로써 상실된 경제적 기회비용을 반영한다는 장점이 있으나, 평가상 객관성이 결여되기 쉬운 단점도 있다.

(4) 현재가치

현재가치(present value)란 정상적인 경영활동과정을 통해서 현재 보유하고 있는 자산으로부터 발생될 것으로 예상되는 미래 순현금유입액을 일정한 할인율로 할인한 현재가치로 측정된 금액을 말한다.

미래현금흐름의 현재가치로 측정한다는 것은 자산을 미래의 순현금흐름을 창출시키는 원천으로 보고, 그 현금흐름을 현재가치로 할인하여 자산을 측정하자는 것으로, 미래현금흐름의 현가로 자산을 평가하는 것이 자산의 정의에 가장 부합되는 평가방법이다. 그러나 이 방법을 적용하기 위해서는 미래의 현금흐름액, 현금흐름의 발생시점 및 할인율을 알아야만 가능하다.

(5) 국제회계기준의 측정기준

국제회계기준에서는 역사적 원가원칙과 공정가치 원칙 중 하나를 사용하도록 하고 있다. 앞에서 설명한 것처럼 어떤 원칙을 선택하느냐는 목적적합성과 충실한 표현(표현의 충실성) 간의 상충관계와 관련된다.

(가) 역사적 원가 원칙

역사적 원가(또는 취득원가)는 자산을 취득하였을 때 필요한 지출금액을 말하며, 역사적 원가원칙은 자산을 취득시 및 보유기간에 걸쳐서 이러한 역사적 원가로 기록해야 한다는 원칙이다. 예를 들어 어떤 회사가 20×3년에 토지를 ₩2,000,000에 구입하였다면 그 해의 재무상태표상에 토지를 ₩2,000,000으로 보고하게 된다. 그러나 그 다음 연도에 그 토지의 공정가치가 ₩3,000,000으로 상승되었다면 토지를 얼마로 보고해야 하나? 역사적 원가원칙하에서는 계속해서 ₩2,000,000으로 보고하게 된다.

(나) 공정가치 원칙

공정가치(fair value)는 독립된 당사자 간의 현행 거래에서 자산이 매각 또는 구입되거나 부채가 결제 또는 이전될 때 교환가치를 말한다. 곧 현재 시장에서 매매되는 금액을 말한다. 자산의 매각과 부채의 결제에 관한 공정가치는 현행유출가치(current exit value)라고 하며, 자산의 구입에 관한 공정가치는 현행원가(current cost)라고 한다.

공정가치 원칙은 자산을 보유기간에 걸쳐서 공정가치로 기록해야 한다는 원칙이다. 특정한 자산이나 부채의 경우에 있어서는 역사적 원가보다는 공정가치가 더 유용할 수도 있다. 예를 들어 투자목적으로 보유하고 있는 유가증권은 시가정보가 용이하게 이용가능한 경우가 많기 때문에 공정가치로 보고되고 있다. 어떤 원칙을 선택할 것인지를 결정하는데 있어서 기업들은 원가 수치의 사실적 성격과 공정가치의 목적적합성에 대해 저울질하게 된다. 일반적으로 국제회계기준이 기업에 대해 유형자산과 무형자산을 공정가치로 재평가할 수 있도록 허용해주고 있는데 얼마나 많은 기업들이 공정가치모형을 사용해서 보고하는 방법을 선택할지 관심의 대상이 되고 있다. 현재로서는 투자유가증권과 같은 자산의 경우 활발하게 거래되고 있는 시장이 존재하기 때문에 기업들은 주저함이 없이 공정가치원칙을 적용하고 있다.

(다) 역사적 원가 원칙과 공정가치 원칙의 비교

그렇다면 역사적 원가 원칙과 공정가치 원칙 또는 시가법의 근본적인 차이점은 무엇인가? 회계상 측정기준으로 무엇을 이용하든지 간에 기업의 창립 시점부터 청산 시점까지의 총이익은 아무런 차이가 없다. 다만, 자산의 가치변동으로 인한 영향을 어느 기간의 이익에 반영·보고할 것인가 하는 점에서만 차이가 발생할 뿐이다. 이를 예를 들어 설명하면 다음과 같다.

예제 3-1 ▌ 측정기준간의 기간이익 차이

20×1년 1월 1일에 원가 ₩10,000의 토지를 구입하였는데, 20×1년 12월 31일(결산일)에 이 토지의 시가는 ₩13,000하였으며, 20×2년 3월 1일에 이 토지를 ₩14,000에 처분하였다고 하자.

역사적 원가 원칙과 공정가치 원칙(또는 시가법)에 의한 각 연도의 보고이익은 다음과 같다. 역사적 원가원칙에서는 20×1년 12월 31일 재무상태표에 토지를 ₩10,000으로 계상하여 가격의 상승분에 대해서는 이익을 인식하지 않다가 20×2년 ₩14,000에 처분시 그 차액 ₩4,000을 전액 이익으로 인식하게 된다. 그러나 공정가치 원칙에서는 20×1년 12월 31일 재무상태표에 토지를 ₩13,000으로 계상하여 가격의 상승분 ₩3,000을 이익으로 인식하고 20×2년 ₩14,000에 처분시 그 차액 ₩1,000만을 이익으로 인식하게 된다. 이에 대한 결과를 정리하면 다음과 같다.

	20×1년	20×2년	합 계
역사적 원가원칙하에서의 이익	₩ 0	₩4,000	₩4,000
공정가치 원칙하에서의 이익	3,000	1,000	4,000

이와 같이 측정기준 등 회계처리방법상의 차이는 기업의 존속기간에 대한 총이익에는 영향을 미치지 않고 다만 기간별 귀속이익에만 차이를 야기시킬 뿐이다. 따라서 계속기업의 공준하에서 장기적인 관점으로 보면 회계처리방법상의 차이는 큰 의미가 없다.

2) 부채의 측정기준

부채의 경우에도 현재 여러 측정기준이 사용되고 있다. 단기 부채의 경우 일반적으로 상환가액에 의해 측정되고 있으며, 장기부채는 일반적으로 현재가치에 의해 측정되고 있다.

단기 부채의 측정기준인 상환가액(settlement value)이란 정상적인 경영활동과정에서 미래에 당해부채가 상환될 때 지급되어야 할 현금 또는 현금등가액에 그러한 상환에 직접 소요될 비용을 가산한 가액으로 측정된 금액을 말한다.

장기 부채의 측정기준인 현재가치는 정상적인 경영활동과정에서 당해 부채를 상환할 때 필요한 미래 순현금유출액을 일정한 할인율로 할인한 현재가치로 측정된 금액을 말한다.

3) 수익과 비용의 인식기준 : 발생주의 또는 발생기준

오늘날 회계정보 중에서 기업의 이익(income)은 가장 중요한 관심사항 중의 하나이다. 회계상 이익의 측정방법으로는 거래접근법을 사용한다고 하였다. 거래접근법이란 수익(이득 포함)에서 비용(손실 포함)을 차감하여 이익을 산출하는 방법이다.

수익과 비용은 특정 시점이나 특정 회계기간의 특정 경제적 사건에 의하여 발생하기 시작하여 같은 시점이나 같은 회계기간에 그 발생과정이 완료되기도 하지만 그렇지 않은 경우가 대부분이다.

예를 들어 판매업의 경우 상품의 매매과정을 살펴보면, 매입한 시점이 속하는 회계기간과 판매한 시점이 속하는 회계기간 및 대금이 결제된 시점이 속하는 회계기간이 모두 같을 수도 있지만 모두 다른 경우도 있을 수 있다. 전자의 경우에는 문제가 없으나, 후자의 경우에는 어느 회계기간에 수익과 비용으로 계상·보고하여야 할 것인가 하는 문제가 발생한다.

이와 같이 회계상의 거래를 특정 회계기간의 재무제표항목(자산, 부채, 수익, 비용 등)으로 기록하거나 포함시키는 과정을 認識(recognition)이라 한다. 따라서 회계상 이익을 측정하기 위해서는 먼저 수익과 비용을 언제 인식할 것인가 라는 인식문제부터 해결되어야 한다. 수익과 비용의 인식기준에는 현금주의와 발생주의가 있다.

(1) 현금주의

現金主義(cash basis)는 수익은 현금을 수취한 시점에 인식하고, 이러한 수익을 창출하기 위하여 발생한 비용은 현금이 지급된 시점에 인식하는 방법이다.

현금주의는 적용이 간편하고 추정 등이 개입되지 않는 장점을 지니고 있으나, 인식된 수익과 수익을 창출하기 위하여 발생한 비용이 같은 시점 또는 같은 회계기간에 귀속되지 않아 수익과 비용이 적절히 대응(matching)되지 않는다는 문제점을 지닌다. 이를 예를 들어 설명하면 다음과 같다.

예제 3-2 ▌ 현금주의

20×1년에 원가 ₩10,000의 상품을 현금매입한 후 20×2년에 ₩20,000에 외상으로 판매하여 그 대금을 20×3년에 회수하였다고 하자. 이를 현금주의로 수익과 비용을 인식하여 이익을 측정하면 그 결과는 다음과 같다. 즉, 수익은 현금이 회수된 20×3년에, 비용은 현금이 지급된 20×1년에 각각 인식된다. 현금주의의 결과를 요약하면 다음과 같다.

	20×1년	20×2년	20×3년	합　계
수익	₩　　0	₩　　0	₩20,000	₩20,000
비용	10,000	0	0	10,000
이익(손실)	(10,000)	0	20,000	10,000

이와 같이 현금주의는 수익과 관련된 비용이 인식되는 기간이 달라 손익계산서에 보고되는 당기순이익이 당기의 적정한 경영성과를 반영하지 못한다. 즉, 수익을 창출하기 위한 노력(비용)과 이에 대한 대가(수익)가 같은 시점이나 같은 회계기간에 귀속되지 않는다는 것이다. 따라서 각 회계기간의 경영자가 다른 경우 노력한 자와 그에 대한 대가를 향유하는 자가 각기 달라 각 경영자의 경영성과도 왜곡되게 된다.

(2) 발생주의

發生主義(accrual basis)는 수익과 비용을 현금의 수취나 지급과는 관계없이, 기업의 거래나 사건이 실제로 발생한 시점 또는 그 시점이 속하는 회계기간에 인식하는 방법이다. 기업의 거래나 사건이 발생하면 그 결과 언젠가는 기업의 현금이 증감되겠지만, 발생주의는 이러한 현금의 증감사실을 기준으로 거래나 사건의 영향을 재무제표에 반영하는 것이 아니라, 현금의 증감을 가져올 거래나 사건이 발생한 시점이나 그 시점이 속한 회계기간에 반영하는 것이다.

발생주의하에서 수익은 수익의 창출과정 중 결정적인 사건이 발생하였을 때 인식는 실현주의가 적용되고, 비용은 관련된 수익이 인식되는 시점이나 그 시점이 속한 회계기간에 인식한다는 대응의 원칙이 적용된다. 여기서 수익의 창출과정 중 결정적인 사건(critical event)이란 기업의 정상적인 영업활동의 전 과정(예를 들어 상품의 매입, 보관, 판매 및 대금의 회수활동) 중 가장 중요한 활동을 지칭하는 것으로, 이는 곧 수익의 획득과정이 완료되었거나 거의 완료된 상태를 의미한다. 정상적인 영업활동과정 중에서 결정적인 사건이란 일반적으로 판매활동을 의미하므로, 수익의 인식시점은 바로 판매시점이 된다.

이와 같이 상품의 판매시점에 수익을 인식하는 것을 판매기준 또는 인도기준이라 하며, 지금까지의 회계처리에 대한 설명시 사용한 방법이다. 그러나 예외적으로 판매이전에 수익을 인식하는 진행기준과 판매 이후 대금의 회수시점에 수익을 인식하는 회수기준이 있다.

현금주의에서 설명한 예를 그대로 사용하여 발생주의에 의한 수익과 비용을 인식하여 이익을 산출하면 그 결과는 다음과 같다.

예제 3-3 ▌ 발생주의

20×1년에 원가 ₩10,000의 상품을 현금매입한 후 20×2년에 ₩20,000에 외상으로 판매하여 그 대금을 20×3년에 회수하였다고 하자. 이를 발생주의로 수익과 비용을 인식하여 이익을 측정하면 그 결과는 다음과 같다. 즉, 20×2년도에 상품이 판매되었으므로 수익은 현금수수와 관계없이 20×2년도에 인식하며 비용 역시 관련된 수익이 인식된 20×2년도에 인식하게 된다. 발생주의의 결과를 요약하면 다음과 같다.

	20×1년	20×2년	20×3년	합 계
수익	₩ 0	₩20,000	₩ 0	₩20,000
비용	0	10,000	0	10,000
이익(손실)	0	10,000	0	10,000

이와 같이 발생주의는 실현된 수익과 관련된 비용을 적절하게 대응시켜 순이익을 산출하므로 현금주의에 비해 보다 적정한 경영성과를 반영·보고하며, 경영성과를 기초로 한 당해 기업의 미래이익창출능력 즉, 미래현금흐름의 창출 능력을 평가하는 데 보다 유용한 정보를 제공한다.

따라서 거래의 대부분이 신용거래로 이루어지고 있는 오늘날의 현실에 따라 일반적으로 인정된 회계원칙(GAAP)에서는 보다 적정한 경영성과를 반영하는 발생주의가 수익과 비용의 인식기준으로 사용되게 된 것이다.

그러나 발생주의를 적용하는 경우 수익과 비용에 영향을 미치는 거래나 사건이 실제로 어느 시점에 발생하였는지에 대한 판단문제(인식시기의 결정문제)와 수익과 비용의 인식시점과 현금의 수취나 지급이 동시에 이루어지지 않은 경우 수익과 비용을 얼마로 계상할 것인가의 판단문제(측정기준 결정문제)가 발생하게 된다. 이에 대하여 앞에서 언급한 것처럼 수익은 결정적인 사건이 발생한 시점에 수익을 인식한다는 수익의 실현주의(realization basis)가 적용되고, 비용은 관련된 수익이 인식되는 기간에 관련된 비용을 인식하는 수익·비용대응의 원칙(matching principle)이 적용된다.

발생주의의 적용시 또 하나의 문제는 손익계산서에 계상·보고된 당기순이익이 이용 가능한 현금을 나타내는 것이 아니라는 것이다. 흔히 일상생활에서 이익이 남았다 하는 것은 현금투자액보다 현금회수액이 많은 것으로 이해하고 있어 손익계산서상 당기순이익도 이와 같이 해석하는 경우가 있을 수 있다. 그러나 손익계산서는 앞에서 설명한 것처럼 현금수수와는 관계없이 발생주의를 근거로 수익과 비용이 인식되므로 손익계산서의 당기순이익은 당기의 현금흐름과는 일치하지 않는다. 따라서 당기순이익을 많이 보고한 기업이라 하더라도 현금의 부족으로 현금배당을 할 수 없거나 자금의 부족이 심한 경우 흑자 도산이 이루어질 수도 있다. 이러한 문제점을 보완하고자 현금의 유입과 유출에 관한 정보를 현금흐름표를 통하여 제공하고 있다.

지금까지 설명한 수익과 비용의 인식기준인 현금주의와 발생주의에 대한 종합적인 예를 들어 설명하면 다음과 같다.

예제 3-4 | 현금주의와 발생주의

세탁업을 하고 있는 (주)청결의 6월 중 거래 내용을 현금주의와 발생주의에 의해 각각 수익과 비용을 인식하여 당기순이익을 산출하면 그 결과는 다음과 같다. 여기서 현금주의에 따른 순이익은 현금흐름표상의 영업활동 현금흐름을 의미하며, 발생주의에 따른 순이익이 손익계산서상의 당기순이익을 말한다는 것을 기억하기 바란다.

6월 중 거래 내용	금 액	6월의 수익과 비용	
		현금주의	발생주의
1. 6월 중 현금매출액	₩300,000	₩300,000	₩300,000
2. 6월 중 외상매출액	600,000		600,000
3. 5월분 외상매출금 회수액	200,000	200,000	
4. 7월 매출분 선수액	100,000	100,000	
수 익 합 계		600,000	900,000
5. 6월 중 세탁용품 현금매입액	₩200,000	₩200,000	
6. 6월 중 세탁용품 사용액	150,000		₩150,000
7. 5,6,7,8월분 보험료 ₩200,000지급	200,000	200,000	50,000
비 용 합 계		400,000	200,000
당 기 순 이 익		₩200,000	₩700,000

4) 공시기준 : 완전공시

公示基準은 정보량을 재무제표에 어느 정도 반영·보고할 것인가의 문제로, 일반적으로 인정된 회계원칙에서는 완전공시를 수용하고 있다. 完全公示(full disclosure)란 정보이용자들의 의사결정에 목적적합한 기업의 모든 경제적 사건에 대한 정보는 빠짐없이 재무제표에 반영·보고하자는 것이다.

완전공시의 이론적 근거는 목적적합성과 충실한 표현(표현의 충실성)으로, 목적적합한 정보라면 공개 여부 결정시 아무런 편의(bias)없이 양적으로 충분히 공시하여야 한다.

참고 회계정보의 보고형태

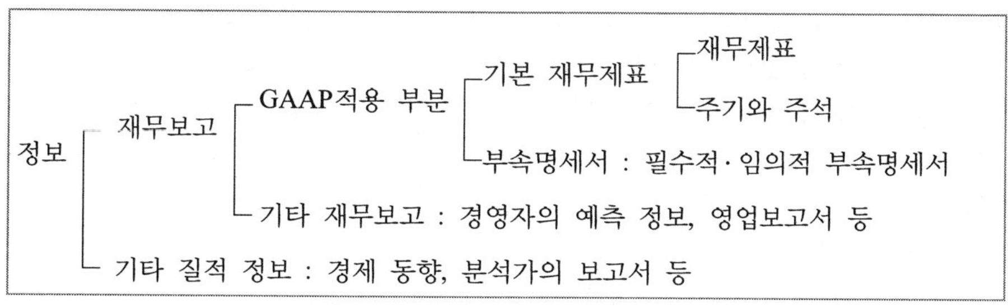

연습문제

3-1 객관식문제

01 재무보고는 현재 및 잠재적 투자자, 채권자, 기타의 정보이용자가 배당금과 이자 등으로 미래에 받게 될 현금수입의 금액·시기 및 그 불확실성의 정도를 평가하는데 도움이 되는 정보를 제공하는 것을 목적으로 하고 있다'라는 재무보고의 목적은 다음 어느 측면을 강조하고 있는가?

① 이익흐름을 예측할 수 있는 정보 제공
② 단기지급능력에 관한 정보 제공
③ 미래의 현금흐름을 평가할 수 있는 정보 제공
④ 장기적 수익창출능력에 관한 정보 제공

02 다음 중 회계기준에서 정하고 있는 재무제표의 종류는?

① 손익계산서, 재무상태표, 자동변동표
② 손익계산서, 재무상태표, 이익잉여금처분계산서
③ 손익계산서, 재무상태표, 자동변동표, 이익잉여금처분계산서, 현금흐름표, 주석
④ 손익계산서, 재무상태표, 이익잉여금처분계산서, 현금흐름표, 부속명세서

03 재무제표에 반영된 정보의 유형이 다른 것은?

① 재무상태표 ② 손익계산서 ③ 자동변동표 ④ 현금흐름표

04 다음 회계원칙에 대한 설명 중 틀린 것은?

① 회계원칙은 회계처리과정에서 준수하여야 할 준거지침이다.
② 회계원칙은 일반적으로 인정된 회계원칙을 말한다.
③ 회계원칙에는 규범적 회계원칙과 기술적 회계원칙이 있다.
④ 회계원칙의 대표적인 제정방법은 연역적 방법과 귀납적 방법이다.

05 일반적으로 인정된 회계원칙의 특징에 해당하지 않는 것은?

① 영구불변성 ② 회계실무의 준거지침
③ 이해집단간의 합의 ④ 실무에서의 사용가능성

06 회계공준의 일반적 성격을 잘 나타내지 못하고 있는 내용은?

① 직접적으로 검증될 수 없는 가설 ② 추론의 기초
③ 명백한 사실 ④ 이론구조를 수립하는 토대

07 일정한 목표에 따라 경제활동을 하고 있는 특정한 경제적 단위로서 회계의 이해관심의 영역을 나타내는 개념은?

① 회계실체공준 ② 계속기업공준
③ 화폐평가공준 ④ 회계기간공준

08 다음 중 재무제표에 반영시켜야 할 정보의 범위를 한정시켜 주는 공준은?

① 회계실체공준 ② 계속기업공준
③ 화폐평가공준 ④ 회계기간공준

09 기업은 일정시점을 택하여 재무제표를 작성한다. 이와 관련된 회계개념은?

① 적시성 ② 검증가능성
③ 실체의 공준 ④ 회계기간의 공준

10 화폐가치 불변의 가정과 가장 관계가 깊은 개념은?

① 원가주의 ② 시가주의
③ 저가주의 ④ 미실현수익

11 회계정보의 유용성을 증대시키기 위한 가장 기본이 되는 질적 특성은?

① 비교가능성 ② 검증가능성
③ 중요성 ④ 경제성
⑤ 이해가능성

12 다음 중 목적적합성과 관련이 없는 것은?

① 중요성 ② 예측가치
③ 확인가치 ④ 완전성

13 다음 중에서 회계정보의 적시성과 가장 밀접한 공시수단은 어느 것인가?

① 인적 자원회계정보 ② 부문별 재무제표
③ 중간재무제표 ④ 사회회계정보

14 취득원가는 외부보고를 위한 재무제표의 작성에 필요할 뿐만 아니라 세무보고를 위해서도 유용한 정보라고 할 수 있다. 그러나 건물소유주가 건물을 처분하거나 화재로 인한 보험보상액을 청구하기 위한 보험계산에는 취득원가 대신 순실현가능가치가 보다 적절하다고 생각되는데, 이때 적용되는 회계정보의 질적 특성은?

① 비교가능성 ② 객관성
③ 목적적합성 ④ 실용성

15 다음 중 재무제표의 질적 특성인 충실한 표현과 관련이 없는 것은?

① 완전성 ② 적시성
③ 무오류 ④ 중립성

16 역사적 원가의 장점으로 볼 수 있는 회계정보의 질적 특성은?

① 적시성 ② 비교가능성
③ 중요성 ④ 확인가치
⑤ 검증가능성

17 회계에 있어서 계속성의 원칙이 권장되는 이유를 바르게 묶은 것은?

a. 정보의 비교가능성을 제고한다. b. 회계수치의 조작을 억제한다. c. 경제적 실질내용을 적절히 반영한다. d. 미실현이익의 계상을 방지한다.

① a, c, d ② b, d ③ a, d ④ a, b ⑤ a

18 측정기준으로서 역사적 원가와 시가가 지니는 회계정보의 질적 특성간의 상충관계를 가장 잘 설명한 것은?

① 충실한 표현과 목적적합성 ② 목적적합성과 이해가능성
③ 비교가능성과 충실한 표현 ④ 목적적합성과 비교가능성

19 다음 중 목적적합성과 충실한 표현에 대한 제약요인은?

① 적시성 ② 중요성
③ 질적 특성간의 균형 ④ 효익과 비용간의 균형

20 다음 중 국제회계기준에서 정하고 있는 재무제표의 기본가정은?

① 발생주의와 기간별보고 ② 계속기업
③ 기업실체와 기간별보고 ④ 기업실체와 계속기업

21 발생주의에 대한 설명 중 틀린 것은?

① 적정한 경영성과를 반영한다.
② 객관적인 측정이 이루어진다.
③ 미래현금흐름의 창출 능력을 평가하는데 유용하다.
④ 일반적으로 인정된 회계원칙에서 사용되고 있다.
⑤ 수익은 실현주의, 비용은 대응의 원칙이 적용된다.

22 완전한 재무제표가 되기 위해서는 다음 중 어느 것이 재무제표에 포함되어 공시되어야 하는가?

① 감사보고서　　② 미래예측정보
③ 주석　　④ 재무비율자료

23 국제회계기준위원회가 추구하는 목적은 다음 중 어느 것인가?

① 다국적 기업의 재무 회계 및 보고를 규제하는 강제적인 기준 제정
② 전 세계의 기업들이 재무거래를 측정할 수 있는 단일 통화 개발
③ 전 세계의 모든 기업들이 사용할 수 있는 통일적인 회계기준 제정
④ 감사인과 국제 기업 간의 회계처리 논쟁에 대한 중재

3-2 **나경영씨는 20×3년 1월 1일에 회사를 설립하였다. 12월 31일에 나씨는 다음과 같이 재무상태표를 작성하였다.**

재무상태표

(주)세계로　　20×3년 12월 31일 현재　　(단위 : 천원)

자산	금액	부채·자본	금액
현 금	300,000	매 입 채 무	400,000
매 출 채 권	500,000	단 기 차 입 금	150,000
재 고 자 산	200,000	장 기 차 입 금	100,000
선 박	150,000	자 본	115,000

나씨는 회계지식이 부족함을 시인하면서 나씨가 작성한 대차대조표에 오류가 있을 거라고 했다. 그가 당신에게 제공한 추가정보는 다음과 같다.

(1) 선박은 나씨의 개인용 유람선이다. 그러나 고객을 승선시키는 경우가 있었기 때문에 회사의 자산에다 계상시켰으며, 동시에 유람선을 구입하기 위해 은행에서 대출받은 개인 부채를 회사의 부채로 계상시켰다.
(2) 재고자산은 원래 ₩100,000에 매입한 것인데, 이 제품에 대한 폭발적인 수요로 인해 현재 ₩200,000에 판매가 가능한 상황이다. 그래서 재고자산을 ₩200,000으로 나타내는 것이 합리적이라 판단되어 그렇게 계상하였다.
(3) 매출채권잔액에는 나씨가 3년 전에 동생에게 빌려준 돈 ₩50,000이 포함되어 있다. 나씨는 동생으로 받을 돈이 있다는 사실을 기억하기 위해서 이 금액을 매출채권에 포함시켰다.

물음 (1) 위의 3항목에 대한 처리의 적절성에 대해 논평하시오.
(2) 이 회사의 올바른 재무상태표를 작성하시오.

3-3 (주)희망은 20×2년에 김정보씨에 의해서 설립되었다. 김씨는 사장이자 주주이다. 20×3년 12월 31일 김씨는 손익계산서를 작성하기로 하였다. 김씨는 회계학을 전공하지는 않았지만 다른 회사의 재무제표를 참고하면서 손익계산서를 충분히 작성할 수 있을 것으로 생각하고 다음과 같이 손익계산서를 완성하였다.

손익계산서

(주)희망	20×3.1.1~20×3.12.31	(단위: 원)
외상매출금		200,000
매출		600,000
급여		100,000
임차료		200,000
보험료		30,000
휴가비		20,000
당기순이익		450,000

회계학을 전공하고 있는 당신에게 손익계산서가 제대로 작성되었는 지를 보아달라고 부탁하면서 다음과 같은 내용을 알려주었다.

(1) 매출에 계상된 금액 중에 ₩50,000은 작년도 분으로서 실수로 작년에 계상하지 못한 부분인데 이번 연도에 포함시킨 것이다.

(2) 김씨가 사용하는 건물의 소유주는 김씨의 아버지이다. 그래서 임차료를 부담하지 않고 공짜로 사용하고 있다. 그러나 주변 건물의 임차료가 ₩200,000이기 때문에 손익계산서에 계상하는 것이 타당하다는 판단이 들어서 김씨는 손익계산서에 포함시켰다.

(3) 김씨는 1년 동안 여가도 즐기지 못한 째 일에만 전념했기 때문에 연말에 하와이에 가서 휴식을 취하였다. 여행경비로 회사돈을 사용하지는 않았지만 휴식이 그의 업무를 위해서 필요한 것이라는 생각 때문에 손익계산서에 포함시켰다.

물음 (1) 김씨가 행한 3가지 회계처리가 적절한지에 대해 논평하시오.
(2) 올바른 손익계산서를 작성하시오.

3-4 이재왕 씨는 슈퍼마켓을 운영하고 있다. 그는 최근에 점포를 확장하는데 필요한 자금을 대출받기 위해 그가 작성한 다음과 같은 재무상태표를 은행에 제출하였다.

재무상태표

재왕수퍼 (단위 : 천원)

현금예금	5,500	매입채무	7,700
매출채권	9,000	미지급금(가족용 차량)	4,500
재고자산	30,000	미지급금(주거건물)	110,000
설비자산	22,000	자 본 금	105,000
주거용건물	150,000		
점포용소모품	2,700		
가족용차량	8,000		
	227,200		227,200

이와 함께 이씨는 다음과 같은 정보를 제공하였다.

(1) 재고자산은 원래 구입시의 가격 즉, 원가로 계산하면 ₩25,000,000인데, 재무상태표 작성 시점의 구입원가로 재계산해서 재무상태표에 계상해 놓았다.

(2) 재무상태표상의 현금예금 가운데 ₩2,500,000은 이씨 명의의 은행계좌에 있는 잔액이며, 나머지 금액만이 점포명의의 은행계좌에 있는 잔액이다.

(3) 점포에는 최근에 ₩10,000,000에 구입한 운반용 트럭이 있다. 이 트럭은 은행의 대출을 받아서 구입한 것이며, 은행에 담보로 제공되어 있다. 지금까지 상환된 대출금은 ₩2,000,000이다. 이씨는 대출금을 전액 상환하지 않았기 때문에 재무상태표상에 이 트럭을 계상하지 않았다.

물음 (1) 재무상태표상의 오류를 지적하고 그것이 왜 잘못된 것인지 설명하시오.
(2) 점포의 올바른 재무상태표를 작성하시오.

3-5 김수선 씨는 건물을 임대해서 카센타를 열었다. 그는 먼저 자신의 통장에서 예금을 인출해서 건물주인에게 1개월분 임대료 ₩300,000과 임대보증금 ₩1,000,000을 지급하였다. 그리고 카센타 운영을 위해 ₩7,500,000에 구입해서 집에 보관 중이던 수선기계를 가계로 운반해 왔다. 그는 새로운 수선기계를 추가로 구입했다. ₩5,000,000이 정가인데 할인받아서 ₩4,200,000에 개인신용카드로 구입했다. 김사장은 첫 번째 고객으로부터 수선료 ₩400,000을 수령하여 회사명의로 예금계좌를 개설하였다. 그 후 두 번째 고객에게 수선을 해주었으나 그 대금은 아직 받지 못한 상태이다. 한 달 후 김사장은 다음과 같이 재무상태표와 손익계산서를 작성하였다.

재무상태표

현금예금	400,000	자본금	540,000
기계장치	5,000,000		
합계	5,400,000	합계	5,400,000

손익계산서

매 출 액		2,900,000
임 차 료	300,000	
기 계 장 치	4,200,000	4,500,000
당기순손실		(1,600,000)

김 사장은 다음 달부터는 기계장치와 같은 거액의 비용이 계상되지 않기 때문에 큰 폭의 이익이 발생될 것으로 기대하고 있다.

물음 김 사장이 재무제표 작성시 위배한 회계 기초개념을 지적하고 알맞은 처리방법을 설명하시오. 그리고 정확한 재무상태표와 손익계산서를 작성하시오.

3-6 (주)소망은 10년 전에 토지를 ₩9,000,000에 구입하였으며, 지금까지 보유하고 있다. 20×3년에 공장을 확장하기 위하여 ₩9,000,000의 다른 토지를 구입하였다. 10년 전에 비해 20×3년의 물가는 100% 상승하였다.

물음 (1) (주)소망의 20×3년 12월 31일 현재 재무상태표상의 토지계정에는 얼마의 금액으로 계상되는가?

(2) (주)소망은 각각의 토지를 구입하는데 ₩9,000,000을 지급하였다. 10년 전부터 가지고 있던 현금 ₩9,000,000으로 20×3년도에 재화나 용역을 구입한다면 10년 전에 구입한 재화나 용역의 가치와 동일하겠는가?

3-7 (주)꿈과 사랑의 20×3년도 손익계산서는 다음과 같다.

손익계산서

(주)꿈과 사랑		20×3. 1. 1~ 12. 31
수 익		
현금매출액	₩ 1,600,000	
외상매출액	2,400,000	
수익합계		₩ 4,000,000
비 용		
매출원가	₩ 1,100,000	
급 여	600,000	
광 고 비	500,000	
임 차 료	300,000	
소모품비	100,000	
비용합계		₩ 3,400,000
법인세비용차감전		
순 이 익		600,000
법인세비용		50,000
당기순이익		₩550,000

물음 마케팅 담당이사인 왕판매씨는 회계에 대해서 아는 바가 거의 없다. 그는 회계담당자인 당신에게 다음과 같은 질문을 했다. 그의 질문에 간단하게 답변하시오.

(1) 외상매출액 중에는 내년까지도 회수되지 않은 것이 있는데, 왜 그것이 금년도 손익계산서에 계상이 되어 있습니까?

(2) 광고비의 대부분은 금년 말의 판매촉진활동과 관련된 것으로서 20×4년 1월까지도 광고회사에 지급한 바가 없는데 왜 금년도 손익계산서에 계상되어 있습니까?

(3) 금년 말에 회사가 신형 컴퓨터를 100대 구입하였는데, 왜 이 거래가 손익계산서에 나타나 있지 않습니까?

(4) 이사들은 회사가 ₩100,000 현금배당한 것을 알고 있는데 이 금액이 왜 손익계산서에 나타나 있지 않습니까?

3-8 한수선씨는 20×3년에 선박수리를 전문으로 소규모의 선박수선회사를 창업하고 영업을 개시하였다. 한씨는 은행으로부터 ₩100,000을 차입해서 겨울철 수선시 사용할 건물을 신축할려고 한다. 연말에 보관하고 있는 자료로부터 다음과 같이 회계자료를 작성하였다.

손익계산서

용역매출대금회수액	₩55,000	
배당금수취액	10,000	₩65,000
영업비지급액	22,000	
현금도난액	500	
기계장치구입액	1,000	
소모품구입액	3,200	26,700
당기순이익		₩38,300

연말 현재 자산 명세서

현금예금	₩29,300
건물(현행판매가치)	32,000
기계장치	18,000
토지(현행판매가치)	30,000
에이스선박회사주식	130,000
개인소유차량	5,000
자산총계	₩244,300

다음은 추가적으로 밝혀진 자료이다.

(1) 한수선씨는 회사를 설립하면서 다음과 같은 자산을 출자한 대가로 주식 1,000주를 교부받았다.
건물 ₩21,000 토지 ₩20,000 기계장치 ₩17,000 현금 ₩1,000

(2) 20×3년도의 선박수선으로 인한 용역매출액은 ₩87,000이 발생되었다. 현금회수분 중 ₩20,000은 20×4년도에 수선이 이루어질 부분에 대한 것으로 고객으로부터 계약금조로 미리 받은 금액이다.

(3) 배당금 수취액은 6년 전 한수선씨가 구입한 에이스선박회사 주식에서 발생한 것이다.

(4) 20×3년도에 발생한 영업비용은 ₩61,000이다.

(5) 20×3년도말 현재 미사용 소모품은 ₩700이다.

물음 (1) 한수선씨가 작성한 손익계산서는 어떤 기준에 입각해서 작성된 것인지를 설명하시오. 그리고 현행 회계기준에 비추어서 적절한지 논평하시오.

(2) 위의 자료를 가지고 발생주의에 따른 손익계산서와 재무상태표를 작성하시오.

(3) 위의 자료를 가지고 현금흐름표를 작성하시오.

(4) 위의 자료를 토대로 대출여부에 관한 당신의 생각을 기술하시오.

3-9 **당신은 다음 2회사 중 한 회사에 투자를 하려고 한다. 의사결정을 위해 당신은 두 회사의 미래 이익과 미래 현금흐름을 추정하고자 한다. 다음 정보는 회사로부터 제공된 것이다.**

손익계산서(하늘)		손익계산서(바다)	
매 출	₩15,000	현금수입	
매출원가와 판관비	(10,000)	매출대금회수액	₩18,000
영업이익	5,000	건물처분대금	45,000
유형자산처분이익	10,000	이자수익	1,000
이자수익	2,000	수입합계	64,000
당기순이익	₩17,000	현금지출	
		매입대금 및 비용지급	₩8,000
		차량운반구 구입	30,000
		배당금 지급	5,000
		지출 합계	43,000
		순현금흐름	₩21,000

하늘은 발생주의에 입각해서 이익이 측정된 반면에, 바다는 현금주의에 입각해서 이익이 측정된 것을 알 수 있다. 두 회사의 손익계산서에 나타난 측정치간의 차이점을 확인하고 기술하시오. 그리고 이 차이가 두 회사간의 비교에 어떤 영향을 끼치는지에 대해서도 기술하시오.

3-10 **다음은 돌풍회사의 4월 한 달동안의 현금 수입과 지출에 관한 자료이다.**

매출대금회수액	₩364,000
매입대금 지급액	185,000
급여 지급액	90,000
차량 매각대금	28,500
보험료 지급액	30,000
법인세비용 지급액	37,000

4월의 회계기록을 검토한 당신은 다음과 같은 사항을 발견하였다.

(1) 4월에 수취한 매출대금 중에는 3월분 매출대금 ₩26,000이 포함되어 있다. 4월 중의 외상 매출분 ₩47,000은 5월에 회수될 것이다.

(2) 4월에 지급한 매입대금에는 4월 매입분으로서 4월말 현재 판매되지 않은 ₩21,000이 포함되어 있다. 3월에 지급한 매입대금에는 4월에 판매된 상품매입대금 ₩17,000이 포함되어 있다.

(3) 4월에 지급된 급여에는 3월분 미지급 급여 ₩9,000이 포함되어 있다. 4월말 현재 미지급 급여는 ₩13,000이 있다.

(4) 4월에 매각된 차량의 장부가액(취득원가에서 감가상각누계액을 차감시킨 잔액을 의미함)은 ₩16,500이다.

(5) 4월 1일에 납부한 보험료는 1달분이다.

물음 이 회사의 4월분 손익계산서를 작성하시오

3-11 다음은 (주)날아라 항공의 손익계산서이다. 손익계산서상의 연료비에 계상된 금액 중 ₩1,000,000어치는 실제로 연료탱크 안에 저장되어 있다고 가정하자.

손익계산서

(주)날아라항공	20×3. 1. 1~12. 31	(단위 : 천원)
영업수익		₩1,000,000
영업비		910,000
영업이익		90,000
영업외수익		40,000
영업외비용		(20,000)
법인세비용차감전순이익		110,000
법인세 비용		22,000
당기순이익		88,000

물음 이 회사의 연료 미사용분 ₩1,000,000을 연료비로 처리한 것은 재무제표에 영향을 미치는 중대한 오류라고 생각되는가? 당신의 의견을 타당한 근거를 들어 설명하시오.

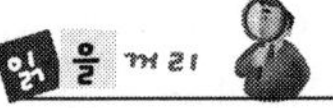 1

뉴욕증권시장의 붕괴와 경제대공황은 기업회계기준의 제정을 앞당기는 기폭제였다.

제1차 세계대전을 겪고 난 후 1920년대의 미국경제는 각종 산업분야에서 괄목할만한 발전이 이루어졌으며 이에 따라 증권시장은 대호황을 누리게 되었다. 이와 같이 증권시장이 대호황을 맞게 된 배경으로는 다음과 같은 이유가 있었다.

첫째는 당시 대부분의 기업이 계속된 이익의 증가를 발생시키고 있었다는 점이다. 1929년에 있어서의 이익은 1920년의 이익과 비교해서 평균 3배 정도 늘어났을 정도였다.

둘째는 은행 및 증권브로커들이 주식의 잠재구매력을 가진 사람들에게 막대한 자금을 대여하여 주식을 구매하도록 부추겼다는 점이다. 이에 따라 이 당시 주식투자자의 수가 무려 150만명에 달할 정도였다 한다.

셋째는 당시에 누구라도 주식투자만 하면 떼돈을 벌어 벼락부자가 될 수 있다는 분위기가 팽배하고 있었다는 점을 들 수 있다.

이런 상황에서 주식가격은 확실한 근거없이 떠도는 그릇된 루머에 따라 춤을 추면서 폭등세를 보이면서 호경기는 계속 이어졌다. 이에 따라 주식시장은 투기장으로 바뀌었으며, 여기다가 설상가상으로 과소비와 부동산투기까지 겹쳐서 물가는 천정을 모르고 치솟았다. 이러한 상황이 벌어짐에 따라 일반대중은 투기열풍에 휘말려서 신용거래에 의한 투기적 주식매매에 빠져들어 갔다.

이러한 분위기 속에서 1929년 10월 24일 마침내 주가가 폭락하는 조짐을 보이다가 10월 29일에 가서는 증권시장이 붕괴되는 극적인 사건이 뉴욕증권시장에서 발생하고야 말았다. 이 날에는 개장 30분만에 300만주 그리고 폐장 때까지 거의 1,600만주를 상회하는 막대한 매물이 일시에 쏟아졌고 주가는 대폭락을 하게 되었다는 것이다.

이로 인해 주식투자자들은 막대한 손실을 입게 되었다. 1929년에 최고 570달러로 거래되었던 Radio Corporation of America의 주식은 1932년에 와서는 2.50달러까지 떨어졌을 정도라니 그 손해를 짐작하고도 남는다. 일은 여기서 그치지 않았다. 문을 닫는 회사가 속출하고 실업자가 거리에 넘쳐나게 되었다. 경제대공황이 시작된 것이다. 이와 같은 경제상황 아래에서 일반대중이 입은 경제적 타격은 이루 말할 수 없을 정도여서 그 고통은 여간 심각한 것이 아니었다.

1920년대의 회계는 아무런 규제나 제약을 받지 않고 회계실무를 수행하는 무법의 시대였다. 이러한 상황에서 다양한 회계처리방법이 사용되게 되었으며 특정기업이 채택한 회계실무와 절차는 대외비로 취급하여 외부에 알려지지 않음에 따라 애초부터 재무제표의 통일과 표준화는 기대할 수 없었다. 또한 기업의 경영자는 일반투자대중에 대한 회계공시에 대해 중요하게 생각하지도 않았고 일반대중 역시 이에 관심을 가지지도 않았다.

재무보고는 그 당시 주된 이용자인 은행과 채권자에 대해 이루어졌으며, 이들이 설정한 회계실무가 유일한 회계실무상의 지침이었을 정도였다. 이 당시 기업들은 무액면주식과 비유동자산의 재평가를 통해 잉여금을 창출시켜서 배당가능이익에 포함시키는 등 가공이익의 계상을 통해 주가상승을 부채질하고 주식투기를 조장하기 위한 자의적인 잘못된 회계실무가 난무하였다고 한다. 따라서 다양한 회계실무와 이의 오용(誤用) 또는 남용(濫用)은 증권시장 붕괴의 한 원인이 되었던 것이다.

이에 따라 증권시장의 붕괴와 경제대공황은 재무제표의 통일과 표준화의 필요성을 절감시켰으며, 일반적으로 인정된 회계원칙의 제정에 국가의 개입을 불러오는 직접적인 원인이 되었던 것이다.

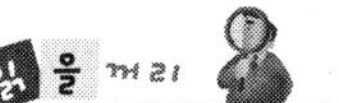

2

코카콜라 상표가치 100조 원 세계최고

전 세계에서 상표(브랜드) 가치가 가장 높은 상품은 코카 콜라로 무려 838억 달러(약 100조 원)에 달하는 것으로 평가됐다. 마이크로 소프트(MS)와 IBM의 상표가치는 각각 567억 달러와 438억 달러로 2,3위를 차지해 컴퓨터 관련업체들이 상표가치에 있어 선두로 급부상하고 있는 것으로 나타났다.

국제적인 브랜드 컨설팅업체인 인터브랜드사(社)는 최근 세계 주요 2000여개 상표들의 시장가치를 조사해 상표가치가 10억 달러가 넘는 상위 60개를 발표했다고 파이낸셜 타임스가 22일 이를 인용 보도했다.

상표가치는 기업의 특허권 등 지적재산권과는 별개로 평가되며 향후 기업의 현금흐름을 어느 정도 증가시키는 여력이 있는가를 종합해 계산된다. 인터브랜드는 시장점유율, 소비자의 상표인지도, 가격 결정능력, 매출 과 순익추이, 광고규모 및 법적 보호여부 등을 기준으로 상표가치를 평가했다.

인터브랜드는 이번 조사가 최근 유럽에서의 코카콜라 오염파동 이전에 이루어진 것으로 코카콜라의 브랜드 가치가 조사이후 어느 정도 훼손됐을 가능성도 있다고 밝혔다. 그러나 인터브랜드 런던사무소의 레이몬드 페리어 이사는 “113년 전통에 200여개국 이상에서 팔리고 있는 코카콜라 브랜드가 엄청나게 훼손됐다고 볼 수는 없다"고 밝혀 코카콜라가 여전히 부동의 1위일 가능성을 시사했다. 이번 발표대로라면 코카콜라의 상표가치는 이 회사 주식 싯가총액의 60%에 달하며 공장 등 전체 유형자산의 15배에 달한다.

이번 평가에서는 MS와 IBM 및 인텔(7위, 300억 달러)에 이어 인터넷 업체들의 약진이 두드러졌다. 아메리카 온라인(35위, 43억 달러), 야후(53위, 18억 달러), 아마존(57위, 14억 달러) 등이 상위 대열에 합류했다.

업종별로는 맥도널드(8위, 262억 달러) 등 소비자 접촉도가 높은 식음료 상표가 15개로 가장 많았다. 컴퓨터 및 통신은 12개, 자동차는 6개로 다음을 차지했다.

상위 60개 상표중 미국계는 최상위 10개를 포함해 무려 38개로 나타났다. 이는 미국기업들이 전통적으로 브랜드의 세계화에 주력해온 결과를 여실히 드러내는 것. 독일계는 4개, 일본과 영국계는 각각 3개를 차지했다.

이번 조사에서는 청바지의 리바이스나 케이블 TV인 CNN, 비자와 마스터카드 등 유명 상표들이 해당 업체의 정보미공개 등으로 포함되지 않아 한계를 드러냈다.

－한국경제 1999년 6월 25일－

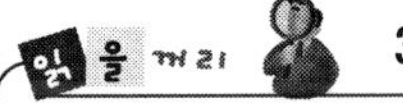

3

CEO 가치 사례분석

CEO(최고경영자)는 Chief Executive Officer의 영문 머리글자다. CEO는 전사 차원의 경영전략을 짜고, 구조조정을 총괄지휘하며, 기업의 미래를 제시한다. 한마디로 기업의 현재 전략과 미래 비전을 모두 책임지는 존재다.

CEO의 밑에 기업의 운영만을 담당하는 COO, 재무 및 주가관리 책임자인 CFO, 정보기술관리를 맡는 CIO 등도 있다.

CEO에게도 고유한 "가치"가 있다. CEO가 기업내에서 창출한 가치가 바로 그것이다. CEO의 가치를 정확히 수량화하기는 힘들지만 시장가치를 토대로 추정하는 것은 가능하다. 우선 인력시장에 나온 CEO를 대상으로 가치를 평가할 수 있다. CEO의 연봉이나 스카웃비용 등 이른바 "몸값"이 CEO의 시장가치가 된다.

간접적으로 주식시장을 통해 CEO의 가치를 산출해낼 수도 있다. 즉 특정 CEO가 기업에 투입되면 해당 기업의 성과와 시장가치가 높아지거나 낮아질 것이라는 기대감 때문에 기업의 주가는 변동한다. 주가가 오르면 CEO는 그만큼의 가치를 지닌 것으로 평가된다. 만약 주가가 내리면 내린 만큼의 마이너스 가치를 가진 것으로 볼 수 있다.

모토로라의 CEO였던 조지 피셔의 경우 코닥으로 스카우트됨과 동시에 코닥의 주가가 57.3달러에서 62.25달러로 수직 상승했다. CE0 개인의 가치가 코닥의 시장가치를 10% 가까이 올린 것이다. 루슨트 테크놀로지의 CEO였던 칼라 피오리나는 휴렛팩커드 CEO로 취임한다는 발표만으로 휴렛팩커드의 주가를 1.9% 상승시켰다. 이같은 시장가치에 기초해 CEO도 브랜드가치를 가질 수 있다.

상품의 "브랜드가치"란 특정상품이 소비자에게 알려지지 않은 동일한 품질의 상품과 비교해 창출할 수 있는 미래수익이다. 마찬가지로 CEO 브랜드가치는 동일한 능력을 가졌지만 이름이 알려지지 않는 CEO 가치와의 차이로 나타난다. CEO가 탁월한 성과를 내거나 위기에 처한 기업을 구했을 경우 CEO의 브랜드가치는 극대화된다. 역으로 CEO가 자신의 브랜드가치를 높이기 위해 자기 PR 등을 펴기도 한다.

미국의 한 증권회사 설문조사에 따르면 투자자의 77%는 CEO의 이름을 보고 투자대상회사를 선택한다. 또 기관투자가들도 투자대상회사를 평가할 때 CEO 등 무형적인 요소에 35%의 가중치를 둔다.

따라서 CEO가 새로 취임한다는 사실이 발표될 때 해당 회사의 주가가 상승한다면 CEO는 그만큼의 브랜드가치를 보유한 것으로 추정 가능하다.

이같은 주가상승은 신임 CEO 때문에 추가로 발생할 것으로 기대되는 미래수익이 반영된 때문이다. 역으로 경영에 실패했거나 무능한 것으로 판명된 CEO의 경우 회사를 떠난다는 사실만으로 회사의 주가가 상승한다.

GM의 밥 스템벨이나 K마트의 조 안토니니 등은 후계자가 없는 상태에서 축출됐으나 기업의 주가는 오히려 상승했다.

－한국경제 1999년 10월 20일－

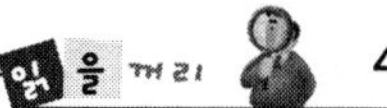

4

CEO는 살아있는 브랜드(삼성경제연구보고서)

"최고경영자(CEO)도 브랜드다. 회사를 잘되게 하려면 CEO의 브랜드 가치를 높여라". 외환위기 이후 국내에서도 CEO의 역할이 점점 커지면서 CEO가 상품이나 기업 브랜드와 마찬가지로 수익성과 주가에 큰 영향을 주고 있다.

주택은행장에 김정태씨가 영입되면서 주가가 큰 폭으로 올랐다든지 벤처캐피탈이 벤처기업 투자를 결정하는데 CEO 됨됨이를 가장 먼저 본다든지 하는 것이 대표적 사례다. 미국 GE사의 잭 웰치 회장은 잭 웰치라는 이름만으로 수십억달러를 쏟아부어야 가능한 회사홍보를 돈 한푼 안들이고 하고 있다. CEO 자체가 살아있는 브랜드로 회사경영에 큰 영향을 미치고 있는 셈이다.

삼성경제연구소는 28일「기업 CEO의 가치와 브랜드화」라는 보고서를 통해 미국기업의 CEO 브랜드화 과정을 분석하고 국내기업에 대한 시사점을 소개했다.

➢ CEO브랜드 가치제고 전략=미국의 경우 CEO는 경력축적(20대 후반~30대 중반), 업적달성(30대 후반~40대 중반), 브랜드 획득(40대 후반~50대 초반), 브랜드 관리(50대 후반) 등의 과정을 거치며 스타 브랜드로 부상한다.

경력축적 과정은 사회인으로 자신을 만들어 가는 시기다. 컨설팅회사에서 출발하는 것도 좋은 방법이며 경영학석사(MBA) 코스를 마치는 것이 유리하다. 일단 첫 직장을 선택하면 "대박"을 터트려야 한다. 성공사례는 CEO로 오른 후 신화화돼 브랜드 가치를 높이는데 기여한다.

업적달성 과정은 중간관리직으로 능력을 발휘하는 시기다. 새로운 업무처리 방식을 개발하고 추진하는 것도 향후 CEO 브랜드가 될 수 있는 지름길이다. 모토롤라 생산담당 임원이었던 조지 피셔는 "6시그마 운동"으로 자기이름을 브랜드화 하는데 성공했다. 에피소드를 만들어 자신의 트레이드 마크로 만드는 것도 좋은 방법이다. 일본 게임기업체인 세가의 유가와 전무는 스스로를 상무로 강등시키고 "소니보다 재미없는 제품을 만들어 죄송하다"라는 광고에 출연, 일약 간판스타로 부상했다. 또 앤더슨 컨설팅의 조지 샤힌은 신혼여행지에서 신부에게 40쪽에 달하는 컨설팅 보고서를 타이핑시킨 것으로 유명하다.

CEO가 하나의 브랜드로 되는 것은 CEO자리에 오르는 것만으로 이뤄지는 것이 아니다. 전임 CEO와 차별화될 수 있는 요소를 만들어야 한다. 자신만의 경영철학을 갖고 이를 조직내에 전파해야 한다. IBM의 거스너회장은 CEO 취임직후부터 파란 티셔츠를 입고 다니면서 종업원들에 화이트칼라의 관료조직이 사라지고 위대한 블루칼라의 시대가 왔음을 각인시켰다.

일단 CEO브랜드로 되는데 성공했다면 관리를 해야한다. 브랜드 관리는 기업실적이 뒷받침돼야 한다. 경영성과가 나쁘면 언제라도 도태되는 게 프로의 세계이다.

➢ 국내기업 시사점=CEO 브랜드화 추세는 시대흐름이며 CEO 스스로 시장에서 자기가치를 평가받겠다는 발전적인 자세가 필요하다. 미래의 CEO는 열심히 경영하는 것 외에 제대로 경영하는 모습을 대내외에 홍보해야 하고 다양한 사람들과 네트워크를 구축해야 한다. 이와 함께 유능한 후계자를 키워야 한다.

GE의 잭 웰치 회장은 전임 CEO 존슨의 수년간에 걸친 후계자 양성 노력의 산물이었다.

[CEO를 브랜드화 하려면]

1. 빛나는 성공사례를 만들어라
2. 새로운 경영 스타일을 개발하라
3. 전임 CEO와 차별화하라
4. 에피소드를 만들어라
5. 창조적 열정을 발휘하라

－한국경제 1999년 7월 29일－

5

투자위험 줄이려면 기술수준도 파악해야

미래산업과 두루넷의 나스닥 상장으로 그렇지 않아도 상승세를 타던 코스닥시장의 종목들이 강세를 보이고 있다. 그 가운데는 기업가치와는 무관하게 급등한 종목들도 많다. 이같은 주가상승에 대해 해당사나 일부 분석가들은 나스닥시장의 주가수익비율(PER)이 높은 점을 이유로 삼고 있다.

물론 일부 코스닥종목 중에는 나름대로 수년간 높은 성장률을 보여 줬고 앞으로도 높은 성장률을 유지할 종목들이 많다. 아울러 20% 이상의 높은 매출액경상이익률을 유지하고 있는 종목들도 있다.

그러나 코스닥종목의 대부분은 나스닥시장의 PER를 목표로 주가를 예상하는 것이 큰 문제가 될 수도 있다. 나스닥시장의 종목들이 높은 PER를 보여준 것은 수익성이 높은 곳도 있지만 성장성이 무궁무진하다는 것이 더욱 큰 특징이라고 할 수 있다.

다시 말해 미국기업들은 어느 정도 경쟁력을 갖추면 기본적으로 2억 명이 넘는 거대시장을 대상으로 물건을 만들 수 있다. 뿐만 아니라 세계시장으로 진출하는데도 용이하다. 반면 한국 기업들은 1차적으로 4000만 명 짜리 시장을 목표로 활동을 해야 한다.

그 가운데 상당수는 대기업에 예속된 업체들이다. 기업이 성장할 수 있는 한계가 대기업의 결정 여하에 달려있는 경우가 많다. 국내 자동차산업이 급성장을 거듭했지만 자동차 부품업체들이 영세성을 면치 못하는 것이 좋은 본보기이다. 대우사태와 관련해 대우 계열사가 아니라고 발뺌하던 세계물산 신성통상 신한 등이 대우와 운명을 같이한 것도 하나의 사례가 될 것이다.

그런데도 많은 투자자들이 대기업의 한마디에 운명이 좌지우지될 수 있는 나약한 기업들에게 지나치게 후한 점수를 주고 있다. 재무제표만으로 문제 소지가 있는 기업을 가려내는데는 한계가 있다.

현행 회계기준은 관계사 거래내역은 밝히도록 하고 있으나 특정기업 거래비중에 대해선 별도의 언급을 하지 않고 있기 때문이다. 이같은 기업에 대한 투자위험을 줄이려면 해당사가 세계적 기술을 갖췄는가, 또는 적어도 국내에서 1등을 할 수 있을까를 우선 보아야 한다.

아울러 개별적 접근을 통해 특정기업 매출의존도 등을 점검해보는 자세도 요구된다.

-매일경제 1999년 11월 24일-

재무제표 분석과 활용의 이해

PART 2

CHAPTER

재무제표분석

기업과 이해관계를 갖고 있거나 갖고자 하는 많은 사람들이 기업에 대한 의사결정 시 기업이 보유하고 있는 자산의 가치는 얼마인가, 채무는 어느 정도인가, 이익은 어느 정도 창출하여 어느 정도 배당을 하고 있으며, 이익창출능력은 어떤 방향으로 얼마만큼 변할 것인가, 자원은 얼마나 효율적으로 사용하고 있는가, 또한 현금은 어떻게 조달하여 어디에 사용하였으며, 배당과 부채상환 및 신규투자에 필요한 재원은 어떻게 마련하였는가 등에 관한 정보를 필요로 한다. 이러한 정보욕구를 충족시키기 위하여 재무회계는 기업의 경제적 행위를 측정하여 재무제표인 재무상태표·손익계산서·자본변동표 및 현금흐름표를 작성·공시하고 있다.

따라서 정보이용자 입장에서는 기업이 공시한 재무제표를 분석하여 이를 의사결정에 활용할 수 있어야 하는데 본 장에서는 지금까지 부분적으로 언급한 재무제표의 활용방법을 보다 체계적이고 구체적으로 설명하고자 한다.

1. 재무제표분석의 의미와 목적

재무제표란 기업의 얼굴이라 할 수 있다. 기업이 설립되어 재무제표의 작성시점까지 수행한 경제적 행위의 재무적 결과와 경제적 행위의 발자취가 반영되어 작성되기 때문이다. 독자여러분이 기업의 경영자로서 신입사원을 채용한다고 하자.

신입사원의 채용시 무엇을 고려하여 채용여부를 결정할 것인가? 아마 면접을 하지 않고 신입사원을 채용하는 경영자는 없을 것이다. 그러면 면접과정에서 얻고자 하는 것은 무엇인가? 면접이라는 용어 자체에서 알 수 있듯이 일단 그 사람의 얼굴을 대하고 그 얼굴에서 그 사람이 살아온 발자취나 현재의 건강상태 및 성품 등을 파악하고자 할 것이다. 그리하여 첫 대면에서 받은 인상에 대한 주관적 판단이 옳은지를 확인하기 위하여 그 사람의 이력서나 자기소개서 등을 살펴보면서 관심사항에 대한 질문을 하게 된다. 이러한 여러 가지 사항을 종합하여 최종적으로 기업의 목적에 맞는 인물을 채용하게 될 것이다.

정보이용자의 입장에서 기업에 대한 평가도 마찬가지이다. 해당 기업의 지나온 발자취와 현재의 재무적 건실도 등을 기업의 얼굴인 재무제표를 통하여 확인·평가하고, 이를 토대로 앞으로 의사결정자가 원하는 바를 충족시켜줄 수 있을 것인지를 결정하게 된다. 이와 같이 재무제표를 통하여 해당 기업의 과거 발자취와 현재의 건강상태 등을 파악하여 앞으로 어떤 방향으로 얼마만큼 변할 것인가를 평가하는 과정이 바로 재무제표분석이다. 따라서 **財務諸表分析**(financial statement analysis)이란 재무제표를 통하여 기업의 과거 재무적 성과를 확인하고, 이를 토대로 미래의 재무적 전망을 평가하는 과정인 것이다.

그러면 정보이용자가 재무제표의 분석과정을 통하여 구체적으로 얻고자 하는 정보는 무엇인가? 당연히 정보이용자들의 관심사인 미래의 이익창출능력(**수익성**), 채무나 배당금의 지급능력(**유동성**), 장기적으로 정상적인 영업행위를 지속할 수 있는 능력(**안정성**), 부가가치 창출을 위해 한정된 자원을 효율적으로 운영할 수 있는 능력(**효율성**), 기업의 외형 및 수익력의 성장정도(**성장성**), 기업이 생산활동에 사용하고 있는 인적·물적자원의 능률과 업적의 정도(**생산성**) 등으로 집약할 수 있다. 따라서 재무제표분석의 목적은 당해 기업의 재무제표를 이용하여 과거의 수익성, 유동성, 안정성, 효율성, 성장성 및 생산성 정도를 평가하여, 이를 토대로 미래에 대한 재무적 전망을 하는 것이다.

과거의 재무제표분석은 기업의 전통적인 재무제표인 재무상태표와 손익계산서를 중심으로 이루어졌으나, 최근에는 물가가 상승하고 **흑자도산 기업**이 많아지면서 보다 신뢰성이 높은 현금흐름표의 중요성이 부각되고 있다.

2. 재무제표의 분석방법

재무제표는 기업의 경제적 행위에 대한 발자취와 이의 결과가 반영된 것이라 했다. 재무상태표에는 당해 기업의 현재까지의 경제적 행위에 대한 재무적 결과가 자산·부채·자본으로 요약되어 있으며, 손익계산서에는 당해 회계기간의 이익창출을 위한 발자취인 수익과 이득 및 비용과 손실이 요약되어 있다. 그리고 현금흐름표에는 당해 회계기간의 현금의 유입경로와 유출경로가 요약되어 있다. 따라서 이들 자료가 분석되지 않고 기업에 대한 경제적 의사결정, 즉 경영자의 경영의사결정이나 주식의 취득 및 처분 또는 금전의 대여 등에 대한 의사결정을 하는 경우 잘못된 결론을 이끌어낼 수도 있다.

그러면 재무제표를 어떻게 효과적으로 이용할 수 있을 것인가? 특정 회계기간의 각 재무제표의 구성항목 하나 하나를 분석하는 것은 아무런 의미가 없다. 왜냐하면 특정 회계기간에 대한 재무제표의 구성항목 하나 하나를 분석한다는 것은 마치 코끼리의 몸을 구성하고 있는 신체 일부를 살펴보는 것과 마찬가지로 코끼리의 현재 건강상태나 다른 코끼리에 대한 상대적 크기 등을 알 수 없기 때문이다. 코끼리의 현재의 건강상태와 상대적 크기는 해당 코끼리의 과거 병력이라든가 영양분의 섭취 정도 등 지나온 발자취를 분석하고, 아울러 다른 코끼리와의 비교를 통해서 비로소 파악할 수 있게 된다.

기업에 대한 평가도 마찬가지이다. 그리하여 해당기업의 과거로부터 현재까지의 발자취를 기간별로 비교·분석하게 되는데, 이를 **水平的 分析**(horizontal analysis) 또는 **趨勢分析**(trend analysis)이라 한다. 이와는 달리 한 회계기간의 재무정보만을 분석하는 방법을 **垂直的 分析**(vertical analysis) 또는 **靜態分析**(static analysis)이라 한다. 그리고 동종산업의 다른 기업이나 동종산업의 평균치와 비교하여 상대적 크기나 위치를 파악하기 위하여 이용하는 방법을 **産業間比較**라 한다.

이와 같이 재무제표를 효과적으로 활용하기 위해서는 해당 재무제표를 수평적 분석방법, 수직적 분석방법 및 산업간 비교방법을 이용하여 분석하여야 하는데, 이때 비교를 위해서는 어떤 자료를 이용할 것인가 하는 문제가 발생한다. 왜냐하면 이미 지적한 것처럼 각 재무제표의 구성항목의 절대금액을 단순 비교하여서는 의미가 없기 때문이다. 예를 들어, (주)기쁨의 20×3년도의 당기순이익이 ₩60억이라 했을 때 이것이 과연 양호한 것인가 아니면 그렇지 않은 것인가를 판단할 때 다음과 같이 세 가지 방법으로 나누어 비교할 수 있다.

1) 변동액과 변동률

(주)기쁨의 당기순이익은 20×1년도에 ₩25억, 20×2년도에 ₩40억이라 하자. 그러면 20×2년도에 당기순이익이 ₩40억이었으므로 20×3년도에는 당기순이익이 ₩20억이나 증가하여 이는 양호하다고 할 수 있는가? 물론 20×2년도에는 전년도에 비해 ₩15억의 이익이 증가하였으나 20×3년도에는 전년도에 비해 ₩20억의 이익이 증가하였으므로 양호하다고 할 수 있을 것이다. 그러나 이익의 증가율을 비교해 보자. 20×3년도에는 20×2년도의 이익에 비해 50%(=20억÷40억)가 증가하였으나 20×2년도에는 20×1년도에 비하여 60%(=15억÷25억)가 증가했으므로 오히려 20×2년도에 비해 증가율이 하락하였다. 이를 요약하면 다음 [표 4-1]과 같다.

[표 4-1] 이익증가액과 증가율

(주) 기쁨			(단위 : 억 원)
	20×1년	20×2년	20×3년
당 기 순 이 익	₩ 25	₩ 40	₩ 60
증 가 액		15	20
증 가 율		60%	50%

이와 같이 증가액만을 이용하여 재무분석을 하는 경우에는 오류를 범할 수 있다. 따라서 재무제표를 분석할 때는 변동액뿐만 아니라 변동률도 같이 분석하여야 보다 효과적이다.

2) 구성비율

構成比率(component ratio)이란 재무제표의 특정 항목을 100으로 하여 각 구성항목이 차지하는 비율을 의미한다. 예를 들면, 재무상태표에서 자산총액을 100으로 하고 유동자산이나 설비자산 등이 각각 차지하는 비율이라든가, 또는 손익계산서에서 매출액을 100으로 하여 당기순이익이나 영업이익 등이 차지하는 비율 등을 들 수 있다. 여기서 당기순이익이 매출액에서 차지하는 비율을 순이익률이라 한다.

그러면 (주)기쁨의 경영성과의 평가에 구성비율을 이용하여 보자. 각 연도의 매출액과 당기순이익을 이용하여 산출한 순이익률은 다음 [표 4-2]와 같다고 하자.

[표 4-2] 순이익률

(주) 기쁨			(단위 : 억 원)
	20×1년	20×2년	20×3년
매 출 액	₩ 250	₩ 340	₩ 400
당기순이익	25	40	60
순 이 익 률	10%	12%	15%

(주)기쁨의 순이익률이 매년 증가하므로 양호하다고 할 수 있을 것인가? (주)기쁨에 대한 기간별 비교인 수평적 분석만을 하는 경우에는 양호하다고 할 수 있을 것이다. 그러나 유사업종의 다른 기업과 비교하면 어떻게 될 것인가? 다른 기업과의 비교를 위

한 분석시 일반적으로 경쟁기업의 비율이나 동종산업의 평균비율을 이용한다. 동종산업의 평균비율은 한국은행이 매년 발간하는 「기업경영분석」이나 한국산업은행에서 발간하는 「재무분석」을 통하여 얻을 수 있다.

(주)기쁨이 속한 순이익률에 대한 산업평균비율 및 경쟁기업의 비율과 (주)기쁨의 순이익률을 비교하면 다음 [표 4-3]과 같다고 하자.

[표 4-3] 산업평균비율 및 경쟁기업과의 비교

	20×1년	20×2년	20×3년
산업평균비율	12%	15%	17%
경쟁기업	14%	17%	20%
(주)기쁨의 순이익률	10%	12%	15%

동종산업의 평균순이익률 및 경쟁기업의 순이익률과 (주)기쁨의 순이익률을 비교했을 때 (주)기쁨의 순이익률이 상대적으로 낮은 것을 알 수 있다. 이는 동종산업에 비해 수익창출수준이 낮거나 수익창출수준에 비해 비용이 많이 발생하고 있는 것으로 (주)기쁨의 수익창출이나 비용발생에 어떤 문제점이 있음을 제시해준다. 이에 따라 적절한 해결책을 마련하므로써 (주)기쁨은 이익이 증가하는 추세에 만족하는 것이 아니라 보다 동종업종의 평균 또는 경쟁기업보다 많은 이익을 창출할 수 있는 길을 열 수 있게 되는 것이다.

3) 재무비율

財務比率(financial ratio)이란 앞에서 설명한 변동률이나 구성비율과는 달리 서로 상관관계가 있는 재무제표의 구성항목을 결합하여 의미있는 비율로 산출한 것을 말한다. 예를 들어, ₩1의 자원을 투자하여 얼마만큼의 이익을 창출하였는지를 나타내는 비율로 투자이익률을 들 수 있다.

이는 특정기업의 이익을 자산총계로 나누어 산출한다. 따라서 이익이라는 손익계산서항목과 자산총계라는 재무상태표항목을 결합하여 비율을 산출한 것이다. 일반적으로 재무제표의 분석시 대표적으로 이용되는 비율이 바로 재무비율로 뒤에서 자세하게 설명된다. 이와 같은 재무비율도 앞에서 설명한 수평적 분석이나 동종산업의 평균치와의 비교 또는 경쟁기업간 비교방법을 사용하여 해당 기업에 대한 전망이나 상대적 위치 등을 알 수 있게 된다.

지금까지 설명한 재무제표의 분석방법을 정리하면 다음과 같다. 즉, 효과적인 재무분석을 위해서는 각 기업이 공시한 재무제표를 이용하여 각 재무제표의 구성항목에 대한 변동액이나 변동률 및 구성비율과 그리고 상관관계가 있는 항목들을 결합한 재무비율 등을 산출하여, 이를 해당기업의 기간별 추세분석을 위한 수평적 분석방법이나 또는 산업평균비율 및 경쟁기업과의 비교·분석을 병행하여 실시하여야 한다는 것이다.

기업의 재무제표에 관한 자료는 주위에서 쉽게 얻을 수 있다. 최근에는 상장기업의 재무제표는 인터넷을 통해서 원하는 회사, 또는 전자정보공시시스템이 구축되어 있는 금융감독원 그리고 증권거래소의 웹사이트에 접속해서 얻을 수 있으며, 요약된 형태의 재무제표는 한국상장회사협의회가 발행하는 「상장회사총람」이나, (주)한국신용평가에서 발행하는 「기업재무총람」 또는 각 증권회사가 발행하는 각종 자료상의 요약재무제표 등을 이용할 수 있다. 이들 재무제표에는 대부분 당해 기업의 재무제표구성항목의 구성비율과 주요 재무비율이 같이 보고된다.

4) 재무제표분석을 위한 기본자료

이후 설명과정에서는 (주)나그네의 다음 3년간 비교재무제표를 이용하여 재무제표의 구성항목에 대한 변동액과 변동률을 이용한 수평적 분석방법과 구성비율을 이용한 수직적 분석방법을 설명하고, 또한 해당 재무제표에서 얻을 수 있는 재무비율의 산출방법과 그 의미를 설명하기로 한다.

(주)나그네의 20×1년부터 20×3년까지의 비교재무제표는 다음 [표 4-4]와 같다.

여기서 각 연도의 증가 또는 감소액은 당해 연도의 금액에서 전년도의 금액을 차감한 것이고, 증감비율은 당해 연도의 증감액을 전년도의 금액으로 나누어 산출한 것이다. 예를 들어, 20×3년도의 현금감소액 ₩5,000은 20×3년 현금잔액 ₩30,000에서 20×2년 현금잔액 ₩35,000을 차감하여 산출한 것이고, 감소비율 14.3%은 현금감소액 ₩5,000을 20×2년의 현금잔액 ₩35,000으로 나누어 산출한 것이다.

[표 4-4] 비교재무제표

비교재무상태표

(주) 나그네

				증가 또는 감소		증감 비율	
	20×3	20×2	20×1	20×3	20×2	20×3	20×2
자 산							
Ⅰ. 유동자산							
현 금	30.0	35	35	(5.0)	-		-
외상매출금	20.0	15	10	5.0	5	(14.3)	50.0

유 가 증 권	20.0	15	5	5.0	10	33.3	200.0
재 고 자 산	50.0	45	50	5.0	(5)	33.3	(10.0)
						11.1	
유 동 자 산 계	120.0	110	100	10.0	10	9.1	10.0
Ⅱ. 비 유 동 자 산	100.0	90	85	10.0	5	11.1	5.9
자 산 총 계	220.0	200	185	20.0	15	10.0	8.1
부 채							
Ⅰ. 유 동 부 채	55.4	50	52	5.4	(2)	10.8	(3.8)
Ⅱ. 비 유 동 부 채	80.0	75	70	5.0	5	6.7	7.1
부 채 총 계	135.4	125	122	10.4	3	8.3	2.5
자 본							
Ⅰ. 자 본 금	45.0	45	45	-	-	-	-
Ⅱ. 이 익 잉 여 금	39.6	30	18	9.6	12	32.0	66.7
자 본 총 계	84.6	75	63	9.6	12	12.8	19.0
부채와자본총계	220.0	200	185	20.0	15	10.0	8.1

유동부채에는 매입채무가 20×3년에는 ₩18,600, 20×2년에는 ₩18,000, 20×1년에는 ₩22,000이 포함되어 있다. 또한 이 회사는 보통주만 발행하였으며 발행주식수는 4,500주이고 액면단가는 ₩10이다.

비교손익계산서

(주) 나그네 (단위 : 천원)

				증가 또는 감소		증 감	비 율
	20×3	20×2	20×1	×3~×2	×2~×1	×3~×2	×2~×1
매 출 액	80.0	102	47	(22.0)	55	(21.6)	117.0
매 출 원 가	50.0	60	25	(10.0)	35	(16.7)	140.0
매 출 총 이 익	30.0	42	22	(12.0)	20	(28.6)	90.9
판 매 비 와 관 리 비							
판 매 비	11.0	13	8	(2.0)	5	(15.4)	62.5
관 리 비	4.0	7	4	(3.0)	3	(42.9)	75.0
소 계	15.0	20	12	(5.0)	8	(25.0)	66.7
영 업 이 익	15.0	22	10	(7.0)	12	(31.8)	120.0
영 업 외 수 익	4.0	0	1	4.0	(1)	-	(100.0)
금 융 비 용	3.0	2	1	1	1	50.0	100.0
법인세차감전순이익	16.0	20	10	(4.0)	10	(20.0)	100.0
법 인 세 비 용	6.4	8	4	(1.6)	4	(20.0)	100.0
당 기 순 이 익	9.6	12	6	(2.4)	6	(20.0)	100.0

비교 현금흐름표

(주) 나그네 (단위 : 천원)

		20×3		20×2
Ⅰ. 영업활동 현금흐름		6.2		11
당기순이익	9.6		12	
감가상각비	6.0		3.0	
외상매출금의 증가	(5.0)		(5.0)	
재고자산의 증가(또는 감소)	(5.0)		5.0	
외상매입금의 증가(또는 감소)	0.6		(4.0)	
Ⅱ. 투자활동 현금흐름		(21)		(18)
Ⅲ. 재무활동 현금흐름		9.8		7
Ⅳ. 현금의 감소		(5)		0
Ⅴ. 기초의 현금		35		35
Ⅵ. 기말의 현금		30		35

3. 수평적 분석

수평적 분석은 시간의 흐름에 따라 각 계정들에 대한 추세를 평가하는데 이용된다. 예를 들어, 특정 연도의 ₩30억이라는 이익은 ₩10억의 이익을 낸 연도의 다음 연도인 경우에는 매우 양호해 보이지만, ₩40억의 이익이 있는 연도의 다음 연도인 경우에는 양호해 보이지 않을 것이다. 그러므로 수평적 분석은 비교재무제표를 이용하여 분석한다.

수평적 분석은 여러 가지 계정들의 추세를 강조하기 때문에, 각 항목의 변화방향과 이상적 차이가 발생한 항목을 쉽게 찾을 수 있다는 것이 특징이다. 따라서 수평적 분석을 통하여 각 항목의 증감추세를 비교하여 변화방향을 찾아내고 아울러 이중 변동액이 급격히 증가하거나 감소한 경우 또는 변동률이 급격히 상승하거나 하락한 경우에는 보다 세밀한 분석을 하여야 한다.

이상적인 항목에 대한 추가분석 여부의 결정시 주의할 사항은 변동액과 변동률을 모두를 비교해 보아야 한다는 것이다. 왜냐하면 어느 한쪽만을 살펴보면 잘못된 분석결과를 초래할 수도 있기 때문이다. 예를 들어, (주)나그네의 이자비용이 20×1년에서 20×2년 사이에 100% 증가했지만, 그것은 불과 ₩1,000의 증가이기 때문에 보다 자세한 조사가 필요하지 않을 것이다. 이와 반대로 변동액은 크지만 변동률이 작은 경우 역시 관심을 갖지 않아도 되는 경우가 있다.

그리고 분석이 여러 해에 걸쳐 이루어질 때는 비교재무제표의 내용이 방대해질 수도 있으므로, 이러한 현상을 피하기 위해 특정 연도를 기준년도로 설정하고 각 연도의 각 계정에 대한 지수를 산출하여 기준연도와 비교하는 형식으로 수평적 분석을 할 수도 있다. 이러한 분석을 위해 각 연도의 각 계정에 대한 지수를 산출하는 방법은 다음과 같다.

기준년도의 각 계정들을 100으로 하고, 이후의 각 연도의 각 계정들의 지수는 해당 계정 금액을 기준년도의 같은 계정의 금액으로 나눈 뒤 100을 곱하여 계산한다. 예를 들어, (주)나그네의 각 연도의 외상매출금에 대한 지수를 산출해 보자. (주)나그네의 비교재무상태표에서 20×1년을 기준으로 삼는다면 이때의 외상매출금 ₩10,000을 100으로 한다. 그러면 20×2년도와 20×3년도의 외상매출금지수는 다음과 같이 산출된다.

$$20\times2\text{년도의 외상매출금지수} = \frac{15{,}000}{10{,}000}\times100 = 150$$

$$20\times3\text{년도의 외상매출금지수} = \frac{20{,}000}{10{,}000}\times100 = 200$$

이와 같은 방법으로 (주)나그네의 비교재무상태표를 20×1년도를 기준년도로 하여 각 구성항목에 대한 지수를 산출하고 이를 수평적 분석방법으로 자료를 요약하면 다음 [표 4-5]와 같다.

[표 4-5] 지수를 이용한 재무상태표의 추세분석

지수로 표시한 비교재무상태표

(주) 나그네

	20×3	20×2	20×1
자산			
유동자산	120	110	100
비유동자산	117.6	105.9	100
자산총계	118.9	108.1	100
부채			
유동부채	106.5	96.2	100
비듀동부채	114.3	107.1	100
부채총계	111.0	102.5	100
자본			
자본금	100	100	100
이익잉여금	220	166.7	100
자본총계	134.3	119	100
부채와자본총계	118.9	108.1	100

4. 수직적 분석

수직적 분석은 구성비율을 이용하여 분석하는 방법이다. 재무상태표에 대한 수직적 분석을 위해서는 총자산을 100으로 하여 각 자산계정들의 금액이 자산총계에서 차지하는 비율을 산출하고, 부채와 자본 역시 부채와 자본총계를 100으로 하여 각 부채와 자본계정들의 금액이 부채와 자본총계에서 차지하는 비율을 산출한다. 손익계산서에서는 순매출액을 100으로 하여 기타 다른 계정들의 금액이 이 순매출액에서 차지하는 비율을 산출한다. 이와 같이 재무상태표와 손익계산서를 각 항목에 대한 구성비율로 표시한 것을 **공통형 재무상태표**와 **공통형 손익계산서**라 한다. (주)나그네의 공통형 손익계산서를 작성하면 다음 [표 4-6]과 같다.

[표 4-6] 공통형 손익계산서

공통형 손익계산서

(주) 나그네

	20×3		20×2	
	금 액	비 율(%)	금 액	비율(%)
매출액	80.0	100.0	102	100.0
매출원가	50.0	62.5	60	58.8
매출총이익	30.0	37.5	42	41.2
판매비와관리비				
판매비	11.0	13.8	13	12.7
관리비	4.0	5.0	7	6.9
소계	15.0	18.8	20	19.6
영업이익	15.0	18.7	22	21.6
영업외수익	4.0	5.0	0	0.0
금융비용	3.0	3.8	2	2.0
법인세차감전순이익	16.0	20.0	20	19.6
법인세비용	6.4	8.0	8	7.8
당기순이익	9.6	12.0	12	11.8

이와 같은 공통형 재무제표를 이용한 수직적 분석은 기업의 내부구조를 파악하고 동종산업 내에서 해당기업의 상대적 위치를 평가하는 데 유용하다. 공통형 손익계산서는 각 손익계산서계정과 매출액간에 존재하는 관계를 보여주고, 공통형 재무상태표는 각 자산의 구성비율과 자금조달 원천인 장·단기 부채와 자본의 구성비율을 보여준다.

지금까지 재무제표의 구성요소에 대한 변동액과 변동률을 이용한 수평적 분석방법과 각 항목의 구성비율을 이용한 수직적 분석방법을 설명하였다. 이러한 분석결과로 해당기업의 이상항목의 발견이나 변동 방향 및 동종 산업에서의 상대적 위치 등을 파악할 수 있으나 재무제표에 내재한 모든 의미있는 정보를 분석해낸 것은 아니다. 보다 심층적인 분석을 위하여 재무비율을 이용한 분석이 이루어져야 한다.

예제 4-1 ▌공통형 손익계산서의 분석

(1) 추세분석

공통형 손익계산서

Y제지회사

	20×1	20×2	20×3
Ⅰ. 매 출 액	100%	100%	100%
Ⅱ. 매 출 원 가	(78.8)	(84.4)	(90.9)
Ⅲ. 판매비와 관리비	(9.4)	(10.0)	(10.4)
Ⅳ. 금 융 비 용	(2.2)	(2.8)	(4.4)
Ⅴ. 법 인 세 비 용	(3.8)	(1.0)	1.2
Ⅵ. 당 기 순 이 익	5.8%	1.8%	(4.5)%

위의 회사는 3년 동안 매출액증가율이 20×1년에 +5.9%, 20×2년에 −3.5%, 20×3년에는 −3.5%이었다고 가정하고 분석을 해보자.

이 회사는 3년 동안에 매우 큰 폭의 수익성 감소 상황을 경험하고 있다. 수익성 감소의 주된 원인은 매출원가비율의 증가추세에서 찾아볼 수 있다. 제지회사는 자본집약적 생산시설을 사용하기 때문에 감가상각비, 기타 생산시설 유지비용, 인건비 등이 생산량 변동에 큰 영향을 받지 않고 거의 안정적으로 발생한다. 이에 따라 이 회사는 경기침체로 20×2년과 20×3년에 매출감소가 발생하는 상황에서 매출원가비율과 판매비와 관리비비율이 증가되고 있는 것이다. 이자비용(금융비용)의 비율은 매출액의 감소에도 불구하고 부채수준을 감소시키지 못하였기 때문에 증가추세를 보이고 있다. 법인세비용의 비율은 법인세차감전순이익이 감소되었기 때문에 감소된 모습을 보이고 있다.

(2) 회사간의 비교분석(횡단분석)

공통형 손익계산서

	L회사	M회사	W회사
Ⅰ. 매 출 액	100.0%	100.0%	100.0%
Ⅱ. 매 출 원 가	(70.9)	(69.0)	(79.2)
Ⅲ. 판매비와 관리비	(17.4)	(20.4)	(14.3)
Ⅳ. 이 자 비 용	(1.0)	(3.0)	(0.6)
Ⅴ. 법인세비용	(4.1)	(2.7)	(2.2)
Ⅵ. 당기순이익	6.6%	4.9%	3.7%

공통형 손익계산서는 회사전략의 상이함에 관한 정보를 제공해준다. 위의 회사 중 L회사는 전문용품을 판매하는 고급소매점이고 M회사는 백화점이며, W회사는 할인판매점이다. L회사는 당기순이익 비율이 3회사 중 가장 높다. L회사는 매출원가 비율이 W회사보다 낮다. 이는 L회사가 취급하는 상품이 이윤이 높은 전문용품인데 기인한다. M회사는 당기순이익 비율이 두 번째로 높다. 매출원가비율은 다양한 고가품을 많이 취급하기 때문에 L회사와 비슷하다. 그러나 M회사의 판매비와 관리비의 비율이 제일 높게 나타나는 것은 점포 규모가 크고 많은 판매인원의 고용에 따른 많은 관리비 때문이다. W회사는 박리다매를 위해 할인 판매하는 저가전략을 사용하기 때문에 매출원가 비율이 제일 높게 나타나고 있다. 그러나 점포관리비가 낮기 때문에 판매관리비 비율이 낮게 나타나는 이점을 갖고 있다.

5. 재무비율분석

수평적 분석과 수직적 분석은 동일한 범주 내에서 다른 수치와 비교하는 것이다. 그러나 다른 범주에 있는 수치들을 상호 비교하는 것도 역시 필요하다. 이것은 재무비율분석을 통하여 이루어질 수 있다. 앞에서 언급한 대로 재무비율이란 상관관계가 있는 항목들을 결합하여 의미있는 비율로 산출한 것이라 했다. 따라서 재무비율은 관점에 따라 아주 다양하게 산출하여 이용할 수 있다. 그러나 여기서는 가장 기본적인 재무비율만을 설명하기로 한다.

재무비율은 앞에서 지적한 것처럼 정보이용자들의 관심사를 반영하여 각 재무비율을 수익성비율, 유동성비율, 안정성비율, 효율성비율, 성장성비율, 생산성비율, 시장가치비율로 구분할 수 있다. 이들 각각에 대한 비율들을 살펴보고자 한다. 이후 각 비율을 설명과정에서 앞에서 제시한 (주)나그네의 비교재무제표를 이용하여 20×3년도 해당비율의 산출과정을 설명하기로 한다. 또한 기간별 비교분석을 위해 20×2년도의 해당비율은 그 산출결과만을 제시하기로 한다.

1) 유동성비율

流動性比率(liquidity ratio)이란 기업의 유동성, 즉 단기부채에 대한 지급능력을 말한다. 파업 등에 의한 기업활동의 중지, 경기침체 등으로 인한 영업손실의 발생 또는 원재료나 부분품의 가격급등과 같은 어려운 환경에 기업이 처하게 되었을 때 단기지급능력은 기업활동을 수행해 나가는데 아주 중요한 역할을 한다. 만약 단기지급능력이 이러한 어려움을 흡수하기에 불충분하다면 심각한 재무적 곤경(최악의 경우 지급불능으로 인한 기업의 도산)에 처하게 될 지도 모른다. 따라서 취약한 단기지급능력은 재무상에 근본적 문제가 있음을 나타내는 징후라고 보아야 한다.

기업의 단기지급능력을 분석하는 것은 특히 단기채권자에게 중요하다. 만약 기업의 단기지급능력이 열악한 상태에 처해 있다면 아마도 이자지급일이나 부채의 만기일에 이자나 원금을 지급하지 못할 가능성도 있기 때문이다.

유동성비율을 해석할 때 주의하여야 할 점이 있다. 유동성비율은 본질적으로 회계연도 말의 일정시점을 기준으로 하여 산출되는 것으로 한 회계기간 동안의 단기지급능력을 나타내는 것이 아니라는 것이다. 따라서 전년도 말의 유동성비율이 양호하였다 하더라도 회계기간 중에 자금의 순환이 안 되는 경우 갑자기 악화될 수도 있는 것이다. 따라서 단기지급능력에 대한 평가시 유동성비율 뿐만 아니라 경영자가 기대하는 미래의 현금흐름을 살펴보는 것이 아주 중요하다. 만약 현금유출이 유입에 비하여 높게 나타나리라 예상되는 경우 기업의 단기지급능력 상태는 나빠지게 될 것이다.

단기지급능력을 나타내는 지표에는 다음과 같은 것들이 있다.

(1) 순운전자본

純運轉資本(net working capital)은 유동자산에서 유동부채를 차감한 잔액이다. 이때 유동자산은 1년 이내에 현금화하거나 사용될 것으로 기대되는 자산이고, 유동부채는 1년 이내에 갚아야 하는 부채이며 유동부채는 결국 유동자산으로 지급된다. 순운전자본은 장기자본 원천에서 조달된 자금에 해당되는 것이기 때문에 단기채권자에게는 안전장치와 같은 것이 된다. 따라서 순운전자본이 클수록 유동부채를 상환할 가능성이 높기 때문에 기업의 단기지급능력은 양호한 것이다.

그러나 순운전자본이 많다고 해서 무조건 안심할 것만은 아니다. 왜냐하면 그 원인이 판매부진이나 진부화로 인해 재고가 쌓여서 그렇게 나타날 수도 있기 때문이다. 이런 경우 순운전자본의 질이 좋은 것이 아니기 때문에 부채의 만기지급은 결코 보장되지 않는다. 따라서 순운전자본에 대한 올바른 해석은 다른 비율분석(예를 들어 유동비율, 당좌비율, 매출채권회전율, 재고자산회전율)의 결과와 함께 종합적으로 해야 한다.

한편 순운전자본이 많다는 것은 기업의 자원을 단기 투자에 활용하고 있다는 것으로, 장기적으로 투자한 것에 비해 상대적으로 투자수익이 떨어지게 된다. 그러므로 기업이 급히 현금을 조달하기 어려울 경우에 대비하여 적정한 잔액을 항상 보유하도록 하는 것이 중요하다.

(주)나그네의 20×3년도 순운전자본을 계산하면 다음과 같다.

순운전자본 = 유동자산 − 유동부채 = ₩120,000 − ₩55,400 = ₩64,600

20×2년도와 20×3년도의 순운전자본은 각각 ₩60,000과 ₩ 64,600이다. 이렇게 순운전자본이 증가하는 것은 채권자의 입장에서 볼 때 양호한 징후이다.

(2) 유동비율

流動比率(current ratio)은 유동자산을 유동부채로 나눈 것이다. 따라서 이는 앞에서 설명한 절대금액인 순운전자본을 비율로 전환한 것으로 이해하면 된다. 그러므로 비율의 의미와 이에 담겨 있는 정보내용도 유사하다. 따라서 유동비율은 유동자산으로 유동부채를 지급할 수 있는 기업의 능력을 측정하는데 이용된다.

과거에는 이 비율이 2.0(또는 200%) 수준이면 단기지급능력이 매우 양호한 것으로 평가하였다. 그러나 이런 절대적인 수준은 큰 의미를 가지지 못한다. 보통 특정 연도의 유동비율이 계산되면, 그 비율 값을 그 기업이 속한 산업의 평균비율과 비교해보고, 또 과거 연도의 비율과도 비교해서 단기지급능력에 대한 판단을 내리게 된다.

유동비율의 의미를 해석하는데 있어서도 주의를 할 점이 있다.

첫째, 유동비율의 의미를 올바르게 해석하기 위해서는 유동자산을 구성하는 개별항목을 세심하게 분석하여야 한다.

유동비율 해석시 유동자산 개별항목의 분석은 필수

두 회사의 유동비율은 같지만 유동자산의 구성항목을 분석해보면 (주)자유의 경우가 유동성이 높은 자산인 현금과 매출채권의 비중이 높기 때문에 유동성이 떨어지는 자산인 재고자산의 비중이 높은 (주)희망보다 실제로 단기지급능력이 더 양호하다고 말할 수 있다.

	(주) 자유	(주) 희망
유 동 자 산:		
현　금	₩15,000,000	₩1,200,000
매출채권	36,000,000	4,800,000
재고자산	51,000,000	96,000,000
선급비용	3,000,000	3,000,000
유동자산 총계	₩105,000,000	₩105,000,000
유동부채	₩52,500,000	₩52,500,000
유동비율	2 대 1	2 대 1

둘째, 유동비율의 이용시 이는 계절적 변동에 영향을 받기 쉽다는 점을 유의하여야 한다. 그 이유는 계절적인 영향으로 재고자산가액의 변동이 심한 경우 재고자산가액이 많을수록 유동비율은 높게 나타나기 때문이다.

셋째, 유동비율의 이용시 또 다른 문제점은 이 비율이 기업도산 직전에 높게 나타날 수 있다는 점이다. 왜냐하면 기업이 자금압박으로 도산에 직면하는 경우에는 이를 타개하기 위하여 설비자산 등을 처분함으로써 현금을 확보할 가능성이 있기 때문이다. 이때 만약 유휴유형자산이 아닌 유형자산을 처분한 경우에는 기업의 생산능력에 치명적 영향을 미치게 된다.

(주)나그네의 20×3년도 유동비율을 계산하면 다음과 같다.

$$\text{유동비율} = \frac{\text{유동자산}}{\text{유동부채}} = \frac{₩120{,}000}{₩55{,}400} = 2.17$$

(주)나그네의 20×2년도와 20×3년도의 유동비율은 각각 2.2와 2.17이다. 따라서 기간이 경과함에 따라 이 비율이 약간 감소하고 있음을 보여준다.

유동비율 이용상의 주의사항

우리는 전통적으로 기업의 단기지급능력을 평가하는데 유동비율을 사용해왔다. 그러나 단순히 유동비율의 측정값에 의해 기업의 단기지급능력을 평가할 경우 잘못된 평가를 하여 흑자도산의 함정에 빠질 가능성이 있다. 그 이유를 살펴보면 다음과 같다.

첫째, 유동비율이 높다고 해서 반드시 기업의 단기지급능력에 문제가 없다고 단정지을 수 없다. 유동비율이 높다는 것은 현금화 가능성이 높은 자산의 비중이 높다는 것일 뿐 결코 현금 그 자체의 비율이 높다는 것은 아니다. 유동비율이 양호하다해도 유동자산의 구성내용을 볼 때 재고자산에 과다하게 투자되었거나 부실채권이 많은 경우는 오히려 단기지급능력이 악화된 것이다.

둘째, 유동비율은 경영자의 의도에 따라 조작이 가능하다는 점이다. 대개는 매출채권과 재고자산이 그 대상이 되는데, 이들 자산을 과대계상하게 되면 당연히 유동비율이 증가하게 되며, 순이익도 과대계상되어 수익성도 양호하게 보이게 된다. 또한 외상구입한 상품을 외상매입금과 재고자산에서 함께 누락시키게 되면 유동비율은 실제보다 증가된 값을 보인다. 예를 들면 현재 유동자산이 ₩1,600,000, 유동부채가 ₩800,000인 경우 유동비율은 2 : 1인데, 외상매입금과 재고자산을 ₩400,000 씩 누락시켰다 하자. 이 경우 유동비율은 3 : 1로 대단히 양호한 것으로 변한다.

결국 정확한 평가를 위해서는 유동자산의 구성항목의 내용과 질을 살펴보아야 하고, 또한 당좌비율과 현금흐름비율 등으로 반드시 보완해야 한다.

(3) 당좌비율

當座比率(quick ratio)은 당좌자산을 유동부채로 나누어 산출하는 것으로 일명 산성시험비율(acid test ratio)이라고도 한다. 따라서 당좌비율은 유동자산 중 재고자산을 포함하지 않고 산출된 비율로 유동성에 대한 엄격한 측정치이다. 재고자산을 현금화하는 데는 어느 정도 시간이 필요하고 또한 기업의 의사에 따라 현금화가 되는 것이 아니므로 재고자산은 여기에 포함되지 않는다.

당좌비율은 재고자산에 의존하지 않고서도 부채를 상환할 수 있는 능력을 측정하는 것이기 때문에 대체로 1.0의 수준이면 적정한 것으로 여기고 있다. 그러나 유동비율과 마찬가지로 당좌비율도 그 기본 구성항목에 유의하면서 해석해야 올바른 판단을 할 수 있다.

(주)나그네의 20×3년도 당좌비율을 계산하면 다음과 같다.

$$\text{당좌비율} = \frac{\text{당좌자산}}{\text{유동부채}} = \frac{₩30,000 + ₩20,000 + ₩120,000}{₩55,400} = 1.26$$

20×2년도와 20×3년도의 당좌비율은 각각 1.3과 1.26으로 기간이 경과함에 따라 약간 감소하고 있다.

▌회계현장 4-1▐ 유동성 평가비율 계산시 제외항목

유동비율과 당좌비율은 일반적으로 수정과정 없이 재무상태표 상의 유동부채 합계를 그대로 사용해서 비율이 계산되고 있지만 분석가들은 유동부채의 본질을 인식하고 필요할 경우 수정해서 사용하여야 한다. 예를 들어 일부 회사들은 유동부채의 중요한 구성부분이 되는 선수금(또는 선수수익)을 가지고 있기도 한다. 선수금은 이미 회수된 미래의 수익이지만 아직 재화나 서비스가 제공되지 않은 상태에서 발생된다. 적합한 예로는 승객이 미리 항공권을 예매하는 항공산업에서 쉽게 찾아볼 수 있다.

다음은 2002년도의 Southwest Airlines의 유동자산과 유동부채에 대한 자료이다.

(단위 : 백만달러)

	2002년도	
유동자산		2,445
현금 및 현금성자산	2,114	
매출채권과 기타채권	133	
재고자산	73	
이연법인세자산	46	

선급비용과 기타유동자산	79	
유동부채		1,743
매입채무	410	
미지급금	533	
선수금	561	
항공기구매계약의무	199	
유동성장기부채	40	

이 회사의 유동비율과 당좌비율을 선수금을 제외하기 전과 제외한 후로 나누어서 계산하면 다음과 같다.

	수정전	수정후
유동비율 =	$\frac{2,445}{1,743} = 1.4$	$\frac{2,445}{1,181} = 2.07$
당좌비율 =	$\frac{2,247}{1,747} = 1.29$	$\frac{2,247}{1,181} = 1.9$

수정하기 전의 유동비율과 당좌비율은 각각 1.4(140%), 1.29(129%)로 나타나고 있다. 그러나 유동부채의 32%를 차지하고 있는 선수금은 이미 현금으로 회수된 미래의 수익으로 승객이 취소하거나, 운항서비스를 이행하지 못할 경우에만 반환해야 되는 부채인데, 그럴 가능성은 매우 낮다고 볼 수 있다. 이러한 경우에는 선수금을 유동부채에서 제외하고 계산된 유동비율과 당좌비율이 이 회사의 더 정확한 유동성을 나타내준다고 말할 수 있다. 수정한 후의 유동비율과 당좌비율은 각각 2.07(207%), 1.9(190%)로 상승되어 이 회사의 유동성이 매우 양호함을 나타나고 있다.

(4) 현금흐름유동부채보상비율

현금흐름유동부채보상비율(Cash flows from operation to Current liabilities Ratio)은 단기부채상환능력을 측정하기 위한 지표로서 영업활동으로 인한 현금흐름을 가지고 평균유동부채를 어느 정도 상환할 수 있는가를 측정하는 비율이다. 이 비율은 특정 시점의 유동성을 나타내는 정태적인 비율이며, 부채상환을 비현금자산이 포함된 유동자산 또는 당좌자산으로 한다는 유동비율과 당좌비율의 한계점을 보완하는 비율로 최근에 많이 사용되고 있다.

$$유동부채보상비율 = \frac{영업활동현금흐름}{평균\ 유동부채} = \frac{₩6,200}{(₩55,400+₩50,000)/2} = 0.12$$

(주) 나그네의 20×2년도와 20×3년도의 현금흐름유동부채보상비율은 각각 0.21과 0.12로 기간이 경과함에 따라 상당히 감소하고 있다. 유동비율과 당좌비율이 양호한 값을 나타내고 있는데 반해 현금흐름유동부채보상비율은 매우 낮게 나타나고 있어 이 회사의 실제 단기지급능력은 매우 취약한 것으로 평가된다. 이 회사의 유동비율과 당좌비율이 양호하게 나타난 원인은 매출채권의 증가와 재고자산의 증가에 있다.

▌회계현장 4-2 ▌유동성 평가와 현금흐름비율

주식회사 모뉴엘은 IT기반의 종합가전회사(로봇청소기와 홈시어터 PC등이 주요 제품)로 급성장하던 기업으로 매출액 1조 클럽에 이름을 올리면서 업계의 큰 주목을 받던 회사인데, 2014년에 들어와서 심각한 자금난에 시달리다가 결국 법정관리를 신청하였다.

모뉴엘의 연결재무제표에 보고된 다음 회계자료를 가지고 회사의 유동성을 평가해 보자.

(단위 : 백만원)

	제10기	제9기	제8기
유동자산	359,177	258,880	176,134
당좌자산	183,334	151,799	112,099
유동부채	226,495	177,163	119,525
영업활동현금흐름	(1,514)	1,684	17,261

이 회사의 유동비율과 당좌비율을 계산하면 다음과 같다.

	제10기	제9기
유 동 비 율 =	$\frac{359,177}{216,495} = 1.59$	$\frac{258,880}{177,163} = 1.46$
당 좌 비 율 =	$\frac{183,334}{216,495} = 0.809$	$\frac{151,799}{177,163} = 0.857$

유동자산을 유동부채로 나누어서 계산하는 유동비율 계산 결과를 보면 제9기 1.46(146%), 제10기 1.59(159%)로 나타나고 있어 업종 평균(가정용기기업종 평균 133%)을 상회하고 있고 기간별로 소폭 증가 추세를 보이고 있기 때문에 유동비율에

의한 유동성은 매우 양호한 것으로 평가할 수 있다.

한편 재고자산을 제외한 당좌자산을 유동부채로 나누어서 계산하는 당좌비율의 계산 결과를 보면 제9기 0.857(85.7%), 제10기 0.809(80.9%)로 나타나고 있어 업종평균(101%)에 미달하고 있고 기간별로 소폭 하락하는 추세를 보이고 있어서 유동성에 이상이 발생할 가능성을 배제할 수는 없는 것으로 평가된다.

그러나 영업활동 현금흐름을 평균유동부채로 나누어서 계산하는 현금흐름유동부채보상비율을 계산해보면 유동비율의 결과와는 전혀 상이한 결과가 나타나고 있다.

	제10기	제9기
현금흐름유동부채보상비율 =	$\frac{(1,514)}{201,829} = -0.0075$	$\frac{1,684}{148,344} = 0.0114$

제9기의 비율은 0.0114(1.14%) 제10기의 비율은 −0.0075(0.75%)로 비율 값 자체도 두 기간 매우 저조할 뿐만 아니라 하락 추세를 보이고 있어, 이 기업의 유동성은 극도로 취약한 것으로 평가된다. 유동비율에 의한 평가는 매우 양호한 것으로 평가되었으나 실제 현금흐름을 반영하는 동태적 유동성을 평가할 수 있게 해주는 현금흐름유동부채보상비율은 전혀 상반된 결과를 보여주고 있다. 이는 이 기업이 매출채권과 재고자산을 허위 계상하는 분식을 시도한 결과로 유동자산이 과대계상되어서 유동비율과 당좌비율이 실제보다 과대평가되었기 때문이다. 결국 이 회사의 실제적인 유동성은 극도로 부실하여 언제 부도위기에 처해질지 모르는 매우 심각한 위기 상황에 봉착해 있다고 평가할 수 있다. 이 사례를 통해서 분식에 영향을 받지 않는 현금흐름을 이용한 비율분석이 얼마나 중요한지를 다시 한 번 강조하고자 한다.

2) 효율성비율

效率性比率(efficiency ratio)은 자산이 얼마나 효율적으로 이용되고 있는지, 즉 얼마나 빠른 속도로 매출액이나 현금 등으로 변화되었는가를 측정하는데 이용되는 것으로 일명 **활동성비율** 또는 **회전율비율**이라고도 한다. 유동비율은 기업이 보유하고 있는 유동자산과 유동부채의 종류에 대한 차이를 고려하지 않기 때문에 기업의 실질적인 유동성을 적절히 나타내지 못한다.

따라서 특정의 자산계정으로 활동성이나 유동성을 평가하는 것이 필요하다. 이에 따라 외상매출금, 재고자산, 총자산 등의 활동성을 측정하기 위한 여러 가지 비율들이 이용되고 있다.

(1) 매출채권회전율과 평균회수기간

매출채권계정을 이용하여 산출한 재무적 지표에는 매출채권회전율과 평균회수기간이 있다.

賣出債權回轉率은 매출채권이 해당 연도 동안에 회수된 회수(回數)를 나타내 준다. 이 비율은 외상매출액(만약 이를 계산할 수 없다면 순매출액)을 평균매출채권잔액으로 나누어 산출한다. 평균매출채권잔액은 기초와 기말의 매출채권잔액을 합산하여 2로 나누면 된다. 그리고 한번 매출되면 몇 일만에 대금이 회수되는지를 측정하는 平均回收期間은 365일을 매출채권회전율로 나누어 산출한다. 따라서 매출채권회전율이 클수록 평균회수기간은 짧아지게 된다.

일반적으로 매출채권회전율이 빠를수록 기업은 고객으로부터 판매대금을 빨리 현금으로 회수한다는 것으로, 이는 매출채권의 질이 우수하고 유동성을 좋게하는데 기여한다는 의미이다. 또한 매출채권회전율이 빠른 기업은 회수된 자금을 다시 투자할 수 있기 때문에 보다 효율적으로 자산을 이용하는 셈인 것이다.

그러나 과도하게 높은 매출채권회전율은 기업의 신용정책이 너무 엄격하여 다소 위험성이 있는 고객에겐 신용판매를 하고 있지 않다는 것으로 이러한 고객에 대한 매출을 통해 얻을 수 있는 이익을 포기하고 있다는 것을 의미할 수도 있다. 따라서 상대적으로 매출채권회전율이 높은 기업은 신용정책을 바꿀 필요성이 있는데, 이때 신용정책을 바꾸기 전에 위험성이 있는 고객에게 판매할 때에 부담하게 될 위험과 그로부터 얻을 수 있는 잠재적 이익을 비교·검토해야 한다는 점에 유의하여야 한다.

한편 매출채권회전율이 느리다는 것은 매출채권의 현금화속도가 늦어서 유동성(또는 지급능력)이 불량하다는 것을 뜻하며, 또한 매출채권에 자본이 과대투자되어 있음을 의미하기도 한다. 판매촉진을 위해 신용기간이나 신용조건을 완화하는 방식으로 신용정책을 변경하거나 채권회수를 적절히 하지 못할 경우에는 매출채권이 증가하게 되어 매출채권회전율이 낮아지는 원인이 된다. 이렇게 매출채권이 증가하게 될 경우에는 회수불능채권도 함께 늘어나게 되어 대손손실과 회수비용이 증가가 불가피해지며 결국 수익성을 저하시키는 원인이 될 수 있다.

(주)나그네의 20×3년도 매출채권회전율과 평균회수기간을 계산하면 다음과 같다.

$$\text{매출채권회전율} = \frac{\text{외상매출액(순매출액)}}{\text{평균매출채권잔액}} = \frac{₩80{,}000}{(₩15{,}000 + ₩20{,}000)/2} = 4.57$$

$$\text{평균회수기간} = \frac{365}{\text{매출채권회전율}} = \frac{365}{4.57} = 79.9$$

20×2년도와 20×3년도의 매출채권회전율은 각각 8.16회와 4.57회이고 평균회수기간은 각각 44.7일과 79.9일이다. 매출채권회전율이 20×3년에 4.57회로 하락한 것은 중대한 것이며 고객으로부터의 현금회수에 심각한 문제가 있음을 나타내는 것이다.

이 기업은 신용정책이나 외상대금 청구 및 회수에 대한 업무를 재평가해야 할 필요가 있다고 본다. 마찬가지로 매출채권회전율이 감소함에 따라 평균회수기간도 20×3년에는 20×2년에 비해 상당히 증가되었다. 이는 외상매출금에 대한 회수불가능의 위험이 존재하고 있음을 나타내는 것이다. 이와 같은 평균회수기간의 증가는 기업이 회수위험부담이 높은 고객들에게 신용판매를 하고 있는 것에 그 원인이 있을 수도 있다.

이상에서 설명한 매출채권을 이용한 분석시에는 기업의 신용기간과 고객들의 지급기일 연체 정도를 비교해야 한다. 이러한 비교를 위해서는 외상매출금을 기간에 따라 정리해 놓은 연령분석표가 도움이 될 수 있다.

(2) 재고자산회전율과 평균보유(재고)기간

만약 기업이 과도한 재고자산을 보유하고 있다면, 그것은 다른 곳에 투자할 수 있는 자금이 재고자산에 묶여 있다는 것을 의미하게 된다. 이와 같은 경우 진부화의 위험이 있으며 제품을 보관하는데 많은 유지비용이 들게 된다. 반면에 재고자산이 너무 적으면 재고자산의 부족으로 인해 고객을 잃게 될 수도 있다. 재고자산계정을 이용한 비율로는 재고자산회전율과 평균보유(재고)기간이 있다. 在庫資産回轉率은 매출원가(매출원가 대신에 매출액을 사용하기도 하나 이럴 경우 평균보유기간이 잘못 계산되기 때문에 적절한 방법은 아님)를 평균재고자산가액으로 나누어 산출하며, 平均保有期間은 365일을 재고자산회전율로 나누어 산출한다. 재고자산회전율은 당기 중 재고자산이 몇 번 판매되었는지를 나타내며, 평균보유기간은 재고자산 전체를 한 번 매출하는데 걸리는 일수를 나타낸다.

기업의 재고자산회전율이 산업평균에 비해서 낮다면 이는 재고자산을 불필요하게 과다보유하고 있거나, 아니면 판매가능성이 희박한 진부화된 재고자산을 많이 보유하고 있다는 의미일 수 있다. 재고자산의 과잉투자는 다른 영업활동에 사용할 수 있는 현금을 묶어둘 뿐으로 자금압박의 주범이 될 수 있다.

반면에 산업평균보다 빠른 재고자산회전율은 매출의 증대 때문일 수도 있으나, 재고보유수준이 과소하거나 적시재고시스템(Just In Time System)의 운영에서 비롯된 것일 수도 있다. 따라서 역시 적절한 원인분석을 통해 올바른 해석을 하지 않으면 안 된다.

(주)나그네의 20×3년도 재고자산회전율과 평균보유기간을 계산하면 다음과 같다.

$$재고자산회전율 = \frac{매출원가}{평균재고자산가액} = \frac{₩50,000}{(₩45,000+₩50,000)/2} = 1.05$$

$$평균보유기간 = \frac{365}{재고자산회전율} = \frac{365}{1.05} = 347.6$$

20×2년도와 20×3년도의 재고자산회전율은 1.26회와 1.05회이고 평균보유기간은 289.7일과 347.6일이다. 재고자산회전율의 하락은 재고자산이 쌓이고 있음을 의미한다. 이런 경우 기업은 어떤 특정 재고자산 품목이 잘 판매되지 않는지, 그리고 그 이유는 무엇인지를 파악하여야 한다. 아마도 보유하고 있는 재고자산 가운데 표시된 가치를 갖지 못하는 진부화된 재고자산이 있을지도 모른다. 그러나 신제품을 도입한 경우 이에 대한 광고효과가 아직 파급되지 않아 재고자산회전율이 하락한 것이라면 이러한 하락은 문제가 되지 않는다.

이상에서 산출한 매출채권의 평균회수기간과 재고자산의 평균보유기간을 합산하여 기업의 正常營業週期(normal operating cycle)를 산출할 수 있다. 정상영업주기이란 이상에서 보는 것처럼 재고자산을 매입하여 판매한 후 현금으로 회수되기까지의 기간을 의미한다. (주)나그네의 20×3년도 정상영업주기를 계산하면 다음과 같다.

$$정상영업주기 = 평균회수기간 + 평균재고기간 = 79.9 + 347.6 = 427.5$$

20×2년과 20×3년의 정상영업주기는 334.4일과 427.5일로 큰 폭의 증가추세를 보이고 있다. 이러한 추세는 재고자산과 매출채권의 증가된 금액만큼 자금이 비현금자산에 묶여 있음을 의미하는 것이기 때문에 좋지 못한 현상이다.

재고자산의 적정선 판단시 참고사항

재고자산회전율은 업종별로 많은 차이가 있으므로 그 적정선을 판단하기 위해서는 동종 업종의 평균치 또는 동일규모의 경쟁업체와 비교하거나 과거 연도의 비율과 비교하여 분석해야 한다. 이러한 분석 결과 타회사와 또는 전년도와 비교하여 재고자산회전율이 낮게 나타나서 재고자산을 과다보유한 것으로 판단되면 다음과 같은 사항을 세밀하게 분석해야 한다.

첫째, 경기회복의 예상, 원자재 파동의 대비, 노사분규에 따른 생산차질 대비 등 비경상적 요인에 따른 현상이 아닌지를 검토한다. 기업의 원활한 경영을 위한 특수 사정에 기인한 재고자산의 과다보유는 경미한 감기정도의 문제로 크게 걱정할 사안은 아니다.

둘째, 특수 사정에 기인하는 것이 아닐 때는 매출액의 추이를 함께 검토해야 한다. 매출액이 지속적으로 신장되고 있는 상황이라면 주력상품의 매출호조에 힘입어 전체적으로 성장하고 있지만 그 속에서 구식 진부화 또는 저질품으로 소비자로부터 외면당한 채 버림받고 있는 불량재고가 쌓여가고 있는 것으로 추측할 수 있다. 이러한 경우는 만성질환에 해당되는 것으로 금방 눈에 띄지는 않지만 자칫 악화되면 기업성장에 큰 걸림돌로 작용할 소지가 많다.

셋째, 매출액이 감소하고 있는데도 불구하고 재고자산이 큰 폭으로 증가하고 있거나 계속적으로 증가하고 있는 경우에는 이익을 과대계상할 목적으로 가공으로 장부상 재고자산을 부풀려서 과대계상시키고 있는지 의심해보아야 한다. 이런 경우는 급성질환에 해당하는 것으로 언제 부도로 쓰러질지 모르는 대단히 위험한 상태에 처해 있는 경우이다.

(3) 매입채무회전율과 평균지급기간 또는 운전자본소요기간

買入債務回轉率은 매출원가(또는 매입액)를 평균매입채무로 나누어 산출하며, 平均支給期間은 365일을 매입채무회전율로 나누어 산출한다. 매입채무회전율은 당기 중 매입을 몇 번 했는지를 나타내며, 평균지급기간은 매입대금이 결제되는데 걸리는 일수를 말한다.

기업의 매입채무회전율이 산업평균이나 경쟁기업에 비해서 높다면 또는 평균지급기간이 산업평균이나 경쟁기업에 비해서 짧다면, 이는 그 만큼 산업평균이나 경쟁기업에 비해 매입채무에 대한 대금지급이 빨리 이루어진다는 의미로 유동성의 압박요인으로 작용되게 될 가능성이 높게 된다.

(주)나그네의 20×3년도 매입채무회전율과 평균지급기간을 계산하면 다음과 같다.

$$매입채무회전율 = \frac{매출원가}{평균매입채무잔액} = \frac{₩50,000}{(₩18,000 + ₩18,600)/2} = 2.73$$

$$평균지급기간 = \frac{365}{매입채무회전율} = \frac{365}{2.73} = 133.7$$

20×2년도와 20×3년도의 매입채무회전율은 3.00회와 2.73회이고 평균지급기간은 121.7일과 133.7일이다. 매입채무회전율의 하락은 매입대금의 지급기간이 연장되고 있음을 의미한다.

▌회계현장 4-3 ▌매입채무회전율의 평가

Starbucks의 다음 회계자료를 가지고 매입채무회전율과 매입채무지급기간을 통해 거래처에 대한 채무관리의 효율성을 평가해보자.

(단위 : 백만달러)

	2011년	2010년	2009년
매입채무	540.0	282.6	267.1
매출원가	4,943.3	4,458.6	4,324.9
평균매입채무	411.3	274.9	296.0

이 회사의 매입채무회전율을 계산하면 다음과 같다.

	11년	10년
매입채무회전율 =	$\frac{4,949.3}{411.3} = 12.0$	$\frac{4,458.6}{274.9} = 16.2$
	9년	
	$\frac{4,324.9}{296.0} = 14.6$	

매입채무회전율은 회사가 거래처의 매입채무를 얼마나 신속하게 지급하고 있는지를 측정한다. 매입채무회전율이 빠르다는 것은 회사가 거래처에 대해 외상대금을 제때에 지급하고 있음을 의미하는 것이다. 매입채무회전율을 이용해서 매입채무지급기간을 계산하면 비율의 의미를 더 쉽게 해석할 수 있다. 매입채무지급기간(365일/매입채무회전율)을 계산하면 다음과 같다.

	11년	10년
매입채무지급기간 =	$\frac{365}{12.0}$ = 30.4일	$\frac{365}{16.2}$ = 22.5일

총자산현금이익률을 계산한 결과 이 회사는 외상매입대금을 11년에는 30일, 10년에는 23일 정도에 지급하는 것으로 나타나 있다. 매입대금 지급기간의 적절성은 먼저 이 회사의 외상대금 지급정책을 살펴보고 양호 여부를 판단하여야 하고, 그 다음에 경쟁회사나 업종평균과 비교해서 최종 판단을 하면 된다.

회사가 정한 기간과 일치하면 문제가 없는 것인데, Starbucks는 보통 평균적으로 30일이 회사가 정한 지급기일이기 때문에 문제가 없는 것으로 판단할 수 있다. 그러나 이 기간을 초과해서 지급하고 있다면 회사의 유동성 문제가 있어서 그럴 수 있기 때문에 그 이유를 살펴보고 최종 결론을 내려야 한다.

대금지급기간이 지연되는 것이 유동성에 문제가 생겨서 그런지를 알아보려면 당좌비율이나 현금흐름표상의 영업활동 현금흐름을 살펴보면 된다. 여기에 문제가 없으면 회사가 우월한 입장을 이용해서 현금보유를 최소화하면서 대금지급을 미루는 경우로 이 경우는 문제가 되지 않는다. 외상대금을 결산일 이후로 미루면 그 기간의 영업활동 현금흐름은 증가하게 되므로 영업활동 현금흐름이 부족한 회사에서 이를 악용할 소지도 있다.

앞에서 매출채권의 평균회수기간과 재고자산의 평균보유기간을 합산하여 기업의 정상영업주기를 산출하였다. 정상영업주기에서 매입채무의 평균지급기간을 차감하여 계산한 일수를 운전자본 소요기간 또는 현금영업순환주기(cash to cash cycle)이라고 말한다. 운전자본 소요기간 또는 현금영업순환주기는 재고자산의 매입대금을 현금으로 지급한 다음부터 판매대금이 현금으로 회수되기까지의 기간을 의미하며, 이 기간이 짧을수록 양호하다고 말할 수 있다.

이 기간 동안에는 영업활동을 통해서 내부적으로 창출한 자금, 차입자금, 주식발행대금, 자산매각대금, 보유현금 등에 의존해서 유지되게 된다. 따라서 이 기간이 길수록 운전자본이 많이 소요되기 때문에 자금의 내부창출능력이 부족한 기업은 외부자금 의존도가 높아지게 되며, 이런 현상이 해소되지 않을 경우 자금난이 심화될 소지가 많게 된다.

현금영업순환주기를 그림을 가지고 설명하면 다음과 같다.

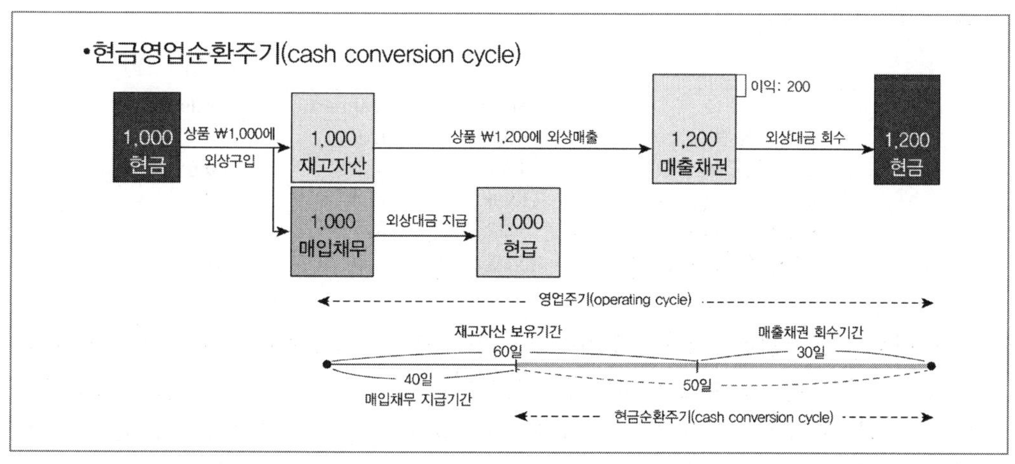

현금 ₩1,000을 투자하여 영업을 시작하면서 상품을 외상으로 매입하였으며, 이 상품을 60일만에 고객에게 ₩1,200에 외상으로 판매하였다고 하자. 외상 판매 대금은 30일후

에 회수되었으며, 외상 매입대금은 매입후 45일 지나서 지급되었다고 하자. 이 경우 정상영업주기는 재고보유기간 60일과 매출채권회수기간 30일을 합한 90일이 되며, 현금영업순환주기는 정상영업주기 90일에서 매입채무지급기간 40일을 차감한 50일이 된다. 현금이 들어올 때까지 걸리는 50일 동안에는 내부창출자금에 의존해서 회사 영업이 수행되어야 하며, 내부창출자금이 부족하면 외부자금의 조달이 필요하게 된다. 외부자금 조달은 조달비용이 발생되기 때문에 회사의 수익성의 저해 요인으로 작용할 것이며, 자금 조달이 여의치 않을 경우 회사의 자금 압박으로 이어져 유동성 위기를 초래할 수도 있다.

(주)나그네의 20×3년도 운전자본 소요기간을 계산하면 다음과 같다.

운전자본 소요기간 = 평균회수기간 + 평균재고보유기간 − 평균지급기간
= 79.9 + 347.6 − 133.7 = 293.8

20×2년과 20×3년의 운전자본 소요기간은 212.7일과 293.8로 큰 폭의 증가추세를 보이고 있다. 이러한 추세는 이 회사가 판매대금을 회수할 때까지 필요로 하는 운전자본이 더 많아지고 있음을 의미한다. 이 회사는 운전자본의 일부를 부채로 조달해서 운영해나가고 있음을 부채의 증가를 통해서 알 수 있다.

▌회계현장 4-4▐ 현금영업순환주기(운전자본소요기간)

다음의 자료를 가지고 소매업종의 세 회사에 대한 2011년도의 현금영업순환주기를 비교 평가해보자.

(단위 : 일)

	Amazon	Walmart	Nordstrom
1. 재고보유기간	40.1	42.0	58.8
2. 매출채권회수기간	18.1	4.5	70.6
3. 매입채무지급기간	89.6	37.8	47.6
정상영업주기(1+2)	58.2	46.5	129.4
현금순환주기(1+2−3)	(31.5)	8.8	81.8

세 회사는 소매업종에 속한 회사이지만 각각 상이한 사업모델을 가지고 있기 때문에 운전자본의 활동성(효율성)비율과 정상영업주기 그리고 현금영업순환주기(운전자본소요기간)에 있어서 차이가 존재한다. Amazon.com은 전자상거래 (e-commerce)소매업체이기 때문에 물류센터에만 재고자산을 보유하고 있을 뿐이어서 재고자산 보유수준이 낮다. 이에 따라 재고보유기간이 세 회사 중 가장 낮은 40.1일이다. 그리고 이 회사의 고객은 판매대금을 은행신용카드로 지불하기 때문에 판매대금이 매우 신

속하게 회수된다. 한편 이 회사는 외상구입대금을 89.6일 정도 지나서 지급하고 있다. 따라서 이 회사의 정상영업주기는 58.2일인데 반해 현금영업순환주기는 −31.5일을 나타내고 있어 대단히 양호한 현금흐름을 보이고 있다.

Walmart과 Nordstrom은 전통적인 매장 소유 소매업체이지만, 상이한 세분화 시장을 가지고 있다. Walmart는 광범위한 상품종류를 취급하고 있으며, 저가전략을 강조하고 있다. Nordstrom은 패션 의류와 제화를 판매하고 있는 회사이며, 제품의 품질과 고객서비스를 강조하고 자사신용카드로 판매를 증진시키고 있다. Walmart는 영업주기가 Nordstrom의 129일에 비해 47일로 짧다. 그리고 현금영업순환주기도 Nordstrom의 82일에 비해 9일로 짧다. 이는 Nordstrom의 재고보유기간과 매출대금회수기간이 Walmart보다 더 긴데 원인이 있다. 두 회사의 현금영업순환주기의 차이는 Nordstrom이 판매기간이 길어지는 패션 의류의 취급과 대금회수에 소요시간이 긴 자사신용카드 사용에서 그 원인을 찾을 수 있다. Nordstrom은 단기지급능력에 관심을 가지고 현금흐름관리에 신경을 써야 할 필요가 있다. 현금유입과 유출 간에 불일치가 발생하고 있는 점을 시정하는 노력이 시급히 요구되는 상황이기 때문이다. (Revsine의 Financial Reporting & Analysis(6th) pp.268-269 내용을 정리함)

(4) 총자산회전율

總資產回轉率이란 매출액을 평균자산총계로 나누어 산출한 것으로, 이는 기업이 이익을 획득하는데 있어서 자산을 얼마나 효율적으로 이용하고 있는지를 평가하는데 이용된다. 이 비율이 낮은 것은 여러 가지 이유가 있으므로 그 속에 내재되어 있는 원인을 파악하는 것이 중요하다. 예를 들어, 생산되는 제품의 가치에 비하여 자산에 대한 투자가 과도할 수도 있다. 만약 그렇다면 기업은 자산을 매각하고 더욱 높은 이익을 창출하는데 투자를 하거나 또는 더욱 이익을 많이 창출하는 제품의 생산에 이용하는 등 현재의 경영정책을 재검토해야 할 필요성이 있다.

(주)나그네의 20×3년도 총자산회전율을 계산하면 다음과 같다.

$$\text{총자산회전율} = \frac{\text{매출액}}{\text{평균자산총계}} = \frac{₩80,000}{(₩200,000 + ₩220,000)/2} = 0.381$$

20×2년도와 20×3년도의 총자산회전율은 각각 0.53과 0.381이다. 이 기업의 총자산 이용정도가 상당히 하락하였는 바 그 이유를 파악할 필요가 있다. 예를 들어, 적절한 보수유지가 이루어지고 있는지 또는 자산이 노후화되어 대체가 필요한지 등을 검토할 필요가 있는 것이다.

3) 안전성비율

安全性比率(safety ratio)이란 장기지급능력을 나타내는 비율로 이를 일명 레버리지비율(leverage ratio)이라 한다. 따라서 이는 만기시 장기부채를 상환할 수 있는 기업의 능력을 말한다. 장기채권자는 기업의 단기부채상환능력과 장기부채상환능력을 함께 고려한다는 점에서 단기채권자와 다르다. 장기채권자는 단기적으로는 이자지급능력에 관심을 가지며, 장기적으로는 만기시 부채를 상환할 수 있는 능력에 대해 관심을 가지게 된다.

장기지급능력은 기업의 재무구조와 영업구조에 의해 영향을 받는다. 기업의 재무구조란 부채와 자본간의 구성비율로 재무구조의 분석시에는 장기부채가 포함된다. 또한 기업이 수익력이 없다면 장기적으로 부채를 상환할 수 없기 때문에 장기지급능력은 수익성에 의존하지 않을 수 없다. 부채가 과도할 때의 추가적 자금조달은 당연히 재무구조를 개선할 수 있도록 먼저 주식발행을 통하여 이루어져야만 한다. 경영자는 또한 부채의 만기일을 연장하여 부채지급일자에 대한 시차를 두는 것을 고려할 수도 있다. 안정성비율을 살펴보면 다음과 같다.

(1) 부채 대 총자산 비율

負債 對 總資産比率은 총부채가 총자산에서 차지하는 비율로 총부채를 총자산과 비교하는 것이다. 즉, 채권자들로부터 조달한 자금총액이 총자산에서 차지하는 비율을 보여주는 것이다.

채권자는 보다 낮은 부채 대 총자산비율을 원한다. 왜냐하면 이 비율이 낮다는 것은 상대적으로 부채에 비해 자본이 크다는 것으로 채무에 대한 담보력이 그만큼 크기 때문이다. 예를 들어 이 비율이 30%라고 한다면 채권자가 제공한 자산은 총자산의 30%이고 이 채권의 담보가 되는 자기자본은 70%이어서 담보력이 충분하기 때문에 그 만큼 안전하다고 볼 수 있다. 그러나 이 비율이 100%를 향하여 계속 증가추세를 보이고 있다면, 이는 총자산에서 차지하는 부채의 비중이 계속 증가한다는 것을 의미하기 때문에, 그 만큼 담보력이 떨어져서 추가로 부채를 조달할 능력도 감소할 것이고, 결국 장기지급능력도 악화되게 될 것이다.

(주)나그네의 20×3년도 부채 대 총자산비율을 계산하면 다음과 같다.

$$\text{부채 대 총자산비율} = \frac{\text{부채총액}}{\text{자산총액}} = \frac{₩135,400}{₩220,000} = 0.62$$

20×2년도와 20×3년도의 부채 대 총자산비율은 각각 0.63과 0.62로, 총자산에 대한 부채의 정도가 다소 낮아짐으로써 기간이 경과함에 따라 이 비율이 약간 호전되고 있다.

(2) 부채비율(부채 대 자기자본비율)

부채비율은 부채총액을 자본총액으로 나누어 산출된다. 이를 부채 대 자기자본비율이라고도 한다. 이 비율은 부채 대 총자산비율과 마찬가지로 기업이 지급불능상태에 빠졌을 때 채권자의 채권이 어느 정도 보호를 받을 수 있을 것인지를 판단할 수 있게 해준다.

이 비율이 100% 이하이면 채권에 대한 담보가 되는 자기자본이 상대적으로 많다는 뜻으로, 채권자의 채권은 더 많은 보호를 받을 수 있다. 따라서 이 비율은 낮을수록 좋다고 말할 수 있다. 부채비율의 표준비율은 일반적으로 100% 이하로 보고 있다. 그러나 바람직한 부채비율은 동종산업의 평균부채비율, 부채의 조달 가능성, 수익력의 안정성 등 여러 변수에 따라 좌우된다.

한편 이 비율이 산업의 평균비율보다 훨씬 높거나 100% 이상으로 나타난다면, 이는 타인자본의존도가 상대적으로 높다는 것을 의미한다. 자기자본보다 부채의 비중이 높으면 기업이 정기적으로 부담하여야 할 이자가 그만큼 많게 되며 또한 만기의 원금상환을 위한 자금압박을 받을 수 있다. 또한 과도한 부채를 떠안고 있는 기업은 자금시장이 경색될 경우에 자금을 확보하는데 훨씬 어려움을 겪기 때문에, 돌발적인 사건의 발생시 이에 필요한 자금을 조달하지 못하여 지급불능이라는 최악의 상황에 빠져 들어갈 가능성이 높다. 타인자본의존도가 높은 기업일수록 그렇지 않은 기업에 비해 재무적 융통성(financial flexibility)이 낮다고 한다.

부채비율을 평가할 때도 여러 요인을 함께 고려해서 해야 실수를 범하지 않는다. 즉, 부채비율 하나만 놓고 일률적으로 평가해서는 안 되고 기업의 수익력의 안정성, 영업성장의 추세, 산업의 특성 등을 함께 고려해야 올바른 평가가 가능하다는 것이다. 예를 들어 수익성이 안정적이고 성장추세가 상승세를 보이는 기업이 있다면 부채비율이 상대적으로 높다 하더라도 안전하다고 판단할 수 있는 것이다.

(주)나그네의 20×3년도 부채비율을 계산하면 다음과 같다.

$$\text{부채비율} = \frac{\text{부채총액}}{\text{자본총액}} = \frac{₩135,400}{₩84,600} = 1.60$$

20×2년도와 20×3년도의 부채비율은 각각 1.67과 1.60으로 상당히 안정되어 있다.

새로운 안정성 측정비율

부채비율이 200% 이하라고 해서 단순하게 재무적 안정성이 양호한 회사라고 속단해서는 안 된다. 실무에서는 부채비율이 안정성 평가의 절대기준이 아니라고 한다. 대우그룹의 사례에서 볼 수 있듯이 부채가 매출액의 일정수준을 넘어서면 영업을 통해 벌어들인 이익으로 부채에 대한 이자를 갚기 어려운 구조가 된다. 또한 기업이 증자를 해서 부채비율을 낮췄더라도 이런 구조가 되면 차입금이나 부채총계를 줄이지 않는 한 부채총계는 다시 늘어날 수 있다. 이런 기업들은 일반적으로 이익률이 매우 낮으며, 이에 따라 자금조달이 여의치 않아 다시 고금리로 차입을 하게 되는 악순환에 빠져들게 된다.

이 점에서 실무에서는 차입금 총계와 매출액을 비교하는 다음과 같은 산식으로 기업의 안정성을 평가하는 것이 유용한 것으로 알려져 있다.

$$\text{차입금 대 매출액비율} = \frac{\text{차입금}}{\text{매출액}}$$

매일경제신문이 상장회사협의회의 결산자료를 분석한 결과에 의하면 차입금이 매출액보다 많은 상장회사가 68사나 되며, 차입금 규모가 경계수준인 매출액 대비 80%가 넘는 회사가 100여개나 된다고 한다(매일경제신문, 2000. 4. 11).

상장기업과 코스닥기업의 차입금 대 매출액비율 정보는 증권회사에서 제공하는 기업분석 책자를 보면 비율분석자료 편에 나와 있다.

(3) 이자보상비율

장기채권자의 보호에 필요한 기업 영업능력의 가장 보편적인 측정치는 이자보상비율이다.

利子報償比率(times interest earned)은 이자비용과 법인세의 차감전순이익을 연간 이자비용으로 나누어 산출하는 것으로, 이것은 이익의 하락시 어느 정도까지 기업이 흡수할 수 있는가를 나타낸다는 점에서 하나의 안전한계지표(Margin of Safety)인 것이다.

이자비용은 법인세비용이 계산되기 전에 차감되므로 이자비용과 법인세비용차감전순이익이 분자에 사용되고 있다. 이자보상비율 값의 단위가 배이기 때문에 **이자보상배율**이라고 부르기도 한다. 이자보상비율은 높게 나타날수록 양호한 것이며, 1배 이하로 나타나는 기업은 당기에 벌어드린 이익으로 이자비용을 지급하고 나면 남는 게 없는 기업으로 미래 존속가능성이 의문시되는 매우 위험한 상태에 처한 부실기업이라고 말할 수 있다.

그러나 이자보상비율이 충분히 높게 나타나고 있는 기업은 이자지급을 이행하지 못할 위험이 없을 것이므로, 부채의 만기도래시 상환기간을 연장하거나 유리한 조건으로 차환 또는 추가 차입할 수도 있을 것이다.

(주)나그네의 20×3년도 이자보상비율을 계산하면 다음과 같다.

$$\text{이자보상비율} = \frac{\text{이자와 법인세차감전순이익}}{\text{이자비용}} = \frac{₩18{,}000}{₩3{,}000} = 6$$

20×2년도와 20×3년도의 이자보상비율은 각각 11배와 6배로 외견상 별 문제가 없어 보인다. 그러나 이자보상비율의 급격한 하락은 이자비용을 보상할 수 있는 이익이 큰 폭으로 하락하고 있다는 점에서 좋지 못한 징후라고 볼 수 있다.

EBITDA를 이용한 이자보상비율

회계상의 당기순이익은 회계처리방법과 영업외적요인에 의해 크게 영향을 받는다. 최근들어 기업분석가들은 이러한 요인에 의해 영향을 받지 않는 EBITDA를 기업의 새로운 성과지표로 사용하고 있는 추세이다. 실제로 우리나라 기업들은 이를 테면 감가상각방법을 변경(예를 들어 정액법에서 정률법으로, 또는 정률법에서 정액법으로의 변경)하여 당기순이익규모를 조정하거나 자산매각 등에 따른 특별이익을 계상하여 적자기업을 흑자기업으로 둔갑시키는 사례가 적지 않았다.

EBITDA(Earnins Before Interest, Tax, Depreciation and Amortization)는 글자그대로 이자지급전, 법인세차감전, 유·무형자산 감가상각비 차감전의 이익으로서 회계방법이나 영업외적 요인의 영향을 배제시킨 순수한 영업이익이라고 보면 된다. 따라서 국내외 기업의 수익력 비교와 업종간 수익력 비교에 유용하게 쓰일 수 있는 지표가 된다.

최근에 실무에서는 당기순이익 대신에 EBITDA를 이용해서 이자보상비율을 다음과 같이 산정하여 사용하고 있다.

$$\text{이자보상비율} = \frac{\text{EBITDA}}{\text{이자비용}}$$

▮회계현장 4-5▮ 재무구조 취약그룹의 부채비율과 이자보상배율 평가

14개 재무구조 취약그룹 실적분석: 부채비율 급증 … 재무상황 더 악화
11곳 영업이익으로 이자도 못 갚아

지난해 재무구조개선약정을 체결한 14개 그룹 중 절반이 부채비율과 순차입금비율은 더욱 높아지고 이자보상배율은 낮아지는 등 경영이 악화된 것을 나타났다. 이들 기업은 외부감사인으로부터 계속기업의 존속능력이 불확실하다는 경고까지 받았다.

재무구조 개선약정이란 재무구조가 취약한 대기업이 구조조정 차원에서 부채를 줄이고 수익성을 높이기 위한 방안을 주채권은행에 약속하는 것이다. 지난해엔 금융권에 빚이 많은 14개 대기업그룹이 재무구조개선 약정 체결 대상으로 선정됐다.

재무구조개선약정체결기업 2014년 실적 (단위:%, 배)

구분	기업명	매출액 증가율	순이익	부채비율		이자보상배율	
				2013년	2014년	2013년	2014년
경영악화 그룹	대성산업	-4.68	적자확대	412.2	12,675.0	-2.3	-0.2
	동부건설	-15.96	적자확대	617.5	3,392.2	-1.0	-3.7
	대한항공	0.52	적자확대	736.5	966.1	0.0	0.9
	한진중공업	-0.36	적자확대	307.8	311.3	-0.4	-0.9
	동국제강	-9.30	적자확대	247.8	239.5	0.4	-0.1
	성동조선해양	-31.10	적자확대	완전잠식	완전잠식		
경영소폭 개선그룹	아시아나항공	1.97	흑자전환	676.3	633.8	-0.1	0.6
	현대상선	-4.10	흑자전환	1,185.8	959.9	-1.1	-0.8
	한라	-4.97	적자축소	333.6	365.5	-2.3	0.4
	STX	-32.49	흑자전환	완전잠식	1,239.9	-10.7	0.8
	STX 조선해양	1.94	흑자전환	완전잠식	완전잠식		
재무구조 개선그룹	현대산업	6.18	흑자전환	191.6	161.2	-1.8	2.7
	대우건설	13.81	흑자전환	281.5	276.4	-2.0	3.5

*SPP조선 사업보고서 미제출로 분석에서 제외
*자료:금융감독원 전자공시시스템, 에프앤가이드

(내일신문 2015-04-06에서 발췌)

(4) 비유동장기적합률

非流動長期適合率은 기업의 비유동자산을 장기자금조달원천인 자기자본과 차입부채의 합계로 나누어 산출한 다. 이 비율은 기업의 비유동자산을 취득하는데 필요한 자금을 어떤 방법으로 조달하였는가를 나타내주는 지표로 **자금조달과 자금운용의 안정성**을 동시에 평가하는 비율이다.

비유동장기적합률이 높다는 것은 그만큼 유동자산이 적어 단기의 지급능력이 떨어지고, 비유동장기적합률이 낮다는 것은 그만큼 유동자산이 많아 지급능력이 양호하다는 것을 의미한다. 예를 들어 비유동장기적합률이 120%라면 이는 비유동자산의 투자에 장기자본 가지고도 부족해서 부족분을 단기자본인 유동부채 20%를 조달해서 사용하였다는 의미로, 지급능력을 취약하게 만드는 원인이 될 것이다. 만약 이 비율이 70%라면 장기자본의 70%만 비유동자산 투자에 사용되고 나머지 30%는 유동자산에 투자되었다는 의미이기 때문에 지급능력이 훨씬 양호해질 것이다.

그런데 비유동장기적합률이 너무 낮다는 것은 자원을 효율적으로 운영하지 못한 결과일 수도 있다. 따라서 비유동장기적합률은 100%수준으로 유지하는 것이 안정적이라 할 수 있다.

(주)나그네의 20×3년도의 비유동장기적합률은 다음과 같이 산출된다.

$$비유동장기적합률 = \frac{비유동자산}{자기자본 + 차입부채} = \frac{₩100,000}{₩84,600 + ₩80,000} = 0.61$$

20×2년도와 20×3년도의 비유동장기적합률은 0.6과 0.61로, 비유동장기적합률이 낮아 안정적이긴 하지만 상대적으로 장기적으로 조달된 자금을 유동자산에 많이 투자하여 그만큼 자원을 효율적으로 활용하고 있지 못하다.

‖ 회계현장 4-6 ‖ 비유동장기적합률 평가

STX조선해양은 한 때 조선업계의 빅 4로 불리는 코스피 상장기업이었으나, 2013년 유동성 위기를 극복하지 못하고 2014년 상장 폐지된 회사이다. 이 회사는 조선업 호황시의 무리한 해외 조선소 인수 투자가 2009년 이후에 몰아친 불황으로 인해 수익성 악화로 작용하면서 유동성에 심각한 문제가 발생하게 되었다. 이 유동성 문제를 해결하기 위해 조달된 과도한 차입금이 지속된 조선업계 불황으로 인한 수익성 악화 속에서 회사의 유동성 문제를 더욱 심화시키게 되었다.

STX조선해양의 연결재무제표에 보고된 다음 회계자료를 가지고 회사의 비유동장기적합률을 통해 자금조달과 운영의 안전성을 평가해보자.

(단위 : 억원)

	2012년	2011년	2010년
1.비유동자산	50,937	72,274	54,685
2.비유동부채	11,827	22,861	21,846
3.자　　본	13,148	21,767	15,148
4.장기자본(2+3)	24,795	44,628	36,994

이 회사의 비유동장기적합률을 계산하면 다음과 같다.

12년　　　11년

$$비유동장기적합률 = \frac{50,937}{24,975} = 2.04 \qquad \frac{72,274}{44,628} = 1.62$$

10년

$$\frac{54,685}{36,994} = 1.48$$

비유동장기적합률 계산 결과를 보면 2012년 2.04(204%), 2011년 1.62(162%), 2010년 1.48(148%)로 나타나고 있어 3개연도 모두 100%를 상회하고 있어서 단기자금의 상당 부분이 비유동자산 투자에 사용되고 있다고 볼 수 있으며, 더욱이 기간별로 증가 추세를 보이고 있어서 이 회사의 안전성에 심각한 위험신호를 보여주고 있다. 비유동장기적합률의 악화는 결국 자금조달과 운영의 지속적인 불일치 현상이 심화되는 것을 의미하며, 수익성 악화가 발생되는 상황에서는 회사의 유동성에 심각한 해악을 끼치게 되어 회사의 존속을 위태롭게 만든다.

(5) 현금흐름총부채보상비율

현금흐름총부채보상비율(Cash flows from operations to total liabilities ratio)은 장기지급능력을 측정하기 위한 지표로서 영업활동 현금흐름으로 평균총부채를 어느 정도 상환할 수 있는가를 나타내는 비율이다. 이 비율 역시 안전성비율을 보완하는 역할을 담당하고 있다.

$$\text{총부채보상비율} = \frac{\text{영업활동현금흐름}}{\text{평균 총부채}} = \frac{₩6,200}{(₩135,400 + ₩125,000)/2} = 0.05$$

(주) 나그네의 20×2년도와 20×3년도의 현금흐름총부채보상비율은 각각 0.09와 0.05로 매우 낮은 수준일 뿐만 아니라, 기간이 경과함에 따라 상당히 감소하고 있다. 위에서 계산한 안전성 비율이 양호한 것으로 나타난 것과는 달리 이 회사의 현금흐름총부채보상비율은 매우 낮게 나타나고 있어 이 회사의 실제 장기지급능력은 매우 취약한 것으로 평가된다.

4) 수익성비율

收益性比率(profitability ratio)이란 기업의 이익창출능력을 나타내는 비율을 말한다. 수익성비율은 재무구조와 자산의 효율적인 이용정도에 의하여 영향을 받게 된다. 양호한 재무구조를 지니고 있다는 것은 상대적으로 부채가 작음을 의미하므로 부채가 많은 기업에 비해 같은 영업이익을 창출한다 하더라도 이자비용이 상대적으로 적어 당기순이익은 그만큼 많아지게 되며, 또한 기업의 자산을 효율적으로 운용하고 있는 경우 투자수익률이 높은 곳에 적절히 자산을 투자하고 있다는 것으로 그만큼 수익성이 개선되기 때문이다.

이익창출능력이 낮은 기업은 배당가능이익이 작아 주가의 하락가능성이 있으므로 일반적으로 투자자는 신규투자를 기피할 것이다. 채권자도 마찬가지로 이익창출능력이 낮은 기업은 이자와 원금의 상환가능성이 낮기 때문에 이들 기업에 대한 추가신용의 제공을 기피할 것이며, 빌려준 자금은 가능한 조기에 회수하려 할 것이다. 이와 같이 수익성비율은 투자자나 채권자, 그리고 경영자 등 대부분 정보이용자들의 의사결정시 아주 중요한 영향을 미치는 재무비율이 되고 있다.

대부분의 수익성비율은 분자에는 이익항목이, 분모에는 투자액 또는 매출액이 들어간다. 따라서 수익성비율은 기업이 투자자와 채권자로부터 조달한 자본을 이용하여 어느 정도의 영업성과를 올렸는지, 또한 기업의 생산, 판매, 재무활동 등을 얼마나 효율적으로 수행하였는지를 측정하는 지표라고 말할 수 있다. 이에는 다음과 같은 것들이 있다.

(1) 매출액총이익률

賣出額總利益率은 매출액에서 매출원가를 차감한 매출총이익을 매출액으로 나누어 산출하는 것으로, 기업이 생산·판매한 재고자산의 매출액 1원당 이익비율을 나타낸다. 따라서 이 비율은 기업의 생산 및 매출활동의 수익성을 측정하고자 할 때 사용된다.

매출액총이익률이 클수록 생산활동을 효율적으로 수행하여 제조원가를 절감하였으며, 그 결과로 매출원가율이 낮아졌다는 의미이므로 기업의 입장에서는 바람직한 현상이나 고객의 입장에서 볼 때는 기업이 원가에 비해 판매가격을 너무 높게 책정한 것을 의미한다. 따라서 동종 산업평균비율에 비해 과도하게 매출액총이익률이 높다는 것은 상대적으로 원가절감에 성공하였다는 측면도 있으나 이익만을 추구하는 기업이라는 기업이미지에 나쁜 영향을 미칠 수도 있다.

(주)나그네의 20×3년도 매출액총이익률을 계산하면 다음과 같다.

$$\text{매출액총이익률} = \frac{\text{매출총이익}}{\text{매출액}} = \frac{₩30,000}{₩80,000} = 0.38$$

20×2년도와 20×3년도의 매출액총이익률은 각각 0.41과 0.38로, 이렇게 비율이 감소하는 이유는 판매된 제품에 대한 생산원가가 상대적으로 높아지는 것을 포함하여 여러 가지 이유가 있을 수 있다.

(2) 매출액영업이익률, 매출액순이익률

賣出額營業利益率은 매출총이익에서 판매비와 관리비를 차감한 영업이익을 매출액으로 나눈 것으로, 이는 기업의 주된 영업활동(즉, 생산 및 판매·관리활동)에 의한 수익성을 측정하는 척도가 된다.

賣出額純利益率이란 당기순이익을 매출액으로 나눈 것으로, 이는 기업의 경상적·비경상적인 모든 경영활동의 결과가 반영된 최종적인 경영성과를 총체적으로 측정하는 척도가 된다.

(주)나그네의 20×3년도 매출액영업이익률을 계산하면 다음과 같다.

$$\text{매출액영업이익률} = \frac{\text{영업이익}}{\text{매출액}} = \frac{₩15,000}{₩80,000} = 0.19$$

20×2년도와 20×3년도의 매출액영업이익률은 각각 0.22와 0.19로 감소추세를 보이고 있다. 이는 20×3년도에 판매비와 관리비가 절감되었음에도 불구하고 매출액의 감소가 더 컸기 때문에 그렇게 된 것이다.

20×3년도 매출액순이익률을 계산하면 다음과 같다.

$$\text{매출액순이익률} = \frac{\text{당기순이익}}{\text{매출액}} = \frac{₩9,600}{₩80,000} = 0.12$$

20×2년도와 20×3년도의 매출액순이익률은 각각 0.12로 역시 전년도와 같음을 알 수 있다. 이렇게 매출액경상이익률과 매출액순이익률이 동일함은 기업의 이익획득능력이 어느 정도 안정적으로 유지되고 있는 것으로 해석할 수 있다.

(3) 매출액현금흐름이익률

매출액현금흐름이익률은 매출액순이익률 산식의 분자에 나타나 있는 당기순이익 대신에 영업활동 현금흐름으로 대체해서 만든 것으로 매출의 현금수익성을 측정한다.

이 비율은 기업의 전체적인 효율성과 경영성과를 측정하는 것으로써 매출을 통하여 현금을 창출하는 기업의 능력을 나타낸다. 매출을 통하여 얼마만큼의 현금을 창출하였는가에 대한 측정치는 매우 중요하다. 왜냐하면 기업이 부채의 상환, 배당금의 지급 및 설비투자를 위해서는 현금이 필요하기 때문이다. 매출액현금흐름이익률은 높을수록 매출을 통한 현금창출능력이 양호한 것으로 판단한다.

(주)나그네의 20×3년도 매출액현금흐름이익률을 계산하면 다음과 같다.

$$\text{매출액현금흐름이익률} = \frac{\text{영업현금흐름}}{\text{매출액}} = \frac{₩6,200}{₩80,000} = 0.08$$

20×2년도와 20×3년도의 매출액현금흐름이익률은 각각 0.14와 0.08로 전년도에 비해 큰 폭으로 하락하였음을 알 수 있다. 20×3년도의 매출액현금흐름이익률이 매출액순이익률보다 낮게 나타나고 있는 것은 그 만큼 매출액의 현금흐름창출능력이 저조하다는 것을 의미하는 것으로 매출액의 현금수익성이 악화되고 있음을 보여주고 있다.

(4) 총자산이익률(총자본이익률 또는 투자수익률)

총자산이익률(Return On Total Assets)은 당기순이익을 평균자산총계로 나누어 산출하는데, 이는 경영자가 기업의 영업활동을 수행하기 위해 보유하고 있는 총자산을 얼마나 효율적으로 운영하였는가를 나타내는 수익성비율이다. 이 비율은 자산에 투하된 자본의 원천이 부채인지 또는 자기자본인지에 관계없이 기업이 영업활동을 위하여 보유중인 자산에 대한 영업성과를 나타낸다.

총자산은 총자본을 투자한 결과이기 때문에 총자산과 총자본은 일치하게된다. 따라서 이 비율은 총자본이익률(Return On Total Equity) 또는 투자수익률(Return On Investment ; ROI)이라고도 한다. 이때 재무구조에 의한 영향을 제거하고 순수한 영업효율성을 측정하기 위해서는 당기순이익 대신 이자비용차감전순이익(즉, 당기순이익＋{이자비용×(1－법인세율)}을 사용하여야 한다. 그 이유를 설명하면 다음과 같다.

경영자는 기업을 경영하면서 재무활동과 영업활동(투자활동 포함)을 수행하게 된다. 재무활동은 자산보유에 필요한 자금을 어떻게 조달할 것인가와 관련된 것이고, 영업활동은 보유하고 있는 자산을 어떻게 운영할 것인가와 관련된 것이다. 이 두 활동의 적절한 수행은 성공적인 기업의 필수요건이다. 그러나 경영자의 성과를 평가할 때 두 활동이 혼합되지 않도록 주의하여야 한다. 즉, 자금을 채권자와 주주로부터 조달하었느냐 아니면 주주로부터 전부 조달하였느냐와 같은 자금조달방법에 관한 문제가 기업이 획득한 자산을 얼마나 잘 운영하였느냐를 평가하는데 영향을 미쳐서는 안 된다는 것이다.

자금조달의 평가문제가 자산운영의 평가문제에 미치는 영향을 제거하기 위해서는 분자의 당기순이익에다 이자비용에 (1－법인세율)을 곱해 법인세차감후 기준으로 바뀐 가액을 가산하여야 한다. 이렇게 하면 채권자나 주주에게 이자나 배당금을 지급하기 전의 이익수치가 되게 된다. 이렇게 계산된 총자산이익률은 순수한 영업효율성을 나타낼 수 있게 된다.

한편 총자산이익률은 그 변동요인을 분석하기 위해 **매출액순이익률**과 **총자산회전율**로 나눌 수 있다.

(주)나그네의 20×3년도 총자산이익률의 산출과정을 계산하면 다음과 같다. 여기서 순이익은 이자비용차감전순이익을 말하며, 법인세율은 40%이다.

$$\text{총자산이익률} = \frac{\text{순이익}}{\text{평균자산총계}} = \frac{₩9,600 + ₩2,000 \times (1 - 0.4)}{(₩220,000 + ₩200,000)/2} = 0.05$$

$$\text{총자산이익률} = \frac{\text{순이익}}{\text{매출액}} = \frac{\text{매출액}}{\text{평균자산총계}} = 0.14 \times 0.381 = 0.05$$

위 식에서 보는 바와 같이 총자산이익률은 매출액순이익률이나 총자산회전율이 증가하면 높아지게 되어 있다. 이때 총자산회전율은 서비스업종과 공익사업보다는 소매업종인 경우가 이를 개선할 가능성이 높다. 따라서 총자산회전율은 어느 정도는 기업의 업종에 따라 좌우될 수 있다. 그러나 매출액순이익률은 매출액, 원가통제 및 가격결정 등에 의하여 영향을 받기 때문에 같은 산업 내에서도 아주 다양할 수가 있다. 총자산이익률은 매출액순이익률이나 총자산회전율에 의하여 영향을 받기 때문에 이를 개선하기 위해서는 매출액을 증가시키거나 아니면 불필요한 자산을 처분하여 부채를 상환하거나 또는 원가를 절감하는 등 다양한 경영정책을 채택할 수 있다.

(주)나그네의 20×2년도와 20×3년도의 총자산이익률은 0.07과 0.05이다. 이는 이익을 획득하기 위한 자산의 생산성이 20×3년에 저하되었다는 것을 나타낸다.

▌회계현장 4-7▐ 총자산이익률의 분해와 전략 분석

다음의 자료를 가지고 두 회사의 2012년도 주요전략을 확인해보자.

(단위 : 백만달러)

	Walmart	Target
순매출액	446,950	69,865
당기순이익	15,699	2,929
기초자산	180,782	43,705
기말자산	193,406	46,630

두 회사의 총자산이익률 및 매출액순이익률과 총자산회전율을 계산하면 다음과 같다.

Walmart

$$총자산이익률 = \frac{15,690}{(180,782+193,406)/2} = 0.084$$

$$총자산이익률 = \frac{15,690}{446,950} \times \frac{446,950}{187,094}$$

$$= 0.035 \times 2.4$$

Target

$$총자산이익률 = \frac{2,929}{(43,705+46,630)/2} = 0.065$$

$$총자산이익률 = \frac{2,929}{69,865} \times \frac{69,865}{45,168}$$

$$= 0.042 \times 21.5$$

총자산이익률을 계산한 결과 Walmart는 0.084(8.4%), Target은 0.065(6.5%)로 나타나고 있어 Walmart가 자산을 이용해서 더 많은 이익을 창출시키고 있다. 이 비율을 분해해보면 Walmart는 매출액순이익률이 3.5%, 총자산회전율이 2.4회이며, Target은 매출액순이익률이 4.2%, 총자산회전율이 1.5회를 나타내고 있다. 이에 따라 Walmart는 회사의 슬로건인 "Always Low Prices"에 부합하면서 이익을 증대시키기 위해 총자산회전률을 빠르게 하는 정책을 추구하고 있으며, 반면에 Target은 제품차별화와 고가전략을 구사하면서 매출액순이익률을 높이는 정책을 추구하고 있다. 그러나 수익성을 극대화하기 위한 이상적인 전략은 매출액순이익률과 자산회전률 모두를 증가시키는 것이다.

(5) 자기자본이익률

自己資本利益率(Return On Stockholder's Equity, ROE)은 당기순이익에서 우선주의 배당금액을 차감한 잔액을 평균자기자본(또는 평균보통주지분)으로 나누어 산출하는 것으로, 보통주에 의해 투자된 자원을 이용하여 얼마나 많은 이익을 창출하였는지를 측정하는 것이다.

따라서 이 비율은 보통주주들이 주로 관심을 갖는 수익성지표라고 볼 수 있다.

(주)나그네의 20×3년도 자기자본이익률을 계산하면 다음과 같다.

$$\text{자기자본이익률} = \frac{\text{당기순이익} - \text{우선주배당금}}{\text{평균자기자본}} = \frac{₩9,600}{(₩84,600 + ₩75,000)/2} = 0.12$$

20×2년도와 20×3년도의 자기자본이익률은 각각 0.17과 0.12이다. 따라서 20×2년도에 비해 20×3년도에는 상당히 하락하였다.

본 예에서의 자기자본이익률(12%)은 총자산이익률(4.5%)에 비해 훨씬 높게 나타나고 있다. 그 이유를 살펴보면 다음과 같다. 부채가 전혀 없는 기업의 총자본은 자기자본과 같으므로 총자산이익률과 자기자본이익률은 동일하다. 그러나 부채가 있으면 총자본이익률이 부채의 이자율을 초과하는 한 그 초과분이 자기자본이익률을 높이는데 기여하므로 자기자본이익률이 총자산본이익률보다 높게 나타난다.

이와 같이 부채조달에 따라 자기자본이익률이 총자산이익률보다 상승하는 효과를 **재무레버리지효과**(financial leverage effect)라고 하며, 다음 예에서 사채발행시 이를 확인할 수 있다.

[총자산이익률과 자기자본이익률의 비교]

	사채발행	주식발행
당 기 순 이 익	₩2,000,000	₩2,000,000
부 채	5,000,000	–
자 본	5,000,000	10,000,000
총자산(총자본)	10,000,000	10,000,000
총자산이익률	20%	20%
자기자본이익률	40%	20%

▮ 회계현장 4-8 ▮ 레버리지 효과 평가

다음의 자료를 가지고 두 회사의 2011년도 레버리지 효과를 평가해보자.

(단위 : 백만달러)

	Coca-Cola	PepsiCo
당기순이익	9,262	6,443
평균총자산	76,448	70,518
총부채	48,439	52,178
자기자본	31,635	20,274
평균총자본	31,319	20,989

두 회사의 총자산이익률과 총자기자본이익률을 계산하면 다음과 같다.

	Coca-Cola	PepsiCo
총자산이익률 =	$\frac{9,262}{76,448} = 0.121$	$\frac{6,443}{70,518} = 0.091$
자기자본이익률 =	$\frac{9,262}{31,319} = 0.296$	$\frac{6,443}{20,989} = 0.307$

총자산이익률은 자금의 조달원천을 무시하고 계산된 회사의 전반적인 수익성 지표이다. 계산한 결과를 보면 Coca-Cola는 0.121(12.1%), PepsiCo는 0.091(9.1%)로 나타나고 있어 Coca-Cola가 자산을 이용해서 더 많은 이익을 창출시키고 있음을 알 수 있다.

한편 소유주가 투자한 자금으로부터의 이익창출능력을 나타내는 자기자본이익률을 보면 Coca-Cola는 0.296(29.6%), PepsiCo는 0.307(30.7%)로 나타나고 있어 PepsiCo가 자기자본을 이용해서 더 많은 이익을 창출시키고 있음을 알 수 있다.

Coca-Cola는 총자산이익률이 높게 나타난 반면에 PepsiCo는 자기자본이익률이 높게 나타고 있다. 이 두 비율 측정치간의 상이한 차이를 초래한 이유는 레버리지에서 찾아볼 수 있다. 두 회사의 부채비율을 계산하면 다음과 같다.

	Coca-Cola	PepsiCo
부채비율 =	$\frac{48,439}{31,635} = 1.53$	$\frac{52,178}{20,274} = 2.52$

PepsiCo의 부채비율이 Coca-Cola보다 더 높게 나타나고 있어 PepsiCo의 더 높은 레버리지가 PepsiCo의 자기자본이익률을 Coca-Cola보다 높였다고 말할 수 있다. PepsiCo는 자기자본이익률을 총자산이익률의 3.4배(30.7%/9.1%) 증가시켰으며, Coca-Cola는 자기자본이익률을 오로지 총자산이익률의 2.4배(29.6%/12.1%) 증가시켰을 뿐이다. 이에 따라 PepsiCo가 현재 상황에서 Coca-Cola보다 부채를 잘 이용하고 있다고 말할 수 있다.

한편 자기자본이익률이 다음과 같이 3가지로 분해가 가능하기 때문에 이를 통해서도 자기자본이익률의 증감에 영향을 미치는 요인을 쉽게 파악할 수 있다.

[자기자본 이익률의 분해]

$$자기자본이익률 = \frac{순이익}{평균자기자본}$$
$$= \frac{순이익}{매출액} \times \frac{매출액}{평균자산총계} \times \frac{평균자산총계}{평균자기자본}$$
$$= \frac{순이익}{매출액} \times \frac{매출액}{평균자산총계} \times \left(1 + \frac{부채}{평균자기자본}\right)$$
$$= 매출액순이익률 \times 총자산회전율 \times (1 + 부채비율)$$

자기자본이익률은 주주중시경영의 판단기준

주주 입장에서 기업의 재무제표를 분석할 때 가장관심을 가져야 할 지표는 자기자본이익률(ROE)이다. 예를 들어 자기자본이익률이 10%라면 주주가 연초에 투자한 100원을 가지고 경영자가 열심히 영업을 해서 10원의 이익을 벌어드렸다는 뜻이다. 경영자가 주주에게 이익을 가져다 주는 주주중시경영을 했는 지는 자기자본이익률과 시중 이자율을 비교해보면 알 수 있다. 즉 자기자본이자율이 시중이자율을 초과할 수록 그만큼 주주에게 이익을 가져다주는 경영을 한 것으로 볼 수 있다.

(5) 주당순이익

투자자는 미래에 배당이나 자본이득 형태로 돌아올 시세차익을 기대하고 주식을 매입한다. 이익은 미래의 주식가격 상승 및 배당금 지급의 기초가 되므로 투자자는 기업의 주당순이익에 많은 관심을 가진다.

株當純利益(Earning Per Share ; EPS)은 보통주의 주당 당기순이익을 나타내는 지표로, 실무적으로 기업의 경영성과를 평가하는데 널리 사용되고 있다. 따라서 주당순이익은 예상할 수 있는 배당액 뿐만 아니라 기업의 영업성과를 나타내는 유용한 지표가 된다. 주당순이익은 우선주가 발행된 경우에는 당기순이익에서 우선주배당금을 차감한 잔액을 보통주의 가중평균유통주식수로 나누어 산출한다.

(주)나그네의 20×3년도 주당순이익을 계산하면 다음과 같다.

$$주당순이익 = \frac{당기순이익 - 우선주배당금}{보통주의\ 가중평균유통주식수} = \frac{₩9,600}{₩4,500} = ₩2.13$$

20×2년도와 20×3년도의 주당순이익은 ₩2.67과 ₩2.13이다. 이러한 주당순이익의 하락은 투자자들에게 주요 관심사가 될 수 있다. (주)나그네의 거의 모든 수익성비율

이 20×2년도에 비해 20×3년도에 하락하였는데, 이는 매우 좋지 못한 징후이다.

5) 시장가치비율

(1) 주가수익률

株價收益率(Price-Earnings Ratio ; PER)이란 주당시가를 주당순이익으로 나눈 것으로 기업이 창출한 ₩1의 이익에 대하여 증권시장에서 투자자들이 얼마의 대가를 지불하고 있는가를 측정하는 비율이다. 이와 같이 주가수익률은 주주와 기업의 관계를 평가해주는 비율이라 할 수 있다. 이때 주당순손실인 경우에는 주가수익률이 의미가 없기 때문에 0으로 한다.

주가수익률은 기업의 이익과 주식의 시장가격을 결합하여 산출한 비율로 기업의 가치는 당해 기업의 이익창출능력에 의하여 결정된다는 이론적 근거를 토대로 하고 있다. 따라서 주가수익률이 높다는 것은 투자자들이 기업의 미래이익창출능력을 낙관적으로 본다는 것이며, 주가수익률이 낮다는 것은 투자자들이 기업의 미래이익창출능력을 비관적으로 본다는 것을 의미한다.

그러나 투자자입장에서는 주가수익률의 높고 낮음에 대한 의미를 해석할 때 유의하여야 한다. 만약 동종 산업의 평균적인 주가수익률보다 높다는 것은 당해 기업의 이익창출능력에 비해 주식의 가격이 높게, 즉 과대평가(고평가)된 것을 의미하기 때문에 앞으로 주가의 추가상승보다는 하락가능성이 있을 수 있다. 반대로 동종 산업의 평균적인 주가수익률보다 낮다는 것은 당해기업의 이익창출능력에 비해 주식의 가격이 낮게, 즉 과소평가(저평가)된 것을 의미하기 때문에 앞으로 주가의 상승을 기대할 수 있다.

이와 같은 의미에서 주가수익률은 투자자들의 투자의사결정시 단일 지표로서 많이 이용하고 있다. 주가수익률에 관한 정보는 한국증권업협회가 발행하는 「증권시장」지 등을 통하여 얻을 수 있다.

(주)나그네의 20×2년도와 20×3년도 1주당 시가가 ₩26과 ₩20이라 가정하면 20×3년도 주가수익률은 다음과 같이 산출된다.

$$\text{주가수익률} = \frac{\text{주당시가}}{\text{주당순이익}} = \frac{₩20}{₩2.13} = 9.39$$

(주)나그네의 20×2년도와 20×3년도의 주가수익률은 각각 9.74과 9.39이다.

▌회계현장 4-9▐ PER의 활용

PER의 활용

분기 또는 반기 실적이 발표될 때 투자자들로서는 투자회사를 물색하는데 더없이 좋은 기회다. 상장사들이 3개월 또는 반년 농사를 잘 지었는지 망쳤는지를 보고 투자에 나설 수 있다. 그런데 실적과 투자를 어떻게 연결시킬지 투자자들의 고민이 아닐 수 없다.

이런 고민을 해결해 줄 수 있는 방법 중 하나가 기업의 수익창출능력에 비해 주가가 어느 수준이냐를 평가하는 기업가치 평가지표인 주가수익률(PER)을 비교해서 실적향상이 주가에 제대로 반영되지 않은 주식을 찾아보는 것이다. 수익성에 비해 주가가 덜 오른 이른바 低PER株 발굴작업인 것이다.

예를 들어 A, B 두 회사의 상반기 순이익이 각각 1백억 원, 상장주식수도 각각 1백만주로 같으며, A회사의 현재 주가는 1만원, B회사의 주가는 2만원이라고 하자. PER를 구해보면 A회사는 10배, B회사는 20배로 계산된다. A회사가 같은 실적을 올렸는데 주가는 B회사보다 낮게 평가되어 있어 저PER주가 되는 것이다.

저평가 주식은 곧 상대적으로 높은 투자수익률을 가져다 줄 수 있는 것이다. PER는 같은 업종내 경쟁사들과 비교기준이 될 뿐만 아니라 시점에 따라서도 비교가능하다. A회사의 과거 PER가 대개 10배 수준이었는데 최근엔 8배라면 저평가돼 있다고 볼 수 있다. 물론 비교시점의 다른 변수를 제외했을 때 그렇게 평가할 수 있음을 주의해야 한다.

▌회계현장 4-10▐ FV/EBITDA의 활용

새로운 투자지표 : FV/EBITDA

최근들어 기업분석가 사이에서 각광을 받고 있는 투자지표가 기업가치(Firm Value, FV 또는 Enterprise Value, EV라고도 함)를 이자지급전, 법인세차감전, 유·무형자산 감가상각비 차감전의 이익(EBITDA)으로 나눈 값이다. 기업가치는 시가총액(기말주가×발행주식수)에다 순차입금(총차입금－현금예금)을 가산하여 구한다. 구한 값은 『배』단위로 표현된다.

FV/EBITDA비율은 PER비율과는 달리 기업이 자기자본과 타인자본을 이용해서 영업활동을 통해 창출할 수 있는 이익 개념이다. 어느 기업의 FV/EBITDA비율이 6배라고 가정하면 이는 1년간 벌어들인 EBITDA의 6배에 해당하는 가치를 가진 회사임을 의미한다. 또는 그 회사를 시장가격(FV)으로 매수했을 때 그 회사가 벌어드린 이익 (EBITDA)을 6년간 합하면 투자원금을 회수할 수 있다는 것을 의미 하기도 한다.

FV/EBITDA비율은 국가별, 회사별 차이가 있는 회계상의 왜곡요인을 없애준다는 점에서 선진국에서 기업가치를 평가할 때 주로 이용하는 적정주가 평가모델이다.

FV/EBITDA가 높으면 주가가 고평가, 낮으면 저평가돼 있다는 의미다. 90년대 들어 국내 기업들은 평균 6.5배 수준을 보이고 있다. 따라서 6.5배를 넘어서면 고평가, 밑돌면 저평가돼 있다고 볼 수 있다. 그동안 주가의 고평가 저평가여부를 따지는 기준은 PER(주가수익비율)였다. 하지만 PER는 회계처리방법이나 영업외적 요인의 영향에 취약한 당기순이익을 활용하기 때문에 기업의 경영실적을 정확히 반영하지 못하는 단점이 있다.

반면 FV/EBITDA는 회계처리방법 등으로 조정할 수 없는 영업이익을 사용하고 있다는 장점을 가지고 있다. 또한 국가에 따라 다른 감가상각방법과 조세제도의 영향도 받지않아 세계적으로 통용되는 투자지표이다.

상장기업과 코스닥기업의 FV/EBITDA비율 정보는 증권회사에서 제공하는 기업분석 책자의 주가관련지표에 나와 있다.

(2) 주당장부가치

株當帳簿價值(book value per share)는 보통주주의 지분인 재무상태표상 순자산가액을 유통주식수로 나누어 산출한 것으로, 당해 기업의 청산시 보통주주가 수령하게 될 장부상 주당금액을 의미한다. 따라서 보통주지분인 분자는 자본총계에서 우선주지분을 차감한 것이다. 주당장부가격을 산출하여 이를 주당시장가격과 비교함으로써 투자자들이 기업을 어떻게 평가하고 있는지를 알 수 있다.

20×3년 (주)나그네의 주당장부가치를 계산하면 다음과 같다.

$$\text{주당장부가치} = \frac{\text{자본총계} - \text{우선주지분}}{\text{보통주 유통주식수}} = \frac{₩84,600}{₩4,500} = ₩18.80$$

2007년도와 20×3년도의 주당장부가치는 각각 ₩16.67과 ₩18.80이다. 2007년도와 20×3년도의 주당시가가 ₩26과 ₩20이라면 (주)나그네의 주당시장가격이 주당장부가치를 초과하고 있기 때문에 투자자들에 의해 호의적으로 평가받고 있다고 할 수 있다. 그러나 이러한 결론은 (주)나그네의 자산과 부채의 장부가액이 시가와 거의 같은 경우에만 가능하다는 것을 유의하여야 한다.

(3) 배당에 관한 비율

많은 주주들은 주로 배당을 받는데 관심을 갖는다. 배당과 관련된 비율은 두 가지가 있는데, 이는 配當收益率(dividend yield)과 配當性向(dividend payout)이다. 배당수익률은 주당배당액을 주당시가로 나누어 산출하고, 배당성향은 주당배당액을 주당순이익으로 나누어 산출한다.

배당수익률이 낮다는 것은 투자자입장에서 볼 때 그만큼 투자수익이 낮은 것을 의미하며, 이는 두 가지 해석이 가능하다. 첫째는 기업이 다른 투자를 위해 배당금을 줄여서 이익을 많이 유보하고 있다는 것으로서 이는 기업의 장래전망이 밝다는 긍정적 의미이기 때문에 미래의 주가상승가능성을 기대할 수 있다. 둘째는 기업이 배당할 자금이 부족할 정도로 수익성이 악화되었다는 것으로서 이는 기업의 전망이 밝지 않다는 부정적 의미이기 때문에 미래의 주가하락가능성을 예상할 수 있다.

한편 배당성향이 낮다는 것은 그만큼 이익을 기업 내 유보하는 금액이 많다는 것을 의미한다. 따라서 시장 평균 이상의 이익을 창출하고 있는 장래 전망이 밝은 기업이면서 상대적으로 배당성향이 낮은 기업은 추가적인 투자재원이 많기 때문에 그만큼 성장가능성이 높을 것으로 예상할 수 있다. (주)나그네의 경우 전혀 배당이 이루어지지 않았으므로 배당수익률과 배당성향은 각각 0이 된다. 배당수익률과 배당성향의 산출식만을 정리하면 다음과 같다.

$$\text{배당수익률} = \frac{\text{주당배당액}}{\text{주당시가}} \qquad \text{배당성향} = \frac{\text{주당배당액}}{\text{주당순이익}}$$

❚ 회계현장 4-11 ❚ 배당성향

배당성향은 회사가 당기순이익 중 얼마를 주주에게 배당금으로 돌려주었는지를 나타내는 이익분배비중에 대한 지표이다.

삼성전자와 현대자동차의 배당성향 계산에 필요한 자료와 배당성향 계산 결과는 다음과 같다.

(단위 : 억원)

	삼성전자		현대자동차	
	2014년	2013년	2014년	2013년
1. 당기순이익	145,918	179,295	49,137	51,815
2. 배당금	30,000	21,571	8,173	5,344
배당성향(2÷1)	0.206	0.12	0.166	0.103

한국의 대표적인 회사인 삼성전자와 현대자동차는 전 연도에 비해 배당성향이 높아진 것을 알 수 있다. 그러나 20% 대의 배당성향은 세계 평균 40%와 호주 70%대, 영국의 60%대, 미국과 중국의 30%대, 일본의 28%대와 비교하면 매우 낮은 수준이다.

배당성향이 너무 높으면 기업 발전을 위한 이익의 재투자 수준이 낮다는 것을 의미하기 때문에 배당성향이 너무 높은 것이 회사 상황에 따라서는 반드시 바람직한 것은 아니지만, 어느 정도 수준 이상을 유지하는 것이 주식 투자자의 수요를 증가시키고 장기투자와 가치투자를 유도할 수 있는 긍정적인 점이 있다.

▌회계현장 4-12▐ 우리 나라 상장기업의 배당수익률

26일 에프엔가이드에 따르면 유가증권시장에서 작년 평균 배당수익률은 1.45%인 반면 올해 배당수익률 1.53%로 추정됐다.

당초 시장에서는 정부의 우호적인 정책 변수, 시장 인센티브 등을 제공한다는 유인책에 기업들 마다 배당확대를 늘려 투자자들은 배당수익이 두둑할 것으로 기대하지만 배당수익률은 작년과 비슷한 수준에 그쳤다.

올해 담배값 인상 논란에 휩싸여 주가가 요동쳤던 KT&G는 작년 배당수익률이 4.30%인데 반해 올해는 3.91%로 다소 떨어진 수준으로 추정됐다. 단통법으로 한차례 시끌거렸던 SK텔레콤도 4.09%에서 3.28%로, LG유플러스도 작년 1.40%에서 1.38%로 배당수익률이 움추릴 것으로 보인다. 그나마 기업은행이 작년 2.72%에서 올해 3.07%로, KB금융이 1.18%에서 1.87%로, 하나금융지주가 0.91%에서 1.59% 등으로 다소 상승한 결과를 내놓을 것으로 예상된다.

하지만 해외 시장과 비교하면 초라하기 그지없다. 국내 증시 시장의 배당수익률은 '최하위권'에 머무는 수준이다. 비스포크 투자그룹에 따르면 올 7월 기준 주요 2개국 주식시장의 평균 배당수익률을 비교한 결과 국내 시장은 1.11%에 지나지 않았다.배당수익률이 가장 높은 스페인은 4.67%였으며 신흥국 시장으로 분류되는 중국(3.18%), 러시아(2.8%), 인도(1.50%) 등도 한국을 앞질렀다.

– 미디어펜, 2014. 12.26 –

6) 성장성 비율

매출액이나 총자산과 같은 재무제표 항목의 연도별 변동률을 이용하면 기업의 성장률을 측정할 수 있다. 이때 변동률은 연도간의 변동액을 기준연도의 금액으로 나누어 계산한다. 재무제표항목의 연간 변동률로써 측정되는 성장성비율은 매출액증가율, 총자산증가율, 순이익증가율 등이 포함된다.

성장성이 높으면 수익성은 양호해지지만 기업의 성장과정에서 소요되는 자금수요로 인하여 유동성이 악화되는 경우가 많다. 따라서 이런 점을 염두에 두고 분석을 할 필요가 있다.

(1) 매출액증가율

매출액증가율을 일정기간 동안에 매출액이 어느 정도 증가하였나를 측정하는 비율이다. (주)나그네의 20×3년 매출액증가율을 계산해 보면 다음과 같다.

$$매출액증가율 = \frac{당기매출액 - 전기매출액}{전기매출액} = \frac{₩80,000 - ₩102,000}{₩102,000} = -0.25$$

(주)나그네의 매출액은 전년도에 비하여 21.5% 감소했음을 보여준다.

성장성을 나타내는 비율을 해석할 때에는 물가변동의 효과를 감안하여 해석해야 한다. 매출액은 물가변동률 이상으로 성장해야 경제적 활동이 실제로 성장한 것이라고 볼 수 있다. 만약 매출액이 24.7% 성장하였으나, 당년도의 물가상승률이 10%이라면 당년도의 실질적인 매출액 증가율을 24.7%보다 낮은 수준이 될 것이다. 즉, 매출액 증가율을 매출수량의 증가뿐만 아니라 물가 상승분도 포함되어 있다는 것을 감안해야 할 것이다.

(2) 총자산증가율

일정기간 동안의 총자산증가율을 기업의 자산규모가 어느 정도 확대되었는가 하는 것을 나타낸다. (주)나그네의 20×3년 총자산증가율을 계산해 보면 다음과 같다.

$$총자산증가율 = \frac{당기총자산 - 전기총자산}{전기총자산} = \frac{₩220,000 - ₩200,00}{₩200,000} = 0.10$$

(주)나그네의 총자산은 전년도에 비하여 10% 증가했음을 보여준다. 총자산증가율이 높다는 것은 기업의 투자활동이 적극적으로 이루어져 기업규모가 빠른 속도로 성장하고 있다는 것을 의미한다. 총자산증가율을 해석할 때에는 기업의 자산재평가 여부를 먼저 확인해야 한다. 만약 증가율을 추정하는 기간 동안에 자산재평가가 일어난 경우에는 신규투자가 없이도 자산규모가 증가한 것으로 나타나기 때문이다.

(3) 순이익증가율

순이익증가율은 일정기간 동안에 순이익이 어느 정도 증가하였나를 측정한 비율이다. (주)나그네의 20×3년 순이익증가율을 계산해 보면 다음과 같다.

$$순이익증가율 = \frac{당기순이익 - 전기순이익}{전기순이익} = \frac{₩9,600 - ₩12,000}{₩12,000} = -0.2$$

(주)나그네의 순이익은 전년도에 비하여 20%감소했음을 보여준다. 순이익증가율을 계산할 때에는 전년도에 당기순손실이 발생한 경우와 같이 마이너스금액이 기준연도금액이 된다거나, 기준연도금액이 아주 작은 값을 취할 때는 비율의 값을 구할 수 없거나 비정상적인 값이 되어 의미가 없어진다는 점을 유의할 필요가 있다.

7) 생산성비율

투입된 생산요소인 자본 및 노동에 대해 산출량인 생산 및 매출이 높을수록 생산성이 높다고 한다. 따라서 생산성분석은 능률과 성과를 측정하고 생산요소별로 공헌도를 측정하며 합리적인 성과배분을 도모하기 위하여 수행된다.

기업경영의 목적이 종래의 매출액증대라는 양적 기준에서 실질적 수익의 증대라는 질적 기준으로 전환됨에 따라 생산성분석도 부가가치생산성의 개념에 근거하게 되었다. 부가가치(value added)란 각 생산 및 판매단계에서 새로이 창출된 가치를 의미한다. 따라서 기업에 의한 부가가치는 매출액으로부터 외부에서 구입한 중간생산물인 원자재, 반제품, 전력, 공업용수 등의 직접생산비를 차감한 금액이 된다. 부가가치는 일반적으로 다음과 같이 두 가지 방법으로 계산한다.

방법 1 : 부가가치 = 매출액 − 직접생산비(타기업의 생산가치)
방법 2 : 부가가치 = 경상이익 + 인건비 + 금융비용 + 임차료 + 조세공과 + 감가상각비

부가가치는 노동과 자본을 생산활동에 투입하여 산출된 것이므로 생산성을 노동생산성과 자본생산성으로 구분할 수 있으며, 이는 다음과 같이 계산된다.

$$*노동생산성 = \frac{부가가치}{종업원수}$$

$$*자본생산성 = \frac{부가가치}{총자본}$$

노동생산성은 종업원 1인당 부가가치를 의미하고, 자본생산성은 기업에 투자된 총자본이 1단위당 얼마의 부가가치를 산출하였는가를 나타낸다. 다음에서 보듯이 자본생산성이 높으면 노동생산성도 높아진다.

$$노동생산성 = \frac{부가가치}{종업원수} = \frac{부가가치}{총자본} \times \frac{총자본}{종업원수} = 자본생산성 \times 자본지약도$$

8) 사례에 대한 종합적 추론

지금까지 설명한 (주)나그네의 각 재무비율을 요약하면 [표 4-7]과 같다.

[표 4-7] (주)나그네의 재무비율 요약

비율	산출식	20×2	20×3	변동추세
유동성 :				
순운전자본	유동자산 – 유동부채	60,000	64,600	증 가
유동비율	유동자산/유동부채	2.2	2.17	감 소
당좌비율	당좌자산/유동부채	1.3	1.26	감 소
현금흐름유동 부채보상비율	영업활동현금흐름/평균 유동부채	0.21	0.12	감 소
활동성 :				
매출채권회전율	외상매출액/평균매출채권잔액	8.16	4.57	감 소
평균회수기간	365/매출채권회전율	44.7일	79.9일	증 가
재고자산회전율	매출원가/평균재고자산잔액	1.26일	1.05	감 소
평균재고기간	365/재고자산회전율	289.7일	347.6일	증 가
정상영업주기	평균회수기간+평균재고기간	334.4일	427.5일	증 가
매입채무회전률	매출원가/평균매입채무잔액	3회	2.73회	감 소
현금영업순환주기	정상영업주기–평균지급기간	212.7일	293.8일	증 가
총자산회전율	매출액/평균자산총계	0.530	0.381	감 소
안정성 :				
부채대자산비율	부채총액/자산총액	0.63	0.62	감 소
부채 대 자본비율	부채총액/자본총액	1.67	1.60	감 소
이자보상비율	이자와 법인세차감전순이익 /이자비용	11배	6배	감 소
비유동장기적합률	비유동자산/(자기자본+비유동부채)	0.60	0.61	증 가
총부채보상비율	영업활동현금/평균총부채	0.09	0.05	감 소
수익성 :		0.41	0.38	감 소
매출총이익률	매출총이익/매출액	0.12	0.12	불 변
매출액순이익률	당기순이익/매출액	0.14	0.08	감 소
매출액현금흐름이익률	영업활동현금/매출액	0.07	0.05	감 소
투자수익률	순이익/평균자산총계	0.17	0.12	감 소

비 율	산 출 식	20×2	20×3	변동추세
자기자본이익률	(당기순이익－우선주배당금) /평균보통주지분			
주당순이익	보통주 귀속 당기순이익 /보통주유통주식수	2.67	2.13	감 소
시장가치 비율 :				
주가수익률	주당시가/주당순이익	9.74	9.39	감 소
주당장부가치	(자본총계－우선주지분) /보통주유통주식수	16.67	18.80	증 가
배당수익률	주당배당액/주당시가	0	0	
배당성향	주당배당액/주당순이익	0	0	
성장성 :				
매출액증가율	(당기매출액－전기매출액) /전기매출액		－0.25	감 소
총자산증가율	(당기총자산－전기총자산) /전기총자산		－0.10	증 가
순이익증가율	(당기순이익－전기순이익) /전기순이익		－0.25	감 소

지금까지의 비율분석의 결과를 토대로 정리하면 다음과 같다.

(주)나그네의 20×2년부터 20×3년까지 유동비율과 당좌비율은 하락하여 단기지급능력이 감소하고 있으나 순운전자본은 증대되고 있다. 이것은 유동비율은 변동률이고 순운전자본은 변동액이기 때문에 나타나는 현상이다. 그러나 20×2년의 현금흐름유동부채보상비율이 20×3년도에 비해 대폭 감소하였으며, 측정값 자체도 매우 낮아 단기지급능력이 매우 취약한 상태임을 보여주고 있다. 이의 원인은 대부분 외상매출금과 재고자산의 증가 때문인 것으로 분석되고 있다. 따라서 (주)나그네의 단기지급능력은 전반적으로 악화되었다.

활동성(효율성)비율을 분석해 보면 매출채권회전율과 재고자산회전율이 감소함으로써 재고자산을 매입·판매하여 현금을 회수하는 정상영업주기가 큰 폭으로 증가하는 현상을 보이고 있다. 이에 따라 재고자산가액과 매출채권잔액이 증가하게 되므로 그만큼 투자자원이 투자수익을 창출하지 못하는 자산에 묶여 기업의 전반적인 유동성과 수익성이 악화되는 현상을 보이고 있다. 뿐만 아니라 총자산회전율도 감소하고 있어 전반적으로 자산을 비효율적으로 운용하고 있음을 알 수 있다.

안전성비율을 분석해 보면 부채비율이 개선되어 장기지급능력은 호전되었다. 그러나 수익성의 악화로 이자보상비율은 감소하는 현상을 보이고 있다. 또한 비유동장기적합률을 살펴보면 대체로 낮아 비유동부채와 자본금을 통하여 조달된 자금이 수익성이 높은 유형자산이나 투자자산에 투자되지 않고 수익성이 낮은 유동자산에 묶여 있음을 알 수 있다. 한편 현금흐름총부채보상비율을 측정해본 결과 20×3년이 20×2년도에 비해 대폭 감소하였으며, 측정값 자체도 매우 낮아 장기지급능력이 사실상 양호한 상태로 보기가 어렵다는 상반된 결과를 보여주고 있다.

수익성은 전반적으로 악화되고 있으며, 매출액의 현금수익성은 더욱 악화되고 있어 자금난의 심화가능성이 매우 높아질 것으로 예상되고 있다. 수익성의 감소원인은 여러 가지 원인이 복합적으로 발생하였겠지만, 매출액순이익률은 일정하게 유지되고 있으나 매출총이익률이 하락한 것을 보면 그만큼 제품의 제조원가나 상품의 매입가격이 상승한 것으로 볼 수 있다.

수익성이 악화됨에 따라 성장성도 퇴보되고 있음을 알 수 있다.

이상의 분석을 종합해 보면 (주)나그네의 유동성·활동성·수익성 및 성장성이 전반적으로 악화되고 있기 때문에 이에 대한 원인분석과 대책 마련이 시급한 상태에 처해 있다고 볼 수 있다.

6. 재무제표분석의 활용과 한계점

재무제표의 분석은 기업실체의 강점과 약점을 평가하기 위하여 보고된 재무적 수치를 이용하여 실시하는 것이다. 일반적으로 분석하는 사람에 따라 이용하는 재무비율은 다를 수 있다. 예를 들어, 은행의 대부담당자는 단기대출을 확대할 것인지의 여부를 결정하기 위하여 기업의 유동성비율에 관심을 가질 것이며, 반면에 장기채권자는 이자와 원금의 회수를 위해 지급능력과 수익성을 뒷받침해 주는 자산의 활동성비율과 수익성비율에 더욱 관심을 가질 것이다. 또한 투자자들은 기업의 장기수익성이 주식의 시장가격과 배당에 영향을 미치므로 장기적인 수익력에 더욱 관심을 가질 것이며, 경영자는 기업의 투자자와 채권자 집단 등 외부집단에 보다 잘 보이려 하기 때문에 모든 측면의 재무적 분석에 관심을 가질 것이다.

따라서 이들이 이용하는 재무비율은 다양할 수밖에 없으므로, 여기서 제시한 비율 중 일부만을 이용하고 여기서 제시하지 않은 또 다른 재무비율을 이용할 수도 있다. 다만, 한 가지 유념할 것은 상관관계가 없는 항목을 결합하여 재무비율을 산출한다는 것은 의미가 없다는 점이다.

당해년도의 비율이 계산되면 이것은 추세분석이나 산업간 비교방법 등을 이용하여 종합적으로 분석을 실시하여야 한다. 특정 비율 하나만을 이용하여 의사결정을 하는 경우에는 잘못된 결론에 도달할 수 있기 때문이다. 또한 재무비율이란 재무제표를 이용하여 산출된 것이므로, 재무제표가 지닌 한계를 그대로 지니고 있기 때문에 이를 너무 과신해서도 아니되며 그렇다고 아예 무시하는 것은 더욱 잘못된 의사결정을 할 수 있다는 점을 항상 유념하여야 할 것이다.

따라서 기업에 대한 보다 나은 평가를 위해서는 지금까지 설명한 재무비율을 이용하여 기업에 대한 기초 정보를 마련한 후, 이에 재무적 정보가 아닌 質的情報(예를 든다면 기업의 대외적인 신용도나 이미지, 경영자의 능력 또는 전반적인 경기변동 등)를 추가하여 의사결정을 하여야 할 것이다.

금융기관의 경우 신용분석할 때 다음 [표 4-8]과 같이 신용평가요소를 재무적 요소와 비재무적(또는 질적) 요소로 나누어 선정한 다음 이들에 대해 가중치를 부여하고 그리고 이에 대한 개별적인 평점을 한 후 종합점수를 산출한다. 그리고 나서 종합점수가 일정한 점수를 초과하면 대출을 허용하게 된다.

[표 4-8] 신용분석 종합표

			배점	평점
재무요소분석	안정성	자기자본비율	15	
		이자보상비율	8	
		유동비율	5	
		소계	28	
	수익성	매출액이익률	10	
		총자산이익률	10	
		소계	20	
	활동성	총자본회전율	3	
		매출채권회전율	2	
		재고자산회전율	2	
		소계	7	
	성장성	매출액증가율	5	
	현금흐름	영업현금흐름/부채비율	10	
	소계		70	
비재무적 요소분석	기업체업력		2	
	기업형태		3	
	생산구조및품질		5	
	수요및시장점유		5	
	국제경쟁력		3	
	기술개발수준		3	
	노사관계		3	
	관리제도		3	
	연체발생		3	
	소계		30	
합계			100	

이상에서 설명한 것처럼 재무제표분석을 통하여 얻은 정보는 각종 경제적 의사결정에 아주 유용하지만, 재무제표는 그 자체에 한계를 지니고 있으므로 이를 이용한 의사결정시에는 재무제표가 지니고 있는 한계를 명확히 이해하고 이를 고려하여 활용하여야 한다. **재무제표의 限界點**을 정리하면 다음과 같다.

① 재무제표의 작성시 측정단위를 화폐단위로 하고 있기 때문에 화폐단위로 측정불가능한 기업의 경제적 가치(예를 들면, 기업의 인적자원의 능력과 애사심 또는 사기, 기업의 대외적 신용도 및 명성 등)는 재무제표에 반영되지 않으므로 재무제표의 분석을 이용한 기업에 대한 평가는 중요한 부분이 빠질 수 있다.

② 일반적으로 물가가 지속적으로 상승하고 있으나 재무제표의 작성시에는 대부분 원가주의를 적용하고 있기 때문에 기업의 실질적인 가치를 반영하지 못한다.

③ 수익과 비용의 인식은 발생주의에 근거하고 있으므로 이로 인한 재무상태표와 손익계산서에 계상된 금액은 추정치나 인위적인 판단에 의한 결과가 많다.

④ 일반적으로 인정된 회계원칙에서는 동일한 경제적 사건에 대하여 다양한 회계처리방법을 인정하고 있으므로 기업간의 비교시에는 이를 고려하여야 한다.

⑤ 재무상태표는 일정시점의 상태를 표시하므로 이를 통해 산출된 재무비율은 정태적인 것이므로 변동의 흐름을 반영하지 못한다.

⑥ 공표된 산업평균비율은 단지 평균치일 뿐이므로 산업간 비교시 이를 염두에 두어야 하며 가능한 경쟁기업의 비율을 이용하여 비교분석하여야 한다.

⑦ 많은 대기업들은 업종다각화를 통하여 많은 사업분야에 진출하고 있으므로 해당기업이 속해 있는 산업집단을 명확히 구분하는 것이 어렵다. 따라서 그들의 비율들을 산업평균비율과 비교하는 것은 무의미할 수도 있다.

⑧ 재무제표의 작성·공시책임자인 경영자는 재무적 수치를 숨기거나 과장하는 방법으로 재무제표를 악의적으로 분식할 수 있다. 이러한 경우 재무제표를 이용한 의사결정은 무의미하게 된다.

⑨ 결산을 앞두고 기업마다 결산대책의 수립을 통해 기업회계기준 범위 내에서 합법적으로 이익수준을 조정하는 경우가 많다. 따라서 재무제표 분석시 경영자의 이익조정행위와 그 의도를 염두에 둘 필요가 있다.

연 습 문 제

4-1 객관식문제

01 다음 중에서 수직적 분석의 의미를 나타내는 것은?

① 재무제표 항목의 기간별 증감액 분석
② 공통형 재무제표의 분석
③ 한 회계기간의 재무제표 항목의 비율분석
④ 특정 재무제표 항목과 산업평균의 비교분석
⑤ 재무제표 항목의 증감률 추세분석

02 수평적 분석을 하는데 있어서 가장 필요한 것은?

① 공통형 재무제표
② 백분율 재무제표
③ 연결재무제표
④ 비교재무제표
⑤ 분기재무제표

03 공통형 재무제표는 재무제표 분석시 유용하게 이용된다. 재무분석가가 공통형 재무제표를 이용하는 시기는? (AICPA 기출문제)

① 주어진 산업내에서 비슷한 가치를 가진 회사의 재무제표를 평가할 때
② 비슷한 산업에 있는 회사들이 대략 같은 발전 수준에 있는지를 평가할 때
③ 상대적 규모에 관계없이 어떤 산업내의 회사간 또는 기간별로 회사의 자산, 부채, 자본, 수익, 비용의 구성비율을 비교할 때
④ 다른 산업내 비슷한 크기의 회사들의 상대적 잠재력을 평가할 때

04 다음 중에서 공통형 재무제표를 통하여 가능한 것은?

① 같은 산업내에 있는 규모가 다른 두 기업을 비교할 수 있다.
② 같은 산업내에 있는 규모가 같은 두 기업의 성장잠재력을 비교할 수 있다.
③ 같은 산업내에서 규모가 큰 기업이 어느 기업인지 파악할 수 있다.
④ 같은 산업내에서 기업가치가 큰 기업이 어느 기업인지 파악할 수 있다.

05 다음 재무비율이 반영하고 있는 정보내용 중 잘못된 것은?

① 유동성비율 : 단기지급능력에 관한 정보 제공
② 안정성비율 : 장기지급능력에 관한 정보 제공
③ 수익성비율 : 이익의 창출능력에 관한 정보 제공
④ 활동성비율 : 미래의 성장가능성에 관한 정보 제공
⑤ 배당관련비율 : 배당의 적정여부에 관한 정보 제공

06 다음 비율 중에서 기업이 자산을 얼마나 효율적으로 사용하고 있는가를 측정하는 것은?

① 유동성비율
② 안정성비율
③ 수익성비율
④ 활동성비율

07 다음의 계정 중 당좌비율을 계산하는데 포함되는 것은? (AICPA 기출문제)

	외상매입금	재고자산		외상매입금	재고자산
①	×	×	②	×	O
③	O	×	④	O	O

08 재고자산은 다음 어느 것의 계산에 포함되는가? (AICPA 기출문제)

	당좌비율	유동비율		당좌비율	유동비율
①	×	×	②	×	O
③	O	×	④	O	O

09 두 기업의 유동비율을 비교할 때 높은 유동비율을 갖는 기업이 항상 양호하다고 생각하는 것이 타당하지 않은 이유는 무엇인가?

① 유동비율은 현금이외의 자산을 포함하기 때문에
② 높은 유동비율은 부적당하게 재고자산을 많이 가지고 있음을 나타낼 수도 있기 때문에
③ 높은 유동비율은 여러 자산과 부채를 비효율적으로 사용하고 있음을 나타낼 수도 있기 때문에
④ 두 기업이 서로 다른 개념으로 운전자본을 정의할 수도 있기 때문에

10 유동비율이 200%이고 당좌비율이 100%인 기업이 원가 ₩10,000의 상품을 ₩15,000에 외상매출한 경우 각 비율은 어떻게 되겠는가?

	유동비율	당좌비율		유동비율	당좌비율
①	증가	증가	②	증가	감소
③	불변	불변	④	감소	불변

11 대박회사의 20×3년 12월 31일 외상매출금 잔액은 ₩250,000이고 20×2년 12월 31일의 잔액은 ₩300,000이다. 20×3년 현금매출액은 ₩100,000이고 외상매출금회전률이 5.0일 때 20×3도 이 회사의 총매출액은 얼마인가? (AICPA 기출문제)

① ₩1,475.000 ② ₩1,500,000
③ ₩1,600,000 ④ ₩2,750,000

12 대박회사의 20×3년 동안 ₩2,000,000의 재고자산을 매입하였다. 매출원가가 ₩2,200,000이고 기말재고자산이 ₩400,000일 때 20×3년도의 재고자산회전률은 얼마인가?

(AICPA 기출문제)

① 4.0회 ② 4.4회
③ 5.5회 ④ 11.0회

13 늘푸른회사의 다음 자료를 이용하여 정상영업주기를 산출하면 얼마인가?(1년은 360일)

순매출액	₩7,200,000	매출총이익	₩1,800,000
평균재고자산	1,800,000	평균매출채권	800,000

① 72일 ② 84일
③ 160일 ④ 250일
⑤ 400일

14 다음은 성균물산의 20×3년 말의 재무비율분석자료의 일부이다.

유동비율	3.0
당좌비율	1.8
재고자산회전율	8.0
20×3년 12월 31일의 유동부채	₩2,400,000
20×2년 12월 31일의 재고자산	₩2,000,000

이 회사의 20×3년 중 매출원가는? (세무사)

① ₩20,020,000 ② ₩19,520,000
③ ₩18,600,000 ④ ₩23,040,000
⑤ ₩16,000,000

15 최근에는 유동성 위험을 나타내는 지표로서 유동비율과 함께 유동부채와 현금흐름의 관계를 나타내는 지표가 자주 사용된다. 현금흐름유동부채보상비율을 다음 자료를 가지고 계산하시오.

유동비율	2.0
영업활동 현금흐름	₩10,000
유동부채(기초)	2,000
유동자산	6,000

① 4.0　② 3.3　③ 5.0　④ 1.66

16 다음 자료는 (주)야망의 20×3년도의 회계장부로부터 발췌한 것이다.

유동자산	₩350,000	비유동자산	₩250,000
이익잉여금	50,000	부채총계	100,000

20×3년도의 부채비율은 얼마인가?

① 0.17　② 0.25　③ 0.20　④ 0.30

17 재무비율의 이용에 대한 설명으로 부적절한 것은? (7급공무원)

① 부채비율은 기업의 장기부채에 대한 지급능력을 평가하는 데 이용한다.
② 매출총이익률을 일정하게 유지하더라도, 순자산회전율을 높이면 자기자본 이익률을 향상시킬 수 있다.
③ 유동비율이 1보다 작은 경우, 유동자산이 줄어들더라도 同額의 유동부채가 동시에 감소하면 유동비율은 오히려 상승한다.
④ 부채비율은 경영자가 자본조달에 관한 의사결정을 할 때 유용하게 이용된다.

18 다음 자료에 의할 경우 투자이익률(ROI)은?

자산의 기초잔액	₩550,000
자산의 기말잔액	650,000
이익잉여금기초잔액	100,000
이익잉여금기말잔액	200,000
배당금지급액	50,000

① 0.30　② 0.27　③ 0.25　④ 0.23

19 다음은 대전기업의 재무비율이다. 대전기업의 자기자본이익률은 얼마인가? (주택관리사)

매출액이익률	5%
총자본회전율	200%
자기자본비율	50%

① 5%　② 10%　③ 20%　④ 40%

20 다음 자료에 의할 경우 주당순이익(Earning Per Share)은? (증권분석사)

당기순이익	₩140,000
보통주배당금	50,000
우선주배당금	5,000
우선주발행주식총수	500주
보통주발행주식총수	6,000주

① 10 ② 11.54 ③ 20.77 ④ 22.50

21 20×2년 12월 31일 현재 액면가액이 ₩100인 쪽박회사의 발행보통주는 10,000주이었다. 20×3년 동안 발행주식수는 변동이 없었다. 20×3년 12월 31일 현재의 자본총계는 ₩2,800,000이고 이 기간동안의 당기순이익은 ₩800,000이었다. 20×3년도에 이 회사는 보통주의 배당금으로 주당 ₩30을 지급하였다. 20×3년 12월 31일에 거래된 주식의 시가는 ₩240 이었다. 20×3년 12월 31일 현재의 보통주 주가수익률(price-earnings ratio)은 얼마인가? (AICPA 기출문제)

① 3.0 ② 3.5
③ 4.8 ④ 8.0

22 다음 자료는 샛별회사의 20×3년도의 회계장부로부터 발췌한 것이다.

매출	₩3,600,000	사채이자	₩120,000
법인세	600,000	당기순이익	800,000

20×3년도의 이자보상비율은 얼마인가? (AICPA 기출문제)

① 6.67 ② 7.67
③ 11.67 ④ 12.67

23 보통주만을 발행한 회사에서 자본총계를 사외유통주식수로 나눈 것은 무엇을 나타내는가? (AICPA 기출문제)

① 자본이익률 ② 주당 액면가치
③ 주당 장부가치 ④ 주가수익률

24 재무레버리지의 증가를 통해 이익을 얻기 위해서는 회사는 어떻게 해야 하나?
① 순이익 수준을 증가시킨다.
② 자산규모를 증가시킨다.
③ 부채규모를 증가시킨다.
④ 자본규모를 증가시킨다.

25 다음 상황 중 어떤 경우에 회사의 재무레버리지가 긍정적인 효과를 나타내는가?

① 경제 전반적으로 이자율이 상승한다.

② 회사의 자산구성이 단기자산 비중이 높은 쪽으로 변화하고 있다.

③ 회사 사업의 변화가 더 안정적인 이익을 창출시키고 있다.

④ 주가가 급격하게 증가하고 있다.

26 다음 중 재무레버리지가 제일 높은 회사는?

	A	B	C	D
투자수익률	2%	2%	3%	3%
자기자본이익률	2%	5%	5%	6%

① A ② B ③ C ④ D

27 회사가 주주에게 배당금을 지급하지 않는 경우 다음 중 가장 타당한 이유는 무엇인가?

① 회사가 성장단계에 처해있기 때문이다.

② 이사회가 자금을 필요로 하기 때문이다.

③ 자산취득에 자금을 사용하기 위해서이다.

④ 주주들이 자사주 구입하는 것을 원하기 때문이다.

28 재무제표는 그 자체의 본질과 제약성으로 인해 정보제공능력에 한계가 있다. 재무제표의 한계점(취약점)을 지적한 것 중 잘못된 것은? (7급공무원)

① 재무제표는 기간별 비교가 불가능하다.

② 회계처리에는 여러 가지 추정이 필요한데 추정에는 불확실성이 포함된다.

③ 재무제표는 역사적 원가에 의해 작성되므로 인플레이션으로 인한 현재가치를 반영하지 못한다.

④ 기업과 관련된 정보 중에는 재무제표에 화폐단위로 표시할 수 없는 중요한 질적 정보가 많이 존재한다.

4-2 (주) 나눔터의 재무상태표는 다음과 같다.

재무상태표

(주)나눔터 20×3.12.31 (단위:천원)

현 금	22,000	매입채무	30,000
매출채권	36,000	미지급급여	10,000
투자자산	50,000	장기지급어음(만기07/3)	35,000
유형자산	92,000	보통주자본금	100,000
		이익잉여금	25,000
자산합계	200,000	부채와자본합계	200,000

물음 (1) 다음 비율을 계산하시오

① 순운전자본 ② 유동비율 ③ 부채비율

(2) 당신이 이 기업에 2년 만기의 ₩20,000을 대출할 것을 심사하고 있다고 하자. 당신은 이 기업의 재무적 강점과 안정성을 어떻게 평가하겠는가?

4-3 **다음 자료는 (주)한마음의 2개 연도분 손익계산서이다.**

	20×3	20×2
매 출	₩ 480,000	₩ 440,000
매 출 원 가	350,000	240,000
매출총이익	130,000	200,000
판매비와 관리비	100,000	120,000
영업이익	30,000	80,000
금융비용	35,000	30,000
법인세비용차감전순이익	(5,000)	50,000
법인세비용	2,000	20,000
당기순이익	₩(3,000)	₩ 30,000

물음 (1) 공통형손익계산서를 작성하시오.

(2) 20×3년에 수익성이 급격하게 감소한 원인을 설명하시오.

(3) 20×3년의 영업이익은 금융비용보다도 적다. 이러한 사실은 이 회사가 20×3년에 이자를 지급할 수 없었다는 것을 의미하는지에 대해 설명하시오.

4-4 **다음 자료는 (주)전진의 2개 연도분 재무제표이다.**

재무상태표	20×3	20×2
현 금	₩ 14,000	₩ 10,000
매출채권	35,000	27,000
재고자산	230,000	153,000
유형자산	221,000	190,000
자산총계	₩500,000	₩380,000
매입채무	106,000	74,000
장기차입금	217,000	217,000
부채총계	₩323,000	₩291,000
납입자본	113,000	50,000
이익잉여금	64,000	39,000
부채와 자본총계	₩500,000	₩380,000

손익계산서	20×3	20×2
매 출	₩1,000,000	₩ 700,000
매 출 원 가	700,000	500,000
매출총이익	300,000	200,000
판매비와 관리비	240,000	160,000
영업이익	60,000	40,000
이자비용	22,000	22,000
법인세비용차감전순이익	38,000	18,000
법인세비용	13,000	6,000
당기순이익	₩25,000	₩12,000

물음 (1) 공통형손익계산서를 작성하시오.

(2) 20×2년도와 비교해서 20×3년도의 수익성을 평가하시오.

(3) 이 회사는 20×2년에 ₩63,000의 주식발행을 하였으며, 추가차입은 하지 않았다. 이 회사의 주주는 자기자본이익률이 주식발행으로 자금조달하는 대신에 차입방식을 선택하였다면 자기자본이익률이 20×3년에 더 높게 나타났을 것으로 생각하고 있다. 차입에 의해 자금을 조달하였을 경우 자기자본이익률이 얼마로 나타날 것인지를 계산하시오.

4-5 **다음 자료는 동종산업 내의 두 회사의 재무자료에서 발췌한 것이다.**

	(주) 한 빛	(주) 샛 별
현 금	₩ 23,000	₩ 42,000
매출채권(순액)	43,000	53,000
재 고 자 산	125,000	90,000
유형자산(순액)	199,500	260,000
자 산 합 계	₩ 390,500	₩ 445,000
매 입 채 무	₩ 80,500	₩ 102,000
사 채	77,000	100,000
자 본 금	120,000	160,000
이 익 잉 여 금	113,000	83,000
부채와 자본합계	₩ 390,500	₩ 445,000
매 출	₩ 590,000	₩ 910,000
매 출 원 가	420,000	700,000
기 타 비 용	60,000	75,000
이 자 비 용	8,000	9,000
법 인 세 비 용	51,000	63,000
배 당 금	11,000	17,000

물음 (1) 관련비율을 비교해서 다음 질문에 답변하시오.

① 주주에게 더 많은 이익을 가져다 주는 회사는 어느 회사인가?

② 어떤 회사가 유동부채를 더 잘 상환할 수 있는가?

③ 당신이 한 기업의 사채를 구입하려고 한다면 어떤 회사를 선택할 것인가?

④ 어떤 회사의 매출채권 회수속도가 더 빠른가?

⑤ 각 회사의 재고자산 구입에서 현금으로 전환되기까지 걸리는 기간은 얼마인가?

⑥ 어떤 기업이 이익의 유보비율이 더 높은가?

(2) 투자수익률이 더 높은 회사는 어떤 회사인가?

(3) (물음) (1)과 (2)의 답변을 통해서 어떤 기업이 더 나은 투자대상인지 알 수 있는가를 설명하시오.

4-6 다음 자료는 (주)도약의 2개 연도분 재무제표이다.

재무상태표	20×3	20×2
현 금	₩ 30,000	₩ 21,000
매출채권	4,000	7,000
재고자산	240,000	215,000
유형자산	40,000	40,000
자산총계	₩314,000	₩283,000
매입채무	45,000	33,000
장기차입금	109,000	100,000
부채총계	₩154,000	₩133,000
자본	160,000	150,000
부채와 자본총계	₩314,000	₩283,000

손익계산서	20×3	20×2
매 출	₩500,000	₩430,000
매 출 원 가	220,000	180,000
매출총이익	280,000	250,000
판매비와 관리비	135,000	117,000
영업이익	145,000	133,000
이자비용	10,000	8,000
법인세비용차감전순이익	135,000	125,000
법인세비용	45,000	40,000
당기순이익	₩90,000	₩85,000

물음 (1) 20×2년도와 비교해서 20×3년도의 유동성, 안전성, 효율성 및 수익성을 관련 재무비율에 의해 계산하시오. 단 평균잔액 대신에 연말잔액을 사용한다.

(2) 20×2년도와 비교해서 20×3년도의 수익성과 장단기지급능력이 개선되었는지 설명하시오.

(3) 200×4년 1월 1일 당신은 이 회사를 ₩400,000에 인수할 것을 제안받았다. 이 제안을 수락할지에 대해 당신의 의견을 설명하시오.

4-7 다음 자료는 (주)한아름의 2개 연도분 재무제표이다.

재무상태표	20×3	20×2
유동자산	₩ 30,000	₩ 20,000
유형자산	50,000	50,000
무형자산	8,000	10,000
자산총계	₩ 88,000	₩ 80,000
유동부채	22,000	25,000
비유동부채	12,000	5,000
부채총계	₩ 34,000	₩ 30,000
납입자본	30,000	30,000
이익잉여금	24,000	20,000
부채와 자본총계	₩ 88,000	₩ 80,000

손익계산서	20×3	20×2
매　출	₩265,000	₩224,000
매 출 원 가	186,000	169,000
매출총이익	79,000	55,000
판매비와 관리비	51,000	34,000
영업이익	28,000	21,000
이자비용	2,000	1,000
법인세비용차감전순손익	26,000	20,000
법인세비용	6,500	6,000
당기순이익	₩19,500	₩14,000

물음 (1) 20×2년과 20×3년의 유동성, 안전성, 효율성 및 수익성을 관련 재무비율에 의해 계산하시오. 단 평균잔액 대신에 연말잔액을 사용한다.

(2) 20×2년도와 비교해서 20×3년도의 수익성과 장단기지급능력이 개선되었는지 설명하시오.

(3) 당신은 은행의 대출책임자이다. 20×4년 1월 1일 당신은 이 회사로부터 설비투자용으로 장기차입금 ₩84,000의 대출신청을 받았다. 대출여부에 대한 당신의 의견을 설명하시오.

4-8 나경영 사장은 특허권을 취득한 전자제품을 제조·판매하기 위해 10년 전에 (주)세계전자를 설립하였다. 설립 후 몇 년간은 상당한 수익을 올렸으나 현재는 심각한 현금부족을 겪고 있다. 은행으로부터 ₩300,000의 장기부채를 차입해서 이중 ₩60,000은 운영자금에 충당하고, ₩240,000은 주요설비를 현대화하는데 사용할 예정이다. 최근 2년간의 회사 재무제표는 다음과 같다.

비교재무상태표

20×3. 12. 31.

	당년도	전년도
자산		
유동자산 :		
현금	₩42,000	₩90,000
유가증권	-	10,800
매출채권(순액)	288,000	180,000
재고자산	570,000	360,000
선급비용	12,000	13,200
유동자산총계	912,000	654,000
공장 및 설비자산(순액)	888,000	822,000
자산총계	₩1,800,000	₩1,476,000
부채와 자본 :		
부채 :		
유동부채	₩480,000	₩258,000
사채, 이자율12%	360,000	360,000
부채총계	840,000	618,000
자본 :		
우선주자본금	150,000	150,000
보통주자본금	300,000	300,000
이익잉여금	510,000	408,000
자본총계	960,000	858,000
부채와 자본총계	₩1,800,000	₩1,476,000

비교손익계산서

	당년도	전년도
매출액	₩3,000,000	₩2,610,000
매출원가	2,325,000	2,070,000
매출총이익	675,000	540,000
판매비와 관리비	391,800	328,800
영업이익	283,200	211,200
이자비용	43,200	43,200
법인세비용차감전순이익	240,000	168,000
법인세비용	72,000	50,400
당기순이익	₩168,000	₩117,600

자본변동표(이익잉여금)

	당년도	전년도
전기이월이익잉여금 :	₩ 408,000	₩ 347,400
당기순이익	168,000	117,600
미처분이익잉여금	576,000	465,000
배당금지급액		
우선주배당금	12,000	12,000
보통주배당금	54,000	45,000
차기이월이익잉여금	₩ 510,000	₩ 408,000

전년도에 회사는 이익을 증대시키기 위해 몇 가지 신제품라인을 도입하였으며, 구제품 라인의 판매가격을 인상했다. 또 새 판매시장을 개척하기 위해 판매담당 경영자를 새로 영입했다. 이 회사의 판매시 거래조건은 2/10, n/30(10일까지 대금 납부시 2% 할인혜택이 있으며, 만기일은 30일이란 의미임)이고 모든 매출은 외상판매로 이루어진다. 다음은 전자산업내의 전형적인 재무비율의 평균치를 열거한 것이다.

유동비율	2.5
당좌비율	1.3
매출채권의 평균회수기간	18일
재고자산 평균보유기간	60일
부채비율	0.90
이자보상비율	6배
총자산이익률	13%
주가수익률	12

물음 (1) 은행의 대출결정에 도움이 되는 다음 비율을 2개 연도분 계산하라.

① 유동비율

② 당좌비율

③ 매출채권의 평균회수기간(전년도 초의 매출채권은 총 ₩150,000이다)

④ 재고자산 평균보유기간(전년도 초의 재고자산은 총 ₩300,000이다)

⑤ 부채비율

⑥ 이자보상비율

(2) 당년도와 전년도에 대해,

① 공통형 재무상태표를 작성하라

② 공통형 손익계산서를 작성하라

(3) 위 1과 2의 분석결과를 제시하고 대출을 승인해야 되는지의 여부에 대 해 당신의 의견을 제시하시오.

4-9 **당신은 지구촌은행의 대출담당 직원으로 발령받고 만기 5년의 ₩30,000,000의 대출을 신청한 (주)한국의 대출심사 업무를 처음으로 담당하게 되었다. 이 회사의 지난 2년간의 재무제표는 다음과 같다.**

비교재무상태표

	당년도	전년도
자산		
유동자산 :		
현금	₩9,600,000	₩12,600,000
유가증권	-	3,000,000
매출채권(순액)	27,000,000	18,000,000
재고자산	39,000,000	24,000,000
선급비용	2,400,000	1,800,000
유동자산총계	78,000,000	59,400,000

공장 및 설비(순액)	93,000,000	89,400,000
자산총계	₩171,000,000	₩148,800,000
부채와 자본 :		
부채 :		
유동부채	₩39,000,000	₩27,600,000
지급어음	36,000,000	30,000,000
부채총계	75,000,000	57,600,000
자본 :		
우선주자본금(8%, ₩18,000/주)	18,000,000	18,000,000
보통주자본금(₩12,000/주)	60,000,000	60,000,000
이익잉여금	18,000,000	13,200,000
자본총계	96,000,000	91,200,000
부채와 자본총계	₩171,000,000	₩148,800,000

손익계산서

	당년도	전년도
매출액(전액외상)	₩157,500,000	₩124,800,000
매출원가	126,000,000	99,000,000
매출총이익	31,500,000	25,800,000
판매비와관리비	15,900,000	15,600,000
영업이익	15,600,000	10,200,000
이자비용	3,600,000	3,000,000
법인세비용차감전순이익	12,000,000	7,200,000
법인세비용(30%)	3,600,000	2,160,000
당기순이익	₩8,400,000	₩5,040,000

자본변동표(이익잉여금)

	당년도	전년도
전기이월이익잉여금 :	₩13,200,000	₩10,680,000
당기순이익	8,400,000	5,040,000
미처분이익잉여금	21,600,000	15,720,000
배당금지급액		
우선주배당금	1,440,000	1,440,000
보통주배당금	2,160,000	1,080,000
차기이월이익잉여금	₩18,000,000	₩13,200,000

1년 전에 (주)한국의 사장으로 영입된 신한국 씨는 회사가 과거의 어려운 시기를 벗어나 전년도에 비해 금년도의 매출이 25% 신장되고 순이익이 대폭 증가되는 등 회복조짐을 보이고 있다고 주장하고 있다. 신 사장은 또 투자자들이 (주)한국의 호전된 상황변화를 전반적으로 인식하고 있다고 지적했다. 현재 보통주의 시장가격은 주당 ₩10,800으로 작년보다 많이 올랐다(작년 ₩6,000이었음). 신 사장은 자신의 탁월한 경영능력과 대출금 ₩30,000,000으로 구입하게 될 현대적인 설비로 인해 앞으로 이익은 더 증가할 것으로 예상하고 있다. 신 사장은 업계에서 주도면밀한 경영을 하기로 정평이 나있

다. 처음 맡은 임무를 정확히 처리하기 위해 당신은 회사에 대해 파악할 수 있는 모든 정보를 수집하기로 했다. (주)한국이 속한 산업의 표준 비율값은 다음과 같다.

유동비율	2.3
당좌비율	1.2
매출채권의 평균회수기간	42일
재고자산 평균보유기간	66일
총자산이익률	6.0%
부채비율	0.65
이자보상비율	6.5배
주가수익률	10

물음 (1) 먼저 회사가 창출하고 있는 수익성을 평가하기로 했다. 금년도와 전년도에 대해 다음 비율을 계산하시오.

① 총자산이익률(작년도 초의 총자산은 ₩129,600,000이다)

② 자기자본(보통주주지분)이익률(작년도 초의 자본은 총 ₩90,480,000이다)

③ 회사의 재무레버리지는 + 인가, − 인가? 그 이유를 설명하시오.

(2) 다음으로 당신은 보통주주의 부를 평가하기로 했다. 금년도와 전년도에 대해 다음 비율을 계산하시오.

① 주당순이익

② 보통주의 배당수익률

③ 보통주의 배당성향

④ 주가수익률. 산업내의 다른 기업과 비교할 때 투자자는 (주)한국에 대해 어떻게 생각하겠는가? 그 이유를 설명하시오.

⑤ 보통주의 주당장부가치. 주당시장가격과 장부가치의 차이로 볼 때 주식의 현재 가격이 과소평가되었다고 볼 수 있는가? 그 이유를 설명하시오.

(3) 끝으로 단기 부채지급능력과 장기 부채지급능력을 평가하기 위해 관련비율을 계산해보기로 했다. 금년도와 전년도에 대해 다음 비율을 계산하시오.

① 운전자본

② 유동비율

③ 당좌비율

④ 매출채권의 평균회수기간(전년도 초의 매출채권은 총 ₩15,600,000이다)

⑤ 재고자산의 평균보유기간(전년도 초의 매출채권은 총 ₩19,200,000이다)

⑥ 부채비율

⑦ 이자보상비율

(4) 위 (1)에서 (3)까지 계산한 자료에 대한 평가결과와 문제에 제시되어 있는 다른 추가자료를 이용해서, 대출 허용 여부에 대한 당신의 의견을 제시하시오.

4-10 다음은 경쟁관계에 있는 두 기업의 회계자료이다.

	삭풍회사		강풍회사	
	20×3	20×2	20×3	20×2
매출액	₩250,000		₩1,200,000	
매출원가	160,000		720,000	
판매비와 관리비	51,000		252,000	
이자비용	3,000		10,000	
법인세비용	11,000		65,000	
유동자산	130,000	₩110,000	700,000	₩650,000
비유동자산	305,000	270,000	800,000	750,000
유동부채	60,000	52,000	250,000	275,000
비유동부채	50,000	68,000	200,000	150,000
자본금	260,000	210,000	750,000	700,000
이익잉여금	65,000	50,000	300,000	275,000
영업활동 현금흐름	22,000		185,000	

물음 (1) 투자이익률과 매출액순이익률, 현금흐름이익률을 계산해서 두 회사의 수익성을 비교 평가하시오.

(2) 순운전자본, 유동비율, 현금흐름유동부채보상비율을 계산해서 두 회사의 유동성을 비교 평가하시오.

(3) 부채비율, 이자보상비율, 현금흐름총부채보상비율을 계산해서 두 회사의 안전성을 비교 평가하시오.

보론 1 경제적 부가가치(EVA)

최근 들어 국내외 유수기업들이 영업성과를 평가하기 위해서 1980년대 미국의 컨설팅회사인 Stern Stewart사에 의해 개발된 경제적 부가가치(economic value added, EVA)란 지표를 활용하고 있다. 이는 최근에 외형위주의 양적 경영에서 탈피해서 수익중시 또는 가치중시의 질적 경영으로 경영패러다임이 전환된 상황을 반영해주는 증거의 하나인 것이다. EVA는 기업의 영업성과가 주주의 부를 증대시켰는지 여부를 측정하기 위해서 회계상의 이익과 기업재무의 개념을 결합한 것이다.

EVA는 다음과 같이 계산된다.

> EVA = 당기순이익 + 이자비용 −
> (단기차입금 + 유동성장기부채 + 장기차입금 + 사채 + 자기자본) × 자본비용

위 산식을 보면 자본비용 이외의 나머지 모든 항목은 재무상태표에서 곧바로 얻을 수 있는 정보임을 알 수 있다. 자본비용(cost of capital)은 기업의 주주와 채권자가 요구하는 가중평균수익률이다. 자본비용은 기업의 위험수준에 따라 달라지게 된다. 예를 들어 주주들은 기업수명주기상 도입단계에 들어선 신생기업에 대해서는 기존의 성숙단계에 들어선 기업에 비해, 또는 대기업보다 중소기업에 대해 더 높은 수익률을 요구할 것이다. 왜냐하면 신생기업이나 중소기업은 아직 검증이 되지 않은 기업으로써 위험이 더 높은 것으로 보기 때문이다. 채권자들도 신생기업이나 중소기업에 대해서는 높은 위험도 때문에 더 높은 이자율을 부과하고자 한다. 따라서 신생기업이나 중소기업은 기존의 기반을 잘 다진 대기업보다 자본비용이 높을 수밖에 없다.

EVA의 기본적인 사고는 기업의 주주에 대한 보상(당기순이익)과 채권자에 대한 보상(이자비용)은 기업의 자본대가를 초과하여야 한다는 것이다. 자본대가는 주주와 채권자가 그들이 제공한 자금에 대해 기업이 부담하는 대가인 것이다.

정(+)의 EVA 측정금액은 주주 부의 증가를 의미하며, 이에 따라 주식가격은 투자자에게 매력적인 것으로 남아있을 것이다. 그러나 EVA 측정금액이 −이라면, 주주는 기업의 진행상황을 불만족스럽게 생각하여 보유주식을 처분해 버릴 것이며, 이에 따라 주식가격이 하락하게 될 것이다.

EVA를 선도적으로 사용한 기업 중의 하나인 코카콜라회사의 1995년도 EVA를 계산하면 다음과 같다. 다음에 제시된 자료의 단위는 백만달러이다.

당기순이익	2,986
이자비용	272
단기차입금과 유동성장기부채	2,371
장기차입금과 사채	1,141
자기자본	5,392
자본비용	12%

EVA = 당기순이익 + 이자비용 −
(단기차입금+유동성장기부채+장기차입금+사채+자기자본)×자본비용
EVA = 2,986 + 272 − [(2,371 + 1,141 + 5,392)×0.12] = 2,190

계산결과를 보면 코카콜라회사는 1995년에 영업활동을 통해서 회사의 자본대가를 충족시키고 나서 주주 부를 $2,190(백만달러)만큼의 가치를 증대시켰음을 알 수 있다. 이러한 성과는 아주 우수한 것이라고 말할 수 있다. 코카콜라회사의 높은 EVA측정치는 이 회사의 주식가격이 10여년에 걸쳐서 매년 평균 29% 상승해온 것을 설명해준다고 말할 수 있다. 즉 1985년에 코카콜라에 $100 투자한 것이 1995년에 $1,289의 가치로 성장해온 것이다.(위 내용은 Horngren 외 2인 공저인 Accounting 제4판 pp.794~795에 있는 내용을 중심으로 정리한 것임).

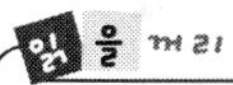

 1

기업이 예방해야 할 5가지 질병

우리나라의 40대 사망률은 세계 최고라고 한다. 한창 나이에 과로와 경쟁 및 과욕으로 인한 스트레스 때문에 급사하고 있는 경우가 많다는 것이다. 이를 예방하고 건강하게 살기 위해서는 틈틈히 휴식과 운동을 하면서 마음의 여유를 갖는 수밖에 없다.

요즈음 식사패턴이 서구화되면서 지방질 음식 섭취량이 늘어남에 따라 성인병환자들이 급증하고 있다.

성인병 중에 동맥경화증이라는 것이 있다. 혈액에 콜레스테롤이 많아져서 혈관이 좁아지는 병이다. 그러다가 혈관이 막혀버리면 갑자기 사망에 이르게 되니 평소에 동맥경화증이 생기지 않도록 예방에 힘쓰지 않으면 안 된다.

인체의 혈액이 우리 몸의 구석구석을 힘차게 순환해야 건강한 사람이라 할 수 있다. 기업도 마찬가지다. 인체의 혈액은 기업으로 말하면 자금에 해당되는 것이다. 따라서 자금의 순환이 원활하게 이루어지는 회사는 건강한 회사인 것이다.

자금순환이 원활하지 못한 회사는 바로 동맥경화증에 걸린 회사인 것이다. 이러한 회사는 언제 자금경색이 찾아와서 도산해 버릴지 모르는 것이다. 따라서 회사도 평소에 동맥경화증에 걸리지 않도록 조심하고 예방에 만전을 기하지 않으면 안 된다. 기업에 동맥경화증, 즉 자금난을 유발시키는 질병 5가지가 있다.

이 질병은 기업이 자칫하면 걸리기 쉬운 것으로 한번 제대로 걸리면 치료하기가 어렵기 때문에 기업의 건강에 치명적인 영향을 미치는 경우가 많다. 따라서 이러한 질병은 기업 경영의 실패원인이 되는 것으로서 반드시 걸리지 않도록 평소에 주위를 해야 할 것이다. 이러한 5가지 질병은 다음과 같다.

1) 순이익 부족

기업의 지속적인 발전을 위해서는 원활한 자금조달이 필수적인데, 순이익의 부족은 수익창출능력에 이상이 있다는 신호이기 때문에 투자자와 채권자로부터 자금조달을 어렵게 만들어 결국에는 자금압박에서 헤어나지 못하게 만들 것이다.

2) 재고자산 과대투자

경영활동을 원활하게 유지하는데 필요한 재고자산의 적정보유량을 정상재고량이라고 하는데 그 정상재고량을 초과하여 지나치게 많은 재고자산을 갖게 되는 경우를 재고자산의 과대투자라고 한다.

기업이 감당할 수 없을 정도의 많은 재고자산을 갖게 되면 재고자산에 투자한 자금이 묶여버리기 때문에 유동성이 악화되게 되며, 또한 재고자산의 부패. 변질. 파손에서 오는 손해를 비롯해서 진부화될 가능성 또한 높을 뿐만 아니라 보관과 관련된 비용도 만만치 않기 때문에 기업의 수익성의 저하원인도 되게 된다.

3) 매출채권 과다투자

오늘날은 신용시대이기 때문에 기업 매출의 대부분은 외상매출이다. 외상매출로 인한 매출채권에는 외상매출금과 받을어음이 있다.

매출채권이 과대해지는 원인은 대체로 무리한 판매정책으로 인해서 신용도가 떨어지는 고객에게 판매가 이루어지고 결국에 가서는 대금회수가 제때 이루어지지 못하기 때문에 발생하게 된다. 매출채권의 과대투자는 재고자산의 과대투자와 마찬가지로 자금난을 야기시킬 뿐만 아니라 흑자도산의 주범이 되고 있음은 주지의 사실이다.

4) 유형자산 과대투자

기업이 생산활동을 시작하려면 우선 그 기초자산인 고정설비가 필요한데 이 유형자산에 대한 투자는 경영활동에 충분히 이용될 수 있는 한도 내에서 그치는 것이 가장 바람직하다. 그런데 이 한도를 초과하여 설비의 일부가 유휴화되는 경우를 가리켜 유형자산 과대투자라 한다.

유형자산은 재고자산처럼 판매되어 바로 수익을 올리는 자산이 아니라 경영활동이 계속되는 동안 꾸준히 사용됨으로써 장기간에 걸쳐 조금씩 회수되는 것이므로 유형자산이 충분히 활용되지 못하게 되면 결국 자금이 장기간 묶인 셈이 되므로 극심한 자금난에 봉착하게 된다. 이는 질병으로는 암과 같은 것으로 조기 발견하여 적절한 조치를 취하지 않으면 도산으로 곧바로 이어지는 가장 경계를 해야 할 대상인 것이다.

성장기업 가운데서 유형자산에 대한 과대투자로 인해 지금난에 시달리다가 결국 도산한 예는 쉽게 찾아볼 수 있다.

5) 자본 부족

경영규모에 비해 자기자본이 너무 적고 타인자본이 과중한 것을 자본부족이라 한다. 타인자본 즉, 부채가 과중하다 해서 무조건 나쁜 것은 아니다. 영업활동이 저조해서 이자비용과 원금상환하기에 급급할 정도로 영업환경이 악화되었을 때 부채는 기업에 헤어나기 힘들 정도의 큰 짐으로 작용된다는 데 문제가 있는 것이다. 즉, 수익성이 악화되는 상황에서는 타인자본은 수익성을 더욱 악화시킬 뿐만 아니라, 타인자본의존도도 더욱 심화시켜 기업의 수익성과 유동성을 번갈아 가며 악화시키는 방향으로만 작용하기 때문에 위험하다는 것이다.

2

연말 기업 이익 꿰맞추기 잘 살펴야

올해도 며칠 남지 않았다. 해마다 이맘때가 되면 결산담당자들은 어떤 결과를 내놓아야 될지 고민을 하게 된다. 이익을 많이 내는 회사들 가운데 일부는 그대로 공표할 경우 많은 세금을 내야하는 것이 두려운데다 주주나 직원들의 요구가 늘어날 것을 우려해 이익을 줄이려고 한다.

그러나 이런 고민은 어찌 보면 행복한 것인지도 모른다. 대주주가 조금만 양보한다면 정상적 이익을 공표할 수 있기 때문이다. 게다가 많은 소수주주들은 경영을 잘했다고 칭찬을 하고 직원들은 사기가 올라가며 세무당국은 세금을 잘 낸다고 고마워할 것이다.

문제는 이익을 늘려야 할 기업들이다. 당장 적자를 내면 주주들로부터 질책을 듣게 된다. 뿐만 아니라 부채비율이 높아지고 심할 경우 내 년도 자금조달 길이 막힐 수도 있다. 종전 같으면 담보가 있을 경우 그래도 자금을 빌릴 수도 있었으나 금감위가 구조조정 성과를 측정하기 위해 부채비율 규제를 하겠다고 나선 때이라 그 마져도 어렵게 됐다.

그러다 보니 최근들어 예전의 행태가 재개되고 있다. 분식결산은 아니지만 사전에 이익 꿰맞추기가 시작된 것이다. 대표적인 케이스가 계열사간 거래이다. 최근들어 계열사간 자산을 주고받는 거래가 빈번하게 일어나고 있다.

최근 H사는 보유중인 사옥을 계열사에 매각했다. 상거래는 누구하고 나 할 수 있다. 그러나 계열간 거래는 정확한 시장가치 평가가 어렵고 이 거래를 통해 기업의 이익을 전가하더라도 제재할 방도가 없다. 지난 해 삼성전자 ＳＫ텔레콤 등의 주총에서 참여연대 등 주주들이 경영진을 질타했던 것도 바로 내부거래가 이익전가의 수단이 됐기 때문이다.

또 다른 형태는 회계처리방법의 변경이다. C사는 종전 정율법으로 처리하던 비유동자산의 감가상각 방법을 정액법으로 바꿨다. 말로는 동일한 비율로 비용처리 하는 것보다 같은 금액을 매년 나눠 떨어내는 것이 합당하다지만 역시 초기 비용을 뒤로 미룬다는 점에서 이익 늘리기 인 것이다.

그럴듯해 보이지만 또 하나 지적할 수 있는 것이 보유주식을 매각해 이익을 늘리는 경우이다. 혹자는 자산운용을 효과적으로 했다고 풀이할지도 모른다. 그러나 경상적으로 발생하는 것이 아닌 주식매각이익을 대부분 경상이익에 포함시켜 회계정보를 왜곡하는데 문제가 있다.

물론 회계기준상 이렇게 처리할 수 있는 경우가 있다. 그렇지만 제대로 된 기업이라면 주석으로 내용을 설명하는 것이 마땅한데 대부분 이를 무시하고 있다.

이런 유형의 정보들은 대부분 재무제표에 언급이 안 된다. 다만 다행이라면 거래시점에 공시는 된다는 점이다. 이런 면에서 연말은 투자자들에겐 정보를 왜곡시키는 기업을 찾아낼 좋은 기회인 셈이다.

－매일경제 1999년 12월 22일－

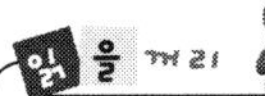
 3

당해년도 순익증가율에 현혹말라

해마다 주총시즌이 되면 각 기업의 실적이 잇달아 발표된다. 투자자들의 관심이 높은 만큼 각 증권사나 증권유관기관들은 앞다퉈 실적분석 자료들을 쏟아낸다. 이들이 자료에서 가장 많이 내세우는 것은 아무래도 증가율이다. 어느 기업의 매출액이 몇 % 늘어났느니 어느 회사의 순이익증가율이 가장 높으니 하는 따위가 여기에 해당한다.

실제로 지난 해 모 기관이 내놓은 자료에는 한솔CSN 2250%, 피엔 텍 769%, 기아자동차판매 469% 등 매출액 증가율이 높은 기업들을 열거해 놓았다. 이 기관은 또 백광소재(1만3243%), 새한전자(4035%), 미래와 사람 (1952%), 쌍용양회(1493%) 등의 순으로 순이익증가율이 높았다고 발표했다.

그러나 이들 자료는 증가율에 커다란 함정이 있다는 것을 간과했다. 모든 비율이 그렇듯이 증가율을 산출할 때는 분모 분자가 함께 들어간다. 이때 증가율이 의미를 가진 숫자가 되려면 분모가 되는 이전 실적이 안정적이어야 한다. 다시 말해 직전년도에 높은 증가율을 기록한 기업이 연이어 높은 증가율을 내기는 매우 어렵다. 반면에 이전 실적이 형편없다면 약간만 개선돼도 비율은 매우 높게 나타난다.

실제로 한솔CSN은 영업 양도 후 외형이 줄어든 상태에서 새로운 업무를 시작해 증가율이 높게 나타났다. 백광소재는 전년도에 영업성적 이 저조해 이익이 1억6000만원 밖에 안된 상태에서 이듬해 대규모 자산매각이익을 추가해 순이익 증가율이 급증했다.

재무제표를 볼 때 당해년도 수치만 보지말고 몇년도 추이를 동시에 보라는 이유가 여기에 있다.

-매일경제 1999년 2월 18일-

4

기업의 이익에도 질이 있다

우리 나라는 지난 연말 IFM를 맞기 전까지 모든 면에서 양적 측면만을 지독히 고집하던 사회였다. 기업의 경우에도 마찬가지로 양적으로는 선진기업과 비슷한 규모까지 그 덩치를 키웠으나, 그 안에 들어있어야 할 질적인 요소들은 매우 부족한 실정이다. 특히 기업의 1년 사업결과 창출한 이익도 가능하면 양적으로 부풀려 남에게 잘 보이려는 허장성세의 의도만 있었을 뿐, 그 이익의 본질을 정확히 이해하고 평가하여 그에 대처하려는 노력은 소홀히 하였다. 이러한 점이 기업의 경쟁력을 떨어뜨렸고, 더 나아가 우리 경제가 선진국의 문턱을 넘지 못한 이유 중 하나로 작용한 것 같다.

그러면 기업의 경영자는 물론 외부의 투자자나 분석가에게도 필요한 이익의 질적 측면을 어떻게 이해할 것인가? 우선 이익의 질에 대한 정의가 필요한데, 이는 다음과 같은 네 가지 측면을 모두 포함한 복합 적인 개념이다. 첫째, 질적 이익은 이익이 가장 보수적으로 산정된 것을 의미하며 둘째, 기업이익의 변동성이나 안정성도 고려한 개념이며 셋째, 재무제표상의 이익과 현금흐름과의 관련성도 포함된 개념이며 넷째, 자산의 유지활동과 미래이익의 증진을 위해 기업이 영업활동 결과 창출한 현금흐름이다.

다음은 이러한 이익의 질이 악화된 원인과 특징은 무엇이며, 또 분석가들은 이익의 질이 악화된 기업들을 어떻게 구별해 낼 수 있는지 여러 가지 상황에 대해 알아보기로 하자. 이익의 질은 기업의 재무구조에 의해 큰 영향을 받는다. 타인자본에 의존함으로써 레버리지 효과에 의해 이익이 증가된 경우는 그 기업이

유동성의 위기에 봉착하기 훨씬 전일지라도 이익의 질적인 측면에 대한 재평가는 필요하다.

왜냐하면 고정이자가 경기상황에 상관없이 지급되어야 하므로 그 만큼 이익의 변동성이 커지기 때문이다. 그러므로 분석가들은 재무상태표에 나타나지 않은 채무까지 포함한 모든 부채를 파악하고, 그에 따른 재무위험의 변화를 주시하며 이익의 질을 평가하여야 한다.

선진국의 기업에 비해 부채비율이 두 배 이상인 우리 나라 기업의 이익은 이러한 점에 문제가 있었다. 일상적인 영업활동이 아닌 투자자산이나 비유동자산의 처분과 같은 특별거래도 이익의 질에 영향을 미치는 또 하나의 요인이다. 어떤 한 해에 특별거래를 통해 창출된 이익은 매년 반복적으로 발생되는 부분이 아니기 때문에 그 이익만큼을 구별하여 재평가 할 필요가 있다는 것이다.

미래에 발생할 이익을 앞당겨 현재 사업기의 이익으로 실현시킨 경우, 이 현재의 이익은 그 기업의 미래 이익수준을 나타내 주는 지표로 적당하지 못하기 때문에 그 만큼 이익의 질이 낮다고 하겠다. 가장 대표적인 예로 사업기 말에 집중적으로 일어나는 밀어내기식 판매를 들 수 있다. 이와는 반대로 과거에 이미 실현되었던 이익의 일부가 현재의 사업기로 넘어오는 경우도 있다.

예를 들어 충당부채의 금액이 이전 사업기에 비해 줄게 되면 동일한 영업성과일지라도 이익은 늘어난 것으로 나타나게 된다. 그러나 현금흐름 측면에서는 나아진 것이 아무 것도 없으므로 당기의 이익은 그 만큼 질적인 측면에서 평가절하 되어야만 한다.

기업이 이익을 지속적으로 창출하기 위해 필요한 기술적인 측면의 투자나 마케팅 측면의 투자 등을 소홀히 한 경우라면, 발표된 현재의 이익은 미래의 잠재적 이익창출력을 예측하는데 유용한 정보가 될 수 없다. 즉 연구개발비, 광고비, 감가상각비 등 조정하기 쉬운 비용을 줄여 현재의 이익을 과대 계상한 경우를 말한다.

이익의 질을 평가하는 데에는 경영진이 얼마나 잘 구성되어 있는지를 분석하는 것도 큰 도움이 된다. 경영진이 모든 경영기능별 전문가로 짜여져 있다면, 기업의 프로젝트는 좀 더 효율적으로 분석되고 실행되어 이익의 창출능력이 그 만큼 높게 평가받을 것이다.

반대로 경영진이 회계분야에 전문적인 지식과 경험을 갖춘 경영자로만 구성되어 있다면, 생산이나 판매와 관련된 문제를 효율적으로 해결하기 힘들기 때문에 그 기업의 이익창출 잠재력은 평가절하 될 것이다. 또한 최고경영자가 조직전체를 혼자의 힘으로만 끌고 가려고 할 때에도 개인의 능력에는 한계가 있기 때문에 마찬가지의 문제가 발생한다.

파산에 직면한 경영자는 재고자산이나 매출원가 등을 의도적으로 조작해 장부상 이익이 양호한 것처럼 보이게 만들기도 한다. 그 외에 이익의 질을 낮추는 비효율적인 경영의 징후로는 조직의 단계가 복잡해 의사소통이 원활하지 못한 경우, 종업원의 이직률이 높은 경우, 외부 경쟁자와의 경쟁보다는 내부경쟁이 더 심한 경우 등을 들 수 있다.

기업의 실체를 정확히 파악할 수 있게 된다. 작금에 대마불사의 신화가 깨지고 있는 우리나라의 기업풍토에서 이익의 양에 집착하는 환상의 껍질을 하루 빨리 깨고 이익의 질을 제대로 평가할 줄 아는 선진 기업으로 도약할 시점이다. 투자자 역시 양적인 이익에 기초해 우량기업을 구별할 수 있는 능력을 갖추어야 할 것이다.

최용식 한성대학교 경영학과 교수

－매일경제 1998년 10월 30일－

5

반기재무제표 잘 읽으면 보약

기업들의 상반기 영업실적이 16일 발표된다. 상장회사들의 반기 영업실적을 들여다보면 사상 최대치의 이익을 낸 회사가 잇따른 것으로 예상되고 있다.

상당수 회사들이 인건비를 대거 줄이고 뼈를 깍는 구조조정을 겪었기 때문에 외형신장은 정체를 보여도 당기순이익은 당초 예상치보다 훨씬 많은 것으로 나타나고 있다.

7~8월장에서는 대우그룹 구조조정의 파장이 증시에 워낙 큰 영향을 끼쳐 실적장세가 제대로 나타나지 못했다. 과거에는 6월말부터 증권사들이 반기실적 자료 추정치를 잇따라 내놓고 7월 중순부터 반기실적 장세가 연출돼 실적이 좋아진 기업들의 주가가 큰 폭 오르는 게 다반사였다.

하지만 올해는 대우그룹 구조조정이 주식시장에서 '뜨거운 감자'로 대두되면서 실적에 따라 주가가 재편되는 과거 시장패턴이 다소 주춤 해진 게 사실이다. 금주부터는 반기실적 재료가 시장에 핵심적인 이슈로 떠오르면서 주가 재편을 주도할 것으로 예상된다.

반기실적 자료는 지난 6개월 동안 기업들의 장사 성적표인기도 하지만 실적자료를 곰곰히 뜯어보면 하반기 영업을 전망하거나 장기적으로 해당기업의 주가전망을 하는데 유용한 자료가 될 수 있다. 투자 유망종목을 발굴하는데 반기실적자료가 유용한 자료로 쓰일 수 있는 것은 물론이다. 기업분석에 전문적인 지식이 없는 일반투자자들이 반기 재무제표를 읽을 때 유의해야 할 사항들을 살펴본다.

➢상반기 실적 2배가 온기 결산실적은 아니다=통상 반기실적에다 2배를 곱해 그해 영업실적을 추정하는 경우가 있다. 하지만 이는 기업에 따라 계절적 요인과 특성을 무시한 것으로 제대로 된 분석방법이 아니다.

가령 농약과 비료제조회사의 경우 매출이 대부분 상반기에 집중되는 반 면 하반기에는 대폭 줄어든다. 따라서 실제 결산기에 이르면 매출은 늘지만 이익은 줄어드는 경우가 많다. 반대 경우로 아이스크림 제조회사를 들 수 있다. 아이스크림 회사는 하반기에 매출이 집중되고 수출비중이 높은 기업도 하반기에 실적이 두드러진다.

➢증가율에 현혹돼서는 곤란=매출이나 이익 증감률을 두고 지나친 해석은 무리다. 매출증가율이 1000%라 해도 직전년도에 워낙 매출규모가 적었다면 단순히 증가율로 따지는 게 무리다.

어떤 기업의 지난해 상반기 이익이 1억 원이었는데 이번 반기때 10억 원 매출을 올렸다면 이익증가율이 무려 900%나 된다. 하지만 지난해 이익이 50억 원인 회사가 이번에 100억 원 이익을 올렸다면 이익신장률이 100%에 그친다. 어느 기업이 장사를 잘했는지는 판단해 볼 일이다. 단순히 증감율로 따지지 말고 절대금액을 중시하라는 지적이다.

➢주당순이익을 살펴라=매출이나 이익 규모를 따로 떼내서 생각하지 말고 자본금 규모와 연결시켜 생각해야 제대로 된 분석을 할 수 있다. 한 주당 벌어들인 이익이 얼마나 되는지가 주가판단에 중요하다는 설명이다. 자본금 100억 원짜리 기업이 100억 원 이익을 냈다면 주당순이익(EPS)은 5000원이지만 자본금 500억 원짜리 기업이 100억 원 이익을 올렸다면 주당순이익은 1000원에 그친다.

➢이익의 질을 따져라=구조조정을 통해 판매관리비와 금융비용이 줄어들어 기업 수익구조가 개선됐는지 아니면 기타이익 중 특별이익 때문에 일시적으로 나타난 현상인지를 따져봐야 한다.

기타이익 중 특별이익이나 기타손실 중 특별손실은 해당 회계연도에서만 나타나기 때문에 특별항목을 제외할 때 해당기업의 이익이 어떻게 달라지는지를 살펴볼 필요가 있다는 지적이다.

➢지분법 영향도 체크하라=금년부터는 기업회계기준에서 지분법을 도입했다. 자회사의 손익이 지분비중만큼 영업외손익으로 반영되게 되는 것이다. 자회사 손익이 해당기업에 얼마나 영향을 미치는지 파악해둬야 한다.

➢현금변화 등 자금흐름을 살펴라=현금보유액의 변화는 기업의 자금사정을 알 수 있는 중요한 지표이다. 현금변화가 부채가 늘어서 나타난 것인지 부동산을 팔아 현금이 늘었는지 아니면 매출채권을 회수한 것인지를 살펴 자금흐름상

나타난 변화를 체크하도록 한다.

➤유형자산 증감도 고려대상=설비나 건물등 유형자산의 증감을 살펴보도록 한다. 유형자산 변화가 단순히 감가상각을 반영한 것인지 아니면 공장을 신축했거나 자산재평가로 늘어난 것인지를 구분하도록 한다.

부동산을 제외한 유형자산 증감은 감가상각비 증감으로 연결돼 이익증감으로 나타나게 된다.

➤부채비율은 기업 재무상태를 나타내는 중요한 지표=부채총액을 자본총액으로 나눈 부채비율이 어떻게 변하는지를 살핀다. 단기부채와 유동성 장기부채 회사채 장기부채 등의 각 항목별 변화를 살펴 해당기업의 상환능력과 금융비용 발생 규모를 분석할 필요가 있다.

부채규모를 파악하는 것도 중요하다. 외화부채 증감은 환율변화에 의해 환율관련 이익이나 손실을 발생시켜 이익에 직접적인 영향을 끼치게 된다.

➤자본금 내역을 살펴라=증자를 해서 자본금이 늘어나고 자본잉여금이 늘었는지 아니면 영업 손 실에 따라 자본금이 잠식되고 있는지를 제대로 파악한다. 또 자본조정항 목도 따져보아 향후 손실 발생 가능성을 체크하도록 한다.

➤주석사항으로 지급보증 변화를 알 수 있다.=반기보고서 상에 나타난 주석공시 사항은 관계회사에 대한 지급보증 변화를 파악해 우발채무가 발생할 수 있는지를 점검할 수 있다. 관계사에 대해 지나치게 많은 지급보증을 하면 우발채무로 나타날 가능성이 많다 는 것으로 해석할 수 있다.

-매일경제 1999년 8월 17일-

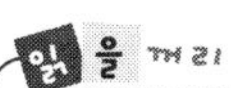

6

분기결산 발표 너무 믿지 말라.

최근들어 상장사나 코스닥 등록기업들이 앞다퉈 올해 1·4분기 실적을 내놓고 있다. 덕분에 예년 같으면 결산기도 지나 한가하게 보내야 할 때에 실적이 나와 이를 바탕으로 주가가 강세를 보이는 모습이 나타나고 있다.

증권 애널리스트들도 때 만난 물고기처럼 실적을 바탕으로 분기분석과 전망을 하고 있다. 외국 유수 기업들이 분기마다 실적을 발표하고 그에 따라 뉴욕이나 나스닥시장에 상장된 주가가 움직이던 모습이 남의 얘기 같지만은 않다.

이처럼 분기실적이 나오게 된 것은 증권당국이 증권거래법에 분기보 고서 제출을 명시했기 때문이다. 기업들은 좋으나 싫으나 의무적으로 분기결산을 해야 한다. 현행 규정상 분기보고서는 반기보고서와 마찬가지로 결산일 후 45일 이후에 제출하게 된다. 3월말 실적은 5월15일까지 제출해야 하는 셈이다.

그런데 올해 기업들은 분기가 지난 지 20일도 채 안돼 실적을 발표하 고 있고 그 실적들이 대부분 매우 양호한 것으로 나타났다. 일부에선 예상을 넘어서는 수준으로까지 볼 정도다.

그러나 다른 결산서와 마찬가지로 분기결산에도 보이지 않는 함정이 숨어 있다. 기업들은 분기보고서를 외부감사인의 검토도 받지 않고 제출할 수 있기 때문이다. 외부감사인의 감사를 받는 연말 결산서나 적어도 검토를 받는 반기보고서와는 질적으로 큰 차이가 날 수 밖에 없는 셈이다.

물론 분기보고서도 분기보고서준칙에 따라 작성하고 이 준칙에 나타나지 않은 것은 일반적인 기업회계준칙을 따라 작성하는 게 원칙이다. 그렇지만 실제 적용을 하는 과정에서 법인세나 충당금에 큰 차이가 나는 것을 볼 수 있다. 실제로 최근 은행들의 1·4분기 실적을 보면 은행마다 대손충당금 적립비율을 크게 다르게 하는 것은 물론이고 전반적으로 충실하게 쌓지 않고 있는 것을 볼 수 있다.

이처럼 느슨한 기준에 따라 작성한 재무제표의 실적은 나중에 좀더 까다로운 검증을 거친 반기보고서나 회계연도말 사업보고서에 나타난 실적과는 질적으로 차이가 난다. 까다로운 규제를 받지 않기 때문에 일정부분 부풀리고 싶은 유혹에 빠질 소지가 큰 것이다. 기업 규모에 관계없이 기말이 지난 지 20일도 안돼 실적을 발표하니 의심을 받을 만도 하다.

이런 점에서 분기보고서를 이용하는 투자자들은 '분기실적×4=기말 실적'의 형태로 이해해선 곤란하다. 일부 기업의 경우 분기에 나온 이익이 연말의 이익보다도 클 수 있다는 점을 염두에 두어야 한다.

-매일경제 2000년 4월15일-

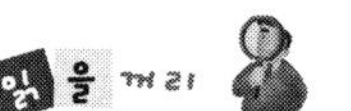

7

부도기업 EVA로 알 수 있다.

◎ 부도직전까지 순이익 흑자라도 EVA는 큰 폭 적자

지난 4월 이후 부도를 낸 기업들 중 부도직전 순이익 흑자인 기업이 60%에 달했지만 경제적부가가치(EVA)는 부도 5년전부터 대규모 적자를 보였던 것으로 나타났다. 이는 대우경제연구소가 4월 이후 부도를 냈거나 부도유예적용 기업 23개사를 대상으로 지난 5년간 자본비용과 투자수익률을 감안한 EVA를 분석한 결과이다. 부도기업의 5년전 순이익규모는 총 969억 원에 달했지만 EVA는

2,932억 원 적자였던 것으로 EVA는 부도 3년전에 급격히 악화되고 부도직전 재차 급속한 확대추세를 보인 것으로 분석됐다. 실제로 부도 3년전 EVA는 3,871억 원 적자였고 직전에는 6,691억 원으로 늘어났다. 지난해 168억 원 흑자를 냈던 진로의 경우 EVA규모는 171억 원 적자였고 미도파도 이익규모는 31억 원인데 반해 EVA는 78억 원 적자였다. 또 진로종합식품 한신공영 금강피혁 기아자동차 기아자동차판매 기아정기 한주통산 태일정밀 뉴맥스 쌍방울 바로크가구 등도 이익을 냈지만 EVA는 대규모 적자였다는 분석이다.

이처럼 상당수 기업이 흑자를 내고도 EVA가 대규모 적자를 기록한 것은 기업들이 과잉투자로 투자수익성이 자본비용에 크게 못미쳤기 때문이다. 이들 부도기업의 투자수익률은 4.4%에 불과한 반면 자본비용은 11.6%나 됐다. 수익이 자금조달금리에도 무려 7.2%나 뒤지는 실속없는 장사를 했다는 지적이다. 특히 부도기업들이 부도직전의 상태로 경영을 계속한다고 가정했을 경우 미래의 EVA는 더욱 악화돼 부실규모가 커질 것으로 분석됐다.

따라서 기업이 흑자도산 하는 경우가 빈번하지만 EVA지표 추이만 잘 살피면 일찌감치 부도가능성을 가늠할 수 있다는 지적이다. 대우경제연은 투자수익률을 개선하기 위해서는 기존투자부문의 비수익성자산을 처분하고 신규투자 때는 미래 수익창출능력과 자본조달비용을 철저히 파악해야 한다고 진단했다.

➜ 용 어

EVA(경제적부가가치)=세후영업이익에서 자본비용을 차감한 금액.

기업이 영업활동에서 벌어들인 이익에서 법인세를 차감하고 투자활동에서 소요된 금융비용 등을 모두 제한 것. EVA가 (+)로 나타나야 투자수익이 기회비용을 넘어서는 실속있는 장사를 했다는 평가이다.

-매일경제 1997년 11월15일-

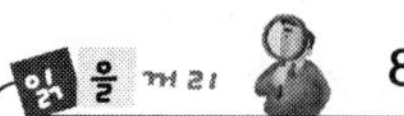

8

포철 EVA경영 선언

◎ EVA<경제적 부가가치>도입으로 수익경영 극대화／2002년까지 자기자본비율 76%로 향상

포철(회장 김만제)이 4일 경영시스템의 근본체계를 변경, ‘EVA’(경제적 부가가치)경영’을 선언하고 본격 시행에 들어갔다. 이는 한국과 IMF(국제통화기금)측이 구제금융 제공에 완전 합의, 한국 경제가 IMF의 영향 아래 들어간 것을 계기로 IMF측이 한국재벌 및 기업들에 지배구조 및 소유구조 변경을 요구하고 나

선 시점에서 이루어진 것이어서 주목된다.

EVA란 영업성과로 얻은 세후 영업이익에서 영업활동에 투자한 자기자본과 타인자본에 대한 기회비용을 차감한 후의 실질이익을 말하는 것으로 진정한 '수익창출능력'을 의미한다.

포철은 이처럼 새로운 경영의 틀인 'EVA' 개념을 전격도입 함으로써 자기자본 비율을 현재 47% 수준에서 내년도엔 52%, 또 5년 후인 2002년에는 76%로 향상시킬 방침이다. 포철은 포항과 광양제철소를 포함해 모든 단위별 공장, 계열사, 해외 투자사 등 전 자산과 전 부문에 걸쳐 본격 시행한다고 밝혔다. 포철의 이같은 'EVA경영' 도입은 IMF 측이 한국기업에 대해 요구하고 있는 '경영의 투명성' 보장과 기업자금 흐름에 대한 외부감독기능 강화에도 부합되는 내용을 담고 있어 국내 다른 기업에도 빠른 속도로 확산될 전망이다.

포철의 이번에 경영의 툴을 변경한 것은 내년에 창립 30주년을 맞아 경영관리 측면에서 세계 제1의 경쟁력을 창출한다는 의지를 표명한 것으로 EVA경영을 조기에 정착, 경영의 현대화를 통해 초일류 글로벌 철강기업으로 성장한다는 복안으로 풀이된다.

다음은 김진주 부사장과의 일문일답.

☞ 포철이 EVA경영을 도입하게된 배경과 궁극적인 목표는 무엇인가

➢기업환경이 놀라울 정도로 크게 변화되고 있다. 최근 외환위기로 촉발된 IMF체제를 포함해 이전으로 거슬러 올라가면 WTO체제도 우리 경영환경을 크게 바꾸는 요인으로 작용하고 있다. 이제 외형과 성장 중심에서 질과 가치중심의 경영의 틀을 마련할 필요성이 제기됐으며 이에 적합한 새로운 평가제도가 시급히 요구되는 시점이다. 이에 따라 성과 측정과 평가방법도 손익중심에서 현금흐름(Cash Flow)중심으로, 양중심에서 가치중심으로 변화해야 한다는 관점에서 2년간의 철저한 준비기간을 거쳐 도입하게 된 것이다. 궁극적인 목표는 자기자본을 포함한 투자자본에 대해 적정수익률 이상의 부가가치를 창출할 수 있도록 유도하는 것이다.

☞ EVA 경영을 구체적으로 설명하자면.

➢EVA 경영이란 자기자본과 타인자본에 대해 기회비용 이상의 수익을 창출케 함으로써 회사는 물론 주주, 종업원들에게 모두 가치의 분배가 돌아가도록 하자는 것이다. 예컨대 자기자본 100억 원을 투자한 사업을 가정한다면 이 사업으로부터 10억 원의 이익이 나고 있다면 매우 만족할 것이다. 그러나 자본비용이 15%라고 가정하면 실제는 5억 원의 손실을 보고 있다는 점을 간과하고 있는 것이다. 결국 자기자본에 대한 기회비용을 함께 인식하는 시스템으로 변화하는 것이다.

☞ EVA 경영이 우리 기업 및 경영환경에 적합한 제도인가.

➤화창한 봄날 두꺼운 털옷을 입은 사람을 보면 이상하게 생각할 것이다. 그러나 추운 겨울에는 당연하게 여길 것이다. 기업도 마찬가지다. 경영여건이 요즘처럼 긴박하게 변화하는 추세에는 그에 맞는 새로운 '경영 툴'로 재무장해야 한다. EVA 경영은 이같은 새로운 경영환경에 대처해 나갈 수 있는 좋은 대안이 될 것이다.

☞ EVA 경영이 성공을 거두기 위해 선결돼야 할 전제조건은 무엇인가.

➤EVA 평가제도는 각 부문별 성과평가를 기본으로 한다. 따라서 이 제도가 정착되기 위해서는 각 부문별 실적관리가 정확히 파악되는 경영관리시스템의 구축이 선행돼야 한다. 이 경영시스템이 본격 시행되면 최고관리자부터 직원에 이르기까지 자기부문의 목표관리를 정확히 인식하고 성과에 대한 책임을 지는 책임경영체제가 정착될 것이다.

－매일경제 1997년 12월 5일－

9

3차 투자지표 혁명 : ROIC핵심잣대로

주식시장에 투자지표 혁명이 일고 있다. 종합주가지수 1,000시대를 맞아 ROIC(투하자본이익률)과 FV/EBITDA(기업가치를 세금및 이자를 내기전 이익으로 나눈 수치)가 새로운 투자지표로 자리잡아가고 있다.

지난 90년대 초반의 PER(주가수익비율). EPS(주당순이익)과 90년대 중반의 ROE(자기자본이익률). EVA(경제적부가가치) 혁명에 이어 3차 투자지표 혁명이 일어나고 있는 것이다.

➤투자지표 왜 바뀌나＝한국경제가 "성장 제일주의"를 부르짖으며 앞만 보고 달리던 시대가 마감되며 나타난 새로운 현상이다. 매출액이 얼마나 늘었느냐, 당기순이익 증가율이 얼마인가 하는 단선적 지표는 이제 중요성을 잃어가는 추세이다. 대신 주주들이 투자한 돈을 갖고 얼마나 많은 이익을 내는가가 핵심지표로 부상했다. 또 얼마나 다양한 투자지표에서 성적을 내는가의 복합평가가 주식시장에 새바람을 몰고 왔다.

투자지표 혁명을 몰고 온 주체는 외국인과 기관. 이들이 시장을 좌지우지하면서 이들이 사용하는 지표가 벤치마킹의 표적으로 됐다.

기관과 외국인이 중시하는 것은 가치(Value)투자. "재료보다는 본질가치로 평가하겠다"는 것이 골자다. 외국인과 기관은 우선 매출액은 안중에도 두지 않는다. 매출액이 늘어난다 해도 영업비용이 그만큼 증가하거나 마진이 줄어들면 투자자의 몫은 줄어든다는 게 이들의 판단이다.

순이익도 전처럼 중시되지 않고 있다. 순이익은 자산매각 등에 따른 특별이익과 회계방법 변화에 따라 크게 달라지기 때문이다. 실제로 영업에서는 적자를 낸 기업이 자산매각이나 보유유가증권을 팔아 흑자로 둔갑시키는 경우가 적지 않았다.

➢기관과 외국인 지표는=기관과 외국인이 PER보다 ROIC나 FV/EBITDA를 더 중시하는 것도 바로 이러한 이유에서다. ROIC나 FV/EBITDA에서 이익은 순이익이 아니라 영업이익이다.

장인환 현대투신 펀드매니저는 "ROIC나 FV/EBITDA는 특별이익이나 회계처리 방법 변경에 따라 조정할 수 없는 영업이익을 기준으로 계산돼 기업의 본질가치를 좀더 정확히 반영할 수 있다"고 강조했다.

순이익을 자기자본으로 나눠 계산하는 ROE도 PER의 단점을 보완해 준다. PER가 주가가 주당순이익에 비해 얼마나 높은지 나타낸다면 ROE는 자본의 효율성을 반영하는 지표다. ROE는 계산하는 방식이 그렇게 어렵지 않아 개인투자자들도 손쉽게 활용할 수 있다는 장점이 있다. 또 ROIC와 FV/EBITDA가 높은 기업이 대체로 ROE도 높은 경향을 보인다는 것도 메리트다.

전문가들은 그러나 가능하다면 ROIC와 FV/EBITDA를 중심으로 개별종목을 접근할 것을 권한다. ROIC와 FV/EBITDA는 증권사들이 종목분석을 하면서 반드시 곁들이기 때문에 개인투자자들이 일일이 계산하지 않아도 활용할 수 있다. 대우증권은 우선 ROIC가 높은 종목을 고른뒤 FV/EBITDA가 낮은 종목을 고르는 게 효율적인 방법이라고 추천했다. 실제로 ROIC가 높고 FV/EBITDA가 낮은 종목의 주가상승률이 높았다. 올들어 급등한 삼성물산 한섬 남양유업 현대증권 등이 대표적인 예라 할 수 있다. 특히 코리아써키트 영원무역 한국카본 메디슨 LG전자 LG정보통신 롯데삼강 동원산업등 대부분의 기관 및 외국인 선호종목이 ROIC와 FV/EBITDA 지표가 순위 안에 포함돼 있다.

➢ ROIC 얼마나 되나=대우증권 분석에 따르면 올해 국내 상장기업의 ROIC는 대체로 10~11%수준이 될 것으로 나타났다. 또 FV/EBITDA는 6~7배 수준. 따라서 ROIC 기준으로 11%가 넘는 종목 중 FV/EBITDA가 6배를 밑도는 종목이라면 기업가치가 우량해 주가상승률이 대체로 종합주가지수 상승률을 웃돌 것으로 예측되고 있다.

대우증권이 추정한 올 연말 ROIC와 FV/EBITDA 우량기업은 율촌화학 삼보컴퓨터 삼성전자 영원무역 한국전기초자 남양유업 선진 삼화전자 영창실업 삼성전관 동부건설 등.

ROIC와 FV/EBITDA가 아무리 중시되는 지표라 해도 주식에 투자할 때 이들 한 두 가지 지표만에 의존하는 것은 바람직하지 않다. 그런 관점에서 EVA(경제적 부가가치)도 보조지표로 활용될 수 있다. 세후 영업이익에서 외부차입에 따른 이자, 배당 등 모든 투자자본비용을 뺀 것이 바로 EVA다.

증권거래소 분석에 따르면 삼성전자 포철 한진해운 LG반도체 대한항공 LG전자 현대상선 LG상사 쌍용정유 SK텔레콤 등이 지난해 EVA상위기업에 랭크됐다. 그러나 한전·한통 등 이른바 빅5중 2개 종목은 EVA가 지난해 마이너스를 기록했다. 그런데도 주가는 큰 폭으로 상승했다. 또 EVA상위기업이 대부분 대기업이라는 것도 단일지표로 사용되는 데는 한계가 있다. 자본금 수준에 따른 EVA라든지 하는 세부 지표는 아직 개발돼 있지 않은 상태다.

전문가들은 또 PER도 절대 폐기처분해선 안 된다고 강조한다. 주가가 과대평가돼 있는지 평가할 수 있는 척도이기 때문이라고 말한다. 올해 국내 제조업체의 평균 PER는 대략 15배 수준에 이를 것으로 관측된다.

PER가 이보다 낮으면 매입, 이보다 높으면 매도의 시점이 다가왔다고 보면 된다고 전문가들은 평가한다.

– 한국경제 1999년 7월 8일 –

10

새로운 기업가치지표(PSR)

아마존은 지난 2년간 적자폭 확대에도 불구하고, 엄청난 주가상승률(10배 이상)을 보여주었다. 하지만 미국에서 대표적인 고마진, 고수익 업종인 RV(자동차)와 담배회사는 오히려 소외된 종목이었다.

우리나라의 코스닥기업 가운데는 시가총액이 수천억에 달하나 당기순 이익이 불과 몇억에 불과하는 기업들도 많다. 그리고 한해 순이익이 시가총액을 상회하는 거래소 종목도 수 십여 개가 있다. 이러한 현상을 주가평가지표인 PER과 PSR의 비교를 통해서 다시 되짚어 보려 한다.

전통적으로 기업의 주가를 평가하는 지표가운데 대표적인 것으로 PER(주가수익비율)를 꼽는다. PER는 주가를 1주당순이익(EPS)으로 나눈 값이다. 기업의 순이익 1원 당 시장에서 평가하는 가격을 나타내는 것이다.

최근에 주가를 가늠하는 새로운 지표로 PSR(주당매출액비율)이 각광 을 받고 있다. PSR이란 해당 종목의 주가를 1주당 매출액으로 나눈 지표이다. PER 와 마찬가지로 낮을수록 주가는 상대적으로 저렴한 것으로 평가되는데 적자기업에도 적용되는 연속성의 강점이 있다. 반도체 관련주, 인터넷 관련주 등 첨단벤처 기업의 적정주가를 평가하는 지표로 활용되고 있다. 벤처기업의 경우 수익성보다는 성장성과 미래 가치가 중요한 투자지표인 만큼 EPS나 PER 대신 PSR을 사용하고 있다.

PSR가 높다는 것은 그만큼 주가가 고평가 되었다는 얘기일 수도 있으나 나스닥의 예로 보아 고평가 돼 있다기보다 오히려 매출액 신장 가능 성, 다시 말해 성장 가능성이 크다는 것이다. 즉 현재의 주가수준에서 본 매출액 성장여력의 기대치라고도 할 수 있다.

미국 증시에서는 개념주식(Concept stock) 열풍이 불고 있다고 한다. 개념주식이란 현재의 실적은 보잘 것 없지만 미래성장 가능성이 높은 종목을 말한다. 이를 PSR로 설명하자면 나스닥의 경우 PSR이 높은 기업일수록 주가가 크게 오르고 있고, 수익성보다는 매출에 주가의 그 초점을 맞추고 있다는 것이다.

누구나 '코스닥은 거품이다'라고 말할 수 있으나 코스닥 기업의 미래 에 대해 자세히 그림을 그릴 수 있는 사람은 적다. 투자는 열린 가능성을 가진 젊은 기업에 할 때 그 빛을 발할 것이다.

현시점에서 정보통신과 인터넷으로 대표되는 젊은 기업들이 미래의 꿈을 담보로 지난 몇 년간 보여준 폭발적인 외형성장률은 주가를 어떻게 평가해야 할 것이냐는 투자자의 고민에 행복한 물음표를 던져주며 거래소시장에서 코스닥시장으로 그리고 곧이어 열릴 제3시장으로 눈을 돌리게 하고 있다.

－매일경제 2000년 3월 5일－

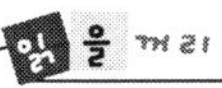

 11

국민연금도 투자한 SM, 재무구조는 어떨까
전속계약 28억, 재고 12억 불과…현금흐름은 217억 '탄탄'

국내 엔터테인먼트 업체 '대장'격인 에스엠(주가 1월 27일 현재 19,900원)엔터테인먼트. 시가총액 3000억 원에 달하는 이 기업은 국민의 미래를 책임지는 국민연금도 자금을 투자하는(지분 4.27%확보) 우량기업으로 성장했다.

과다 포장됐을 수 있다는 엔터테인먼트업체의 선입견과 달리, 에스엠의 재무구조에는 별 거품이 없다.

지난해 3분기 현재 자본금 82억 원에 자본총액은 10배가 넘는 850억 원. 당좌자산만 705억 원에 이익잉여금은 291억 원이다. 부채비율은 31.7%에 불과하다.

지난 2009년 흑자전환에 성공한 후 2010년에는 3분기까지 232억 원의 영업이익과 204억 원의 순이익을 거뒀다. 영업이익률은 34%. 투자자들이 열광하는 자기자본이익률(ROE)는 27.5%에 달한다.

무엇보다도 전속계약금처럼 상각돼야할 자산이나 재고가 많지 않고 현금흐름이 좋다. 연예인들이 보유한 '잠재력'이나 '거품'이 재무제표에 반영된 부분은 거의 없고, 모든 성과가 실적으로 반영되는 구조다.

향후 상각돼야할 전속계약금은 총 28억원 정도. 캐릭터 상품과 음반 제품 등을 포함한 재고자산도 이미 상당부분 충당금을 쌓은 탓에 12억7000만원에 머무른다. 영업활동으로 인한 현금흐름이 217억원임을 감안하면 결코 크지 않은 수준이다.

실적개선에 힘입어 지난 2009년11월 3000원에 불과했던 에스엠 주가는 1년후인 2010년11월 2만2800원으로 7배 가까이 올랐다.

증권업계에서는 상장 엔터테인먼트 매니지먼트 기업인 에스엠의 투자리스크로 '인적'인 리스크와 음반시장 트렌드의 변화, 소속 연예인들의 인기감소를 꼽고 있다.

동방신기 사태처럼 '사람'에 대한 리스크는 상존하지만, 소녀시대와 슈퍼주니어 등 다른 멤버들이 가세하며 실적과 주가 모두 올랐던 점을 감안하면 에스엠은 이미 여러 수익 포트폴리오를 구축한 것으로 풀이된다.

또 소녀시대와 FX 등 이른바 걸 그룹이 해외에서도 '삼촌팬'과 '남성팬'을 늘려가고 있고, 슈퍼주니어, 샤이니 등 아이돌들이 속속 해외에 진출하며 이른바 '신(新) 한류' 확대에 앞장서는 점도 긍정적으로 관측된다.

김창권 대우증권 연구원은 "매니지먼트가 '사람'에 관한 비즈니스라는 점에서 리스크는 있지만 에스엠은 이미 탄탄한 수익 포트폴리오를 구축했다"며 "계열회사에 대한 우려도 상당부분 해소된 상황"이라고 밝혔다.

−머니투데이 2011.01.27−

CHAPTER

현금흐름표분석

1. 현금흐름표의 의의

회계는 정보이용자의 경제적 의사결정에 유용한 정보를 제공하는 것을 그 목적으로 하고 있다. 회계목적을 달성하기 위해서는 정보이용자의 정보욕구를 충족시킬 수 있는 회계정보가 작성·공시되어야 한다. 제3장에서 설명한 것처럼 일반적으로 정보이용자들의 공통된 관심사는 특정 기업의 미래현금창출능력이다. 이러한 정보욕구를 충족시키기 위해서 회계는 정보이용자들이 특정 기업에 유입되리라 예상되는 미래의 **순현금흐름의 금액과 시기 및 불확실성**(amounts, timing and uncertainties)을 평가하는데 유용한 정보를 제공하여야 한다. 미래의 순현금흐름을 예측하기 위해서는 여러 정보를 이용할 수 있다.

예를 들면 기업의 단기지급능력을 나타내는 유동성에 관한 정보라든가, 기업의 경영성과 또는 배당성향 등을 들 수 있다. 기업의 유동성에 관한 정보는 재무상태표에서, 경영성과는 손익계산서에서 그리고 배당성향은 이익잉여금처분계산서에서 얻을 수 있다. 그러나 이러한 정보는 현금을 어떻게 조달하여 어디에 사용하였는지에 대한 명확한 정보를 제공하지 못하므로 미래의 현금흐름을 예측하는 데는 한계를 지닐 수밖에 없다. 그리하여 일정기간 동안 현금의 조달과 그 사용에 관한 정보를 제공하기 위하여 작성되는 재무보고서가 바로 **현금흐름표**(statement of cash flows)이다.

현금흐름표는 기업의 현금흐름을 나타내는 표로서, 현금의 변동내용을 명확하게 보고하기 위하여 당해 회계기간에 속하는 현금의 수입과 지급내용을 영업활동·투자활동 및 재무활동별로 구분하여 표시한 재무보고서를 말한다. 현금흐름표는 일정기간의 각 경영활동별 현금흐름에 관한 정보와 이로 인한 현금의 증감액에 대한 정보를 제공할 뿐만 아니라 아울러 기초의 재무상태에서 기말의 재무상태로 변동된 원인을 설명한다. 현금흐름표가 재무상태의 변동원인을 설명하는 과정은 다음 재무제표간의 관계에서 설명된다.

2. 재무제표간의 관계

재무회계는 정보이용자의 경제적 의사결정에 유용한 정보를 제공하기 위하여, 당해 기업의 경제적 자원과 경제적 자원에 대한 청구권 및 이들 양자의 변동을 초래하는 거래 또는 사건 등을 재무제표에 반영·보고한다. 당해 기업의 경제적 자원(자산)과 경제적 자원에 대한 청구권(부채와 자본)은 재무상태표작성일 현재의 재무상태(financial position)를 의미하는 것으로, 이를 보고하기 위해 재무상태표가 작성된다. 거래가 발생하면 기업의 재무상태는 변동하므로 일정기간 재무상태의 변동내용을 설명하기 위한 재무보고서가 필요하다.

제2장에서 설명한 것처럼 손익계산서와 이익잉여금처분계산서는 재무상태의 변동내용 중 이익잉여금의 증감원인만을 설명하므로 이외의 변동내용은 설명이 아니된다. 재무상태표와 손익계산서 및 이익잉여금처분계산서를 통하여 설명되지 않는 재무상태의 변동내용을 설명하는 재무보고서가 바로 현금흐름표다.

기업의 거래는 궁극적으로 현금흐름을 발생시키게 하므로 뒤에서 설명하지만 현금흐름을 발생시키는 거래가 대부분 재무상태의 변동원인이 된다. 그러므로 기초의 재무상태에서 기말의 재무상태로 변동된 원인의 대부분이 현금흐름표에서 설명된다.

3. 투명성 높은 현금흐름표의 특징

현금흐름표는 재무제표 중에서 투명성이 가장 높은 재무제표로 알려져 있다. 현금흐름표가 제공하는 현금흐름정보가 재무상태표와 손익계산서가 제공하는 발생주의 회계정보에 비해 투명성이 높을 수밖에 없는 이유와 그밖에 색다른 특징들을 정리해보면 다음과 같다.

1) 추정이 개입되지 않는 객관적 정보

현금흐름표가 제공하는 현금흐름정보에는 재무상태표와 손익계산서에서 제공되는 발생주의 회계정보와는 달리 추정 또는 예측(예를 들어 매출채권의 회수가능성, 재고자산의 진부화 정도, 상각자산의 내용연수와 잔존가액, 우발채무의 계상 여부 등)과 같은 회계담당자의 주관적 판단이 개입되지 않는다. 따라서 회계담당자의 주관적 판단이 개입될 수밖에 없는 재무상태표와 손익계산서에서 제공되는 발생주의 회계정보는 객관적인 정보가 될 수 없다. 뿐만 아니라 이를 악용해서 경영자의 의도대로 조작할 가능성이 많기 때문에 기업의 실상과는 거리가 먼 왜곡된 정보일 수도 있다. 이에 반해 현금흐름표가 제공하는 현금흐름정보는 회계담당자의 주관적 판단의 산물이 아니고 실제 사실을 반영한 객관적 정보이기 때문에 더욱 신뢰할 수 있을 뿐만 아니라 목적적합한 정보가 되고 있다.

2) 대체적 회계처리방법에 영향받지 않는 실제 정보

재무상태표와 손익계산서를 작성할 때에는 여러 가지 대체적인 회계처리방법(예를 들어 재고자산평가의 경우 선입선출법과 평균법, 감가상각의 경우 정액법과 정율법 등)이 허용되고 있으며, 이에 따라 재무상태표와 손익계산서에서 제공되는 발생주의 회계정보는 경제적 사건이 달라서가 아니라 단지 사용하는 회계처리방법이 다르기 때문에 차이나는 회계정보가 제공되게 되어 비교가능성을 해치게 된다. 그러나 현금흐름표는 대체적인 회계처리방법으로 인한 영향을 전혀 받지 않고 기업의 실제현금흐름을 사실대로 나타낸다. 따라서 현금흐름정보는 대체적 회계처리방법에 의해서 모호해지는 기업간의 진정한 차이를 식별할 수 있게 해주는 비교가능성이 높은 정보인 것이다.

예제 5-1 ▌ 대체적 회계처리방법에 영향 받지 않는 현금흐름표

A기업과 B기업이 있는데 두 기업의 영업내용은 실제로 똑같고, 모두 금년에 영업을 개시하였다. 금년 중 두 기업은 다음과 같이 상품을 매입하였다.

월 일	수 량	단 가	금 액
1/4	10,000단위	@ ₩40	₩400,000
4/6	5,000단위	50	250,000
8/9	7,000단위	60	420,000
11/27	10,000단위	70	700,000
	32,000단위		₩1,770,000

금년 매입분 중 대금을 지급하지 않은 금액은 ₩700,000이다. 금년도에 두 기업은 22,000단위를 판매하였으며, 판매대금은 모두 회수되었다. 1월초에 두 기업은 10년의 내용년수와 잔존가치가 없는 기계설비를 ₩1,000,000에 구입하였다.

A기업은 재고자산의 평가방법으로 FIFO(선입선출법)를 사용하기로 했고, 감가상각방법은 정액법을 사용하기로 하였다. 이에 따라 매출원가는 ₩1,070,000, 감가상각비는 ₩100,000이 계상되었다. 반면에 B기업은 재고자산의 평가방법으로는 LIFO(후입선출법), 감가상각방법으로는 정률법(상각률 20%)을 사용하기로 하였다.

이에 따라 매출원가는 ₩1,370,000, 감가상각비는 ₩200,000이 계상되었다. 두 기업의 12월 31일 현재의 시산표에는 다음 항목이 포함되어 있다.

매출액 ······················	₩2,200,000
판매비와 관리비 ·····················	500,000 (전액 현금지급)

이상의 자료를 가지고 먼저 손익계산서를 작성해보면 영업내용이 같음에도 불구하고 사용하는 회계처리 방법이 다름에 따라 다음과 같이 경영성과가 다르게 나타나 있다.

A기업 손익계산서 1/1~12/31 (단위: 원)		B기업 손익계산서 1/1~12/31 (단위: 원)	
매출액	2,200,000	매출액	2,200,000
매출원가	1,700,000	매출원가	1,370,000
매출총이익	1,130,000	매출총이익	830,000
판매·관리비	500,000	판매·관리비	500,000
감가상각비	100,000	감가상각비	200,000
당기순이익	530,000	당기순이익	130,000

두 기업의 현금흐름표상의 영업활동 현금흐름을 계산해보면 다음과 같다.

	A기업	B기업
Ⅰ. 영업활동 현금흐름		
1. 당기순이익	₩530,000	₩130,000
2. 현금의 유출이 없는 비용 등의 가산 감가상각비	100,000	200,000
3. 영업활동으로 인한 자산·부채의 변동		
매입채무의 증가	700,000	700,000
재고자산의 증가	(700,000)	(400,000)
	₩630,000	₩630,000

위의 계산결과를 보면 영업내용이 똑같은 두 기업의 영업활동 현금흐름이 똑같게 나타나고 있다. 두 기업이 사용하고 있는 대체적 회계처리방법이 당기순이익을 계산하는 데 상이한 영향을 미친 것과는 달리 영업활동 현금흐름에는 전혀 영향을 미치지 않은 사실을 확인할 수 있다.

따라서 현금흐름표는 대체적 회계처리방법의 영향을 받고 있지 않기 때문에 재무상태표나 손익계산서가 제공하는 정보보다 더 신뢰성·목적적합성·비교가능성이 높은 정보를 제공하는 투명성 높은 재무제표라고 말할 수 있다.

3) 흑자기업도산의 원인과 가능성을 밝혀주는 정보

현금흐름정보는 흑자도산기업의 원인을 밝히거나 예측하는데 도움을 준다. 흑자도산기업의 경우 대개 매출채권이나 재고자산에 대한 과대투자로 인해 자금회수가 지연되거나 또는 과잉설비투자로 인해 자금이 묶여서 극심한 자금난을 겪다가 지급불능사태에 이르러 결국 도산이란 최악의 사태를 맞게 된다. 이러한 도산의 원인들은 현금흐름표에 잘 나타나 있기 때문에 여러 연도의 현금흐름정보에 대한 세심한 분석을 통해서 흑자도산의 가능성(예를 들어 여러 연도를 통해 계속되는 −의 영업활동으로 인한 현금흐름은 도산위험 신호임)을 쉽게 예측할 수 있다.

▮회계현장 5-1▮ 흑자도산기업의 손익계산서와 현금흐름표

손익계산서

태일정밀(주) (단위 : 백만원)

	1992	1993	1994	1995	1996
Ⅰ. 매 출 액	123,594	163,977	197,652	264,144	390,539
Ⅱ. 매 출 원 가	108,039	145,804	175,609	232,358	349,328
Ⅲ. 매 출 총 이 익	15,555	18,173	22,043	31,785	41,212
Ⅳ. 영 업 이 익	11,100	12,702	14,933	18,322	19,019
Ⅴ. 경 상 이 익	3,257	4,683	5,481	7,616	11,660
Ⅵ. 당 기 순 이 익	2,257	3,738	4,138	4,485	7,935

현금흐름표

태일정밀(주) (단위 : 백만원)

	1992	1993	1994	1995	1996
Ⅰ. 영업활동으로 인한 현금흐름	−24,111	−5,579	−11,839	−9,167	−33,473
Ⅱ. 투자활동으로 인한 현금흐름	−4,229	−29,815	−26,610	−36,443	−113,850
Ⅲ. 재무활동으로 인한 현금흐름	30,611	55,573	45,021	89,906	109,372
Ⅳ. 현금의 증가	2,271	20,179	6,572	44,297	−37,951
Ⅴ. 기초의 현금	3,167	5,438	25,617	32,189	76,486
Ⅵ. 기말의 현금	5,438	25,617	32,189	76,486	38,535

이 회사는 매년 당기순이익을 계상하여 수익성이 양호한 것처럼 보이지만 현금흐름표를 보면 심각한 자금난을 겪고 있음을 알 수 있다. 즉, 이 회사는 영업활동에서 현금을 창출시키지 못하고 있기 때문에 필요한 자금을 외부자금으로 조달해서 회사를 꾸려나가고 있다. 결국 이 회사는 영업활동으로부터의 현금창출능력이 개선되지 못한 상황에서 채권자의 자금회수사태에 직면하면서 97년 10월에 부도를 내고 흑자도산의 비운을 맛보게 되었다.

결국 흑자도산의 가능성은 여러 기간의 현금흐름표 분석을 통해서 알 수 있다.

4) 분식결산 가능성을 밝혀주는 정보

대개 분식결산을 통해서 사실상은 적자이거나 소폭의 흑자인데 이를 마치 실제보다 큰 폭의 흑자가 난 것처럼 발생주의 회계원칙을 최대한 악용하거나 회계장부를 조작하여 손익계산서에 가공의 당기순이익을 보고하는 부도덕한 기업을 종종 발견하는 경우가 있다. 이런 기업의 경우 현금흐름표상의 영업활동으로 인한 현금흐름을 보면 그 금액이 큰 폭의 －로 감소되어 있는 경우가 대부분인 것으로 알려져 있다. 따라서 현금흐름표는 흑자분식결산의 가능성을 발견하는데 효과적인 도구가 될 수 있다.

▌회계현장 5-2▌ 분식기업의 현금흐름표

현금흐름표

디지텍시스템스 (단위 : 백만원)

	제13기	제12기	제11기
Ⅰ. 영업활동 현금흐름	－18,534	－12,881	15,517
(당기순이익)	(10,287)	(4,948)	(18,538)
Ⅱ. 투자활동 현금흐름	－3,427	－35,664	－15,572
Ⅲ. 재무활동 현금흐름	40,871	35,872	－227
Ⅳ. 현금의 증가	18,885	－12,695	－288

디지텍시스템스는 터치스크린패널 제조업체로 금융감독원 감리결과 제13기 재무제표를 분식한 것으로 밝혀진 기업이다. 이 기업이 저지른 분식내용을 보면 매출액과 매출원가, 매출채권과 매입채무를 허위 계상한 것과 유형자산을 신규 취득한 것으로 허위 계상한 것으로 되어 있다. 이러한 분식(2백40억원의 가공매출수익과 1백4십9억원의 가공매출채권과 80억원의 가공유형자산계상)을 통해 적자를 흑자로 둔갑시켰으나, 현금흐름표를 살펴보면 영업활동 현금흐름이 큰 폭의 적자로 표시되어 있어 분식가능성을 충분히 짐작할 수 있다.

▌회계현장 5-3▌ 분식기업의 현금흐름표

현금흐름표

주식회사 모뉴엘 (단위 : 백만원)

	제10기	제9기	제8기
Ⅰ. 영업활동 현금흐름	1,540	14,309	12,869
(당기순이익)	(59,966)	(35,804)	(24,067)
Ⅱ. 투자활동 현금흐름	－47,763	－37,678	－22,134
Ⅲ. 재무활동 현금흐름	48,685	33,083	－36,811
Ⅳ. 현금의 증가	2,461	9,713	27,545

주식회사 모뉴엘은 2004년에 설립되어 IT기반의 종합가전회사(로봇청소기와 홈시어터 PC등이 주요 제품)로 급성장하던 기업으로 매출액 1조 클럽에 이름을 올리면서 업계의 큰 주목을 받던 회사인데, 2014년에 들어와서 은행에 어음대금을 결제하지 못해 법정관리를 신청하였다.

결국 이 회사는 관세청 조사 결과 모뉴엘의 매출액 1조 1400억원 중 1조원 이상이 금융권 허위수출 채권 매각으로 밝혀졌다. 이 회사는 해외법인 간 가공거래로 발생한 매출채권과 현지 법인을 통해 몇 번 돌려 수출했던 제품을 다시 한국으로 수입하여 재고자산으로 장부에 계상하는 식으로 분식을 저지르기도 했다. 모뉴엘의 신화적인 고속 성장은 허위자료를 통한 분식회계의 결과로 모뉴엘 경영자의 사기극에 재무제표를 세심하게 분석하지 못한 투자자와 금융기관 등이 농락당하는 일이 벌어진 것이다.

이 회사는 분식가능성은 현금흐름표를 살펴보면 충분히 짐작이 될 수 있다. 지난 3년간 당기순이익은 큰 폭으로 증가하고 있는데 비해 영업활동 현금흐름은 당기순이익의 24%(영업활동 현금흐름 2백8십7억원/당기순이익 1천2백억원)에 지나지 않아 발생액을 통한 분식의 가능성이 높다는 점을 알 수 있으며, 특히 제9기의 경우 당기순이익과 영업활동 현금흐름의 격차가 크게 벌어져 이 회사의 현금창출능력이 심각하게 저하되었다는 것을 알 수 있다. 한편 종속회사까지 포함시킨 연결현금흐름표를 보면 이러한 점은 더욱 악화된 모습으로 나타나고 있으며, 당기순이익의 질은 정상적인 기업에서는 찾아보기 힘들 정도로 도저히 신뢰할 수 없을 수준으로 떨어져 있다.

연결현금흐름표

주식회사 모뉴엘과 종속회사 (단위 : 백만원)

	제10기	제9기	제8기
Ⅰ. 영업활동 현금흐름	−1,514	1,684	17,261
(당기순이익)	(60,188)	(35,536)	(19,900)

5) 분식결산에 영향받지 않는 정보

순이익을 과대계상하기 위해서는 감가상각비와 같은 비용을 과소계상하고, 매출채권이나 재고자산과 같은 영업활동과 관련있는 유동자산을 과대계상하여야 하며, 매입채무와 같은 영업활동과 관련있는 유동부채를 과소계상해야 하는 데, 이렇게 분식 회계 처리할 경우 이들 항목들은 순이익을 그 만큼 증가시키기는 하지만 영업활동으로 인한 현금흐름에는 아무런 영향을 끼치지 않는다. 이와 같이 현금흐름정보는 이러한 유형의 분식결산의 효과가 배제되기 때문에 그 만큼 신뢰할 수 있는 정보가 된다. 따라서 분식을 통해서라도 경영성과를 양호하게 나타내야 할 가능성이 많은 기업, 예를 들어 주식상장 예정기업, 합병 대상 기업, 증자나 차입에 의한 자금조달 추진기업, 적자에서 흑자로 변경된 기업 등에 대한 재무제표 분석시에는 현금흐름표가 제공하는 현금흐름정보로 반드시 보완할 필요가 있다.

예제 5-2 ▌분식결산에 영향을 받지 않는 현금흐름표

사례회사는 올 해 회사를 설립하였다고 하자. 회계연도 말에 발생주의에 입각한 손익계산서를 다음의 회계자료를 이용해서 작성하고자 한다.

회계자료 :

매출액 ₩700,000 (외상매출액 중 미회수액인 매출채권 ₩500,000이 포함되어 있음)
매입액 ₩600,000 (외상매입액 중 미지급액인 매입채무 ₩400,000이 포함되어 있음)
기말재고액 ₩200,000 감가상각비 ₩100,000 판매관리비 ₩100,000(현금지급)

손익계산서

(발생주의)

매 출 원 가	400,000	매 출	700,000
감가상각비	100,000		
판매관리비	100,000		
당기순이익	100,000		
	700,000		700,000

※ 매출원가: 매 입 600,000원 − 기말재고액 200,000원 = 400,000원

다음에 현금흐름표상의 영업활동 현금흐름을 직접법으로 계산하면 다음과 같다.

현금흐름표

영업활동 현금흐름		(100,000)
매출대금회수액	200,000	
매입대금지급액	(200,000)	
판매관리비 지급액	(100,000)	

발생주의하의 경영성과가 ₩100,000(당기순이익)이 계상되어 있다. 경영자는 이 금액이 경쟁기업의 경영성과에 비해 낮기 때문에 경쟁기업의 경영성과보다 높은 ₩300,000이 계상되도록 분식을 지시하였다고 해보자. 이에 따라 회계담당자는 경영자의 지시를 이행하기 위해 다음과 같이 분식하기로 결정하였다.

분식내용

① 가공매출계상 : 외상매출액과 매출채권을 ₩100,000 추가계상시킴
② 기말재고액 과대계상 : 기말재고액을 ₩200,000에서 ₩300,000으로 ₩100,000 가공계상시킴

위의 분식내용을 반영해서 발생주의에 의한 손익계산서를 작성하면 다음과 같다.

분식후 손익계산서

(발생주의)

매 출 원 가	300,000	매 출	800,000
감가상각비	100,000		
판매관리비	100,000		
당기순이익	300,000		
	800,000		800,000

※ 매출원가: 매 입 600,000원 − 기말재고액 300,000 = 300,000원

이러한 분식은 현금에 영향을 끼치지 않기 때문에 현금흐름표는 전혀 영향을 받지 않게 된다. 따라서 분식 전후의 현금흐름표는 동일하게 된다.

위의 내용을 반영해서 간접법으로 영업활동 현금흐름을 계산해보면 다음과 같다.

분식전후 영업활동 현금흐름

	분식 전	분식 후
당기순이익	100,000	300,000
감가상각비	100,000	100,000
매출채권 증가	(500,000)	(600,000)
재고자산 증가	(200,000)	(300,000)
매입채무 증가	400,000	400,000
영업활동 현금흐름	(100,000)	(100,000)

분식 전후 현금흐름표 상의 영업활동 현금흐름은 손익계산서의 당기순이익과는 달리 동일함을 확인할 수 있다. 따라서 현금흐름표는 분식에 영향을 받지 않는 객관적인 재무제표라는 사실을 확인할 수 있다.

6) 특수상황에 처한 기업의 현실을 정확히 전달하는 정보

이밖에도 당기순이익이 기업의 경영성과를 정확하게 반영하지 못하고 있는 특수한 상황에 처해 있는 기업, 예를 들면 비현금지출비용이 거액 계상되는 기업이나 초고속 성장하는 기업의 경우 현금흐름정보는 그 기업의 현실을 정확하게 반영하고 있기 때문에 현금흐름분석은 대단히 중요하다.

감가상각비와 대손상각비 같은 비현금지출비용을 거액 계상하는 기업의 순이익은 실제 상황보다 비관적으로 보고될 수 있다. 사실 이런 기업은 영업활동으로 인한 현금흐름이 +로 나타난 기간에 순손실이 보고되는 경우가 있다. 이런 경우에는 영업활동으로 인한 현금흐름이 단기적으로 채권자, 거래처, 종업원 그리고 투자자들에게 계속

해서 의무를 이행할 수 있는지 여부를 판단할 수 있는 더 나은 지표가 된다. 물론 현금흐름이 +라고 해서 보고된 순손실을 걱정하지 않아도 된다는 말은 결코 아니다. 다시 말해 +의 현금흐름은 얼마동안 기업이 영업을 계속할 수 있다는 것을 의미하는 것이며, 순손실의 보고는 기업의 미래기간에 심각한 문제가 발생할 수 있음을 암시하는 것으로 받아들여야 한다.

❚ 회계현장 5-4 ❚ 비현금지출비용이 많은 기업의 현금흐름표

현금흐름표

대한항공 (단위 : 억원)

	제53기	제52기	제51기
Ⅰ. 영업활동 현금흐름	1,841	1,762	2,066
(현금유출이 없는 비용)	(2,666)	(2,717)	(2,649)
(당기순이익)	(−205)	(−290)	(260)
Ⅱ. 투자활동 현금흐름	−800	−1,128	−480
Ⅲ. 재무활동 현금흐름	−1,630	−872	−1,698
Ⅳ. 현금의 감소	−588	−238	−113

대한항공은 감가상각비와 같은 현금이 유출되지 않는 비용이 많은 회사이다. 따라서 제53기와 제52기에 적자가 발생했음에도 불구하고 영업활동 현금흐름은 큰 폭의 흑자를 기록하고 있어 지급능력에 아무런 문제가 생기지 않고 있다. 이에 따라 대한항공은 충분한 영업활동 현금흐름으로 투자활동(유형자산 취득, 관계기업 투자)과 재무활동(차입금 상환, 이자지급, 배당금 지급 등)을 문제없이 수행하고 있다.

제품 생산의 확충을 위해 거액의 자금이 소요되는 초고속 성장기업을 평가하는데 있어서도 현금흐름분석은 귀중한 도구가 된다. 이런 기업의 경우 보고되는 순이익은 흑자이지만 영업활동을 통해서 현금을 창출하기 보다는 오히려 소비를 하는 경우가 많다. 따라서 초고속 성장하는 기업이 보고한 흑자의 순이익은 결코 현재의 지급의무를 이행하는데 충분한 현금흐름이 있다는 것을 보증하는 것이 아니라는 것을 명심하고 이에 현혹되지 말아야 할 것이다.

| 회계현장 5-5 | 고속성장하는 기업의 현금흐름표

현금흐름표

모디아 (단위 : 억원)

	1999	2000	2001
Ⅰ. 영업활동으로 인한 현금흐름	−13	−49	−119
(당기순이익)	(18.2)	(34.4)	(102.6)
Ⅱ. 투자활동으로 인한 현금흐름	−19	−12	−299
Ⅲ. 재무활동으로 인한 현금흐름	42	73	432
Ⅳ. 현금의 증가	11	12	15

98년에 설립된 모바일 시스템 통합업체인 모디아는 시장 선두업체의 위치를 차지하면서 급성장을 보이고 있다. 01년의 급격한 이익증가가 이를 단적으로 말해주고 있다. 이처럼 설립 후 계속 흑자를 시현하고 있으나, 이와 비례해서 영업활동으로 인한 현금흐름의 −가 큰 폭으로 확대되고 있다. 따라서 영업활동에서 현금이 창출되지 못하는 상황에서 영업활동에 필요한 현금과 투자에 필요한 현금을 재무활동 즉, 외부자금에 의존해서 현금을 조달하고 있다..

4. 현금흐름표의 유용성

현금흐름표는 현금이 어떻게 조달되어 사용되었는가 또한 일정기간 동안 현금이 얼마만큼의 증감이 이루어졌는가에 대한 설명과 재무상태의 변동에 대한 설명을 통하여 다음과 같은 유용한 정보를 제공한다.

1) 기업의 미래현금흐름 창출능력에 관한 정보제공

재무보고의 기본목적은 정보이용자의 경제적 의사결정에 유용한 정보를 제공하기 위하여 당해 기업의 미래의 현금흐름을 예측할 수 있는 정보를 제공하는 것이라 하였다. 현금흐름표는 경영활동별 현금흐름을 반영·보고함으로써 재무제표를 이용한 미래현금흐름에 대한 예측능력을 향상시키게 된다.

2) 이익의 질에 관한 정보제공

뒤에서 설명되지만 현금흐름표상 영업활동으로 인한 현금흐름은 영업활동에서 발생한 현금수입액에서 현금지출액을 차감한 것으로, 이의 산출시에는 추정 및 임의적인 원가배분 등이 개입되지 않는 실제 금액이나 손익계산서상의 순이익은 발생주의가 적용됨으로써 회계담당자의 추정이나 임의적인 원가배분에 의한 결과로 산출된 추정치이다. 그러므로 현금흐름표가 보다 신뢰성이 높은 정보를 제공한다고 말할 수 있다.

신뢰성이 높은 현금흐름표상의 영업활동으로 인한 현금흐름과 발생주의에 따른 손익계산서상의 순이익을 비교함으로써 그 차이 및 차이에 대한 발생원인을 설명할 수 있게 된다. 따라서 현금흐름표상 영업활동으로 인한 현금흐름과 손익계산서상 순이익을 비교하여 이익의 질(Quality of Income)을 평가할 수 있게 된다.

3) 투자활동에 관한 정보제공

현금흐름표는 투자활동으로 인한 현금흐름을 반영·보고함으로써 미래에 대비하기 위한 신규투자는 얼마나 이루어졌는가 또는 어떤 자산을 취득하고 처분하였는가, 투자에 필요한 자금조달은 어떻게 이루어졌는가 등에 대한 정보가 제공한다.

4) 재무활동에 관한 정보제공

현금흐름표는 재무활동으로 인한 현금흐름을 반영·보고함으로써 자금이 외부차입에 의존하고 있는지 아니면 주식발행을 통하여 이루어지는지에 대한 정보와 부채는 어느 정도 상환되고 있는지에 대한 정보를 제공한다.

5) 기업의 배당금 지급능력·부채의 상환능력 및 외부자금조달의 필요성에 관한 정보제공

기업이 건전한 재무구조를 갖기 위해서는 영업활동에서 발생한 현금으로 현금배당을 실시하고 부채를 상환하여야 한다. 그러나 영업활동에서 수입된 현금보다 지출된 금액이 많은 경우에는 부족한 영업자금을 보충하기 위하여 보유하고 있는 자산을 처분한다든가 아니면 외부에서 자금을 조달하여야만 할 것이다. 만약에 영업활동에서 발생한 부족자금이 계속해서 누적되는 경우 심한 자금 압박으로 인한 도산의 가능성도 고려할 수 있을 것이다.

이와 같이 현금흐름표에 영업활동으로 인한 현금흐름을 반영·보고함으로써 기업의 배당금 지급능력·부채의 상환능력 및 외부자금조달의 필요성에 관한 정보를 제공하게 된다.

5. 현금흐름표상 현금의 정의

회계기준상 현금흐름표에서 現金이라 함은 현금 및 현금성자산을 말한다. 여기서 현금과 예금은 재무상태표상 현금과 예금으로 통화 및 통화대용증권과 당좌예금·보통예금·정기예금·정기적금 등으로서 1년 내에 도래하는 예금을 말하며, 현금성자산이란 현금의 단기적 운용을 목적으로 한 유동성이 높은 유가증권으로서, 첫째 큰 거래비용 없이 현금으로 전환이 용이하고, 둘째 이자율변동에 따른 가치변동의 위험이 중요하지 않을 것 등의 조건을 충족하는 것(다만, 상환조건이 없는 주식 등은 제외한다.)을 말한다. 현금성자산의 예를 들면 다음과 같다.

① 취득 당시 만기가 3개월 이내에 도래하는 채권
② 취득 당시 상환일까지의 기간이 3개월 이내인 상환우선주
③ 환매채(3개월 이내의 환매조건)

6. 경영활동별 현금흐름

현금흐름표는 기중에 발생한 거래 중 현금흐름에 영향을 미치는 거래를 경영활동별로 구분하여 보고한다고 하였다.

1) 영업활동

營業活動이란 일반적으로 제품의 생산과 상품 및 용역의 구매·판매활동을 말하며, 투자활동과 재무활동에 속하지 아니하는 거래를 모두 포함한다. 영업활동으로 인한 현금유입에는 제품 등의 판매에 따른 현금유입(매출채권의 회수 포함), 이자수익과 배당금수익, 기타 투자와 재무활동에 속하지 아니하는 거래에서 발생된 현금유입이 포함된다. 영업활동으로 인한 현금 유출에는 원재료, 상품 등의 구입에 따른 현금유출(매입채무의 결제 포함), 기타 상품과 용역의 공급자와 종업원에 대한 현금지출, 법인세비용(유형자산의 처분에 따른 특별부가세 제외)의 지급, 이자비용, 기타 투자와 재무활동에 속하지 아니하는 거래에서 발생된 현금유출이 포함된다.

2) 투자활동

投資活動이란 현금의 대여와 회수활동, 단기금융상품·유가증권(현금성자산은 제외)·투자자산과 유형자산 및 기타자산의 취득과 처분활동 등을 말한다. 투자활동으로 인한 현금의 유입에는 대여금의 회수, 단기금융상품·유가증권의 처분, 투자자산과 유형

자산 및 무형자산의 처분 등이 포함된다. 투자활동으로 인한 현금의 유출에는 현금의 대여, 단기금융상품·유가증권의 취득, 투자자산과 유형자산 및 무형자산의 취득에 따른 현금유출로서 취득 직전 또는 직후의 지급액(자본화되는 이자비용 포함) 등이 포함된다.

3) 재무활동

財務活動이란 현금의 차입과 상환활동, 신주발행이나 배당금의 지급활동 등과 같이 부채 및 자본계정에 영향을 미치는 거래를 말한다. 재무활동으로 인한 현금의 유입에는 장·단기차입금의 차입, 어음·사채의 발행, 주식의 발행 등이 포함된다. 재무활동으로 인한 현금의 유출에는 배당금의 지급, 유상감자, 자기주식의 취득, 차입금의 상환, 자산의 취득에 따른 부채의 지급 등이 포함된다.

이상에서 설명한 경영활동을 구분하여 각 활동별 세부적인 거래를 회계기준에 따라 정리하면 [표 5-1]과 같다.

[표 5-1] 경영활동별 거래내용

활동별	현금유입	현금유출
영업활동	① 재고자산(용역) 판매, 매출채권회수 ② 이자수입 ③ 배당금수입	① 재고자산 구입, 매입채무 결제 ② 판매비와 관리비 지급 ③ 이자비용 지급 ④ 법인세비용 지급
투자활동	① 대여금 회수 ② 단기투자자산 처분 ③ 투자·유형·무형자산 처분 ④ 미수금 회수	① 금전대여 ② 단기투자자산 취득 ③ 투자·유형·무형자산의 취득에 따른 직전 또는 직후의 지급액(자본적 지출포함)
재무활동	① 금전차입, 사채발행 ② 유상증자(자기주식 처분)	① 차입금 상환, 미지급금 지급 ② 유상감자(자기주식 취득) ③ 배당금 지급

이상의 내용에서 이자비용·이자수익 및 배당금수익은 손익계산서상 금융비용과 기타수익으로 분류된다. 그러나 **국제회계기준**에 따른 현금흐름표에서는 **이자 지급과 배당금 지급**은 영업활동 또는 재무활동으로 분류할 수 있으며, **이자와 배당금의 수취**는 영업활동 또는 투자활동으로 분류할 수 있다. 법인세의 지급은 영업활동으로 분류되지만 투자활동 또는 재무활동에 기인한 법인세비용은 투자활동 또는 재무활동으로 분류된다.

▌회계현장 5-6▐ 이자지급과 수취, 배당금지급과 수취의 상이한 분류 방식

국제회계기준에서는 이자 지급과 배당금 지급을 영업활동이나 재무활동 그리고 이자 수취와 배당금 수취는 영업활동이나 투자활동 중 선택해서 분류하는 것을 허용하고 있다.

따라서 이자 지급과 수취, 배당금 지급과 수취의 분류방식이 분류방식이 기업별로 동일하지 않을 경우에는 비교가능성을 확보하기 위해 어느 한 쪽으로 통일하여 비교해야 한다는 점을 유념할 필요가 있다.

(1) 이자수취와 지급, 배당금수취와 지급 모두를 영업활동으로 분류한 회사의 현금흐름표

현금흐름표

신세계 (단위 : 백만원)

	제58기	제57기	제56기
Ⅰ. 영업활동 현금흐름	378,701	273,950	185,380
배당금수취	9,406	11,564	15,765
이자수취	1,820	3,259	7,996
이자지급	−85,441	−62,737	−66,984
배당금지급	−18,457	−19,911	−42,951
Ⅱ. 투자활동 현금흐름	−513,864	−575,799	−1,494,115
Ⅲ. 재무활동 현금흐름	185,513	280,179	1,270,663
Ⅳ. 현금의 증가	50,350	−21,670	−38,072

(2) 이자수취 및 지급, 배당금 수취를 영업활동, 배당금 지급은 재무활동으로 분류한 회사의 현금흐름표

현금흐름표

풀무원 (단위 : 백만원)

	제31기	제30기	제29기
Ⅰ. 영업활동 현금흐름	82,274	111,377	70,942
배당금수취	74	67	56
이자수취	7,360	6,970	7,666
이자지급	−21,883	−24,851	−27,134
Ⅱ. 투자활동 현금흐름	−20,795	−86,200	−148,432
Ⅲ. 재무활동 현금흐름	−61,192	−114,709	77,353
배당금지급	−5,318	−5,358	−5,371
Ⅳ. 현금의 증가	−15,218	10,978	−137

(3) 이자수취와 배당금수취는 영업활동, 이자지급과 배당금지급은 재무활동으로 분류한 회사의 현금흐름표

현금흐름표

호텔신라 (단위 : 백만원)

	제42기	제23기	제22기
Ⅰ. 영업활동 현금흐름	122,099	152,527	145,263
이자수취	4,830	7,640	5,736
Ⅱ. 투자활동 현금흐름	−140,707	−229,375	−146,329
배당금수취	173	375	489
Ⅲ. 재무활동 현금흐름	−20,334	85,128	15,571
이자지급	−23,838	−22,311	−21,153
배당금지급	−5,947	−11,842	−11,831
Ⅳ. 현금의 증가	−39,134	−47,779	143,924

(4) 이자수취와 배당금 수취는 투자활동, 이자지급과 배당금지급은 재무활동으로 분류한 회사의 현금흐름표

현금흐름표

셀트리온 (단위 : 백만원)

	제24기	제23기	제22기
Ⅰ. 영업활동 현금흐름	145,159	137,081	20,971
Ⅱ. 투자활동 현금흐름	−106,338	−229,375	−146,329
이자수취	2,396	4,218	1,907
배당금수취	20		7
Ⅲ. 재무활동 현금흐름	−118,960	−310,634	−120,463
이자지급	(−36,575)	(−32,574)	(−28,330)
배당금지급		−2,593	−11,516
Ⅳ. 현금의 증가	27,503	27,573	4,065

현금계정 이외의 재무상태표상 주요계정을 경영활동별로 분류하면 다음 [표 5-2]와 같다.

[표 5-2] 재무상태표계정의 경영활동별 분류

자산계정	활 동	부채와 자본계정	활 동
단기금융상품	투자	매입채무	영업
단기투자자산	영업/투자	차입금	재무
매출채권	영업	미지급금	재무
대여금	투자	선수금	영업
미수금	투자	미지급비용	영업
미수수익	영업	선수수익	영업

자산계정	활 동	부채와 자본계정	활 동
재 고 자 산	영 업	미 지 급 법 인 세	영 업
선 급 금	영 업	사 채	재 무
선 급 비 용	영 업	장 기 차 입 금	재 무
투 자 자 산	투 자	충 당 부 채	영 업
유 형 자 산	투 자	자 본 금	재 무
무 형 자 산	투 자	자 본 잉 여 금	재 무

7. 현금흐름표의 양식

현금흐름표는 영업활동 현금흐름의 표시방법에 따라 직접법과 간접법으로 나누어진다.

[표 5-3] 직접법에 의한 현금흐름

직접법에 의한 현금흐름

활동	현금유입액		현금유출액		
영업활동 →	① 현금매출(매출채권 회수포함) ② 이자수익 유입액 ③ 배당금수익 유입액 등	−	① 현금매입(매입채무지급 포함) ② 종업원에 대한 유출 ③ 이자비용, 법인세비용 유출 등	=	영업활동 현금흐름증가(감소)액
					+
투자활동 →	① 대여금회수 ② 단기투자자산의 처분 ③ 투자자산의 처분 ④ 유형자산의 처분 ⑤ 무형자산의 처분 등	−	① 현금의 대여 ② 단기투자자산의 취득 ③ 투자자산의 취득 ④ 유형자산의 취득 ⑤ 무형자산의 취득 등	=	투자활동 현금흐름증가(감소)액
					+
재무활동 →	① 단기·장기차입 ② 사채 발행 ③ 유상증자 등	−	① 차입금의 상환 ② 사채의 상환 ③ 유상 감자 ④ 배당금의 지급 등	=	재무활동 현금흐름증가(감소)액
					‖
					당기의 현금 증가(감소)액

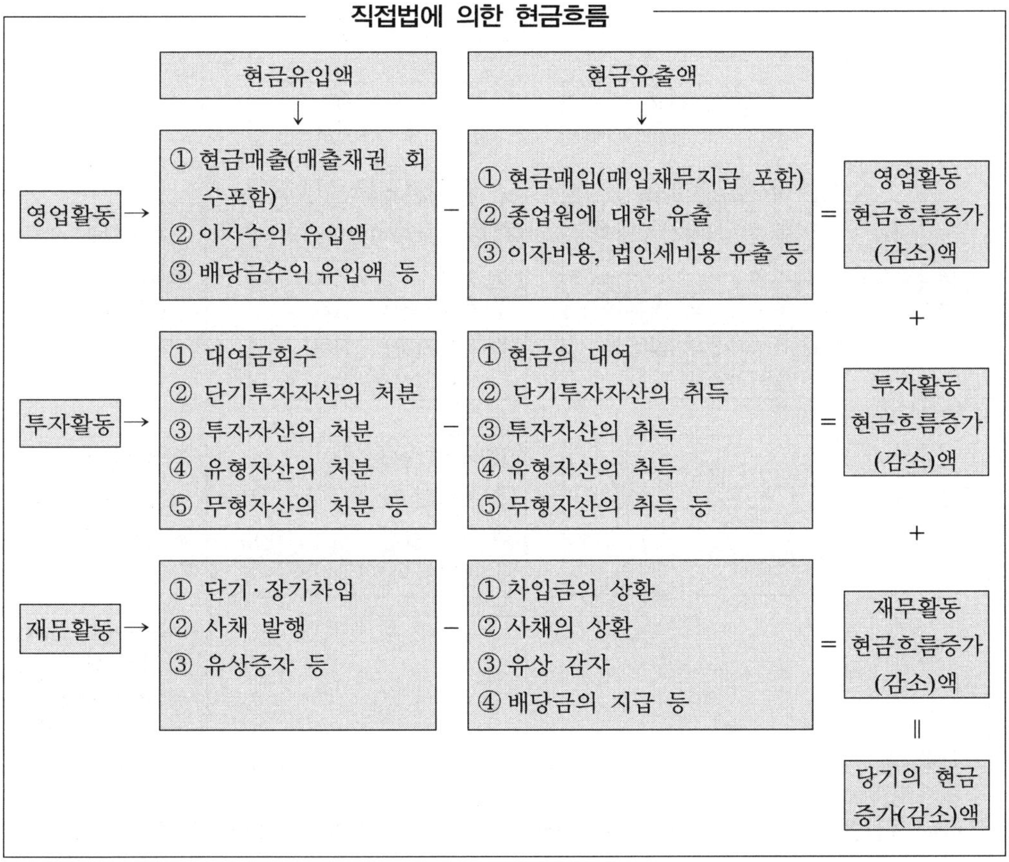

직접법은 영업활동에서 현금을 수반하여 발생한 수익 또는 비용항목을 총액으로 표시하는 방법을 말하며, 간접법은 당기순이익(손실)에 현금의 유출이 없는 비용 등을

가산하고 현금의 유입이 없는 수익 등을 차감하며, 영업활동으로 인한 자산·부채의 증감액을 가감하여 표시하는 방법을 말한다.

직접법과 간접법에 의한 현금흐름의 표시방법 간의 차이를 명확하게 이해할 수 있도록 표로 나타내면 [표 5-3], [표 5-4]와 같다.

회계기준에서는 영업활동 현금흐름을 직접법 또는 간접법 중 어느 한 방법을 선택해서 사용하도록 하고 있다.

[표 5-4] 간접법에 의한 현금흐름

간접법에 의한 현금흐름

구분								
영업활동	당기 순이익 (또는 순손실)	+	현금의 유출이 없는 비용 등	±	영업활동으로 인한 자산·부채의 증감액	=	영업활동 현금흐름 증가(감소)액	
		−	현금의 유입이 없는 수익 등					
							+	
투자활동	현금유입액 ↓ ① 대여금의 회수 ② 단기투자자산증권의 처분 ③ 투자자산의 처분 ④ 유형자산의 처분 ⑤ 무형자산의 처분	−	현금유출액 ↓ ① 현금의 대여 ② 단기투자자산증권의 취득 ③ 투자자산의 취득 ④ 유형자산의 취득 ⑤ 무형자산의 취득 등			=	투자활동 현금흐름증가(감소)액	
							+	
재무활동	① 단기·장기 차입금 ② 사채 발행 ③ 유상증자	−	① 차입금의 상환 ② 사채의 상환 ③ 유상 감자 ④ 배당금의 지급 등			=	재무활동 현금흐름증가(감소)액	
							‖	
							당기의 현금 증가(감소)액	

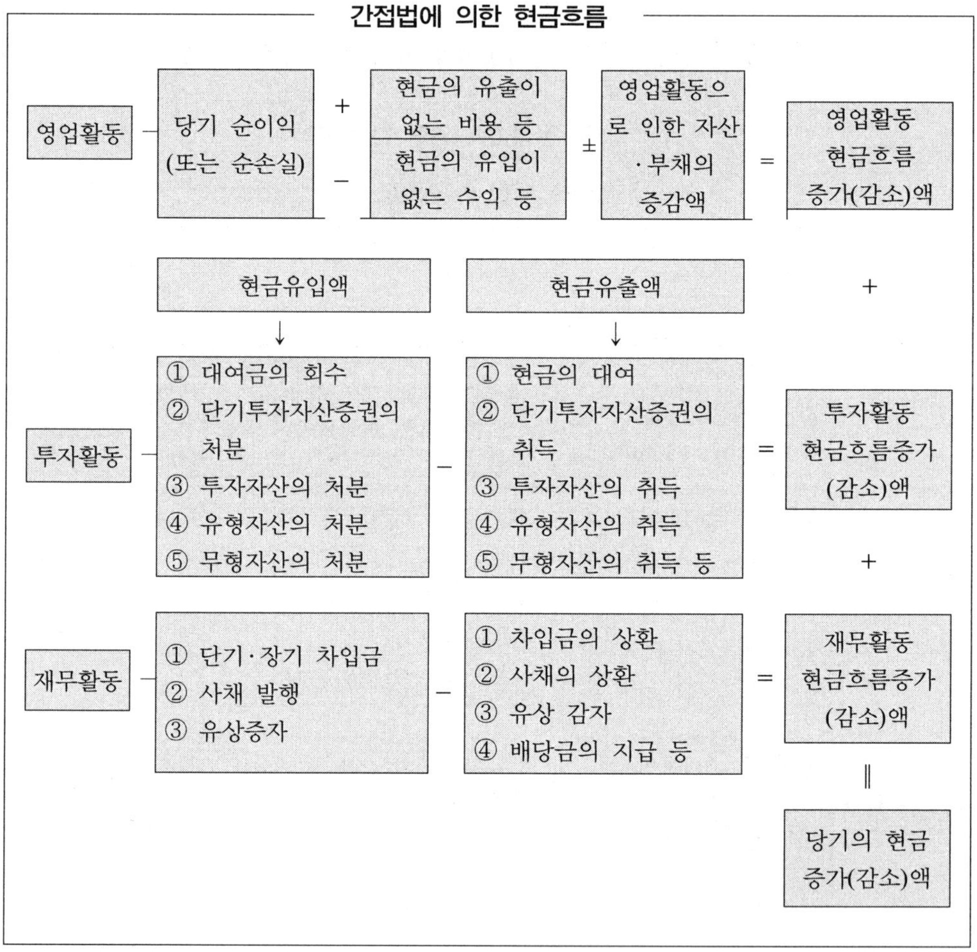

그러나 간접법의 경우 국제회계기준에서는 이자의 수취와 지급 및 법인세지급액을 별도로 공시함에 따라 당기순이익 대신에 법인세비용차감전순이익에서 시작하도록 되어 있다. 물론 당기순이익에서 시작하든, 아니면 법인세비용차감전순이익에서 시작하든 간에 조정항목의 차이가 있을 뿐 계산되는 영업활동 현금흐름은 동일하다.

발생주의 순이익 즉, 법인세비용차감전순이익을 현금주의 순이익 즉, 영업활동 현금흐름으로 전환시키기 위한 과정을 도표로 정리하면 다음과 같다.

법인세비용차감전순이익

가 산 항 목	차 감 항 목
(1) 현금의 유출이 없는 비용 감가상각비 무형자산상각비·손상차손 등 (2) 투자활동과 재무활동으로 인한 비용 투자·유형자산처분손실 사채상환손실·이자비용 등 (3) 영업활동으로 인한 자산·부채의 변동 (자산의 감소 : 기초잔액>기말잔액) 매출채권의 감소 재고자산의 감소 등 (부채의 증가 : 기초잔액<기말잔액) 매입채무의 증가 등	(1) 현금의 유입이 없는 수익 단기금융자산평가이익 (2) 투자활동과 재무활동으로 인한 수익 투자·유형자산처분이익 등 사채상환이익 등 (3) 영업활동으로 인한 자산·부채의 변동 (자산의 증가 : 기초잔액<기말잔액) 매출채권의 증가 재고자산의 증가 등 (부채의 감소 : 기초잔액>기말잔액) 매입채무의 감소 등

영업활동창출현금흐름(이자와 법인세차감전 영업현금흐름)
－이자지급액(영업활동으로 분류한 경우)
－법인세지급액

영업활동 현금흐름
(현금주의 이익)

영업활동 관련 자산·부채	가감 처리 논거
매출채권의 증가	매출채권의 증가는 현금유입 수반 없이 순이익을 증가시키기 때문에 순이익에서 차감 처리함
재고자산의 증가	재고자산의 증가는 매출원가를 감소시키면서 순이익을 증가시키나 현금유입 수반이 없기 때문에 순이익에서 차감 처리함
매입채무의 증가	매입채무의 증가는 매출원가의 증가를 초래시키면서 순이익을 감소시키나 현금유출이 수반되지 않기 때문에 순이익에 가산 처리함

현금흐름표(직접법)

제×기 20××년×월×일부터 20××년×월×일까지
제×기 20××년×월×일부터 20××년×월×일까지

회 사 명 (단위 : 원)

과 목	제×(당)기		제×(전)기	
	금	액	금	액
Ⅰ. 영업활동현금흐름		×××		×××
가. 매출등수익활동으로부터의유입액				
나. 공급자 및 종업원에 대한 유출액				
다. 이자수익유입액				
라. 배당금수익유입액				
마. 이자비용유출액				
바. 미지급법인세의지급				
사. ―――――――――				
Ⅱ. 투자활동현금흐름		×××		×××
1. 투자활동으로인한현금유입액				
가. 단기금융상품의처분				
나. 유가증권의처분				
다. 토지의처분				
라. ―――――――――				
2. 투자활동으로인한현금유출액				
가. 현금의단기대여				
나. 단기금융상품의취득				
다. 유가증권의취득				
라. 토지의취득				
마. 개발비의지급				
바. ―――――――――				
Ⅲ. 재무활동현금흐름		×××		×××
1. 재무활동으로인한현금유입액				
가. 단기차입금의차입				
나. 사채의발행				
다. 보통주의발행				
라. ―――――――――				
2. 재무활동으로인한현금유출액				
가. 단기차입금의상환				
나. 사채의상환				
다. 유상감자				
라. ―――――――――				
Ⅳ. 현금의증가(감소)(Ⅰ+Ⅱ+Ⅲ)		×××		×××
Ⅴ. 기초의현금		×××		×××
Ⅵ. 기초의현금		×××		×××

현금흐름표(간접법)

제×기 20××년×월×일부터 20××년×월×일까지
제×기 20××년×월×일부터 20××년×월×일까지

회 사 명 (단위 : 원)

과목	제×(당)기		제×(전)기	
	금액		금액	
Ⅰ. 영업활동현금흐름		×××		×××
1. 법인세비용차감전순이익(손실)				
2. 현금의유출이없는비용등의가산				
가. 감가상각비				
나. 이자비용				
다. ――――				
3. 현금의유입이없는수익등의차감				
가. 사채상환이익				
나. ――――				
4. 영업활동으로 인한 자산·부채의변동		×××		×××
가. 재고자산의감소(증가)				
나. 매출채권의감소(증가)				
다. 매입채무의증가(감소)				
라. 미지급법인세의증가(감소)				
영업활동창출현금흐름				
가. 이자지급액				
나. 법인세지급액				
Ⅱ. 투자활동현금흐름				
1. 투자활동으로인한현금유입액				
가. 금융자산의처분				
나. 유형자산의처분				
다. 무형자산의처분				
라. ――――				
2. 투자활동으로인한현금유출액		×××		×××
가. 현금의단기대여				
나. 금융자산의취득				
다. 유형자산의취득				
라. 투자자산의취득				
마. 개발비의지급				
바. ――――				
Ⅲ. 재무활동현금흐름				
1. 재무활동으로인한현금유입액				
가. 단기차입금의차입				
나. 사채의발행				
다. 보통주의발행				
라. ――――				
2. 재무활동으로인한현금유출액				
가. 단기차입금의상환				
나. 사채의상환				
다. 유상감자				
라. ――――				
Ⅳ. 현금의증가(감소)(Ⅰ+Ⅱ+Ⅲ)		×××		×××
Ⅴ. 기초의현금		×××		×××
Ⅵ. 기초의현금		×××		×××

▌회계현장 5-6▐ 국제회계기준에 입각한 아디다스의 현금흐름표

국제회계기준에 따라 작성된 아디다스(Adidas) 그룹의 현금흐름표 중 영업활동 현금흐름부분을 제시하면 다음과 같다.

현금흐름표(영업활동부분)

(단위 : 백만유로)

	2008년	2007년
영업활동		
법인세비용차감전순이익	904	815
조정항목		
감가상각비(무형자산 상각비 포함)	234	215
외화환산이익	(46)	(23)
이자수익	(37)	(27)
이자비용	178	166
유형자산처분이익매입채무의 감소	(7)	(7)
기타비현금수익채무의 증가	(21)	-
운전자본변동액차감전영업이익	1,205	1,139
매출채권과 기타 유동자산의 증가	(236)	(66)
재고자산의 증가/감소	(324)	26
매입채무와 기타유동부채의 증가	374	97
이자와 법인세차감전영업활동창출현금흐름	1,019	1,196
이자지급액	(176)	(161)
법인세납부액	(346)	(255)
영업활동 현금흐름	497	780

▌회계현장 5-7▐ 간접법에 따른 영업활동 현금흐름 표시 비교

일반기업회계기준 방식		국제회계기준 방식	
영업활동		영업활동	
당기순이익	40,000	법인세차감전순이익	65,000
		이 자 수 익	(11,000)
		이 자 비 용	12,000
감가상각비	10,000	감가상각비	10,000
유형자산처분이익	(10,000)	유형자산처분이익	(10,000)
매출채권의 증가	(10,000)	매출채권의 증가	(10,000)
미수이자의 감소	3,000		
재고자산의 감소	(10,000)	재고자산의 감소	(10,000)
매입채무의 증가	10,000	매입채무의 증가	10,000
미지급이자의 증가	2,000		

미지급법인세의 감소	(5,000)		
		영업활동창출 현금	56,000
		이자수취액	14,000
		이자지급액	(10,000)
		법인세지급액	(30,000)
영업활동 현금흐름	30,000	**영업활동 현금흐름**	30,000

‖ 회계현장 5-8 ‖ 영업활동 현금흐름 표시(일반기업회계기준)

오뚜기라면(주)는 일반기업회계기준에 따라 현금흐름표를 작성하고 있으며, 영업활동 현금흐름을 계산하는데 표시된 주된 항목을 제시하면 다음과 같다.

현금흐름표

오뚜기라면주식회사 (단위: 백만원)

	제27(당)기	제26(전)기
Ⅰ. 영업활동으로 인한 현금흐름	31,150	21,758
1. 당기순이익	9,719	9,682
2. 현금의 유출이 없는 비용등의 가산	11,476	8,145
감가상각비	8,803	6,150
퇴직급여	2,296	1,929
대손상각비	51	66
제품평가손실	129	-
유형자산처분손실	178	1
외화환산손실	19	-
3. 현금의 유입이 없는 수익등의 차감	(136)	(1,089)
외화환산이익	119	1,086
유형자산처분이익	17	3
4. 영업활동으로 인한 자산부채의 변동	10,091	5,021
매출채권의 감소(증가)	(4,815)	(6,550)
재고자산의 감소(증가)	551	6,465
매입채무의 증가(감소)	7,705	2,454
미지급금의 증가(감소)	8,755	1,286
미지급법인세의 증가(감소)	(116)	1,247
이연법인세부채의 증가(감소)	(174)	161

일반기업회계기준에서는 이자지급, 이자수취, 배당금 수취를 모두 영업활동으로 분류하도록 하고 있다.

▮ 회계현장 5-9 ▮ 영업활동 현금흐름 표시(국제회계기준)

일반기업회계기준과는 달리 국제회계기준에서는 이자지급액을 영업활동이나 재무활동 중 어느 한 쪽으로 그리고 이자수익, 배당금 수익은 영업활동이나 투자활동으로 선택해서 분류하는 것을 허용하고 있다.

다음 사례회사는 이자지급액, 이자수취액, 배당금 수취액을 영업활동으로 분류한 회사이다.

현금흐름표

농심 (단위: 백만원)

	제50기	제49기	제48기
영업활동으로 인한 현금흐름	151,175	27,987	112,394
당기순이익	92,612	207	86,174
비현금항목의 조정	99,732	104,740	124,350
운전자본의 조정	(24,685)	(75,933)	(74,151)
이자의 수취	16,518	20,239	20,806
이자의 지급	(2,017)	(2,524)	(2,413)
배당금의 수취	190	380	475
법인세의 납부	(31,174)	(19,122)	(42,847)

영업활동 현금흐름계산을 위해 당기순이익을 사용할 경우 법인세비용은 조정항목에 포함된다.

8. 현금흐름표의 해석

현금흐름표의 해석과 관련해서 영업활동과 투자활동 및 재무활동으로 인한 현금흐름과 최근에 주목을 받고 있는 잉여현금흐름 및 참고사항에 대해서 살펴보면 다음과 같다.

1) 영업활동 현금흐름

현금흐름표 분석시 제일 중요한 부분이 바로 영업활동 현금흐름 부분이다. 발생주의하에서 작성된 당기순손익은 기업을 운영하는데 필요한 현금의 실질적인 증감액을 나타내는 지표가 아니다. 영업활동에서 실질적인 현금의 증감액을 나타내는 것은 바로 영업활동 현금흐름이다.

따라서 정상적인 기업인 경우 영업활동에서 충분하게 창출된 현금을 이용하여 주주에게 배당하거나 부채를 상환하고, 또한 노후화 된 유형자산을 대체하거나 추가 투자함으로써 미래의 수요에 대비한 성장의 토대를 마련할 수 있게 된다.

그러나 영업활동에서의 현금유입액보다 현금유출액이 커서 영업자금이 부족한 기업은 외부자금에 의존해서 부족분을 보충하면서 영업을 계속하게 되는데 이런 현상이 개선되지 않고 지속되는 경우 심각한 재무적 위험에 직면할 수 있다.

만약에 영업자금의 부족한 상태가 일시적이 아니고 지속되는 경우 기업은 부족한 자금을 조달하기 위하여 재무활동을 통해 자금을 차입하거나 신주를 발행하게 되는데 이와 같은 자금의 조달방법도 영업활동을 통한 현금창출능력에 개선이 없으면 얼마 안 있어 한계에 봉착하게 된다. 자금사정에 심각한 문제가 있는 기업은 자금의 차입이나 증자도 사실상 쉽지가 않기 때문이다. 이러한 경우 부족한 자금은 유형자산 등의 처분을 통하여 조달하게 되는데, 이는 결국 기업의 규모를 축소시킬 뿐만 아니라 제품 등의 생산에도 영향을 미치게 되어 기업의 계속적인 존속도 어렵게 할 수 있다.

따라서 영업활동을 통해서 충분한 현금흐름을 여러 연도 계속해서 창출하고 있지 못한 기업, 특히 여러 연도 −의 현금흐름을 보이고 있는 기업은 만성적인 자금난에 처해 있는 상태이기 때문에 각별한 주의가 필요하다.

재무제표 이용자는 현금흐름표상 영업활동 현금흐름을 이용하여 기업의 배당금 지급능력·부채 지급능력·기업의 신규투자능력 및 계속기업으로서의 존속능력 등을 평가하는데 필요한 결정적인 정보를 제공받을 수 있기 때문에 현금흐름표 분석시 이 부분에 제일 먼저 초점을 맞추어야 한다.

▌회계현장 5-10▐ 영업활동 현금흐름 우량기업과 불량기업의 예

<현금흐름 우량기업의 요약 현금흐름표>

현금흐름표

삼성전자 (단위 : 십억원)

	2013	2012	2011	2010
Ⅰ. 영업활동 현금흐름	28,443	23,066	17,267	18,145
Ⅱ. 투자활동 현금흐름	−27,326	−21,206	−15,561	−17,525
Ⅲ. 재무활동 현금흐름	−1,356	−2,309	−813	−936
Ⅳ. 현금의 증가	−239	−449	892	−316

이 회사는 영업활동에서 창출한 현금 범위내에서 투자를 하고 있으며, 잉여현금흐름과 보유현금이 충분하기 때문에 재무활동에서 현금의 유출이 이루어지고 있다. 따

라서 현금흐름이 매우 우량한 편에 속하는 것으로 평가할 수 있다.

<현금흐름 불량기업의 요약 현금흐름표>

현금흐름표

코리아데이타시스템스(주) (단위 : 억원)

	1996	1997	1998	1999	2000
Ⅰ. 영업활동 현금흐름	39.6	248.7	−40.2	−166.6	−867.5
Ⅱ. 투자활동 현금흐름	−459.0	−276.1	−18.1	−2,319.6	−1,121.3
Ⅲ. 재무활동 현금흐름	519.0	170.5	21.6	2,845.9	1,358.0
Ⅳ. 현금의 증가	99.6	143.0	−36.7	359.6	−630.5

이 회사는 98년 이후부터 영업활동에서의 현금창출능력이 매우 취약해지고 있다. 이러한 상황에서 투자활동에 과도하게 자금을 투자하고 있다. 이 경우 영업활동에서의 부족현금과 투자활동에 소요되는 현금을 거의 재무활동에 의존하고 있기 때문에 영업활동에서의 현금창출능력이 빠른 시일 내에 대폭 개선되지 않는 한, 지급불능의 위험에서 헤어나기 힘들어지게 된다. 결국 이 회사는 영업활동에서의 현금창출능력이 정상화되지 못하고 극심한 재무적 곤경에서 벗어나지 못해 2001년에 도산의 비운을 맛보는 신세가 되었다.

현금흐름표

STX (단위 : 백만원)

	2013	2012	2011	2010
Ⅰ. 영업활동 현금흐름	85,353	159,192	−108,220	61,499
Ⅱ. 투자활동 현금흐름	256,801	−170,200	−311,014	−300,380
Ⅲ. 재무활동 현금흐름	−316,469	−58,448	312,651	168,846
Ⅳ. 현금의 증가	25,685	−69,956	−106,583	−70,035

이 회사는 2011년까지 영업활동 현금흐름의 창출 수준이 낮은 편이며, 영업활동에서 창출한 현금 범위를 벗어나서 과도한 수준의 투자를 하고 있는 상황이다. 이에 따라 재무활동 의존도가 심화되고 있어 향후 자금 난을 겪을 가능성이 높아지고 있을 것으로 예상된다.

2012년에 영업활동 현금흐름이 호전되는 모습을 보였지만 2013년에 와서 영업활동 현금흐름이 부족한 상황에서 부채상환과 이자지급에 어려움을 겪으면서 결국 유동성 위기에 봉착하게 되었으며, 이러한 자금 마련을 위해 투자자산의 처분까지 하는 상황(큰 폭의 투자활동 현금흐름의 + 상황)으로 내몰린 심상치 않는 불길한 현금흐름 상황이 드러나고 있는 것으로 추정된다.

회계현장 5-11 영업활동 현금흐름의 비교시 주의할 점

기업간의 영업활동 현금흐름의 창출능력을 비교할 때에는 이자지급액, 이자수취액, 배당금 수입액의 분류방식에 주의할 필요가 있다. 과거의 기업회계기준과 현재의 일반기업회계기준 그리고 미국의 회계기준에서는 이자지급액, 이자수익, 배당금 수익을 영업활동으로 분류하도록 하고 있다. 그러나 국제회계기준에서는 이자지급액을 영업활동이나 재무활동 중 어느 한 쪽으로 그리고 이자수익, 배당금 수익은 영업활동이나 투자활동으로 선택해서 분류하는 것을 허용하고 있다.

이에 따라 국제회계기준에 적용받는 기업들은 회사의 회계정책에 따라 분류방식을 정해서 현금흐름표를 작성하고 있는 실정이다.

따라서 이자지급액, 이자수익, 배당금 수익의 분류방식이 다른 기업을 비교할 때 분류방식이 동일하지 않을 경우에는 어느 한 쪽으로 통일하여 비교해야 정확한 비교가 가능해질 것이다.

다음 사례회사는 이자지급액을 영업활동으로 분류하지 않고 재무활동으로 분류한 회사이다. 이 회사는 현재 유동성 위기에 직면한 회사이다. 영업활동으로 다시 분류하였을 때의 영업활동 현금흐름이 어떻게 변하는지 살펴보자.

<이자지급액을 재무활동으로 분류한 원래의 요약 현금흐름표>

현금흐름표

동부제철 (단위 : 백만원)

	2013	2012	2011
Ⅰ. 영업활동 현금흐름	132,092	407,812	202,036
Ⅱ. 투자활동 현금흐름	−28,350	−86,200	−94,923
Ⅲ. 재무활동 현금흐름	−118,960	−310,634	−120,463
이자지급액	(−189,686)	(−195,925)	(−202,633)
Ⅳ. 현금의 증가	−15,218	10,978	−13,350

이자지급액을 재무활동으로 분류한 이 회사는 영업활동의 현금창출능력이 양호한 것으로 보여진다.

<이자지급액을 영업활동으로 재분류한 요약 현금흐름표>

현금흐름표

동부제철 (단위 : 백만원)

	2013	2012	2011
Ⅰ. 영업활동 현금흐름	−57,594	221,887	−597
Ⅱ. 투자활동 현금흐름	−28,350	−86,200	−94,923
Ⅲ. 재무활동 현금흐름	70,726	−114,709	82,170
Ⅳ. 현금의 증가	−15,218	10,978	−13,350

이자지급액을 영업활동으로 분류할 경우 이 회사의 영업활동 현금흐름은 이자지급액만큼 차감 표시되면서 대폭 축소된 모습으로 변경되었다. 특히 13년과 11년은 －로 변경되어서 현금창출능력이 불량한 것으로 표시된다. 물론 이론적으로는 이자지급액을 재무활동으로 분류하는 것이 더 타당한 것은 사실이다.

2) 투자활동 현금흐름

영업활동을 통해서 충분한 현금흐름을 창출하는 것은 대단히 중요하다는 점을 앞에서 설명하였다. 그러나 창출한 현금흐름을 기업의 미래를 위해 어떻게 사용하느냐도 마찬가지로 대단히 중요한 문제이다. 미국에서는 단순히 현금흐름이 풍부하기만 한 기업은 M&A의 표적이 되는 것으로 알려져 있다.

기업의 목표는 수익창출이라고 말할 수 있으며, 기업이 유지·성장 발전하기 위해서는 수익창출의 지속적인 증가가 뒷받침되어야 한다. 이러한 수익창출의 증가를 위해서는 장기간에 걸쳐서 수익을 가져다 줄 것으로 기대되는 비유동자산과 일부 유동자산 항목에 대한 투자가 계속해서 이루어져야 한다. 투자와 관련하여서 발생하는 현금흐름인 투자활동 현금흐름은 미래의 이익과 현금흐름을 창출시키거나 미래의 자금 운용을 위한 기업의 성장전략을 알 수 있게 해주는 중요한 정보인 것이다. 투자활동에 사용된 현금흐름은 영업활동에서 창출된 현금흐름과 비교하여 평가하여야 한다. 영업활동에서 창출된 현금흐름이 투자활동에 사용된 현금흐름을 초과하고 있으면 성장에 필요한 현금흐름을 영업활동에서 충분히 창출하고 있는 것으로 평가할 수 있다. 반대로 그렇지 못한 경우 부족자금을 재무활동을 통해서 조달한 자금으로 또는 여기에 이전의 이월자금을 합쳐서 사용하게 된다. 그렇다고 이 점을 무조건 부정적으로 평가해서는 안된다. 왜냐하면 특정 연도에 대규모 투자가 이루어지는 경우 이런 현상이 발생하기 때문이다. 그러나 몇 년이고 계속해서 이런 식으로 투자를 하고 있는 기업은 심각한 재무적 위험에 직면할 가능성이 높기 때문에 조심을 할 필요가 있다. 한편 투자활동의 세부내역을 통해서 기업의 성장전략도 알 수 있다. 어떤 회사는 직접 설비투자하는 경우 외에도 타 회사를 인수하거나 타 회사의 주식을 취득하는 방식으로 생산시설의 확충을 기하면서 회사를 성장 발전시키는 전략을 구사하기도 한다. 또한 보유하고 있는 비유동자산을 매각처분해서 현금흐름을 확보하는 회사도 있다. 이 경우 매각의 이유와 결과에 대한 세밀한 분석은 대단히 중요하다.

3) 재무활동 현금흐름

재무활동 현금흐름은 영업활동과 투자활동에서 여유자금을 창출시킨 기업의 경우 이 여유자금을 어떻게 활용하고 있는지 또는 영업활동과 투자활동에 부족자금이 발생한 기업의 경우 이 부족자금을 어떻게 조달해서 보충하고 있는지를 알 수 있게 해준다. 영업활동과 투자활동에서 여유자금을 창출시킨 기업의 경우는 이 여유자금을 차입금 상환을 통해 재무내용을 개선하고 배당금 지급이나 자사주 구입을 통해 주주에 대한 환원을 함으로써 기업가치를 증대시킬 수 있다. 반대로 영업활동과 투자활동에서 부족자금이 발생한 기업의 경우 이 부족자금을 차입이나 증자방식으로 조달해서 보충하게 되는데 이 경우 조달된 자금이 영업활동에 사용되고 있다면 어떤 원인에 의해서든 현재 사업에 문제가 있다는 신호로 받아들여야 한다. 투자활동의 부족자금에 사용되고 있다면 그것이 현재 사업을 유지하기 위한 것인지, 장래를 위한 투자인지에 주위를 할 필요가 있다. 물론 기업의 성장기에는 외부자금에 의존해서 설비투자자금을 조달할 수밖에 없지만 투자를 계속 재무현금흐름에만 의존하는 것은 심각한 재무적 위험을 초래할 수 있다. 차입금에 의존할 경우 기업의 재무구조가 악화되어 기업의 안정성이 흔들릴 것이며, 증자에 의한 자금조달의 경우는 안정성에는 문제가 없겠지만 주주에 대한 자기자본이익률의 저하나 기업 통제면에서 문제(주식소유비율의 저하로 인한 경영권 약화)가 발생할 가능성이 있다. 한편 배당금의 경우 투자활동에 사용된 현금흐름을 초과하는 영업활동에서 창출한 현금흐름의 금액 범위 내에서 지급하는 것이 바람직한 것으로 알려져 있다. 따라서 이러한 관점에서 배당금지급의 적절성을 살펴볼 필요도 있다. 이와 같이 재무활동으로 인한 현금흐름은 영업활동의 유지 및 투자활동의 유지에 필요한 현금흐름의 정도를 나타내주는 정보로서 기업의 재무상황과 성장잠재력 및 주주에 대한 정책 등을 알 수 있게 해준다.

4) 잉여현금흐름(Free Cash Flow)

현금흐름표상에는 나타나고 있지 않지만 실무에서 많이 사용되고 있는 현금흐름정보인 잉여현금흐름을 이용하면 현금흐름표 분석을 쉽게 할 수 있다.

잉여현금흐름이란 기업이 영업활동에서 창출한 현금흐름 가운데서 자유롭게(free) 사용할 수 있는 현금흐름으로 **자유재량 현금흐름**(discretionary cash flow) 또는 **여유현금흐름**이라고 부르기도 한다. 현재 서구에서는 M&A나 신규투자 등을 할 때 기업이 창출하는 매년의 현금흐름에 비추어 매수가격 등 기업가치를 산정하는 것이 일반적인 것으로 알려져 있다. 이 때 잉여현금흐름을 매우 중시하며 잉여현금흐름을 기업가치의 원천으로 보는 경우가 대부분이다.

잉여현금흐름은 이론적으로 영업활동 현금흐름에서 현재 사업을 유지하기 위한 현금흐름을 차감한 잔액으로서 기업이 자유롭게 사용할 수 있는 현금흐름이라고 정의된다. 그러나 현재 사업을 유지하기 위한 현금흐름의 범위를 어디까지 포함시킬 것인가에 대해서는 의견이 일치하고 있지 않다. 대체로 현재 사업을 유지하기 위해서는 주식의 보유가 필요하고, 생산설비의 대체와 유지가 필수불가결하며, 또한 주주에 대한 안정적 배당의 확보가 전제라는 이유를 들어 이들 항목이 포함되야 하는 것으로 보고 있다.

그러나 기업 외부의 투자자의 경우 현실적으로 이러한 정보를 얻어서 잉여현금흐름을 정확하게 측정하기가 어렵다. 이에 따라 보통 영업활동 현금흐름에서 유형자산의 취득액(또는 취득액과 매각액의 차액 즉, 순취득액)과 배당금 지급액을 차감한 잔액을 잉여현금흐름의 개략치로 보고 사용하는 경우가 많다. 이 경우 유형자산 취득액에는 생산의 현상유지를 위한 기존 유형자산에 대한 대체투자액 뿐만 아니라, 기업확장을 위한 신규자산 취득액도 포함되어 있기 때문에 잉여현금흐름이 과소계산되는 문제가 있음을 주의해야 한다.

이에 따라 기존 유형자산을 대체하는데 소요된 현금지출액의 추산치로서 감가상각비를 대신 사용하기도 한다. 그러나 이 경우 감가상각비가 역사적원가에 입각해서 계산된 것이기 때문에 기존 유형자산의 대체자금을 과소계상시켜 잉여현금흐름을 과대계산하는 문제점을 지니게 된다.

잉여현금흐름을 창출한 기업은 다음과 같은 일을 할 수 있다.

① 신규사업, M&A, 구조조정 등 미래를 위한 투자

② 부채상환을 통한 재무체질의 개선

③ 배당, 자사주 매입 등을 통한 주주에 대한 환원

따라서 잉여현금흐름의 안정적인 창출은 기업의 장기적 발전과 기업가치의 극대화에 결정적인 영향을 미친다.

예제 5-3 ▌ 잉여현금흐름계산

(1) 다음의 자료로 ABC회사의 잉여현금흐름을 계산하여 보자.

영업활동 현금흐름	₩1,400,000
현재의 생산력 유지를 위한 투자액	450,000
생산능력 확장을 위한 투자액	300,000
배당금 지급액	100,000
계산 :	
영업활동 현금흐름	₩1,400,000

현재의 생산력 유지를 위한 투자액	(450,000)
배당금 지급액	(100,000)
잉여현금흐름	850,000

(2) 다음의 자료로 XYZ회사의 잉여현금흐름을 계산하여 보자.

영업활동 현금흐름	₩1,400,000
감가상각비	400,000
유형자산 투자액	800,000
배당금 지급액	100,000
계산 :	
영업활동 현금흐름	₩1,400,000
감가상각비	(400,000)
배당금 지급액	(100,000)
잉여현금흐름	900,000

현재의 생산력을 유지하기 위한 대체투자액에 대한 정보가 제공되지 않고 있다. 이에 따라 기존 유형자산을 대체하는데 소요된 현금지출액의 추산치로서 감가상각비를 대신 사용하기도 한다. 그러나 이 경우 감가상각비가 역사적원가에 입각해서 계산된 것이기 때문에 기존 유형자산의 대체자금을 과소계상시켜 잉여현금흐름을 과대계산하는 문제점을 지니게 된다.

▌회계현장 5-12▌ 삼성전자의 잉여현금흐름

기업의 재무적 건강도를 측정하는 지표 중의 하나로 주목을 받고 있는 것이 잉여현금흐름 또는 여유현금흐름(Free Cash Flow)이다.

잉여현금흐름은 보통 영업활동 현금흐름에서 자본적 지출액을 차감시켜서 계산하던가 아니면 배당금까지 차감시켜서 계산하는 것이 보통이다.

기업이 정상적으로 운영되기 위해서는 원재료나 상품의 매입, 판매활동과 관리활동에서 나타나는 비용, 채권자에 대한 이자비용, 주주에 대한 배당금, 국가에 대한 법인세비용 및 기업의 장래계획으로 인한 자본적 지출액이 순조롭게 지급되어야 한다.

잉여현금흐름이 ＋라는 것은 기업경영에 필수적인 지출항목에 대한 현금지출이 순조롭게 이루어지고 있기 때문에 부채를 감소시키거나 기업을 더 확장시킬 수 있는 현금의 여유가 있다는 것을 의미한다. 반대로 잉여현금흐름이 －인 것은 기업경영에 필수적인 지출항목에 대한 현금지출이 순조롭게 이루어지지 못하고 있기 때문에 비유동자산의 매각, 차입이나 사채발행, 주식발행 등의 방법으로 자금조달을 해서 부족자금을 보충해야 함을 의미하는 것이다.

잉여현금흐름의 −가 여러 해 계속되게 되면 비유동자산의 매각, 차입이나 사채발행, 주식발행 등의 방법을 통한 자금조달의 길도 막히게 되어 기업은 곤경에 빠지게 될 것이다. 결국 경영자는 경영의 기본 목표인 주주 부의 극대화를 달성하기 위해서는 잉여현금흐름을 증대시키는 데 관심을 가져야 한다. 따라서 잉여현금흐름이 많은 기업이 바로 초우량기업으로 장래가 장미 빛인 기업인 것이다.

우리나라의 초우량기업이라고 자타가 인정하고 있는 삼성전자의 최근 2년간 잉여현금흐름을 살펴보자.

현금흐름표

삼성전자 (단위 : 십억원)

	제46기	제45기
Ⅰ. 영업활동 현금흐름(1)	18,654	28,443
Ⅱ. 투자활동 현금흐름	−15,9518	−27,326
종속기업 등 순투자	1,215	2,825
유형자산순투자	10,672	10,059
무형자산순투자	1,249	747
자본적지출 합계(2)	13,136	13,631
Ⅲ. 재무활동 현금흐름	−3,090	−1,356
배당금지급(3)	−2,157	−1,207
단기차입금순차입(상환)(4)	171	−179
사채와 장기차입금 상환(5)	−5	−5
Ⅳ. 잉여현금흐름(1−2)	5,518	14,812
잉여현금흐름(1−2−3)	3,361	13,605
잉여현금흐름(1−2 ± 4−5)	5,684	14,628

삼성전자의 2개 연도 잉여현금흐름을 두 가지 계산방식으로 계산해본 결과 모두 +로 나타나고 있어 부채상환이나 추가 투자에 필요한 현금이 충분하다고 말할 수 있다. 그러나 잉여현금흐름 수준이 전 연도에 비해 큰 폭으로 낮아진 것이 눈에 띈다. 그 이유는 자본적 지출 수준은 큰 차이가 없지만 영업활동에서의 창출된 현금흐름이 큰 폭으로 감소하였고, 배당금 지출은 큰 폭으로 증가하였다는 점이다.

한편 잉여현금흐름을 세 가지 방식으로 제시하였는데, 첫 번째 잉여현금흐름은 기업의 이용가능한 현금흐름으로 채권자와 소유주에게 제공할 수 있는 여유현금을 측정하는데 사용되는 것이고, 두 번째 잉여현금흐름은 채권자에게 귀속되는 현금흐름(부채상환과 이자지급)을 측정하는데 사용할 수 있는 것이다. 첫 번째와 두 번째 산식에서는 영업활동에 이자지급액이 포함된 경우 이자지급액(세차감후)을 가산해서 이자지급전 영업활동 현금흐름을 사용하기도 한다.

세 번째 잉여현금흐름은 지분투자자에게 귀속되는 잉여현금흐름의 수준을 파악하는데 사용되는 것으로 배당금 지급이나 자기주식의 취득에 사용할 수 있는 여유현금 수준을 의미한다.

5) 현금흐름의 조작가능성

현금흐름정보도 경영활동별 현금흐름을 변경시키거나, 현금흐름의 시점을 앞당기고 연기하는 방법을 통해서 현금흐름의 크기를 조작할 수 있는 여지가 있으나 발생주의 회계정보의 경우와는 그 차원이 다르다.

조작의 예를 들어보면 첫째 유형으로, 현금흐름표에서 가장 중요시되는 영업활동 현금흐름을 증가시키기 위해서 영업비용을 투자 또는 재무활동 항목으로 처리하거나, 투자 또는 재무활동으로부터의 현금유입을 영업활동 항목으로 처리하는 방법이 있으며, 둘째 유형으로 단기지급채무의 지급연기나 상품구입의 기간 연기를 통해서 영업활동 현금흐름을 증가시키거나, 투자자산의 매각을 통해서 투자활동 현금흐름을 증가시키고, 부채상환의 기간 연장이나 배당금 지급의 연기를 통해서 재무활동 현금흐름을 증가시키는 방법 등이 전형적인 예일 것이다.

둘째 유형의 조작은 당해 기간의 현금흐름을 증가시키지만 다음 기간에는 반대의 영향을 미치게 된다. 이 경우 몇 년 분을 합해서 분석하면 이런 조작의 영향은 제거된다. 사실 현금흐름은 안정적인 모습을 보이기보다는 기복이 심하게 나타나는 경우가 많기 때문에 당해 연도 자료만 가지고 분석하는 것은 잘못된 해석을 초래할 가능성이 높다.

따라서 현금흐름의 분석은 최소한 3년 내지 5년간의 총액에 의한 분석 및 장기적인 추세분석으로 보완을 해야 올바른 분석이 가능하다고 말할 수 있다. 미국에서 현재 3년분의 비교현금흐름표를 공시하도록 하고 있는 것도 바로 이런 점 때문이다.

예제 5-4 ▌ 항목분류 조작 1 : (영업활동 → 투자활동)

현금흐름표

XY소프트웨어 (단위 : 억 원)

	조작전	조작후
Ⅰ. 영업활동 현금흐름	−10	10
Ⅱ. 투자활동 현금흐름	−40	−60
Ⅲ. 재무활동 현금흐름	60	60
Ⅳ. 현금의 증가	10	10

XY소프트웨어회사는 여러 가지 소프트웨어를 개발해서 판매하는 회사라고 하자. 이 회사는 이 번 연도의 영업활동 현금흐름이 −인데, 회사의 지급능력에 미치는 영향을 생각해서 이를 +로 전환시킬 생각을 하고 있다. 이에 따라 생각해낸 것

이 당기 비용으로 처리한 소프트웨어 개발비 20억 원을 자본적 지출, 즉 무형자산 중 개발비로 처리하는 것이었다. 이렇게 처리할 경우 영업활동 현금흐름이 −10억 원에서 +10억 원으로 바뀌고, 투자활동 현금흐름은 −40억 원에서 −60억 원으로 바뀌게 된다. 그러나 현금의 증가는 조작 전과 조작 후 모두 동일하게 나타난다. 현금흐름표는 이러한 항목분류의 변경을 통해 세 가지 현금흐름간의 크기를 조작할 수 있다.

예제 5-5 ▌항목분류 조작 2 : (투자활동 → 영업활동)

M사는 수익성이 악화되어 적자상태에 들어갈 가능성이 농후해졌으며, 이에 따라 자금난도 심각해질 전망이다. 자금난을 타개하기 위해서 금융기관으로부터 차입을 추진하기로 하였는데, 금융기관에서는 최근들어 수익성뿐만 아니라 유동성, 그것도 현금흐름표에서의 영업활동을 통한 현금창출능력에 따른 유동성을 평가하고서 대출하기 때문에 금융기관에서 대출받을 수 있도록 수익성과 유동성이 있는 것으로 재무제표를 조작하기로 하였다고 가정하자.

수익성과 현금창출능력의 부실함을 은폐하고 자금난을 완화하기 위해 이 회사의 한 사업부분을 매각하였는데, 이 사업부분은 장부가격이 300억 원인데, 450억 원에 매각해서 150억 원의 차익을 발생시켰다고 가정하자. 이 회사는 이 거래로 인해 적자를 흑자로 전환시킬 수 있었다. 그러나 문제는 이 거래를 현금흐름표에 반영시킬 때, 매각차익이 당기순이익의 차감항목이기 때문에 영업활동으로 인한 현금흐름이 적자로 표시된다는 점이다. 그래서 생각해낸 것이 매각차익을 영업활동에서 제외시키면서, 투자활동에서 매각대금을 장부가로 표시하는 것이었다. 이렇게 하면 영업활동 현금흐름이 +로 변하고, 투자활동으로 인한 현금흐름도 −로 변하게 된다. 따라서 영업활동을 통한 현금창출능력을 보유하고 있을 뿐만 아니라 성장 발전하는 회사로 오인시킬 수 있게 된다. 다음은 조작 전과 후의 현금흐름표이다.

현금흐름표

(단위 : 억 원)

	조작전	조작후
영업활동		
당기순이익	65	65
감가상각비(무형자산 상각비 포함)	56	56
유형자산처분이익	(150)	
매출채권의 증가	(19)	(19)
재고자산의 감소	27	27

매입채무의 감소	(42)	(42)
기타채무의 증가	18	18
영업활동 현금흐름	(45)	105
투자활동		
유형자산 취득	(125)	(125)
타 사업부분의 취득	(234)	(234)
유형자산(특정 사업부)의 처분	450	300
투자활동 현금흐름	91	(59)
재무활동		
장기차입금 차입	150	150
장기차입금 상환	(180)	(180)
배당금 지급	(50)	(50)
재무활동 현금흐름	(80)	(80)
현금 및 현금성자산의 감소	(34)	(34)
기초의 현금 및 현금성자산	42	42
기말의 현금 및 현금성자산	8	8

6) 기업의 수명주기와 현금흐름유형

모든 제품 또는 기업은 수명주기를 거치게 된다. 수명주기는 보통 도입기, 성장기, 성숙기 및 쇠퇴기 등 4단계로 구분한다. 도입기는 기업이 비유동자산을 취득하고 제품을 생산·판매하기 시작할 때를 말하며, 성장기는 기업이 생산과 판매를 큰 폭으로 확장시키는 시기를 말한다. 성숙기는 생산과 매출수준이 정체를 나타내는 시기를 뜻하며, 쇠퇴기는 제품의 판매가 소비자의 수요 감퇴로 인해 감소되는 시기를 말한다.

예를 들어 기업이 한 제품만을 생산하고 그 제품이 판매수명의 말기에 처해 있을 경우 그 기업은 쇠퇴기에 들어섰다라고 말할 수 있다. 그러나 기업은 대개 한 제품 이상을 생산하며, 그 기업의 제품 모두가 제품수명주기의 똑같은 단계에 처해 있는 경우는 거의 없다. 그렇지만 우리는 기업 제품의 대다수가 특정 수명주기단계에 처해 있는 것을 알 수 있기 때문에 기업이 수명주기상의 어떤 단계에 있는지를 대략적으로 판단하는 것은 가능하다.

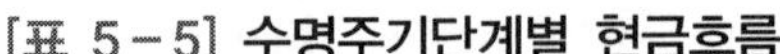
[표 5-5] 수명주기단계별 현금흐름

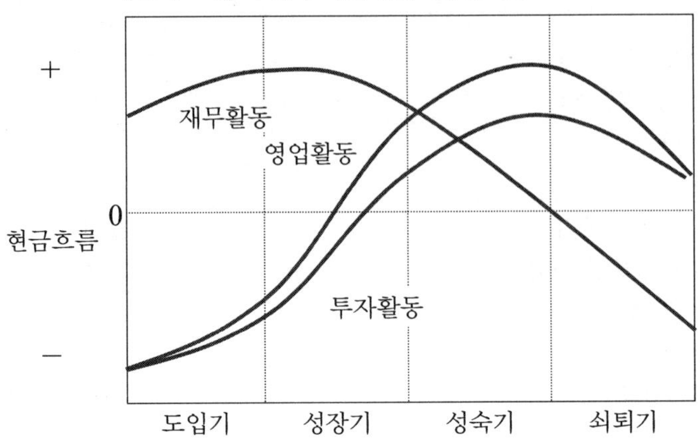

[표 5-5]는 수명주기단계별로 현금흐름에 미치는 영향을 보여주고 있다. **도입기(신생기)**에서는 생산시설을 갖추기 위해 많은 현금이 사용되는 반면에, 영업활동을 통해서 현금흐름을 창출시키기는 어려운 경우가 대부분이다. 결국 생산시설을 갖추는데 필요한 현금자금은 주식을 발행하거나 차입을 통해서 조달할 수밖에 없다. 따라서 **도입기**의 현금흐름을 보면, 영업활동 현금흐름과 투자활동 현금흐름은 −, 재무활동 현금흐름은 +의 행태를 보이게 된다.

성장기에서는 기업이 영업활동 현금흐름을 어느 정도 창출시키기 시작하게 된다. 그러나 영업활동 현금흐름은 계속해서 당기순이익보다 적은 금액이 창출되게 된다. 왜냐하면 미래의 매출증가에 대비해 재고자산에 대한 투자(지출)규모가 늘어나기 때문이다. 이에 따라 재고자산에 대한 지출액보다 적은 금액이 발생주의 하의 비용(매출원가)으로 계상되게 되어 당기순이익이 영업활동 현금흐름보다 많게 계상되는 결과가 나타난다.

또한 매출속도보다 매출채권에 대한 회수속도가 느리게 나타나고, 그리고 매출액 신장이 큰 폭으로 이루어지기 때문에 발생주의에 따라 계상되는 회계기간 동안의 매출액은 그 기간 동안에 회수된 금액을 초과하게 된다. 자산취득에 필요한 현금소요액은 계속해서 영업활동 현금흐름을 초과하게 되고, 이에 따라 회사는 현금부족분을 증자나 추가차입을 통해 보충할 수밖에 없게 된다. 따라서 회사는 계속해서 영업활동 현금흐름이 − 또는 소액의 +, 투자활동 현금흐름은 − 그리고 재무활동 현금흐름은 +의 행태를 보이게 된다.

성숙기에 접어들면 영업활동 현금흐름과 당기순이익은 거의 동일한 금액이 되게 된다. 영업활동 현금흐름은 투자소요액을 초과하게 된다. 따라서 성숙단계에 처한 회사는 부채 상환비중과 자기주식구입비중이 높아지게 된다.

[표 5-6] 기업 수명주기와 현금흐름유형

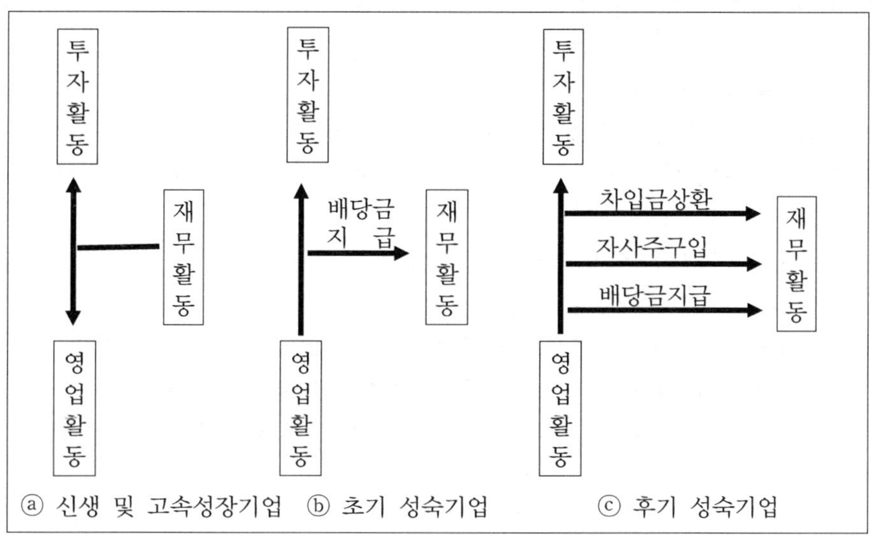

마지막으로 쇠퇴기 단계에 접어들면 영업활동 현금흐름이 감소하게 된다. 투자활동 현금흐름은 회사가 과잉시설을 처분함에 따라 +로 변화하고 재무활동 현금흐름은 회사가 부채를 상환하고 자가주식을 구입함에 따라서 −의 행태를 보이게 된다.

이와 같이 현금흐름유형(cash flow patterns)과 기업의 수명주기(life cycle)와는 대체로 관련성이 있기 때문에 현금흐름표를 분석할 때 고려하여야 한다.

수명주기에 따른 현금흐름유형을 그림으로 정리하면 [표 5-6]과 같다.

예제 5-6 ▌ 기업의 수명주기와 현금흐름유형

기업의 3가지 활동으로부터의 현금흐름패턴은 기업 또는 제품의 수명주기와 관련이 있다. 다음 4가지 상황에 나타나 있는 현금흐름패턴을 기업의 수명주기를 관련시켜서 살펴보자.

	A	B	C	D
영업활동 현금흐름	(600)	1,400	3,000	1,000
투자활동 현금흐름	(3,000)	(2,400)	(1,600)	(300)
재무활동 현금흐름	3,600	1,000	(1,400)	(400)
현금의 증가	0	0	0	300

A상황은 신생기업이나 성장속도가 급속히 이루어지고 있는 고속성장기업의 전형적인 현금흐름패턴이다. 이러한 기업들은 영업활동을 통한 이익이 아직 적자에

서 벗어나지 못하고 있거나 또는 적자에서 흑자로 전환되기 시작하면서 그 증가속도가 높아지게 되며, 매출채권과 재고자산의 증가가 나타나게 된다. 이에 따라 이러한 기업들의 영업활동으로 인한 현금흐름은 −로 나타나게 된다. 이러한 기업은 고속성장을 유지하기 위해서 설비투자를 확대하지 않으면 안 된다. 따라서 이 단계에 속해 있는 기업들은 영업활동과 투자활동에 필요한 현금흐름을 외부원천 즉 재무활동에 전적으로 의존하여 조달하지 않을 수 없다.

B상황은 A상황보다는 어느 정도 성장단계 후기 또는 성숙단계 초기에 접어들기 시작한 기업의 현금흐름패턴을 보여주고 있다. 이러한 기업은 영업활동을 통해 이익을 실현하고 있으나, 성장속도는 완만한 단계로 접어들었으며 영업활동 현금흐름은 +로 전환되게 된다. 그러나 이러한 영업활동 현금흐름은 설비투자자금을 전부 충당할 정도로 충분하게 창출되지는 않고 있다. 이에 따라 일부 부족 자금을 여전히 외부자금에 의존해서 조달하게 된다.

C상황은 완전히 성숙단계에 들어선 기업의 전형적인 현금흐름패턴이라고 볼 수 있다. 이런 기업은 설비투자자금을 충당하고도 남을 정도로 영업활동 현금흐름을 충분하게 창출하고 있기 때문에 남는 현금흐름초과액을 재무활동, 즉 부채상환, 자사주 구입, 배당금 지급에 사용할 수 있게 된다.

D상황은 쇠퇴기 초기단계에 처한 기업의 전형적인 현금흐름패턴을 나타낸다. 이러한 기업의 영업활동 현금흐름은 감소되기 시작하지만 매출채권과 재고자산의 감소로 인해 여전히 +의 모습을 보이고 있다. 이러한 기업들은 사양산업에 속해 있기 때문에 설비투자를 큰 폭으로 축소하게 된다. 이에 따라 발생하는 초과현금흐름의 일부를 부채상환과 배당금 지급에 사용하고 나머지 현금흐름은 신제품 개발이나 다른 유망산업에 대한 투자자금으로 사용하게 된다.

▌회계현장 5-13▐ 실제기업의 수명주기와 현금흐름

<신생기업의 요약 현금흐름표>

현금흐름표

다음커뮤니케이션 (단위 : 억원)

	3기	4기	5기	6기
Ⅰ. 영업활동 현금흐름	0.4	6.6	21.2	−60.5
(당기순이익)	0.1	−0.6	89.4	113.2
Ⅱ. 투자활동 현금흐름	−6.6	−8.6	−180.1	5.8
Ⅲ. 재무활동 현금흐름	7.4	0.9	193.4	135.8
Ⅳ. 현금의 증가	1.2	−1.1	34.6	81.1

<성장기업의 요약 현금흐름표>

현금흐름표

락앤락 (단위 : 백만원)

	7기	6기	5기	4기
Ⅰ. 영업활동 현금흐름	31,787	6,319	15,757	10,846
(당기순이익)	14,391	69,400	47,677	25,660
Ⅱ. 투자활동 현금흐름	−218,814	−115,289	−25,235	−13,736
Ⅲ. 재무활동 현금흐름	189,521	114,265	−8,008	25,283
Ⅳ. 현금의 증가	2,493	5,295	−17,485	22,392

<성숙기업의 요약 현금흐름표>

현금흐름표

롯데제과 (단위 : 백만원)

	47기	46기	45기	44기
Ⅰ. 영업활동 현금흐름	136,873	78,794	120,548	164,347
(당기순이익)	73,147	102,925	127,203	122,683
Ⅱ. 투자활동 현금흐름	−318,890	−29,357	−92,167	− 40,895
Ⅲ. 재무활동 현금흐름	176,810	−74,639	−42,335	−23,636
Ⅳ. 현금의 증가	−5,206	−25,201	−12,678	99,816

한편 현금흐름표상에 보고되는 경영활동별 현금흐름을 건전한 유형과 비건전한 유형으로 구분해보면 다음과 같다.

현금흐름	건전 유형	비건전 유형
영업활동 현금흐름	+	−
투자활동 현금흐름	−	− 또는 +
재무활동 현금흐름	− 또는 +	+ 또는 −

우량한 기업이라면 당연히 +의 영업활동 현금흐름을 창출시켜야 한다. 그러나 우량한 기업도 일시적으로 −의 영업활동 현금흐름을 창출시킬 수도 있다. 특히 앞에서 설명하였듯이 도입기에 들어선 신생기업이나, 성장기에 들어선 고도성장기업은 −의 영업활동 현금흐름을 보이고 있는 경우가 대부분이므로 해석시 이를 고려할 필요가 있다. 그렇지만 여러 연도에 걸쳐서 지속적으로 −의 영업활동 현금흐름을 보이고 있

는 기업은 잘못된 경영으로 인해 분명히 재무적 곤경을 겪고 있다고 말할 수 있다.

정상적인 상황에서 대부분의 기업은 현상 유지와 미래의 발전을 위해서 비유동자산을 계속해서 취득하게 된다. 이에 따라 투자활동 현금흐름은 −로 나타나며, 미래의 현금창출능력이 높아지게 된다. 그러나 +의 투자활동 현금흐름을 나타내고 있는 기업은 비유동자산을 대체하는 속도보다 더 빠르게 보유 비유동자산을 매각처분하고 있는 상황으로 기업규모가 축소되고 있음을 보여준다. 이런 기업은 결국 미래의 현금창출능력이 낮아지게 되기 때문에 미래전망이 불투명해지게 된다.

재무활동 현금흐름에 대해서는 일반화해서 말하기가 어렵다. 우량기업에서도 + 또는 −로 나타나는 것을 흔히 볼 수 있다. 예를 들어 +의 재무활동으로 인한 현금흐름은 영업활동을 통해서 창출한 현금흐름을 가지고 급격히 확대되고 있는 투자소요액을 충당할 수 없을 정도로 고속 성장하는 신생기업에서 많이 볼 수 있다. 바로 부족자금이 재무활동에서 조달되기 때문에 재무활동으로 인한 현금흐름이 +로 나타나는 것이다. 따라서 수익성이 양호하고 미래의 현금창출능력이 높은 기업이라면 +의 재무활동으로 인한 현금흐름은 문제가 되지 않으며, 오히려 지속적인 성장을 위해서 바람직하다고 볼 수 있다.

−의 재무활동으로 인한 현금흐름은 안정상태에 도달한 성숙단계의 기업에서 찾아볼 수 있다. 성숙기의 기업은 영업활동을 통해서 충분한 현금흐름을 창출하기 때문에 이 현금흐름으로 차입금을 상환하거나 배당금 지급에 사용할 수 있기 때문에 재무활동으로 인한 현금흐름이 −를 보이게 된다.

비건전유형인 −, −, +의 현금흐름은 신생기업(또는 벤처기업)과 고속성장기업에서 흔히 찾아볼 수 있는 유형으로 빠른 시일내에 수익성 확보가 확실시 되어 건전유형으로 전환될 가능성이 높을 때는 문제가 되지 않음을 명심해야 한다.

한편 현금흐름유형이 기업의 모든 것을 충분히 밝혀주는 것은 아니기 때문에 추가적인 분석이 반드시 실시되어야 한다. 현재까지의 현금흐름유형의 추세, 미래의 예상유형, 현금흐름과 관련된 기업의 전략 등과 연결시켜서 분석이 이루어져야 한다는 사실을 기억해야 한다.

예제 5-7 ▌ 현금흐름표의 해석

(주)지는해의 현금흐름표를 보고 이 회사가 안고 있는 문제점을 발견해보자.

현금흐름표

(주) 지는해 20×3. 1. 1~12. 31 (단위 : 천원)

Ⅰ. 영업활동 현금흐름			52,000
당기순이익		35,000	
당기순이익가감항목			
감가상각비	14,000		
유동자산의 증가(현금제외)	(5,000)		
유동부채의 증가	8,000	17,000	
Ⅱ. 투자활동 현금흐름			91,000
유형자산의 매각		91,000	
Ⅲ. 재무활동 현금흐름			(130,000)
사채의 발행		72,000	
장기차입금의 상환		(170,000)	
자기주식의 구입		(9,000)	
배당금의 지급		(23,000)	
Ⅳ. 현금의 증가			13,000

이 회사의 현금흐름표에 나타난 문제점을 살펴보면 다음과 같다.

첫째, 대부분의 우량기업은 영업활동 현금흐름의 비중이 제일 높은 것으로 알려지고 있다. 그런데 이 회사의 영업활동 현금흐름은 충분치 못하다.

둘째, 이 회사는 영업활동 현금흐름이 충분치 못하기 때문에 유형자산의 매각을 통해서 부족한 자금의 많은 부분을 보충하고 있는 것도 문제지만, 매각한 유형자산을 대체할 설비투자가 전혀 이루어지고 있지 않다는 것도 심각한 문제가 될 수 있다. 왜냐하면 미래의 회사의 제품을 제조하는 데 반드시 필요한 설비투자 없이 미래의 이익창출을 기대한다는 것은 불가능하기 때문이다.

셋째, 이 회사는 부채의 의존도가 높은 문제점을 가지고 있다. 이 회사는 사채발행을 통한 차입규모가 7천 2백만원이나 된다. 어떠한 회사도 차입자금을 가지고 장기간 생존해 나갈 수는 없다. 왜냐하면 차입자금은 결국 상환해야 할 자금으로서 자금압박의 큰 원인이 될 수 있기 때문이다. 이 회사가 이번에 1억 7천만원이나 되는 차입금을 상환하고 있는 것에서 이런 사실을 잘 알 수 있다.

마지막으로 이 회사는 자금사정이 넉넉하지 못한 가운데서도 당기순이익에 버금가는 액수를 배당금으로 과대하게 지급하고 있는 것도 자금난을 가중시키는 원인이 되고 있다고 말할 수 있다.

9. 비율분석에 의한 현금흐름표 분석

최근 들어 현금흐름정보의 유용성에 대한 관심이 높아지고 또한 현금흐름표의 작성이 제도화됨에 따라 재무상태표와 손익계산서로부터 비율을 산출해서 재무제표분석에 이용하는 것처럼 현금흐름표에서도 현금흐름에 관련된 비율을 산출하여 이 비율을 가지고 기업의 재무적 결과에 대한 심층적인 분석을 시도하고자 하는 움직임이 나타나고 있다.

현금흐름표와 관련된 표준화된 비율은 아직 존재하고 있지 않다. 재무상태표와 손익계산서의 경우와는 달리 제도화되어 공표되기 시작한 역사가 짧은 데 그 원인이 있을 것으로 생각된다.

현재까지 제안되고 있는 현금흐름에 관련된 비율 가운데 최근에 회계학 교과서에 등장하기 시작한 비율을 소개하면 다음과 같다.

1) 현금흐름수익성

(1) 주당현금흐름비율

주당현금흐름비율(cash flow per share of common stock ratio)의 산식은 다음과 같다.

$$\text{주당현금흐름} = \frac{\text{영업활동 현금흐름}}{\text{보통주의 가중평균유통주식수}}$$

주당현금흐름은 주당순이익이 보통주 1주에 귀속되는 당기순이익인 것처럼 보통주 1주에 귀속되는 영업활동 현금흐름의 크기를 나타낸다. 즉, 분자에 발생주의에 따른 당기순이익 대신에 현금주의에 따른 순이익인 영업활동 현금흐름을 사용함으로써 기업의 지급능력을 평가할 수 있게 해주고 있다.

이 비율은 기업의 배당금과 부채의 지급능력을 판단하는데 사용되고 있는 비율로써, 이 비율이 높을수록 배당금 및 부채의 지급능력은 양호한 것으로 판단한다.

(2) 매출액현금흐름이익률

매출액현금흐름이익률(cash flow margin ratio)의 산식은 다음과 같다.

$$\text{매출액현금흐름이익률} = \frac{\text{영업활동 현금흐름}}{\text{순매출액}}$$

매출액현금흐름이익률은 매출액순이익률 산식의 분자에 나타나 있는 당기순이익 대신에 영업활동 현금흐름으로 대체해서 만든 것으로 매출의 현금수익성을 측정한다.

이 비율은 기업의 전체적인 효율성과 경영성과를 측정하는 것으로써 매출을 통하여 현금을 창출하는 기업의 능력을 나타낸다. 매출을 통하여 얼마만큼의 현금을 창출하였는가에 대한 측정치는 매우 중요하다. 왜냐하면 기업이 부채의 상환, 배당금의 지급 및 설비투자를 위해서는 현금이 필요하기 때문이다. 매출액현금흐름이익률은 높을수록 매출을 통한 현금창출능력이 양호한 것으로 판단한다.

(3) 총자산현금이익률

총자산현금이익률의 산식은 다음과 같다.

$$\text{총자산현금이익률} = \frac{\text{영업활동 현금흐름}}{\text{평균총자산}}$$

이 비율은 기업이 보유하고 있는 자산을 이용해서 얼마나 영업활동 현금흐름을 효율적으로 창출시켰는지를 측정하는 비율로 총자산이익률(또는 투자수익률)를 보완하는 비율이다. 영업활동 현금흐름은 배당금을 지급하고 투자활동에 사용할 수 있는 자금이기 때문에 이 비율은 높을수록 바람직하다.

▌회계현장 5-14▐ 자산의 현금수익성과 성장성 평가

다음의 자료를 가지고 두 회사의 1999년도 자산의 현금창출능력과 성장성을 평가해보자.

(단위 : 10억달러)

	K마트	Wal마트
영업활동 현금흐름	1,237	7,580
투자활동 현금흐름	(795)	(4,418)
평균총자산	13,862	47,690
기말자산	14,166	49,996

총자산현금이익률과 투자증가율(투자활동으로 인한 현금흐름/기말자산합계)을 계산하면 다음과 같다.

$$총자산현금이익률 = \frac{1,237}{13,862} = 0.09 \qquad \frac{7,580}{47,690} = 0.16$$

$$투자증가율 = \frac{795}{14,166} = 0.06 \qquad \frac{4,418}{49,996} = 0.09$$

총자산현금이익률을 계산한 결과 K마트는 0.09(9%), Wal마트는 0.16(16%)으로 나타나고 있어 Wal마트가 자산을 이용해서 더 많은 현금흐름을 창출시키고 있음을 알 수 있다. 이에 따라 Wal마트가 자산에 대한 확장투자를 할 유인을 더 갖게 될 것으로 예상할 수 있다. 이는 투자활동 현금흐름을 기말자산합계로 나눈 비율을 비교해보면 알 수 있다. 계산한 결과 K마트는 기말자산의 0.06(6%), Wal마트는 기말자산의 0.09(9%)를 투자한 것으로 나타나고 있어, Wal마트가 자산에 더 많이 투자하고 있음을 보여주고 있다. 결국 Wal마트가 더 양호한 자산의 현금흐름 창출능력을 바탕으로 K마트보다 더 빠른 속도로 성장하고 있다고 말할 수 있다.

총자산현금이익률을 더 정확하게 측정하기 위해서는 다음과 같이 산식을 변형해서 사용하기도 한다.

$$총자산현금이익률 = \frac{영업활동\ 현금흐름 + 이자지급액}{평균총자산}$$

위 식의 분자를 보면 이자지급액을 영업활동 현금흐름에 가산하고 있는데 이는 총자산이익률의 계산시 당기순이익에 이자비용을 가산한 방식을 따른 것이다.

이 방식의 논리는 총자산현금이익률이 경영자의 영업의사결정에 대한 경영성과를 측정하기 위하여 만들어진 것이기 때문에, 영업성과를 정확히 측정하기 위해서는 재무의사결정의 결과일 뿐만 아니라, 영업활동 현금흐름을 계산하는 과정에서 이미 차감된 이자지급액은 다시 가산해서 계산되어야 한다는 것이다. 즉, 확보된 자산의 운용을 얼마나 성공적으로 잘 수행했는지에 대한 경영자의 영업성과를 정확히 측정하기 위해서는 자산 확보에 필요한 자금조달과 관련된 재무의사결정의 영향을 제외시키자는 것이다.

그러나 이자지급액이 재무활동으로 분류된 경우에는 영업활동현금흐름에 이자지급액을 가산해서 사용하면 안 된다는 점을 유념해야 한다.

▌회계현장 5-15▐ 총자산현금이익률의 분해와 전략 분석

다음의 자료를 가지고 두 회사의 2012년도 주요전략을 확인해보자.

(단위 : 백만달러)

	Apple	Dell
영업활동 현금흐름	37,529	5,527
순매출액	108,249	62,071
기초자산	75,183	38,599
기말자산	116,371	44,533

두 회사의 총자산현금이익률 및 매출액현금흐름이익률과 총자산회전율을 계산하면 다음과 같다.

Apple

$$\text{총자산현금이익률} = \frac{37{,}529}{95{,}777} = 0.392$$

$$\text{총자산현금이익률} = \frac{37{,}529}{108{,}249} \times \frac{108{,}249}{95{,}777}$$

$$= 0.347 \times 1.1$$

Dell

$$\text{총자산현금이익률} = \frac{5{,}527}{41{,}566} = 0.133$$

$$\text{총자산현금이익률} = \frac{5{,}527}{62{,}071} \times \frac{62{,}071}{41{,}566}$$

$$= 0.089 \times 1.5$$

총자산현금이익률을 계산한 결과 Apple은 0.392(39.2%), Dell은 0.133(13.3%)으로 나타나고 있어 Apple이 자산을 이용해서 더 많은 현금흐름을 창출시키고 있다. 이 비율을 분해해보면 Apple은 매출액현금흐름이익률이 34.7%, 총자산회전율이 1.1회이며, Dell은 매출액현금흐름이익률이 8.9%, 총자산회전율이 1.5회를 나타내고 있다. 이에 따라 Apple은 혁신적인 제품을 고가에 판매하여 이익과 현금흐름을 증대시키는 전략을 구사하고 있고, 이에 반해 Dell은 혁신적인 마케팅 및 유통전략과 저가전략을 구사하여 매출액 증대에 힘쓰고 있음을 알 수 있다.

2) 이익의 질

(1) 매출액 질 비율(Quality of Sales Ratio)

매출액의 질에 대한 우열을 평가하는 이 비율의 산식은 다음과 같다.

$$\text{매출액 질비율} = \frac{\text{매출로부터의 현금유입액}}{\text{순매출액}}$$

매출로부터의 현금유입액은 직접법에 따른 현금흐름표에서는 공시되고 있기 때문에 직접 알 수 있다. 그러나 간접법의 경우에는 직접 공시되고 있지 않기 때문에 추산해 낼 수밖에 없다. 추산하는 방식은 다음과 같다.

$$\text{매출로부터의 현금유입액} = \text{매출채권기초잔액} + \text{매출액} - \text{매출채권기말잔액}$$

매출액 질 비율의 측정치가 1.0보다 현저하게 차이가 날 경우 심도있는 추가분석을 하지 않으면 안 된다. 다른 조건이 동일하다면 매출액으로부터 회수된 현금유입액이 많은 기업이 그렇지 않은 기업보다 더 유리한 위치에 있다는 것은 당연하다. 왜냐하면 이는 수익거래의 최종적 실현이 이루어졌을 뿐만 아니라, 매출채권에 대한 투자가 최소화되었다는 것을 의미하기 때문이다.

이 비율은 특히 수익인식을 보수적으로 하지 않는 기업이나, 회계담당자의 주관적인 판단이 요구되는 수익인식정책을 채택하는 기업을 분석하는 데 유용하다. 예를 들어 어떤 기업의 매출액 질비율이 여러 기간에 걸쳐서 계속 하락하고 있다면 이는 이 기업이 신뢰할 수 없는 회계적 판단을 이용해서 수익을 앞당겨 계상하거나 허위로 계상하는 방식에 의해 이익을 부풀리고 있지 않은가 하고 의심해 볼 필요가 있다.

▌회계현장 5-16▐ 매출액 질비율 계산과 평가

일부회사 가운데 수익을 앞당겨서 인식·계상하는 회사가 있다. 이러한 식의 회계처리는 매출액과 순이익을 모두 과대계상시키는 결과를 초래하게 된다. 매출액 질비율이 이러한 상황을 적발할 수 있게 해주는 유용한 도구가 될 수 있다. 다음의 미국의 소프트웨어 산업에 속한 실제회사에 적용하여 보자.

(단위 : 백만달러)

	캠브리지 바이오테크	켄달스퀘어
매출채권		
기초잔액	$5,951	$804
기말잔액	10,520	2,785
매출액	28,981	10,066

먼저 매출대금 회수액을 구한 다음에 매출액 질비율을 계산해보자.

(단위 : 백만달러)

	캠브리지 바이오테크	켄달스퀘어
매출액	$28,981	$10,066
가산:매출채권 기초잔액	5,951	804
차감:매출채권 기말잔액	(10,520)	(2,785)
매출대금 회수액	$24,412	$8,085
÷ 매출액	$28,981	$10,066
=매출액 질비율	0.84	0.80

두 회사의 비율은 모두 1 이하의 값을 나타내고 있다. 이런 경우 매출의 과대계상 가능성에 대해 심도있는 조사를 해보아야 한다.

또한 매출액 질비율은 기업의 대금회수성과를 반영하고 있다. 만약 어떤 기업이 거래처(또는 소비자)가 충족시켜야 할 신용기준을 대폭 완화시키는 의심스러운 전략을 사용해서 매출액을 증가시켰다고 하자. 완화된 신용기준에 따라 거래를 체결하게 된 거래처(또는 소비자)들은 정상적인 신용기준에 부합하는 거래처에 비해 대금지급을 연체할 가능성이 많을 것이다. 이러한 실상은 매출액 질비율의 하락에 의해서 여지없이 드러나게 된다.

(2) 이익 질 비율(Quality of Income Ratio)

이익 질의 우열을 평가하는데 사용되는 이 비율의 산식은 다음과 같다.

$$\text{이익 질비율} = \frac{\text{영업활동 현금흐름}}{\text{당기순이익}}$$

이익 질 비율은 당기순이익 가운데 현금으로 실현된 부분이 얼마나 되는 지를 측정한다. 매출액 질 비율과 마찬가지로 이 비율도 1.0 이상 되는 것이 바람직하다. 이익

질 비율은 대체로 1.0을 초과하는 경향이 있다. 그 이유는 분모인 당기순이익을 계산하는 데는 감가상각비가 차감되는데 반해, 분자인 영업활동 현금흐름에는 기존설비자산을 대체하는데 소요된 현금유출액이 차감되어 있지가 않기 때문이다. 이익 질비율도 매출액 질 비율처럼 측정치가 1.0에서 훨씬 미달될 경우에는 심도있는 추가분석을 실시하지 않으면 안 된다.

매출액 질을 설명하는 가운데 수익인식에는 회계담당자의 주관적 판단이 많이 개입된다는 점을 지적한 바 있다. 이러한 점은 비용을 인식하는 데도 마찬가지이다. 비용배분을 위한 여러 대체적 회계처리방법이 허용되고 있는 것이 현실이며, 기업은 이중한 방법을 선택해서 사용할 수 있는 재량권을 가지고 있다.

이익 질 비율은 기업의 회계상 판단이 얼마나 보수적인지, 아니면 비보수적인지에 대한 전체적인 측정치를 제공한다. 이익 질 비율이 높을수록 보수적인 회계판단을 하고 있는, 즉 순이익을 가능한 적게 계상하려는 기업이라고 볼 수 있다. 반대로 이익 질이 낮을수록 낙관적으로 회계판단을 하고 있거나, 회계조작(분식이라고도 함)을 통해서 가공의 이익이 계상되는 방식으로 순이익을 가능한 부풀려서 과대계상하고 있는 기업일 가능성이 농후하다. 그러나 기업이 큰 폭으로 성장을 하고 있을 때에는 매출이 증가함에 따라 매출채권과 재고자산이 매입채무보다 더 빠른 속도로 증가되기 때문에 영업활동으로 인한 현금흐름이 당기순이익보다 적게 계상되어 이 비율이 낮게 나타날 수 있다. 물론 반대의 상황(성숙기, 매출의 감소)일 때는 이 비율이 높게 나타날 것이다. 이 밖에도 계절적 요인과 영업활동에 관련된 자산과 부채의 비효율적인 관리에 의해서도 이 비율이 낮게 나타날 수 있다.

당기순이익에 비정상적인 특별항목이 포함되었을 경우에는 분모의 당기순이익을 영업이익으로 대체해서 정상적인 이익의 질을 측정하는 것이 바람직하다

▌회계현장 5-17▐ 순이익 질비율 계산과 평가

매출액 질비율과 함께 순이익 질비율도 의심스러운 회계처리와 관련된 상황을 적발하는데 유용하다. 다음의 미국의 소프트웨어 산업에 속한 실제회사에 적용하여 보자.

(단위 : 백만달러)

	캠브리지 바이오테크	켄달스퀘어
영업활동 현금흐름	($5,696)	($27,194)
당기순이익(순손실)	$348	($21,619)

	캠브리지 바이오테크	켄달스퀘어
순이익 질비율 =	($5,696) / $348	($27,194) / ($21,619)
=	−16.37	1.26

캠브리지회사의 순이익 질비율이 −로 나타나고 있는데 이는 −의 분자와 +의 분모 때문이다. 이는 이 회사가 +의 당기순이익을 발생시킨 반면에 영업활동을 통해서 현금흐름을 창출시키지 못하고 오히려 영업활동에 현금을 더 많이 사용했음을 의미하는 것이다. 이 회사의 비율이 지나치게 높게 나타나고 있는데 재무제표이용자들은 이에 대해 경계를 하지 않으면 안 된다.

켄달회사의 순이익 질비율은 해석하는데 조심하여야 한다. 비율 값만 보면 이 회사는 순이익보다 많은 현금을 창출하고 있음을 알 수 있다. 그러나 비율 값 1.26은 분자 분모 모두 −값으로부터 계산된 것이기 때문에 회사의 현금유출액이 당기순손실을 초과하고 있음을 나타내고 있다. 당기순손실과 −의 영업활동 현금흐름, 즉 영업활동에서의 현금유출액이 동시에 발생했다는 사실은 재무제표이용자가 극도로 경계를 하여야 할 상황인 것이다.

위의 비율 외에도 **분식회계의 징후**를 발견하는데 유용한 것으로 알려진 비율로 다음 비율이 있다.

$$\text{순이익 질비율} = \frac{\text{당기순이익} - \text{영업활동현금흐름}}{\text{자산총계}}$$

이 비율은 연도에 따라 +값과 −값을 나타내면서 0값 주변에서 맴도는 것이 정상적인 모습이라 할 수 있다. 그러나 이 비율 값이 계속해서 여러 연도 동안에 걸쳐서 +값을 나타내며, 그것도 점진적으로 증가추세 즉 악화되는 모습을 나타내면 재무적인 곤경과 재무제표 분식이 발생하고 있을 가능성이 높다. 이러한 상황은 당기순이익은 증가추세인데 반해, 영업활동 현금흐름이 감소 추세를 보이면 양 수치간의 격차가 점점 더 벌어질 때 나타나게 된다.

▌회계현장 5-18▐ 순이익 질비율과 분식 기업 사례

1995년과 1998년 사이에 분식을 저질렀던 기업에 대해 순이익 질비율을 적용해서 재무제표 분식 조짐을 발견해보자.

(단위 : 백만)

연 도	당기순이익	영업현금	자산총계
1995	$186.0	$14	$42
1996	22.3	(8)	89
1997	35.0	(49)	145
1998(3개월)	(32.0)		

비율 값을 계산해보면 1995년은 0.109{($186－$14)/$42＝0.109}, 1996년은 0.510{($22.3＋$8)/$89 ＝ 0.50}, 1997년은 0.58{($35＋$48.9)/$145＝0.58}로 계속 악화하면서 당기순이익과 영업활동 현금흐름 간의 격차가 점점 더 벌어지고 있음을 알 수 있다. 이 비율은 회사가 저지른 분식의 내용에 관한 정보를 제공하지는 못하지만 재무제표 분식 가능성이 높고, 당기순이익이 조작되고 있을 거라는 경고 신호를 분명히 보여준다고 볼 수 있다. 설령 분식이 자행되지 않았다 하더라도 이 회사는 심각한 재무적 곤경 속에 처해 있는 것은 분명하다. 어느 쪽이든 간에 이 비율은 회사가 처한 어려운 상황을 잘 보여주고 있다.(Fraud Examination, W. Steve Albrecht, South-Western, pp. 418-9, 2003 참고)

3) 현금흐름안전성(장단기지급능력)

(1) 현금흐름유동부채보상비율

이 비율은 현금흐름유동성비율(cash flow liquidity ratio)이라고도 하는데 산식은 다음과 같다.

$$\text{현금흐름유동부채보상비율} = \frac{\text{영업활동 현금흐름}}{\text{평균유동부채}}$$

위 식에서는 분자, 즉 영업활동 현금흐름이 동태적인 측정치이기 때문에 분모도 이에 맞추어서 유동부채의 기초와 기말잔액의 평균금액으로 동태적인 측정치로 바꾸어서 나타낸 것이다. 분모의 유동부채에는 단기차입금과 만기가 1년 이내로 변경된 비유동부채(장기차입금과 사채), 즉 유동성 장기부채만 포함시키고, 영업활동과 관련된 매입채무는 영업활동을 통해서 지급되기 때문에 제외시키기도 한다.

이 비율은 영업활동에서 창출된 현금흐름으로 당기에 상환할 부채를 어느정도 충당하고 있는가를 측정하고 있는 것으로써, 이 비율의 측정치가 높을수록 단기부채상환능력이 우수한 기업인 것이다.

그러나 다음 산식과 같이 분모. 분자를 모두 현금흐름표에서 제공되는 정보를 가지고 완전한 동태적인 산식을 만들어서 부채의 지급능력을 측정할 수도 있다.

이 비율은 영업활동 현금흐름을 가지고 당기의 부채상환액을 몇 배나 보상하고 있는지를 측정한다.

$$\text{현금흐름부채보상비율} = \frac{\text{영업활동 현금흐름}}{\text{부채상환액}}$$

이밖에도 다음과 같은 산식을 통해 단기부채상환능력을 측정하기도 한다.

$$현금흐름유동부채보상비율 = \frac{현금예금 + 단기투자금융자산 + 영업활동\ 현금흐름}{유동부채}$$

이 비율은 부채상환에 이용 가능한 유동성이 가장 높은 자산인 현금예금 및 단기투자금융자산에 내부창출자금인 영업활동 현금흐름을 가산하고 이를 유동부채로 나누고 있다.

(2) 현금흐름이자보상비율

현금흐름이자보상비율(Cash flow lnterest coverage ratio)의 산식은 다음과 같다.

$$현금흐름이자보상비율 = \frac{영업활동\ 현금흐름 + 이자\ 및\ 법인세지급액}{이자지급액}$$

이 비율은 이자보상비율을 실제현금흐름정보로 바꾸어서 이자지급능력을 측정하고 있다. 실제로 이자는 당기순이익으로 지급되는 것이 아니고 현금으로 지급하는 것이기 때문에 현금흐름이자보상비율이 더 합리적인 이자지급능력측정비율인 것이다.

현금흐름이자보상비율은 채권자가 기업의 이자지급능력을 평가하는 데 유용하게 사용된다. 위의 산식의 분자를 보면 영업활동 현금흐름에다 이자 및 법인세지급액을 가산하여 이자와 법인세지급액차감전 영업활동 창출 현금흐름을 사용하고 있다(이자지급액을 영업활동으로 분류한 경우). 이는 영업활동 현금흐름을 계산하는 과정에서 이미 이자 및 법인세지급액이 차감되었기 때문에 이 금액을 다시 가산하여, 이자를 상환하는 데 사용가능한 정확한 영업활동 창출 현금흐름을 계산하기 위해서 이다. 한편 법인세지급액이 가산되는 이유는 이자가 법인세보다 우선적으로 지급되는 것으로서 법인세지급을 하기 전의 영업활동 현금흐름은 이자지급액의 재원이 되기 때문이다.

이 비율은 이자와 법인세를 차감하기 전의 영업활동 창출 현금흐름을 가지고 이자지급액을 몇 배나 갚을 수 있는 지를 측정하게 된다.

현금흐름이자보상비율이 1.0보다 높을수록 이자지급능력이 충분하다는 것으로, 이자지급을 이행하지 못할 위험이 그 만큼 없다는 의미이다. 이런 기업은 제때 이자지급을 이행할 것이기 때문에 원금상환기간이 도래할 때 부채를 차환하거나 만기가 연장될 가능성이 높을 것이다.

그러나 이 비율이 1.0에 가깝거나 그 이하인 기업은 영업활동 현금흐름 전부로 겨우 이자를 지급하고 있거나, 아니면 다 지급할 수 없어서 이자의 일부를 다시 부채로 조달한 현금이나 또는 자산을 매각처분해서 들어온 현금으로 갚아 나가고 있다는 의미이다. 이런 기업은 이자지급능력이 불량한 기업으로서 향후 차입능력에 문제가 있을 수 있다.

현금흐름이자보상비율이 부채의 원금 상환분을 제외하고 있기 때문에 기업의 장기지급능력을 측정하는 데는 불충분하다는 비판이 제기 되고 있다. 이에 따라 다음과 같은 비율이 대체적인 비율로 사용될 수 있다.

$$\text{현금흐름이자원금보상비율} = \frac{\text{영업활동 현금흐름} + \text{이자 및 법인세지급액}}{\text{이자 및 원금상환액}}$$

(3) 현금흐름총부채보상비율

현금흐름총부채보상비율(Cash flow debt coverage ratio)의 산식은 다음과 같다.

$$\text{현금흐름총부채보상비율} = \frac{\text{영업활동 현금흐름}}{\text{평균총부채}}$$

이 비율은 영업활동 현금흐름으로 기업의 총부채를 얼마나 상환할 수 있는 지를 측정한다. 기업은 영업활동을 통해서 대체로 안정적으로 유동부채를 발생시키고 또한 상환하고 있다. 그리고 영업활동 현금흐름을 가지고 비유동부채를 상환하거나 기타 목적에 이용할 수 있다. 따라서 이 비율이 높을수록 부채를 상환하는데 이용할 수 있는 영업활동 현금흐름이 충분하다는 의미이기 때문에 이런 기업의 장기지급능력은 양호한 것으로 볼 수 있다.

이 비율은 기업의 신용분석에서 기업의 재무적 융통성(Financial Flexibility)을 검토하는데 사용되고 있다. **재무적 융통성**은 불황이나 파업 등 예상하지 못한 곤경이나 새로운 사업기회가 생겼을 때 이에 탄력적으로 신속하게 현금을 동원해서 대응조치를 취할 수 있는 기업의 현금창출능력을 말하는데, 역시 이 비율이 높을수록 재무적 융통성도 뛰어나다고 볼 수 있다.

위의 산식의 분모 분자를 다음과 같이 바꾸어서 사용하기도 한다.

$$\text{현금흐름총부채보상비율} = \frac{\text{평균총부채}}{\text{영업활동 현금흐름}}$$

이 비율의 측정값은 회수기간의 의미로 해석할 수 있다. 즉, 현재 수준의 영업활동 현금흐름으로 총부채를 상환할 경우 얼마의 기간이 소요될 것인가를 의미한다고 볼 수 있다. 따라서 이 비율은 낮게 나타날수록 부채상환기간이 단축된다고 볼 수 있기 때문에 기업의 부채상환능력이 양호하다고 볼 수 있다.

▌회계현장 5-19▐ 장기부채상환능력과 재무적 융통성 평가

다음의 자료를 가지고 두 회사의 부채상환능력과 재무적 융통성을 평가해보자.

(단위 : 백만원)

	A회사	B회사
영업활동 현금흐름	200,000	100,000
평균총부채	600,000	800,000
평균총부채만기	3년	4년

총부채보상비율과 총부채상환소요기간을 계산하면 다음과 같다.

$$\text{총부채보상비율} = \frac{200,000}{600,000} = 0.33 \qquad \frac{100,000}{800,000} = 0.13$$

$$\text{총부채상환소요기간} = \frac{600,000}{200,000} = 3\text{년} \qquad \frac{800,000}{100,000} = 8\text{년}$$

A회사는 현재의 영업활동 현금흐름으로 총부채의 0.33(33%)을 상환할 수 있으며, 현재 수준의 영업활동 현금흐름을 전액 부채상환에 사용할 경우 3년이 소요될 것으로 예상된다. 이 기간은 회사의 평균총부채만기인 3년과 일치되고 있어 현재 수준 이상의 영업활동 현금흐름이 창출된다면, 외부자금에 의존하지 않고 부채상환을 할 수 있음을 보여준다. 따라서 이 회사는 부채상환능력이 양호하고, 필요시 추가로 외부자금을 조달할 수 있는 재무적 융통성도 높다고 평가할 수 있다.

반면에 B회사는 현재의 영업활동 현금흐름으로 총부채의 0.13 (13%)을 상환할 수 있으며, 현재 수준의 영업활동 현금흐름을 전액 부채상환에 사용할 경우 8년이 소요될 것으로 예상된다. 이 기간은 회사의 평균총부채만기인 4년보다 훨씬 긴 기간이어서 현재 수준 정도의 영업활동 현금흐름이 창출된다면, 외부자금에 의존하지 않고는 부채상환을 할 수 없음을 보여준다. 따라서 이 회사는 부채상환능력이 부실하고, 또한 내부창출자금이 부족해서 계속 외부자금을 조달할 가능성이 높기 때문에 재무적 융통성도 낮다고 평가할 수 있다.

현금흐름부채보상비율의 엄격한 대체적인 비율로 많이 사용되는 비율로 다음과 같은 비율이 있다.

$$\text{현금흐름부채보상비율} = \frac{\text{영업활동 현금흐름} - \text{자본적 지출액}}{\text{향후 5년 동안 만기도래 부채의 평균상환액}}$$

이 비율에서는 세금과 이자비용 지급액 그리고 자본적 지출액을 차감하고 난 후의 잔액을 미래의 부채상환에 이용가능한 현금으로 보고 있고 있다. 신규 비유동자산에 대한 투자는 대부분의 기업에 있어서 필수적이기 때문에 재무분석가들은 기업이 기존의 비유동자산을 대체하고 그리고 개량하고 난 후의 부채상환에 이용가능한 현금에 관심을 갖게 되는 것이다. 향후 5년 내에 만기가 도래하는 부채상환액은 비유동부채와 관련된 주석에서 발견할 수 있다. 이 비율 값이 1이상이면 부채상환에 충분한 현금흐름을 창출하고 있는 기업이라고 볼 수 있다. 그러나 당해 기업의 이전 연도의 비율과 동종 산업의 유사규모 기업의 비율 값과 비교해서 판단을 내려야 한다.

(4) 자본적 지출액 보상비율

경쟁력을 계속 유지하기 위해서는 기업은 적절한 시점에서 설비자산을 대체하거나 확장하지 않으면 안 된다. 기업의 설비투자능력을 평가할 수 있게 해주는 비율에는 다음과 같은 자본적 지출액 보상비율(Capital expenditure coverage ratio)이 있다.

$$\text{자본적 지출액 보상비율} = \frac{\text{영업활동 현금흐름}}{\text{연간 자본적 지출액}}$$

분모의 자본적 지출에는 유형·무형자산의 신규취득과 기존자산의 증가분 그리고 타기업의 인수·합병대금도 모두 포함된다.

이 비율이 1.0을 초과하고 있다면 이는 이 기업이 현재의 영업활동을 통해서 이 기업의 바람직한 설비수준을 유지하는데 필요한 현금자금 이상을 창출시키고 있다는 의미이다. 따라서 이 비율이 높을수록 비유동부채와 같은 외부자금에 대한 의존도가 낮기 때문에 재무적으로 건강한 기업이며, 재무적 융통성도 좋은 기업이라고 말할 수 있다. 한편 이 비율은 장기지급능력의 측정지표로 간주할 수도 있다. 왜냐하면 이 비율이 1.0을 초과하고 있다는 것은 필요한 자본적 지출 소요자금을 초과하는 영업활동으로 인한 현금흐름이 남아 있다는 것을 의미하는 것으로써 이 자금은 비유동부채를 상환하는데 쓰일 수 있기 때문이다.

그러나 이 비율을 해석할 때 단순히 비율의 측정치의 크기만을 가지고 해서는 오류를 범할 수 있다. 따라서 자본적 지출에 대한 **최근의 추세**, 동일 산업의 **타기업의 비율 측정치**, 그리고 기업의 **수명주기단계** 등에 대한 종합적인 고려를 통해서 이 비율의 측정치를 바로 해석하지 않으면 안 된다.

자본적 지출을 줄이는 기업은 이 비율의 측정치가 높게 나타날 수도 있다. 그러나 자본적 지출의 수준을 계속 감소시키고 있는 기업은 앞으로의 경쟁력이 상실될 가능성이 높기 때문에 이런 사정을 감안하지 않고, 이 비율이 높다고 해서 무조건 양호한 것으로 판단하면 전혀 그릇된 판단이 될 수 있다.

또한 기업의 수명 주기상 초기단계, 즉 도입기와 성장기의 초반에 위치한 기업은 확장을 위한 급격한 설비투자가 대폭적으로 이루어지는 반면에 영업활동에서 창출되는 현금흐름은 부족하게 되는 경우가 많기 때문에, 대게는 대규모 설비투자가 완료되고 영업활동에서 창출되는 현금흐름이 풍부한 성숙기에 위치한 기업에 비해서 이 비율의 측정치가 낮게 나타날 것으로 기대된다. 따라서 기업의 수명주기도 이 비율을 해석할 때 반드시 고려할 필요가 있다.

이 비율의 대체적인 비율로 다음과 같은 것이 있다. 이 비율의 분자는 매출 등으로부터의 현금 유입액에서 매입액·급여·이자 및 법인세 등으로부터의 현금 유출액을 차감해서 계산된 결과인 영업활동 현금흐름(직접법의 계산방식임)에서 다시 주주에 대한 배당금을 차감하고 남은 일종의 내부현금 유보액을 사용하고 있다. 이는 배당금이 주주의 투자에 대한 대가로 이익에서 일부가 분배되고 나머지는 자산에 재투자된다는 점에 착안한 것 같다. 따라서 이 비율은 재투자할 수 있는 여유자금으로 설비를 대체하거나 확장하는 데 소요되는 자본적 지출자금을 얼마나 충당(또는 재투자)할 수 있는지를 측정하고 있다.

$$\text{자본적 지출액 보상비율} = \frac{\text{영업활동 현금흐름} - \text{배당금 지급액}}{\text{자본적 지출액}}$$

이 비율이 낮게 나타날 경우 이는 재투자할 내부여유자금이 부족하다는 의미이기 때문에 향후 내부창출자금을 증가시킬 방안과 배당금지급 규모를 축소하는 방안 등을 강구할 필요가 있을 것이다.

▮ 회계현장 5-20 ▮ 자본적 지출액보상비율의 평가

다음 롯데제과의 자료를 가지고 자본적 지출액보상비율을 계산하고 평가해보자.

	1997	1998	1999	3년합산
영업활동 현금흐름	1,047.6	1,127.9	1,653.5	3,829.0
설비투자액	645.8	238.3	838.5	1,722.6

$$\text{자본적 지출액보상비율} = \frac{1{,}047.6}{645.8} \quad \frac{1{,}127.9}{238.3} \quad \frac{1{,}653.5}{838.5} \quad \frac{3{,}829.0}{1{,}722.6}$$

$$= 1.62 \quad 4.73 \quad 1.97 \quad 2.22$$

롯데제과의 개별기간 및 3년 합산분에 대한 자본적 지출액보상비율은 모두 1.0 이상으로 자본적 지출액을 충당하고도 충분히 남을 정도로 영업활동을 통해서 충분한 현금흐름이 창출되고 있음을 보여주고 있다. 따라서 이 회사는 남은 현금을 부채를 상환하는데 사용할 수 있기 때문에 장기지급능력도 대단히 양호한 것으로 평가할 수 있다. 그러나 이 회사는 기업의 수명주기상 성숙단계에 위치하고 있기 때문에 이 비율이 높아야 하는 것은 당연한 것으로 보여진다.

(5) 배당금보상비율

배당금보상비율(Cash flow dividend coverage ratio)의 산식은 다음과 같다.

$$\text{배당금보상비율} = \frac{\text{영업활동 현금흐름}}{\text{배당금 지급액}}$$

이 비율은 영업활동 현금흐름이 배당금 지급액의 몇 배에 해당되는 지를 측정하게 된다. 이 비율이 높을수록 배당금을 지급할 수 있는 충분한 현금흐름을 영업활동을 통해 창출하고 있는 우량기업이라고 볼 수 있다. 만약 이 비율이 1.0보다 작다는 것은 영업활동을 통해 조달된 현금으로 배당금을 전부 지급할 수 없을 정도로 내부창출자금이 부족해서 투자활동이나 재무활동을 통해서 조달된 현금(즉, 자산매각대금이나 외부조달자금)으로 배당금을 지급하였다는 것을 의미한다. 이 비율이 낮은 기업일수록 심각한 자금난을 겪고 있을 가능성이 많은 기업이기 때문에 현재의 배당금 지급수준의 적정성을 검토해서 그 규모를 축소하는 것이 바람직하다.

한편 배당금보상비율을 엄격하게 측정하는 대체적 비율로 다음과 같은 것이 있다.

$$배당금보상비율 = \frac{영업활동\ 현금흐름 - 부채상환액}{배당금\ 지급액}$$

채권자에 대한 부채상환은 상환기간이 도래하였을 때 반드시 상환해야 할 강제적 의무사항인데 반해 주주에 대한 배당금지급은 이익의 분배로써 기업의 형편에 따라 임의로 결정할 수 있는 재량적 사항에 지나지 않는다. 이에 따라 부채상환이 배당금지급보다 우선적으로 해결해야 할 사항이기 때문에 부채상환액을 먼저 영업활동 현금흐름에서 차감시킨 잔액을 분자에 사용해서 이를 배당금지급액으로 나누어서 배당금보상정도를 측정하는 비율이 사용되기도 한다.

이 비율이 1.0보다 클수록 부채를 상환하고도 영업활동 현금흐름이 충분히 남아 있어서 주주에게 배당하는 데 아무 문제가 없는 지급능력이 매우 우량한 기업이라고 할 수 있다.

반대로 이 비율이 1.0보다 작을 경우 부채상환후의 영업활동으로 인한 현금을 가지고 현재 수준의 배당금을 지급할 수 없다는 의미이기 때문에 이런 기업의 배당금지급능력은 열악한 기업이라고 볼 수 있다. 이런 기업은 현재의 배당금 지급수준의 적정성 여부에 대해서 검토할 필요가 있다.

보통주에 대한 배당금보상비율을 측정하기 위해서는 다음과 같이 산식을 나타낼 수 있다.

$$보통주배당금보상비율 = \frac{영업활동\ 현금흐름 - 우선주배당금}{보통주배당금}$$

(6) 잉여현금흐름비율

최근들어 투자자들에게 투자의 질과 기업의 건전도를 측정하는 지표로 잉여현금흐름의 수준을 측정하는 비율이 많은 인기를 끌고 있다. 이 비율은 영업활동 현금흐름과 비교해서 잉여현금흐름이 얼마나 되는지를 측정하며, 잉여현금흐름비중이 높을수록 회사의 투자 질과 재무건전도가 우량한 것으로 평가한다.

잉여현금흐름의 측정 방법은 여러 가지가 있다. 그 중 영업활동 현금흐름에서 자본적 지출액을 차감한 금액을 잉여현금흐름으로 정의할 경우, 그 의미는 현행자산규모의 유지와 미래 성장을 위한 신규자산의 취득을 위한 자본적 지출을 제공하고 난 후에 자본제공자(주주와 채권자)에게 분배하는데 사용할 수 있는 자금을 의미한다.

잉여현금흐름을 보수적으로 엄격하게 측정할 경우에는 배당금까지도 차감한 금액을 사용하기도 한다. 이 금액을 처분가능현금흐름이라는 명칭으로 사용하는 신용평가회사도 있다. 이 측정치는 자본적 지출뿐만 아니라 배당금도 회사 유지와 발전을 위한 필수 지출항목으로 보는 관점을 반영한 것이다. 실제로 배당금의 축소나 일시 지급정지와 같은 이사회 결정은 주가에 악영향을 미치는 것으로 알려져 있다.

잉여현금흐름의 수준은 업종에 따라 영향을 받는 것으로 알려져 있다. 대게 경쟁력을 계속 유지하기 위해서 신규설비투자를 지속적으로 높은 수준으로 해야 하는 항공, 철도, 전자통신업종에 속한 기업들은 다른 업종에 비해 잉여현금흐름 비중이 낮은 경우가 많다. 따라서 잉여현금흐름수준을 평가하는데 산업의 특성과 기업의 수명주기 등을 함께 고려해야 할 필요가 있다.

$$\text{잉여현금흐름비율} = \frac{\text{잉여현금흐름}}{\text{영업활동 현금흐름}}$$

▌회계현장 5-12▐ 잉여현금흐름 수준의 평가

다음 3 회사의 자료를 가지고 잉여현금흐름 수준을 평가해보자.

	Apple	Coca-Cola	Verizon
매출액	$65,225	$35,119	$106,565
영업활동현금흐름	18,595	9,352	33,363
현상유지 자본적 지출	2,005	2,215	16,458
잉여현금흐름	$16,590	$7,137	$16,905
잉여현금흐름/영업활동 현금흐름	89%	76%	51%
잉여현금흐름/매출액	25%	20%	16%

요즘 분석가들은 대체로 기업의 재무 건전도를 측정하는데 영업활동현금흐름보다는 잉여현금흐름을 더 많이 사용한다. 항공, 철도, 그리고 통신업종에 속한 기업들은 경쟁력을 계속 확보하기 위해 신규설비투자의 수준을 높게 유지하게 된다. 이러한 설비투자는 잉여현금흐름을 큰 폭으로 축소시키게 된다. 예를 들어 전자통신업종인 Verizon Communications Inc.의 잉여현금흐름은 영업활동 현금흐름의 51% 수준인데 반해 컴퓨터 업종인 Apple Inc.의 잉여현금흐름은 영업활동 현금흐름의 89% 수준인 것이 이를 잘 보여주고 있다. (Reeve의 Principles of Financial Accounting 2/e, p.716 내용 정리함)

(7) 현금흐름충분성비율

지금까지는 개별적인 항목에 대한 영업활동 현금흐름의 충분성을 측정하는 비율을 살펴보았다. 그러나 여러 가지 항목을 한꺼번에 포함시켜서 이에 대한 영업활동 현금흐름의 충분성을 종합적으로 측정해보는 것도 의미가 있을 것이다.

현금흐름충분성비율로는 다음과 같은 비율이 제안되고 있다.

$$\text{현금흐름충분성비율} = \frac{\text{영업활동 현금흐름의 5년분 합계}}{\text{자본적 지출, 재고자산 증가, 현금배당금의 5년분 합계}}$$

이 비율은 기업이 자본적 지출과 재고자산 투자 및 현금배당금을 지급하는데 필요한 자금을 영업활동으로 인한 현금흐름으로 얼마나 충당하고 있는 가를 측정하고 있다. 이 비율이 1.0이라면 이는 기업이 외부자금에 의존할 필요없이 일정한 성장수준을 달성하는 데 필요한 현금을 전액 영업활동에서 충당하고 있다는 뜻이다. 한편 이 비율이 1.0이하로 나타난다면 이 기업은 기업내부에서 창출한 현금으로 배당과 현재의 영업성장수준을 유지시키지 못하고 있다는 뜻이 될 것이다.

이 비율의 산식에는 5년분의 합계액이 사용되고 있는데, 이는 분모와 분자에 미치는 경기변동의 영향이나 현금흐름의 불규칙적인 변동에 따른 영향을 완화시키기 위해서이다. 그리고 계산시 주의해야 할 점은 재고자산의 경우 증가분만 포함되고 감소분은 포함되지 않는다는 점이다.

한편 이와 유사한 비율로 다음과 같은 것도 있다.

$$\text{현금흐름충분성비율} = \frac{\text{영업활동 현금흐름}}{\text{비유동부채상환액} + \text{비유동자산구입액} + \text{배당금지급액}}$$

이 비율은 영업활동 현금흐름으로 비유동부채의 상환과 자산의 구입 그리고 배당금 지급을 어느 정도 충당하고 있는지를 나타내고 있다. 이 비율을 계산하는 데도 3년 이상의 합계액을 사용하는 것이 바람직하다.

이 밖에도 현금재투자비율이라는 것이 있는데, 이의 산식은 다음과 같다.

$$\text{현금재투자비율} = \frac{\text{영업활동 현금흐름} - \text{배당금}}{\text{비유동자산} + (\text{유동자산} - \text{유동부채})}$$

이 비율은 영업활동 현금흐름에서 배당금을 차감하고 남은 내부유보현금을 가지고 영업활동의 성장에 필요한 운전자본과 영업활동에 직접 사용되는 비유동자산에 어느 정도 재투자되고 있는지를 측정한다. 보통 10% 전후로 재투자되면 양호한 것으로 평가된다. 이 비율은 특정 연도에 대해서 구할 수 있고, 또 몇 개 연도분을 합해서 구할 수도 있다.

참고 5-1 한국은행에서 사용하는 현금흐름비율

최근에 한국은행에서 발간하는 기업경영분석 책자에 제시되고 있는 현금흐름비율은 다음과 같다.

1. **현금흐름보상비율** (Cash flow coverage ratio)

기업의 단기지급능력을 나타내는 지표로서 영업활동을 통해 창출한 현금으로 기업의 단기차입금과 이자비용을 얼마나 부담할 수 있는가를 알아보기 위한 지표이다. 부채상환계수라고도 불리는 현금흐름보상비율은 아래의 산식과 같이 계산되며 이 비율이 높으면 높을수록 기업의 단기차입금과 이자비용을 상환할 수 있는 능력이 양호한 것으로 평가할 수 있다.

$$\text{현금흐름보상비율} = \frac{\text{영업활동 현금흐름} + \text{이자비용}}{\text{단기차입금(평균)} + \text{이자비용}}$$

2. **현금흐름이자보상비율** (Cash flow interests coverage ratio)

기업의 단기지급능력을 나타내는 보조지표로서 영업활동을 통해 창출한 현금이 기업의 이자비용을 지불하는데 충분한가를 판단하는 지표이다.

$$\text{현금흐름이자보상비율} = \frac{\text{영업활동 현금흐름} + \text{이자비용}}{\text{이자비용}}$$

3. **영업활동 현금흐름 대 매출액 비율**(Ratio of Cash flows from operating activities to sales)

이는 기업이 매출활동을 통해 얼마만큼의 현금을 창출할 수 있는가를 파악하기 위한 지표이다. 이 비율이 낮은 것은 기업이 매출할 때 외상매출의 비중이 지나치게 높다는 것을 나타내게 되며 이는 자금사정이 악화될 가능성이 큼을 의미한다.

$$\text{영업활동 현금흐름 대 매출액비율} = \frac{\text{영업활동 현금흐름}}{\text{매출액}}$$

4. **당기순이익 대 영업활동 현금흐름비율**(Ratio of Net income to cash flows from operating activities)

이는 영업활동으로 인한 현금흐름 중에 당기순이익이 차지하는 비중을 의미한다.

$$\text{당기순이익 대 영업활동 현금흐름비율} = \frac{\text{당기순이익}}{\text{영업활동 현금흐름}}$$

5. **영업활동 현금흐름 대 투자활동 현금지출비율** (Ratio of Cash flows from operating activities to cash outflows for investing activities)

이 비율은 영업활동을 통해 조달한 현금으로 투자활동에 대한 현금지출액을 어느 정도 충당할 수 있는가를 나타낸다.

$$\text{영업활동 현금흐름 대 투자활동 현금지출비율} = \frac{\text{영업활동 현금흐름}}{\text{투자활동 현금지출}}$$

6. **투자안정성비율** (Ratio of Cash flows from operating activities to cash outflows for tangible assets)

이 비율은 영업활동을 통해 조달한 현금으로 유형자산 투자를 위한 현금지출에 어느 정도 충당할 수 있는가를 나타낸다. 이 비율이 100% 미만인 것은 기업이 영업활동으로부터 조달한 현금을 초과하여 유형자산에 투자하였다는 것을 의미한다.

$$\text{투자안정성비율} = \frac{\text{영업활동 현금흐름}}{\text{유형자산투자순지출}}$$

7. **영업활동 현금흐름 대 총부채비율** (Ratio of Cash flows from operating activities to total liabilities)

이는 부채상환능력을 측정하기 위한 지표로서 영업활동 현금흐름으로 총부채를 어느 정도 상환할 수 있는가를 나타내는 비율이다.

$$\text{영업활동 현금흐름 대 총부채비율} = \frac{\text{영업활동 현금흐름}}{\text{총부채(평균)}}$$

8. **영업활동 현금흐름 대 차입금 비율** (Ratio of Cash flows from operating activities to borrowings)

이는 차입금상환능력을 측정하기 위한 지표로서 영업활동 현금흐름으로 차입금을 어느 정도 상환할 수 있는가를 나타내는 비율이다.

$$\text{영업활동 현금흐름 대 차입금비율} = \frac{\text{영업활동 현금흐름}}{\text{차입금(평균)}}$$

10. 공통형 현금흐름표 분석

공통형 재무제표(common size financial statement)란 백분율 재무제표라고도 하는 것으로 전체에 대한 부분의 구성관계를 비율로 표시한 재무제표를 말한다. 앞장에서 설명하였듯이 공통형 재무상태표는 자산총계 또는 부채 및 자본총계를 100%로 했을 때 자산의 각 항목과 부채 및 자본의 각 항목의 구성비를 백분율로 표시하여 작성한 재무제표이다.

[표 5-7] 현금흐름표(직접법)

(주)늘푸른	(20×3. 1. 1~20×3. 12. 31)	(단위 : 백만원)
Ⅰ. 영업활동 현금흐름		10,800
1. 매출 등 수익으로부터의 유입액	44,200	
2. 매입 및 영업비용으로부터의 유출액	(30,000)	
3. 법인세 등의 유출액	(3,200)	
Ⅱ.투자활동 현금흐름		
1. 투자활동으로 인한 현금유입액		1,000
가. 토지의 처분	3,000	
2. 투자활동으로 인한 현금 유출		
가. 유형자산의 취득	(2,000)	
Ⅲ. 재무활동 현금흐름		
1. 재무활동으로 인한 현금유입액		(10,600)
가. 보통주 발행	6,000	
2. 재무활동을 인한 현금 유출액		
가. 사채 상환	(10,000)	
나. 배당금 지급	(6,600)	
Ⅳ. 현금의 증가(감소)		1,200
Ⅴ. 기초의 현금		4,800
Ⅵ. 기말의 현금		6,000

[표 5-8] 공통형현금흐름표(직접법)

(주)늘푸른 20×3. 1. 1~20×3. 12. 31 (단위 : 백만원)

계 정 과 목	유입액	유출액	유입액(%)	유출액(%)
Ⅰ. 영업활동				
1. 매출 등 수익으로부터의 유입액	44,200		83.1	
2. 매입 및 영업비용으로의 유출액		30,200		56.8
3. 법인세 등의 유출액		3,200		6.0
영업활동 현금흐름	44,200	33,400	83.1	62.8
Ⅱ. 투자활동				
1. 토지의 처분	3,000		5.6	
2. 유형자산의 취득		2,000		3.8
투자활동 현금흐름	3,000	2,000	5.6	3.8
Ⅲ. 재무활동				
1. 보통주 발행	6,000		11.3	
2. 사채 상환		10,000		18.8
3. 배당금 지급		6,600		12.4
재무활동 현금흐름	6,000	16,600	11.3	31.2
Ⅳ. 현금유입액 및 유출액	53,200	52,000	100.0	97.8
Ⅴ. 현금의 증가(감소)	1,200			2.1

또한 공통형 손익계산서는 손익계산서에 표시된 매출액을 100%로 하고 이에 대한 손익계산서의 각 항목의 구성비율을 백분율로 표시해서 작성한 재무제표이다.

마찬가지로 공통형 현금흐름표는 현금흐름의 총유입을 100%로 했을 때 또는 총유입액과 총유출액을 각각 100%로 했을 때 유입액과 유출액을 구성하고 있는 각 항목의 구성비를 각각 백분율로 표시하여 작성한 것이다. 여기서 공통형이란 이름이 붙은 것은 기업종류나 규모에 관계없이 전체 100%에 대해 부분 몇 %로 나타내서 작성되기 때문이다.

공통형 재무제표는 규모의 차이가 제거되어 있어 규모가 다른 기업간의 비교분석을 하는데 유용하게 이용될 수 있을 뿐만 아니라, 동일 기업의 여러기간에 걸친 기간별 추세분석에도 유용하며, 항목별 구성비율을 산출함으로써 그 기업의 재무상태. 경영성과 및 현금흐름의 대체적인 윤곽을 파악하여 기업이 당면한 문제점을 쉽게 찾아내는데 유용하다.

또한 재무비율의 경우 재무제표의 두 항목 이상을 서로 대응시켜 계산함으로써 재무제표에 포함되어 있는 모든 정보를 충분히 활용할 수 없는 문제점이 있는 데, 공통형 재무제표는 이러한 문제점을 제거할 수 있기 때문에 비율분석의 한계를 보완하는 역할을 담당할 수 있다.

직접법과 간접법에 의해 작성된 현금흐름표를 가지고 공통형현금흐름표로 각각 나타내면 다음과 같다. 본 공통형현금흐름표에서는 현금흐름의 총유입액을 100%로 해서 구성항목인 3가지 기업활동, 즉 영업활동·투자활동 그리고 재무활동에서 각각 몇 %나 유입되었는지 또한 총유입액 대비 영업활동, 투자활동 그리고 재무활동으로부터의 현금유출액은 각각 몇 %나 되는지를 백분율로 나타내고 있다.

[표 5-9] 현금흐름표(간접법)

(주)늘푸른　　　(20×3. 1. 1~20×3. 12. 31)　　　(단위 : 백만원)

과목		
Ⅰ. 영업활동 현금흐름		10,800
1. 당기순이익	7,000	
2. 현금의 지출이 없는 비용 등의 가산		
가. 감가상각비	9,000	
3. 현금의 수입이 없는 수익 등의 차감		
가. 토지처분이익	(2,000)	
4. 영업활동으로 인한 자산·부채의 변동		
가. 매출채권의 감소	200	
나. 재고자산의 증가	(2,000)	
다. 매입채무의 감소	(2,200)	
라. 미지급법인세의 증가	800	

Ⅱ. 투자활동 현금흐름		1,000
1. 투자활동으로 인한 현금 유입액		
가. 토지의 처분	3,000	
2. 투자활동으로 인한 현금유출액		
가. 유형자산의 취득	(2,000)	
Ⅲ. 재무활동 현금흐름		(10,600)
1. 재무활동으로 인한 현금유입액		
가. 보통주 발행	6,000	
2. 재무활동으로 인한 현금유출액		
가. 사채 상환	(10,000)	
나. 배당금 지급	(6,600)	
Ⅳ. 현금의 증가(감소)		1,200
Ⅴ. 기초의 현금		4,800
Ⅵ. 기말의 현금		6,000

[표 5-10] 공통형현금흐름표(간접법)

(주)늘푸른　　20×3. 1. 1~20×3. 12. 31　　(단위 : 백만원)

과　　목	금　　액	유입액(%)	유출액(%)
Ⅰ. 영업활동 현금흐름	10,800	54.5	
1. 당기순이익	7,000		
2. 현금의 지출이 없는 비용 등의 가산			
가. 감가상각비	9,000		
3. 현금의 수입이 없는 수익 등의 차감			
가. 토지처분이익	(2,000)		
4. 영업활동으로 인한 자산·부채의 변동			
가. 매출채권의 감소	200		
나. 재고자산의 증가	(2,000)		
다. 매입채무의 감소	(2,200)		
라. 미지급법인세의 증가	800		
Ⅱ. 투자활동 현금흐름	1000		
1. 투자활동으로 인한 현금유입액			
가. 토지의 처분	3,000	15.2	
2. 투자활동으로 인한 현금유출액			
가. 유형자산의 취득	(2,000)		10.1
Ⅲ. 재무활동 현금흐름	(10,600)		
1. 재무활동으로 인한 현금 유입액			
가. 보통주 발행	6,000	30.3	
2. 재무활동으로 인한 현금 유출액			
가. 사채 상환	(10,000)		50.4
나. 배당금 지급	(6,600)		33.4
		100%	94.0%
Ⅳ. 현금의 증가(감소)	1,200		6.0%

연 습 문 제

5-1 객관식문제

01 회계기준상 현금흐름표 작성시 자금개념은 다음 중 어느 것에 해당하는가?
① 현금과 예금 개념
② 현금 및 현금성자산 개념
③ 순운전자본 개념
④ 총재무적 자원 개념

02 현금흐름표 작성시 현금성자산에 해당되는 것은?
① 시장성이 있고 취득 당시 만기가 3개월 이내에 도래하는 국채
② 시장성이 있고 결산일로부터 3개월 이내에 상환하여야 할 상환우선주
③ 시장성은 있으나 상환조건이 없는 비전환우선주
④ 시장성은 있으나 가격변동이 심한 보통주

03 다음 중 현금흐름표의 유용성이라 볼 수 없는 것은?
① 재무상태의 모든 변동에 관한 정보 제공
② 투자와 재무활동에 관한 정보 제공
③ 이익의 질에 관한 정보 제공
④ 유동성 및 재무적 신축성에 관한 정보 제공
⑤ 미래의 현금흐름을 예측할 수 있는 정보 제공

04 현금흐름표의 유용성에 대한 설명으로 옳지 않은 것은?
① 투자활동과 재무활동이 기업의 재무상태에 미치는 영향을 평가하는데 필요한 정보를 제공한다.
② 기업의 미래 현금흐름의 창출능력에 관한 정보를 제공한다.
③ 기업의 배당금 지급능력, 부채 상환능력, 외부자금의 조달능력에 관한 정보를 제공한다.
④ 기업의 재무상태와 경영성과를 파악하는데 필요한 정보를 제공한다.

05 현금흐름표의 본문에 기록되지 않는 거래는 ?
① 현금배당 지급
② 비유동부채 중 유동부채로 재분류
③ 전환사채의 발행
④ 유가증권의 처분
⑤ 자기주식의 구입

06 다음 각 거래에 대해 현금흐름표상 경영활동구분이 잘못된 것은?

① 외상매출금 회수 : 영업활동 ② 급여 지급 : 영업활동
③ 이자지급 : 재무활동 ④ 법인세 지급 : 영업활동
⑤ 금전대여 및 회수 : 투자활동

07 다음 각 거래에 대해 현금흐름상 경영활동 구분이 잘못된 것은?

① 투자주식에 대한 배당수입 : 영업활동 ② 배당금 지급 : 재무활동
③ 유가증권의 취득과 처분 : 투자활동 ④ 금전의 차입 : 재무활동
⑤ 자기주식의 처분 : 투자활동

08 다음 중 영업활동으로 인한 현금유입에 해당되지 않는 것은?

① 서비스업에서 용역제공후 현금수취 ② 매출채권의 회수
③ 투자주식에 대한 주식배당 수취 ④ 대여금에 대한 이자수입
⑤ 투자사채에 대한 이자수입

09 다음 중 직접법에 의한 현금흐름표에서 영업활동 현금의 유입이나 유출에 표시되지 않는 것은?

① 건물임차료 지급 ② 사채이자 지급
③ 선수금 수취 ④ 감가상각비 계상
⑤ 광고비 지급

10 다음 자료를 이용하여 직접법에 의한 영업활동 현금흐름을 산출하면 얼마인가?

현금매출액	₩5,000,000	상품의 현금매입액	₩3,000,000
급여 현금지급액	1,000,000	이자 현금수취액	500,000
법인세 현금지급액	300,000	감가상각비	400,000
배당금 지급액	200,000		

① ₩5,500,000 ② ₩1,600,000 ③ ₩1,200,000 ④ ₩1,000,000

11 영업활동 현금흐름을 간접법으로 산출하는 경우 당기순이익에 가산항목이 아닌 것은?

① 유가증권처분손실 ② 재고자산 감소
③ 감가상각비 ④ 선급금 증가
⑤ 선수금 증가

12 현금흐름표에서 감가상각비는 당기순이익의 가산항목으로 처리하는데 그 이유는 무엇인가?

① 감가상각비는 자금의 직접적인 원천이기 때문이다.
② 감가상각비는 당기순이익을 감소시키고 현금의 유출을 수반하기 때문이다.
③ 감가상각비는 당기순이익을 감소시키고 현금의 유입을 수반하기 때문이다.
④ 감가상각비는 당기순이익을 감소시키나 현금의 유출을 수반하지 않기 때문이다.

13 회사가 수명주기상 재무활동 현금흐름을 사용하게 되는 단계는?

① 도입기 ② 성장기 ③ 성숙기 ④ 쇠퇴기

14 회사가 수명주기상 영업활동 현금흐름이 최고수준에 이르는 단계는?

① 도입기 ② 성장기 ③ 성숙기 ④ 쇠퇴기

15 회사의 투자현금흐름이 +가 되고, 재무현금흐름이 −가 되는 단계는?

① 도입기 ② 성장기 ③ 성숙기 ④ 쇠퇴기

16 회사의 영업현금흐름이 투자 소요자금을 초과하고, 부채를 상환하기 시작하는 단계는?

① 도입기 ② 성장기 ③ 성숙기 ④ 쇠퇴기

17 회사의 영업현금흐름과 당기순이익이 비슷해지는 단계는?

① 도입기 ② 성장기 ③ 성숙기 ④ 쇠퇴기

18 당기순이익이 흑자를 실현하고 있으나 영업활동에서 현금을 창출하기보다는 현금을 더 많이 소비하고 있는 상황에 처한 회사는?

① 급속하게 성장하고 있는 회사이다.
② 비현금지출비용을 많이 보고하는 회사이다.
③ 보수적인 회계처리방법을 사용하여 순이익을 적게 보고하는 회사이다.
④ 주주에게 배당금을 많이 지급하는 회사이다.

19 현금흐름비율을 사용해야 하는 중요한 이유는 무엇인가?

① 회사는 부채의 상환 ,배당금의 지급 및 비용의 지출을 위한 현금이 필요하기 때문에
② 건전한 순이익을 창출하는 회사라도 순이익을 현금으로 전환시키지 못하는 경우도 있기 때문에
③ 현금흐름비율은 분석가가 회사의 장기수익성을 평가하는데 도움이 되기 때문에
④ ① 과 ② 모두 해당됨.

20 잉여현금흐름이 제공하는 정보는 다음 중 무엇인가?

① 이익창출능력 ② 배당금지급능력

③ 신규투자능력 ④ ②와 ③ 전부

21 다음 자료로 잉여현금흐름을 계산하시오.

영업활동 현금흐름	₩1,600,000
현재의 생산력 유지를 위한 투자액	450,000
생산능력 확장을 위한 투자액	300,000
유형자산 매각액	200,000
배당금 지급액	100,000

① ₩1,200,000 ② ₩1,250,000 ③ ₩1,600,000 ④ ₩1,050,000

22 다음 자료에 의해 순이익 질비율을 계산하시오?

영업활동 현금흐름	₩500,000	자산의 취득액	₩600,000
당기순이익	400,000	배당금지급액	100,000

① 0.80 ② 1.20 ③ 1.25 ④ 1.50

23 현금흐름표에 대한 설명 중 옳지 않은 것은?

① 발생주의에 근거해서 작성하는 재무상태표나 손익계산서와는 달리 현금주의에 근거해서 작성한다.

② 발생주의에 의한 손익계산서와 비교해 볼 때 기업이익의 질을 평가하기가 곤란하다.

③ 흑자도산의 경우 현금흐름표를 이용하면 어느 정도 도산을 예측할 수 있는 정보를 제공한다.

④ 분식기업의 경우 현금흐름표를 이용하면 어느 정도 분식의 징후를 예측할 수 있는 정보를 제공한다.

24 재무제표 분식 기업의 경우 대체로 분식 기간 동안에 (당기순이익 - 영업현금흐름)/자산총계 비율의 값이 어떤 모습을 보이는가?

① 0 주변의 값을 가짐 ② 점차 + 값을 가짐

③ 점차 − 값을 가짐 ④ 확정적인 값이 없음

5-2 이재왕 씨는 그의 친구와 함께 (주)강풍에 투자할 것을 고려중이다. 다음은 (주)강풍의 요약현금흐름표이다.

현금흐름표

영업활동 현금흐름		₩155,030
투자활동 현금흐름		(66,000)
기계장치의 처분	₩12,000	
유형자산의 구입	(78,000)	
재무활동 현금흐름		(92,000)
장기차입금의 상환	(65,000)	
배당금의 지급	(27,000)	
현금의 감소		₩(2,970)
기초의 현금		5,320
기말의 현금		₩2,350

물음 당신의 친구는 이 회사의 현금흐름표상의 현금이 감소된 것을 보고 매우 걱정을 하였다. 당신의 친구는 이 회사와 같이 설립된 지 오래된 회사가 －의 현금흐름을 보이는 것은 회사가 심각한 상황에 빠졌다는 신호라는 것을 회계관련 책자에서 읽은 적이 있다면서 투자대상에서 제외하자고 주장하였다. 당신의 친구 주장에 동의하는지 당신의 의견을 제시하시오.

5-3 당신은 기업분석을 담당하고 있다. 당신에게 배정된 (주)샛별의 요약현금흐름표는 다음과 같다.

현금흐름표

영업활동 현금흐름		₩620,000
투자활동 현금흐름		(900,000)
유형자산의 처분	₩300,000	
유형자산의 구입	(1,200,000)	
재무활동 현금흐름		450,000
주식의 발행	₩2,000,000	
사채의 상환	(1,300,000)	
배당금의 지급	(250,000)	
현금의 증가		₩170,000

물음 (1) 이 회사의 현금의 원천 및 그 비중과 현금의 용도와 그 비중을 분석하시오.

(2) 투자자 입장에서 보았을 때 이 회사의 위험도는 증가 또는 감소했는지를 설명하시오.

(3) 이 회사는 이번 연도에 회사규모가 확장 또는 축소되었는지를 설명하시오. 단 감가상각비는 ₩200,000이 계상되어 있다고 가정하라. 한편 유형자산에 대한 투자자금은 어떻게 조달했는지도 함께 설명하시오.

5-4 당신은 기업분석을 담당하고 있다. 당신에게 배정된 (주)새벽별의 요약현금흐름표는 다음과 같다.

현금흐름표

영업활동 현금흐름		₩165,000
투자활동 현금흐름		(800,000)
기계장치의 처분	₩200,000	
투자유가증권(A회사)의 구입	(1,000,000)	
재무활동 현금흐름		700,000
주식의 발행	₩500,000	
장기차입금의 차입	800,000	
사채의 상환	(400,000)	
배당금의 지급	(200,000)	
현금의 증가		₩65,000

물음 현금흐름표를 보고 금년도에 현금이 증가하게 된 이유를 자세히 설명하시오. 또한 이 회사의 미래 전망을 어떻게 평가할 것인지에 대한 당신의 의견을 기술하시오.

5-5 당신은 투자자로부터 (주)돌풍의 20×3년도 현금흐름표를 토대로 이 회사가 현재수준의 배당금 지급능력을 유지할 수 있는지를 분석해달라는 의뢰를 받았다. 다음은 (주)돌풍의 요약현금흐름표이다.

현금흐름표

영업활동 현금흐름		₩50,000
투자활동 현금흐름		(115,000)
유가증권의 처분	₩40,000	
대여금의 회수	12,000	
기계장치의 처분	75,000	
유가증권의 구입	(65,000)	
대여금의 대여	(17,000)	
유형자산의 구입	(160,000)	
재무활동 현금흐름		100,000
단기차입금의 차입	45,000	
사채의 발행	100,000	
주식의 발행	50,000	
단기차입금의 상환	(55,000)	
배당금의 지급	(40,000)	
현금의 증가		₩35,000
기초의 현금		20,000
기말의 현금		₩55,000

추가로 제공된 정보는 다음과 같다.

(1) 이 회사의 영업활동으로 인한 현금흐름은 비교적 정상적인 금액이다. 과거 3년 동안의 영업활동으로 인한 현금흐름은 별 차이가 없다.

(2) 이 회사의 투자활동으로 인한 현금흐름은 이례적으로 높은 금액이다. 그 이유는 이번 연도에 생산시설을 첨단시설로 교체하였기 때문이다. 이 회사의 정상적인 투자활동으로 인한 현금유출액은 매년 ₩45,000 정도로, 이 금액은 기존의 노후 시설을 대체하는데 소요되는 금액이다. 장기적으로 볼 때 유가증권과 대여금 거래는 이 회사의 투자활동으로 인한 현금흐름에 매우 근소한 영향을 끼칠 것으로 예상된다.

(3) 이 회사의 이번 연도의 재무활동으로 인한 현금흐름은 사채와 주식의 발행으로 인해 이례적으로 높은 금액이 계상되었다. 생산시설교체 자금으로 사용하기 위해 사채와 주식이 발행되었다. 정상적인 연도에서는 재무활동에 단기차입금과 배당금에 관련된 거래만 나타나고 있다.

물음 (1) 이 회사의 과거성과만을 놓고 볼 때 ₩40,000 의 연간 배당금 지급은 안정적이라고 생각하는가? 다시 말해 현금상태에 부담을 주지 않고 매년 이 금액 수준의 배당금 지급이 가능하다고 생각하는가? 또한 이 회사가 앞으로 배당금 지급액을 증가 또는 감소시킬 가능성에 대해 어떻게 생각하는가?

(2) 현금흐름표상에 나타난 이례적인 사건이 이 회사의 미래 배당금 지급능력을 분석하는데 영향을 미치는지에 대해서 설명하시오.

5-6 **당신은 기업분석을 담당하고 있다. 다음은 당신에게 배정된 (주)뭇별의 현금흐름표의 일부분이다.**

현금흐름표

영업활동 현금흐름		₩110,000
당기순이익	₩50,000	
감가상각비	12,000	
투자유가증권처분손실	1,000	
구조조정비용	105,000	
토지처분손실	20,000	
사채상환이익	(70,000)	
매출채권의 증가	(8,000)	

물음 이 회사는 다음 연도 초에 사채 상환을 할 것을 계획하고 있었다. 그러나 이번 회계연도 말경에 사업을 구조조정하겠다는 결정이 이루어진 후에 이 회사의 경영자는 금년에 사채를 상환하는 것이 좋겠다고 갑자기 결정하였다. 이러한 결정이 내려지게 된 배경을 설명하시오.

5-7 **한투자 씨는 세계투자신탁의 간판급 기업분석가이다. 그녀는 현금흐름패턴을 분석하면 회사에 대한 중요한 정보를 얻을 수 있다고 주장한다. 특히 그녀는 현금흐름표의 3가지 경영활동의 현금흐름추세에 관심을 갖고 분석한다. 그녀는 이 정보가 손익계산서상의 당기순이익추세보다 더 가치있는 정보를 제공해준다고 굳게 믿고 있다. 그녀는 (주)한심의 과거 3년 동안의 다음과 같은 현금흐름패턴을 가지고 그녀의 주장을 증명하고 있다.**

	20×1	20×2	20×3
당기순이익	+	+	−
영업활동 현금흐름	+	−	−
투자활동 현금흐름	+	+	+
재무활동 현금흐름	+	+	+

물음 한투자 씨의 분석결과는 어떤 것이었을까? 또한 현금흐름의 패턴이 우수한 분석적 정보를 제공한다는 주장에 동의하는지 여러분의 의견을 제시하시오.

5-8 **다음은 (주)테크나라의 현금흐름표이다.**

현금흐름표

(주)테크나라 20×3.1.1~20×3.12.31 (단위 : 1,000원)

영업활동 현금흐름		1,000
당기순이익	6,000	
조정항목		
감가상각비	4,000	
유형자산처분손실	3,000	
매출채권 증가	(6,000)	
재고자산 감소	2,000	
매입채무 감소	8,000	
투자활동 현금흐름		2,000
기계장치의 매각	15,000	
토지의 취득	(13,000)	
재무활동 현금흐름		2,000
주식의 발행	3,000	
배당금의 지급	(1,000)	
현금의 증가		5,000

물음 이사회에서는 다음 달 열릴 주주총회에서의 발표내용을 검토중이다. 이사 중 나잘란 이사께서 현금흐름표를 보더니 3가지 경영활동에서 +의 현금흐름을 창출할 수 있었던 점을 부각시키는 것이 좋겠다고 말하였다. 이 말에 동의하는지 여부를 타당한 사유를 들어 여러분의 의견을 제시하시오.

5-9 **다음은 동종업종의 경쟁관계에 있는 3 회사의 현금흐름표이다.**

현금흐름표

	알파회사	베타회사	감마회사
영업활동 현금흐름	₩80,000	₩70,000	₩(34,000)
투자활동 현금흐름			
유형자산의 처분			36,000
유형자산의 취득	(38,000)	(35,000)	
재무활동 현금흐름			
차입금의 차입			33,000
차입금의 상환	(7,000)		
현금의 증가	₩35,000	₩35,000	₩35,000
평균자산총계	₩800,000	₩650,000	₩400,000

물음 (1) 3회사 중 어느 회사의 현금흐름상태가 가장 우량한지 설명하시오.
(2) 알파회사와 베타회사의 총자산현금이익률을 비교하시오.

5-10 (주)팜테크는 생명공학분야에 종사하는 벤처기업이다. 이 회사가 성공적으로 개발한 성인병치료제의 매출신장속도는 대단히 빠른 상황이다. 이에 따라 이 회사는 생산량을 큰 폭으로 늘리기 위해서 생산시설을 계속 확충하고 있다. 이 회사의 사장은 이익이 증대되고 있음에도 불구하고 현금잔액이 감소되고 있으며, 당년도의 부채가 2배나 증가된 현상에 대해 걱정을 하고 있다. 이 회사의 사장은 새로 전문경영자를 영입해서 현금부족을 초래한 원인을 규명하고 이를 타개할 방안을 강구하도록 지시하였다. 다음은 현금부족의 원인을 규명하기 위해 작성한 이 회사의 현금흐름표이다.

현금흐름표

(주)팜테크	20×3년 1월 1일 ~ 12월 31일	(단위: 천원)
Ⅰ. 영업활동 현금흐름		(1,660)
당기순이익	1,600	
감가상각비	1,050	
매입채무의 증가	300	
이연법인세의 증가	120	
기타 유동부채의 증가	70	
매출채권의 증가	(3,100)	
재고자산의 증가	(1,450)	
선급비용의 증가	(250)	
Ⅱ. 투자활동 현금흐름		(8,650)
유형자산 취득	(7,000)	
무형자산(특허권) 취득	(1,400)	
기타자산 취득	(250)	
Ⅲ. 재무활동 현금흐름		8,910
장기차입금의 증가	8,000	
보통주 발행	2,000	
배당금 지급	(1,090)	
Ⅳ. 현금의 감소		(1,400)

물음 (1) 당기순이익과 영업활동 현금흐름 간의 차이를 발생시킨 원인을 설명하시오.
(2) 경영자가 현금부족을 극복할 방안을 기술하시오.

5-11 당신은 기업분석을 담당하고 있다. 다음은 당신에게 배정된 (주)새시대의 현금흐름표이다.

현금흐름표

	20×3	20×4
영업활동 현금흐름		
당기순이익	205,000	170,000
현금유출이 없는 비용		
감가상각비	110,000	90,000
무형자산상각비	15,000	13,000
영업활동과 관련이 있는 자산 부채의 변동		
매출채권의 증가	(25,000)	(8,000)
재고자산의 증가	(18,000)	(7,000)
기타유동자산의 증가 또는 감소	(2,000)	12,000
매입채무의 증가	60,000	40,000
기타유동부채의 증가	10,000	10,000
	355,000	320,000
투자활동 현금흐름		
유형자산의 처분	75,000	40,000
투자유가증권의 취득	(400,000)	(20,000)
유형자산의 구입	(275,000)	(420,000)
	(600,000)	(400,000)
재무활동 현금흐름		
차입금의 차입	400,000	
보통주의 발행		350,000
차입금의 상환	(100,000)	(100,000)
배당금의 지급	(100,000)	(100,000)
	200,000	150,000
현금의 증가 또는 감소	(45,000)	70,000
기초의 현금	80,000	10,000
기말의 현금	35,000	80,000
기타정보		
자산총계	2,500,000	2,010,000
부채총계	1,330,000	960,000
유동성장기부채	100,000	100,000
보통주의 가중평균 사외유통주식수	300,000	300,000

물음 (1) 이 회사는 수명주기상 어디에 속한다고 보는가?

(2) 채권자 입장에서 이 회사의 지급능력에 대해 평가하시오. 현금흐름비율을 계산하여 여러분의 주장을 뒷받침할 것.

5-12 (주)저녁노을의 사장인 기가찬 씨는 지난 2년간의 성과에 대해서 매우 걱정을 하고 있다. 콘트롤러는 기업이 이익을 내고 있다고 보고하였지만, 사장은 현금을 너무 지나치게 사용하고 있는 점을 지적하였다. 그래서 콘트롤러는 사장에게 다음과 같이 현금흐름표를 작성하여 제출하였다.

현금흐름표

(주)저녁노을	20×3.1.1~20×3.12.31	(단위:1,000원)
영업활동 현금흐름		(20,000)
당기순이익	100,000	
조정항목		
감가상각비	40,000	
유형자산처분이익	(90,000)	
매출채권 증가	(20,000)	
재고자산 증가	(30,000)	
매입채무 감소	(20,000)	
투자활동 현금흐름		75,000
유형자산의 매각	120,000	
유형자산의 구입	(45,000)	
재무활동 현금흐름		(115,000)
사채의 상환	(80,000)	
배당금의 지급	(35,000)	
현금의 감소		(60,000)

물음 사장의 다음 의문 사항을 해결할 수 있도록 답변을 하시오,.

(1) 사장은 현금흐름표를 검토하고서 이 보고서가 회사의 현재 및 장래의 전망에 관해 어떤 정보를 제공하고 있는지를 알고 싶다고 했다.

(2) 사장은 이 회사가 금년에 당기순이익을 내고 있지만, 당기에 상환해야 할 채무를 상환하는데 곤란을 겪은 이유가 무엇인지를 알고 싶다고 말하였다.

(3) 이 회사 사장은 20×4년 중에 은행으로부터 차입을 추진할 계획을 가지고 있다고 하면서 차입금 규모를 추정해보라고 하였다. 이 회사 사장은 20×4년도의 현금증감액은 ₩0 수준이 되기를 원하고 있다.

5-13 다음은 컴퓨터, 항공기 및 기타 고가의 자산을 구입해서 다른 기업에 대여해주는 두 기업의 현금흐름표이다. 두 기업의 자산규모는 비슷하다. 한투자 씨는 두 기업 중 한 기업의 주식을 구입하고자 현금흐름표 이외 이용가능한 모든 정보를 이미 분석하였다. 분석결과 어떤 기업의 주식을 구입할 것인지의 의사결정은 현금흐름표의 정보에 달려있다고 결론지었다.

현금흐름표

(대전리스회사) (단위 : 천원)

	20×3년		20×2년	
Ⅰ. 영업활동 현금흐름		51,000		70,000
당기순이익	37,000		74,000	
당기순이익가감항목	14,000		(4,000)	
Ⅱ. 투자활동 현금흐름		86,000		76,000
유형자산의취득	(13,000)		(3,000)	
유형자산의처분	86,000		79,000	
투자자산의처분	13,000		-	
Ⅲ. 재무활동 현금흐름		(132,000)		(119,000)
단기차입금의차입	73,000		19,000	
장기차입금의차입	31,000		42,000	
단기차입금의상환	(181,000)		(148,000)	
장기차입금의상환	(55,000)		(32,000)	
Ⅳ. 현금의 증가(감소)		5,000		27,000
Ⅴ. 기초의 현금		31,000		4,000
Ⅵ. 기말의 현금		36,000		31,000

현금흐름표

(천안리스회사) (단위 : 천원)

	20×3년		20×2년	
Ⅰ. 영업활동 현금흐름		98,000		71,000
당기순이익	79,000		71,000	
당기순이익가감항목	19,000		-	
Ⅱ. 투자활동 현금흐름		(108,000)		(73,000)
유형자산의취득	(121,000)		(91,000)	
투자자산의처분	13,000		18,000	
Ⅲ. 재무활동 현금흐름		19,000		(6,000)
장기차입금의차입	76,000		43,000	
단기차입금의상환	(15,000)		(40,000)	
배당금의 지급	(12,000)		(9,000)	
Ⅳ. 현금의 증가(감소)		9,000		(8,000)
Ⅴ. 기초의 현금		72,000		80,000
Ⅵ. 기말의 현금		81,000		72,000

물음 두 회사의 상대적 강·약점을 설명하고, 어떤 회사의 주식에 투자를 할 것인지 결정하시오.

5-14 다음 두 기업의 회계자료를 가지고 물음에 답하시오.

	K-mart	Wal-mart
	손익계산서자료	
매 출 액	$34,025	$82,494
매출원가	25,992	65,586
판매비와 관리비	7,701	12,858
이자비용	494	706
이자수익	572	918
법인세비용	114	1,581
당기순이익	$296	$2,681
	대차대조표자료(기말잔액)	
유동자산	$9,187	$15,338
유형자산(순액)	7,842	17,481
자산합계	17,029	32,819
유동부채	5,626	9,973
비유동부채	5,371	10,120
자 본	6,032	12,726
부채와 자본합계	$17,029	$32,819
	대차대조표자료(기초잔액)	
자산합계	$17,504	$26,441
자본합계	6,093	10,753
	기타자료	
평균매출채권	$1,570	$695
평균재고자산	7,317	12,539
영업활동 현금흐름	351	3,106
자본적지출액	600	3,734
평균유동부채	5,720	10,110
평균총부채	11,230	20,160

물음 두 기업의 장·단기 지급능력과 수익성을 다음 비율의 계산결과를 통해 비교·평가하시오.

① 유동비율 ② 매출채권회전율 ③ 평균회수기간 ④ 재고자산회전율 ⑤ 평균재고보유기간 ⑥ 매출액순이익률 ⑦ 총자산회전률 ⑧ 총자산이익률(투자수익률) ⑨ 자기자본이익률 ⑩ 부채비율(부채대 자기자본비율) ⑪ 이자보상비율 ⑫ 현금흐름유동부채보상비율 ⑬ 매출액현금흐름이익률 ⑭ 현금흐름부채보상비율 ⑮ 자본적지출액보상비율

5-15 다음은 1975년에 도산한 미국의 W.T. Grant 회사의 현금흐름표이다. 현금흐름표는 그 당시의 재무제표인 재무상태표, 손익계산서, 그리고 운전자본기준 재무상태변동표를 토대로 하여 현재의 규정에 맞추어 재작성한 것이다.

W.T. Grant 회사의 현금흐름표

	1968	1969	1970	1971	1972	1973	1974	1975
영업활동								
당기순이익	32,993	38,183	41,809	36,415	31,625	34,965	10,902	(177,340)
감가상각비	8,203	8,388	8,972	9,619	10,577	12,004	13,579	14,587
기타	(856)	(1,140)	(1,559)	(2,470)	(1,758)	(1,699)	(1,345)	(16,993)
외상매출금	(42,023)	(40,326)	(55,491)	(11,981)	(49,873)	(60,281)	(72,220)	109,601
재고자산	(9,091)	(24,901)	(13,505)	(38,364)	(38,184)	(100,857)	(51,104)	43,280
선급금	97	(420)	(635)	(209)	(132)	(1,271)	(650)	718
외상매입금	3,788	22,407	2,064	13,947	6,899	(12,094)	(8,013)	42,328
기타유동부채	11,878	8,528	15,370	(21,907)	13,928	4,967	15,647	(101,078)
영업활동 현금흐름	4,989	10,719	(2,975)	(14,950)	(26,918)	(114,266)	(93,204)	(84,897)
투자활동								
유형자산취득	(7,763)	(10,620)	(14,325)	(16,141)	(25,918)	(26,251)	(23,143)	(15,535)
투자자산취득	(418)	(35)	–	(436)	(5,951)	(2,216)	(5,700)	(5,282)
투자활동 현금흐름	(8,181)	(10,661)	(14,352)	(16,577)	(31,869)	(28,467)	(28,843)	(20,817)
재무활동								
단기차입금	1,583	18,895	64,007	64,288	(8,679)	152,293	63,063	147,598
장기부채	(1,500)	(1,500)	(1,687)	(1,538)	98,385	(1,584)	93,926	(3,995)
자본금	3,958	844	(17,860)	(8,954)	7,407	(8,227)	1,833	886
배당금	(14,367)	(17,686)	(19,737)	(20,821)	(21,139)	(21,141)	(21,122)	(4,457)
재무활동 현금흐름	(10,326)	553	24,723	32,975	75,974	121,341	137,700	(101,078)
기타	(381)	(113)	(58)	(416)	(1,345)	2,484	(645)	(627)
현금증감액	(13,899)	498	7,338	1,032	15,842	(18,908)	15,008	33,691

물음 W.T. Grant 회사가 도산하기 전까지 작성하였던 재무제표를 분석한 결과에 의해서는 이 회사의 도산징후를 사전에 발견할 수가 없었다고 한다. 최근 들어 작성되기 시작한 현금흐름표를 통해서 도산의 징후를 발견할 수 있는가? 발견할 수 있다면 이 회사가 언제부터 계속기업으로서의 생존능력 가능성에 대해 의심할 수 있는지, 그리고 주요 원인은 무엇인지에 대해 논평하시오.

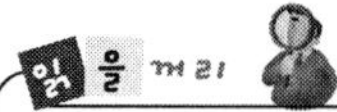

1

영업·투자활동 현금흐름 마이너스

코스닥 벤처기업의 절반이 영업활동과 투자활동에서 모두 마이너스의 현금흐름을 보이는 것으로 나타났다. 이는 영업에서 돈을 벌지 못하면서 투자에 돈을 쏟아붓고 있다는 의미로 사업초기 과도한 영업비용이 발생한 데 따른 것일 수도 있지만 현금고갈에 따른 위험성 증대로도 해석될 수 있다는 분석이다.

18일 코스닥증권시장이 12월 결산법인 462사를 대상으로 현금흐름표를 분석한 결과 하나로통신 세원텔레콤 드림라인 등 영업활동현금흐름과 투자활동현금흐름이 모두 마이너스를 기록한 회사가 전체의 37.6%인 174사에 달했다.

이 중 벤처기업이 62.6%에 달하는 109사이며 이는 전체 벤처기업(221사)의 절반(49.1%)에 해당한다.

코스닥증권시장 관계자는 "사업개시 초기단계에는 영업과 투자부문에서 모두 마이너스의 현금흐름을 보일 수 있지만 벤처기업의 절반이 이에 해당한다는 것은 지나친 것으로 평가된다"고 말했다.

반면 영업활동과 투자활동에서 모두 플러스를 기록한 기업은 태산엘시디 서희이엔씨 등 26사(5.6%)에 달했다. 이들은 영업에서 현금을 창출하고 투자부담도 적은 기업으로 가장 효율적인 비즈니스모델을 갖춘 것으로 평가된다.

영업활동에서 플러스, 투자활동으로는 마이너스의 현금흐름을 보인 기업이 233사로 코스닥에서 가장 높은 비중(50.3%)을 차지하는 것으로 나타났다.

한통프리텔 LG텔레콤 엔씨소프트 휴맥스 네오위즈 등 코스닥의 대표기업들이 대부분 이 유형에 속해 있다. 이들은 성장업종에 속해 있으면서 시장지위도 어느 정도 확보하고 투자활동도 왕성해 향후 성장가능성이 높은 것으로 해석할 수 있다.

한편 서울이동통신과 같이 영업현금흐름이 마이너스이면서 투자흐름은 플러스인 29사(6.3%)는 영업에서 현금을 창출하지 못하기 때문에 사업전환을 위해 기존의 투자자금을 회수하는 기업으로 분류됐다.

이처럼 현금. 투자활동 현금흐름을 4개 유형으로 구분해 분석하는 것은 프랑스계 투자은행인 CSFB가 고안한 방법으로 기업 비즈니스모델의 수익성을 평가하는 데 사용된다고 코스닥증권은 설명했다.

– 매일경제 2001년 4월19일 –

IFRS 장부로는 현금 유출입 파악 어려워

현금흐름표 만들 때 별도 구분 표시 의무 없어
차입금 내역기재도 허술

국제회계기준(IFRS) 방식 재무제표에선 이용자들이 기업의 채권회수, 채무상환 여부, 대출금의 상세내역 등을 알기 힘든 것으로 나타났다. 이들 항목은 주식투자자를 비롯해 회계장부를 이용하는 사람들에게 꼭 필요한 정보인데도 IFRS 규정이 느슨해 개선이 필요하다는 지적이다.

25일 증권업계에 따르면 IFRS 방식 재무제표에서는 기업이 영업활동으로 얻는 매출채권(외상매출금, 받을어음) 매입채무(외상매입금, 지급어음) 등 실제 현금유출입의 변화를 정확히 표시하지 못하는 것으로 지적되고 있다.

대차대조표(재무상태표)를 작성할 때는 매출채권과 매입채무를 구분해 표시해야 하지만 현금흐름표를 작성할 때는 구분이 의무화돼 있지 않기 때문이다. 이에 따라 회수한 채권이나 변제한 채무액을 알 수 없어 기업의 현금흐름 변화를 정확히 알아내기 어려운 상황이다.

IFRS를 조기 도입한 한 상장사 관계자는 "IFRS에 따르면 현금흐름표를 작성할 때는 '매출채권 및 기타자산' '매입채무 및 기타채무'라는 항목으로 포괄적으로 표시하도록 돼 있다"고 말했다.

그는 "이 같은 표기가 미흡하다고 보고 금융감독원이 매출채권과 매입채무를 독립항목으로 표시하라고 권고하고 있지만 굳이 지키지 않아도 되는 것으로 판단해 구분하지 않았다"고 설명했다.

이에 대해 이정조 리스크컨설팅코리아 대표는 "기타 자산과 기타 채무에는 이상한 항목들도 많이 들어가 있어 영업활동에 따른 현금유출입을 정확히 알아내기 힘들다"며 "현금흐름표 상 관련 항목이 표시돼야 회수한 매출채권이나 갚은 매입채무 규모를 파악해 재무상태를 진단할 수 있다"고 지적했다.

또 IFRS에서는 기업이 외부에서 빌린 돈의 내역을 공시하는 '차입금 명세표시' 관련 규정도 허술한 것으로 드러났다. 차입금 명세는 한 기업의 재무건전성을 평가할 때 가장 중요하게 보는 항목인데도 최근 IFRS 도입 기업들을 중심으로 이를 주석에 표시하지 않는 경우가 허다한 것으로 나타났다.

지금까지 기업들은 거래 금융회사가 어디인지, 아니면 사채인지 등을 기재하고 조달금리까지 잘 표시해 왔지만 IFRS가 도입되기 시작한 작년부터 슬그머니 누락하는 사례가 잇따르고 있다. IFRS 조기 도입 기업 중 올 반기보고서에 LG화학 LG하우시스 중앙백신 우원개발 다스텍 등이 차입금의 상세내역을 주석에 표시하지 않은 것으로 조사됐다.

회계업계 관계자는 "IFRS 도입을 자문하는 회계사들이 차입금을 상세하게 표시할 의무가 없다는 점을 조언하면서 지금까지 잘 공시돼왔던 중요한 정보들이 감춰지고 있다"며 "금융당국이 재무정보를 표기하도록 적극 유도하고, 회계장부 이용자들의 대표격인 금융투자협회나 은행연합회도 관심을 갖고 기업들에 재무정보 공시 확대를 요구해야 한다"고 강조했다.

– 한국경제 2010년 11월 25일 –

보론 1 공통형현금흐름표에 의한 현금흐름표 분석사례

1. 공통형 현금흐름표에 의한 수직적 분석

현금흐름표의 작성은 두가지방법, 즉 직접법과 간접법에 의해 작성된다. 따라서 공통형 현금흐름표도 두가지방법에 따라 다르게 작성된다. 우리나라 실무에서는 작성의 용이성을 이유로 간접법을 압도적으로 선호하는 것으로 알려지고 있다.

본 사례에서는 1995년에 직접법에 따라 현금흐름표를 작성한 바 있는 주식회사 대농의 현금흐름표를 대상으로 해서 직접법과 간접법에 따른 각각의 공통형 현금흐름표의 작성 및 분석을 실시해보고자 한다. 한편 주식회사 대농은 극심한 자금난을 견디다 못해 1997년 5월에 사실상의 부도기업인 부도유예협약 대상기업에 선정된 바 있다.

따라서 본 사례에서는 주식회사 대농의 1994년부터 1996년까지의 최근 3개년분의 현금흐름표를 공통형 현금흐름표로 작성해서 자금난에 봉착하게 된 원인을 분석해봄으로써 공통형 현금흐름표의 유용성을 실증해 보고자 한다. 특별히 주식회사 대농이 속한 산업의 우량기업인 태광산업주식회사를 비교대상기업으로 해서 부실기업과 건전기업의 현금흐름표상의 차이에 대해서도 살펴보고자 한다.

주식회사 대농의 1995년의 직접법과 간접법에 따른 현금흐름표를 공통형 현금흐름표로 작성한 것은 [표 5-10]와 [표 5-11]에 각각 제시되어 있다.

직접법의 경우 현금흐름의 총유입을 100%로 했을 때 유입액과 유출액을 구성하고 있는 각 항목의 구성비를 각각 백분율로 표시하여 작성한 것이다. [표 5-10]를 보면 현금흐름의 총유입액을 100%로 했을 때 유입의 구성비는 영업활동으로 인한 현금유입이 62.1%, 투자활동으로 인한 현금유입이 8.6%, 재무활동으로 인한 현금유입이 29.3%로 각각 구성되어 있다.

한편 유출의 구성비를 볼 것 같으면 영업활동으로 인한 현금유출이 71.0%, 투자활동으로 인한 현금유출이 13.8.%, 재무활동으로 인한 현금유출이 15.7%로 각각 구성되어 있으며, 이에 따라 총유출액이 100.5%나 되어 총유입액을 0.5%초과하고 있다.

각 항목의 구성비율을 볼 것 같으면 영업활동으로 인한 현금유입이 62.1% 인데 대해 영업활동으로 인한 현금유출은 71.0%로 유출이 더 많아 내부자금을 창출시키는 정상적인 영업활동이 이루어지고 있지 못하는 문제점이 극명하게 드러나고 있다.

영업활동으로 인한 현금유입이 영업활동으로 인한 현금유출보다 많을수록 내부창출여유자금이 충분해지기 때문에 이 자금으로 설비투자를 하거나 부채를 상환하고 배당금을 지급할 수 있게 된다. 바로 영업활동으로 인한 현금흐름이 충분한, 즉 내부자금의 창출능력이 충분한 기업이 건강한 기업의 징후인 것이다. 영업활동으로 인한 현금흐름이 부족할 경우 재무활동을 통한 추가자금조달의 필요성이 불가피해지며, 이런 현상이 계속될 경우 과도한 부채의존경영으로 인해 심각한 자금난에 봉착할 가능성이 높아지게 된다.

주식회사 대농은 영업활동으로 인한 현금유입이 부족함에 따라 재무활동을 통해서 자금을 조달하고 있는데 자금조달원천의 비중을 보면 총유입액 가운데 단기차입이 6.5%, 장기차입이 18.3%, 자기자본이 4.5%로 되어 있어 부채의존도가 심화되고 있음을 알 수 있다.

재무활동으로 인한 현금유출항목 중 단기차입금의 상환으로 인한 현금유출이 15.4%나 차지하고 있는 것만 보아도 이 기업이 부채에 얼마나 의존하고 있는지를 잘 알 수 있다. 자금난을 겪고 있는 상황에서 배당을 해서는 안되는데 이 회사는 총유입액의 0.2%의 배당을 하고 있다. 이는 부채를 조달해서 배당하고 있는 셈으로 자금난을 가중시키는데 일조하고 있는 것이라 하겠다.

결국 주식회사 대농은 영업활동으로 인한 현금흐름이 부족하고 이에 따라 부채의존도가 심화되고 있어 자금난을 겪고 있다는 사실이 공통형 현금흐름표에 잘 나타나고 있음을 알 수 있다.

간접법의 경우 현금흐름의 총유입을 100%로 하는데 현금흐름의 총유입은 영업활동으로 인한 현금흐름과 투자활동으로 인한 현금유입 그리고 재무활동으로 인한 현금유입을 모두 합산한 것이다. 만약 영업활동으로 인한 현금흐름이 −인 경우에는 현금유입액 계산에서 제외되며, 현금유출항목이 되게 된다.

[표 5−11]에 나타난 간접법의 공통형 현금흐름표를 보면 총유입은 투자활동으로 인한 현금유입 22.7%와 재무활동으로 인한 현금유입 77.3%를 합해서 100%로 되어 있다. 유출은 영업활동으로 인한 현금흐름 23.6%, 투자활동으로 인한 현금유출 36.6%, 재무활동으로 인한 현금유출 41.3%를 모두 합해서 101.5%로 유입액의 1.5%나 초과 유출이 되어 있다.

간접법의 공통형 현금흐름표에서도 직접법의 공통형 현금흐름표와 마찬가지로 영업활동 현금흐름이 −로 내부자금의 창출능력에 큰 문제점을 안고 있다는 것과 이에 따라 부채의존도가 심화되고 있음에 따라 극심한 자금난이 초래되었다는 사실을 잘 보여주고 있다.

[표 5−10] 공통형 현금흐름표(직접법)

1995년 1월 1일부터 1995년 12월 31일까지

주식회사 대농 (단위 : 백만원)

과 목	유 입 액	유 출 액	비율(%)	비 율(%)
Ⅰ. 영업활동 현금흐름				
매출대금	377,365		60.9	
이자수입	6,966		1.1	
배당금수입	386		0.1	
매입 및 종업원에대한지급		370,941		59.9

과 목	유 입 액	유 출 액	비율(%)	비 율(%)
이자비용의 지급		64,699		10.4
법인세비용의 지급		4,425		0.7
	384,717	440,065	62.1	71.0
Ⅱ. 투자활동 현금흐름				
유동자산의 감소	40,420		6.5	
투자자산의 감소	12,452		2.0	
유형자산의 감소	405		0.1	
유동자산의 증가		38,566		6.2
투자자산의 증가		22,476		3.6
유형자산의 증가		24,874		4.0
	53,277	85,916	8.6	13.8
Ⅲ. 재무활동 현금흐름				
유동부채의 증가	40,313		6.5	
고정부채의 증가	113,241		18.3	
자본의 증가	28,011		4.5	
이연자산의 증가		330		0.1
유동부채의 감소		95,186		15.4
비유동부채의 감소		165		
배당금의 지급		1,316		0.2
	181,565	96,997	29.3	15.7
Ⅳ. 총현금흐름	619,559	622,978	100.0	100.5
Ⅴ. 현금의 감소		(3,419)		(0.5)

[표 5-11] 공통형 현금흐름표(간접법)

1995년 1월 1일부터 1995년 12월 31일까지

주식회사 대농 (단위 : 백만원)

과 목	금	액	유입(%)	유출(%)
Ⅰ.영업활동 현금흐름		(55,348)		23.6
당기순이익				
현금유출이 없는 비용등 가산	3,510			
현금유입이 없는 수익등 차감	21,418			
영업활동으로 인한 자산.부채의 변동	(1,377)			
영업활동으로 인한 자산의 감소				
영업활동으로 인한 부채의 증가	4,484			
영업활동으로 인한 자산의 증가	2,366			
영업활동으로 인한 부채의 감소	(72,630)			
Ⅱ.투자활동 현금흐름	(13,119)	(32,638)		
투자활동으로 인한 현금유입액	53,278		22.7	

과　　　　목	금	액	유입(%)	유출(%)
유동자산의 감소	40,420		17.2	
투자자산의 감소	12,452		5.3	
유형자산의 감소	405		0.2	
투자활동으로 인한 현금유출액	(85,916)			36.6
유동자산의 증가	(38,566)			16.4
투자자산의 증가	(22,476)			9.5
유형자산의 증가	(24,874)			10.6
Ⅲ.재무활동 현금흐름		84.568		
재무활동으로 인한 현금유입액	181,565		77.3	
유동부채의 증가	40,313		17.2	
비유동부채의 증가	113,241		48.2	
자본의 증가	28,011		11.9	
재무활동으로 인한 현금유출액	(96,997)			41.3
이연자산의 증가	(330)			0.1
유동부채의 감소	(95,186)			40.5
비유동부채의 감소	(165)			0.1
배당금의 지급	(1,316)			0.6
			100%	101.5%
Ⅳ. 현금의 감소		(3,419)		(1.5)

2. 3년분 공통형 현금흐름표에 의한 분석

주식회사 대농과 태광주식회사의 1994년부터 1996년까지의 현금흐름표는 [표 5-12]와 [표 5-13]에 제시되어 있다. 현금흐름은 회계기간에 따라 기복이 있을 수 있으며, 또한 현금흐름상태를 일시적으로 양호한 것처럼 보이기 위한 일시적인 기간조정을 행할 수 있다. 이러한 조정은 당해 기간의 현금흐름을 증가시키지만 다음 기간에는 반대의 영향을 미치게 된다. 따라서 현금흐름의 분석은 최소한 3년 내지 5년간의 장기간의 추세분석을 해야 올바른 분석을 할 수 있다.

미국에서 현재 3년분의 비교현금흐름표를 공시하도록 하고 있는 것도 이런 점 때문이다. 또한 회사에 따라서는 3년분의 비교현금흐름표와 함께 3년분의 합산액을 공시하여 현금흐름패턴의 기간간 불안정성이 배제된 올바른 현금흐름분석이 가능하도록 하고 있다. 이에 따라 본 사례에서도 3년분의 비교현금흐름표와 함께 3년분의 합산액을 이용하여 현금흐름분석을 시도해 보았다.

주식회사 대농과 태광산업주식회사의 3개년도 및 3년치 합산분에 대한 공통형 현금흐름표를 작성한 결과가 [표 5-14]과 [표 5-15]에 나타나 있다.

[표 5-14]에 나타난 대농의 3년간의 공통형 현금흐름표를 분석한 결과는 다음과 같다. 먼저 영업활동으로 인한 현금흐름을 보면 3년 모두 -를 기록하고 있어 내부자

금창출능력이 매우 취약해지고 있음을 보이고 있다. 특히 1996년에는 −55.2%의 대폭 감소된 모습을 보이고 있어 심각한 자금난에 봉착한 것으로 추정된다. 3년간 영업활동으로 인한 현금흐름이 −의 하향추세를 보이고 있으며 평균적으로 −34.9%를 나타내고 있어 심각한 자금난을 겪고 있음을 잘 보여주고 있다.

영업활동으로 인한 현금흐름이 계속 감소함에 따라 투자활동으로 인한 현금흐름의 비중은 별로 높지가 않다. 1994년과 1995년에는 투자활동으로 인한 현금유입액보다 유출액이 많았던 것이 1996년에 와서는 반대로 유입액이 많은 것으로 나타나서 자금난의 심각함에 대한 일면을 엿보게 해준다.

또한 영업활동으로 인한 현금흐름이 계속 감소함에 따른 부족자금은 거의 대부분 재무활동을 통해서 조달되고 있음을 보여주고 있다. 자금조달의 원천을 보면 자기자본보다는 타인자본에 의존하는 비중이 커지고 있으며, 타인자본의경우도 기간이 장기인 비유동부채를 통한 현금유입은 감소추세를 보이는 것과 대조적으로 기간이 1년 미만인 유동부채, 즉 단기차입을 통한 현금유입이 증가추세를 보이고 있어 지급능력을 계속 악화시키고 있음을 보여주고 있다. 이렇게 내부자금의 창출능력이 계속 악화되고 있음에도 불구하고 일정 수준의 배당금이 지급되고 있는 상황은 이 기업의 자금난을 더욱 더 가중시키는데 한 몫 하고 있음을 알 수 있다.

결국 3년간의 공통형 현금흐름표는 대농이 치명적인 재무적 위험에 직면할 수밖에 없었던 원인을 극명하게 보여주고 있는 것이다.

[표 5-12] 현금흐름표

주식회사 대농 (단위 : 백만원)

과 목	1996	1995	1994	합 산
Ⅰ.영업활동 현금흐름				
1.당기순이익	(293,169)	3,510	3,594	
2.현금의 유출이 없는 비용 등의 가산	232,605	28,268	30,390	
3.현금의 유입이 없는 수익 등의 차감	(70,903)	(87,126)	(77,981)	
계	(131,467)	(55,348)	(43,997)	(230,812)
Ⅱ.투자활동 현금흐름				
1.투자활동으로 인한 현금유입액	73,112	53,277	38,277	164,667
유동자산의 감소	33,693	40,420	26,285	100,398
투자자산의 감소	37,975	12,452	9,847	60,274
유형자산의 감소	1,444	405	2,145	3,994
2.투자활동 현금유출액	(55,666)	(85,916)	(57,230)	(198,812)
유동자산의 증가	33,595	38,566	22,501	(94,662)
투자자산의 증가	9,541	22,476	15,506	(47,523)
유형자산의 증가	12,530	24,874	19,223	(56,627)
계	17,446	(32,638)	(18,953)	(34,145)

과 목	1996	1995	1994	합 산
Ⅲ.재무활동 현금흐름				
1.재무활동으로 인한 현금유입액	165,066	181,565	149,415	496,046
유동부채의 증가	93,995	40,313	55,543	189,851
비유동부채의 증가	71,071	113,241	93,743	278,055
자본의 증가		28,011	129	28,140
2.재무활동으로 인한 현금유출액	(44,384)	(96,997)	(101,941)	(243,322)
유동부채의 감소	(37,611)	(95,186)	(100,253)	(233,050)
비유동부채의 감소	(5,664)	(165)	(552)	(6,381)
배당급의 지급	(907)	(1,316)	(856)	(3,079)
기타	(202)	(330)	(280)	(812)
계	120,682	84,568	47,474	252,724
Ⅳ.현금의 증가(감소)	6,661	(3,417)	(15,476)	(12,233)

[표 5-13] 현금흐름표

태광산업주식회사 (단위 : 백만원)

과 목	1996	1995	1994	합 산
Ⅰ.영업활동 현금흐름				
1.당기순이익	29,092	17,902	84,295	131,289
2.현금의 유출이 없는 비용 등의 가산	184,406	174,839	166,350	525,595
3.현금의 유입이 없는 수익 등의 차감	(55,432)	(139,311)	(49,059)	(243,802)
계	(158,066)	53,430	201,586	413,082
Ⅱ.투자활동 현금흐름				
1.투자활동으로 인한 현금 유입액	30,225	6,392	44,175	80,792
유동자산의 감소	1,529	2,573	107	4,209
투자자산의 감소	20,346	3,142	7,746	31,234
유형자산의 감소	8,350	677	36,322	45,349
2.투자활동으로 인한 현금유출액	(411,055)	(176,534)	(257,614)	(845,204)
유동자산의 증가	(42,476)	(28,018)	(1,931)	72,425
투자자산의 증가	(39,051)	(8,460)	(11,425)	58,936
유형자산의 증가	(329,528)	(140,056)	(244,258)	713,842
계	(380,830)	(170,142)	(213,439)	(764,412)
Ⅲ.재무활동 현금흐름				
1.재무활동으로 인한 현금유입액	240,084	531,487	53,036	824,607
유동부채의 증가	113,995	512,813	52,084	678,892
비유동부채의 증가	126,089	18,674		144,763
자본의 증가			952	952

과 목	1996	1995	1994	합 산
2.재무활동으로 인한 현금유출액	(17,165)	(430,629)	(10,116)	457,911
유동부채의 감소	(620)	(428,960)		(429,580)
비유동부채의 감소	(230)		(114)	(344)
자본의 감소	(15,222)		(9,188)	(24,411)
배당금의 지급	(1,093)	(1,669)	(814)	(3,576)
계	222,919	100,857	42,920	366,696
Ⅳ.현금의 증가(감소)	155	(15,856)	31,067	15,366
Ⅴ.기초의 현금	22,033	37,889	6,822	
Ⅵ.기말의 현금	22,188	22,033	37,889	

[표 5-14] 공통형 현금흐름표

주식회사 대농 (단위 : %)

과 목	합산	1996	1995	1994
Ⅰ.영업활동 현금흐름	(34.9)	(55.2)	(23.6)	(23.4)
Ⅱ.투자활동 현금흐름				
1.투자활동으로 인한 현금 유입액	24.9	30.7	22.7	20.4
유동자산의 감소	15.2	14.1	17.2	14.0
투자자산의 감소	9.1	16.0	5.3	5.2
유형자산의 감소	0.6	0.6	0.2	1.2
2.투자활동으로 인한 현금유출액	(30.1)	(23.4)	(36.6)	(30.5)
유동자산의 증가	(14.3)	(14.1)	(16.4)	(12.0)
투자자산의 증가	(7.2)	(4.0)	(9.6)	(8.3)
유형자산의 증가	(8.6)	(5.3)	(10.6)	(10.2)
Ⅲ.재무활동 현금흐름				
1.재무활동으로 인한 현금유입액	75.1	69.3	77.3	79.6
유동부채의 증가	28.7	39.5	17.2	29.6
비유동부채의 증가	42.1	29.8	48.2	50.0
자본의 증가	4.3		11.9	
2.재무활동으로 인한 현금유출액	(36.8)	(18.6)	(41.5)	(54.3)
유동부채의 감소	(35.3)	(15.8)	(40.5)	(53.4)
비유동부채의 감소	(1.0)	(2.4)	(0.1)	(0.3)
배당금의 지급	(0.5)	(0.4)	(0.6)	(0.5)
기 타	−		(0.1)	
Ⅳ. 현금의 증가(감소)	(1.8)	2.8	(1.5)	(8.2)

[표 5-15] 공통형 현금흐름표

태광산업주식회사 (단위 : %)

과 목	합산	1996	1995	1994
Ⅰ.영업활동 현금흐름	31.3	36.9	9.0	67.5
Ⅱ.투자활동 현금흐름				
1.투자활동으로 인한 현금 유입액	6.1	7.1	1.1	14.8
유동자산의 감소	0.3	0.4	0.4	
투자자산의 감소	2.4	4.7	0.6	2.6
유형자산의 감소	3.4	2.0	0.1	12.2
2.투자활동으로 인한 현금유출액	(64.1)	(95.9)	(29.9)	(86.2)
유동자산의 증가	(5.5)	(9.9)	(4.7)	(0.6)
투자자산의 증가	(4.5)	(9.1)	(1.4)	(3.8)
유형자산의 증가	(54.1)	(76.9)	(23.7)	(81.8)
Ⅲ.재무활동 현금흐름				
1.재무활동으로 인한 현금유입액	62.6	56.0	89.9	17.7
유동부채의 증가	51.5	26.6	86.7	17.4
비유동부채의 증가	11.0	29.4	3.2	
자본의 증가	0.1			0.3
2.재무활동으로 인한 현금유출액	(34.8)	(4.0)	(72.8)	(3.4)
유동부채의 감소	(32.6)	(0.1)	(72.5)	
부채의 감소				
자본의 감소	(1.9)	(3.6)		(3.1)
배당금의 지급	(0.3)	(0.3)	0.3	(0.3)
Ⅳ.현금의 증가(감소)	1.1	0.1	(2.7)	10.4

[표 5-15]에 나타난 태광산업의 3년간의 현금흐름표를 분석한 결과는 다음과 같다. 먼저 영업활동으로 인한 현금흐름을 보면 1994년에 67.5%의 큰 폭의 증가를 보였다가 1995년에 9.0%로 큰 폭의 감소를 보였으며, 1996년에는 36.9%의 증가를 보이고 있다. 3년에 걸쳐 영업활동으로 인한 현금흐름은 기복이 심한 증감변동을 일으키고 있으나, 평균적으로 보았을 때 31.3%를 영업활동을 통해서 내부자금을 창출시키고 있음을 보여주고 있다.

투자활동에 따른 현금유입액은 1994년에 14.8%를 기록했다가 1995년에는 1.1%로 대폭 감소하였고 1996년에는 7.1%의 증가를 보임으로써 3년 평균 6.1%의 높지 않은 비중을 보이고 있다.

재무활동에 따른 현금유입액은 영업활동으로 인한 현금흐름이 매우 높았던 1994년에 17.7%를 기록했다가 영업활동으로 인한 현금흐름이 매우 낮았던 1995년에는 89.9%로 대폭 증가하였고 1996년에는 56.0%의 증가를 보임으로써 3년 평균 62.6%란 자금원천 중의 가장 높은 비중을 보이고 있다. 재무활동에 따른 현금유입액은 거의 전적으로 장·단기부채에 의존하고 있는데, 이는 우리나라의 우량기업이나 부실기업 불문하고 대부분의 기업이 차입경영에 의존하고 있다는 모습을 단적으로 잘 보여주는 사례인 것이다.

투자활동으로 인한 현금유출을 보면 1994년에 86.2%를 기록했다가 영업활동으로 인한 현금흐름이 매우 저조했던 1995년에는 29.9%로 대폭 감소하였고 1996년에는 95.9%의 대폭 증가를 보임으로써 3년 평균 64.1%의 높은 비중을 보이고 있다. 특히 투자활동에 따른 현금유출액의 대부분은 비유동자산의 증가에 기인한 것임을 보여주고 있다.

재무활동에 따른 현금유출액은 영업활동으로 인한 현금흐름이 매우 높았던 1994년에 3.4%를 기록했다가 1995년에는 72.8%로 대폭 증가하였고 1996년에는 4.0%의 증가를 보임으로써 3년 평균 34.8%의 높지 않은 비중을 보이고 있다. 특히 배당금의 지급이 0.3%로써 내부창출자금이 없는 대농의 평균 0.5%수준보다 낮은 점이 눈에 띤다.

결론적으로 현금흐름표상에 나타난 두 기업의 차이점은 영업활동으로 인한 현금흐름과 투자활동으로 인한 현금흐름에서 나타나고 있다. 즉 우량기업인 태광산업은 내부자금창출능력이 훨씬 양호하며, 이 내부창출자금에다 외부차입자금을 합쳐서 큰 폭으로 비유동자산에 투자함으로써, 미래의 현금창출능력을 향상시키고자 노력을 하고 있다. 반면에 대농은 영업활동을 통해서 내부자금이 창출되지 못함으로써 부족자금을 전적으로 외부차입자금에 의존하고 있으며, 이렇게 조달된 외부차입자금도 영업활동과 차입금 상환에 대부분 사용됨에 따라 비유동자산에 대한 투자는 저조하게 나타나고 있다. 이에 따라 대농은 현재의 자금난이 심각한 지경에 이르렀을 뿐만 아니라 미래의 현금창출능력도 기대하기가 어려운 형편에 처해 있다고 판단된다.

한편 [표 5-16]과 [표 5-17]은 기업회계기준 양식에 따른 공통형 현금흐름표인 [표 5-14]와 [표 5-15]를 유입-유출양식(종전의 재무상태변동표의 원천-운영양식과 같음)으로 재작성한 것이다. 유입-유출양식은 3가지 기업활동별로 발생한 유입액과 유출액 및 순현금흐름액을 나타내는 기업회계기준의 양식과는 달리 유입액은 유입액별로 유출액은 유출액별로 모아서 각각의 총현금흐름을 나타내는 양식으로 정보이용자 입장에서 볼 때 더 이해하기 쉬운 방법이라고 생각된다.

유입-유출양식을 보면 [표 5-17]의 태광산업과는 달리 대농은 [표 5-16]에 나타난 것처럼 3년 내내 영업활동으로 인한 현금흐름이 유입에 나타나지 않고 유출에만 나타남으로써 영업활동상의 현금창출능력에 심각한 문제가 있으며, 이에 따라 초래된 부족자금을 주로 차입자금에 의존해서 가까스로 연명해 오고 있었음을 확연히 식별할 수 있게 해주고 있다.

따라서 이 양식에 따른 3 내지 5개년도분의 공통형 현금흐름표를 작성해서 사업보고서에 첨부하여 회계정보이용자의 현금흐름표에 대한 이해를 증진시키게 하는 방안도 고려할만 하다고 생각된다.

[표 5-16] 공통형 현금흐름표

주식회사 대농 (단위 : %)

과 목	합산	1996	1995	1994
유 입				
Ⅰ. 투자활동 현금유입액	24.9	30.7	22.7	20.4
유동자산의 감소	15.2	14.1	17.2	14.0
투자자산의 감소	9.1	16.0	5.3	5.2
유형자산의 감소	0.6	0.6	0.2	1.2
Ⅱ. 재무활동 현금유입액	75.1	69.3	77.3	79.6
유동부채의 증가	28.7	39.5	17.2	29.6
비유동부채의 증가	42.1	29.8	48.2	50.0
자본의 증가	4.3		11.9	
유 입 합 계	100.0	100.0	100.0	100.0
유 출				
Ⅰ. 영업활동 현금흐름	34.9	55.2	23.6	23.4
Ⅱ. 투자활동 현금유출액	30.1	23.4	36.6	30.5
유동자산의 증가	14.3	14.1	16.4	12.0
투자자산의 증가	7.2	4.0	9.6	8.3
유형자산의 증가	8.6	5.3	10.6	10.2
Ⅲ. 재무활동 현금유출액	36.8	18.6	41.5	54.3
유동부채의 감소	35.3	15.8	40.5	53.4
비유동부채의 감소	1.0	2.4	0.1	0.3
배당금의 지급	0.5	0.4	0.6	0.5
기 타			0.1	
유 출 합 계	101.8	97.2	101.5	108.2

[표 5-17] 공통형 현금흐름표

태광산업주식회사 (단위 : %)

과 목	합산	1996	1995	1994
유 입				
Ⅰ.영업활동 현금흐름	31.3	36.9	9.0	67.5
Ⅱ. 투자활동 현금유입액	6.1	3.1	1.1	14.8
유동자산의 감소	0.3	0.4	0.4	
투자자산의 감소	2.4	4.7	0.6	2.6
유형자산의 감소	3.4	2.0	0.1	12.2
Ⅲ. 재무활동 현금유입액	62.6	56.0	89.9	17.7
유동부채의 증가	51.5	26.6	86.7	17.4
비유동부채의 증가	11.0	29.4	3.2	
자본의 증가	0.1			0.3

과 목	합산	1996	1995	1994
유 입 합 계	100.0	100.0	100.0	100.0
유 출				
Ⅰ. 투자활동 현금유출액	64.1	95.9	29.9	86.2
유동자산의 증가	5.5	9.9	4.7	0.6
투자자산의 증가	4.5	9.1	1.4	3.8
유형자산의 증가	54.1	76.9	23.7	81.8
Ⅱ. 재무활동 현금유출액	34.8	4.0	72.8	3.4
유동부채의 감소	32.6	0.1	72.5	
비유동부채의 감소	1.9	3.6		3.1
배당금의 지급	0.3	0.3	0.3	0.3
유 출 합 계	98.9	99.9	102.7	89.6

CHAPTER

재무제표의 분식

1. 재무제표 분식의 의의

경영자와 투자자 및 채권자 등 정보이용자들은 기업과 관련된 경제적 의사결정을 할 때 기본적으로 기업이 작성·공시한 재무제표를 이용하게 된다. 경영자의 입장에서 볼 때 기업의 부실을 은폐하기 위해서 또는 신주발행이나 금전차입을 통한 자금조달을 용이하게 하거나 세금납부를 회피하기 위한 특정 목적을 달성하기 위해서, 기업의 실제내용과 다르게 재무제표를 작성·보고하고자 하는 의도를 지닐 수 있다. 이와 같이 재무제표를 사실과는 달리 왜곡되게 작성하는 것을 **財務諸表**의 **粉飾**(window-dressing)이라 한다.

재무제표의 분식은 이를 토대로 경제적 의사결정을 한 많은 외부정보이용자들에게 막대한 재산상의 손실을 끼치고 국가경제의 근간도 해친다는 점에서 근절해야 할 반사회적인 범법행위인 것이다. 사실 우리나라는 그동안 기업의 실제모습을 투명하게 반영하지 않고 기업에 유리하도록 회계장부를 조작해서 회계정보이용자를 현혹하고자 했던 잘못된 분식결산 관행이 뿌리 깊게 자리잡고 있었다. 그동안 쓰러진 (주)한보, 기아자동차, 대우그룹과 같은 대기업에서부터 중견기업에 이르기까지 거의 빠짐없이 재무제표의 분식사실이 국가감독기관에 의해서 뒤늦게 밝혀지고 있는 것이 이를 잘 말해 주고 있다. 이러한 분식결산관행은 기업은 물론, 국가의 신임도까지도 하락시켜 종국에는 국가부도라는 엄청난 파국사태로까지 몰고 갈 수 있다는 사실을 우리가 최근에 경험한 IMF사태를 통해서 뼈저리게 느끼고 있다.

IMF사태 이후 회계정보의 투명성 확보를 위해 기업회계기준과 회계감사기준이 국제기준수준으로 개정이 되었으며, 이에 따라 최근에는 분식결산의 정도가 상당히 완화된 것으로 알려지고 있다. 그러나 기업의 실상을 있는 그대로 투명하게 보고하겠다는 방향으로 경영자의 의식이 철저하게 바뀌지 않고, 또한 분식의 유인이 제거되지 않는 한 분식관행이 언제 되살아날지 모를 일이기 때문에 안심할 수는 없는 일이다. 그러므로 외부이용자는 재무제표를 분석할 때 재무제표의 분식 가능성을 항상 염두에 두어야 한다.

2. 재무제표 분식의 동기

재무제표의 분식이란 앞에서 언급한 것처럼 사실과는 달리 재무제표를 왜곡되게 작성하는 것으로, 이는 마치 기업의 얼굴에 화장을 하는 것과 같은 것이다. 일반적으로 여자들이 화장을 하는 것은 아름다움을 더욱 돋보이게 함으로써 보는 사람들을 즐겁게 하지만, 재무제표의 분식을 통해 기업의 얼굴에 화장을 하는 것은 그 의도가 다른 사람이나 다른 집단의 손해를 담보로 특정 개인의 이익만을 추구한다는 점에서 절대로 용납할 수 없는 반사회적 범법행위인 것이다.

기업이 분식하는 동기는 재무제표에 의하여 결정되어질 수 있는 여러 가지 상황에 대한 대응에서 발생하게 된다. 상황에 따른 분식동기를 살펴보면 다음과 같다.

① 경영성과와 전문경영자 보상의 연동 : 전문경영자는 대부분 경영성과인 당기순이익의 크기에 의하여 그의 보수와 연임 여부가 결정된다. 따라서 경영성과가 저조할 경우 가공이익을 계상하여 경영성과를 조작할 유인을 갖게 된다.

② 외부자금의 조달 : 기업이 외부자금을 조달하는 방법은 은행에서 대부를 받거나 사채나 주식을 발행하는 것이 일반적이다. 채권자와 투자자의 입장에서는 해당 기업의 수익성과 유동성에 아주 민감할 수밖에 없다. 그러므로 기업의 재무상태나 경영성과가 불량한 경우 외부자금의 조달이 어렵게 되므로 외부자금조달에 문제가 없도록 재무상태나 경영성과가 양호하게 보이게끔 분식할 유인을 갖게 된다. 자금압박을 많이 받는 기업일수록 분식의 유혹은 그만큼 강할 수밖에 없다.

③ 주가관리 : 최근에는 주식가격을 해당회사의 총체적인 상태나 가치를 반영하는 중요한 척도로 인식하고 있다. 이에 따라 경영자는 주가관리를 적절하게 해서 투자자에게 미래전망이 밝은 회사로 비춰지게 할 필요가 있다. 기업의 수익성이 주가에 반영되기 때문에 경영자는 경영성과가 안정적으로 양호하게 나타나도록 조작할 유인을 갖게 된다.

④ 거래처에 대한 신용유지 : 거래처와 안정적인 거래관계는 영업활동에 있어서 필수조건이다. 이를 위해서는 거래처의 공급물품에 대한 대금지급능력에 문제가 없어야 한다. 따라서 유동성을 양호하게 보이도록 분식할 유인이 발생하게 된다.

⑤ 주주에 대한 배당요건 충족 : 투자에 대한 대가로 주주에게 배당하는 것은 경영자

의 당연한 의무이다. 우리 나라 기업들은 대체로 일정률의 배당지급률을 유지하고자 하는 경향이 있다. 주주에 대한 배당요건을 충족시키기거나 일정률의 이상의 배당지급률을 유지하기 위해서 당기순이익을 일정 수준 이상으로 계상하고자 하는 분식유인이 있다.

⑥ 종업원의 임금인상에 대한 노사협상 : 경영자는 당기의 경영성과가 너무 좋아서 당기순이익이 큰 폭으로 계상될 경우 임금인상과 관련된 노사협상에 서 큰 폭의 임금인상의 압박요인으로 작용되기 때문에 이에 대비하기 위해서 적정 수준의 이익으로 하향 조정할 유인을 갖게 된다.

⑦ 세무조사 등을 회피하기 위하여 적당한 세금의 납부 : 경영성과가 전년도보다 저조해서 전년도의 납부세액보다 큰 폭으로 줄어들었거나, 납부할 세액이 없게 되는 경우 세무당국의 세무조사를 받을 가능성이 높아지게 된다. 따라서 이를 회피할 정도의 납부세액이 계산되도록 이익조정을 할 유인을 경영자는 갖게 된다.

⑧ 납부세액의 감축 : 일반적으로 이익의 크기에 따라 납부할 법인세액이 결정되므로 경영자는 특히 당기의 경영성과가 큰 폭으로 좋아졌을 경우 납부세액도 줄이면서 또한 다음 회계연도에 세무당국의 관심의 대상에서 벗어나기 위해 앞의 경우와는 달리 오히려 이익을 과소계상하려는 유인을 가지게 된다. 이를 역분식이라고도 하는데, 과거에는 이런 동기를 가지고 분식을 하는 기업이 많았지만 최근에는 규모가 작은 회사나 이례적으로 순이익이 많이 발생한 회사 이외는 별로 찾아보기가 힘들다. 이와 같이 이익을 의도적으로 과소계상하는 것은 회계처리과정에 전반적으로 적용되는 보수주의와는 다르며 또한 관련 법규내에서 납부세액을 줄이려 하는 절세행위와도 근본적으로 다른 탈세행위이다.

⑨ 비자금조성 : 정경유착이나 사적인 용도에 사용하기 위한 비자금을 조성할 목적으로 재무제표를 분식할 유인이 존재한다.

학계에서는 재무제표 분식 또는 **이익조작**(window dressing 또는 earnings manipulation)이란 용어와 **이익관리** 또는 **이익조정**(earnings management)이라는 용어를 구분하여 사용하는 경향이 있다. 재무제표 분식은 일반적으로 인정된 회계원칙을 위반하면서 재무상태와 경영성과를 조작하는 것으로 이해되고 있으며, 이익관리는 일반적으로 인정된 회계원칙의 범위 내에서 경영자가 원하는 수준에서 회계이익을 관리 또는 조정하는 것을 의미하는 것으로 보고 있다.

최근까지 이익관리의 동기에 대한 가설들을 설정하고 그 가설을 검증해서 입증하고

자 하는 연구가 많이 이루어지고 있다. 지금까지 제기되고 있는 가설들을 정리해보면 다음과 같다.

① 이익유연화가설(income smoothing hypothesis) : 이 가설은 경영자가 회계이익의 분산을 줄이고자 하는 회계정책을 선택한다는 가설이다. 즉 경영자는 경영성과가 저조할 때에는 이익증가를 가능케 하는 회계정책을 선택하고 반대로 경영성과가 좋을 때에는 이익감소를 가져오는 회계정책을 선택할 것이라는 가설이다. 이익유연화를 통해 이익을 조정하는 것이 반드시 나쁜 것은 아니라는 주장도 있다. 주장의 근거를 보면 이익유연화를 함으로써 경영자는 기업의 미래 전망에 대한 보고이익의 예측력을 높이는데 기여할 수 있게 된다는 것이다.

예제 6-1 ▌ 이익유연화의 개념

다음 그림에 나타난 회사 A와 B의 순이익에 대한 추세를 살펴보자. 회사 A의 경우, 순이익의 금액은 1년차부터 10년차까지 지속적으로 증가하고 있음을 보여주고 있다. 회사 A와 B는 1년차와 10년차에는 동일한 순이익을 보고하고 있으며, 그림 상에 나타난 10년 동안의 순이익 총합계액도 똑같다. 10년차 말에 어떤 회사에 자금을 대출하거나 투자할 것인가를 결정할 경우, 당신은 거의 확실히 회사 A를 선택할 것이다. 회사 A의 순이익 추세가 안정성, 신뢰성 및 낮은 위험도를 가진 회사라는 생각을 갖도록 해주기 때문이다.

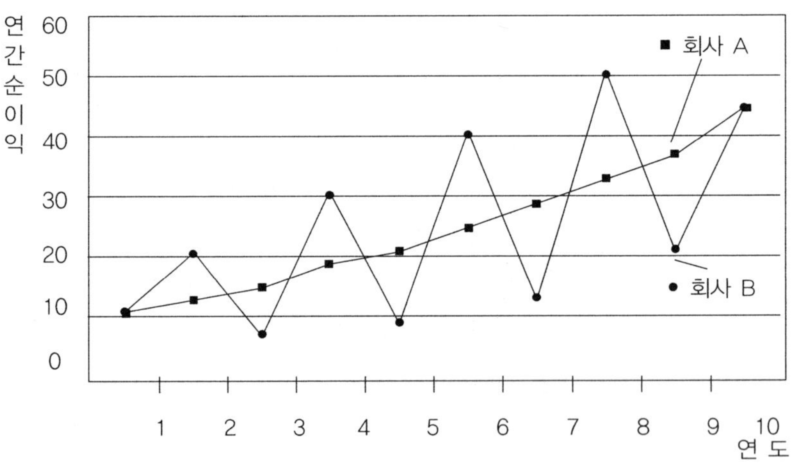

이제 당신이 회사 B의 최고경영자라고 가정해 보자. 당신은 공격적인 회계가정을 통해서 전략적으로 일부 수익과 비용항목을 이연시키거나, 앞당겨서 계상함으로써 당신이 보고하는 순이익추세를 유연화시킬 수 있으며, 이에 따라 회사 A의

순이익추세와 동일하게 만들 수 있다는 것을 알고 있다. 이 경우, 당신은 그렇게 할 유혹에서 벗어나기는 힘들 것이다.

바로 수익과 비용의 인식시점을 조심스럽게 이용해서 보고이익을 한 회계기간에서 다음 회계기간으로 부드럽게 만드는 회계기법을 이익유연화라고 부른다. 회사의 보고이익을 변동성이 적게 만들므로써, 회사는 대출을 유리한 조건으로 받는 것이 용이해지며, 또한 투자자들을 유치하는 것도 용이해지게 된다.

예제 6-2 ▎이익유연화전략의 사례

(주)성장은 최근에 안정적으로 증가되는 이익의 추세를 보고하고 있다. 이 회사는 20×0년에 ₩20,000,000, 20×1년에 ₩25,000,000, 20×2년에 ₩30,000,000의 순이익을 각각 보고하고 있다. 많은 투자분석가들은 이 회사의 안정적이고 지속적인 이익성장의 가능성을 이유로 투자자들에게 이 회사의 주식을 매입할 것을 권유하고 있다. 이 회사는 20×3년도의 결산일이 다가오면서, 이 해도 전과 마찬가지로 경영성과가 매우 양호한 한 해가 될 것으로 보고 있다. 그러나 보증비용에 대해서는 장부에 계상을 아직 하지 않은 상태이다

과거의 경험에 따르면, 20×3년도의 보증비용은 ₩5,000,000 정도가 되어야 할 것으로 판단되고 있다. 그러나 이 회사의 최고경영자는 회계책임자에게 금년에 계상할 보증비용을 좀 더 보수적으로 추정해서 더 많은 금액을 계상하도록 지시하고 있다. 보증비용을 차감하기 전의 순이익은 ₩43,000,000이다. 이 회사는 보증비용을 금년에 ₩8,000,000 계상하더라도 금년도의 순이익은 증가된 것으로 보고할 수 있다. 그리고 여전히 미래기간의 보증비용을 앞당겨서 계상하는 효과를 거둘 수 있게 된다.

물음

1. 최고경영자의 지시대로 회계처리가 이루어질 경우, 20×3년도와 20×4년도의 순이익에 미치는 영향을 설명하시오.
2. 이 회사의 상황에서 적절한 회계처리는 어떤 것인지를 설명하시오.

해답

1. 20×3년도와 20×4년도의 판매보증비 차감전 순이익이 동일하고, 2년간의 판매보증비 총액이 ₩10,000,000이라고 가정할 경우, 판매보증비를 20×3년도에 지나치게 보수적으로 추정해서 많은 금액을 계상하고, 20×4년도에는 반대로 적은 금액을 계상함으로써 두 기간의 순이익을 다음의 계산표에 나와 있는 것처럼 계속해서 안정적인 증가추세를 보고할 수 있게 된다.

	20×0	20×1	20×2	20×3	20×4
판매보증비차감전순이익				₩43,000	₩43,000
판매보증비				8,000	2,000
당기순이익	₩20,000	₩25,000	₩30,000	₩35,000	₩41,000

결국, 이 회사는 20×3년도에 더 많은 금액을 비용으로 계상하므로써, 이익의 일부를 비축할 수 있게 되며, 이와 같은 이익관리방법을 통해 의도적으로 이익의 성장추세를 유지할 수 있게 된다.

2. 적절한 회계처리는 20×3년도에 판매보증비를 과거의 경험에 따른 추정금액인 ₩5,000,000을 계상하는 것이며, 이렇게 할 경우 ₩38,000,000의 당기순이익이 계상되게 된다. 그러나 20×4년도에 동일한 금액이 계상됨에 따라 이 회사는 더 이상 당기순이익의 안정적인 증가추세를 보여줄 수는 없게 된다. 계산결과는 다음과 같다.

	20×0	20×1	20×2	20×3	20×4
판매보증비차감전순이익				₩43,000	₩43,000
판매보증비				5,000	5,000
당기순이익	₩20,000	₩25,000	₩30,000	₩38,000	₩38,000

② 경영자보상가설(management compensation hypothesis) : 이 가설은 경영자가 자기의 보상을 극대화하는 방향으로 이익관리를 할 것이라는 가설이다. 이 가설에 의하면 경영자는 보상에 불리하게 영향을 미치는 회계이익을 회피하고자 한다는 것이다. 즉 경영자는 경영성과가 너무 좋아서 보상 상한을 초과하는 경우에는 다음 연도를 위해 이익을 하향 조정하고자 하는 유인을 갖게 되며, 반대로 경영성과가 너무 악화돼서 보상 하한을 초과할 수 있도록 회계이익을 조절할 수 없는 경우에는 아예 상향조정하는 계획은 포기하고, 대신에 다음 연도의 이익을 증가시키기 위해 금년도에 가능한 모든 손실을 반영하는 방식으로 이익을 더욱 하향 조정하는 소위 big-bath를 하고자 하는 유인을 갖게 된다는 것이다. 따라서 이익유연화가설의 경우에는 회계이익의 분산을 줄이고자 하지만, 경영자보상가설에서는 경영성과가 하한을 밑도는 경우에는 big-bath를 통하여 당해 연도 회계이익을 더욱 줄이므로 분산을 오히려 증가시키는 이익관리를 할 수도 있다는 점이 차이점이다.

예제 6-3 ▌ Big-bath의 개념

다음 그림의 회사 C와 회사 D의 순이익에 대한 추세를 살펴보자. 회사 C의 경우, 순이익 금액은 4년차까지 지속적으로 증가하다가, 5년차 이후부터는 계속해서 감소추세의 모습을 보여주고 있다. 회사 D의 경우는 순이익이 5년차에 급격히 감소했다가 그 이후부터는 매년 안정된 순이익을 창출하고 있음을 보여주고 있다. 회사 C와 회사 D는 그림에 나타난 10년 동안의 순이익 합계액은 동일하다. 당신이 10년차 말에 어떤 회사에 자금을 대출하거나 투자할 것인가를 결정할 경우, 당신은 회사 D를 선택할 것이다.

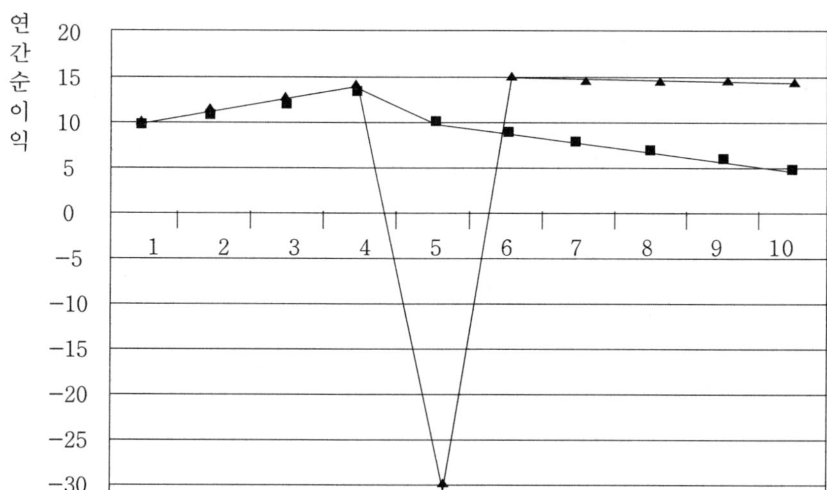

회사 D가 가지고 있었던 문제는 5년차에만 한정되는 것으로 최근에는 순이익의 모습이 안정되어 있기 때문이다. 이에 반해 회사 C가 가지고 있는 순이익의 감소추세 문제는 끝없이 계속되고 있는 것처럼 보인다.

바로 회사 D의 5년차에서 순이익을 큰 폭으로 하락시킨 것이 Big Bath인 것이다. Big Bath가 내포하는 개념은 회사가 미래기간에 지속적으로 순이익을 보고하기를 기대하고 있다면, 특정 연도에 회사의 온갖 나쁜 재료를 반영하는 것이 더 좋다는 것이며, 이에 따라 미래기간은 계속적인 손실발생의 부담에서 벗어나게 된다는 것이다. Big Bath를 실행하는 한 가지 방법은 구조조정비용을 대폭 발생시키는 것이다. 구조조정비용을 발생시키는 방법은 자산을 상각처리하고 미래의 구조조정의무에 관련된 비용을 곧바로 인식하는 것이다.

예제 6-4 ▌ Big-bath전략의 사례

다음은 M상사의 20×3년도 사업보고서에 수록된 경영자의 보고내용의 일부 자료이다.

"첫 번째 분기 중에 우리 회사는 ₩13(십억)의 비용을 계상할 여러 가지 의사결정을 하였습니다. 새로 제정된 회계기준을 적용함에 따라서 ₩7.5(십억)의 비용이 계상되게 되었습니다. 이러한 비용계상액의 크기는 우리 회사의 가장 최상의 장기적인 관점에서 해결하는 것이 필요한 여러 가지 문제를 처리하는데 적절한 기회를 제공하고 있습니다. 이러한 기회를 이용해서 우리 회사는 기존의 퇴직금 지급제도를 수정하였으며, 구조조정에 따른 대규모 조직개편도 실시하였고, 기타 특별비용(손실 포함)도 계상하게 되었습니다. 이에 따라 새로운 회계기준의 적용을 포함해서 새로운 제도의 개편에 따른 비용으로 계상할 금액이 ₩13(십억)에 이르게 된 것입니다.

이러한 결과로 해당 분기에 ₩7.1(십억)의 당기순손실이 보고되게 되었으며, 당해 연도에도 적은 규모의 당기순손실을 보고하게 되었습니다. 이러한 결정이 단기적으로 미치는 영향이 있기 때문에 이렇게 결정하는 것이 어려웠습니다. 그러나 이러한 결정은 회사의 미래에 긍정적인 영향을 미칠 것으로 확신합니다."

이 회사는 20×1년도에 ₩8.6(십억)의 당기순이익을 그리고 20×2년도에는 ₩9.0(십억)의 당기순이익을 보고한 바 있다.

물음 이 회사가 20×3년도에 새로운 회계기준의 적용(강제적 임)과 관련해서 사용한 이익관리전략은 무엇인가? 이 회사가 이 전략을 사용하게 된 이유는 무엇이라고 생각하나?

해답 이 회사의 사업보고서 상의 경영자가 진술한 내용을 보면, 이 회사가 새로운 회계기준의 적용을 함에 따라 대규모의 비용계상이 불가피해지게 된 점을 이용해서 이익관리전략의 하나인 Big Bath 전략을 사용하기로 결정하게 되었다는 사실을 확인할 수 있다.

Big Bath 전략은 특정 기간에 비용계상액을 가능한 한 많이 계상하는 것이며, 대상기간은 보통 경영성과가 현저하게 악화된 기간이거나 경영자 교체, 합병, 또는 구조조정과 같은 특별한 사건이 발생한 기간이 되게 된다. Big Bath 전략은 미래 기간의 당기순이익을 증가시키기 위해서 사용되게 된다. 이 회사의 경영자는 해당 분기에 추가적인 비용을 전액 계상하는 것이 여러 분기에 나누어서 계상하는 것보다 시장에서 덜 불리하게 작용될 것으로 믿고 있다. 이에 따라 이 회사는 Big Bath 전략에 따라 이 시점에서 관련비용을 한꺼번에 계상해서 떨어버렸다. 따라서 이러한 비용은 더 이상 앞으로 인식해야 할 항목으로 나타나지 않을 것이며, 미래에 이 회사의 당기순이익을 증가시키는 방향으로 작용을 하게 될 것이다.

③ 경영권지배구조가설(ownership control or management buyout hypo-thesis) : 이 가설은 경영자가 경영권을 보호하기 위하여 필요한 경우 회계이익을 증가시키거나 감소시키는 회계정책을 선택할 수도 있다는 가설이다. 즉 경영자가 주식 매집을 통하여 지분을 확대하고자 하는 경우에는 회계이익을 감소시키는 회계정책을 선택할 것이며, 경영권에 도전하는 세력에 대항하기 위해서는 주가부양이 필요한데 이를 위해서는 회계이익을 증가시키는 회계정책을 선택할 것이라고 본다.

④ 정치비용가설(political cost hypothesis) : 이 가설은 경영자가 회사의 이해관계를 극대화할 수 있도록 회계정책을 선택할 것이라는 가설이다. 이 가설은 예를 들어 요금규제를 받는 기업은 요금인상을 위해서 회계이익을 감소시키는 회계정책을 선택할 것이며, 수입품과의 경쟁으로 불리한 위치에 있는 기업이 자국정부의 간섭을 통하여 수입규제를 원하는 경우 등에도 회계이익을 감소시키는 회계정책을 선택할 것이라고 가정한다.

예제 6-5 ▎Microsoft사의 사례

Microsoft사는 개인용 컴퓨터 운용시스템 시장의 90% 정도에 해당하는 시장점유율을 가지고 있는 것으로 알려지고 있다. 이에 따라 이 회사는 최근에 규제기관의 주목대상이 되고 있다. 이 회사는 규제기관의 감시대상에서 벗어나기 위해 최근에 보수적인 회계정책을 사용하여 이익을 낮추는 방식으로 이익을 관리한 것으로 알려지고 있다.

Microsoft사가 이익을 적게 보고하기 위해서 사용한 대표적인 항목은 선수금과 소프트웨어 개발비이다. 이 회사의 재무상태표를 보면 선수금계정의 금액이 1996년도보다 훨씬 많은 금액이 1997년에 계상되어 있는 것을 볼 수 있다. 선수금계정은 이 회사가 고객으로부터 대금을 회수하였으나 아직 매출수익으로 보고하지 않은 부분이다. 이 회사는 고객에게 업그레이드와 제품지원을 하는 데 비용이 미래에 발생하기 때문에 대금이 회수된 상태인데도 그 중 일부를 선수금으로 처리한 것이다. 이러한 회계처리정책은 회사의 분기별 경영성과의 급격한 진동폭을 유연하게 해줄 수 있다. 이 회사는 1997년 4분기말에 당기순이익$1.06(단위: 10억 달러)와 주당순이익 $0.80를 보고하였는데, 이는 1996년도의 4분기의 당기순이익 $559(단위: 백만 달러) 또는 주당순이익 $0.43의 89%의 증가인 것이다. 이 당시 분석기관에서는 주당순이익을 $0.79로 예상하였던 것으로 알려지고 있다. 또한 손익계산서를 보면 연구개발비의 비중이 높게 나타나고 있다.

Microsoft회사는 최근에 높은 시장점유율과 이익창출능력으로 인해 규제당국의 감시대상이 되고 있는 상황에서 보고이익을 낮추기 위해서 보수주의적 회계정책을 선택하고 있는 것은 규제당국의 규제를 피하기 위한 의도에서 비롯된 것으로 보여진다. 이는 결국, 규제를 피하기 위해 이익을 하향조정하는 유인을 가지게 된다는 정치적 비용가설에 따른 이익관리 행위와 부합된다 하겠다.

3. 재무제표의 분식방법

1) 장부상의 분식

분식의 궁극적인 목적은 이익을 과대계상하거나 과소계상하는 것이다. 분식의 방법을 회계적으로 이해하면 [표 6-1]과 같다. 이익을 과대계상하거나 과소계상하거나 모두 손익계산서와 재무상태표에 동시에 영향을 미침을 알 수 있다.

[표 6-1]에서 알 수 있듯이 분식결산은 재무상태표와 손익계산서의 양쪽을 조작해야 하기 때문에 재무제표의 분식여부를 발견하기 위해서는 두 재무제표를 동시에 검토해야 한다.

[표 6-1] 분식의 회계적 구조

이익을 과대계상하는 경우(I)

손익계산서		재무상태표
수익의 과대계상	자산의 과대계상	
비용의 과대계상	부채의 과대계상	

이익을 과소계상하는 경우(II)

손익계산서		재무상태표
수익의 과소계상	자산의 과소계상	
비용의 과소계상	부채의 과소계상	

다음에는 이익을 과대계상하는 분식의 유형 몇 가지를 제시해 보기로 한다.

[방법 1] 수익 및 자산의 과대계상

① 매출액과 매출채권을 실제보다 과대계상하여 수익과 매출채권을 과대계상함.

② 가공의 매출액과 매출채권을 계상하여 수익과 매출채권을 과대계상함.

③ 매출채권 회수액을 현금매출로 계상하여 수익과 매출채권을 과대계상함.

④ 차기의 예상매출을 당기의 매출로 계상하여 수익과 매출채권을 과대계상함.

⑤ 자산의 가치를 실제보다 높게 계상하고, 평가이익을 계상함.

[방법 2] 수익의 과대계상과 부채의 과소계상

① 가수금과 선수금 등을 모두 매출액으로 계상하여 수익을 과대계상하고 가수금과 선수금을 과소계상함.

② 차입금을 매출액으로 계상하여 수익을 과대계상하고 차입금을 과소계상함.

③ 충당부채를 적게 계상함으로써 부채와 비용이 과소계상되어 그만큼 이익을 과대계상함.

[방법 3] 비용의 과소계상과 자산의 과대계상.

① 유형자산의 감가상각비를 과소계상함으로써 그만큼 비유동자산과 이익이 과대계상됨.

② 기말의 재고자산을 과대평가함으로써 그만큼 매출원가가 과소계상되면서 이익이 과대계상됨.

③ 수선비 등으로 계상해야 할 것을 하지 않고, 이를 비유동자산으로 계상함으로써 비유동자산의 과대 및 비용의 과소계상이 되면서 이익 과대계상이 됨.

④ 이자비용, 보험료 등을 기간비용으로 처리하지 않고, 선급비용으로 자산화하여 처리함으로써 자산의 과대 및 비용의 과소계상이 되면서 이익이 과대계상 됨.

⑤ 단기투자증권평가손실, 재고자산평가손실 등 자산평가손실을 계상하지 않거나 과소계상함으로써 해당자산의 과대 및 비용의 과소계상이 되면서 이익이 과대계상됨.

⑥ 매출채권에 대한 대손을 과소계상함으로써 매출채권의 과대 및 대손상각비의 과소계상으로 이익이 과대계상됨.

[방법 4] 비용 및 부채의 과소계상

① 미지급된 당기비용, 판매보증비. 퇴직급여 등의 비용을 과소계상하고, 이에 따라 미지급비용, 판매보증충당부채 등의 부채를 과소계상함으로써 이익을 과대계상함.

② 매입채무의 과소계상에 의한 매출원가의 과소계상으로 부채와 비용이 과소계상되어 이익이 과대계상됨.

2) 부외항목의 분식

공표될 이익에 영향을 줄 목적으로 거래사실을 기록하지 않고 장부외로 처리하여 재무제표에서 누락시키는 방법으로서 **부외자산**(unrecorded assets)과 **부외부채**(unrecorded liabilities)가 있다. 부외자산은 이익을 은폐할 목적으로 보유하게 되고, 부외부채는 손실을 은폐하거나 이익을 과대표시할 목적으로 보유하게 된다.

회계등식을 생각하면 자산의 과소계상은 이익의 과소계상을, 부채의 과소계상은 이익의 과대계상을 초래한다는 점을 쉽게 이해할 수 있다. 즉, 「자산 = 부채 + 자본」의 회계등식에서 부외자산인 경우, 자산의 금액이 감소되게 되며, 이 때 부채+자본의 금액도 똑같이 감소되어야 하는데, 부채금액이 일정한 상태에서 감소되어야 할 부분은 바로 자본인 것이다. 자본의 감소는 바로 이익의 과소계상에 기인한다. 부외부채인 경우는 자산이 일정한 상태에서 부채가 과소계상된 경우로 그만큼 자본의 몫이 증가되게 된다. 바로 자본의 증가는 이익의 과대계상에 기인하는 것이다.

부외항목에서 문제가 되는 것은 부외부채라고 보면 된다. 부외부채는 회계담당자의 무지나 실수에 의해서 비롯되는 것도 있지만 회사의 악화된 재무상태와 경영성과를 분식하려는 의도에서 고의로 은폐하는 경우가 대부분이기 때문에 재무제표이용자에게 큰 피해를 입힐 가능성이 많다.

실제로 부도난 기업들의 사례를 보면 거의 예외없이 거래처에 대한 미지급채무나 금융기관으로부터의 차입금 그리고 사채시장에서 빌려다 쓴 빚 등 회사장부에 계상되지 않은 거액의 부외부채가 발견되고 있다.

이 밖에도 판매보증충당부채와 같은 충당부채를 과소계상하거나 금융리스를 운용리스로 회계처리하는 식으로 부외부채를 만들기도 한다.

4. 재무제표의 분식 적발방법

외부이용자가 기업내부에서 조직적으로 교묘하게 이루어진 조작내용을 이용가능한 자료가 제한된 상태에서 찾아내기란 결코 쉽지 않다. 그러나 재무제표 분식의 유무를 확인하는 것은 재무제표 분석의 첫 단계로서 매우 중요하다. 이 일은 쉬운 일이 결코 아니지만 재무제표의 분석방법을 활용하면 어느 정도는 발견할 수 있으며, 설령 발견하지는 못한다 하더라도 의심할 만한 사항을 발견하여 투자나 신용의사결정에 신중을 기할 수 있다. 일반적으로 분식유무를 발견하는 방법은 다음과 같다. 우선 분식의 원인이 되는 경영환경의 변화와 이에 대한 기업의 대응전략, 그리고 그 결과로 나온 경영실적 등을 정확하게 파악함으로써 조작 가능성을 타진한다. 다음에는 재무제표에 대한 분석을 실시해서 분식사실을 확인해야 하는데, 재무제표의 분석은 개별항목의 분석과 재무비율의 분석을 모두 포함하게 된다.

1) 개별항목 분석

개별항목의 분석에서는 재무제표의 각 항목 및 항목 간의 상호관련성을 면밀하게 검토하여, 계상된 금액 및 적용된 회계방법의 타당성을 평가하고, 회계수치와 경영실태를 비교하여 분식유무를 확인한다. 개별항목을 대상으로 분석할 때는 수평적 분석방법(비교재무제표에 의한 추세분석)이나 수직적 분석방법(공통형 재무제표에 의한 구성비분석) 또는 산업간 비교방법을 이용하여 갑자기 증가하거나 감소하는 등 이상증감항목이 있는가를 확인한다. 특히, 재무제표 분식에 주로 사용되고 있는 계정과목(예를 들어 매출채권, 재고자산, 개발비 등)과 계정과목 간의 상호관련성(예를 들어, 매출채권과 매출액의 증가속도 관계)에 초점을 맞춰서 이익조작여부를 확인하는 것이 효과적이다. 상호관련성이 있는 과목에는 상호간에 일정관계가 있기 마련인데, 이러한 관계가 파괴되어 있는 경우에는 분식의 가능성을 의심할 수 있다.

2) 현금흐름표 분석

분식유형들의 공통된 특징은 현금잔액을 과대계상하거나 과소계상하지는 않는다는 것이다. 왜냐하면 현금거래는 인위적인 분식이 어려울 뿐만 아니라 추정치가 개입되지 않기 때문이다. 따라서 현금흐름표는 분식의 영향을 받지 않는 실제 현금흐름을 그대로 투명하게 반영하는 객관적인 정보로서 이를 통하여 분식에 대한 징후를 발견할 수 있다. 즉, 영업활동 현금흐름이 -인 상태에서 많은 이익을 보고하거나 이익이 지속적으로 증가한 경우에는 발생항목인 영업활동과 관련된 유동자산(매출채권, 재고자산, 선급비용, 선급금, 미수수익 등)과 유동부채(매입채무, 미지급비용, 선수금, 선수수익 등)를 이용해서 분식을 시도한 것으로 의심할 수 있다.

3) 재무비율의 분석

재무비율 분석에 의해서 분식의 징후를 발견하기 위해서는 특정기업을 분석대상으로 하여 ① 재무비율의 추세를 살펴보는 방법과 ② 재무비율을 산업전체나 다른 경쟁기업의 재무비율과 비교하는 방법을 적용해서 발견되는 이상성을 가지고 분식의 징후를 판단하는 것이다. 이 방법을 적용하기 위해서는 우선 각 계정과목의 특성은 물론, 계정과목 상호간의 관련성에 대한 지식과 재무비율의 의미에 대한 지식을 갖추어야 한다.

매출채권, 재고자산, 매입채무와 같은 항목은 분식이 가장 많이 이루어지는 대상이므로, 이와 관련된 비율에 각별히 신경을 써야 한다. 회계상 활동성 악화와 수익성 향상이 동시에 나타나는 것은 정상적인 영업상태하에서는 발생하기 힘든 예외적인 현상이다. 즉, 활동성비율인 매출채권회전율과 재고자산회전율이 하락하는 경우에는 그만큼 수익성은 감소하는 것으로 나타나야 한다. 따라서 매출채권회전율과 재고자산회전율이 하락하였는데도 수익성(특히, 매출총이익률)이 향상된 것으로 나타나면 일단 분식을 의심해 볼 수 있다. 이는 가공의 외상매출금과 매출액을 동시에 계상하여 자산과 이익을 과대계상했거나 재고자산의 과대계상을 통해 이익을 과대계상한 것으로 볼 수 있기 때문이다. 또한 매출증가율이 낮은 반면 매출 원가율이 개선되는 경우, 재고자산의 과대계상의 가능성이 높다고 할 수 있다. 매입채무를 은폐할 때에는 매입채무 회전율이 증가하면서 이익이 과대계상된다.

현금흐름표상의 현금흐름비율 중 매출액 질 비율과 이익 질 비율도 분식의 징후를 발견하는 데 유용한 도구가 될 수 있다. 어떤 기업의 매출액 질 비율이나 이익 질 비율이 여러 기간에 걸쳐서 계속 하락하고 있다면 이는 기업이 신뢰할 수 없는 회계적 판단을 이용해서 매출을 앞당겨 계상하거나 가공 계상하는 방식에 의해 이익을 과대계상하고 있는 것으로 의심해 볼 필요가 있다.

이와 같이 재무비율 또는 계정과목 상호간의 논리적인 관련성이 파괴되고 모순이 존재하게 되는 것은 분식의 결과라고 볼 수 있다.

4) 이익조작 적발모형의 사용

이익조작 적발모형은 이익조작 적발에 유용하다고 판단되는 여러 개의 재무비율을 결합하여 구성된 통계적 모형을 말한다. 이익조작 적발모형의 대표적인 모형에는 Beneish의 probit모형(1999)이 있다.

Beneish의 probit모형에 포함된 8가지 재무변수는 다음과 같다.

[표 6-2] 모형에 포함되는 변수

$$\text{매출채권증감지수} = \frac{\dfrac{\text{매출채권}_t}{\text{매출액}_t}}{\dfrac{\text{매출채권}_{t-1}}{\text{매출액}_{t-1}}}$$

$$\text{매출총이익지수} = \frac{\dfrac{\text{매출총이익}_{t-1}}{\text{매출액}_{t-1}}}{\dfrac{\text{매출총이익}_t}{\text{매출액}_t}}$$

$$\text{자산 질지수} = \frac{1 - \dfrac{\text{유동자산}_t + \text{순유형자산}_t}{\text{총자산}_t}}{1 - \dfrac{\text{유동자산}_{t-1} + \text{순유형자산}_{t-1}}{\text{총자산}_{t-1}}}$$

$$\text{매출성장율지수} = \frac{\text{매출액}_t}{\text{매출액}_{t-1}}$$

$$\text{총발생액대총자산지수} = \frac{\text{당기순이익}_t - \text{영업현금흐름}_t}{\text{총자산}_t}$$

$$\text{판·관비지수} = \frac{\dfrac{\text{판·관비}_t}{\text{매출액}_t}}{\dfrac{\text{판·관비}_{t-1}}{\text{매출액}_{t-1}}}$$

$$\text{레버리지지수} = \frac{\dfrac{\text{유동부채}_t + \text{비유동부채}_t}{\text{총자산}_t}}{\dfrac{\text{유동부채}_{t-1} + \text{비유동부채}_{t-1}}{\text{총자산}_{t-1}}}$$

$$\text{감가상각비지수} = \frac{\dfrac{\text{감가상각비}_{t-1}}{\text{감가상각비}_{t-1} + \text{순유형자산}_{t-1}}}{\dfrac{\text{감가상각비}_t}{\text{감가상각비}_t + \text{순유형자산}_t}}$$

모형에 포함된 변수의 내용에 대해서 설명하면 다음과 같다.

(1) 매출채권증감지수(Days in Receivables Index, DSRI)

이 지수는 매출채권과 매출액이 연속적인 2회계연도에 걸쳐서 균형을 이루고 있는지의 여부를 측정하는 비율이다. 이 지수의 큰 폭의 증가는 매출채권에 가공계상분이 있음을 의미한다.

(2) 매출총이익지수(Gross Margin Index, GMI)

회사의 성과가 저조하다는 한 가지 신호는 매출총이익과 관련되어 있다. 한 기업의 매출총이익이 전년도에 비에 이번 연도에 감소될 경우 경영자가 가공의 이익을 만들어 내거나 당기순손실을 축소시키기 위한 회계부정을 시도할 위험은 높아진다. 매출총이익지수는 이를 반영해서 만들어진 비율로서, 이 지수가 높게 나타날수록 이익조작가능성이 높다는 것을 의미한다.

(3) 자산 질지수(Asset Quality Index, AQI)

자산 질지수는 비유동자산에서 유형자산을 차감한 부분이 자산총계에서 얼마나 차지하고 있는가를 측정하는 비율로 총자산 중 미래의 효익이 불확실한 자산의 비중을 나타낸다. 이 지수가 높게 나타날수록 당기비용(수익적 지출)으로 처리해야 할 비용항목을 자본화(자본적 지출로 처리)시켜서 자산으로 계상하는 부분이 많다는 것으로, 결국 비용을 과소계상(미래기간으로 이연)하여 이익을 증가시키고 있다는 의미인 것이다.

(4) 매출액증가율지수(Sales Growth Index, SGI)

당기의 매출액을 전년도의 매출액으로 나누어서 계산되는 이 지수는 매출액의 증가율을 측정하는 것인데, 이 지수를 통해서 매출액에 가공매출이 포함되어 있는지를 밝혀 내는 기초적인 단서를 발견할 수 있다. 따라서 이 지수가 높게 나타날 경우, 가공매출계상 가능성에 대해 의심을 가져야 한다.

(5) 총발생액 대 총자산지수(Total Accruals to Total Assets, TATA)

이 지수의 증가는 당기에 발생항목이 증가했다는 것으로, 이는 경영자가 발생항목(매출채권, 재고자산, 매입채무, 미지급비용 등을 말함)에 대한 재량적인 정책결정권을 악용해서 이익조작을 시도한 것으로 짐작할 수 있다. 본 저서에서는 계산산식을 Beneish가 원래 사용한 복잡한 산식 대신에 현금흐름표상의 영업현금흐름을 활용한 Stickney 등의 저서 Financial Reporting and Statement Analysis(2007)에서 제시한 산식으로 바꾸어서 사용하였다. 이 경우 『당기순이익 − 영업현금흐름 = 발생액』을 의미한다.

(6) 판매비와 관리비지수(Selling and Administrative Expense Index, SAI)

이 지수가 1보다 더 많게 증가하면, 이는 미래 기간의 매출을 증가시키기 위해 판매비와 관리비의 지출이 증가되었다는 것을 의미한다. 그러나 다양한 비용을 자본화시키지 않고 당기비용으로 처리한 결과로 해석할 수도 있다. 그런데 매출성장률을 지속시킬 수 없는 기업은 이익조작을 시도할 가능성이 높다. 이익조작을 시도하는 기업은 비용을 이연시키고, 이에 따라 지수 값이 1보다 낮게 나타나게 된다. 이 경우 이 변수의 계수는 −값을 가지게 될 것이다.

(7) 레버리지지수(Leverge Index, LVGI)

이 지수의 증가는 부채의 비중이 전기에 비해 증가했다는 것으로 부채약정을 위반

할 위험이 높아지게 됨을 의미한다. 이에 따라 부채약정 위반을 회피하기 위해 이익조작을 시도할 필요성이 증가되게 된다.

(8) 감가상각비지수(Depreciation Index, DEPI)

이 지수가 1 이상으로 증가하면 이는 전기에 비해 당기에 계상된 감가상각비 비중이 낮다는 것을 의미한다. 예를 들어 내용연수를 연장하는 식으로 감가상각비 계상액을 낮추어서 이익을 증가시킬 수 있게 된다.

Beneish가 제시한 probit모형은 다음과 같다.

y= −4.840 + .920(DSRI) + .528(GMI) + .404(AQI) + .892(SGI) + .115(DEPI) −.172(SAI) − .327(LVGI) + 4.670(TATA)
y : 이익조작지수

위 식에서 판매비와 관리비지수의 계수가 −로 나타나는 것은 전기에 비해 당기의 매출액 대비 판매비와 관리비의 비중이 낮게 나타날수록 이익을 증가시키기 위한 이익조작 시도 가능성이 높기 때문이다. 레버리지계수도 −로 나타나고 있는데, 재무구조상 부채 비중의 감소는 차입을 통한 자금조달능력의 약화를 의미할 수도 있으며 이에 따라 건전한 기업으로 보이기 위한 이익조작의 시도가능성이 높아질 수 있기 때문이다.

y값 즉, 이익조작지수가 계산되면 이를 이용해서 표준정규분포를 통해서 이익조작확률이 계산되게 된다.

이익조작확률 = F(이익조작지수)

+의 변수 값이 높게 나타날수록 y값이 높게 나타나며, 이에 따라 이익조작확률도 높아지게 된다.

y값에 따른 이익조작확률 계산 결과를 예시하면 다음과 같다.

[표 6−3] 이익조작확률

y값	F(y값)	y값	F(y값)	y값	F(y값)
-2.5	0.006	-0.5	0.309	1.5	0.933
-2.0	0.023	0	0.500	2.0	0.977
-1.5	0.067	0.5	0.691	2.5	0.994
-1.0	0.159	1.0	0.841	3.0	0.999

이익조작을 신호해 주는 Cut-off 확률을 선택하기 위해서는 Type I과 Type II오류간의 상충을 고려하여야 한다. Type I오류는 조작기업을 조작기업으로 식별하지 못하는 것을 말하며, Type II오류는 비조작기업을 조작기업으로 식별하는 것을 말한다. 투자자에게는 Type I오류가 Type II오류보다 비용이 더 많이 발생한다.

Type I오류는 비조작기업으로 분류된 기업이 조작기업으로 밝혀졌을 때 투자자에게 투자금액 전부의 상실을 초래시킨다. 반면에, 비조작기업을 조작기업으로 잘못 분류할 경우, 투자자는 그 기업에 대한 투자로부터 획득할 수 있었던 이익만을 상실하게 되지만, 투자자는 다른 기업에 투자하여 상실이익을 줄이거나 상회할 수도 있다. 따라서 Type I오류의 비용이 훨씬 많이 발생한다고 말할 수 있다. 다양한 Type I과 Type II오류비용의 상대적인 조합에 대한 Cut-off 확률은 다음 [표 6-4]와 같다.

[표 6-4] Cut-off 확률

Type II 오류 대비 Type I 오류비용	Cut-off 확률
10 : 1	6.85%
20 : 1	3.76%
30 : 1	3.76%
40 : 1 또는 그 이상	2.94%

Cut-off 확률을 얼마로 할지는 Type II오류와 비교한 Type I오류의 상대적인 비용에 대한 분석가의 관점에 의존한다.

5. 재무제표의 분식 적발사례

재무제표 분식 기업으로 밝혀진 바 있는 (주)흥양을 사례기업으로 선정해서 분식 적발에 유용한 것으로 알려진 여러 가지 방법을 적용해 보고자 한다.

(주)흥양은 전자제품과 통신기기 등의 제조 및 판매를 목적으로 1974년 설립되었으며, 1987년에 12월 31일에 증권거래소에 주식을 상장하였다. 그 후 1991년 7월에 심한 자금 압박으로 인천지방법원에 회사정리신청을 하여 1992년 12월 법정관리 결정을 받았다가 도산한 기업이다. 이 회사는 금융감독원의 약 1개월에 걸친 특별감리결과 매출채권, 단기대여금, 재고자산, 미수금, 선급금 등의 자산항목을 과대계상하고 거액의 어음차입금을 누락하는 방법으로 재무제표를 조작하여 적자기업을 흑자기업으로 둔갑시킨 기업으로 밝혀졌다.

[표 6-5] 재무상태표

(단위 : 백만원)

계정과목	1988년	1989년	1990년	계정과목	1988년	1989년	1990년
현금과예금	2,225	3,084	1,865	매입채무	3,022	3,982	5,995
유가증권	20	141	401				
외상매출금	1,886	1,646	2,665	단기차입금	6,720	9,596	18,296
받을 어음	720	441	1,483	미지급금	557	491	627
단기대여금	2,049	706	1502				
미수금	32	72	993	유동성장기부채	1,170	1,674	3,158
기타 당좌자산	410	249	167	기타유동부채	94	250	259
당좌자산합계	7,342	6,340	9,076				
재고자산합계	8,380	14,204	24,015	유동부채합계	11,563	15,993	28,335
선급금	625	1,238	2,481	장기차입금	485	185	1,667
기타 유동자산	1,120	2,521	3,245				
기타유동자산합계	2,434	3,759	5,726	사채	4,450	6,000	11,000
유동자산합계	18,156	24,302	38,817				
				퇴직급여충당부채	85	103	120
투자자산합계	2,018	1,820	4,842				
				기타비유동부채	30	30	30
토지	333	3,142	6,191	비유동부채합계	5,050	6,318	12,817
건물	821	831	803	부채총계	16,614	22,311	41,152
기계장치	527	522	475				
차량운반구	63	69	80				
공구와기구비품	826	1,154	1,474	자본금	3,300	4,300	6,015
기타유형비유동자산	36	34	32	자본잉여금	1,870	4,598	5,846
(감가상각누계액)	1,793	2,413	2,993				
건설중인자산		22	562	이익잉여금	1,100	909	1,107
유형자산합계	2,606	5,774	9,617				
무형자산합계	104	222	844				
비유동자산합계	4,728	7,816	15,303	자본총계	6,270	9,807	12,968
자산총계	22,884	32,118	54,120	부채와자본총계	22,884	32,118	54,120

이 기업은 1987년에는 20억 원, 1988년에는 50억 원, 1989년에는 100억 원, 1990년에는 130억 원의 적자가 발생하였으며, 1990년 12월 31일 현재 총누계 300억 원 정도의 적자가 누적된 것으로 밝혀졌다.

[표 6-5]는 (주)흥양의 3년분 요약재무상태표와 요약손익계산서이다.

[표 6-6] 손익계산서

(단위 : 백만원)

	1988년	1989년	1990년
매출액	22,063	23,869	25,450
매출원가	18,755	18,894	17,344
매출총이익	3,309	4,976	8,106
판매비와관리비	1,699	2,290	2,824
영업이익	1,610	2,686	5,282
영업외수익	962	655	540
이자수익	520	477	467
기타수익	442	184	74
영업외비용	1,854	2,613	4,885
이자비용	1,489	2,163	4,304
기타손실	367	450	581
법인세비용차감전순이익	718	728	937
법인세비용	298	281	393
당기순이익	418	452	545

1) 공통형 재무제표 작성을 통한 이상항목 발견

먼저 재무상태표와 손익계산서를 공통형 재무제표로 변환시켜 자산구성, 재무구조, 수익·비용구조와 변화추세를 분석해봄으로써 개별 계정과목상의 이상항목을 발견해 보고자 한다.

공통형 재무상태표를 볼 것 같으면 유동자산 비중이 3년 동안 70%를 모두 상회하는 반면, 비유동자산은 30%를 밑돌고 있는데, 이는 제조업에서 찾아보기 힘든 특이한 자산구성이라고 말할 수 있다. 비유동자산에서도 토지의 비중이 높고 생산설비의 비중이 낮은 것을 보면 이 회사는 이미 사업을 거의 포기한 상태가 아닌가 하는 생각이 들 정도로 가망이 없는 부실한 회사라고 판단된다. 유동자산의 구성을 보면 재고자산의 비중이 상당한 비중을 차지하고 있으며, 그 다음으로 매출채권이 뒤를 잇고 있어 이 두 계정과목이 정밀검토대상이 됨을 알 수 있다.

재무구조를 볼 것 같으면, 부채의 비중이 70%선을 상회하고 있는 반면, 자기자본은 30%를 밑돌고 있어 재무구조가 건전한 기업이 아님을 파악할 수 있다. 만성적으로 자금난에 시달리고 있는 회사가 엄청난 재고자산을 보유하고 있으며, 또한 임·직원에게 대여금을 지급하고 있다는 것과 재고자산(원재료)를 구입하기 위해서 적지 않은 선급금을 지급하고 있다는 점은 선뜻 이해하기 힘든 것으로 심층 분석 대상임을 알 수 있다.

[표 6-7] 공통형 재무상태표

(단위 : %)

계정과목	1988년	1989년	1990년	계정과목	1988년	1989년	1990년
현금과예금	9.7	9.6	3.4	매입채무	13.3	12.4	11.1
유가증권	0.1	0.4	0.7	단기차입금	29.4	29.9	33.8
매출채권	11.3	6.5	7.6	미지급금	2.5	1.6	1.5
단기대여금	9.0	2.2	2.8	유동성장기부채	5.1	5.2	5.8
미수금	0.1	0.2	1.8	기타유동부채	0.3	0.7	0.2
선급금	2.7	3.9	4.6	유동부채합계	50.5	49.8	52.4
재고자산	36.6	44.2	44.4	장기차입금	2.1	0.6	3.1
기타유동자산	5.0	8.6	6.3	사 채	19.4	18.7	20.3
유동자산합계	79.3	75.7	71.7	퇴직급여충당부채	0.4	0.3	0.2
투자자산	8.8	5.7	8.9	기타비유동부채	0.1	0.1	0.1
유형자산	11.4	18.0	17.8	비유동부채합계	22.1	19.7	23.7
무형자산	0.5	0.6	1.6	부채총계	72.6	69.5	76.0
비유동자산합계	20.7	24.3	28.3	자본총계	27.4	30.5	24.0
자산총계	100	100	100	부채와자본총계	100	100	100

[표 6-8] 공통형 손익계산서

(단위 : %)

	1988년	1989년	1990년
매출액	100	100	100
매출원가	85.0	79.2	68.2
매출총이익	15.0	20.8	31.8
판매비와관리비	7.7	9.6	11.1
영업이익	7.3	11.3	20.8
영업외수익	4.4	2.7	2.1
이자수익	2.4	2.0	1.8
기타수익	2.0	0.7	0.3
영업외비용	8.4	10.9	19.2
이자비용	6.7	9.1	16.9
기타손실	1.7	1.9	2.3
법인세비용차감전순이익	3.3	3.0	3.7
법인세비용	1.4	1.2	1.5
당기순이익	1.9	1.9	2.1

공통형 손익계산서를 살펴보면 매출원가 비중이 계속해서 큰 폭으로 하락하고 있으며, 이자비용 비중은 큰 폭으로 매년 증가추세를 보이고 있는 점이 눈에 띈다. 매출원

가 하락률이 5% 이상이면 그 원인과 타당성을 반드시 분석해보아야 한다. 이자비용의 큰 폭의 증가는 재무상태표에서 이미 파악된 것처럼 차입의존도가 매년 높아지고 있는데서 그 원인을 찾을 수 있을 것이다. 매출액 대비 이자비용 비중이 10%를 초과하는 경우에는 한계기업으로 간주되는데, 1990년에 이 기준을 훨씬 초과하고 있어 매우 위험한 상태에 도달한 것으로 보여진다. 이런 기업의 경우 부채를 축소계상시켜 부외부채로 처리할 가능성도 많기 때문에 이 부분 역시 심도 있게 분석해야 할 부분으로 보아야 한다.

2) 수평적 분석(추세분석)을 통한 이상항목 발견

수평적 분석을 위해 모든 계정과목에 대한 증감률을 나타낸 이 기업의 2년분 비교 재무상태표와 비교 손익계산서는 [표 6-9]와 [표 6-10]에 있다.

[표 6-9] 비교 재무상태표

(단위 : %)

계정과목	1989년	1990년	계정과목	1989년	1990년
현금과예금	38.6	−39.5	매입채무	31.8	50.6
유가증권	605.0	184.4	단기차입금	42.8	90.7
매출채권	−19.9	98.8	미지급금	−11.8	27.7
단기대여금	−65.5	112.8	유동성장기부채	43.1	88.6
미수금	125.0	1,279.2	기타유동부채	166.0	3.6
선급금	98.1	100.4	유동부채합계	38.3	77.2
재고자산	69.5	69.1	장기차입금	−61.9	801.1
기타유동자산	124.3	28.7	사 채	34.8	83.3
유동자산합계	33.9	59.7	퇴직급여충당부채	21.2	16.5
투자자산	−9.8	166.1	기타비유동부채	0.0	0.0
유형자산	121.6	66.6	비유동부채합계	25.1	102.9
무형자산	113.5	280.2	부채총계	34.3	84.5
비유동자산합계	65.3	95.8	자본총계	56.4	32.2
자산총계	40.4	68.5	부채와자본총계	40.4	68.5

비교재무상태표를 보면 몇 가지 이상스러운 증가율을 보이고 있는 계정과목을 발견할 수 있다. 1990년도에 현금예금이 급격하게 감소되어 현금보유능력이 현저하게 감퇴되었음을 알 수 있다. 따라서 그 원인분석이 반드시 필요한 항목이 되고 있다. 반면에 매출채권의 증가율은 높게 나타나고 있으며, 재고자산의 증가율은 전년도와 비슷하

게 큰 폭의 증가율을 나타내고 있어 심층분석대상항목이 되고 있다. 또한 대여금, 미수금, 선급금 및 무형자산도 큰 폭의 증가율을 나타내고 있어, 문제의 소지를 안고 있는 의문항목임을 짐작할 수 있게 한다.

조작의 대상이 되고 있는 항목을 중심으로 비교 재무상태표와 비교 손익계산서를 통해 동시에 연결시켜서 분석해 보면, 다음과 같은 현상을 발견할 수 있다. 매출채권의 증가율은 1990년도의 경우 98.8%인데 반해, 매출액의 증가율은 단지 6.6%에 지나지 않고 있다. 이와 같이 매출채권의 증가율이 매출액의 증가율보다 훨씬 빠르게 나타나고 있는 것은 가공의 매출채권이 계상되었을 가능성을 암시해주는 단서이다. 마찬가지로 재고자산의 증가율은 1989년과 1990년에 각각 69.5%와 69.1%를 기록하고 있는 데 반해, 매출액증가율은 각각 8.2%와 6.6% 에 지나지 않는다. 이러한 차이는 재고자산에 가공계상분과 진부화 품목이 있다는 강력한 단서를 제공해주고 있다. 매출원가가 감소율을 보이는 것도 재고자산의 과대계상에 기인하는 것으로 추측할 수 있게 해준다.

한편 대여금, 미수금, 선급금 및 무형자산도 매출액증가율보다 큰 폭의 증가율을 나타내고 있어, 이 부분에도 분식이 시도되었을 가능성을 짐작할 수 있게 해준다.

[표 6-10] 비교 손익계산서

(단위 : %)

	1989년	1990년
매출액	8.2	6.6
매출원가	0.1	-8.2
매출총이익	50.4	62.9
판매비와관리비	34.8	23.3
영업이익	66.8	96.6
영업외수익	-31.9	-17.6
이자수익	-8.3	-2.1
기타수익	-58.4	-59.8
영업외비용	40.9	85.8
이자비용	45.3	99.0
기타손실	22.6	29.1
법인세비용차감전순이익	1.4	28.7
법인세비용	-5.7	39.9
당기순이익	8.1	20.6

3) 현금흐름표를 통한 분식징후 발견

[표 6-9]의 현금흐름표상의 영업활동 현금흐름을 볼 것 같으면, 이 회사의 3년 동안의 영업활동 현금흐름은 모두 -를 보이고 이 회사의 자금사정은 매우 어렵다는 것을

다시 한 번 확인할 수 있다.

그리고 이 원인은 재고자산에의 과잉투자와 매출채권의 증가 그리고 상당한 수준의 이자비용의 지급에 있음을 알 수 있다. 한편 앞에서 지적했듯이 당기순이익은 흑자이면서 현금흐름표상의 영업활동 현금흐름이 큰 폭의 적자를 보이고 있는 회사는 분식가능성이 매우 높다고 말할 수 있다. 따라서 이 회사는 재고자산과 매출채권을 중심으로 분식결산해서 흑자로 둔갑시켰을 가능성이 많음이 재차 확인된 셈이기 때문에 이들 계정과목을 중심으로 조작발견을 위한 세밀한 분석방법인 재무비율분석을 적용해서 확증을 찾아낼 필요가 있다.

[표 6－11] 현금흐름표상의 영업활동 현금흐름

(단위 : 백만원)

	1988년	1989년	1990년
영업활동 현금흐름	(6,056)	(2,844)	(11,782)
당기순이익	418	452	545
감가상각비	559	657	583
기타비현금지출비용	52	163	405
매출채권의 (증가) 또는 감소	(1,885)	517	(2,061)
재고자산의 (증가) 또는 감소	(3,545)	(5,824)	(9,811)
기타유동자산의 (증)감	(1,948)	138	(3,601)
매입채무의 증가	315	961	2,013
기타유동부채의 증(감)	(22)	89	145

4) 재무비율분석에 의한 분식징후 발견

(1) 재고자산 조작

보통 실무에서는 총자산대비 재고자산의 비중이 20% 이상 초과하면 정밀분석을 통해 조작가능성을 조사하도록 되어 있다. 이 때 사용하는 비율은 재고자산 대 월평균매출원가, 재고자산 대 매출액, 재고자산회전율 또는 재고자산 평균보유기간 등이 있다. 한편 재고자산 중에서 원재료의 비중이 높은 경우는 분식가능성이 대단히 높은 것으로 알려져 있다. 따라서 이 회사 재고자산의 구성을 살펴본 결과 다음 [표6－12]와 같이 나타났다. 표에서 쉽게 알 수 있듯이 역시 이 회사는 원재료의 비중이 대단히 높아 가공의 원재료를 계상했을 가능성을 높여주고 있다.

[표 6-12] 재고자산일람표

(단위 : 백만원)

	1988	1989	1990
상 품		392	1,737
제 품	529	1,143	1,395
재공품	389	1,305	437
원재료	6,975	10,794	19,913
기 타	487	570	532
합 계	8,380	14,204	24,015

몇 개월분의 재고자산을 보유하고 있는 지를 계산해주는 재고자산 대 월평균매출원가비율을 계산해 보자. 이 경우 3개월 이상의 값이 계산되어 나오면 재고자산에 대한 과잉투자 또는 가공계상에 의한 조작일 가능성이 높다.

$$\text{재고자산보유기간} = \frac{\text{재고자산}}{\text{월평균매출원가}}$$

$$\text{88년}: \frac{₩8,371}{₩18,755 \div 12} = 5.4\text{개월}$$

$$\text{89년}: \frac{₩14,204}{₩18,894 \div 12} = 9\text{개월}$$

$$\text{90년}: \frac{₩24,015}{₩17,344 \div 12} = 16.6\text{개월}$$

계산된 값을 보면 모두 3개월분 이상을 보유하고 있으며, 특히 90년에는 1년 5개월분을 보유하고 있어 정상적인 기업의 경우 있을 수 없는 터무니없는 상황이기 때문에 가공계상에 의한 분식임을 확신할 수 있다. 이는 다음과 같이 계속 큰 폭으로 증가하는 재고자산 대 매출액비율과 매우 느린 재고자산회전율에 의해서도 조작사실은 명백히 확인된다.

$$\text{재고자산보유비율} = \frac{\text{재고자산}}{\text{매출액}}$$

$$\text{88년}: \frac{₩8,380}{₩22,063} = 0.38$$

$$\text{89년}: \frac{₩14,204}{₩23,869} = 0.60$$

$$\text{90년}: \frac{₩24,015}{₩25,450} = 0.94$$

$$재고자산회전율 = \frac{매출원가}{평균재고자산}$$

$$88년\ 재고자산회전율: \frac{₩18,755}{₩6,608} = 2.84$$

$$89년\ 재고자산회전율: \frac{₩18,894}{₩11,292} = 1,64$$

$$90년\ 재고자산회전율: \frac{₩17,344}{₩19,110} = 0.91$$

재고자산회전율이 계속 하락하고 있는 상황에서 매출총이익률이 계속 상승하고 있는 것은 논리적 관련성이 없는 것으로 재고자산이 과대계상되었기 때문에 발생된 현상이라고 단정할 수 있다.

(2) 매출채권의 조작

이 회사의 매출채권은 외상매출금과 받을어음으로 그 비중은 다음 [표 6-13]과 같다.

[표 6-13] 매출채권일람표

(단위 : 백만원)

구분	1988년		1989년		1990년	
	금액	비중(%)	금액	비중(%)	금액	비중(%)
외상매출금	1,886	72	1,646	79	2,665	64
받을어음	720	28	441	21	1,483	36
합계	2,606	100	2,088	100	4,149	100

이 회사는 심각한 자금난을 겪고 있는 상황이기 때문에 가능한 한 받을어음을 할인하여 현금화할 필요성이 매우 높은 회사인데도 불구하고 받을어음을 상당부분 그대로 보유하고 있음을 알 수 있는데, 이는 이해하기 힘든 점이다. 따라서 이 받을어음은 할인할 수 없는, 즉 가공으로 계상된 매출채권이 아닌가 생각된다.

한편, 매출채권보유비율과 매출채권회전율에 의해서도 조작의 가능성을 탐색할 수 있다. 매출채권보유비율의 적정성은 이 기업이 속한 산업의 평균비율이나 우량기업과 비교해야 알 수 있다. 그러나 1987년도의 매출채권보유비율을 계산해서 추세를 비교하면 높은지 여부가 밝혀진다. 1987년의 매출채권보유비율은 0.03(₩721/₩21,127)으로, 이 비율값과 1988년 이후의 값을 비교해 보면 이후의 비율이 큰 폭으로 증가된 것이 분명해져 가공 매출채권을 계상했을 가능성을 예상할 수 있다.

$$매출채권보유비율 = \frac{매출채권}{매출액}$$

$$88년\ 매출채권보유비율:\ \frac{₩2,606}{₩22,013} = 0.12$$

$$89년\ 매출채권보유비율:\ \frac{₩2,088}{₩23,869} = 0.09$$

$$90년\ 매출채권보유비율:\ \frac{₩4,149}{₩25,450} = 0.16$$

매출채권회전율도 계속 감소되고 있어서 즉, 현금으로 회수되는 속도가 느려지고 있어서 역시 매출채권의 조작가능성을 확인할 수 있다.

$$매출채권회전율 = \frac{매출액}{평균매출채권잔액}$$

$$88년\ 매출채권회전율:\ \frac{₩22,063}{(₩721 + ₩2,606)/2} = 13.3$$

$$89년\ 매출채권회전율:\ \frac{₩23,868}{(₩2,606 + ₩2,088)/2} = 10.2$$

$$90년\ 매출채권회전율:\ \frac{₩25,450}{(₩2,088 + ₩4,149)/2} = 8.2$$

(3) 부채의 조작

이 회사는 차입금 의존도가 계속 높아지고 있으며, 이를 반영하듯이 이자비용도 큰 폭으로 증가하고 있다. 실무에서는 대개 부채 대 매출액비율을 60~70%를 정상, 100% 초과를 부실가능성, 150%를 부도위기로 진단한다. 이 회사의 부채 대 매출액비율을 계산해 보면 다음과 같다. 87년의 75%에서 88년 94%로 부실가능성이 높아지다가 90년에는 162%로 부도가능성이 상존하는 위험기업으로 바뀐 것을 알 수 있다. 따라서 이 회사는 계속되는 자금압박 속에서 엄청난 부족자금을 계속 조달하기 위해서는 부채비율을 가능한 조금이라도 낮추어야 필요성을 절감하고 있었을 것이다. 이에 따라 부채를 축소계상하였을 가능성이 대단히 높다.

$$매출대비\ 부채비율 = \frac{부채총계}{매출액}$$

$$88년\ 매출대비\ 부채비율:\ \frac{₩16,614}{₩22,063} = 0.75$$

$$89년\ 매출대비\ 부채비율\ :\ \frac{₩22,311}{₩23,869} = 0.94$$

$$90년\ 매출대비\ 부채비율:\ \frac{₩41,152}{₩25,450} = 1.62$$

매입채무의 축소계상여부를 확인하기 위해서 매입채무회전율을 계산해 보았다. 그 결과, 매입채무회전율이 계속 하락하고 있어 이 비율을 통해서는 조작가능성을 발견할 수 없었다. 따라서, 이 회사는 차입금 쪽에서 조작했을 가능성이 높은 것으로 추정할 수 있다. 이는 어음차입금의 누락사실을 확인한 금융감독원의 특별감리결과와도 일치된다. 그러나 매입채무회전율의 계속적인 하락을 통해서 이 회사의 자금난이 심화되고 있음을 추측할 수 있다.

$$\text{매출채무회전율} = \frac{\text{매출원가}}{\text{평균매출채권잔액}}$$

$$\text{88년 매입채무회전율: } \frac{₩18,755}{(₩2,707 + ₩3,022)/2} = 6.5$$

$$\text{89년 매입채무회전율: } \frac{₩18,894}{(₩3,022 + ₩3,982)/2} = 5.4$$

$$\text{90년 매입채무회전율: } \frac{₩17,344}{(₩3,982 + ₩5,995)/2} = 3.5$$

5) 이익조작 적발모형의 적용

Beneish가 개발한 이익조작 적발모형에 필요한 사례기업의 다음 [표 6-14]와 같은 관련 변수값을 적용해 보았다.

[표 6-14] 모형에 포함되는 회계정보

㈜흥양	1987년	1988년	1989년	1990년
매출채권	721	2,606	2,087	4,148
유동자산	9,444	18,156	24,302	3,817
유형자산	2,628	2,606	5,774	9,617
자산총계	13,116	22,884	32,118	54,120
유동부채	7,234	11,563	15,993	28,335
비유동부채	2,908	5,050	6,318	12,817
매출액	21,127	22,063	23,869	25,450
매출원가	18,940	18,755	18,894	17,344
판매비와관리비	1,054	1,699	2,290	2,824
당기순이익	418	418	452	545
영업현금흐름	−3,254	−6,056	−2,844	−11,782
감가상각비	499	559	657	583

그 결과, 다음 [표 6-15]와 같은 변수값과 이익조작확률이 계산되었다.

[표 6-15] 모형변수 값과 이익조작확률

이익조작예측비율	1988년	1989년	1990년
매출채권증감지수	3.1842	0.6810	1.7149
매출총이익지수	0.3645	0.3798	0.3455
자산질지수	0.4707	0.2770	0.6676
매출성장율지수	0.9315	0.9650	0.9511
감가상각비지수	0.1039	0.1988	0.2055
판매비와관리비지수	−0.2655	−0.2143	−0.1989
레버리지지수	−0.3070	−0.3129	−0.3579
총발생액대총자산지수	1.3237	0.4802	1.0657
상수	−4.84	−4.84	−4.84
y값	0.9660	−2.3853	−0.4464
이익조작확률	0.8330	0.0085	0.3276

이익조작확률을 보면 조작연도인 1988년, 1989년 및 1990년의 경우, 이익조작 확률이 각각 0.8329(83.3%), 0.0085(0.85%)와 0.327(32.7%)으로 계산되었다. Beneish가 제시한 Type II와 Type I의 오류비용을 고려한 Cut-off 확률에 따라 해석해 보면 1988년의 이익조작확률 83.3%는 Type II와 Type I의 오류비용의 다양한 조합을 고려한 모든 Cut-off 확률보다 높은 값으로 분식의 징후가 확실함을 신호해 주고 있으며, 반면에 1989년도의 이익조작확률 0.85%는 Type II와 Type I의 오류비용의 다양한 조합을 고려한 모든 Cut-off 확률보다 낮은 값으로 분식가능성의 징후가 없음을 신호해 주고 있다. 1990년도는 32.7%로 역시 분식 가능성이 확실하다는 경고신호를 보내주고 있다. 이에 따라 Beneish모형은 1988년과 1990년의 재무제표 분식을 성공적으로 적발하고 있지만, 반면에 1989년의 이익조작을 적발하는데 실패하고 있음을 보여주고 있다. 이는 1989년의 경우, 분식의 정도가 심하지 않았거나, 아니면 1988년의 분식의 정도가 너무 컸던 상황에서 그 수준보다 낮은 정도의 분식을 했다면 Beneish모형에 포함된 변수 값이 모두 의미 있는 값이 되지 못하여 이익조작확률을 높이지 못한 것으로 추정할 수 있다. 반면에, 1988년과 1990년에서는 변수 중 매출채권증감지수와 자산질지수 및 총발생액대총자산지수에서 의미있는 값을 보이고 있어, 이 부분에서 분식이 심하게 이루어진 것을 신호하면서 이익조작확률을 높인 것으로 판단할 수 있다. 즉, 1988년과

1990년의 경우 가공의 매출채권 계상, 비용화 대신 부당한 자본적 지출 처리 및 매출채권과 재고자산의 가공계상 등의 방식을 사용해서 분식하였다는 것을 보여 주고 있다. 그러나 1989년의 분식을 적발하는데 실패하고 있기 때문에 Beneish모형은 이익조작 적발에 사례기업에 있어서 부분적으로 타당한 모형이 되고 있는 한계점을 보여 주고 있다. 즉, 모형에 포함된 변수와 관련된 조작이 시도되었고, 전기에 비해 증감변동의 차이가 큰 폭일 때 Beneish모형은 이익조작 적발에 매우 효과적인 모형이라고 말할 수 있다.

6) 이익조작 적발기법의 적용 종합

사례기업의 재무제표 자료에 대해 분식을 적발하는데 유용한 방법을 적용하여 분식항목을 찾아보았다. 먼저 수직적 및 수평적 분석을 통해, 즉 공통형 재무제표 분석 및 비교 재무제표 분석을 통해서 이상항목을 찾아내었으며, 이들 항목은 재고자산과 매출채권, 그리고 차입금과 이자비용으로서 주된 조작대상 항목과 일치되는 것도 확인되었다. 그 다음 현금흐름표상의 영업활동 현금흐름과 순이익을 비교함으로써 발생항목에 대한 분식가능성이 높다는 점도 재차 확인하였다. 이에 따라 조작가능성이 높은 항목을 중심으로 재무비율분석을 실시하여 세밀한 분석을 수행하였다. 그 결과, 앞의 방법을 적용해서 확인되었던 대부분의 항목에서 조작의 징후를 발견하게 되었다.

그 결과를 정리하면 이 회사는 재고자산에 대해서 터무니없을 정도로 가공계상하였으며, 매출채권에 대해서도 가공계상하는 식으로 조작을 하고 있었다. 그리고 차입금의 일부를 누락시켜 부외부채로 처리하고 있음도 확인할 수 있었다. 이외에도 단기대여금과 선급금항목도 조작의 대상이 되었을 것으로 추정되었다. 왜냐하면 단기대여금의 경우, 극심한 자금난과 차입금 의존도가 높아지고 있는 상황에서 임직원에게 복리후생차원에서 대여한다는 것은 상식을 벗어나는 행동이기 때문이다. 그런데 이 회사는 엄청난 부족자금을 차입에 의존하면서도 임직원에게 90연도의 경우, 15억 원을 대여한 것으로 나타나고 있다. 이것은 현실적으로 맞지 않은 것으로 거의 대부분의 금액이 적자를 흑자로 둔갑시키기 위해 계상된 가공자산일 것으로 보여진다. 대여금에 대한 이자수익의 수익률을 계산해 보아도 1990년에 31%(₩467/₩1,502), 1989년에 68%(₩477/₩706), 1988년에 25.4%(₩520/₩2,049)라는 터무니없는 수익률로 계산되기 때문에 이자수익 역시 가공으로 계상되었을 가능성이 높다.

선급금의 경우도 보면, 선급금은 원자재를 확보하기 위해서 계약금으로 미리 지급된 돈인데, 이 회사는 엄청난 원자재(실제는 많은 부분이 가공자산임을 앞에서 확인한 바 있음)를 확보하고 있는 상태에서 또한 심각한 자금난 속에서 선금까지 지급하면서 원자재를 추가확보해야 할 이유는 전혀 없다고 판단된다. 따라서 이 자산 역시 이익을 계상하기 위한 가공자산으로 보아야 할 것이다.

한편, Beneish가 개발한 이익조작 적발모형을 적용한 결과, 이익조작이 극심했던 1988년과 1990년의 이익조작확률을 83.3%과 32.7%로 제시하면서 이익조작적발에 효과적인 모형임을 입증하고 있다. 그리고 모형에 포함된 변수값을 통해서 조작이 시도된 항목과 앞서의 다른 기법을 적용하여 발견한 결과와 거의 일치되고 있음을 확인할 수 있었다.

6-1 객관식문제

01 가나다회사의 20×1년도 손익계산서를 보면 거액의 구조조정비가 계상되어 있다. 그리고 20×2년부터 순이익이 안정적으로 증가하는 추세를 보이고 있다. 이러한 사례를 설명할 수 있는 가설은 다음 중 어떤 것인가?

① 이익유연화가설 ② big bath가설
③ 재무분석가 기대 충족가설 ④ 창의적 회계처리가설

02 이익유연화가설에 일치되는 회계처리는?

① 순이익이 많이 계상되는 연도에 거액의 대손상각비를 인식하는 것
② 제품을 인도하기 전 또는 용역을 제공하기 전 계약 체결시 수익을 인식하는 것
③ 순이익이 적게 계상되는 연도에 거액의 대손상각비를 인식하는 것
④ 재무분석가의 이익예상치에 맞게 조정하는 것

03 다음 중 신생기업들이 빈번히 저지르는 이익관리기법은?

① 재무분석가의 이익기대수준에 맞추기 위해 약간의 조정을 하는 행위
② 순이익이 많이 계상되는 연도에 보증비용을 대폭으로 계상하는 행위
③ 제품을 인도하기 전 또는 용역을 제공하기 전에 앞서서 계약 체결시 수익을 인식하는 행위
④ 개발비를 비용처리하는 행위

04 수익가득과정이 종료되었는데도 수익인식의 시기를 다음 연도로 늦추는 행위를 설명하는 이익관리기법은?

① 이익유연화가설 ② big bath가설
③ 재무분석가 기대 충족가설 ④ 창의적 회계처리가설

05 과도한 이익관리를 맨 처음 초래시키는 전형적인 사건은 다음 중 어느 것인가?

① 규제기관의 조사
② 이해관계자의 기대 충족에 대한 압박
③ 사업의 침체
④ 일반적으로 인정된 회계원칙의 위반

06 유동비율의 한 가지 문제점은 이익조작의 대상이 될 수 있다는 점이다. 가나다회사는 결산하기 직전 유동비율이 1.5로 나타나고 있다. 이 회사의 경영자는 유동비율을 1.5 이상으로 높이고 싶어한다. 이를 위한 방법으로 적당한 것은?

① 결산일 전에 매입채무를 상환한다.
② 재고자산을 추가로 외상구입한다.
③ 단기투자금융자산을 현금 매입한다.
④ 재고자산을 추가로 현금구입한다.

07 재무제표분식은 대게 누구에 의해서 저지러지는가?

① 최고경영자　② 경영진
③ 주주　④ 외부인
⑤ ①과 ②

08 다음 중 재무제표 분식의 징후와 가장 거리가 먼 것은 어느 것인가?

① 노년층 이사
② 이사와 경영진간의 친족관계
③ 매출액 증가 없는 매출채권의 큰 폭의 증가
④ 기업의 규모

09 대부분의 재무제표분식은 규모가 크고 수익성이 있는 회사보다는 단순한 경영구조를 지닌 규모가 작은 회사에서 발생한다. 그 이유는?

① 규모가 작은 기업은 양호한 내부통제를 실시하기가 쉽기 때문에
② 규모가 작은 기업은 투자자가 없기 때문에
③ 경영진의 부정은 경영상의 더 공식적인 조직구조를 갖춰었을 때 저지르기가 더욱 어렵기 때문에
④ 규모가 큰 기업의 임직원들이 더 정직하기 때문에

10 다음 중 재무제표 분식의 조짐이 아닌 것은?

① 비이례적으로 수익성의 급격한 신장
② 적대적 인수 위협
③ 한 두 제품에 대한 의존도 심화
④ 거액의 이용가능한 현금

11 재무제표 분식에 가장 많이 이용되는 항목은?

① 비용　② 재고자산　③ 수익　④ 매입채무

12 회사가 순이익을 축소계상하려는 이유는?

① 이익을 증가시키기 위해서　② 주가를 상승시키기 위해서
③ 소비자 신뢰를 증대시키기 위해서　④ 세금을 탈루하기 위해서

13 수평적분석은 어떤 방법인가?

① 기간별로 재무제표 금액을 검토하는 방법
② 기간별로 계정잔액의 변동비율을 검토하는 방법
③ 기간별로 거래를 조사하는 방법
④ 해당 사항 없음

14 가공의 매출채권을 계상하는 것은 대게 어떤 상황을 초래시키는가?

① 일정한 매출환입비율　② 매출할인비율의 증가
③ 매출채권회전률의 증가　④ 매출채권회수기간의 증가

15 재무제표상의 기록된 금액과 그 금액이 나타내고자 하는 실재자산과의 비교는 어떤 분식을 적발하는데 가장 효과적인가?

① 현금과 재고자산분식　② 매입채무 분식
③ 수익 관련 분식　④ 매출채권 분식

16 재고자산 분식을 조사할 때 가장 중요한 질문 사항은?

① 재고자산의 성격　② 재고자산의 보유기일
③ 재고자산의 판매가능성　④ 위의 세 가지 모두

17 다음 비율 중 재고자산과 매출원가 관련 분식을 조사하는 데 일반적으로 사용되지 않는 것은?

① 매입채무회전률　② 매출총이익률
③ 재고자산회전률　④ 재고자산 보유기간

18 수익 분식에 사용되는 계정과목과 거리가 먼 것은?

① 매출채권　② 대손상각비　③ 재고자산　④ 매출할인

19 다음 비율 중 수익 관련 분식을 적발하는데 유용하지 않는 것은?

① 매출총이익률　② 총자산회전률
③ 매출채권회전률　④ 위의 비율 모두 유용함

20 수익을 과대계상하는 가장 흔한 방법은 ?

① 수익의 조기 인식 ② 수익인식의 기한 남용

③ 가공수익 계상 ④ 해당 사항 없음

21 다음 비율 중 거액의 수익 관련 분식을 적발하는데 유용하지 않는 것은?

① 매출총이익률 ② 유동비율 ③ 운전자본회전률 ④ 매출채권회전률

22 다음 비율 중 수익 관련 분식의 가능성을 드러내는 설명이 올바르게 연결된 것은?

① 매출총이익률 ; 이 비율은 경영자가 재고자산을 과대계상하였을 경우 증가한다.

② 매출환입비율: 이 비율의 갑작스러운 감소는 고객의 할인이 회계장부상에 기입되지 않았다는 것을 의미할 수 있다.

③ 매출채권 대 대손충당금비율: 회사가 가공의 매출채권을 계상한 경우 이 비율은 증가한다.

④ 매출액영업이익률: 이 비율의 갑작스러운 감소는 분식을 의미할 수 있다.

23 매입채무 관련 부채가 과소계상된 경우 매입과 재고자산은 종종 어떻게 표시되는가?

① 과대계상 ② 과소계상 ③ 올바르게 계상 ④ 말하기가 불가능함

24 현금을 과대계상하는 것은 대게 어렵다 그 이유는?

① 현금잔액은 은행이나 기타 금융기관으로부터 쉽게 확인가능하기 때문에

② 현금은 훔치기가 어렵기 때문에

③ 현금은 보통 부정을 저지를 수 있는 계정과목이 아니기 때문에

④ 현금은 대게 소규모의 자산이기 때문에

25 당신은 회사의 유동비율이 급격하게 증가하고 있음을 발견하였다. 이러한 것은 어떤 분식의 가능성을 의미하는가?

① 충당부채의 누락 ② 매입채무의 과소계상

③ 비용의 부적절한 자산계상 ④ 유형자산의 과대계상

⑤ ①과 ② 두 가지 모두

26 회사가 매입채무를 축소계상했는지를 검사할 경우 다음 비율 중 어떤 비율이 관계가 먼 비율인가?

① 당좌비율 ② 매입채무 대 매입액비율

③ 매입채무 대 매출원가비율 ④ 선수금 대 매입채무비율

⑤ 유동비율

27 부채와 관련 분식에서 부채는 대게 어떤 식으로 분식되는가?

① 과소계상 ② 과대계상 ③ 자산으로 계상 ④ 비용으로 계상

28 다음 중 대체로 가장 적발하기 어려운 분식은?

① 부채분식 ② 수익분식 ③ 자산분식 ④ 공시분식

29 감사인이 피감회사의 매출채권회전률이 전년도보다 금년도에 대 폭 낮아진 것을 발견하였다. 이러한 추세의 원인으로 적당한 것은?

① 가공의 외상매출 계상 ② 결산일 직전에 재고자산 도난 발생

③ 회사 신용정책의 강화 ④ 양 년도에 매출채권의 래핑 발생

30 재무제표 분식 기업의 경우 대체로 분식 기간 동안에 (당기순이익 - 영업현금흐름)/자산총계 비율의 값이 어떤 모습을 보이는가?

① 0 주변의 값을 가짐 ② 점차 + 값을 가짐

③ 점차 − 값을 가짐 ④ 확정적인 값이 없음

31 유동비율은 증가하였지만 현금흐름유동부채보상비율이 낮게 나타나는 경우의 적절한 설명이 아닌 것은?

① 가공의 외상매출 계상 ② 가공의 재고자산 계상

③ 전년도보다 외상매출 증대 ④ 전년도보다 매입채무 증가

32 어떤 회사는 경쟁회사의 재고수준이 안정적으로 유지되는 데 반해 재고수준이 증가하는 모습을 보이고 있다. 이에 대한 설명으로 적절한 것은?

① 재고증가는 잘못된 경영의사결정의 결과임

② 재고증가는 매출 증대에 대한 예상의 결과임

③ 재고증가는 재고자산에 대한 분식의 결과임

④ 위의 설명이 모두 가능함

33 다음 중 재고자산의 분식에 대한 징후를 나타내는 것은?

① 재고자산회전률의 갑작스러운 증가 ② 매출총이익률의 급격한 하락

③ 재고자산보유기간의 갑작스러운 증가 ④ 재고자산보유기간의 갑작스러운 감소

34 기말재고자산 과대계상은 매출원가와 당기순이익에 어떠한 영향을 미치는가?

① 과대계상, 과대계상 ② 과소계상, 과대계상

③ 과대계상, 과소계상 ④ 영향 없음, 영향 없음

35 다음 비율 중 재고자산의 과대계상과 매출원가의 과소계상으로 인해 감소로 나타나는 지표는?

① 매입채무회전률 ② 매출총이익률
③ 재고자산회전률 ④ 재고자산 보유기간

36 다음 중 부채에 대한 분식의 징후가 아닌 것은?

① 보증비용 추정액의 감소
② 매입채무 증가율이 매출원가나 재고자산의 증가율보다 빠르게 나타남
③ 유동비율의 이례적인 증가
④ 전년도에 비해 미지급비용과 선수수익의 감소

6-2 (주)스탠더드텔레콤은 1991년에 설립된 무선호출기 및 휴대폰을 생산하는 정보통신기기 전문제조업체이다. 이 회사는 1996년에 코스닥 1호 주식으로 장외등록되었으며, 자체기술력 확보와 해외시장 개척에 사업추진의 중점을 두고 있는 유망한 벤체기업이었다.

이 회사의 2000년과 2001년도의 재무제표에 대한 금융감독원의 감리결과, 재고자산·개발비·투자유가증권의 과대 계상, 그리고 대손충당금 과소계상, 매출·매입액 과대 계상, 매출채권할인액 주석 미기재 및 특수관계자에 담보제공 사실 주석 미기재 등에 의해 이익조작한 것으로 밝혀진 바 있다. 이 회사의 조작연도인 2000년 및 2001년과 그 이후 기간인 2002년도에 대한 관련 회계자료를 Beneish모형 적용 하여 분식 가능성을 확인하시오.

Beneish모형에 포함되는 회계정보

스탠더드텔레콤	1999년	2000년	2001년	2002년
매출채권	5,393	13,808	18,845	4,397
유동자산	50,589	83,172	113,227	72,749
유형자산	6,136	5,913	5,634	5,836
총자산	76,842	130,962	167,257	119,229
유동부채	19,117	22,569	43,460	68,261
비유동부채	10,573	58,559	81,404	40,660
매출액	80,533	83,550	126,811	228,619
매출원가	69,642	70,274	111,926	230,740
판매.관리비	5,826	9,044	13,378	28,055
당기순이익	4,418	4,912	-5,392	-78,396
영업현금흐름	-660	-16,984	-12,312	-11,462
감가상각비	2,899	4,729	4,911	3,989

6-3 다음은 Enron 회사의 4년분 회계자료이다. 미국 에너지 업종 의 대기업인 Enron 회사는 재무제표를 분식한 것으로 밝혀지면서 도산의 길을 걷게 되었다. Enron 회사의 회계자료를 Beneish모형 적용 하여 3년간의 분식 확률(이익조작확률)을 계산하고 3년 동안 분식확률이 변동한 주된 원인을 확인하시오.

Beneish모형에 포함되는 회계정보

(단위 : 백만달러)

	1년전	2년전	3년전	4년전
매출채권	10,396	3,030	2,060	1,697
유동자산	30,381	7,255	5,933	4,699
유형자산(순액)	11,743	10,681	10,657	9,170
총자산	65,503	33,381	29,350	23,422
유동부채	28,406	6,759	6,107	4,412
비유동부채	8,550	7,151	7,357	6,254
매출액	100,789	40,112	31,260	20,273
매출원가	94,517	34,761	26,381	17,311
판매.관리비	3,184	3,045	2,473	1,406
계속사업순이익	979	1,024	703	105
영업현금흐름	4,779	1,228	1,640	501
감가상각비	485	565	563	480

읽을 거리 1

경영자의 이익조정행위는 불가피한 것인가?

결산일을 앞두게 되면 회계부서는 비상이 걸린다. 거래처와 채권 채무잔액을 확인하고, 각 부서의 경비정산을 독촉하는 등 그 해의 손익규모를 파악하기 위해 그야말로 눈코 뜰새없이 바빠지게 된다. 이런 난리법석 끝에 손익규모가 파악되었다고 해서 결산절차가 순조롭게 마무리되는 것은 아니다. 왜냐하면 파악된 손익규모를 토대로 최고경영층이 결산대책회의를 통해 당기의 순이익규모를 사전 조율 하는 단계가 남아 있기 때문이다. 이 단계가 끝나면 다시 회계실무자들은 확정된 순이익에 맞추기 위한 또 한 번의 홍역을 치루지 않을 수 없다.

물론 이러한 이익조정의 시도가 지나치면 분식결산이 되어 회계정보이용자에게 막대한 재산상의 손실을 끼칠 수 있게 될 뿐만 아니라 기업도 돌이킬 수 없는 길로 들어설 수가 있는 것이다.

따라서 기업들은 대개 회계가 안고 있는 한계점을 적절히 활용해서 합법적인 범위 내에서 이익을 조정하게 된다.

반도체경기가 대호황이었던 1994년도 삼성전자의 이익규모는 사상 유래가 없을 정도로 대단했었다고 한다. 공표된 경상이익이 1조 4천8백억 원이 넘었으니 실제 파악된 순이익규모는 그 이상의 규모이었을 것으로 미루어 짐작하고도 남을 것이다. 이에 삼성전자는 결국 보유주식을 저가에 매각하는 등의 방법을 통해 모두 3천3백87억 원의 대규모 특별손실을 발생시켜 당기순이익을 크게 낮추는 식으로 합법적으로 이익을 조정했었다는 것은 신문보도를 통해 잘 알려진 사실이다. 이밖에도 같은 해 한일합섬은 영업이익과 경상이익이 적자로 나타나자 당기순이익을 흑자로 둔갑시키기 위해 투자자산과 유형자산의 처분을 통해 특별이익을 7백70억 원이나 계상한 것도 이익조정행위에 해당하는 것이다.

그러면 기업의 경영자는 이익규모를 인위적으로 조정하고자 하는 이유는 뭘까?

여러 가지 이유가 있겠지만 그 중에 경영자의 이익평준화(income smoothing) 욕구라는 것이 있다. 이에 따르면 회사 이익의 규모가 급증할 경우 차기 이후의 실적에 대한 심적 부담이 생기고, 법인세로 인한 자금의 사외유출이 많아지게 되며, 주주들로부터의 배당압력 또한 거세질 것이기 때문에 경영자는 이익이 갑자기 증가하는 것을 달가워하지 않는다는 것이다. 또한 반대로 이익이 급격히 감소하게 되는 경우 자신의 경영능력에 대한 부정적인 평가가 우려되고, 주식가격에도 악영향을 끼칠 뿐만 아니라, 은행거래시 불이익을 받을 가능성이 많기 때문에 순이익의 급격한 감소에 대해서는 더욱 더 이익을 조정하고자 하는 욕구가 생긴다는 것이다.

아무튼 이러한 이익조정행위는 결산시 거의 보편적으로 이루어지고 있다 해도 과언은 아닌 것 같다. 따라서 회계정보이용자들은 재무제표를 분석하는데 있어서 재무제표 이면에 숨어 있는 이러한 경영자의 의도를 사전에 파악해서 기업의 실상을 알아낼 필요가 있다.

 2

비용·수익 부풀리고 빚은 줄여 회계조작

"회장님, 올해 당기순이익은 얼마로 할까요?"

대기업 계열사 경리담당 L이사는 해마다 이맘 때면 어김없이 핵심부원들과 모임을 갖는다.

연말결산 때 확정할 당기순이익을 논의하기 위한 자리다. 회장님의 인가를 받아 금액이 확정되면 연말 재고와 비용전표를 조작, 외부용 당기순이익을 '생산'해 낸다. 내년초에는 외자를 유치할 계획이기 때문에 올해는 '특별 제작'이 불가피한 상황이다. 기업들은 자칫 '연말 농사'를 그르치면 이듬해 사업전망에 먹구름이 드리운다.

금융기관에서 대출이 차단되는 것은 물론 주가도 바닥을 칠 것이 분명하다. 한 대기업 경리담당 임원은 '투명한 회계처리로 큰폭의 적자를 내면 금융기관의 대접이 달라지는 현실에서는 불가피한 선택'이라고 항변한다.

➢ 대기업 회계조작 사례

금융감독원에 따르면 기아자동차는 전산기록장부를 조작, 91~97년 각종 비용과 가짜 할부수익 등 2조 799억 원을 매출로 허위계상해 수입을 부풀리고 빚을 줄였다. 특히 97년에는 당기순손실을 3조 3,977억 원에서 3,829억 원으로 3조 원 넘게 줄여 '건전한 회사'로 눈속임했다.

한보는 비용을 부풀리는 방식을 적극 활용했다. ㈜한보는 철강공사계약을 일괄도급 받으면서 노무비 7,332억 원을 유용했고 건설자금이자와 시험운전비도 각각 4,344억 원과 1,232억 원씩 과다계상했다.

장부보다 무려 40조 원이 부실자산으로 드러난 대우는 실사회계법인에서 분식의혹을 제기하고 있다. ㈜대우와 계열사간 장부상 채권-채무의 불일치액이 최소 수조 원에 달한다는 것이 삼일회계법인의 설명이다. 특히 동일한 거래에 대해서도 계열사간에 채권-채무금액이 차이가 나는 경우까지 발견된 것으로 알려졌다. 심지어 ㈜대우를 통해 해외 현지법인이 판매한 자동차 수출대금이 다시 대우차로 입금되지 않고 ㈜대우의 현지법인 광고비로 사용된 사례도 드러났다.

"나머지 재벌들은 투명할까"

전두환(全斗煥) 노태우(盧泰愚) 두 전직 대통령의 비자금 사건이 터진 95년말~96년초. 외국 투자자들은 두 전직 대통령보다 오히려 자금을 제공한 재벌에 대해 더 경악했다. 30대 대기업 중 비자금 조성에 한 몫 거들지 않은 기업은 찾아보기 어려웠기 때문. "도대체 회계처리를 어떻게 하길래 그 엄청난 자금을 자유자재로 빼돌릴 수 있는지 납득이 가지 않는다"는 반응이었다.

한보·기아를 비롯해 해태, 진로, 고합, 벽산 등 쓰러진 대기업들에 대한 감독당국의 '해부'과정에서는 어김없이 회계조작 사례가 적발됐다. '살아있는 재벌'도 예외가 아닐 거라는 '의혹'은 여기에서 비롯된다. 한 미국 공인회계사(CPA)는 "감독당국이 「4대 재벌」에 대해 조사를 벌인다 하더라도 규모의 차이는 있을 수 있겠지만 분식결산을 하지 않은 계열사가 없을 것"이라며 "결국 모든 재벌기업은 언제 폭발할 지 모르는 화약고를 품고있는 것과 다름없다"고 지적했다.

장하성(張夏成) 고려대 교수는 "회계주체들의 혁신적인 사고전환 없이 재벌개혁은 불가능하다"며 "1년여가 넘도록 재벌의 반대에 부딪쳐 국회에 계류중인 집단소송제의 신속한 도입으로 개인에 대한 사후보상체계를 강화하는 것도 필요하다"고 말했다.

투명한 기업회계 여전히 요원
천문학적 액수의 비자금 조달, 재무제표에 안 나타나다.
"한국기업의 재무제표는 믿을 수 없다"

"한국의 재벌들은 비밀회계장부를 만드는데 탁월한 노하우를 갖고 있다. 천문학적인 액수의 비자금을 조달할 수 있다는 것 자체가 불가사의한 일이다. 회계의 투명성만 확보된다면 한국기업의 주가는 지금보다 20~30% 높아질 것이다"라는 것이 외국인투자자들의 한결같은 지적이다.

30대그룹은 5공시절 전두환(全斗煥)대통령에게 2,259억 원, 6공시절 노태우(盧泰愚)대통령에게 2,838억 원의 자금을 제공했다. 그러나 해당 기업의 재무제표 어디를 들여다 봐도 비자금 조성의 흔적이 없다. 재무제표가 엉터리라는 지적이다. 국세청은 최근 한진그룹 세무조사결과를 발표, 96~98년 3년 동안 대한항공 등 4개 계열사가 무려 1조 895억 원의 소득을 탈루했다고 밝혔다. 이 또한 마찬가지다. 재무제표를 어떻게 짜맞추었는지 감탄하지 않을 수 없다.

대기업이 쓰러질 때마다 튀어나오는 문제의 하나가 분식결산이다. 실제로는 손실을 봤으면서도 대규모 이익이 난 것으로 재무제표를 발표했다. 투자자들을 속인 것이다.

주요기업의 분식규모는 기아자동차 3조 148억 원(97년) 아시아자동차 1조 5,600억 원(97년) 한보철강 668억 원(95년) 도합 2,718억 원(98년) 등이다. 투자자들의 의문은 더욱 증폭된다. "그러면 다른 기업은 재무제표를 제대로 작성하고 있는가"이다. 답은 지극히 부정적이다. 분식결산이 '한국적 회계'의 뿌리깊은 관행이라면 다른 기업들도 정도의 차이는 있을지 몰라도 분식회계를 할 것이라는 추측이다. 어느 누구도 "그렇지 않다"고 장담할 수가 없는 상황이다.

한 회계사는 '정부당국에서 밝혀낸 비자금이나 탈루소득은 빙산의 일각일 것'이라 "외국투자자들은 한국의 재무제표를 곧이곧대로 믿지 않고 있다"고 말했다.

재무제표는 기업경영의 '성적표'다. 분식회계는 수험생이 자신의 성적표를 조작하는 것과 같다. 회계의 투명성이 확보되지 않는 한 재벌개혁은 공염불이다.

– 한국일보, 1999년 12월 9일 –

  3

분식결산감별법

기아자동차는 작년 한해 당기순손실이 무려 6조 6495억 원에 달했다. 아무리 98년에 법정관리에 들어가며 기업이 흔들렸다고 해도 도대체 한 제조업체가 한 해동안 6조 원의 손해를 보는 게 가능하기나 한 일일까?

이해할 수 없는 대폭적자의 이유는 간단했다. 몇년간이나 회계장부를 속여 숨겨왔던 3조 원여의 손실을 작년에 한꺼번에 반영했던 것이다.

우리나라의 회계장부는 믿을 수 없기로 유명하다. 이렇다 보니 외국인들도 한국기업의 '실사'를 해보면 회계장부와 기업내용이 많이 달라진다는 것을 당연하게 생각하고 있다. 요즘 한창 진행하고 있는 대우그룹 실사도 비슷한 결과가 발생하고 있다.

이러다 보니 투자자 입장에서는 회계장부만 보고 건실한 기업에 투자했다고 생각하다가도 어느 날 갑자기 청천벽력같은 '부도'소식을 접하게 된다. 최영태 회계사는 "금융감독 당국이 분식결산에 대한 처벌 의지를 자주 밝혀왔지만, 실제론 하나도 달라진 게 없다"고 말했다.

그러나 아무리 분식으로 회계를 조작한다고 해도, 면밀하게 재무제표를 검토해 보면 어딘가는 헛점이 드러나게 마련이다.

소액주주 운동을 벌이고 있는 참여연대 소속 회계사들이 꼽은 「분식회계 10가지 체크포인트」를 소개한다. 회계감사 보고서는 증권거래소 공시실이나 금융감독원 인터넷 홈페이지에 들어가면 언제든지 열람이 가능하다. 체크포인트 중의 포인트는 '금융비용' 지불내역과 '영업외이익' '특별이익' 부분, 그리고 감사보고서 뒤에 실리는 '특기사항'이다.

➢지급한 금리 수준을 주목하라=경영상태가 나빠 돈이 급한 회사는 은행(1금융권) 증권, 투신, 종금사(2금융권) 신용금고 사채순서로 비싼 자금을 끌어 당긴다. 회사가 차입한 돈 가운데 2금융권 이하에서 빌린 돈이 많거나, 시장금리를 넘어서는 차입금이 많다면 그 회사 주식을 팔아버리는 것이 좋다.

➢지급이자와 매출액을 비교하라=이자가 매출액의 일정 비율(예를 들어 10%)을 넘어서면 분식결산 가능성이 크다. 2000만 원 짜리 자동차 1대를 팔아 10만 원 밖에 못 남기는 회사가 그 보다 많은 이자를 내면서 살아남기란 상식적으로 불가능하다. 이런 기업들은 반드시 '마사지(숫자조작의 속어) 전문가'를 동원, 투자자의 눈을 속인다.

➢특별이익을 체크하라=손익계산서에서는 당기순이익을 냈지만, 현금흐름표에 나오는 '영업활동 현금흐름'이 마이너스(-)거나 당기순이익에 비해 현저히 적을 경우 분식결산을 의심해봐야 한다. 적어도 회사가 발표한 당기순이익이 건전하지 못할 가능성이 크다. 또 영업이익보다 영업외수익 또는 영업외수익에 포함된 특별이익 비중이 클 경우, 회계장부 조작 가능성을 의심해 보아야 한다. 이런 회사들은 대개 증자 등을 앞두고 당기순이익을 부풀려야 하는 회사들이다.

➢부채비율 상승 속도를 참고하라=특별한 대규모 투자가 없고, 당기순이익은 계속 나는데도 부채비율이 높아지는 회사도 분식회계 블랙리스트에 올려야 한다. 당기순이익이 엉터리라는 이야기니까.

➢재고자산 여부는 어떤가=재고자산이 영업규모에 비해 매우 큰 기업도 일단 의심해 봐야 한다. 누적적자로 재무구조가 나빠지는 경우 기업들은 대체로 매출채권이나 재고자산을 부풀려 자산규모를 늘린다. 대우그룹과 미도파의 경우, 회사가 부도위기에 빠진 뒤에 실시한 자산실사에서 재고자산의 상당 부분이 실제로는 존재하지 않는 가공의 숫자임이 드러났다.

➢회계처리 기준이 바뀌면 수상하다=회계처리 기준을 자주 변경하는 회사도 일단 의심의 대상이다. 특히 회계기준을 바꿔 당기순이익이 늘어났다면 더더욱 의심해보아야 한다. 다른 숨겨진 의도가 있는 경우가 대부분이기 때문이다.

➢우발채무와 약정사항을 살피자=회계보고서 뒷부분에 보면 '우발채무' 또는 '약정사항'이라는 항목이 있는데 이 부분을 잘 살펴보아야 한다. 이 항목들은 대개의 경우, 확정될 경우 거액의 회사 부실로 이어지는 경우가 허다하다. 유리

한 것은 빨리, 불리한 것은 늦게 재무제표에 반영하는 기업 속성을 볼 때, '결과를 알 수 없어 이번 회계보고서에는 반영하지 않았다'는 말은 곧 '거액의 부실이 예상된다'는 말과 동의어다.

➢특이사항은 필수참고다=감사보고서 본문 뒤편에는 특이사항을 적는 난이 있다. 그 회사 돈을 받고 회계감사를 맡은 회계사들이 '차마 입이 떨어질까봐' 올바로 이야기하지 못하는 내용을 얼버무리는 곳이다. '미래의 불확실한 결과에 대해 감사인(회계사 또는 회계법인)의 판단을 유보한다'는 말은 곧 '아직은 잘 모르지만 당신이 투자한 회사가 깡통이 될 가능성도 있다'는 이야기다.

➢건설회사 도급공사 매출액은 믿지 마라=도급공사 매출액은 도급금액×작업진행률로 계산하는데 작업진행률은 건설회사 마음대로 적어 넣을 수 있다.

➢밀어내기 매출도 고려하라=자회사가 많은 기업은 자회사에 대한 밀어내기식 매출로 숫자 조작이 가능하다. 자회사의 매출주문을 받아 본사는 매출액을 늘리고, 실제로 자회사는 매출주문을 하지 않는 식의 이익 조작은 원시적인 기법이다. 계열사 내부거래를 통해 이익을 상호이전하는 경우도 허다하다.

– 조선일보, 1999년 12월 2일 –

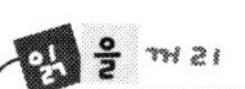  4

경리부정사례 : 래핑(lapping)

래핑은 외상매출금을 회수하는 경우에서 발생할 수 있는 대금회수조작을 통한 부정사례이다. 이 방법은 외상매출금 회수액 하나를 횡령한 다음, 다음번 회수금액을 횡령한 외상매출금의 회수액인 것처럼 대체해서 입금처리시키는 부정행위이다. 래핑을 할 수 있는 사람은 매일 입금원을 위장시킬 수 있는 위치에 있어야 한다.

래핑의 간단한 예를 살펴보자.

일자	외상매출금회수액	기록된 외상매출금	예입액	횡령액
		0	0	
9/2	A- 1,000,000			
		A- 1,000,000	1,000,000	
9/3	B- 1,000,000			
9/4	C- 600,000			1,000,000
		B- 1,000,000	1,000,000	
	D- 400,000			
		C- 600,000		
9/5	E- 1,000,000			
		D- 400,000	1,000,000	

이 예를 보면 부정은 기록과 예입을 입금일보다 하루 지연시킴으로써 가능해진다. 횡령한 금액은 그 다음 번에 회수된 금액으로 계속 대체시킴에 따라 계속해서 유용할 수 있게 된다. 대규모로 행하는 경우에는 세심한 기록을 요하므로 그것이 너무 복잡해지다 보면 혼동이 생겨서 결국 스스로 노출되는 경우도 있다. 그러나 래핑을 교묘하게 행할 경우, 회계감사인도 적발해 내기가 쉽지 않다. 더군다나 횡령한 금액을 일시적으로 입금시킬 경우 적발은 더욱 어렵게 된다.

과거 몇 년 전 증권시장이 사상 처음으로 종합주가지수가 2,000포인트를 돌파하는 대호황이었던 때가 있었다. 이 시절, 누구나 다 주식투자하면 모두 떼돈 버는 줄 알고 일확천금을 벌 욕심에 있는 돈 없는 돈 마련해서 주식투자 대열에 끼어든 사람이 한두 사람이 아니었다. 회사원들도 예외는 아니어서 목돈 마련에 눈이 어두어진 나머지 래핑과 같은 방법을 동원해서 처음에는 회사공금을 잠깐 이용하고 곧바로 갖다 놓을 생각으로 시작했지만, 나중에는 겁 없이 큰돈까지 손댔다가 주가의 대폭락으로 인해 결국에는 돈도 날리고 철장 신세마저 지는 바람에 패가망신한 사례도 종종 있었다고 한다.

성경에 “욕심이 잉태하면 죄를 낳고, 죄가 자라면 죽음을 가져온다”라는 말씀이 있다. 탐욕이 악의 근원이며 불행의 원인이란 의미를 시사해 주는 말이다. 옛 선인들이 주장하였던 안분지족(安分知足)의 생활이 탐욕을 억제하면서 행복하게 사는 길인 것 같은 생각이 된다.

래핑과 같은 부정행위를 방지하기 위해서는 먼저 내부통제제도를 철저하게 마련해야 할 것이다. 즉 현금수금과 외상매출금 담당업무를 반드시 분리하여야 한다. 그러나 이 경우에도 관련자들이 공모하여 래핑을 시도할 수 있으므로 회수된 현금은 즉시 예입하도록 해야 한다. 그리고 불시에 현금을 실사하기도 하고, 입금과 예입의 비교를 통해서 예입이 지연된 것이 있나 확인해 보는 것이 필요하다. 이 방법은 내부통제제도를 실시하기가 곤란한 규모가 적은 중소기업의 경우에는 매우 효과적일 것이다. 또한 거래처에 외상매출금 잔액을 확인하는 조회서를 발송해서 입금기록과 대조해 보는 것도 반드시 필요한 조치이다.

CHAPTER

기업도산예측

기업이 부실화되어 도산하게 되면 기업의 이해관계자인 투자자, 종업원, 거래처, 채권자, 소비자 및 정부당국에 심각한 경제적 손실을 초래할 뿐만 아니라, 사회불안이 야기된다. 특히, 기업의 도산은 기업에 투자하고 있는 투자자들이 가장 큰 피해를 입게 된다. 또한 부실기업이 해당 기업뿐만 아니라 다른 기업에 영향을 줄 수도 있다. 기업이 부실화되면 해당 기업은 물론이고 다른 기업의 주가에도 부정적인 영향을 미쳐서 산업전반에 걸쳐 피해가 발생할 수 있다. 따라서 사전에 예방조치를 취하고 피해를 최소화하기 위해서는 기업의 도산가능성을 조기에 예측할 수 있는 예측모형의 개발이 필요한 것이다.

1. 기업도산의 통계적 예측방법[1)]

기업도산을 예측하기 위해서는 경영전략분석, 회계분석, 재무분석 및 전망분석 등에 대한 내용을 포함해서 종합적인 분석이 수반되어야 하는 복잡하고 어려운 일이다. 이러한 분석과정을 순수 계량적 모형으로 대신한다는 많은 한계가 따를 수밖에 없다. 그러나 이러한 계량적 모형을 사용할 경우 어떤 재무지표가 예측과정에서 가장 유용한가에 대한 통찰력을 얻게 되는 장점이 있으며, 또한 비용 측면에서도 계량적 모형 사용이 정당화되는 장점이 있다.

기업도산에 관한 연구방법으로는 재무비율을 이용한 도산예측과 증권시장 정보를 이용한 도산예측이 있으며, 재무비율을 이용한 통계적 분석방법에는 단일변량분석과 다변량분석 방법이 있다.

---

1) 기업도산 예측에 대한 내용은 주로 C.P. Stickney, P.R. Brown & J.M. Wahlen의 저서인 Financial Reporting and Statement Analysis, 5th edition(2007)에 의존해서 서술한 것임을 밝힌다.

1) 단일변량분석

1960년대 중반 기업도산예측에 대한 초기연구에서는 단일변량 분석(univariate analysis)이 사용되기 시작하였다. **단일변량 모형**(univariate bankruptcy prediction models)은 여러 재무비율 중 하나의 재무비율을 이용하여 기업도산을 예측하는 모형으로서 분석이 용이한 반면, 각각의 비율변수가 예측모형을 구성하므로 변수가 많은 경우 예측모형도 많아져 분석량이 많아진다는 단점도 있다. 그러나 단일변량 모형을 통해 개별비율의 예측능력을 측정하고자 하는 이유는 재무제표 이용자들이 일반적으로 개별비율에 의해 기업을 평가하는 경향이 있기 때문이다. 단일변량모형의 기본가정은, 첫째 도산기업의 재무비율의 분포가 정상기업의 재무비율 분포와 체계적인 차이가 있으며, 둘째 이와 같은 체계적인 비율분포의 차이를 이용하여 기업도산을 예측할 수 있다는 것이다.

단일변량 분석방법을 사용해 기업도산 예측에 적용한 대표적인 학자로는 Beaver가 있다.

[표 7-1] 비버의 프로파일분석

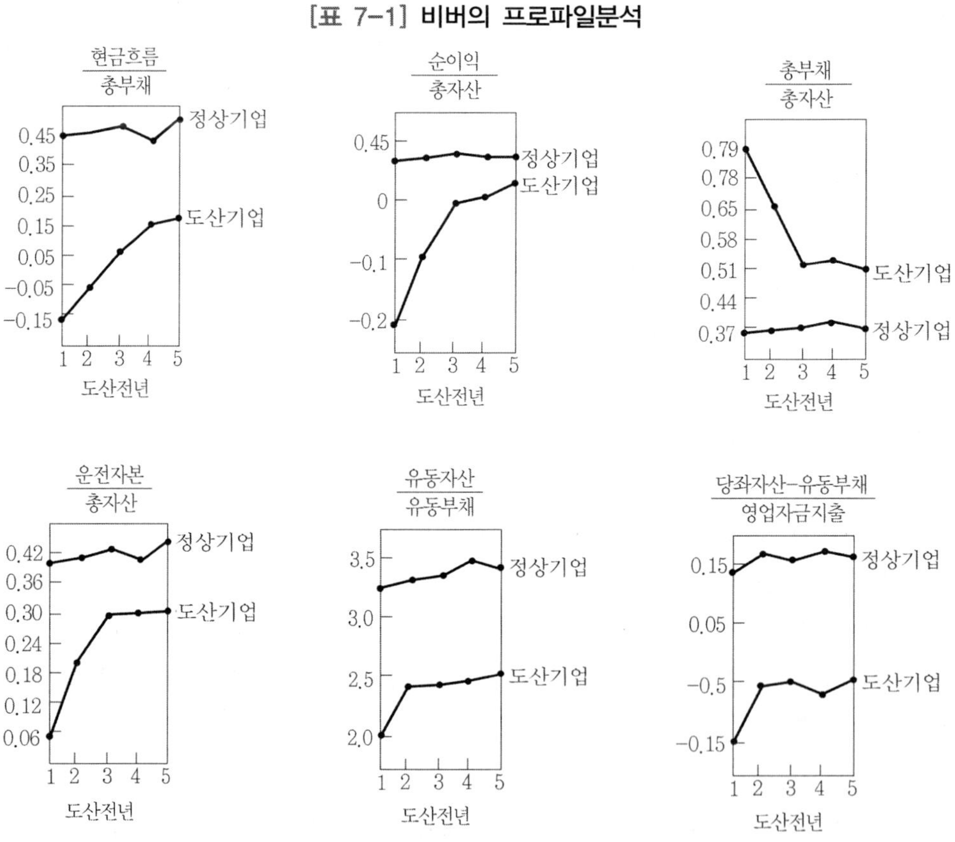

비버는 기업도산을 예측하기 위하여 도산하기 5년 전부터 표본기업인 도산기업과 정상기업의 재무비율을 29개씩 선정하여 각 재무비율의 평균을 산출하여 비교하였다. 이를 통해 두 표본기업 간에 차이가 분명한 비율과 도산하기 몇 년 전부터 차이가 발생하는지를 살펴보고자 하였다. 도산과정의 진행에 따라 도산기업과 정상기업의 어떤 재무비율이 도산예측에 이용될 수 있는지를 평가하기 위하여 재무비율의 평균차이를 관찰·분석하는 것을 **프로파일 분석**(profile analysis)이라 한다. 프로파일 분석의 결과를 표로 나타날 경우 시각적으로 부실화 추이를 관찰할 수 있다는 효과가 있다.

프로파일 분석 결과 6개의 재무비율이 평균차이가 가장 크게 나타나고 있음을 발견하였다. 특히 현금흐름 대 총부채비율과 총자산순이익률이 도산 5년 전부터 두 집단 간의 큰 차이를 보이고 있음을 발견하였다. 프로파일 분석 결과는 [표 7-1]에 제시되어 있다.

프로파일분석만으로는 기업도산을 예측하는데 어려움이 있기 때문에 비버는 재무비율의 기업도산 예측능력을 검토하기 위하여 두 집단을 가장 잘 판별할 수 있는 최적 절사점(optimal cut-off point)을 찾아내고, 그 절사점을 기준으로 오분류율(mis-classification ratio)을 계산하여 각 비율의 판별력과 예측력을 평가하였다.

[표 7-2] 이원분류 검정법을 이용한 도산예측의 오분류율

재무비율	부실 전년도				
	1	2	3	4	5
현금흐름/총부채	0.13(0.10)	0.21(0.18)	0.23(0.21)	0.24(0.24)	0.22(0.22)
순이익/총자산	0.13(0.12)	0.20(0.15)	0.23(0.22)	0.29(0.28)	0.28(0.25)
총부채/총자산	0.19(0.19)	0.25(0.24)	0.34(0.28)	0.27(0.24)	0.28(0.27)
운전자본/총자산	0.24(0.20)	0.34(0.30)	0.33(0.33)	0.45(0.35)	0.45(0.35)
유동자산/유동부채	0.20(0.20)	0.32(0.27)	0.36(0.31)	0.38(0.32)	0.45(0.31)
당좌자산/영업비용 (감가상각비 제외)	0.23(0.23)	0.38(0.31)	0.43(0.30)	0.38(0.35)	0.37(0.30)

자료 : W.H. Beaver,

[표 7-2]에서 보는 바와 같이 위의 3가지 비율은 기업의 장기지급능력, 그리고 유동비율과 그 아래의 비율들은 단기지급능력을 나타내는 비율이다. 또 기업의 도산발생이 임박할수록 오분류율이 낮아지는 경향이 있다. 그리고 오분류율이 가장 낮은 재무비율은 현금흐름 대 총부채 비율이며 현금흐름 관련비율이 기업의 도산을 미리 알려주는데 유용함을 알 수 있다. 비버는 기업의 도산을 결정하는 궁극적 원인은 단기적 원인이 아니라 장기적 원인이라고 주장하였다.

단일변량 분석은 도산과 관련된 요인을 확인할 수 있게 해주는 장점이 있기 때문에 도산위험의 이론을 개발하기 위한 초기단계에 필수적인 분석방법이라 할 수 있다. 그러나 이 분석방법은 개별적 비율의 상대적인 중요도를 측정하거나 또는 도산위험도를 평가할 때 개별비율을 어떻게 결합해야 하는지에 대한 수단을 제공하지 못한다. 분석가는 또한 높은 도산위험을 신호해주는 개별재무비율의 수준을 주관적으로 판단해야 하는 문제를 가지고 있다.

2) 다변량 분석

단일변량 분석이 가지고 있는 한계점으로 인해서 1960년대 말과 1970년대를 통해서 다변량 통계기법인 **다변량 판별분석**(multiple discriminant analysis)을 사용하여 도산예측모형을 개발하고자 하는 연구가 시도되었다.

연구자들은 대체로 도산기업의 표본을 선정한 다음, 동일산업의 동일한 규모를 가진 정상기업을 쌍대 표본으로 선정하였다. 이러한 표본설계방법은 규모와 산업요인을 통제하기 위한 것으로, 이를 통해 기업도산을 설명해 줄지 모르는 다른 요인의 영향을 조사할 수 있게 된다. 그 다음 연구자들은 선험적으로 기업도산을 설명해주리라 기대되는 많은 재무비율의 값을 계산해서 투입시키게 되면, 다변량 판별분석모형은 도산기업과 정상기업 간의 판별을 가장 최적적으로 잘해주는 비율의 조합을 선택하게 된다. 이러한 과정을 통해 만들어진, 대략 4~6개의 비율변수로 조합된 다변량 판별분석모형은 계수가 포함하게 되며, 각각의 계수들은 비율변수 값과 곱해져서 다변량 점수를 산출해주게 된다.

이 때, 최적 절사점 미만의 점수는 도산확률이 높다는 표시이며, 반면에 최적 절사점 이상의 점수는 도산확률이 낮다는 것을 의미한다. 연구자들은 보통 추정표본(최초표본)으로부터 다변량 판별모형을 개발한 다음, 이 모형의 일반적인 적용가능성과 예측력을 검증하기 위해서 예측표본을 따로 분리해 놓았다가 개발한 다변량 판별모형을 적용하는 절차를 따르게 된다.

한편 최적절사점은 표본기업의 재무비율 값을 판별분석 모형에 대입하여 표본기업별 판별점수를 계산한 후, 정상기업과 도산기업을 가장 적은 오류로 구분할 수 있는 판별점수로 결정한다. 다시 말해 [표 7-3]에 나타난 것처럼 Type I(1종) 오류와 Type I(2종) 오류를 최소화하는 판별점수가 최적절사점이 된다.

[표 7-3] 최적절사점과 분류오류

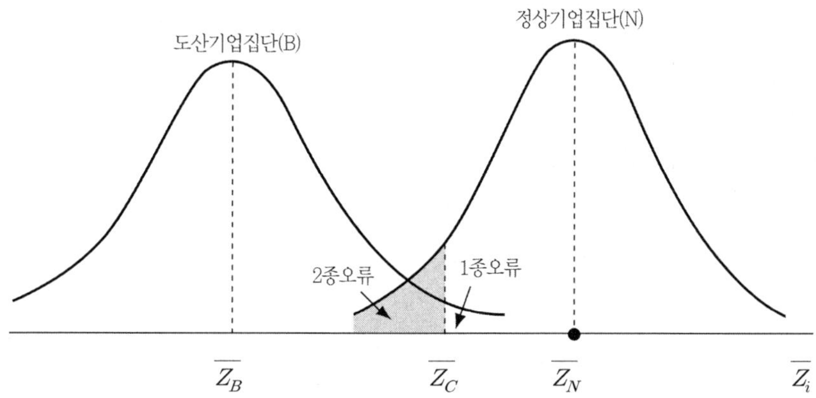

$\overline{Z_B}$: 도산기업집단의 Z평점 평균치

$\overline{Z_C}$: 최적절사점

$\overline{Z_N}$: 정상기업집단의 Z평점 평균치

다변량 판별 도산예측모형으로는 Altman의 Z-score모형이 가장 많이 알려져 있다. Altman은 미국의 제조업에 속한 기업의 자료를 가지고 도산예측모형을 개발하였다.

알트만은 도산한 제조기업 및 이들 기업과 유사한 기업을 정상기업으로 표본을 선정하여 판별분석을 실시하여, 기업부실 예측모형인 Z-score를 제안하였다. 판별분석에 사용된 재무비율은 22개 선정되었고, 다시 여러 독립변수 중에서 상호간 상관관계가 가장 적은 5개 독립변수인 이들 재무비율 중 유동성, 수익성, 레버리지, 지급능력, 활동성 등 5개의 비율 중에서 가장 대표적인 재무비율을 각각 선정, 객관적인 가중치를 부여하여 합산한 후, 사전에 분류된 집단들 중 하나에 기업들을 분류할 수 있는 기준점수를 산출할 수 있게 하는 최적판별모형을 도출하였는데, 예측모형은 다음과 같다.

Z = 1.2X1 + 1.4X2 + 3.3X3 + 0.6X4 + 1.0X5
X1 : 순운전자본/총자산(%, 유동성)
X2 : 이익잉여금(유보이익)/총자산(%, 재투자이익수준)
X3 : 이자와 법인세차감전순이익(EBIT)/총자산(%, 수익성)
X4 : 자기자본 시장가치/총부채(%, 레버리지비율)
X5 : 매출액/총자산(총자산회전율, 총자산회전율)

위 공식의 각 비율들은 수익성이나 위험에 대해서 서로 다른 크기를 나타내고 있다.

① 순운전자본/총자산 : 총자산에 대한 순운전자본(유동자산 − 유동부채)의 비율이며, 단기 유동성 위험을 분석하는 비율이다.

② 이익잉여금/총자산 : 기업의 연령에 따른 누적된 수익성을 나타내는 비율이다.

③ 이자와 법인세차감전순이익/총자산 : 이 비율은 투자수익률을 의미하며, 당기의 수익성을 측정한다.

④ 자기자본(또는 지분)의 시장가치/총부채의 장부가액 : 이 비율은 부채비율(부채/자기자본비율)의 한 형태로 주주지분을 시장가치로의 평가와 연결시키고 있다. 그러므로 이 비율은 장기지급능력위험을 나타내며 기업의 수익성과 위험을 시장 전체의 관점에서 측정하는 것이다.

⑤ 매출액/총자산 : 이 비율은 총자산회전율로 자산을 사용하여 매출을 창출할 수 있는 기업의 능력을 나타낸다.

이 모델을 적용해본 결과 Altman은 Z점수가 1.81보다 적으면 도산의 확률이 높고 반면에 Z점수가 3.00보다 높으면 도산의 가능성은 낮다는 것과, 1.81과 3.00 사이의 점수는 회색지대로 도산여부를 판별하기 힘들다는 점을 발견하였다.

Z-Score 모형에서 도산기업 판정기준
Z〈 1.81 : 도산판정
Z≥3.00 : 정상판정
1.81≤Z≤3.00 : 판정보류(Zone of Ignorance)

Altman은 이 모형을 적용해서 도산 1년 전에 95%, 도산 2년 전에 83%의 분류정확도를 확인하였다.

Altman과 다른 연구자들은 이 분야의 연구를 계속하여 다른 변수들(예를 들어 현금흐름비율, 비자본화리스), 특수한 산업(예를 들어 철도, 금융업) 그리고 다국적환경을 공식에 포함시켰다. 때문에 모델은 상당히 변하였지만 도산하기 2년 전에 표본에 포함된 도산기업의 70%~90%가 정확히 예측되었다.

기업도산을 예측하는데 다변량 분석법을 사용함으로써 기대되는 이점은 다음과 같다.

(1) 다변량 분석법은 재무비율간의 상호관계뿐만 아니라 기업의 특성을 전체적으로 고려한다.

(2) 개별비율들을 순차적으로 분석하는 것이 아니라 여러 재무비율을 동시에 분석할 수 있다.

다변량 모형에 대한 비판들에 대해서 정리하면 다음과 같다.

(1) 단일변량 분석과 마찬가지로 연구자들은 다변량 모형이 판별을 하는데 관련된

모든 비율이 포함되고 있다고 확신하기가 어렵다.

(2) 단일변량 분석과 마찬가지로 연구자들은 도산기업과 정상기업을 최적적으로 판별해주는 절사점(cut-off score)의 값을 Type I(1종) 및 Type II(2종) 오류를 고려해서 주관적으로 판단하여야 한다.

(3) 다변량 분석은 도산기업과 정상기업의 재무비율이 정규분포를 이룬다고 가정하고 있는데, 현실은 그렇지 못하다.

(4) 다변량 분석은 설명변수의 분산-공분산 행렬이 도산기업과 정상기업에 대해 동일할 것을 요구한다.

▌회계현장 7-1▌ Altman의 도산예측모형 적용 사례

Altman모형을 미국의 두 기업인 Campbell사와 Heinz사에 적용해 본 결과 이 두 회사의 Z점수를 다음과 같이 계산되었다.

$$Z\ 점수= 1.2[\frac{순운전자본}{총자산}]+1.4[\frac{이익잉여금}{총자산}]+3.3[\frac{이자와법인세차감전이익}{총자산}]$$
$$+0.6[\frac{지분의시장가치}{부채의장부가치}]+1.0[\frac{매출액}{총자산}]$$

$$\text{Campbell사}\ :\ 1.2[\frac{499.6}{3,609.6}]\ +1.4[\frac{1,879.1}{3,609.6}]+3.3[\frac{442.5}{3,609.6}]+0.6[\frac{3,335}{1,714.6}]$$
$$+1.0[\frac{4,868.9}{3,609.6}]$$
$$3.83 = 0.17 + 0.73 + 0.41 + 1.17 + 1.35$$

$$\text{Heinz사}\ :\ 1.2[\frac{589.7}{3,605.1}]\ +1.4[\frac{2,002.1}{3,605.1}]+3.3[\frac{696.6}{3,659.1}]+0.6[\frac{5,232.3}{2,011.2}]$$
$$+1.0[\frac{5,244.2}{3,605.1}]$$
$$4.63 = 0.20 + 0.78 + 0.62 + 1.56 + 1.45$$

이들 두 기업의 Z점수 계산을 해본 결과, 모두 3.00 이상을 나타내고 있어 도산의 가능성은 없는 것으로 보여진다. 한편 Heinz사의 Z점수가 높은 것은 Altman Z점수 모형의 3번째와 4번째 변수값이 Campbell사 보다 크기 때문이다. 이는 Heinz사의 수익성이 Campbell사보다 높다는 것을 의미한다.

3) 로짓(logit) 모형

도산예측연구에 대한 다변량 판별분석의 한계점을 보완하기 위해 1980년대와 1990년 초에 **로짓 분석**(logit analysis)이 사용되기 시작하여 방법론상의 진전이 이루어지게 되었다. 로짓 분석은 다변량 판별분석에서 요구되는 자료에 대한 통계적 가정을 요구하지 않으며, 도산에 대한 확률을 제공함으로써 판별분석 모형에서 획득한 숫자로 표시된 점수보다도 해석이 용이하다는 장점을 지닌다. 판별분석 모형에서 계산된 점수를 해석하는 데는 도산의 가능성을 높음, 낮음 및 불확실함 등을 나타내는 점수범위를 연구자가 주관적으로 선택할 것이 요구된다.

로짓 모형의 개발은 판별분석모형의 개발을 위한 절차와 비슷하다. 첫째 먼저 도산예측에 관련된 재무비율 값을 계산해서 투입하고, 둘째 모든 재무비율 중에서 도산기업과 정상기업을 최적적으로 판별해 주는 재무비율변수가 결정되며, 셋째로 각 변수의 계수 값을 추정한다.

로짓 모형은 도산확률을 다음과 같이 정의한다.

$$\text{기업의 도산확률} = \frac{1}{1+e^{-y}}$$

위 식에서 e는 대략 2.718282와 일치하며, 지수 y는 상수와 설명변수(재무비율을 말함)에 대한 계수를 포함하는 다변량 함수이다.

로짓 모형을 개발하여 도산예측을 한 대표적인 학자로는 올슨(J. A. Ohlson)이 있다. 올슨 모형의 도산 1년 전 Y는 다음과 같이 정의된다.

Y = (−1.32) − 0.407(SIZE) + 6.03(TLTA) − 1.43(WCTA) + 0.0757(CLCA) − 2.37(NITA) − 1.83(FUTL) + 0.285(INTWO) − 1.72(OENEG) + 0.521(CHIN)

단, SIZE : 기업규모
TLTA : 총부채/총자산
WCTA : (유동자산−유동부채)/총자산
CLCA : 유동부채/유동자산
NITA : 순이익/총자산
FUTL : 영업활동으로 인한 순운전자본/총부채
INTWO : 적자 더미변수. 당기순이익이 최근 2년 동안 적자이면 1을, 흑자이면 0을 부여함.
OENEG : 자본잠식 더미변수. 총부채가 총자산을 초과하면 1을, 그렇지 않으면 0을 부여함
CHIN : (당기순이익−전기순이익)/(｜당기순이익｜+｜전기순이익｜)

양의 계수를 가진 설명변수는 도산확률을 증가시킨다. 왜냐하면 e^{-y}가 0으로 감소하게 되며, 그 결과로 도산 확률함수가 1/1, 즉 100%로 접근하기 때문이다. 마찬가지

로 음의 계수를 가진 독립변수는 도산확률을 감소시키게 된다. 분석자는 특정한 재무 비율에 대한 계수의 부호를 조심스럽게 해석해야 한다. 왜냐하면 다변량 모형의 다양한 비율의 계수는 서로서로 독립적이 아니기 때문이다. 이러한 점을 염두에 두고 올슨의 로짓 모형 상의 9가지 설명변수를 각각 살펴보기로 하자.

(1) 규모(SIZE) : 규모가 큰 회사일수록 소규모 회사에 비해 조업도의 감축, 자산의 매각, 차입 또는 주식발행을 통한 융통성의 확보가 용이하다. 이에 따라 규모변수의 계수는 음수를 가지게 된다.

(2) 부채비율(TLTA) : 높은 부채비율(또는 부채 대 자산비율)은 도산확률을 증가시킨다. 부채비율은 장기지급능력의 위험에 대한 측정치이다. 이에 따라 부채비율 변수의 계수는 양수로 나타나게 된다.

(3) 순운전자본 대 총자산비율(WCTA) : 이 비율이 높게 나타날수록 자산의 유동성이 높아지며 도산확률이 낮아지게 된다. 이에 따라 음의 계수를 보이게 된다. 운전자본 대 총자산비율은 단기지급능력의 위험에 대한 측정치이다.

(4) 유동부채 대 유동자산비율(CLCA) : 유동부채가 유동자산을 초과하고 있다는 것은 단기지급능력의 위험도가 존재한다는 표시이기 때문에 이 비율의 계수는 양수로 나타나게 된다.

(5) 투자이익률 또는 총자산이익률(NITA) : 수익성을 측정하는 투자이익률은 높게 나타날수록 부채상환불능이 될 가능성이 낮기 때문에 도산확률이 낮아지게 된다. 이 변수의 계수는 음수로 나타난다.

(6) 영업활동 순운전자본 대 총부채비율(FUTL) : 이 비율은 높게 나타날수록 도산확률이 낮아지며, 이에 따라 음의 계수를 가지게 된다. 이 비율은 장·단기 지급능력의 측정치에 해당된다.

(7) 적자 더미 변수(INTWO) : 최근에 발생된 적자는 도산확률을 높게 하며, 이에 따라 이 변수의 계수는 양수로 나타나게 된다.

(8) 자본잠식 더미 변수(OENEG) : 이 변수는 부채비율변수와 중복된 정보를 제공하기 때문에 음수의 계수 대신에 양수의 계수로 나타날 것을 기대할 것이다. 로짓 모형에서 이 변수가 포함되고 있는 것과 표시된 부호를 보면 다변량 통계모형에서 개별적 계수에 대한 해석이 어렵다는 것을 알 수 있다.

(9) 순이익변동률(CHIN) : 순이익변동률은 이익의 성장 또는 축소의 방향과 규모를

나타낸다. 음수의 계수에 연결된 순이익의 증가는 도산확률을 낮추며, 음수의 계수에 연결된 순이익의 감소는 도산확률을 높이게 된다.

올슨은 미국에서 도산한 기업 105개와 정상기업 2,058개를 표본기업으로 선정해서 로짓 분석을 실시하여 9개의 변수로 구성된 로짓 모형을 개발하였다. 올슨은 분석결과 최적 절사점(확률)은 3.8%을 사용해서 도산기업을 분류할 경우(즉, 로짓 모형에 적용해서 도출된 확률이 3.8%을 초과하면 도산기업으로 분류한다는 의미임). TypeⅠ 및 TypeⅡ 오류가 최소화된다는 것을 발견하였다. 올슨의 로짓 모형은 이 절사확률을 사용해서 도산기업을 87.6%, 그리고 정상기업을 82.6%로 올바르게 분류하였다고 주장하였다.

▌회계현장 7-2▌ Ohlson의 도산예측모형 적용 사례

올슨 모형에 PepsiCo의 회계자료를 적용한 사례를 살펴보기로 한다. 올슨 모형에 PepsiCo의 회계자료를 적용한 결과는 다음과 같다.

PepsiCo에 적용된 올슨의 도산예측모형

상수	−1.3200
SIZE : −.407($18.40038)*	−7.4890
TLTA : 6.03($13,047/$21,695)	3.6263
WCTA : −1.43 [($5,853 − $4,998)/$21,695]	0.0564
CLCA : .0757($4,998/$5,853)	0.0646
NITA : −2.37($2,662/$21,695)	−3.7221
FUTL : −1.83 [($4,201 − $84)/$13,021]	-0.5786
INTWO : .285(0)	0.0000
OENEG : −1.72(0)	0.0000
CHIN : −.521 [($2,662 − $2,543)/($2,662 + $2,543)]	−0.0498
y값	−9.4122
도산확률	0.008%

* ($21,695,000,000/221.4)의 자연로그 = $18.40038

올슨 모형에 PepsiCo의 회계자료를 적용한 결과를 보면 y값이 -9.4122로 나타났는데, 이 값을 가지고 도산확률을 계산하면 다음과 같다.

$$1/(1 + e^{-(-9.4122)}) = 1/(1 + 12,236.77) = 0.008\%$$

계산된 PepsiCo의 도산확률이 매우 낮게 나타나고 있기 때문에 PepsiCo의 도산가능성은 거의 없다고 볼 수 있다. 이 회사의 규모변수의 값이 y값에 지배적인 영향을 미치고 있음을 알 수 있다. 이 회사의 양호한 수익성이 투자이익률(NITA), 영업활동으로 인한 순운전자본 대 총부채비율(FUTL) 및 순이익변동률(CHIN)에 대한 값을 증가시켰으며, 이는 y값을 낮추는 쪽으로 작용시킨 것으로 말할 수 있다.

2. 기업도산 예측모형 적용사례

Stickney 등은 그들의 저서에서 Altman의 판별분석 모형과 Ohlson의 로짓분석 모형을 Grant회사를 사례로 하여 적용한 결과를 소개하고 있는데, 그 내용을 소개하고자 한다. Grant회사는 미국의 대형 유통소매점이었으나 1975년에 도산 신청한 회사이다. Grant회사의 1968년부터 1975년까지의 재무제표를 가지고 알트만의 Z분석 및 올슨의 로짓 분석을 수행한 결과는 다음 표와 같다.

[표 7-4] 알트만과 올슨 모형에 적용된 Grant회사의 도산예측결과

	1968년	1969년	1970년	1971년	1972년	1973년	1974년	1975년
Altman Z-Model								
순운전자본/총자산	.54353	.51341	.44430	.37791	.44814	.36508	.38524	.19390
이익잉여금/총자산	.43738	.42669	.41929	.38511	.34513	.31023	.25712	.04873
EBIT/총자산	.41358	.44611	.44228	.38848	.27820	.26029	.25470	-.63644
자산의시장가치/부채의 장부가치	.86643	1.01740	.95543	.89539	.69788	.50578	.10211	.01730
매출액/총자산	1.77564	1.76199	1.71325	1.67974	1.57005	1.58678	1.54797	1.62802
점 수	4.03656	4.16560	3.97455	3.72663	3.33940	3.02816	2.54714	1.25151
부도예측 등급	낮다	낮다	낮다	낮다	낮다	중간	중간	높다

Ohlson Logit-Model								
Constant	−1.320	−1.320	−1.320	−1.320	−1.320	−1.320	−1.320	−1.320
SIZE	−6.504	−6.536	−6.652	−6.686	−6.730	−6.779	−6.801	−6.700
TLTA	3.399	3.315	3.550	3.793	3.984	4.268	4.543	5.396
WCTA	−.648	−.612	−.529	−.450	−.534	−.435	−.459	−.231
CLCA	.037	.039	.044	.049	.043	.049	.048	.061
NITA	−.142	−.148	−.139	−.116	−.086	−.080	−.022	.398
FUTL	−.237	−.243	−.216	−.170	−.128	−.113	−.047	.340
INTWO	.000	.000	.000	.000	.000	.000	.000	.000
OENEG	.000	.000	.000	.000	.000	.000	.000	.000
CHIN	−.011	−.042	−.018	.034	.037	.026	−.273	.521
총 계	−5.426	−5.547	−5.280	−4.866	−4.734	−4.436	−3.785	−1.535
도산예측확률	.4%	.4%	.5%	.8%	.9%	1.2%	2.2%	17.7%

자료: C.P.Stickney & P.R.Brown(2006). 앞의 책, p637.

[표 7-4]에서 알트만 모형의 적용결과를 보면 Grant회사은 1973년 이전에는 낮은 도산가능성을, 1973년과 1974년은 회색지대를, 1975년에는 높은 도산가능성을 나타내고 있음을 알 수 있다. 결국, Grant회사에 대해 알트만 모형은 도산연도가 되어서야 도산가능성을 판단하였기 때문에 사전에 미리 예보해 주어야 하는 예측모형의 역할을 담당하지 못하고 있다. 이는 알트만 모형이 제조업을 대상으로 해서 만든 모형인데 반해, 이 모형이 적용된 그랜트회사는 소매업이기 때문에 Z점수의 절대값이 높게 계산된 결과가 나온 것으로 판단된다. 소매기업은 제조기업보다 자산회전율이 훨씬 빠르게 나타나는 것이 일반적이며, 이 경우에는 Z점수의 절대값보다 그 추세가 더 의미가 있을 수 있다. Grant회사의 Z점수는 1970년 초 이래로 지속적으로 하락추세를 보이고 있다. 연도별로 약간의 예외가 있지만 5가지 구성항목도 지속적으로 하락하는 모습을 보이고 있다.

또한 올슨 모형은 1970년도 초부터 계속해서 도산의 확률이 증가되고 있음을 보여주고 있으며, 이는 주로 차입규모의 증가에 기인하는 것이다. 그러나 1975년이 되어서야 도산의 확률이 경계수준을 초과하고 있음을 신호해 주고 있다. 즉, 도산연도인 1975년의 도산확률은 17.7%로서 1974년도에 비해서 약 9배 정도로 크게 증가하여 절삭점 3.8%를 초과하는 것으로 나타났다. 따라서 그 이전까지는 도산가능성이 있는 회사로 분류하고 있지 못한 것이다. 올슨 모형이 초기의 도산예측에 실패한 것은 기업규모(SIZE) 변수의 영향 때문이다. 기업의 규모가 클수록 일반적으로 부도가능성이 낮을 것으로 판단하기 때문이다. 참고로 규모변수가 제외된 Zavgren의 로짓 모형을 Grant회사에 적용해 본 결과 도산의 확률이 1967년 35.0%에서 1975년 93.5%로 증가하고 있는 것이 이를 잘 나타내 준다고 하겠다.

7-1 소매업을 하고 있는 P회사는 20×5년도에 파산신청을 하게 되었다. 다음은 파산신청하기 전 4년분 회계자료이다.

(단위: 천달러)

	20×1년	20×2년	20×3년	20×4년
매출액	2,601,003	2,722,539	2,680,186	2,642,829
이자와 법인세차감전순손익	151,086	161,792	(60,562)	10,458
이자비용	125,247	65,571	61,067	60,488
당기순손익	(36,159)	44,889	(125,549)	(19,078)
자산총계	1,458,481	1,495,882	1,344,436	1,293,118
유동자산합계	427,702	449,870	442,679	450,497
유동부채합계	345,560	310,742	344,279	319,593
비유동부채합계	640,127	654,131	608,627	618,667
부채총계	1,071,170	1,060,017	1,036,273	1,003,387
이익잉여금(이월결손금)	(136,259)	(91,370)	(219,919)	(238,997)
영업활동순운전자본	96,411	127,335	78,257	95,400
영업활동현금흐름	109,027	117,335	108,428	32,447
자본적지출액	49,982	81,906	67,281	40,117
보통주유통주식수	39,537	39,874	39,914	39,959
주당시가	11.00	8.25	3.625	1.125
GNP가격디플레이터	192.7	197.7	202.7	207.5

물음 (1) 20×2년부터 20×4년까지 다음 비율을 계산하시오.

① 유동비율　　② 현금흐름유동부채보상비율
③ 부채비율　　④ 총부채 대 총자산비율
⑤ 현금흐름총부채보상비율　　⑥ 이자보상비율

(2) 20×1년부터 20×4년까지의 알트만 모형의 Z-score를 계산하시오.

(3) 20×1년부터 20×4년까지의 올슨 모형의 도산확률을 계산하시오. 단 20×0년에는 당기순 손실 $15,902,000가 보고되었다.

(4) 이상의 분석내용을 이용해서 20×5년도에 P기업이 도산할 것을 예고해주는 가장 중요한 요인을 설명하시오.

재무제표 산출과정의 이해

PART 3

CHAPTER

회계거래와 계정

1. 회계거래와 회계등식

1) 회계거래의 의의

會計去來(accounting transactions)란 재무제표를 작성하기 위하여 장부에 기록되는 기업의 경제적 행위를 말한다. 일상생활에서의 거래란 거래 당사자간에 이루어진 경제적 합의를 의미하나, 회계상 거래는 기업이 수행한 경제적 행위나 사건이 당해 기업의 재무상태에 변동을 야기시키고, 또한 재무상태의 변동액을 화폐단위로 측정가능한 경우만 포함한다.

일상생활에서의 거래는 회계상 거래와 대부분 일치하지만 그렇지 않은 경우도 있다. 예를 들어, 기업내의 사업부간의 자원이동이나, 화재나 지진 등의 재난으로 인한 피해 또는 자산의 분실 및 도난 등의 경우 일상생활에서는 거래로 보지 않으나 회계상으로는 거래에 해당하므로 이는 장부에 기입하여야 한다. 이와는 달리 종업원의 채용이나 상품 등의 주문 또는 매매계약 등은 회계상 거래가 되기 위한 조건을 충족시키지 못하므로 회계상 거래에 해당되지 않아 회계장부에 기입하지 않는다.

자습문제

다음 중 회계상 거래에 해당하는 것을 지적하고, 해당거래가 재무상태에 미치는 영향을 설명하시오.

1) 현금 ₩100,000을 대여하다.
2) 현금 ₩200,000을 차입하기로 결정하다.
3) 상품 ₩100,000을 매입하기로 계약을 체결하다.
4) 상품 ₩50,000을 현금매입하다.
5) 상품 ₩1,000,000을 매출하기로 계약을 체결하다.
6) 원가 ₩500,000의 상품을 ₩700,000에 외상매출하다.

7) 월 ₩700,000의 급여를 지급하기로 하고 종업원 1명을 채용하다.
8) 현금 ₩50,000을 도난당하다.
9) 건물을 월세 ₩300,000에 임차하기로 계약을 체결하다.
10) 화재로 인하여 ₩1,000,000의 비품이 소실되다.
11) 비품 구입대금 ₩100,000을 1달 후에 지급하기로 하다.
12) 대여금 ₩50,000을 현금으로 받다.
13) 주식 10주를 주당 ₩5,000에 발행하고 현금으로 납입받다.
14) 상품 ₩1,000,000을 매입하기로 하고, 계약금 ₩100,000을 현금으로 지급하다.
15) 거래처의 도산으로 판매대금 ₩500,000을 받지 못하게 되다.

2) 거래의 8요소와 거래의 이중성

회계상 거래가 발생하면 재무상태에 변동이 발생한다. 변동내용은 자산이나 부채 또는 자본이 증가하거나 감소하게 된다. 물론 수익과 비용도 변동되지만 수익의 발생(또는 실현)은 결국 자본을 증가시키므로 자본의 증가로, 비용의 발생은 결국 자본을 감소시키므로 자본의 감소로 설명할 수 있다. 회계상 모든 거래는 재무상태에 변동을 야기시키면서 그 변동액을 화폐단위로 측정할 수 있어야 한다고 했으므로, 회계상 거래는 이들 자산·부채·자본의 증감으로 파악할 수 있다.

자산·부채·자본의 증감내용은 차변요소와 대변요소로 구분되어지는데, 이는 계정식 재무상태표와 손익계산서의 차변과 대변항목을 생각하면 쉽게 이해될 수 있다. 계정식 재무상태표와 손익계산서는 다음 [표 8-1]과 같다.

[표 8-1] 계정식 재무상태표와 손익계산서

재무상태표

(차변)		(대변)	
자 산	×××	부 채	×××
		자 본	×××

손익계산서

(차변)		(대변)	
비 용	×××	수 익	×××

먼저 자산·부채·자본 그리고 비용·수익의 원래의 위치를 다시 한 번 확인하기 바란다. 이들 항목의 증가는 원래의 위치에다 기입하며, 반대로 감소시는 원래 위치의 반대쪽에 기입하는 것이 바로 기입법칙인 것이다. 즉, 자산과 비용의 증가는 차변에 기입하고 부채, 자본 그리고 수익의 증가는 대변에 기입한다는 것이다. 반대로 감소시는 반대편 위치에 기입하면 되는 것이다.

이러한 증감내용을 수익과 비용을 포함하여 차변요소와 대변요소로 분류한 것을 거래의 8요소라 하며 그 내용은 다음 [표 8-2]와 같다.

[표 8-2] 거래의 8요소와 결합관계

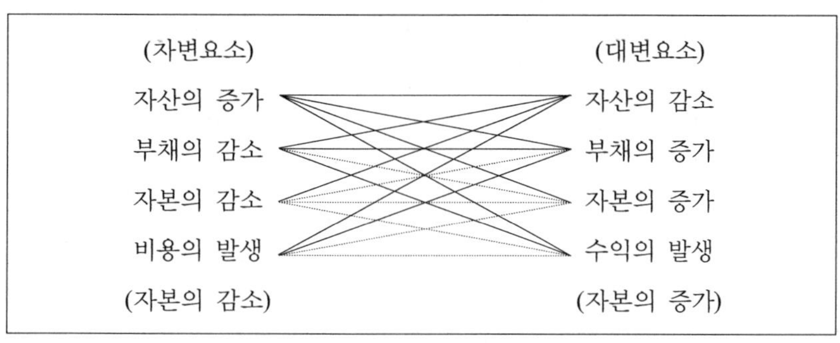

회계상 거래를 거래의 8요소로 분류하는 경우, 회계상 거래는 동시에 차변요소와 대변요소가 각각 하나 이상씩 발생하며, 또한 차변과 대변의 변동액은 항상 똑같은 금액이 된다. 이와 같이 차변요소와 대변요소가 동시에 발생하고 변동액이 언제나 일치하는 현상을 去來의 二重性 또는 去來의 結合關係라 한다.

회계상 거래에 대한 분석방법의 특징은 거래의 한 면만을 파악하는 것이 아니라 거래의 양면성을 원인－결과관계로 파악하는 독특한 방법이다. 이는 회계를 처음 접하는 입문자들이 어렵게 느끼는 부분 중 하나인데, 모든 거래는 차변과 대변에 동시에 같은 금액이 기입되어야 균형이 이루어진다는 점을 염두에 두고 거래를 대하면 보다 쉽게 이해할 수 있을 것이다. 거래의 이중성의 의미를 예를 들어 설명하면 다음과 같다.

예제 8-1 ▌ 거래의 이중성

(예 1) 현금 ₩50,000을 차입하였다고 하자. 기업으로 현금이 유입되었으므로 현금이라는 자산이 증가하고(결과), 현금이 증가하게 된 원인은 차입 때문이므로 이후에 갚아야 할 차입금이라는 부채가 증가한다. 따라서 이를 자산(현금)의 증가와 부채(차입금)의 증가로 차변과 대변에 각각 기입한다.

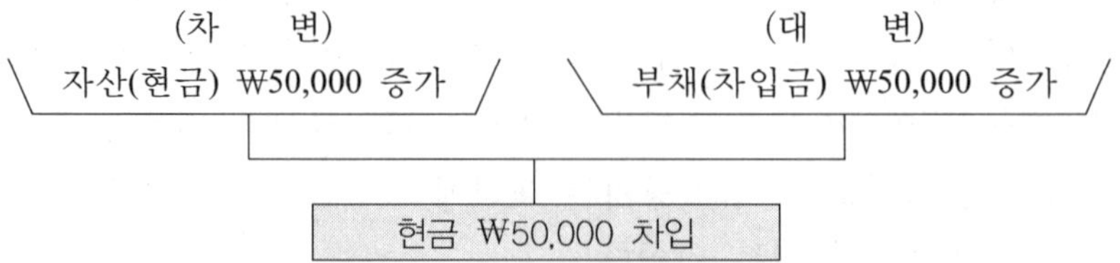

(예 2) 이자 ₩10,000을 현금으로 지급하였다고 하자. 현금은 지급되어 감소되었으므로 현금이라는 자산은 감소하고(결과), 현금이 감소하게 된 원인은 이자를 지급한 것이므로 이자비용이라는 비용이 발생한 것이다. 따라서 자산(현금)의 감소와 비용(이자비용)의 발생으로 요약할 수 있으며, 계정의 기입법칙에 따라 비용의 발생은 차변에 자산의 감소는 대변에 기입한다.

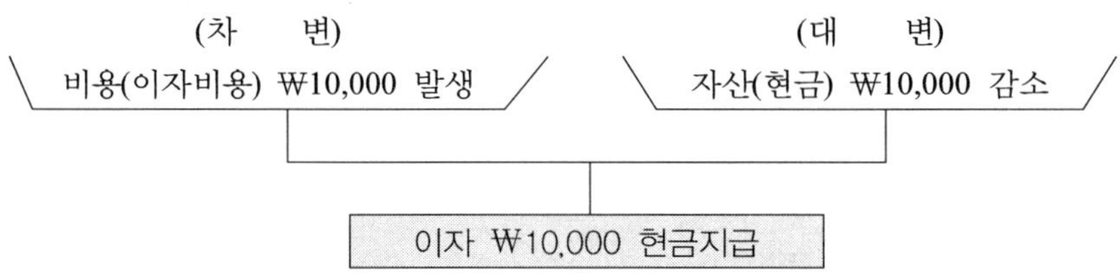

(예 3) 원가 ₩10,000의 상품을 ₩20,000에 현금매출하였다고 하자. 이러한 거래는 다음과 같이 두 거래로 나누어 분석하는 것이 쉽다. 하나는 상품을 ₩20,000에 판매하여 현금 ₩20,000이 유입된 것이다. 현금 ₩20,000이 유입되었으므로 현금이라는 자산은 증가하고(결과), 이 현금이 유입된 원인은 상품의 판매이기 때문에 매출이라는 수익 ₩20,000이 발생한 것이다. 그리고 다른 하나는 수익 ₩20,000을 벌기 위하여 상품을 인도한 것으로, 상품이라는 자산 ₩10,000은 감소하고(결과), 상품이 감소한 원인은 수익 ₩20,000을 벌기 위한 것이므로 매출원가라는 비용 ₩10,000이 발생한 것이다. 따라서 이 거래는 자산(현금)의 증가와 수익(매출)의 발생, 그리고 자산(상품)의 감소와 비용(매출원가)의 발생으로 요약할 수 있다. 자산의 증가와 비용의 발생은 차변에, 수익의 발생과 자산의 감소는 대변에 기입한다.

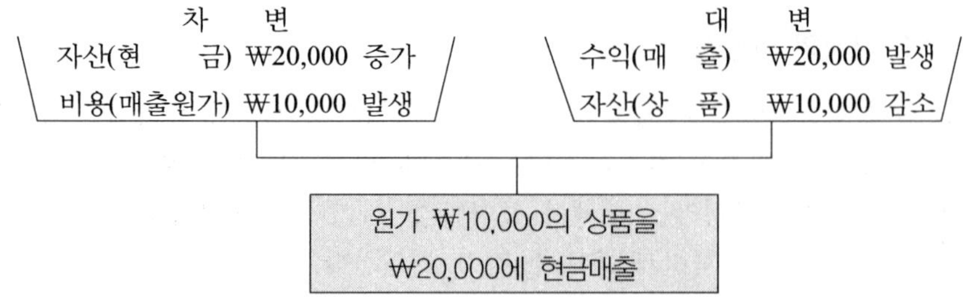

이상에서 설명한 거래의 결합관계를 추가적인 예를 들어 그 결과를 요약하면 다음과 같다.

예제 8-2 ▌ 거래의 결합관계

거 래 내 용	차 변 요 소	대 변 요 소
① 현금 ₩10,000을 당좌예입하다.	자산(당좌예금)증가	자산(현금)감소
② 현금 ₩20,000을 차입하다.	자산(현금)증가	부채(차입금)증가
③ 신주를 발행하고 ₩50,000을 현금으로 납입받다.	자산(현금)증가	자본(자본금)증가
④임대료 ₩30,000을 현금으로 받다	자산(현금)증가	수익(임대료)발생
⑤ 차입금 ₩10,000을 현금으로 갚다.	부채(차입금)감소	자산(현금)감소
⑥ ₩20,000의 현금배당을 실시하다.	자본(이익잉여금)감소	자산(현금)감소
⑦ 급여 ₩30,000을 현금지급하다.	비용(급여)발생	자산(현금)감소
⑧ 원가 ₩10,000의 상품을 ₩15,000에 외상매출하다.	자산(외상매출금)증가 비용(매출원가)발생	수익(매출)발생 자산(상품)감소
⑨ 대여금 ₩50,000과 그 이자 ₩5,000을 현금으로 받다.	자산(현금)증가	자산(대여금)감소 수익(이자수익)발생

3) 거래의 이중성과 회계등식

거래의 이중성이란 개념을 기본원리로 하여 장부기입이 이루어지는 회계기록을 복식부기(double entry book-keeping)라 하는데, 이는 곧 거래로 인한 가치의 변동을 차변과 대변에 동시에 같은 금액을 이중으로 기록(double entry)하는 특징을 지닌다.

이러한 거래의 이중성에 의하여 어떤 거래를 기록하여도 "자산=부채+자본"이라는 회계등식은 변하지 않고 유지된다. 이들 거래는 개별적으로나 전체적으로나 모두 회계등식이 성립된다. 앞에서 설명한 접시저울을 생각하면 쉽게 이해될 것이다.

이를 예를 들어 설명하면 다음 [예제 8-3]과 같다. 단, 감소액은 (   )로 표시하며, 수익의 발생은 자본의 증가로 비용의 발생과 배당금의 지급은 자본의 감소로 분석한다. 왜냐하면 이들 항목은 모두 자본 그 중에서도 이익잉여금과 관련된 것이기 때문이다.

예제에 들어가기에 앞서 자본과 관련된 항목을 정리해보면 다음 [표 8-3]과 같다.

[표 8-3] 자본의 원천

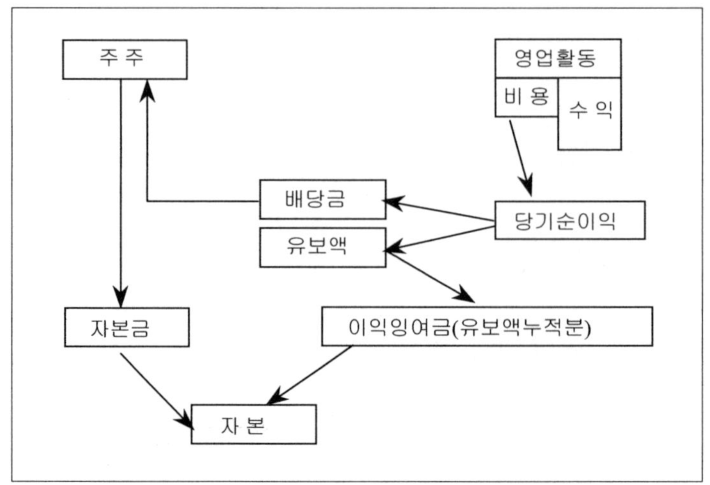

예제 8-3 ▌ 거래의 이중성과 회계등식

거 래 내 용	자 산	부 채	자 본	부채+자본
① 주식 ₩20,000을 현금발행하다.	20,000		20,000	20,000
② 현금 ₩3,000을 단기차입하다.	3,000	3,000		3,000
③ 차량 ₩5,000을 현금구입하다.	5,000			
	(5,000)			
④ 수수료 ₩4,000을 현금으로 받다.	3,000		3,000	3,000
⑤ 전기요금 ₩500을 현금으로 지급하다.	(500)		(500)	(500)
⑥ 차입금 ₩1,000을 현금으로 갚다.	(1,000)	(1,000)		(1,000)
⑦ 급여 ₩1,000을 현금으로 지급하다.	(1,000)		(1,000)	(1,000)
⑧ ₩600의 배당을 선언하고 현금지급하다.	(600)		(600)	(600)
합 계	22,900	2,000	20,900	22,900

4) 거래와 재무제표

회계상 거래는 재무제표를 작성하기 위하여 장부에 기록되는 경제적 행위이므로, 재무제표는 일정 기간 동안 발생한 거래의 결과가 반영된다. [예제 8-3]의 거래내용이 재무제표에 반영된 결과를 설명하면 다음과 같다. 재무제표에는 자산·부채·자본·수익·비용이 구체적인 계정과목으로 표시되므로 앞의 분석과는 달리 거래가 재무상태에 미치는 영향을 해당 계정과목에 가감하기로 한다. 다만, 수익과 비용 그리고 배당금은

[표 8-3]에서 본 바와 같이 자본의 원천 중의 하나인 이익잉여금의 증감요인이므로 별도로 이익잉여금에서 가감하기로 한다.

회계등식에 기입된 모든 거래는 재무제표에 반영되게 된다. 자산·부채·자본의 잔액은 재무상태표에 반영되며, 수익과 비용의 총액은 손익계산서에 나타난다. 그리고 손익계산서에서 계산된 당기순이익과 이익잉여금의 처분항목인 배당금은 자본변동표(이익잉여금항목)에 반영되며, 마지막으로 현금흐름표는 회계등식상의 현금란에 기입된 모든 현금거래의 증감분을 가지고 기업의 3가지 활동, 즉 영업활동·투자활동·재무활동으로 나누어서 작성되게 된다.

예제 8-4 ▌ 거래와 재무제표

거 래 내 용	자산		부 채	자 본	
	현금	차량 운반구	단기 차입금	자본금	이익 잉여금
① 주식 ₩20,000을 현금발행하다.	20,000			20,000	
② 현금 ₩3,000을 단기차입하다.	3,000		3,000		
③ 차량 ₩5,000을 현금구입하다.	(5,000)	5,000			
④ 수수료 ₩3,000을 현금으로 받다.	3,000				3,000
⑤ 선기요금 ₩500을 현금으로 지급하다.	(500)				(500)
⑥ 차입금 ₩1,000을 현금으로 갚다.	(1,000)		(1,000)		
⑦ 급료 ₩1,000을 현금으로 지급하다.	(1,000)				(1,000)
⑧ ₩600의 배당을 선언하고 현금지급하다.	(600)				(600)
잔 액	17,900	5,000	2,000	20,000	900

거래에 대한 분석 결과를 재무제표에 반영하면 다음과 같다.

1) 재무상태표

재무상태표는 결산일 현재의 재무상태를 표시하므로 거래로 인한 각 계정과목의 증감 결과인 잔액을 모아 작성한다. 재무상태표의 작성 결과는 다음과 같다.

재무상태표

현 금	17,900	단기차입금	2,000
차량운반구	5,000	자본금	20,000
		이익잉여금	900
	22,900		22,900

2) 손익계산서

손익계산서는 일정 기간의 경영성과에 대한 원인을 설명하므로 당기에 발생한 수익과 비용을 모아 작성한다. 수익은 (4)의 거래에 의한 용역매출 ₩3,000이며, 비용은 (5)와 (7)의 거래에 의한 수도광열비 ₩500과 급여 ₩1,000이다. 손익계산서의 작성 결과는 다음과 같다.

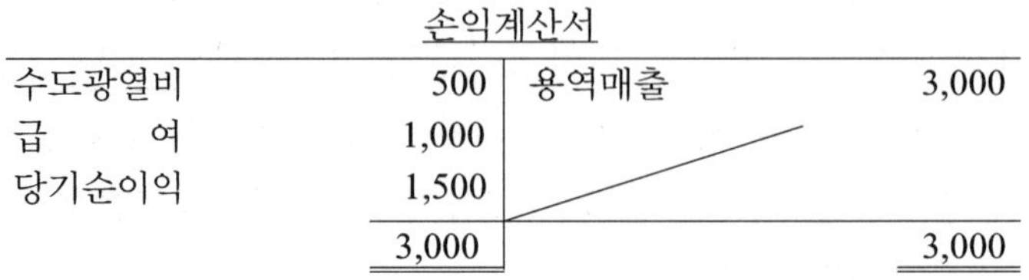

손익계산서

수도광열비	500	용역매출	3,000
급　　여	1,000		
당기순이익	1,500		
	3,000		3,000

3) 자본변동표(이익잉여금항목)

자본변동표의 이익잉여금항목에서는 일정기간 동안 이익잉여금의 변동 원인을 설명한다. 이익이여금의 변동원인 중 수익과 비용은 손익계산서에서 설명되었으므로 그 결과인 당기순손익과 배당내용을 기입하여 작성한다. 예에서 이익잉여금의 증가액은 당기순이익 ₩1,500이고 감소액은 배당액 ₩600이므로 자본변동표 이익잉여금항목의 작성 결과는 다음과 같다.

자본변동표(이익잉여금항목)

전 기 이 월 이 익 잉 여 금	0
가　　산 : 당 기 순 이 익	1,500
미 처 분 이 익 잉 여 금	1,500
차　　감 : 배　당　액	600
차 기 이 월 이 익 잉 여 금	900

4) 현금흐름표

현금흐름표는 일정 기간의 현금의 증감(유입과 유출)내용을 영업활동·투자활동·재무활동별로 구분하여 표시한다. 예의 현금거래를 활동별로 구분하면 다음과 같다. 단, 활동별 현금의 유출액은 (　　)로 표시한다.

거 래 내 용	현금흐름		활 동 구 분		
	유 입	유 출	영업활동	투자활동	재무활동
① 주식 ₩20,000을 현금발행하다.	20,000				20,000
② 현금 ₩3,000을 단기차입하다.	3,000				3,000
③ 차량 ₩5,000을 현금구입하다.		5,000		(5,000)	
④ 수수료 ₩3,000을 현금으로 받다.	3,000		3,000		
⑤ 전기요금 ₩500을 현금으로 지급하다.		500	(500)		
⑥ 차입금 ₩1,000을 현금으로 갚다.		1,000			(1,000)
⑦ 급료 ₩1,000을 현금으로 지급하다.		1,000	(1,000)		
⑧ ₩600의 배당을 선언하고 현금지급하다.		600			(600)
합 계	26,000	8,100	1,500	(5,000)	21,400

이상의 내용을 현금흐름표에 반영하여 작성하면 다음과 같다.

현금흐름표

Ⅰ. 영업활동 현금흐름		1,500
가. 매출등 수익활동으로부터의 유입액	3,000	
나. 영업비용의 유출액	(1,500)	
Ⅱ. 투자활동 현금흐름		(5,000)
1. 투자활동으로 인한 현금유출액	(5,000)	
가. 차량구입	(5,000)	
Ⅲ. 재무활동 현금흐름		21,400
1. 재무활동으로 인한 현금유입액	23,000	
가. 주식발행	20,000	
나. 현금차입	3,000	
2. 재무활동으로 인한 현금유출액	(1,600)	
가. 차입금 상환	(1,000)	
나. 배당금 지급	(600)	
Ⅳ. 현금의 증가(Ⅰ+Ⅱ+Ⅲ)		17,900
Ⅴ. 기초의 현금		0
Ⅵ. 기말의 현금		17,900

2. 계정의 기입법칙과 종류

1) 계정의 의의와 기입법칙

기업의 거래가 발생하면 자산·부채·자본·수익 및 비용 등이 각각 변동하게 되는데, 이러한 변동내용을 체계적이고 명료하게 기록·계산하기 위해서 거래의 종류나 성질에 따라 계산단위를 설정하여 이용한다. 이러한 회계상의 기록 및 계산단위를 계정(account ; a/c)이라 하고, 계정의 명칭을 계정과목이라 하며, 각 계정과목의 계산 및 기입장소를 계정계좌라 한다. 각 계정의 기입내용은 다음과 같다.

① 계정과목과 계정번호
② 거래의 발생일자와 해당 계정의 증감원인이나 결과
③ 다른 회계기록(예 : 분개장)과 상호 연관관계
④ 거래로 인한 계정의 증감액(기초잔액, 기중증가액, 기중감소액 및 기말잔액)

각 계정의 증감액을 기입하는 원리(계정식 계산방법 또는 회계식 계산방법)는 앞에서 설명한 회계등식을 가지고 이용하면 훨씬 이해하기가 쉽다. 회계등식은 다음과 같다.

자 산 = 부 채 + 자 본
(자본금+이익잉여금)
(+)수익 (−)비용

이 등식을 정리하면 다음과 같다.

차 변 대 변
자산+비용 = 부채+자본+수익

모든 거래를 계정에 기입하는 원리는 위의 등식에 따른다. 즉, 자산과 비용에 속하는 계정들의 증가액은 제 위치인 차변에 기입하고, 반대로 감소액은 반대편 위치인 대변에 기입한다.

부채, 자본 및 수익에 속하는 계정들의 증가액은 제 위치인 대변에 기입하며, 반대로 감소액은 반대편 위치인 차변에 기입한다.

이상의 내용을 T계정에다 나타내면 다음 [표 8-4]와 같다.

[표 8-4] 계정기입법칙

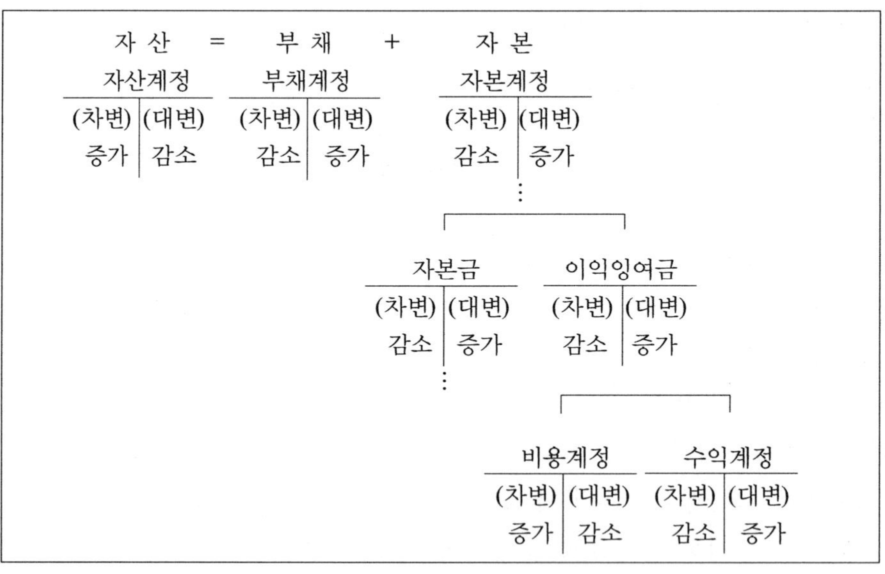

계정의 기입내용을 상세히 설명하면 다음과 같다.

① 기초잔액 : 자산은 차변에, 부채와 자본은 대변에 기입한다. 단, 수익과 비용은 당해 기간의 당기순손익을 산출하기 위한 임시계정으로, 당기순손익이 산출되어 자

본계정으로 대체되면 수익과 비용계정은 소멸(자세한 것은 제9장에서 설명)되므로 기초잔액은 발생하지 않는다.

② 증가하는 경우 : 자산과 비용은 차변에, 부채와 자본 및 수익은 대변에 기입하여 해당계정에 가산한다.

③ 감소하는 경우 : 자산과 비용은 대변에, 부채와 자본 및 수익은 차변에 기입하여 해당계정에서 차감한다.

④ 기말잔액 : 이는 각 계정의 합계를 일치시키기 위하여 기입한다. 그러므로 자산과 비용은 그 잔액이 차변에 있으므로 그 금액을 기말잔액으로 해서 대변에 기입하고, 부채와 자본 및 수익은 그 잔액이 대변에 있으므로 마찬가지로 그 금액을 기말잔액으로 해서 차변에 기입한다. 각 계정잔액의 위치와 기말잔액의 위치를 혼동하면 안 된다. 지금으로서는 각 계정잔액의 위치만 알고 있어도 된다. 기말잔액의 기입은 장부마감을 위해 필요한 것이기 때문에 뒤에서 다시 다루어진다.

현금			1
기초잔액	xxx	감 소 액	xxx
증 가 액	xxx	기말잔액	xxx
	xxx		xxx

차입금			3
감 소 액	xxx	기초잔액	xxx
기말잔액	xxx	증 가 액	xxx
	xxx		xxx

이상에서 설명한 계정의 기입원리를 일련의 거래를 이용하여 설명하면 다음과 같다.

예제 8-5 ▮ 계정의 기입원리

현금과 차입금의 기초잔액과 기중거래로 인한 변동액이 다음과 같다고 하자.

(1) 기초잔액 : 현금 ₩10,000 차입금 ₩10,000

(2) 갑은행에서 현금 ₩30,000을 차입하다.

(3) 갑은행의 차입금 ₩20,000을 현금으로 갚다.

(4) 을은행에서 현금 ₩50,000을 차입하다.

이상의 내용을 일반 산수식을 이용하여 현금과 차입금의 기말잔액을 구하면 다음과 같다.

(5) 현금의 기말잔액 = 10,000 + 30,000 − 20,000 + 50,000 = 70,000
차입금의 기말잔액 = 10,000 + 30,000 − 20,000 + 50,000 = 70,000

이상의 계산과정을 회계식 계산방법을 이용하여 각 계정계좌에 기입하면 다음과 같다.

현금			
(1)	10,000	(3)	20,000
(2)	30,000	(5)	70,000
(4)	50,000		
	90,000		90,000

차입금			
(3)	20,000	(1)	10,000
(5)	70,000	(2)	30,000
		(4)	50,000
	90,000		90,000

기입원리는 다음과 같다.

(1)은 기초잔액으로 현금계정에는 원래 위치인 차변에, 차입금계정에는 원래 위치인 대변에 기입한다.

(2)와 (4)는 현금과 차입금이 각각 증가하였으므로, 이를 가산하기 위하여 원래 위치와 같은 변에 기입한다.

(3)은 현금과 차입금이 각각 감소하였으므로, 이를 차감하기 위하여 원래의 위치와 반대변에 기입한다.

(5)는 양변의 합계를 일치시키기 위하여 현금과 차입금의 잔액을 각각 원래의 위치와 반대변에 기입한다. 그래서 현금잔액은 차변에 ₩70,000이 있으므로 대변에, 차입금잔액은 대변에 ₩70,000이 있으므로 차변에 기입한 것이다.

이상에서 살펴본 바와 같이 기업의 거래가 발생하면 해당 계정의 금액이 증감되므로, 이를 각 계정의 계정계좌에 기입하여 가감하게 되면 언제든지 각 계정의 잔액을 알 수 있게 된다. 따라서 기말시점에 재무제표를 작성하기 위해서는 기말 현재 각 계정의 잔액을 산출하여 자산·부채·자본은 재무상태표에, 수익·비용은 손익계산서에 기입하고, 이익잉여금의 변동사항은 자본변동표의 이익잉여금항목에 그리고 현금의 증감사항은 활동별로 구분하여 현금흐름표에 기입하면 된다

각 기업은 회계기간 중 발생한 거래를 기입하여 재무제표를 산출하기 위해서는 각 기업의 특성에 맞도록 관련된 계정과목을 설정하여 이들의 증감내용을 기입하기 위한 장부를 지니게 되는데, 이를 총계정원장(general ledger)이라 한다.

거래를 총계정원장의 각 계정계좌에 기입하여 재무제표를 작성하는 과정에 대한 예를 들면 다음과 같다.

예제 8-6 ▮ 재무제표의 작성과정

(주)새봄의 1개월간 거래는 다음과 같다고 하자.

5월 1일 주식 30주(액면단가 ₩5,000)를 주당 ₩5,000에 발행하고 대금은 현금으로 납입받다.
3일 차량 ₩50,000을 현금구입하다.
5일 상품 ₩60,000을 현금매입하다.
10일 원가 ₩40,000의 상품을 ₩70,000에 현금매출하다.
13일 상품 ₩80,000을 외상매입하다.
15일 광고비 ₩2,000을 현금으로 지급하다.
25일 원가 ₩50,000의 상품을 ₩80,000에 외상매출하다.
27일 외상매입금 ₩30,000을 현금으로 갚다.
30일 급여 ₩20,000을 현금으로 지급하다.

이상의 거래를 먼저 회계등식에다 기입하면 다음과 같다.

일자	자산				부채	자본		
	현금	외상매출금	상품	차량운반구	외상매입금	자본금	이익잉여금	
5/ 1	150,000					150,000		
5/ 3	(50,000)			50,000				
5/ 5	(60,000)		60,000					
5/10	70,000						70,000	매출수익
			(40,000)				(40,000)	매출원가
5/13			80,000		80,000			
5/15	(2,000)						(2,000)	광고비
5/25		80,000					80,000	매출수익
			(50,000)				(50,000)	매출원가
5/27	(30,000)				(30,000)			
5/30	(20,000)						(20,000)	급 여
잔액	58,000	80,000	50,000	50,000	50,000	150,000	38,000	

회계등식에 기입된 내용을 총계정원장에 기입하면 다음과 같다.

자 산	=

현 금

5 /1	150,000	5/ 3	50,000
10	70,000	5	60,000
		15	2,000
		27	30,000
		30	20,000

상 품

5/ 5	60,000	5/10	40,000
13	80,000	25	50,000

외상매출금

5/25	80,000		

차량운반구

5/ 3	50,000		

부 채 + **자 본 금**

외상매입금

5/27	30,000	5/13	80,000

자본금

		5/1	150,000

이익잉여금

매 출

		5/10	70,000
		5/25	80,000

매출원가

5/10	40,000		
25	50,000		

광고선전비

5/15	2,000		

급 여

5/30	20,000		

회계등식에 기입된 내용과 총계정원장에 기입된 내용이 똑같음을 알 수 있다. 그러나 회계등식에 기입된 것보다 총계정원장에 기입된 것이 훨씬 복잡하지 않고 체계적임을 한 눈에 알아볼 수 있다. 더군다나 수많은 거래를 회계등식에다 기입한다는 것을 현실성이 없는 것이다. 그래서 실무에서는 회계등식을 이용하지 않고 계정을 이용해서 거래를 기입하는 것이다.

총계정원장에 기입된 내용을 토대로 재무제표를 작성하면 다음과 같다.

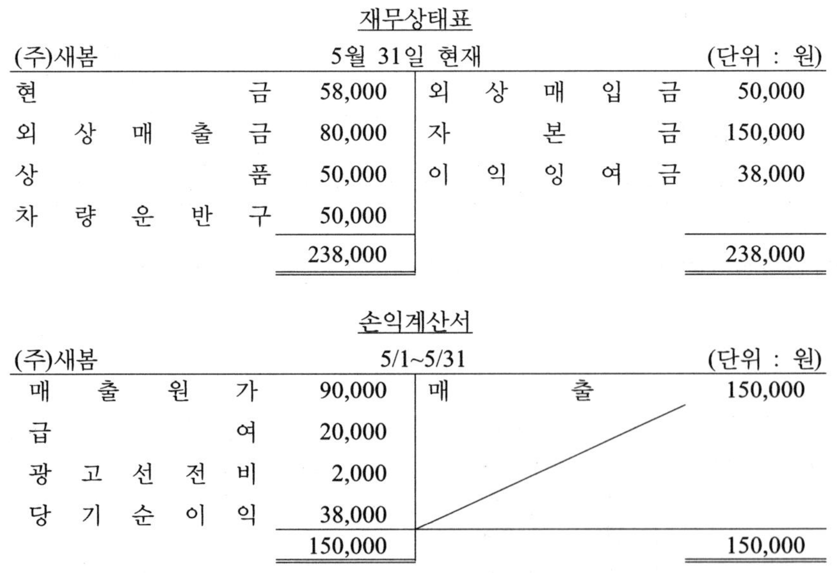

재무상태표

(주)새봄 5월 31일 현재 (단위 : 원)

현 금	58,000	외 상 매 입 금	50,000
외 상 매 출 금	80,000	자 본 금	150,000
상 품	50,000	이 익 잉 여 금	38,000
차 량 운 반 구	50,000		
	238,000		238,000

손익계산서

(주)새봄 5/1~5/31 (단위 : 원)

매 출 원 가	90,000	매 출	150,000
급 여	20,000		
광 고 선 전 비	2,000		
당 기 순 이 익	38,000		
	150,000		150,000

자본변동표(이익잉여금항목)

(주)새봄	5/1~5/31	(단위 : 원)
전 기 이 월 이 익 잉 여 금		0
가 산 : 당 기 순 이 익		38,000
미 처 분 이 익 잉 여 금		38,000
차 감 : 배 당 액		0
차 기 이 월 이 익 잉 여 금		38,000

현금흐름표

(주)새봄	5/1~5/31	(단위 : 원)
Ⅰ. 영업활동 현금흐름		(42,000)
가. 매출 등 수익활동으로부터의 유입액	70,000	
나. 매입 및 종업원에 대한 유출액	(110,000)	
나. 영업비용의 유출액	(2,000)	
Ⅱ. 투자활동 현금흐름		(50,000)
1. 차량구입	(50,000)	
Ⅲ. 재무활동 현금흐름		150,000
1. 주식발행	150,000	
Ⅳ. 현금의 증가(Ⅰ+Ⅱ+Ⅲ)		58,000
Ⅴ. 기초의 현금		0
Ⅵ. 기말의 현금		58,000

현금흐름표상 영업활동으로 인한 현금흐름 중 매입 및 종업원에 대한 유출액은 상품의 현금매입액 ₩60,000, 외상매입금 지급액 ₩30,000 및 급료 지급액 ₩20,000이 포함된 것이며, 영업비용의 유출액은 광고비 지급액 ₩2,000을 기입한 것이다.

연습문제

8-1 객관식문제

01 다음 중 회계상 거래가 아닌 것은?

① 판매를 위탁하기 위해 상품을 발송하다.
② 화재로 점포가 소실되다.
③ 상품 일부를 도난당하다.
④ 상품을 매입하기로 계약하다.

02 다음 중 회계상 거래에 해당하는 것은?

① 단가 ₩500인 상품 1,000개를 주문하다.
② 점포를 임대하기로 하다.
③ 전기·수도료의 고지서를 받다.
④ 건물의 감가상각을 하다.

03 부기상 거래가 아닌 것은?

① 건물 임대하기로 하다.
② 보관중인 점포가 소실되다.
③ 현금을 분실하다.
④ 차용증서를 받고 ₩50,000 빌려주다.
⑤ 상품 일부를 도난당하다.

04 부기상 거래로 볼 수 없는 것은

㉠ 화재로 인하여 건물의 일부가 소실되다.
㉡ 상품 ₩10,000이 운송 도중에 파손되다.
㉢ 사무실 점포를 월세 ₩250,000의 조건으로 임차계약을 맺다.
㉣ 명동상점에 현금 ₩100,000을 대여하여 주다.
㉤ 현금 ₩20,000을 종업원이 분실하다.
㉥ 남산상점에서 상품 ₩150,000의 매출 주문을 받다.
㉦ 기업주가 현금 ₩20,000을 개인적으로 사용하다.

① ㉠, ㉡　　② ㉣, ㉤
③ ㉢, ㉥　　④ ㉤, ㉦

05 복식부기의 근본 원리는?

① 거래의 이중성 ② 대차평균의 원리
③ 손익계산서 작성기준 ④ 재무상태표 작성기준

06 다음 거래요소의 결합관계를 나타낸 것 중 옳은 것은?

현금 ₩50,000을 대여하다.

① 자산의 증가-자산의 감소 ② 비용의 발생-자산의 감소
③ 자산의 증가-자본의 감소 ④ 비용의 발생-자본의 감소

07 다음 거래에 대한 거래 요소의 결합 관계를 바르게 표시한 것은?

이자 ₩100,000을 수표 발행하여 지급하다.

① 자산의 증가-수익의 발생 ② 비용의 발생-자산의 증가
③ 자산의 감소-수익의 발생 ④ 비용의 발생-자산의 감소

08 ₩7,000,000의 차량을 구입하고 ₩2,000,000은 현금으로 지급하였으며 잔액은 60일 만기의 어음을 발행하였다. 이 거래의 영향은?(증권분석사)

① 자산은 ₩7,000,000 증가하고, 부채는 ₩5,000,000 증가한다.
② 자산은 ₩5,000,000 증가하고, 자본은 그 금액만큼 감소한다.
③ 총자산에는 변동이 없다. 그러나 부채가 ₩5,000,000 증가하고 그 금액만큼 자본이 감소한다.
④ 자본에는 변동이 없다. 그러나 자산과 부채가 각각 ₩5,000,000씩 증가한다.

09 다음 계정잔액의 기입으로 보아 ( )안에 적합한 계정과목은?

① 선급금
② 단기대여금
③ 선급보험료
④ 이자수익

(	)
	6/7 ×××

8-2 다음 중 회계상 거래에 해당하는 것을 지적하고, 해당거래가 재무상태에 미치는 영향을 설명하시오.

(1) 현금 ₩100,000을 차입하기로 하다.
(2) 현금 ₩100,000을 대여하다.
(3) 비품 ₩100,000을 구입하기로 계약을 체결하다.
(4) 상품 ₩150,000을 현금 매입하다.
(5) 상품 ₩100,000을 매출하기로 계약을 체결하다.
(6) 원가 ₩150,000의 상품을 ₩200,000에 매출하기로 하고 계약금 ₩20,000을 현금으로 받다.

(7) 화재로 인하여 ₩1,000,000의 건물이 소실되다.
(8) 외상매입금 ₩100,000을 현금으로 지급하다.
(9) 대여금 ₩250,000과 그 이자 ₩10,000을 현금으로 받다.
(10) 주식 100주를 주당 ₩5,000에 발행하고 현금으로 납입받다.

8-3 **다음 거래의 결합관계를 설명하시오.**

(1) 상품 ₩100,000을 매입하고 대금은 현금으로 지급하다.
(2) 현금 ₩200,000을 당좌예입하다.
(3) 현금 ₩300,000을 대여하다.
(4) 이자 ₩50,000을 수표를 발행하여 지급하다.
(5) 집세 ₩100,000을 수표를 발행하여 지급하다.
(6) 연료비 ₩100,000을 현금으로 지급하다.
(7) 이자 ₩150,000을 현금으로 받다.
(8) 외상매출금 ₩200,000을 현금으로 회수하다.
(9) 상품 ₩500,000을 매입하고 대금은 약속어음을 발행하여 지급하다.
(10) 용역수익 ₩300,000을 현금으로 받아 즉시 당좌예입하다.
(11) 원가 ₩300,000의 상품을 ₩400,000에 현금매출하다.
(12) 원가 ₩500,000의 상품을 ₩700,000에 외상매출하다.
(13) 차입금 ₩300,000과 그 이자 ₩20,000을 수표발행하여 지급하다.
(14) 대여금 ₩500,000과 그 이자 ₩30,000을 현금으로 받아 즉시 당좌예입하다.
(15) ₩500,000의 배당을 선언하고 수표발행하여 지급하다.
(16) 상품 ₩500,000을 매입하기로 하고 계약금 ₩50,000을 현금으로 지급하다.

8-4 **이경정씨는 대학에서 경영정보를 전공하고 있다. 전공도 살리고 사업경영의 경험을 쌓을 겸해서 (주)푸른꿈이라는 소규모의 컴퓨터판매회사를 설립하였다. 다음은 이 회사의 5월 한달 동안의 거래이다. 이 거래를 총계정원장에 기입하고 5월의 재무상태표와 손익계산서 및 현금흐름표를 작성하시오.**

5/ 2 주식 100주(주당 액면가액 ₩5,000)를 주당 ₩5,000에 발행하고 현금으로 납입하다.
5/ 5 비품 ₩300,000을 구입하고 대금은 현금으로 지급하다.
5/ 7 판매용 컴퓨터 4대를 ₩400,000에 외상으로 매입하다.
5/10 컴퓨터 3대(원가 ₩300,000)를 ₩450,000에 외상매출하다.
5/15 판매용 컴퓨터 4대를 ₩400,000에 외상으로 매입하다.
5/20 전화요금 ₩20,000을 현금으로 지급하다.
5/24 컴퓨터 3대(원가 ₩300,000)를 ₩450,000에 외상매출하다.
5/28 외상매출금 ₩450,000을 현금으로 회수하다.
5/30 외상매입금 ₩300,000을 현금으로 지급하다.
5/31 임차료 ₩30,000을 현금으로 지급하다.
5/31 종업원 급료 ₩50,000을 현금으로 지급하다.

8-5 자동차 정비업인 (주)좋은차의 6월 한달 동안의 거래를 총계정원장에 전기한 다음 재무제표를 작성하시오.

6/ 1 주식 100주(액면단가 ₩5,000)를 주당 ₩5,000에 발행하고 대금은 현금으로 받다.
6/ 3 비품 ₩100,000을 구입하고 대금은 현금으로 지급하다.
6/ 5 차수선용 기계를 ₩300,000에 현금구입하다.
6/10 차수선대금 ₩200,000을 현금으로 받다.
6/15 임차료 ₩300,000을 현금으로 지급하다.
6/20 전화요금 ₩15,000과 광고비 ₩50,000을 현금으로 지급하다.
6/21 차수선대금 ₩200,000을 현금으로 받다.
6/25 종업원 급여 ₩100,000을 현금으로 지급하다.
6/30 차수선대금 ₩200,000을 나중에 받기로 하다.

읽을거리 1

21세기 유망직업

「증시의 꽃」 펀드 매니저

"미국의 주가하락과 일본 엔화의 약세에 따른 한국 기업의 수출경쟁력 저하가 우려됩니다. 보유주식의 일부를 팔아 리스크를 줄여야 합니다."

"아닙니다. 주식을 팔아서는 안됩니다. 경기가 회복국면에 접어들고 있습니다. 단기적인 시황(市況)에 흔들려서는 안됩니다."

2월 말 서울 여의도 증권거래소 맞은 편에 위치한 동원투자신탁 주식운용부 회의실. 이채원(李埰源·35)팀장 소속 팀원들의 생각은 두 갈래로 나뉘었다. 결론을 미룬 채 회의를 끝낸 이 팀장은 자리에 앉아 로이터 단말기를 살핀다. 새벽에 마감한 뉴욕증시에서 다우존스 공업지수는 크게 하락했다. 영국증시의 FT지수, 독일의 DAX지수 등도 큰 폭의 내림세를 보였다. 일본 노무라증권에 따르면 엔화 가치도 급락할 전망이다.

고객이 맡긴 2천억 원 가량의 신탁재산이 오늘따라 더욱 부담스럽다. 어떻게 해야 할까. 오전 8시50분. 주가 단말기에 나타난 시황속보는 이미 하락을 예고하고 있다. 이윽고 오전 9시 정각. 개장이다. 먼저 선물(先物)시세가 폭락했다. 이어 종합주가지수 5백 포인트 선이 힘없이 무너졌다. 피가 마르는 것 같다. 그러나 바닥을 칠 것으로 판단하고 공격을 결심한다. 어제 다녀온 중견 방직회사의 감사보고서를 다시 검토한다. 안정성 수익성 성장성 모두 틀림없다. 증권회사 법인영업부로 전화를 건다. 수억 원 상당의 주식매수 주문이다.

정오. 오전 장을 마친 뒤 증권사의 반도체담당 애널리스트와 함께 점심을 들며 최근의 반도체 업계의 현황에 귀를 기울인다. 오후 들어 주식시장은 안정을 되찾고 오후3시 종합주가지수는 5백 포인트를 회복한 채로 마감했다.

사고 판 주식들을 펀드별로 배분하고 나서야 한숨을 돌린다. 하지만 휴식도 잠시. 경제전망 세미나, 기업탐방 등 일정이 빼곡히 잡혀 있기 때문이다.

개인 또는 기관투자가들로부터 거액의 자금을 위탁받아 관리해 주는 펀드매니저가 주목받고 있다. 최근에는 뮤추얼펀드와 성과급 보수체계의 등장으로 억대의 연봉을 받고 자리를 옮긴 펀드매니저들도 여럿 나타났다. 펀드매니저가 증권시장의 꽃으로 부상하면서 이 분야에 뛰어드는 젊은이들도 늘고 있다.

그러나 펀드매니저가 되는 길은 단순하지 않다. 투자신탁협회의 업무규정을 보면 회원사의 모든 펀드매니저는 운용전문인력으로 등록해야 한다. 그 등록기준에 따르면 증권회사 또는 증권관계기관에서 3년 이상 근무한 경력이 있고 증권분석 또는 운용관련 업무에 1년 이상 종사한 경력이 있어야 한다.

또 투자신탁협회의 운용전문인력 양성과정이나 증권업협회에서 주관하는 증권 MBA 연수과정도 이수하도록 돼 있다. 여기에다 2년 이상 신탁재산을 실질적으로 운용한 경험이 있는 사람에게 등록 자격요건이 주어진다. 실전 경험이 없으면 펀드매니저 자격시험을 통과해야 한다.

선배들의 조언.

"사람마다 차이가 있겠지만 당장 억대의 연봉자가 될 수는 없죠. 투자신탁회사를 비롯한 주식운용 관련회사에 들어가 증권시장에 대한 기본적인 지식을 습득하고 경제 산업 기업의 조사분석 업무 등 다양한 지식과 경험을 두루 섭렵해야 합니다."

– 동아일보 1999년 3월 9일 –

증권사 애널리스트

아침 8시. 삼성증권 리서치센터 투자분석1팀은 전날의 국내외 주식시장을 정리하고 정확한 투자정보를 고객들에게 제공하기 위한 회의에 들어간다. 홍콩 뉴욕 런던의 해외 세일즈 네트웍을 연결해 진행되는 이 원격회의의 공용어는 처음부터 끝까지 영어이다.

각 애널리스트(기업분석가)들은 자기가 담당하는 산업 및 기업에 대해 적절한 투자의견을 제시한다. 이를 위해 국내 매체뿐만 아니라 블룸버그, 로이터 등이 제공하는 해외뉴스까지 회의 전에 반드시 체크해야 한다.

아침회의는 30분 가량 밀도있게 진행된다. 상호 의견교환을 통해 국내외 고객에 대한 투자조언의 기본 방향을 잡는다. 회의 이후 자료를 보완해 완성하는 시간이 대략 오전 9시 반. E메일 등을 통해 고객들에게 자료를 보내고 중요한 뉴스가 있으면 직접 전화를 걸기도 한다.

삼성증권 식음료 및 건설담당 애널리스트인 강관우(姜寬祐·34)연구위원의 아침 시간은 이렇게 지나간다. 그리고 커피를 마시며 일단 한숨을 돌린 뒤 그날의 일정에 따라 기업 및 산업보고서를 영문으로 작성하고 기업을 방문하고 기관투자가를 대상으로 설명회를 갖는다.

한두 업종의 전문영역을 맡아 해당 업종의 기업 내용을 평가하고 투자자들에게 그 정보를 제공하는 애널리스트들의 활약이 급속히 커지고 있다. 외국계 증권사의 경우 애널리스트들의 영역은 확고하다. 각 지역의 애널리스트들이 전화나 전자통신, 원격회의를 통해 정보를 교환하는 체제가 확립돼 있다. 당연히 정보의 경쟁력이 높다. 국내 증권사의 경우도 조사 부문이 강화돼 보통 10~40명의 애널리스트를 두고 있다.

애널리스트는 외국에서는 펀드매니저가 되려는 사람들의 기본적인 경력관리 코스로 인정받고 있다. 국내에서도 뮤추얼 펀드의 등장으로 관심이 더욱 고조되고 있는 펀드매니저의 필수 코스가 될 것이라는 게 업계의 전망이다.

보수는 천차만별. 억대 연봉자도 있다. 능력 기준의 보수체계는 애널리스트들의 원동력이다. 보수가 파격적으로 높게 보일 수도 있다. 하지만 매일 승부를 걸어야 하는 과중한 스트레스와 업무강도에 대한 반대급부라고 그들은 생각한다.

애널리스트 업무를 수행하려면 회계 재무 등 경영학이나 경제학 전공자가 유리하다. 하지만 이공계 전공자도 쉽게 찾아볼 수 있다. 단 영어 구사능력은 필수. 여성 애널리스트도 늘어나고 있는 추세. 애널리스트와 관련된 자격증으로는 증권분석사 회계사 등이 있다. 특히 미국증권분석사(CFA: Certified Financial Analyst) 자격증은 장차 매력적인 자격증으로 떠오를 것이라고 강 연구위원은 조언한다.

주식 가격은 정치 경제 사회 문화 등에 관한 모든 뉴스를 종합적으로 반영한다. 따라서 애널리스트가 되려면 시시각각 일어나는 뉴스를 주식으로 연관지어 생각하는 습관을 들이는 게 좋다고….

– 동아일보 1999년 3월 2일 –

CHAPTER 09

분개와 전기

1. 분 개

1) 분개의 필요성과 의의

제8장 거래와 계정에서 본 바와 같이 기술적으로는 발생한 각 거래를 직접 총계정원장에 기입하여 재무상태표와 손익계산서 등 재무제표를 작성할 수 있다. 그러나 이와 같이 하는 경우 특정 거래의 내용파악이 어려울 뿐만 아니라 거래의 발생순서에 따른 일자별 추적이 어렵다. 특히 거래를 총계정원장에 직접 기입함으로써 나타나는 가장 큰 문제점은 일부 계정의 누락 또는 다른 계정에의 기입 등 오류의 발생가능성이 높다는 것이다. 이러한 문제를 보완하기 위하여 고안된 것이 바로 분개다.

分介(journalizing)란 거래가 각 계정에 미치는 영향(증가나 감소)을 총계정원장에 기입하기 전에 계정과목과 금액으로 차변항목과 대변항목을 일단 분류하는 것이다. 회계상 특정 거래가 발생하면 특정 계정이 증감하므로 이를 총계정원장의 해당계정에 직접 기입하기 전에 해당 계정과목과 금액을 위치(차변과 대변)별로 분류하여 기입(이를 分介라 한다.)한 후 이를 확인하면서 총계정원장의 해당계정에 옮겨 적자는 것(이를 轉記라 한다.)이다. 예를 들어, 상품 ₩100,000을 외상매입한 경우 상품과 외상매입금이 각각 증가했으므로 총계정원장의 상품계정 차변에 ₩100,000과 외상매입금계정 대변에 ₩100,000을 직접 기입하기 전에 위치별로 계정과목과 금액을 다음과 같이 일단 분류한다.

(차 변)		(대 변)	
상 품	100,000	외상매입금	100,000

이와 같이 거래가 각 계정에 미치는 영향을 차변에 기입하여야 할 계정과목과 금액으로 또한 대변에 기입하여야 할 계정과목과 금액으로 분류하여 각 계정에 전기를 하

는 경우 오류의 발생가능성이 감소할 뿐만 아니라 거래의 발생순서별 정리도 가능하게 된다. 이러한 분개를 기입하는 장부를 분개장(journal)이라 한다.

2) 분개절차

이상에서 본 바와 같이 기업의 거래는 분개과정을 통하여 재무제표(financial statements)에 반영된다. 분개과정을 단계별로 세분하면 다음과 같다.

① 거래로 인하여 영향을 받는 계정과목을 정리한다.
② 각 계정과목의 금액이 증가하는지 아니면 감소하는지를 정리한다.
③ 계정의 기입법칙에 따라 각 계정의 증감내용을 차변요소과 대변요소로 분류한다.
④ 차변과 대변에 해당 계정과목과 금액을 나누어 기입한다.

이상의 분개절차를 거치면 거래의 이중성에 의하여 차변에 기입된 금액과 대변에 기입된 금액은 항상 일치한다. 이상의 분개절차에 따라 각각의 기업활동별 분개에 대한 예를 설명하면 다음과 같다.

(1) 재무활동 관련 거래

(가) 현금 ₩100,000을 출자해서 회사를 설립하다.

① 거래로 인하여 영향을 받는 계정과목은 현금과 자본금계정이다.
② 각 계정과목의 금액이 증가하는지 아니면 감소하는지를 정리하면, 출자한 현금이 ₩100,000 증가하였고, 출자한 지분을 나타내는 자본금이 ₩100,000 증가되었다.
③ 계정 기입법칙에 따라 각 계정의 증감내용을 차변요소와 대변요소로 분류하면, 자산증가인 현금계정이 차변에, 자본증가인 자본금계정이 대변에 기입된다.
④ 차변과 대변에 해당 계정과목과 금액을 나누어 기입하면 다음과 같다.

(차 변)		(대 변)	
현 금	100,000	자 본 금	100,000

(나) 주식을 액면가로 발행하고 주식발행대금 ₩100,000(발행주식 100주 액면단가 ₩1,000)을 현금 납입해서 주식회사를 설립하다.

① 거래로 인하여 영향을 받는 계정과목은 현금과 자본금계정이다.
② 각 계정과목의 금액이 증가하는지 아니면 감소하는지를 정리하면, 납입한 현금이 ₩100,000 증가하였고, 납입한 지분을 나타내는 자본금이 ₩100,000 증가되었다.

③ 계정 기입법칙에 따라 각 계정의 증감내용을 차변요소와 대변요소로 분류하면, 자산증가인 현금계정이 차변에, 자본증가인 자본금계정이 대변에 기입된다.

④ 차변과 대변에 해당 계정과목과 금액을 나누어 기입하면 다음과 같다.

(차 변)		(대 변)	
현 금	100,000	자 본 금	100,000

(다) 주식을 할증발행하고 주식발행대금 ₩150,000(발행주식 100주 액면단가 ₩1,000)을 현금 납입해서 주식회사를 설립하다.

① 거래로 인하여 영향을 받는 계정과목은 현금 및 자본금과 주식발행 초과금계정이다.

② 각 계정과목의 금액이 증가하는지 아니면 감소하는지를 정리하면, 출자한 현금이 ₩150,000 증가하였고, 납입한 지분 중 액면금액을 나타내는 자본금 ₩100,000과 액면금액을 초과한 부분을 나타내는 주식발행초과금 ₩50,000이 증가되었다.

③ 계정 기입법칙에 따라 각 계정의 증감내용을 차변요소와 대변요소로 분류하면, 자산증가인 현금계정이 차변에, 자본증가인 자본금계정과 주식발행초과금이 대변에 기입된다.

④ 차변과 대변에 해당 계정과목과 금액을 나누어 기입하면 다음과 같다.

(차 변)		(대 변)	
현 금	150,000	자 본 금	100,000
		주식발행초과금	50,000

(라) 현금 ₩100,000을 은행에서 차입하다.

① 거래로 인하여 영향을 받는 계정과목은 현금과 차입금계정이다.

② 각 계정과목의 금액이 증가하는지 아니면 감소하는지를 정리하면, 차입한 현금이 ₩100,000 증가하였고, 차입한 사실을 나타내는 차입금 ₩100,000이 증가되었다.

③ 계정 기입법칙에 따라 각 계정의 증감내용을 차변요소와 대변요소로 분류하면, 자산증가인 현금계정이 차변에, 부채증가인 차입금계정이 대변에 기입된다.

④ 차변과 대변에 해당 계정과목과 금액을 나누어 기입하면 다음과 같다.

(차 변)		(대 변)	
현 금	100,000	차 입 금	100,000

(2) 투자활동 관련 거래

(가) 비품 ₩100,000을 현금 구입하다.

① 거래로 인하여 영향을 받는 계정과목은 현금과 비품계정이다.

② 각 계정과목의 금액이 증가하는지 아니면 감소하는지를 정리하면, 구입한 비품이 ₩100,000 증가하였고, 구입대금으로 지출한 현금 ₩100,000이 감소되었다.

③ 계정 기입법칙에 따라 각 계정의 증감내용을 차변요소와 대변요소로 분류하면, 자산증가인 비품계정이 차변에, 자산감소인 현금계정이 대변에 기입된다.

④ 차변과 대변에 해당 계정과목과 금액을 나누어 기입하면 다음과 같다.

(차 변)		(대 변)	
비 품	100,000	현 금	100,000

(나) 건물 ₩100,000을 외상 구입하다.

① 거래로 인하여 영향을 받는 계정과목은 건물과 미지급금계정이다.

② 각 계정과목의 금액이 증가하는지 아니면 감소하는지를 정리하면, 구입한 건물이 ₩100,000 증가하였고, 외상구입대금이 ₩100,000 증가되었다.

③ 계정 기입법칙에 따라 각 계정의 증감내용을 차변요소와 대변요소로 분류하면, 자산증가인 건물계정이 차변에, 부채증가인 미지급금계정이 대변에 기입된다.

④ 차변과 대변에 해당 계정과목과 금액을 나누어 기입하면 다음과 같다.

(차 변)		(대 변)	
건 물	100,000	미 지 급 금	100,000

(다) 건물 외상구입대금 ₩100,000을 현금지급하다.

① 거래로 인하여 영향을 받는 계정과목은 현금과 미지급금계정이다.

② 각 계정과목의 금액이 증가하는지 아니면 감소하는지를 정리하면, 외상구입대금을 나타내는 미지급금이 ₩100,000 감소하였고, 구입대금으로 지출한 현금이 ₩100,000 감소되었다.

③ 계정 기입법칙에 따라 각 계정의 증감내용을 차변요소와 대변요소로 분류하면, 부채감소인 미지급금계정이 차변에, 자산감소인 현금계정이 대변에 기입된다.

④ 차변과 대변에 해당 계정과목과 금액을 나누어 기입하면 다음과 같다.

(차 변)		(대 변)	
미 지 급 금	100,000	현 금	100,000

(3) 영업활동 관련 거래

(가) 회계서비스를 제공하고 ₩100,000을 현금으로 수취하다.

① 거래로 인하여 영향을 받는 계정과목은 현금과 용역매출계정이다.

② 각 계정과목의 금액이 증가하는지 아니면 감소하는지를 정리하면, 현금으로 수취한 서비스 제공 대가 ₩100,000이 증가하였고, 서비스 제공 대가만큼 수

익인 용역매출이 ₩100,000 증가하였다.

③ 계정 기입법칙에 따라 각 계정의 증감내용을 차변요소와 대변요소로 분류하면, 자산증가인 현금계정이 차변에 기입되고, 수익증가인 용역매출계정이 대변에 기입된다.

④ 차변과 대변에 해당 계정과목과 금액을 나누어 기입하면 다음과 같다.

(차 변)		(대 변)	
현 금	100,000	용역매출	100,000

(나) 상품 ₩100,000을 외상으로 매입하다.

① 거래로 인하여 영향을 받는 계정과목은 상품과 외상매입금계정이다.

② 각 계정과목의 금액이 증가하는지 아니면 감소하는지를 정리하면, 매입한 상품이 ₩100,000 증가하였고, 나중에 지급하기로 한 상품매입대금을 나타내는 외상매입금이 ₩100,000 증가되었다.

③ 계정 기입법칙에 따라 각 계정의 증감내용을 차변요소와 대변요소로 분류하면, 자산증가인 상품계정이 차변에, 부채증가인 외상매입금계정이 대변에 기입된다.

④ 차변과 대변에 해당 계정과목과 금액을 나누어 기입하면 다음과 같다.

(차 변)		(대 변)	
상 품	100,000	외상매입금	100,000

(다) 원가 ₩100,000인 상품을 ₩200,000에 현금을 받고 판매하였다.

① 거래로 인하여 영향을 받는 계정과목은 현금, 매출, 매출원가 및 상품계정이다.

② 각 계정과목의 금액이 증가하는지 아니면 감소하는지를 정리하면, 현금으로 수취한 판매대금이 ₩200,000 증가하였고, 상품 판매대금 만큼 수익인 매출이 ₩200,000 증가하였다. 한편 ₩100,000의 상품이 판매로 인해 감소되었고, 이에 따라 판매된 상품의 원가를 나타내는 비용인 매출원가 ₩100,000이 증가되었다.

③ 계정 기입법칙에 따라 각 계정의 증감내용을 차변요소와 대변요소로 분류하면, 자산증가인 현금계정과 비용증가인 매출원가가 차변에 기입되고, 수익증가인 매출계정과 자산감소인 상품계정이 대변에 기입된다.

④ 차변과 대변에 해당 계정과목과 금액을 나누어 기입하면 다음과 같다.

(차 변)		(대 변)	
현 금	200,000	매 출	200,000
매출원가	100,000	상 품	100,000

(라) 원가 ₩100,000인 상품을 ₩200,000에 외상으로 판매하였다.

① 거래로 인하여 영향을 받는 계정과목은 외상매출금, 매출, 매출원가 및 상품

계정이다.

② 각 계정과목의 금액이 증가하는지 아니면 감소하는지를 정리하면, 앞으로 수취할 외상판매대금 ₩200,000 증가하였고, 상품 판매대금 만큼 수익인 매출이 ₩200,000 증가하였다. 한편 ₩100,000의 상품이 판매로 인해 감소되었고, 이에 따라 판매된 상품의 원가를 나타내는 비용인 매출원가 ₩100,000이 증가되었다.

③ 계정 기입법칙에 따라 각 계정의 증감내용을 차변요소와 대변요소로 분류하면, 자산증가인 외상매출금계정과 비용증가인 매출원가가 차변에 기입되고, 수익증가인 매출계정과 자산감소인 상품계정이 대변에 기입된다.

④ 차변과 대변에 해당 계정과목과 금액을 나누어 기입하면 다음과 같다.

(차 변)		(대 변)	
외상매출금	200,000	매 출	200,000
매 출 원 가	100,000	상 품	100,000

(마) 외상판매대금 ₩200,000을 현금으로 수취하다.

① 거래로 인하여 영향을 받는 계정과목은 현금과 외상매출금계정이다.

② 각 계정과목의 금액이 증가하는지 아니면 감소하는지를 정리하면, 외상판매대금이 현금으로 수취됨에 따라 현금이 ₩200,000 증가하였고, 이에 따라 외상판매 시 계상되었던 외상매출금 ₩200,000이 감소되었다.

③ 계정 기입법칙에 따라 각 계정의 증감내용을 차변요소와 대변요소로 분류하면, 자산증가인 현금계정이 차변에, 자산감소인 외상매출금계정이 대변에 기입된다.

④ 차변과 대변에 해당 계정과목과 금액을 나누어 기입하면 다음과 같다.

(차 변)		(대 변)	
현 금	200,000	외상매출금	200,000

(바) 외상매입대금 ₩100,000을 수표발행 지급하다.

① 거래로 인하여 영향을 받는 계정과목은 당좌예금과 외상매입금계정이다.

② 각 계정과목의 금액이 증가하는지 아니면 감소하는지를 정리하면, 외상매입대금이 수표를 발행해서 지급됨에 따라 당좌예금이 ₩100,000 감소하였고, 이에 따라 외상매입 시 계상되었던 매입채무를 나타내는 외상매입금 ₩100,000이 감소되었다. 당좌예금은 대금결제 목적으로 개설된 예금으로 은행에 보관시킨 현금으로 생각하면 된다. 대금지급을 위해 수표를 발행하면 당좌예금계정을 감소시키고, 계좌에 입금한 경우에는 당좌예금계정을 증가시킨다.

③ 계정 기입법칙에 따라 각 계정의 증감내용을 차변요소와 대변요소로 분류하면, 자산감소인 당좌예금계정이 대변에, 부채감소인 외상매입금계정이 차변에 기입된다.

④ 차변과 대변에 해당 계정과목과 금액을 나누어 기입하면 다음과 같다.

(차	변)	(대	변)
외상매입금	100,000	당 좌 예 금	100,000

(사) 원가 ₩100,000인 상품을 ₩200,000에 매출하고 대금은 거래처가 발행한 약속어음으로 받다.

① 거래로 인하여 영향을 받는 계정과목은 받을어음, 매출, 매출원가 및 상품계정이다.

② 각 계정과목의 금액이 증가하는지 아니면 감소하는지를 정리하면, 앞으로 수취할 외상판매로 인한 어음대금 ₩200,000 증가하였고, 상품 판매대금 만큼 수익인 매출이 ₩200,000 증가하였다. 한편 ₩100,000의 상품이 판매로 인해 감소되었고, 이에 따라 판매된 상품의 원가를 나타내는 비용인 매출원가 ₩100,000이 증가되었다.

③ 계정 기입법칙에 따라 각 계정의 증감내용을 차변요소와 대변요소로 분류하면, 자산증가인 받을어음계정과 비용증가인 매출원가가 차변에 기입되고, 수익증가인 매출계정과 자산감소인 상품계정이 대변에 기입된다.

④ 차변과 대변에 해당 계정과목과 금액을 나누어 기입하면 다음과 같다.

(차	변)	(대	변)
받 을 어 음	200,000	매　　출	200,000
매 출 원 가	100,000	상　　품	100,000

(아) 종업원 급여 ₩100,000을 현금 지급하다.

① 거래로 인하여 영향을 받는 계정과목은 급여와 현금계정이다.

② 각 계정과목의 금액이 증가하는지 아니면 감소하는지를 정리하면, 급여가 현금 지급됨에 따라 현금이 ₩100,000 감소하였고, 이에 따라 급여라는 비용계정 ₩100,000이 증가되었다.

③ 계정 기입법칙에 따라 각 계정의 증감내용을 차변요소와 대변요소로 분류하면, 자산감소인 현금계정이 대변에, 비용증가인 급여계정이 차변에 기입된다.

④ 차변과 대변에 해당 계정과목과 금액을 나누어 기입하면 다음과 같다.

(차	변)	(대	변)
급　　여	100,000	현　　금	100,000

(자) 차입금에 대한 이자 ₩100,000을 현금 지급하다.

① 거래로 인하여 영향을 받는 계정과목은 이자비용과 현금계정이다.

② 각 계정과목의 금액이 증가하는지 아니면 감소하는지를 정리하면, 급여가 현금 지급됨에 따라 현금이 ₩100,000 감소하였고, 이에 따라 이자비용이라는 비용계정 ₩100,000이 증가되었다.

③ 계정 기입법칙에 따라 각 계정의 증감내용을 차변요소와 대변요소로 분류하면, 자산감소인 현금계정이 대변에, 비용증가인 이자비용계정이 차변에 기입된다.

④ 차변과 대변에 해당 계정과목과 금액을 기입하면 다음과 같다.

(차 변)		(대 변)	
이 자 비 용	100,000	현 금	100,000

(차) 임차료 ₩100,000을 현금 지급하다.

① 거래로 인하여 영향을 받는 계정과목은 임차료와 현금계정이다.

② 각 계정과목의 금액이 증가하는지 아니면 감소하는지를 정리하면, 임차료가 현금 지급됨에 따라 현금이 ₩100,000 감소하였고, 이에 따라 임차료라는 비용계정 ₩100,000이 증가되었다.

③ 계정 기입법칙에 따라 각 계정의 증감내용을 차변요소와 대변요소로 분류하면, 자산감소인 현금계정이 대변에, 비용증가인 임차료계정이 차변에 기입된다.

④ 차변과 대변에 해당 계정과목과 금액을 기입하면 다음과 같다.

(차 변)		(대 변)	
임 차 료	100,000	현 금	100,000

(카) 법인세 ₩100,000을 세무서에 현금 납부하다.

① 거래로 인하여 영향을 받는 계정과목은 법인세비용과 현금계정이다.

② 각 계정과목의 금액이 증가하는지 아니면 감소하는지를 정리하면, 법인세가 현금 지급됨에 따라 현금이 ₩100,000 감소하였고, 이에 따라 법인세비용이라는 비용계정 ₩100,000이 증가되었다.

③ 계정 기입법칙에 따라 각 계정의 증감내용을 차변요소와 대변요소로 분류하면, 자산감소인 현금계정이 대변에, 비용증가인 법인세비용계정이 차변에 기입된다.

④ 차변과 대변에 해당 계정과목과 금액을 기입하면 다음과 같다.

(차 변)		(대 변)	
법인세비용	100,000	현 금	100,000

예제 9-1 ▌ 거래에 대한 분개

거 래 내 용	(차 변)		(대 변)	
① 상품 ₩10,000을 현금매입하다.	상 품	10,000	현 금	10,000
② 현금 ₩20,000을 대여하다.	대 여 금	20,000	현 금	20,000
③ 차입금 ₩30,000을 현금으로 상환하다.	차 입 금	30,000	현 금	30,000
④ 전화요금 ₩5,000을 현금으로 지급하다.	통 신 비	5,000	현 금	5,000
⑤ 대여금 ₩15,000을 현금으로 받다.	현 금	15,000	대 여 금	15,000
⑥ 신주 10주(주당 액면가액 ₩5,000)를 액면가액으로 발행하고 현금으로 납입받다.	현 금	50,000	자 본 금	50,000
⑦ 용역수익 ₩10,000을 현금으로 받다.	현 금	10,000	용역매출	10,000
⑧ 차입금 ₩80,000과 그 이자 ₩5,000을 현금으로 지급하다.	차 입 금	80,000	현 금	85,000
	이자비용	5,000		
⑨ 원가 ₩50,000의 상품을 ₩60,000에 현금매출하다.	현 금	60,000	매 출	60,000
	매출원가	50,000	상 품	50,000

예제 9-2 ▌ 거래에 대한 분개

거 래 내 용	(차 변)		(대 변)	
① 상품 ₩10,000을 어음 발행하여 매입하다.	상 품	10,000	지급어음	10,000
② 상품 ₩20,000을 외상으로 매입하다.	상 품	20,000	외상매입금	20,000
③ 건물 ₩30,000을 외상으로 구입하다.	건 물	30,000	미지급금	30,000
④ 건물대금 ₩10,000을 수표발행 지급하다.	미지급금	10,000	당좌예금	10,000
⑤ 어음대금 ₩15,000을 현금으로 받다.	현 금	15,000	받을어음	15,000
⑥ 사채(액면가액 ₩50,000)를 액면가액으로 발행하고 현금으로 납입받다.	현 금	50,000	사 채	50,000
⑦ 타회사주식 ₩10,000을 현금 구입하다.	유가증권	10,000	현 금	10,000
⑧ 화재로 상품 ₩50,000이 소실되다.	재해손실	50,000	상 품	50,000
⑨ 토지 ₩20,000에 외상으로 매각하다.	미 수 금	20,000	토 지	20,000
⑩ 원가 ₩40,000의 상품을 ₩60,000에 어음받고 매출하다.	받을어음	60,000	매 출	60,000
	매출원가	40,000	상 품	40,000

2. 전 기

1) 전기의 의의

轉記(posting)란 발생된 거래의 분개내용을 총계정원장의 각 계정계좌에 옮겨 적는 절차를 말한다. 분개에서 언급한 것처럼 발생된 거래는 직접 총계정원장에 기입할 수 있으나, 일반적인 회계처리과정에서는 발생된 거래를 총계정원장에 기입하기 위한 예비적 절차로서 먼저 관련 계정과목과 금액을 계정의 기입법칙을 이용하여 차변과 대변으로 나누어 기입(분개)한다고 하였다. 따라서 총계정원장을 이용한 재무제표를 작성하기 위해서는 거래로 인한 각 계정의 증감내용을 해당계정에 가감하여 각 계정의 잔액을 산출하여야 하므로, 이를 위하여 분개된 내용을 각 계정으로 전기하게 된다.

2) 전기절차

일반적으로 회계를 처음 접하는 경우 전기절차를 혼동하는 경우가 많다. 그러나 다음과 같은 예를 이용하여 거래를 분개한 후 전기하는 절차를 이해하면 그러한 문제는 쉽게 극복할 수 있다.

예를 들어, 현금 ₩10,000을 차입하였다고 가정하자. 그러면 먼저 전기를 위한 예비적 절차로 다음과 같이 분개한다.

(차) 현　금 10,000　　　(대) 차 입 금 10,000

분개가 이루어진 후 현금과 차입금이 각각 증가하였으므로 총계정원장의 현금계정과 차입금계정에 각 금액을 가산하기 위하여 전기를 하여야 하는데 각 계정의 증가액만을 다음과 같이 기입하였다고 하자. 물론 현금의 증가는 차변이므로 현금계정 차변에 ₩10,000을 기입하고, 차입금의 증가는 대변이므로 차입금계정 대변에 ₩10,000을 기입하면 된다.

현　금　　　　　　　　차입금

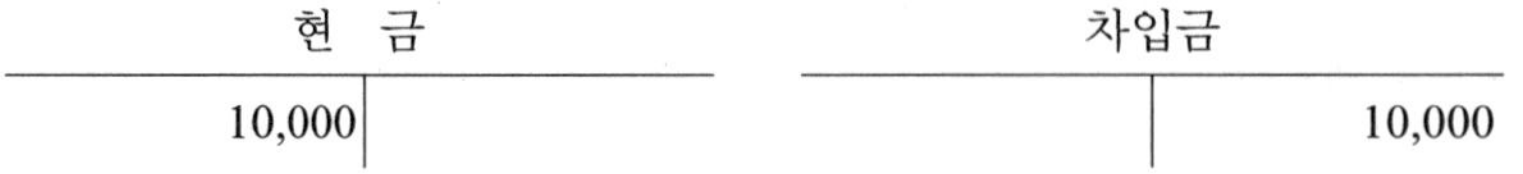

이와 같이 각 계정에 각 계정의 증감액만을 기입하는 경우 해당계정이 어떻게 증감했는지 그 원인이나 결과를 알 수가 없다. 따라서 현금의 증가는 차입으로 인하여 발생하였으므로 현금계정 차변에 ₩10,000을 기입하면서 상대계정인 차입금계정을 동시

에 기입하면 그 증가 원인을 알 수 있게 된다. 차입금도 마찬가지로 차입금계정 대변에 ₩10,000을 기입하면서 상대계정인 현금계정을 동시에 기입한다. 이와 같은 과정을 거친 후의 전기결과는 다음과 같다.

(차) 현　금 10,000	(대) 차 입 금 10,000

현　금			차입금	
차 입 금	10,000		현　금	10,000

다른 예를 들어 상품 ₩10,000을 외상으로 매입하였다고 가정하자. 그러면 먼저 전기를 위한 예비적 절차로 다음과 같이 분개한다.

(차) 상　품 10,000	(대) 외상매입금 10,000

분개가 이루어진 후 상품과 외상매입금이 각각 증가하였으므로 총계정원장의 상품계정과 외상매입금계정에 각 금액을 가산하기 위한 전기시 상품계정 차변에 ₩10,000을 기입하면서 상대계정인 외상매입금을 기입하고, 또한 외상매입금계정 대변에 ₩10,000을 기입하면서 상대계정인 상품을 기입하면 된다. 이와 같은 과정을 거친 후의 전기결과는 다음과 같다.

상　품			외상매입금	
외상매입금	10,000		상　품	10,000

이와 같이 전기함으로써, 총계정원장에 기입된 각 계정의 내용만 보고도 발생된 거래를 역으로 추정할 수 있게 된다. 추정과정을 예를 들어 설명하면 다음과 같다. 예를 들어 다음과 같이 총계정원장의 현금계정 차변에 외상매출금 ₩10,000이 기입되어 있다고 하자.

현　금		
외상매출금	10,000	

위의 현금계정에서 현금계정 차변에 외상매출금 ₩10,000이 기입되어 있다는 것은 현금 ₩10,000이 증가하고 외상매출금 ₩10,000이 감소(현금계정의 차변에 기입된 외

상매출금은 분개시 현금계정의 상대계정이므로 대변에 기입된 것이다.)한 것으로써, 이는 외상매출금 ₩10,000이 현금으로 회수된 것을 나타낸다.

지금까지 설명한 전기절차를 단계별로 정리하면 다음과 같다.

① 발생된 거래를 분개한다.

② 각 계정의 증감액을 계정의 기입법칙에 따라 총계정원장의 해당계정에 기입한다. 즉, 자산과 비용의 증가액은 차변에 감소액은 대변에 기입하고, 부채와 자본 및 수익의 증가액은 대변에 감소액은 차변에 기입한다.

③ 각 계정의 증감원인이나 결과를 표시하기 위하여 상대계정과목을 기입한다. 이때 상대계정이 둘 이상인 경우에는 상대계정과목 대신에 제좌(諸座)라 표시한다.

예제 9-3 ▌ 거래의 분개 및 전기

거래가 다음과 같이 발생하였다고 하자.

5월 1일 외상매출금 ₩30,000을 받다.
5월 7일 상품 ₩40,000을 매입하고 대금 중 ₩10,000은 현금으로 지급하고 잔액은 외상으로 하다.

이상의 거래를 분개하면 다음과 같다.

	(차 변)		(대 변)	
5/1	현 금	30,000	외상매출금	30,000
5/7	상 품	50,000	현 금	20,000
			외상매입금	30,000

위의 분개된 내용을 총계정원장에 전기하면 다음과 같다.

현 금

5/1 외출금 30,000	5/7 상 품 20,000

외상매출금

	5/1 현 금 30,000

상 품

5/7 제 좌 50,000	

외상매입금

	5/7 상 품 30,000

3) 전기방법

전기방법에는 개별전기와 합계전기가 있다. 個別轉記란 전기절차에서 설명한 바와 같이 일자별 분개내용을 각 계정별로 하나 하나 전기하는 방법이고, 合計轉記란 일정기간 동안 각 계정의 증감액에 대한 합계액을 산출하여 일괄전기하는 방법을 말한다.

따라서 개별전기보다는 합계전기가 전기회수가 적어 전기상 오류의 발생가능성이 낮아지게 된다. 일반적인 회계처리과정에 대한 설명시에는 개별전기를 이용하나, 실무적으로 전표제도를 이용한 장부기입이 이루어지는 경우에는 개별전기와 합계전기가 같이 사용된다.

예제 9-4 ▌T계정과 거래추정

T계정은 나타나 있지 않은 거래를 찾아내는데 유용하게 사용된다. 예를 들어 당기 중에 외상매출금에 영향을 미치는 주된 거래는 상품의 외상매출과 외상매출액의 회수이다. 만약 외상매출금의 기초잔액 ₩50,000과 기말잔액 ₩60,000, 그리고 당기 외상매출액 ₩650,000이 주어졌다고 하자. 그리고 당기에 외상매출금으로 회수된 금액이 얼마인지 알 수 없다고 하자. 이 상황에서 이를 알고자 한다면 바로 앞에서 배운 T계정 기입원리를 이용하면 쉽게 추정해낼 수 있다.

외상매출금

기초잔액	50,000	현　　금	?
매　　출	650,000	기말잔액	60,000
	700,000		700,000

즉, 위의 T계정을 보면 알 수 있듯이 외상매출금계정 차변에 기초잔액 ₩50,000과 당기 외상매출액 ₩650,000이 기입되어 차변 합계액이 ₩700,000이 된다. 대차평균의 원리에 따라 대변과 차변의 합계액이 일치되어야 하므로 대변의 합계도 ₩700,000이 되며, 차변 합계액에서 대변 기입액인 기말잔액 ₩60,000을 차감하면 잔액 ₩640,000이 계산되어 나오는데 이 금액이 바로 외상매출액 중 당기에 현금으로 회수된 금액이 되는 것이다.

만약 외상매출금의 기초와 기말잔액, 그리고 외상매출금 회수액이 주어졌을 경우에는 똑같은 방식으로 당기의 외상매출액을 알아낼 수 있다. 외상매입금의 당기 외상매입액이나 지급액도 똑같은 방식으로 계산할 수 있다.

연습문제

9-1 객관식문제

01 다음 분개된 내용을 총계정원장의 해당 계정에 옳게 전기한 것은?

(차) 건 물 12,000	(대) 현 금 3,000
	미지급금 9,000

① 건 물

현금 3,000	

② 현 금

	건물 12,000

③ 미지급금

	건물 9,000

④ 건 물

미지급금 12,000	

02 다음 거래를 총계정원장 해당계정에 바르게 전기한 것은?

(차) 건 물 2,000	(대) 자 본 금 3,000
현 금 1,000	

① 건 물

자본금 3,000	

② 자 본 금

	건 물 2,000

③ 현 금

현금 1,000	

④ 건 물

자본금 2,000	

03 다음 계정기입 면을 보고 가의 거래를 추정하면?

현 금

가. 차 입 금 560,000	나. 이자비용 30,000
다. 수수료수익 70,000	

차 입 금

	가. 현 금 560,000

① 현금 ₩560,000을 차입하여 개업하다.
② 차입금 ₩560,000을 현금으로 상환하다.
③ 현금 ₩560,000과 그 이자 ₩70,000을 현금으로 받다.
④ 현금 ₩560,000을 차입하다.

04 다음 현금계정의 기입사항을 보고 거래를 추정한 것 중 틀린 것은?

현 금

1/1 자 본 금	400,000	1/3 상 품	250,000
1/5 미 수 금	100,000	1/7 급 여	120,000

① 현금 ₩400,000을 출자하여 영업을 개시하다.
② 상품 ₩250,000을 외상으로 매입하다.
③ 외상으로 매각했던 비품대금 ₩100,000을 현금으로 받다.
④ 급료 ₩120,000을 현금으로 지급하다.

05 다음 계좌에 알맞은 계정과목은?

( )

현 금	550,000	매 입	600,000
차 기 이 월	250,000	외상매입금	200,000
	800,000		800,000

① 외상매입금계정 ② 지급어음계정
③ 어음차입금계정 ④ 운임계정

06 매입채무의 기초잔액은 ₩200,000이고 기말잔액은 ₩250,000이며, 당기 매입채무의 지급액이 ₩550,000인 경우 당기 중에 발생한 매입채무는 얼마인가? 단, 상품거래는 외상거래이다.

① ₩400,000 ② ₩480,000 ③ ₩500,000 ④ ₩600,000

07 매출채권의 기초잔액은 ₩300,000이고 기말잔액은 ₩200,000이며, 당기 매출채권의 회수액이 ₩500,000인 경우 당기 중에 발생한 매출채권은 얼마인가? (단, 상품거래는 외상거래이다.)

① ₩300,000 ② ₩400,000 ③ ₩500,000 ④ ₩700,000

9-2 다음 거래를 분개하시오.

(1) 상품 ₩500,000을 매입하고 대금 중 ₩150,000은 현금으로 지급하고 잔액은 외상으로 하다.
(2) 상품 ₩700,000을 매입하고 대금 중 ₩300,000은 수표를 발행하여 지급하고 잔액은 약속어음을 발행하여 지급하다.
(3) 원가 ₩550,000의 상품을 ₩800,000에 매출하고 대금 중 ₩200,000은 현금으로 회수하고 잔액은 외상으로 하다.
(4) 원가 ₩700,000의 상품을 ₩600,000에 매출하고 대금 중 ₩400,000은 현금으로 회수하고 잔액은 동점발행 약속어음으로 받다.

(5) 원가 ₩400,000의 상품을 ₩600,000에 매출하고 대금 중 ₩100,000은 현금으로, ₩300,000은 동점발행 약속어음으로 받고 잔액은 외상으로 하다.

(6) 건물 ₩900,000을 구입하고 대금은 수표를 발행하여 지급하다.

(7) 토지 ₩1,000,000을 구입하고 대금 중 ₩600,000은 수표를 발행하여 지급하고 잔액은 외상으로 하다.

(8) ₩400,000에 매입한 (주)삼성전자의 주식을 ₩570,000에 처분하고 대금은 현금으로 받다.

(9) 원가 ₩800,000의 토지를 ₩700,000에 처분하고 대금 중 ₩300,000은 현금으로 받고 잔액은 외상으로 하다.

(10) 차입금 ₩700,000 중 ₩300,000은 현금으로 지급하고 잔액은 수표를 발행하여 지급하다.

(11) 어음대금 ₩500,000을 수표발행하여 지급하다.

(12) 외상매입금 ₩700,000 중 ₩300,000은 수표발행하여 지급하고 잔액은 약속어음을 발행하여 지급하다.

(13) 대여금 ₩600,000과 그 이자 ₩40,000을 현금으로 회수하여 즉시 당좌예입하다.

(14) (주)희망은 판매용 가구 ₩500,000을 외상으로 매입하다.

(15) (주)미래는 영업용 가구 ₩700,000을 외상으로 구입하다.

(16) 상품중개를 목적사업으로 하는 (주)알선은 상품중개료 ₩600,000을 현금으로 받다.

(17) (주)미래의 주식 ₩750,000을 구입하고 대금은 수표를 발행하여 지급하다.

(18) (주)현대의 사채 ₩650,000을 구입하고 대금은 현금으로 지급하다.

(19) (주)고려의 주식 ₩600,000을 ₩550,000에 처분하고 대금은 현금으로 받다.

(20) (주)신라의 사채 ₩600,000을 ₩650,000에 처분하고 대금은 현금으로 받다.

(21) (주)자유는 신주 200주(액면단가 ₩5,000)를 주당 ₩5,000에 발행하고 대금은 납입받아 즉시 당좌예입하다.

(22) (주)목원은 사채 ₩800,000을 발행하고 대금은 현금으로 납입받다.

(23) (주)고려는 주주에게 ₩300,000의 배당을 선언하고 이를 현금으로 지급하다.

(24) 판매사원의 매출액에 대한 수수료 ₩300,000을 현금으로 지급하다.

(25) 전기요금 ₩400,000과 가스요금 ₩200,000을 수표발행하여 지급하다.

(26) 사무용 문방구류 ₩50,000을 현금구입하다.

(27) 우표와 엽서 ₩200,000을 구입하고 대금은 현금으로 지급하다.

(28) 신문대금 ₩100,000을 현금으로 지급하다.

(29) 자동차세 ₩300,000과 상공회의소 회비 ₩150,000을 현금으로 지급하다.

(30) 법인세 ₩300,000을 현금으로 납부하다.

9-3 다음 분개내용을 보고 거래를 추정하시오.

	(차 변)		(대 변)	
(1)	현 금	10,000	자 본 금	10,000
(2)	현 금	20,000	차 입 금	20,000
(3)	현 금	30,000	당 좌 예 금	30,000
(4)	현 금	40,000	임 대 료	40,000
(5)	현 금	50,000	대 여 금	50,000
(6)	현 금	60,000	외 상 매 출 금	60,000
(7)	현 금	70,000	받 을 어 음	70,000
(8)	당 좌 예 금	80,000	현 금	80,000
(9)	상 품	90,000	현 금	90,000

	(차 변)		(대 변)	
(10)	비 품	10,000	현 금	10,000
(11)	소 모 품 비	20,000	현 금	20,000
(12)	임 차 료	30,000	현 금	30,000
(13)	차 입 금	40,000	현 금	40,000
(14)	외 상 매 입 금	50,000	현 금	50,000
(15)	지 급 어 음	60,000	현 금	60,000
(16)	유 가 증 권	70,000	현 금	70,000
(17)	건 물	80,000	당 좌 예 금	80,000
(18)	상 품	100,000	외 상 매 입 금	30,000
			지 급 어 음	70,000
(19)	당 좌 예 금	50,000	매 출	50,000
	매 출 원 가	30,000	상 품	30,000

9-4 (주)푸른하늘의 거래를 분개하여 총계정원장에 전기한 후 재무상태표와 손익계산서를 작성하시오.

6월 1일 주식 200주(액면단가 ₩5,000)를 주당 ₩5,000에 발행하고 대금은 현금으로 납입받다.
3일 비품 ₩100,000을 구입하고 대금은 현금으로 지급하다.
5일 상품 ₩200,000을 현금매입하다.
10일 원가 ₩140,000의 상품을 ₩200,000에 현금매출하다.
13일 상품 ₩300,000을 외상매입하다.
20일 전화요금 ₩15,000을 현금으로 지급하다.
22일 광고비 ₩50,000을 현금으로 지급하다.
25일 원가 ₩150,000의 상품을 ₩180,000에 현금매출하다.
30일 전기료 ₩50,000과 수도료 ₩10,000을 현금으로 지급하다.

읽을 거리 1

부자가 되는 8가지 증권투자방법: 미 포브스지

인터넷 주식 등 투자로 벼락부자가 됐다는 사람들에 대한 이야기가 화제가 되고 있다. 이런 얘기를 들을 때 사람들은 덩달아 흥분한다. 자신들도 요즘 한창 뜨고 있는 인터넷 등 정보통신관련 주식에 투자만 하면 떼돈을 벌 수 있을 것이란 기대에서다.

그러나 요즘 정보통신주식 활황세의 이면에는 어느날 갑자기 폭락을 불러올 수도 있는 불안정성이 존재한다는 사실을 명심해야 한다. 인터넷 등 산업이 각광을 받고 있지만 이들 업종의 채산성은 매우 낮다. 즉 이는 현재 이들 주식이 실제 가치에 비해 과대 평가되어 있어 언제든 거품이 꺼질 수 있다는 것을 의미한다. 이럴 경우 일반 투자자는 큰 손해를 피하기 어렵다.

이와 관련해 미국 경제 전문 포브스지는 최신호(12월 29일자)에서 '불확실성이 높은 증권시장에서 돈을 벌 수 있는 투자 기법 8가지'를 제시하고 있다. 이를 간추려 소개한다.

➢시장을 믿지 말라=다시 말해 증권시장이 주식 가치를 제대로 반영하고 있다고 판단하지 말라. 증권시장은 일반상품 시장보다 훨씬 비효율적이다. 따라서 주식가격이 실제 가치보다 과소평가 되기도 하고 과대평가되기도 한다.
이를 잘 판단해 실제 가치보다 훨씬 과소평가된 주식에 투자하라. 남들이 인터넷 주식에 투자한다고 덩달아 따라나서서는 안된다.

➢시장을 무시하지 말라=올해 나스닥을 비롯한 주식시장은 전례없는 활황을 보였다. 증권 투자로 재미를 본 일반 투자자들은 기존 직업을 버리고 아예 주식투자로 전업하고픈 충동을 느낄지 모른다. 그러나 이는 매우 위험한 생각이다. 그 같은 행운은 오래 지속되는 것이 아니다. 언제든 대손해를 볼 수도 있는 것이 주식투자이다. 항상 겸손한 자세로 투자에 임하는 것이 필요하다.

➢장세 흐름에 따라서 투자하지 말라=최근 몇 달간 어떤 주식이 인기가 높다고 해서 이런 추세가 계속되지는 않는다. 예를 들어 인터넷 장세가 벌어졌다고 해서 인터넷 주식에 투자하면 돈을 벌 것이라고 착각해선 안된다. 이런 흐름은 일시적일뿐 지속적이지 않다. 이들 주식은 이미 비싼 값에 거래되고 있다. 앞으로 이들 주식 가격은 지나치게 비싸질 것이고 어느 땐가 결국 거품이 꺼지고 말 것이다.

➢매매·매수시점을 조절할 수 있다고 생각하지 말라=수학적 재능이 뛰어난 사람들은 언제 사고 언제 팔 것인가에 대한 공식이 있을 것이라 생각하고 이에

매달린다. 그러나 지금까지 밝혀진 투자 원칙에 따르면 그런 공식은 없다.

주식 매수의 최적 시기는 해당 주식이 실제 가치보다 싸게 평가됐으면서도 많은 사람들이 이를 알아채지 못할 때이다. 그 다음엔 남들이 모두 이 주식을 사려 달려들 때 미련없이 팔아야 한다.

➢경제 흐름에 바탕한 투자를 최선으로 생각하지 말라=요즈음에는 인터넷 등 정보통신 주식이 한창 인기를 얻고 있다. 그 이유는 앞으로 이들 업종이 경제의 새로운 흐름을 부상할 것이기 때문이다.

그러나 이들 부문이 급성장한다는 사실과 특정 정보통신 회사가 성공할 것이라는 말은 별개다. 비록 정보통신 산업이 미래 유망산업이긴 하지만 이들 산업내 치열한 생존경쟁에서 승리해야 한다. 그런 회사만이 투자할 가치가 있다.

➢새로 상장되는 회사 주식을 사려 애쓰지 말라=새로 상장된 주식은 일반 투자자가 사기 쉽지 않다. 전망좋은 주식이라면 기관투자자가 일반 투자자에 앞서 매입하기 마련이다. 상장 이후에도 만약 이 주식이 가치가 있다면 이들 기관투자자들은 팔려고 하지 않을 것이다. 그렇지 않은 주식이라면 손해보기 십상이다.

➢남이 관심을 두지 않는 우량 주식을 사라=최근에는 투자자들의 관심이 온통 인터넷 주식에 쏠려 있다. 이로 인해 진짜 알짜배기 비인터넷-정보통신 주식이 도처에 널려 있다. 이들 주식이 지금은 외면받지만 멀지 않아 인기주로 부상할 가능성이 얼마든지 있다. 이런 '차가운' 주식을 찾아라.

➢장기적 관점에서 투자하라=남들이 단기매매에 열중한다고 이를 따라한다면 일반투자자로선 손해볼 가능성이 매우 높다. 단기적 열기에 매몰되지 말고 침착하게 일정액수의 돈을 우량 주식에 장기적으로 투자하라.

-매일경제 1999년 12월14일-

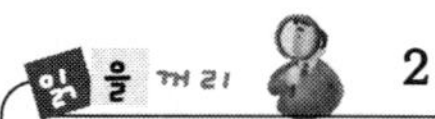

2

왕초보를 위한 주식투자 가이드

새해 첫 주식시장이 오름세로 출발했다. 지난해 말부터 주가가 크게 오르면서 개인투자자들이 증시로 다시 몰리고 있다. 지난 달에 오전장에는 상한가였다가 오후들어 하한가로 곤두박질친 사례도 있었다. 당시 주식투자로 짭잘한 재미를 봤다는 직장동료 말만 믿고 증권주를 샀다가 단 하룻만에 30% 가까운 손실을 본 얘기도 있다.

주식투자 역시 기본이 중요하다. 투자할 회사의 재무제표도 제대로 살펴보지 않고 투자하는 것은 무모하기 짝이 없다. 기본에 충실하지 않은 투자는 낭패하기 쉽다.

새해 새로 주식투자를 하려는 이들이 반드시 새겨야 할 것이 무엇인지 알아본다.

➤주식투자는 장기전이다=주식을 매수했다 장세가 조정권에 진입·손실을 보게 된다면 마음이 조급해진다.

그래서 손실을 본 채 매도하고 다른 급등종목을 추격매수 하는 일도 흔하다. 조급한 매매의 연속은 실패만 거듭될 뿐이다. 주식 투자는 중장기적으로 유망한 기업에 주주로서 참여하는 것이 원칙이 다. 단기적인 주가흐름에 흔들린다면 큰 수익을 놓쳐버리기도 쉽다.

주가분석에서도 주목해야 하는 변수는 현재의 증시주변 상황이 아니다. 최근 상황으로 따지면 한국의 국가신용등급 변화가능성, 내년도 경기전망 등 중장기적 변수를 주목해야 한다. 지금 주식투자를 시작했다면 내년말쯤의 한국경제 모습을 그려보고 투자에 나서야 한다는 얘기다

➤대출은 금물이다=저금리시대로 들어갈수록 대출이자가 싸지기 때문에 빌린 돈을 투자에 포함시키는 경우가 늘어날 것이다. 가격변동폭이 상하 15%씩으로 크게 넓어졌다. 하룻만에 지수가 30~40포인트 이상 급등하고 반대로 이만큼 떨어질 수도 있는 것이다.

투자원금 중 자기 돈과 대출금을 절반씩 구성했다면 나흘만 하한가를 기록해도 원금을 고스란히 날리게 된다. 소득감소를 감안하면 대출금 을 갚는데 상당기간 고생하게 된다.

➤쉬는 것도 투자다=매도자금이 계좌에 들어오기 무섭게 다른 종목을 매수하는 투자자가 적지 않다. 계좌에 돈을 두면 괜히 손해보는 기분이 든다는 것이다. 그러나 매매가 잦을수록 실패할 가능성도 높아진다. 전체 장세도 활황을 보여 투자안전도가 높은 때를 이용해야 투자에 실패할 확률이 낮아진다.

1년 동안 이 같은 시점을 잡아 3차례 정도만 매매를 하고 한번에 15% 정도의 수익만 얻었다고 치자. 연리 50% 정도면 국내에 존재하는 투자상품 중 가장 고수익 상품이 될 것이다.

➤외국인과 기관에 맞서지 마라=일반투자자보다 외국인과 기관 등 큰손들이 정보력과 판단력이 뛰어 날 수밖에 없다. 축전된 데이터와 분석자료 첨단장비 등으로 무장한 이들과의 게임에서 이기기란 쉽지 않다. 지난 10월 지수가 350~400대에 머물 당시 외국인이 6000억 원 이상 순매수할 때 일반인은 비슷하게 순매도했다.

500선이 돌파된 이후 수익을 즐기고 있는 측은 결국 외국인이다. 이들의 분석

과 예측력을 능가할 수 없다면 차라리 이들을 따라 매매하는 게 현명하다.

➢기본제도와 시황분석법은 알고 투자해야 한다=매매의 기본단위부터 위탁증거금 비율, 권리락 시장가 주문 등 반드시 알아야 하는 기본제도와 용어만도 무수히 많다. 또 금리가 떨어지면 어떤 업종이 이익을 보는 지, 그린벨트가 풀렸다면 수혜받는 기업이 어디인지, 경제상황과 정책변화로 인한 영향에 대해서도 공부를 해야 한다.

그래야 주식시장을 흔들 변수가 나타났을 때 신속하게 대처할 수 있다. 남들보다 10분만 일찍 주문을 내도 주당 1000원 이상의 수익을 건질 수 있다. 거래증권사에서 '상장기업 편람'을 얻어 기업에 대한 기본적인 내용들을 숙지하는 것도 필요하다.

➢자신있는 종목 10개 정도를 선택하라=한국증시에 상장된 기업은 700개를 넘는다. 이들 기업의 재무상태 발전가능성 주가흐름을 모두 파악하기란 불가능하다. 괜찮은 회사 10개 정도를 선정해 이를 집중적으로 연구하는 것이 바람직하다. 여력이 없다면 5개 회사만 집중 공략하는 것도 방법이다.

취약점이 무엇이고 언제쯤 개선될 수 있는 지를 파악해라. 회사 주식담당자와 친분을 쌓아놓으면 고급정보도 얻을 수 있다. 주가측면에 서도 적정 주가수준이 어느 정도인지, 어느 가격까지 떨어지면 매수세가 들어오는지를 꿰고 있다면 매매하기가 한결 편하다.

➢전담 영업직원을 지정하라="천만원도 안되는데 관리해줄까". 소액의 초보투자자들이 흔히 하는 고민이다. 때문에 지정관리인없이 직접 주문을 내고 체결도 확인한다. 그러나 주문이 밀릴 때는 증권사 직원도 모든 고객에게 성의를 보이기 힘들다.

지정관리인이 있다면 주문을 전담처리해주고 성실한 투자조언도 받을 수 있다. 투자원금이 적더라도 지정관리인을 요청하고 직접 대면해 친분도 높여 놓는 게 필요하다.

➢매매체결을 꼭 확인해라=주가 등락폭 확대로 주가부침이 심해지면서 매매주문을 내는 시점에서도 체결이 가능했던 가격이 변해버리는 경우가 많다. "높은 가격에 매수주문을 냈으니 사졌겠지"라는 한가로운 태도는 금물이다. 매도주문의 체결확인을 제대로 안해 낭패를 보는 경우도 적지 않다.

주문이 체결됐는 지를 반드시 확인하고 주문내역을 자신도 기록해 놔야 한다. 그래야 분쟁의 소지도 없어진다.

➢경제신문 한 개 쯤은 구독해야 한다=투자자들이 쉽게 접하는 투자정보는 증권사 직원이 전해주는 기업정보와 시황분석 등이다. 그러나 이것은 사람 수만

큼이나 각양각색이다. 자신만의 투자관과 시황분석방법이 없다면 남 얘기에 흔들리다 손실만 보기 일쑤다.

경제신문 하나 정도는 매일 체크하면서 정보를 자신이 직접 습득하고 판단해야 한다. 증권면만 봐서는 폭넓은 정보를 구하기 힘들다. 경제 금융면을 통해 경기와 자금흐름을 파악하고 산업과 중소기업면에서 기업에 관한 실질적인 정보도 구해야 한다.

➢증권사 객장에 자주 나가서 좋을 게 없다=주부·퇴직자 등은 증권사 객장에 나가는 경우가 흔하다. 영업직원과의 상담, 주문처리, 시세변화에 민첩한 대응 등 장점도 있다. 그러나 주문지를 들고 뛰고 주가급등에 소리치는 혼란속에 자신만의 냉철함을 유지하기란 쉽지 않다. 뇌동매매를 자제할 자신이 없다면 아예 증권사 객장에는 나가지 않는 것이 바람직하다.

– 한국경제 1999년 1월4일 –

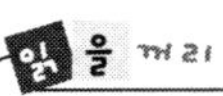

3

재테크 10계명

① 내게 맞는 투자수단을 찾아라.

자기의 투자성향이나 재테크 지식수준, 투자액에 따라 재테크법도 달라져야 한다.

② 장기투자는 1년을 넘기지 마라.

경제가 회복되면 금리도 올라갈 수 있다. 1년짜리 상품을 적극 활용해 세금우대 혜택을 받아라. 금리변동 위험을 분산하려면 여유 돈을 3등분해 기간별로 분산투자해라.

③ 실물투자 비중을 작년보다 높여라.

초저금리 시대에는 금융상품보다 주식이나 부동산 수익률이 높아질 수 있다.

④ 손에 쥐는 수익률을 따져라.

이자소득세율이 24.2%(주민세 포함)로 뛰었기 때문에 세후 수익률이 더 중요하다. 절세상품을 최대한 활용하라.

⑤ 주식 관련상품을 주목하라.

자산가치가 떨어진 만큼 회복될 가능성도 크다. 다만 위험을 감안해 여유자금의 일부만 투자하라.

⑥ 충분히 이해한 다음 투자하라.

뮤추얼 펀드, 선물, 옵션 등 새로운 투자수단은 수익성이 높은 만큼 위험도 크다.

⑦ 부동산, 수익도 위험도 크다.

부동산은 거래비용이 크고 돈도 오랫동안 묶여 있어야 한다. 경기회복에 확신이 없다면 서두르지 말라.

⑧ 연금이나 적금 비중을 높여라.

고용시장이 불안하므로 노후대비를 서둘러야 한다.

⑨ 자금지출계획과 투자기간을 일치시켜라.

기업처럼 자금지출계획을 먼저 파악하고 이에 맞춰 투자계획을 짜야 최고수익률을 올릴 수 있다.

⑩ 지출을 효과적으로 통제하라.

많이 번다고 부자가 되는 것은 아니다 불필요한 지출을 줄이는 것이 재테크의 첫 걸음이다.

– 조선일보, 1999년 1월 1일 –

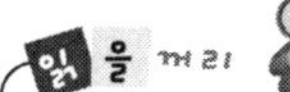  4

주식투자 10계명

① 투자결과는 자기 책임이다.

주식은 하루에 투자액의 15%까지 수익을 얻을 수 있지만 15%의 손해를 볼 수도 있다. 증권사 직원의 말은 참고자료일 뿐이다.

② 빚 내서는 하지 마라.

전재산을 걸거나 빚을 내서 투자하는 것은 절대 피하라. 주가는 굴곡이 크기 때문이다. 현금자산의 20~30%만 투자하라.

③ 목표수익률을 정하라.

하루 상한가가 15%라고 해서 과욕은 금물이다. 목표수익률을 정하고 이를 달성하면 망설임없이 매도하는 것이 바람직하다. 매도의 타이밍이 중요하다.

④ 과감히 손해보라.

주가가 떨어질 때도 매도시점을 늦췄다가 손해가 눈덩이처럼 불어날 수 있다. 기관투자가들이 투자금의 일정비율 이상 손해보면 과감히 매도하는 컷로스(Cut Loss)기법을 사용해볼 만하다.

⑤ 분할 매입–매도하자.

아무리 유망주라도 호-악재는 언제나 반전될 수 있다. 1주~1개월 정도의 시차를 두면서 조금씩 분할매매하는 것이 위험을 최소화하는 방법이다.

⑥ 기업실적을 보라.

기업실적이 뒷받침되지 않는 주식은 위험을 안고 있다. 분기나 반기의 실적을 잘 보라. 우량기업은 연말배당 같은 소득을 올릴 수 있다.

⑦ 추격매수는 가능한 한 피하라.

과열된 투기장에서는 대세를 타는 주식이 큰 이득을 준다. 하지만 들어갈 타이밍을 잘못 택하면 큰일난다. 아직 저평가된 주식을 발굴하라.

⑧ 장기보유도 바람직하다.

미국 템플턴의 경우 유망주를 찾아 5년 이상의 장기투자로 큰 수익률을 올린다. 지속적으로 성장하는 우량기업 주식을 장기보유하다 보면 몇 년에 한번은 큰장을 만날 수 있다.

⑨ 선물-외국시장을 참고하라.

주가지수 하나만 보면 장래 예측이 힘들다. 선물지수나 외국 증시동향 등을 잘 살펴야 의외의 손해를 막을 수 있다.

⑩ 간접투자를 활용하라.

종목선택이 어렵다면 주식투자의 프로들인 투신사 주식형 펀드나 뮤추얼 펀드에 맡기는 것도 한 방법이다.

- 조선일보, 1999년 1월 1일 -

CHAPTER

결 산

決算(closing)이란 기업이 정보이용자에게 재무제표를 작성·공시하기 위하여 기업의 영업활동과정 중 일정기간을 회계기간으로 구분하고, 회계기간이 종료함에 따라 당해 회계기간과 관련된 재무제표(financial statements)를 작성하는 제반절차를 말한다. 결산 절차는 시산표의 작성, 기말정리사항의 수정기입, 정산표의 작성, 재무제표의 작성 및 장부마감으로 나눌 수 있으나 본 장에서는 시산표의 작성, 정산표의 작성 및 장부마감 부분만 설명하고 기말정리사항의 수정기입과 재무제표의 작성은 제11장에서 설명하기로 한다.

1. 시산표의 작성원리

1) 거래의 이중성과 대차평균의 원리

거래에서 설명한 바와 같이 발생된 거래를 분개하는 경우 거래의 이중성개념에 의하여 차변과 대변에 동시에 같은 금액이 기입된다고 하였다. 따라서 분개된 내용을 총계정원장에 전기하는 경우 각 계정의 차변과 대변에 똑같은 금액으로 기입된다. 그러므로 일정기간 동안 총계정원장의 각 계정에 기입된 차변금액의 합계액과 대변금액의 합계액은 일치하게 되는데, 이를 貸借平均의 原理(principle of equilibrium)라 한다. 이는 복식부기의 중요한 기본원칙으로 이를 이용하여 차변합계와 대변합계의 일치 여부를 확인함으로써 기장상 오류가 있는지를 장부기입과정에서 자동적으로 확인할 수 있게 된다. 이와 같은 오류의 유무를 확인할 수 있는 복식부기의 기능을 自己檢證機能(self-control function)이라 한다.

2) 대차평균의 원리와 시산표

대차평균의 원리를 이용하여 원장에 기입된 내용의 정확성을 확인하기 위해 작성한 표를 試算表(trial balance)라 한다. 따라서 시산표는 원장에 기입된 모든 계정의 차변금액과 대변금액을 단순 합계하여 이들이 일치하는지를 확인하는 것으로, 만약 일치하지 않는 경우에는 장부기입과정에서 오류가 있음을 알 수 있게 한다. 그러나 어떤 계정에서 또는 어떤 거래의 기입과정에서 오류가 발생하였는가에 대한 정보를 제공하는 것은 아니다. 따라서 시산표상 대차합계가 일치하지 않는 경우 일반적으로 다음 절차에 의하여 해당오류를 추적한다.

① 시산표의 작성과정에서 계산상 오류가 있는지 또는 시산표상 각 계정과목의 차변과 대변의 위치 분류가 잘못되었는지를 확인한다.
② 원장의 각 계정을 시산표에 기입할 때 계산상 오류나 기입상 오류가 있는지를 확인한다.
③ 각 거래의 분개 후 원장으로의 전기시 오류가 있는지를 확인한다.
④ 각 거래의 분개시 차변금액과 대변금액을 일치하지 않게 기입하였는지를 확인한다.

3) 시산표상 발견할 수 없는 오류

시산표는 원장에 기입된 모든 계정의 차변금액과 대변금액을 단순 합계하여 이들이 일치하는지를 확인하는 것으로, 어떤 오류가 차변과 대변에 동시에 같은 금액만큼 과대 또는 과소계상된 경우에는 이를 발견할 수 없다. 이러한 오류의 유형에는 다음과 같은 것들이 있다.

① 어떤 거래의 분개나 전기가 누락된 경우
② 어떤 거래가 이중으로 분개되거나 이중으로 전기된 경우
③ 거래내용과는 다른 금액이 차변과 대변에 각각 동일하게 분개되거나 전기된 경우
④ 같은 변의 다른 계정과목으로 분개되거나 전기된 경우
⑤ 오류가 우연히 서로 상계되었을 경우

4) 시산표의 종류

시산표는 관점에 따라 다음과 같이 분류된다.

① 작성기간에 따른 분류 : 일계표, 주계표, 월계표, 시산표
② 작성형태(양식)에 따른 분류 : 합계시산표, 잔액시산표, 합계잔액시산표
③ 작성단계에 따른 분류 : 수정전시산표, 수정후시산표, 이월시산표

5) 시산표의 작성

여기에서는 작성형태에 따라 분류한 시산표의 양식과 작성방법만을 설명하기로 한다. 시산표의 작성시 일반적으로 계정과목은 자산·부채·자본·수익·비용 순으로 배열한다. 거래의 발생에서 잔액시산표 작성까지의 과정을 정리하면 다음과 같다.

예제 10-1 ▌ 시산표의 작성

총계정원장에 전기된 결과는 다음과 같다고 하자.

총계정원장

현 금 (1)

7/ 1	100,000	7/13	80,000
10	70,000	20	5,000
26	50,000	28	40,000

상 품 (3)

7/ 5	60,000	7/10	40,000
13	80,000	25	50,000

외상매출금 (2)

7/25	80,000	7/26	50,000

외상매입금 (4)

7/28	40,000	7/5	60,000

자본금 (5)

		7/1	100,000

매 출 (6)

		7/10	70,000
		25	80,000

매출원가 (7)

7/ 10	40,000		
25	50,000		

임차료 (8)

7/20	5,000		

위의 총계정원장을 이용하여 합계시산표, 잔액시산표 및 합계잔액시산표를 작성하면 다음과 같다.

(1) 합계시산표

이는 총계정원장에 기입된 각 계정의 차변합계와 대변합계를 모아 작성한다.

합계시산표

차 변	원면	계정과목	대 변
220,000	1	현 금	125,000
80,000	2	외상매출금	50,000
140,000	3	상 품	90,000
40,000	4	외상매입금	60,000
	5	자 본 금	100,000
	6	매 출	150,000
90,000	7	매 출 원 가	
5,000	8	임 차 료	
575,000		합 계	575,000

(2) 잔액시산표

이는 총계정원장에 기입된 각 계정의 잔액을 모아 작성한다.

잔액시산표

차 변	원면	계정과목	대 변
95,000	1	현 금	
30,000	2	외상매출금	
50,000	3	상 품	
	4	외상매입금	20,000
	5	자 본 금	100,000
	6	매 출	150,000
90,000	7	매출원가	
5,000	8	임 차 료	
270,000		합 계	270,000

(3) 합계잔액시산표

이는 합계시산표와 잔액시산표를 하나로 모은 것이다.

합계잔액시산표

차 변		원면	계정과목	대 변	
잔 액	합 계			합 계	잔 액
95,000	220,000	1	현 금	125,000	
30,000	80,000	2	외상매출금	50,000	
50,000	140,000	3	상 품	90,000	
	40,000	4	외 상 매 입 금	60,000	20,000
		5	자 본 금	100,000	100,000
		6	매 출	150,000	150,000
90,000	90,000	7	매 출 원 가		
5,000	5,000	8	임 차 료		
270,000	575,000		합 계	575,000	270,000

2. 정산표와 6위식 정산표의 작성방법

精算表(work sheet)란 결산시 재무상태표와 손익계산서 등 재무제표를 작성하기 위하여 관련된 회계자료를 하나의 표에서 체계적으로 정리할 수 있도록 고안된 양식으로, 재무제표의 작성을 위한 보조수단으로 이용된다. 그러므로 정산표는 기업의 공식적인 회계장부에는 포함되지 않지만 실무적으로나 또는 회계문제를 다룰 때 아주 많이 사용되고 있다.

정산표의 양식에는 정산표에 포함되는 내용에 따라 6위식, 8위식, 10위식 정산표로 구분된다. 일반적으로 가장 많이 사용되는 양식은 8위식 정산표이며 이는 제9장에서 설명되고, 본 장에서는 정산표의 작성방법을 쉽게 이해할 수 있도록 하기 위해 8위식이나 10위식 정산표에서 나타나는 기말정리사항에 대한 수정기입란을 제외한 가장 단순한 6위식 정산표의 작성방법만을 설명하기로 한다.

6위식 정산표란 재무상태표와 손익계산서를 작성하기 위하여 잔액시산표와 손익계산서 및 재무상태표를 하나의 표에 정리한 것이다. 양식과 작성방법을 설명하면 다음 [표 10-1]과 같다.

[표 10-1] 6위식 정산표의 양식과 작성방법

정 산 표

××회사 (작성일자)

계정과목	잔액시산표		손익계산서		재무상태표	
	차 변	대 변	차 변	대 변	차 변	대 변

① 계정과목란에는 자산·부채·자본·수익·비용 순으로 각 계정과목만을 기입한다.
② 잔액시산표란에는 각 계정의 잔액을 차변과 대변으로 분류하여 금액만을 기입한후 차변과 대변의 각각 합계를 기입하고 합계가 일치하는지를 확인한다.
③ 손익계산서란에는 시산표에 기입된 수익과 비용의 금액만을 기입한다.
④ 재무상태표란에는 시산표에 기입된 자산, 부채 및 자본의 금액만을 기입한다.
⑤ 손익계산서와 재무상태표에서 각각 당기순손익을 산출한다. 이때 당기순손익은 같아야 한다.
⑥ 계정과목란에 당기순이익(당기순손실)을 붉은색으로 기입하고 해당금액을 손익계산서와 재무상태표에 각각 기입한다. 당기순이익(당기순손실)은 손익계산서의 차변(대변)에 주기(朱記)하고 재무상태표의 대변(차변)에 흑기(黑記)한다.
⑦ 손익계산서와 재무상태표의 차변과 대변의 합계를 기입하고 각각 합계가 일치하는지를 확인한다.

예제 10-2 ▌ 6위식 정산표의 작성

(주)여름의 20×3년 7월 31일에 총계정원장을 이용하여 작성한 잔액시산표가 다음과 같다고 하자.

잔액시산표

차 변	원면	계정과목	대 변
95,000	1	현 금	
30,000	2	외상매출금	
50,000	3	상 품	
	4	외상매입금	20,000
	5	자 본 금	100,000
	6	매 출	150,000
90,000	7	매출원가	
5,000	8	임 차 료	
270,000		합 계	270,000

이상의 잔액시산표를 이용하여 6위식 정산표를 작성하면 다음과 같다.

정산표

(주)여름 20×3년 7월 31일

계정과목	잔액시산표		손익계산서		재무상태표	
	차변	대변	차변	대변	차변	대변
현금	95,000				95,000	
상품	50,000				50,000	
외상매출금	30,000				30,000	
외상매입금		20,000				20,000
자본금		100,000				100,000
매출		150,000		150,000		
매출원가	90,000		90,000			
임차료	5,000		5,000			
	270,000	270,000				
당기순이익			55,000			55,000
			150,000	150,000	175,000	175,000

지금까지 설명한 잔액시산표와 손익계산서 및 재무상태표와의 관계를 설명하면 [표 10-2]와 같다.

[표 10-2] 잔액시산표와 손익계산서 및 재무상태표와의 관계

잔액시산표와 손익계산서 및 재무상태표와의 관계를 정산표에서 든 예를 이용하여 T계정형식으로 재정리하면 다음과 같다.

잔액시산표상 자산·부채·자본(기초)이 재무상태표로 분류되면서 차액은 자본유지접근법(재산법)에 의한 당기순손익이 되고, 수익과 비용이 손익계산서로 분류되면서 차액은 거래접근법(손익법)에 의한 당기순손익이 된다. 따라서 잔액시산표상 차변과 대변의 합계가 일치하지 않는 경우에는 재무상태표와 손익계산서의 당기순손익이 일치하지 않게 된다.

잔액시산표

차변		대변	
자산	175,000	부채	20,000
		자본(기초)	100,000
비용	95,000	수익	150,000

⇒ 재무상태표

차변		대변	
자산	175,000	부채	20,000
		자본(기초)	100,000
		당기순이익	55,000

⇒ 손익계산서

차변		대변	
비용	95,000	수익	150,000
당기순이익	55,000		

3. 장부마감

1) 장부마감과 대체분개

한 회계기간이 종료하여 당해 회계기간의 재무제표를 작성·공시하면 당해년도의 회계처리과정은 완료된다. 따라서 이론적으로는 당해년도에 사용하던 장부를 그대로 차기연도에 다시 사용하여도 된다. 그러나 실무적으로는 당해년도의 회계처리과정과 차기년도의 회계처리과정을 구분하기 위하여 당해년도에 사용하던 장부는 마감하고 차기년도의 회계처리를 위한 준비 작업을 수행하게 되는데, 이를 장부마감이라 한다. 따라서 장부마감이란 당기 회계장부의 기입을 완료하고 차기의 회계기록을 위한 준비작업이라 할 수 있다.

장부의 마감방법은 일반적으로 사용하던 장부의 차변과 대변의 합계를 같게 하여 금액란에 붉은색으로 한 줄을 긋고 합계액을 차변과 대변에 기입한 후, 일자란과 합계 밑에 붉은색으로 두 줄을 긋는다. 그리고 잔액이 차기로 이월되는 경우(재무상태표계정)에는 차기 장부기입을 위한 준비작업으로 이월된 금액을 차기 기초잔액으로 해당장부에 기입한다.

장부마감 단계에서 각 계정의 마감을 위하여 행하는 분개를 결산분개(closing entry) 또는 대체분개(transfer entry)라 한다. 여기서 對替(transfer)란 어떤 계정의 금액을 다른 계정으로 옮기는 것을 말한다. 따라서 장부마감시 대체분개의 특징은 각 계정의 차변과 대변의 합계를 일치시켜 모든 계정을 마감하기 위하여 인위적으로 어떤 계정의 금액을 다른 계정으로 옮긴다는 점이다.

2) 장부마감절차

회계처리과정에서 사용하던 장부는 주요장부와 보조장부로 구분되는데, 본 장에서는 주요장부의 마감만 설명하기로 한다. 주요장부에는 분개장과 총계정원장이 있다. 이 중 총계정원장을 먼저 마감하는데 그 이유는 총계정원장의 마감시 대체분개를 하여야 하므로 분개장을 먼저 마감할 수 없기 때문이다.

총계정원장의 각 계정은 재무상태표계정(영구계정)과 손익계산서계정(임시계정)으로 구분된다. 앞에서 언급한 것처럼 손익계산서계정은 재무상태표상 당기순손익(이익잉여금의 증감요인)의 원인을 설명하기 위한 것으로, 재무상태표계정과는 달리 한 회계기간이 종료하면 재무상태표상 이익잉여금에 가감된 후 소멸된다. 따라서 손익계산서계정이 재무상태표상 이익잉여금에 가감되어야 하므로 손익계산서계정부터 먼저 마감하게 된다.

이때 손익계산서계정은 직접 재무상태표상 이익잉여금계정에 대체하여 마감할 수 있지만, 일반적으로 직접 대체하지 않고 임시적으로 집합손익(income summary)계정에 대체한 후 집합손익계정에서 당기순손익을 산출하여 재무상태표상 이익잉여금계정으로 대체한다. 다만, 개인기업이나 합명회사·합자회사와 같은 인적결합기업(partnership)은 자본금과 이익잉여금을 구분하지 않고 자본을 자본금계정 하나로 기입하므로 집합손익계정에서 산출된 당기순손익을 자본금계정으로 대체하여 마감한다. 이상에서 설명한 주요장부의 마감절차를 정리하면 다음과 같다.

(1) 총계정원장 마감

① 손익계산서계정을 집합손익계정으로 대체하여 마감
② 집합손익계정에서 당기순손익을 산출하여 재무상태표상 이익잉여금(개인기업의 경우 자본금계정)에 대체
③ 재무상태표계정 마감

(2) 분개장마감

3) 손익계산서계정의 마감

손익계산서계정은 재무상태표상 이익잉여금의 증감요인인 당기순손익의 원인을 설명하기 위한 임시계정으로, 일단 집합손익계정으로 대체되어 마감된 후 집합손익계정에서 당기순손익이 산출되어 당기순손익만 재무상태표상 이익잉여금(개인기업은 자본금계정)으로 대체된다. 이 과정을 정리하면 다음과 같다.

① 집합손익계정을 설정한다.
② 총계정원장의 모든 수익계정의 잔액을 집합손익계정으로 대체한 후 수익계정을 마감한다. 이때 수익계정을 마감하기 위한 대체분개는 총계정원장의 수익계정잔액을 차변에 기입하면서 동시에 집합손익계정을 대변에 기입한다. 여기서 수익계정을 차변에 기입하는 이유는 다음과 같다. 수익 발생시 대변에 기입하므로 수익의 잔액은 대변에 기입되어 있어 인위적으로 차변금액과 대변금액을 일치시키기 위해서는 대변의 잔액을 차변에 기입하여야 하기 때문이다. 따라서 수익의 대체분개는 다음과 같다.

(차) 수익계정 ××× (대) 손 익 ×××

③ 총계정원장의 모든 비용계정의 잔액을 집합손익계정으로 대체한 후 비용계정을 마감한다. 비용계정을 마감하기 위한 대체분개도 수익계정의 마감 논리와 같다. 따라서 비용계정의 차변에 있는 잔액을 대변에 기입하면서 차변에 집합손익계정을 기입한다. 비용의 대체분개는 다음과 같다.

(차) 손　　익 ××× 　　　　　　(대) 비용계정 ×××

④ 집합손익계정에서 당기순손익을 산출한다.

⑤ 당기순손익을 이익잉여금계정(개인기업의 경우에는 자본금계정)으로 대체한 후 집합손익계정을 마감한다. 이때 당기순손익을 대체하는 논리도 마찬가지이다. 당기순이익인 경우 집합손익계정의 대변에 잔액(왜냐하면 집합손익계정의 차변에 기입된 비용보다 대변에 기입된 수익이 크므로)이 있으므로 집합손익계정의 차변에 당기순이익의 금액을 기입하면서 대변에 이익잉여금을 기입하면 된다. 따라서 당기순손실인 경우에는 반대가 된다. 이를 정리하면 대체분개는 다음과 같다.

(가) 당기순이익(집합손익계정의 대변잔액)인 경우

(차) 손　　익 ××× 　　　　　　(대) 이익잉여금 ×××

(나) 당기순손실(집합손익계정의 차변잔액)인 경우

(차) 이익잉여금 ××× 　　　　　　(대) 손　　익 ×××

여기서 당기순손익을 대체하는 구체적인 이익잉여금의 계정은 처분전이익잉여금(또는 처리전결손금)계정이다. 손익계산서계정의 마감절차를 간단한 예를 들어 정리하면 다음과 같다.

예제 10-3 ▌ 손익계산서계정의 마감

당기 비용계정과 수익계정으로 매출원가 ₩25,000, 매출 ₩40,000만이 기입되어 있으며 이익잉여금의 잔액은 ₩20,000이라 하고 결산일은 12월 31일이라 하자. 이를 T계정으로 표시하면 다음과 같다.

매출원가 (차변)	매출원가 (대변)
25,000	

매　출 (차변)	매　출 (대변)
	40,000

이익잉여금 (차변)	이익잉여금 (대변)
	20,000

결산시 수익과 비용의 마감절차는 다음과 같이 수행된다. 먼저 집합손익계정을 설정한 후, 비용인 매출원가계정 차변에 잔액 ₩25,000이 기입되어 있으므로 이를 대변에 기입하면서 집합손익계정을 차변에 기입하고, 수익인 매출계정 대변에 잔액

₩40,000이 기입되어 있으므로 이를 차변에 기입하면서 집합손익계정을 대변에 기입한다. 그러면 집합손익계정 차변에는 매출원가 ₩25,000이 기입되고 대변에는 매출 ₩40,000이 기입되므로 그 차액 ₩15,000이 당기순이익이 된다. 따라서 집합손익계정의 대변이 당기순이익 ₩15,000만큼 크므로 집합손익계정 차변에 기입하면서 이를 이익잉여금 대변에 기입한다. 이상의 회계처리과정을 정리하면 다음과 같다.

(대체분개의 결과)

비　　용	: (차) 손　　익	25,000	(대) 매 출 원 가	25,000
수　　익	: (차) 매　　출	40,000	(대) 손　　익	40,000
당기순이익	: (차) 손　　익	15,000	(대) 이익잉여금	15,000

위 대체분개를 원장에 전기하여 매출계정과 매출원가계정 및 집합손익계정을 마감하면 그 결과는 다음과 같다.

(총계정원장 마감결과)

단, 고딕체는 양변의 합계를 일치시키기 위하여 기입된 것이다.

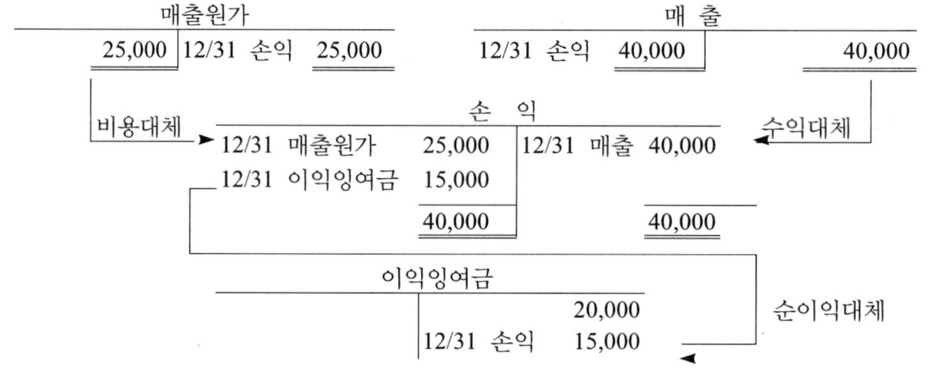

4) 재무상태표계정의 마감과 이월시산표의 작성

(1) 재무상태표계정의 마감절차

재무상태표계정의 마감방법에는 英美式과 大陸式이 있다. 일반적으로 영미식 마감법이 사용되므로 영미식 마감법을 설명한다.

재무상태표계정은 영구계정의 성격을 지니고 있으므로 당기말 잔액이 존재하는 경우 이는 차기로 이월되어 계속 사용되게 된다. 따라서 재무상태표계정의 마감시에는 이와 같은 성격을 반영하여 대체분개없이 각 계정의 잔액을 반대변(자산은 대변, 부채와 자본은 차변)에 '차기이월'로 기입하여 차변금액과 대변금액을 일치시킨 후 마감하면 된다. 이를 정리하면 다음과 같다.

① 재무상태표계정의 잔액을 산출한다.

② 양변의 합계를 일치시키기 위하여 산출된 잔액을 잔액이 있는 반대 변(자산은 대변, 부채와 자본은 차변)에 '차기이월'이라는 내용과 금액을 기입하고 마감한다. 이때 차기이월과 금액은 주기(朱記)한다.

③ 차기 장부기입을 위한 준비작업으로 각 계정의 잔액을 잔액이 있는 변(자산은 차변, 부채와 자본은 대변)에 '전기이월'이라는 내용과 금액을 기입한다.

(2) 이월시산표의 작성

이상의 재무상태표계정 마감과정에서 오류가 있는지를 확인하기 위하여 자산·부채·자본의 잔액만을 모아 작성한 시산표를 이월시산표(마감후 시산표)라 한다. 따라서 이월시산표의 차변에는 각 자산계정의 기말잔액이 대변에는 각 부채계정과 자본계정의 기말잔액이 기입된다. 이때 이월시산표의 차변합계와 대변합계가 일치하지 않는 경우에는 장부마감단계에서 오류가 있음을 알 수 있다.

이와 같이 작성된 이월시산표의 자산·부채·자본의 당기 기말잔액이 차기 기초시점에 각 자산·부채·자본계정의 기초잔액으로 기입된 후 회계거래가 발생하면 이를 기입하게 된다. 그러므로 손익계산서계정과는 달리 재무상태표계정은 기업의 존속기간 동안 계속하여 이어지게 된다.

장부마감단계에서 작성되는 이월시산표는 자산·부채·자본의 기말잔액만이 기입되므로 앞에서 설명한 잔액시산표(이를 이월시산표와 구분하기 위하여 마감전 잔액시산표라 하자)와는 그 구성항목에 차이가 있다는 것에 유의하여야 한다. 왜냐하면 마감전 잔액시산표에는 자산·부채·자본·수익·비용의 잔액이 모두 기입되기 때문이다.

따라서 장부마감이 이루어지면 마감전 잔액시산표상의 수익과 비용은 집합손익계정으로 대체되어 소멸되고 집합손익계정에서 산출된 당기순손익만 자본계정으로 대체되므로, 마감전 잔액시산표상의 기초자본이 마감후 작성한 이월시산표상에는 기말자본으로 바뀌게 된다. 이 과정을 도표로 설명하면 다음 [표 10-3]과 같다.

[표 10-3] 총계정원장의 마감결과

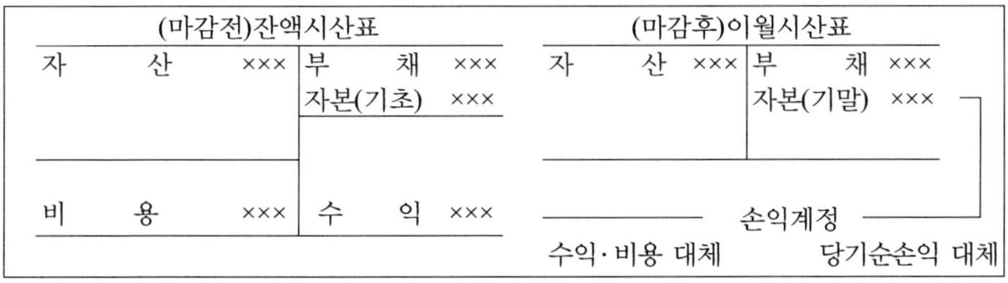

(마감전)잔액시산표		(마감후)이월시산표	
자　산 ×××	부　채 ×××	자　산 ×××	부　채 ×××
	자본(기초) ×××		자본(기말) ×××
비　용 ×××	수　익 ×××	손익계정	
		수익·비용 대체	당기순손익 대체

결과적으로 수익과 비용은 집합손익계정으로 대체마감되어 소멸하고 손익계정에서 산출된 당기순손익만 자본계정(이익잉여금)으로 대체된다. 따라서 마감전까지의 기초자본이 마감후에는 기말자본으로 변하게 된다. 재무상태표계정의 마감과정을 예를 들어 설명하면 다음과 같다.

예제 10-4 ▎ 재무상태표계정의 마감

결산일은 12월 31일이고 결산일 현재 총계정원장의 재무상태표계정은 다음과 같다고 할 때 마감결과는 다음과 같다. 단, 차기이월 부분은 주기한다.

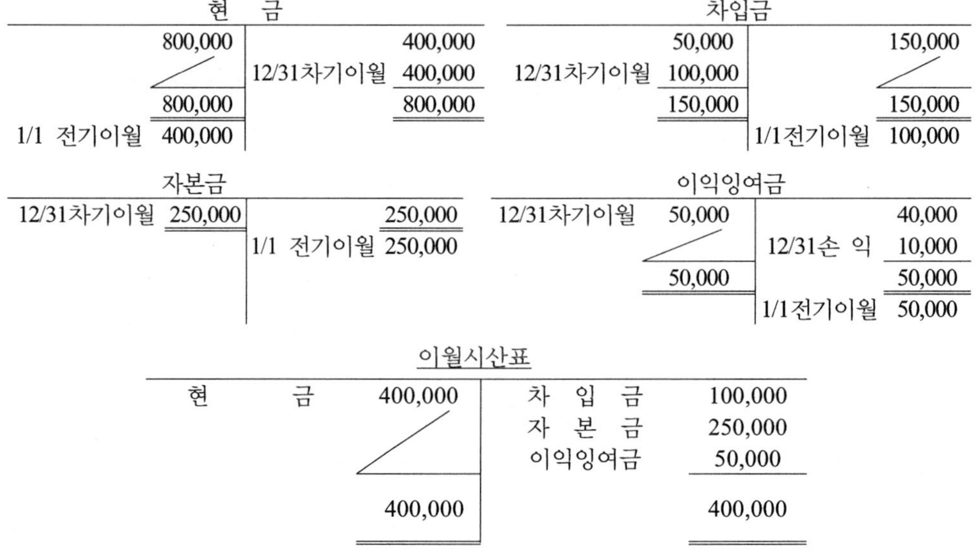

현 금

	800,000		400,000
		12/31차기이월	400,000
	800,000		800,000
1/1 전기이월	400,000		

차입금

	50,000		150,000
12/31차기이월	100,000		
	150,000		150,000
		1/1전기이월	100,000

자본금

12/31차기이월	250,000		250,000
		1/1 전기이월	250,000

이익잉여금

12/31차기이월	50,000		40,000
		12/31손 익	10,000
	50,000		50,000
		1/1전기이월	50,000

이월시산표

현 금	400,000	차 입 금	100,000
		자 본 금	250,000
		이익잉여금	50,000
	400,000		400,000

5) 분개장 마감

분개장은 거래의 이중성개념에 의하여 양변의 합계가 항상 일치하므로 인위적인 마감 절차없이 합계액을 산출하여 기입하고 마감한다.

연 습 문 제

10-1 객관식문제

01 회계처리의 순환과정에서'전기'다음에 이루어지는 것은?

① 분개　　② 수정분개
③ 시산표작성　　④ 장부마감

02 대차평균의 원리에 대한 설명 중 옳지 않는 것은?

① 기록계산의 정확 여부를 장부기입과정에서 자동적으로 검사할 수 있다.
② 단식부기와 복식부기에 공통적으로 적용되는 원리이다.
③ 거래의 이중성개념에 의하여 발생한다.
④ 시산표 작성시 이용된다.

03 복식부기의 자기검증기능을 이용하여 거래의 전기시 발생한 오류를 발견하기 위하여 작성하는 것은?

① 정산표　　② 재무상태표
③ 시산표　　④ 재고조사표

04 다음 중 시산표등식에 해당하는 것은?

① 기말자산+총비용=기말부채+기말자본+총수익
② 기말자산+총비용=기말부채+기초자본+총수익
③ 기말자산=기말부채+기초자본+당기순이익
④ 기말자산=기말부채+기말자본

05 시산표에서 발견할 수 없는 오류가 아닌 것은?

① 다른 계정에 전기한 경우
② 분개중 한 쪽만 전기한 경우
③ 전기할 때 대차금액을 똑같이 잘못 전기한 경우
④ 2개의 오류가 서로 겹쳐 우연히 상계되는 경우
⑤ 분개장에서 어떤 거래의 분개가 누락된 경우

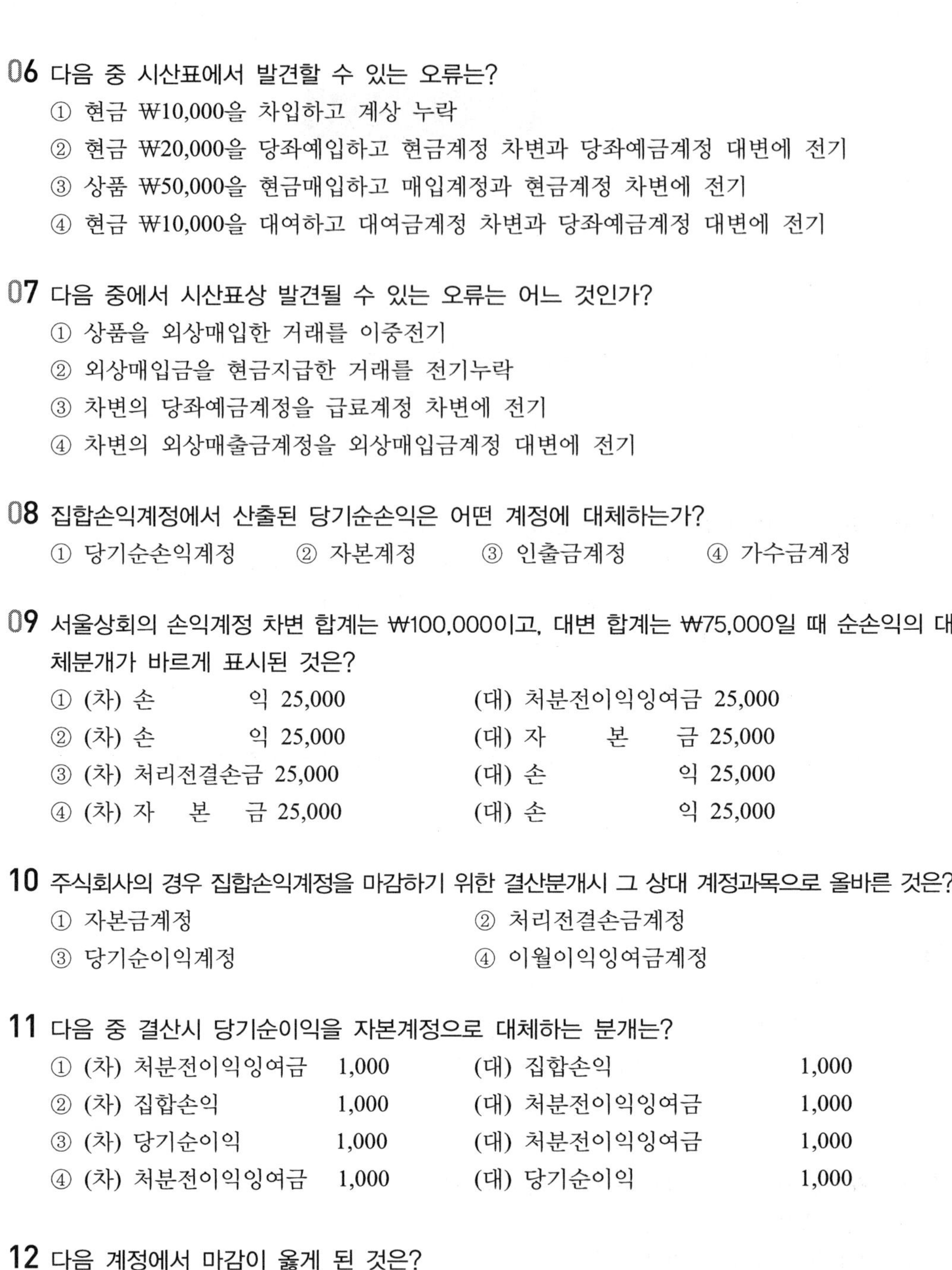

06 다음 중 시산표에서 발견할 수 있는 오류는?

① 현금 ₩10,000을 차입하고 계상 누락
② 현금 ₩20,000을 당좌예입하고 현금계정 차변과 당좌예금계정 대변에 전기
③ 상품 ₩50,000을 현금매입하고 매입계정과 현금계정 차변에 전기
④ 현금 ₩10,000을 대여하고 대여금계정 차변과 당좌예금계정 대변에 전기

07 다음 중에서 시산표상 발견될 수 있는 오류는 어느 것인가?

① 상품을 외상매입한 거래를 이중전기
② 외상매입금을 현금지급한 거래를 전기누락
③ 차변의 당좌예금계정을 급료계정 차변에 전기
④ 차변의 외상매출금계정을 외상매입금계정 대변에 전기

08 집합손익계정에서 산출된 당기순손익은 어떤 계정에 대체하는가?

① 당기순손익계정 ② 자본계정 ③ 인출금계정 ④ 가수금계정

09 서울상회의 손익계정 차변 합계는 ₩100,000이고, 대변 합계는 ₩75,000일 때 순손익의 대체분개가 바르게 표시된 것은?

① (차) 손 익 25,000 (대) 처분전이익잉여금 25,000
② (차) 손 익 25,000 (대) 자 본 금 25,000
③ (차) 처리전결손금 25,000 (대) 손 익 25,000
④ (차) 자 본 금 25,000 (대) 손 익 25,000

10 주식회사의 경우 집합손익계정을 마감하기 위한 결산분개시 그 상대 계정과목으로 올바른 것은?

① 자본금계정 ② 처리전결손금계정
③ 당기순이익계정 ④ 이월이익잉여금계정

11 다음 중 결산시 당기순이익을 자본계정으로 대체하는 분개는?

① (차) 처분전이익잉여금 1,000 (대) 집합손익 1,000
② (차) 집합손익 1,000 (대) 처분전이익잉여금 1,000
③ (차) 당기순이익 1,000 (대) 처분전이익잉여금 1,000
④ (차) 처분전이익잉여금 1,000 (대) 당기순이익 1,000

12 다음 계정에서 마감이 옳게 된 것은?

① 매 출 채 권

손 익	5,000	제 좌	5,000

② 감가상각누계액

손 익	3,000	제 좌	3,000

③ 임 대 료

손 익	4,000	제 좌	4,000

④ 급 여

제 좌	3,500	차기이월	3,500

10-2 다음 합계잔액시산표를 완성하시오.

합계잔액시산표

차변		원면	계정과목	대변	
잔 액	합 계			합 계	잔 액
440,000	( )	1	현 금	300,000	
210,000	( )	2	상 품	( )	
60,000	180,000	3	외상매출금	( )	
	140,000	4	외상매입금	( )	120,000
		5	자 본 금	( )	500,000
		6	매 출	( )	( )
( )	190,000	7	매출원가		
( )	( )	8	통 신 비		
( )	1,670,000		합 계	( )	920,000

10-3 (주)우정의 재무담당 이사인 당신은 회계부서의 신입사원을 채용하려고 한다. 당신은 첫번째 응시자인 회계학과 출신인 안열심 양을 면접하게 되었다. 먼저 회계의 기본적인 구조에 대한 이해가 되어 있는지를 알아보기 위해 계정과목과 잔액을 주고 시산표를 작성하도록 했다. 안양이 작성한 시산표는 다음과 같다.

시 산 표

	차 변	대 변
외 상 매 입 금		₩4,500
급 여		175,000
용 역 매 출	269,000	
현 금 예 금	82,100	
세 금 과 공 과	12,000	
외 상 매 출 금		44,000
소 모 품	11,000	
임 차 료	30,000	
자 본 금		125,000
소 모 품 비	33,000	
비 품	15,000	
이 익 잉 여 금		24,000
잡 비	6,400	
미 지 급 급 여	34,000	
합 계	₩492,500	₩372,500

물음 (1) 안열심 양의 회계지식에 대한 평가만을 토대로 한다면 당신은 안양을 채용할 것인가?

(2) 올바른 시산표를 작성하시오.

(3) 회계의 기본등식과 복식부기제도는 어떻게 회계기록을 점검할 수 있게 하는지 설명하시오.

10-4 다음 총계정원장을 마감하고 손익계산서와 재무상태표를 작성하시오. 결산일은 12월 31일이다.

현금 1	
200,000	188,000

외상매출금 2	
100,000	70,000

상품 3	
80,000	40,000

비품 4	
310,000	

외상매입금 5	
50,000	80,000

미지급금 6	
10,000	40,000

자본금 7	
	250,000

이익잉여금 8	
	30,000

매출 9	
	230,000

매출원가 10	
140,000	

급여 11	
20,000	

임차료 12	
5,000	

세금과공과 13	
3,000	

통신비 14	
6,000	

보험료 15	
4,000	

10-5 다음은 (주)그린의 7월분 거래다. 이를 이용하여 다음 물음에 답하시오.

1일 주식 200주(액면단가 ₩5,000)를 주당 ₩5,000에 발행하고 대금은 현금으로 납입받아 즉시 당좌예입하다.
2일 현금 ₩300,000을 차입하고 이 중 ₩200,000은 즉시 당좌예입하다.
5일 비품 ₩600,000을 구입하고 대금은 수표발행하여 지급하다.
6일 한달분 사무용 문방구류 ₩15,000을 구입하고 대금은 현금으로 지급하다.
7일 상품 ₩200,000을 매입하고 대금은 외상으로 하다.
11일 원가 ₩100,000의 상품을 ₩150,000에 판매하고 대금은 외상으로 하다.
17일 상품 ₩250,000을 매입하고 대금은 외상으로 하다.
23일 전화요금 ₩30,000과 광고비 ₩50,000을 현금으로 지급하다.
25일 각종 공과금 ₩40,000을 수표 발행하여 지급하다.
28일 원가 ₩200,000의 상품을 ₩260,000에 판매하고 대금은 외상으로 하다.
29일 외상매출금 ₩150,000을 현금으로 회수하여 즉시 당좌예입하다.
30일 외상매입금 ₩200,000을 수표발행하여 지급하다.

(1) 분개 후 총계정원장에 전기하시오.
(2) 합계잔액시산표를 작성하시오.
(3) 총계정원장을 마감하시오.
(4) 손익계산서와 재무상태표를 작성하시오.

읽을거리 1

재무상태표와 손익계산서의 역사

인류가 조직화된 사회에서 살게된 이래로 인간은 경제적 사건이나 거래를 회계처리함으로써 그 일들을 기억해낼 수 있게 되었다. 역사를 통해서 볼 때 경제적 사건이나 거래를 돌, 점토판, 파피루스, 종이 또는 기록할 수 있는 물질이면 어느 것이든 간에 기록함으로써 이러한 것이 가능하게 된 것이다.

원래 주기적으로 재무제표를 작성할 목적으로 회계기록이 행해진 것은 아니다. 장부에다 거래를 기입한 것은 기업의 영업을 보고하기 위한 것이 아니라 기업의 영업을 수행하는 것을 돕기 위해서였다. 예를 들어 거래처에 갚아야 할 금액을 기입한 것은 재무상태표상에다 매입채무의 정확한 금액을 나타내기 위해서가 아니라, 거래처에 얼마가 지급되었고 그리고 얼마가 지급되지 않았는가를 알기 위해서였다. 그러나 결국 재무제표작성이란 특정목적 때문에 기록이 유지되게 되었다.

잘 알다시피 재무제표는 비교적 최근의 만들어진 것이다. 예수 탄생하기 오래전부터 회계가 있어 왔지만 재무제표라는 모습으로 꾸며진 재무상태표는 A.D 1600년 경에 비로소 모양을 드러냈다. 재무상태표는 수백년에 걸친 회계처리과정의 중요한 산물이었다. 사실 별개의 재무제표로써 손익계산서는 1800년대 말까지도 만들어지지 않았으며, 만들어진 이후에도 손익계산서가 제공하는 정보는 재무상태표만큼 중요시 되지 않았다.

20세기초에도 여전히 손익계산서는 중요한 재무제표로서의 위치를 획득하고 있지 못했다. 그 당시 미국 기업에게 있어서 은행으로부터의 차입은 외부조달자금의 주된 형태였다. 이에 따라 채권자들이 재무제표의 주된 이용자였으며, 이들이 원하는 정보를 지닌 재무제표가 주된 위치를 차지하는 것은 당연한 것이었다. 채권자들의 주된 관심사는 회사의 채무상환능력이었기 때문에 자산, 부채 및 소유주지분간의 관계에 초점을 맞춘 재무상태표가 가장 중요시되었다.

11920년대에 접어들면서 미국기업은 확장하는데 소요되는 자금을 조달하는 방식에 변화를 주기 시작하였다. 그들은 은행으로부터의 차입보다는 주식발행을 통한 자금조달방식을 더 선호하기 시작했다. 주식발행이 외부자금조달의 주요 원천이 되자 이제는 주주들이 재무제표의 주된 이용자가 되게 되었다. 주주는 기업의 경영성과와 배당금 지급 그리고 주식의 가치에 관심을 가지게 되었다. 이에 따라 당기순이익이 재무제표이용자의 주된 관심사가 되었고, 자동적으로 손익계산서가 재무상태표보다 중요한 위치를 차지하게 되었다. 시간이 지나면서 장기채권자 조차도 수익력이 부채상환능력의 결정적인 측정치라는 것을 깨닫게 되었으며, 이에 따라 채권자 역시 재무상태표보다 손익계산서를 더욱 더 신뢰하기 시작했다.

20세기말에 들어서면서 재무상태표와 손익계산서는 함께 사용하는 것이 최상이란 것이 명백해졌다. 어느 하나가 다른 것보다 더 중요한 것이 아니라는 것이다. 이들 재무제표의 각각이 경제적 의사결정을 하는 사람들에게 귀중한 정보를 제공하고 있다는 것이다. 재무상태표와 손익계산서의 상세한 구조를 배움으로써 여러분은 각 재무제표가 제공하는 정보를 최상으로 이용할 수 있게 될 것이다.

CHAPTER

회계의 순환과정

기업은 정보이용자들의 경제적 의사결정에 유용한 정보를 적기에 제공하기 위하여 기업이 수행한 경제적 행위에 대한 결과인 재무제표를 매 회계기간마다 작성하여 정보이용자에게 전달한다. 이와 같은 재무보고를 위하여 기업은 회계거래의 기록으로부터 재무제표를 작성하기까지 일련의 회계처리과정를 거치게 되는데, 이러한 일련의 회계처리과정을 회계순환과정(accounting cycle)이라 한다. 순환과정이라 하는 이유는 매 회계기간마다 재무제표를 작성하기 위하여 동일한 일련의 회계처리과정을 반복적으로 수행하기 때문이다.

회계의 순환과정은 크게 두 단계로 나눌 수 있는데, 첫번째 단계는 기업의 경제적 행위 중 거래를 식별하여 장부에 기록하는 과정이고, 또 하나는 기록된 장부를 이용하여 정보이용자에게 보고할 재무제표를 작성하는 결산과정이다. 순환과정을 단계별로 간단하게 요약하면 다음과 같다.

제1단계 : 거래의 식별 및 장부기록과정
- (1) 거래의 식별 및 분개장에 분개
- (2) 총계정원장에 전기

제2단계 : 재무제표작성을 위한 결산과정
- (1) 수정전 시산표 작성
- (2) 기말정리사항 수정분개(재고조사표 작성)
- (3) 수정후 시산표 작성
- (4) 정산표 작성(반드시 작성이 필요한 것은 아님)
- (5) 재무제표작성
- (6) 장부마감

이상의 순환과정중 기말정리사항에 대한 수정분개·수정후 시산표와 정산표(8위식 정산표)의 작성 및 재무제표작성을 제외한 나머지 단계는 이미 앞에서 설명(제8장에서

제10장까지)하였다. 따라서 본 장에서는 기말정리사항에 대한 수정분개·이를 반영한 수정후 시산표와 8위식 정산표의 작성 및 재무제표작성을 중심으로 설명하기로 한다.

1. 기말정리사항에 대한 수정분개

1) 기말정리사항의 의의

정보이용자들에게 유용한 정보를 제공하기 위한 재무제표의 작성과정에서는 일반적으로 인정된 회계원칙(GAAP)을 준수하여야 한다고 하였다. 일반적으로 인정된 회계원칙 중 기본적으로 중요한 원칙으로는 역사적 원가주의, 발생주의(수익은 실현주의, 비용은 대응의 원칙), 보수주의 등을 들 수 있다. 회계처리과정 중 제1단계인 거래의 식별 및 장부기록과정에서의 대부분 회계처리는 역사적 원가주의와 발생주의가 적용된다. 그러나 일부의 회계처리는 완전한 발생주의가 적용되지 않아 이를 결산과정에서 발생주의로 수정하기 위한 회계처리가 필요하며 또한 시가법이나 보수주의 중 저가법 적용대상에 대한 평가를 위한 회계처리 및 오류에 대한 정정분개 등이 결산시 수행된다.

이와 같이 재무제표를 일반적으로 인정된 회계원칙(GAAP)에 부합되도록 작성하기 위해서 결산시 수정전 총계정원장의 잔액을 수정하기 위한 회계처리대상을 기말정리사항이라 하며, 이들 내용을 요약한 것을 재고조사표 또는 재물조사표라 한다.

2. 수익과 비용에 대한 수정분개 : 발생과 이연

발생주의에서 수익의 인식기준은 실현주의, 비용의 인식기준은 대응의 원칙이라 하였다. 그러나 원장에 계상된 수익항목 중 당기에 실현된 수익이 아직 계상되지 않은 부분이 있을 수 있고, 또한 미실현된 수익이 당기 수익으로 계상된 부분이 있을 수 있다. 마찬가지로 비용항목 중에서도 당기 수익을 창출하기 위하여 발생된 비용이 비용으로 계상되지 않은 부분과, 차기수익과 관련된 비용이 당기의 비용으로 계상된 부분이 있을 수 있다. 따라서 당기의 경영성과와 재무상태를 적정하게 산출·보고하기 위해서는 이들을 수정기입하여 재무제표를 작성하여야 한다.

당기에 실현된 수익 중 현금이 회수되지 않아 아직 수익으로 계상되지 않은 부분을 당기 수익과 자산(미수수익)으로 계상하고, 당기 수익을 창출하기 위하여 발생된 비용 중 현금이 지급되지 않아 아직 비용으로 계상되지 않은 부분을 비용과 부채(미지급비용)로 계상하기 위한 회계처리과정을 발생(accrual)이라 한다. 그리고 이미 현금을 수취하여 당기 수익으로 계상된 부분 중 미실현된 수익을 당기 수익에서 제거하면서 부채(선수수익)로 계상하고, 이미 현금을 지급하여 당기 비용으로 계상하였으나 차기 수익과 관련된 비용을 당기 비용에서 제거하면서 자산(선급비용)으로 계상하기 위한 회계처리과정을 이연(deferral)이라 한다. 발생과 이연에 대한 회계처리과정을 정리하면 다음 [표 11-1]과 같다.

[표 11-1] 발생과 이연

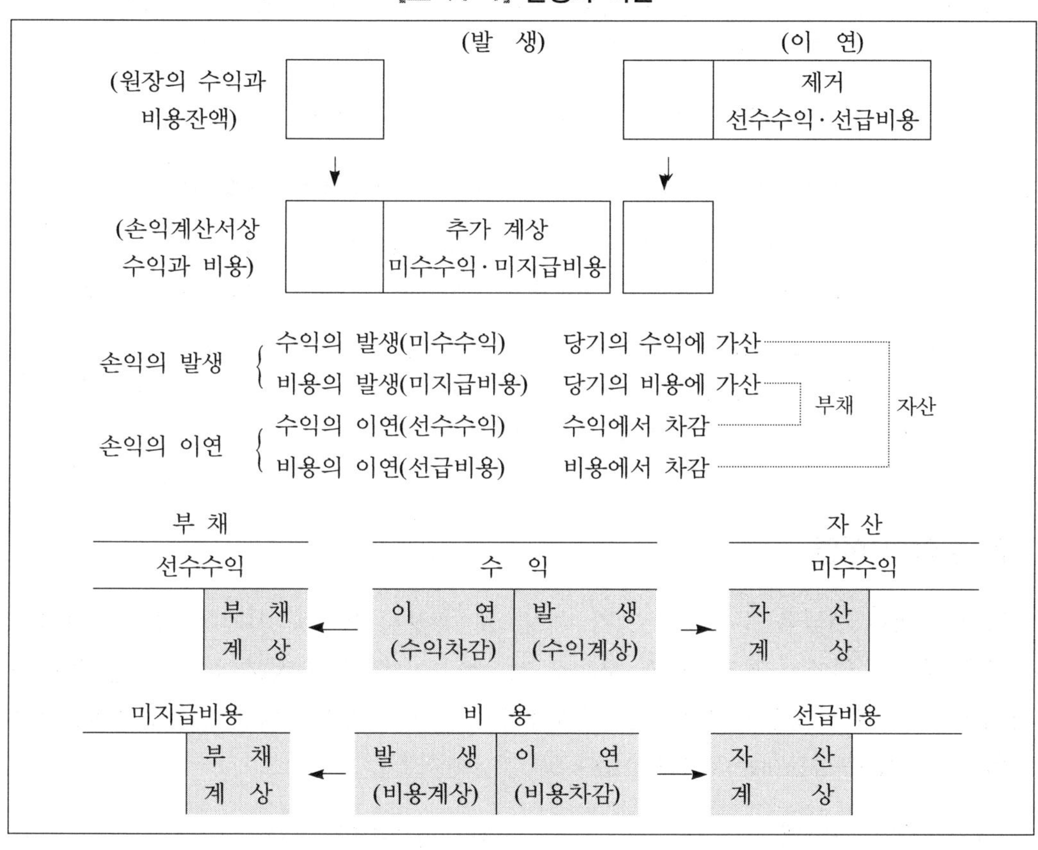

1) 수익의 발생

결산시 당기에 실현된 수익 중 현금이 회수되지 않아 아직 수익으로 계상되지 않은 부분은 당기 수익과 자산으로 추가계상하여야 한다. 수정분개는 수익을 증가시키기 위하여 대변에 해당 수익계정을 기입하고, 차변에는 유동자산인 미수수익계정으로 기입한다. 즉, 수정분개는 다음과 같다.

(차) 미수수익 ××× (대) 해당 수익계정 ×××

수익의 발생에 대한 회계처리과정을 예를 들어 설명하면 다음과 같다.

예제 11-1 ▌ 수익의 발생(미수수익 계상)

건물을 20×3년 1월 1일부터 2년간 임대하기로 하고, 20×3년 1월 1일 10개월분 임대료 ₩100,000을 현금으로 수취한 후 결산일인 20×3년 12월 31일이 되었다고 가정하자. 이러한 경우 20×3년 손익계산서에는 실현수익으로 임대료 ₩120,000이 보고되어야 하나 결산일 현재 원장의 임대료계정에는 ₩100,000만 계상되어 있으므로 실현된 수익 중 미수분 ₩20,000을 추가계상하기 위한 수정분개를 결산시 수행하게 된다. 예에 대한 도표와 일련의 회계처리과정을 정리하면 다음과 같다.

(원장의 임대료 잔액 : ₩100,000) ₩100,000

↓

(손익계산서상 임대료 : ₩120,000) ₩100,000 ₩20,000

20×3년 1월 1일	(차) 현　　금	100,000	(대) 임 대 료	100,000
12월 31일	(차) 미수임대료	20,000	(대) 임 대 료	20,000

이와 같이 20×3년 12월 31일에 임대료 중 미수분 ₩20,000을 추가계상함으로써 손익계산서상 임대료는 당기 실현분인 ₩120,000으로 계상·보고되며, 미수임대료 ₩20,000은 대차대조표상 유동자산으로 계상·보고된다.

2) 수익의 이연

결산시 이미 현금을 수취하여 당기 수익으로 계상된 부분중 차기 수익에 해당하는 부분은 당기 수익에서 제거하면서 부채로 계상하여야 한다. 수정분개는 수익을 차감하기 위하여 차변에 해당 수익계정을 기입하면서, 대변에 유동부채인 선수수익계정으로 기입한다. 즉, 수정분개는 다음과 같다.

(차) 해당 수익계정 ××× (대) 선수수익 ×××

예제 11-2 ▌ 수익의 이연(선수수익의 계상)

20×3년 4월 1일 건물을 2년간 임대하기로 하고, 20×3년 4월 1일에 1년분 임대료 ₩120,000을 현금으로 수취한 후 20×3년 12월 31일 결산일이 도래하였다고 하자. 그러면 200×3년 손익계산서에는 당기 실현수익인 ₩90,000만 임대료로 계상하여야 하는데, 결산시 원장의 임대료계정의 잔액은 ₩120,000으로 기록되어 있으므로 ₩30,000을 임대료에서 차감하여 선수임대료로 대체하는 수정분개를 한다. 예에 대한 도표와 일련의 회계처리과정을 정리하면 다음과 같다. 단, 원장의 전기결과는 생략한다.

(원장의 임대료 잔액 : ₩ 120,000)

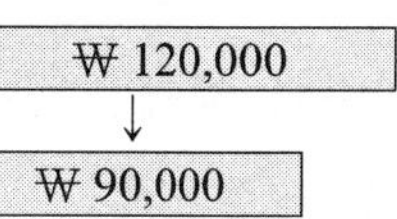

(손익계산서상 임대료 : ₩ 90,000)

20×3년 4월 1일	(차) 현 금	120,000	(대) 임 대 료	120,000	
12월31일	(차) 임 대 료	30,000	(대) 선수임대료	30,000	(수정분개)
12월31일	(차) 임 대 료	90,000	(대) 손 익	90,000	(대체분개)

3) 비용의 발생

당기의 수익을 창출하기 위하여 발생된 비용 중 현금을 지급하지 않아 아직 해당 비용계정에 반영이 안된 경우 결산시 수정분개를 통하여 해당비용을 증가시키면서 부채를 계상하여야 한다. 수정분개는 비용계정을 증가시키기 위하여 차변에 비용계정을 기입하고 대변에는 유동부채인 미지급비용계정을 기입한다. 즉, 수정분개는 다음과 같다.

(차) 해당 비용계정 xxx (대) 미지급비용 xxx

예제 11-3 ▌ 비용의 발생(미지급비용의 계상)

건물을 20×3년 1월 1일부터 2년간 임차하기로 하고 20×3년 1월 1일 10개월분 임차료 ₩100,000을 현금으로 지급한 후 결산일인 20×3년 12월 31일이 되었다고 가정하자. 이러한 경우 20×3년 손익계산서에는 비용으로 임차료 ₩120,000이 보고되어야 하나, 결산일 현재 원장의 임차료계정에는 ₩100,000만 계상되어 있으므로 발생된 비용 중 미지급분 ₩20,000을 추가계상하기 위한 수정분개를 결산시 수행하게 된다. 예에 대한 도표와 일련의 회계처리과정을 정리하면 다음과 같다.

(원장의 임차료 잔액 : ₩ 100,000) ₩ 100,000

↓

(손익계산서상 임차료 : ₩ 120,000) ₩ 100,000 | ₩20,000

20×3년 1월 1일	(차) 임 차 료	100,000	(대) 현 금	100,000	
12월31일	(차) 임 차 료	20,000	(대) 미지급임차료	20,000	(수정분개)
12월31일	(차) 손 익	120,000	(대) 임 차 료	120,000	(대체분개)

4) 비용의 이연

결산시 이미 현금을 지급하여 당기 비용으로 계상된 부분중 차기 비용에 해당하는 부분은 당기 비용에서 제거하면서 자산으로 계상하여야 한다. 수정분개는 비용을 차감하기 위하여 대변에 해당 비용계정을 기입하면서 차변에 유동자산인 선급비용계정으로 기입한다. 즉, 수정분개는 다음과 같다.

(차) 선급비용 xxx (대) 해당 비용계정 xxx

11-4 ▌ 비용의 이연(선급비용의 계상)

20×3년 4월 1일 건물을 2년간 임차하기로 하고 200×3년 4월 1일에 1년분 임차료 ₩120,000을 현금으로 지급한 후, 20×3년 12월 31일 결산일이 도래하였다고 하자. 그러면 200×3년 손익계산서에는 당기 발생비용인 ₩90,000만 임차료로 계상하여야 하는데, 결산시 원장의 임차료계정의 잔액은 ₩120,000으로 기록되어 있으므로 ₩30,000을 임차료에서 차감하여 선급임차료로 대체하는 수정분개를 한다. 예에 대한 도표와 일련의 회계처리과정을 정리하면 다음과 같다.

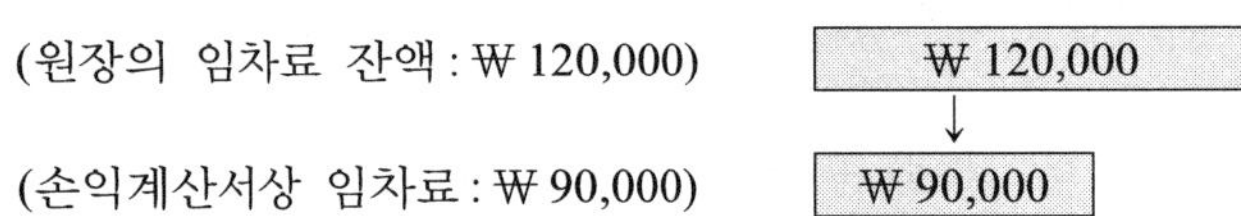

200×3년 4월 1일	(차) 임 차 료	120,000	(대) 현 금	120,000	
12월 31일	(차) 선급임차료	30,000	(대) 임 차 료	30,000(수정분개)	
12월 31일	(차) 손 익	90,000	(대) 임 차 료	90,000(대체분개)	

5) 소모품과 소모품비의 수정분개

소모품은 영업활동에 사용하기 위한 문방구류나 청소도구 등을 지칭하는 것으로, 소모품계정이란 소모품의 미사용액을 계상하는 자산(유동자산)계정이고, 소모품비계정이란 소모품의 사용액을 계상하는 비용(판매비와 관리비)계정이다. 이들 소모품은 기업 전체적으로 볼 때에는 중요할지 모르나 개별적으로는 그리 중요하지 않은 항목이다. 따라서 소모품이 중요하지 않은 경우에는 당기 구입한 전액을 소모품비라는 비용으로 계상하여도 되나, 중요한 경우에는 미사용액은 소모품이라는 자산으로, 사용액은 소모품비라는 비용으로 각각 계상하여야 한다. 따라서 후자의 경우에는 결산시 소모품의 사용가능액을 소모품(미사용액)과 소모품비(사용액)로 배분하는 수정분개가 필요하다. 즉, 이를 정리하면 다음과 같다.

> 소모품의 당기 사용가능액(= 소모품의 기초잔액 + 당기 구입액)
> ⇒ 당기 사용액(소모품비계정)과 당기말 미사용액(소모품계정)으로 배분

소모품에 대한 수정분개는 소모품 구입시의 회계처리방법에 따라 달라지게 된다. 만약 소모품의 구입시에 소모품비라는 비용으로 처리하였다면 결산시 미사용액만큼 소모품비계정을 감소시켜 소모품계정으로 대체하는 수정분개가 필요하며, 구입시 소모품이라는 자산으로 처리한 경우에는 사용액만큼 소모품계정을 감소시켜 소모품비계정으로 대체하는 수정분개가 필요하다.

예제 11-5 ▌ 소모품에 대한 회계처리

20×3년 5월 1일 소모품 ₩80,000을 구입하고 대금은 현금으로 지급하다. 12월 31일 소모품 미사용액이 ₩20,000(또는 사용액 ₩60,000)으로 확인되다.

(구입시 비용으로 처리한 경우)

20×3년 5월 1일	(차) 소모품비	80,000	(대) 현 금	80,000
12월 31일	(차) 소 모 품	20,000	(대) 소모품비	20,000

(구입시 자산으로 처리한 경우)

20×3년 5월 1일	(차) 소 모 품	80,000	(대) 현 금	80,000
12월 31일	(차) 소모품비	60,000	(대) 소 모 품	60,000

3. 상품의 회계처리와 결산분개

商品(goods)의 판매를 주 목적사업으로 하는 기업의 거래 중 가장 많은 부분을 차지하는 것이 상품과 관련된 거래이다. 상품과 관련된 거래의 회계처리방법은 기업의 특성이나 규모에 따라 또는 상품 자체의 특성에 따라 다양하다. 따라서 본 장에서는 상품과 관련된 거래의 회계처리방법인 계속기록법과 실사법 중 결산시 수정분개가 필요한 실사법에 대해서만 설명하기로 한다.

1) 상품의 거래내용

기초에서 기말까지 발생가능한 상품과 관련된 기본적인 거래를 먼저 설명하기로 한다.

기업은 상품의 품절로 인해 매출이 이루어지지 못하는 것을 방지하기 위하여 대부분 어느 정도의 상품은 항상 보유하게 된다. 따라서 기초시점과 기말시점에 보유하고 있는 상품재고액을 각각 기초상품재고액과 기말상품재고액이라 한다.

그리고 기중에 매입하거나 매출한 상품중 불량품이나 파손품 등이 있는 경우 해당 상품을 반품하게 되는데 이를 각각 매입환출(purchase returns)과 매출환입(sales returns)이라 하며, 불량품이나 파손품 등으로 인하여 반품 대신에 일정금액을 할인하는 것을 매입에누리와 매출에누리라 한다. 또한 매매조건에 따라서 일정기일내에 대금결제가 이루어짐에 따라 현금할인이 발생하는 것을 매입할인과 매출할인이라 한다.

상품의 매입시에는 상품이라는 자산은 증가하지만 매입한 상품에 대한 매입환출이나 매입에누리 그리고 매입할인이 발생한 경우에는 상품가액은 감소한다. 따라서 일정기간 동안 실질적인 상품의 매입액(이를 순매입액이라고도 한다.)은 일정기간의 총매입액에서 매입에누리와 환출 및 매입할인을 차감한 잔액이 된다.

또한 상품의 판매시에는 판매가격만큼 매출액이라는 수익이 증가하며 매출한 상품에 대한 환입이나 매출에누리 그리고 매출할인이 발생하는 경우에는 매출액이 감소한다. 따라서 일정기간 동안 실질적인 상품의 매출액(이를 순매출액이라고도 한다.)은 일정기간의 총매출액에서 매출에누리와 환입 및 매출할인을 차감한 잔액이 된다. 이상에서 설명한 내용을 식으로 정리하면 다음과 같다.

(순)매입액 = 총매입액 − 매입에누리와 환출 − 매입할인
(순)매출액 = 총매출액 − 매출에누리와 환입 − 매출할인

이때 기초상품재고액에 매입액(순매입액)을 가산한 금액은 일정기간 동안 판매가능한 상품가액으로 이를 판매가능액(goods available for sale)이라 하며, 이는 상품의 판매가 이루어지면 수익을 창출하기 위하여 소멸된 원가이므로 매출원가(cost of goods sold)라는 비용이 되고 나머지는 기말상품재고액으로 남게 된다.

즉, 일정기간 동안의 기초상품재고액에 순매입액을 가산한 금액(판매가능액)은 매출원가와 기말상품재고액으로 전환되게 된다. 이를 요약하면 다음과 같다.

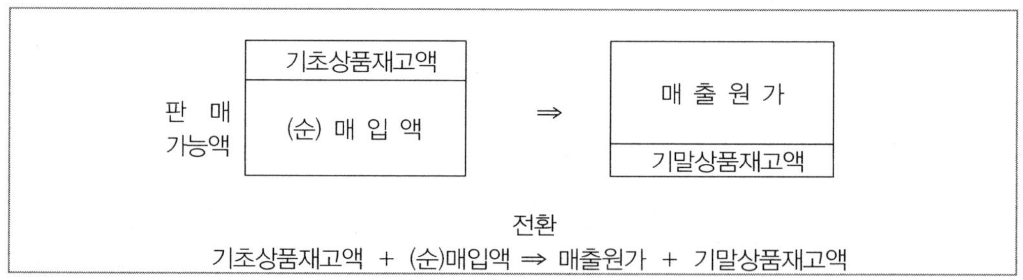

따라서 일정기간의 매출원가는 기초상품재고액에 순매입액을 가산한 금액(판매가능액)에서 기말상품재고액을 차감하여 산출할 수 있다. 이를 식으로 정리하면 다음과 같다.

매출원가 = 기초상품재고액 + (순)매입액 − 기말상품재고액

상품은 상품매입시의 취득원가에 이익(이를 상품매출이익 또는 매출총이익이라 한다.)을 가산하여 판매하므로 매출액(순매출액)은 위의 매출원가에 매출총이익(gross profit on sales ; 상품매출이익)을 가산한 것이 된다. 따라서 매출총이익은 순매출액에서 매출원가를 차감하여 산출된다. 이를 식으로 정리하면 다음과 같다.

매출총이익 = (순)매출액 − 매출원가

이상에서 설명한 상품과 관련된 거래 내용에서 산출된 식을 다시 정리하면 다음과 같다.

매출총이익 = (순)매출액 − 매출원가
(순)매출액 = 총매출액 − 매출에누리와 환입 − 매출할인
매 출 원 가 = 기초상품재고액 + (순)매입액 − 기말상품재고액
(순)매입액 = 총매입액 − 매입에누리와 환출 − 매입할인

2) 실사법

實査法(periodic inventory system)이란 상품판매시마다 계속기록법처럼 매출원가를 기입하는 것이 아니라 매출수익만 기입하는 방법이다. 매출시마다 매출원가를 산출하여 기입할 필요가 없으므로 회계처리가 간편하여, 상품거래가 빈번한 경우 일반적으로 실사법을 이용한다.

그러나 실사법을 이용하는 경우에는 판매시마다 매출원가를 기입하지 않으므로 기말상품재고액이나 매출원가에 대한 정보를 회계장부에서 얻을 수가 없고, 기말결산시 기말상품재고액은 보유하고 있는 상품의 재고를 조사하여 산출하여야 한다. 이러한 의미에서 실사법 또는 실지재고조사법이라 하는 것이다. 실사를 통하여 결산시 기말상품재고액이 산출되면 이를 이용하여 매출원가를 산출하게 된다. 매출원가의 산출과정은 뒤에서 설명하기로 한다.

상품과 관련된 거래를 실사법으로 회계처리하는 경우 계속기록법의 설명시 언급한 것처럼 매입에누리와 환출 및 매입할인, 매출에누리와 환입 및 매출할인을 해당계정에서 직접 차감하는 방법과 간접적으로 차감하는 방법(차감성 평가계정의 이용)으로 구분된다. 여기에서는 간편한 직접 차감하는 방법으로 설명하기로 한다.

(1) 반품과 에누리 및 할인을 직접 차감하는 방법

직접 차감하는 방법을 이용하는 경우에는 상품계정, 매입계정, 매출계정이 사용된다. 상품계정은 기초상품재고액과 기말상품재고액만을 기입하며, 매출계정은 매출, 매출에누리와 환입, 매출할인을 기입하고, 매입계정은 매입, 매입에누리와 환출, 매입할인을 각각 기입한다. 이와 같이 기입하는 방법을 일명 3분법이라 하며 상품계정 대신에 이월상품계정을 사용하기도 한다. 따라서 이후 설명과정에서는 다른 교재를 이용할 때 혼란이 없도록 상품계정을 '(이월)상품'으로 표기하도록 한다. 실사법에 의한 회계처리과정을 설명하면 다음과 같다. 이때 회계처리과정은 기초시점과 기중거래 및 기말결산 순으로 설명한다.

① 기초시점

기초시점에는 기초상품재고액을 (이월)상품계정의 차변에 분개없이 전기이월로 기입한다. 이는 장부마감단계에서 설명한 것으로 기초상품재고액은 전기 기말상품재고액이 이월된 것이기 때문이다.

② 기중거래

(가) 상품매입

상품을 매입하면 매입계정 차변에 취득원가로 기입한다. 따라서 매입계정의 차변합계는 총매입액이 된다. 외상거래라는 가정하에서 이를 분개하면 다음과 같다.

(차) 매　　　입 ×××　　　　　　(대) 외상매입금 ×××

(나) 매입에누리와 환출

매입한 상품 중 반품이 이루어지거나 일정금액을 할인받은 경우 매입액이 감소하므로 이를 차감하기 위하여 매입계정 대변에 기입한다. 이때 상품의 매입시 외상매입한 것으로 가정하면 매입한 상품을 반품하는 경우 또는 에누리를 받은 경우에는 해당 외상매입금을 지급할 필요가 없으므로 외상매입금도 차감하기 위하여 외상매입금계정 차변에 기입한다. 이는 매입시 분개의 반대분개와 같다. 이를 분개하면 다음과 같다.

(차) 외상매입금 ×××　　　　　　(대) 매　　　입 ×××

(다) 매입할인

외상매입대금을 일정 기한 내에 지급할 경우 매입대금에 대해 일정 비율의 할인을 받을 수 있다는 매매 조건하에서 약정된 기일 내에 대금을 지급하면 매입할인이 발생하게 된다. 이 때 할인받은 금액만큼은 매입의 차감으로 표시하며, 다음과 같이 분개된다.

(차) 외상매입금 ×××	(대) 현　　금 ×××
	매　　입 ×××(매입할인)

(라) 매　출

상품을 판매하는 경우 매출가격만큼 수익이 발생하므로 이를 수익으로 계상하기 위하여 매출계정 대변에 기입하면서 외상거래로 가정하면 차변에 외상매출금을 기입한다. 따라서 매출계정의 대변합계는 총매출액이 된다. 이때 계속기록법과는 달리 매출원가가 기입되지 않는다. 이를 분개하면 다음과 같다.

(차) 외상매출금 ×××	(대) 매　　출 ×××

(마) 매출에누리와 환입

외상으로 판매한 상품이 환입되거나 일정금액을 할인하여 주는 경우 매출수익이 감소하므로 매출에서 차감하기 위하여 매출계정 차변에 기입하면서 동시에 외상매출금도 받을 수 없으므로 이를 감소시키기 위하여 외상매출금계정 대변에 기입한다. 이때 계속기록법과는 달리 매출원가를 기입하지 않으므로 매출에누리와 매출환입은 회계처리가 같다. 이는 곧 매출시 분개의 반대분개와 같다. 이를 분개하면 다음과 같다.

(차) 매　　출 ×××	(대) 외상매출금 ×××

(바) 매출할인

외상구입자가 외상매입대금을 신용조건에 명시된 할인기한 내에 지급할 경우 상품판매자 쪽에서는 매출할인이 발생하게 된다. 매출할인 금액만큼은 매출에서 시킨다.

(차) 현　　금 ×××	(대) 외상매출금 ×××
매　　출 ×××(매출할인)	

③ 기말결산시

기말결산시에는 재무상태표와 손익계산서를 작성하고 장부를 마감하여야 한다. 이

때 대차대조표에 보고하여야 할 기말상품재고액은 기말 현재 보유하고 있는 상품의 재고를 조사하여 산출한다고 하였다. 그리고 손익계산서에 보고할 매출액은 매출계정에서 산출되나 매출원가는 회계장부에서 얻을 수가 없으므로 매출원가를 산출하는 것이 실사법에 대한 회계처리과정 중 결산시 가장 중요한 부분이 된다.

회계처리상 매출원가의 산출방법은 다양하다. 그러나 기본적인 방법으로 매출원가계정에서 매출원가를 산출하는 방법과 매입계정에서 매출원가를 산출하는 방법만을 설명하기로 한다.

(가) 매출원가계정에서 매출원가를 산출하는 방법

상품과 관련된 거래내용에서 이미 설명한 매출원가의 산출식을 유도하기 위한 과정을 다시 정리하면 다음과 같다. 즉, 일정기간 동안의 기초상품재고액에 매입액(순매입액)을 가산한 금액(판매가능액)은 매출원가와 기말상품재고액으로 전환되므로 이를 요약하면 다음과 같다.

전 환
기초상품재고액 + (순)매입액 ⇒ 매출원가 + 기말상품재고액

따라서 기초상품재고액과 당기 상품의 순매입액을 기말결산시 매출원가와 기말상품재고액으로 전환시키면 되므로, 이를 반영한 회계처리방법이 바로 매출원가계정에서 매출원가를 산출하는 방법이다.

결산시점까지의 회계처리결과 기초상품재고액은 (이월)상품계정의 차변에 기입되어 있고, 당기 상품의 순매입액은 매입계정의 차변잔액이 되며, 기말상품재고액은 이미 실사를 통하여 산출되어 있으므로 다음과 같은 수정·분개를 이용하여 차변합계와 대변합계가 같도록 매출원가를 산출·기입하면 된다.

(차) (이월)상품	×××(기말상품재고액)	(대) (이월)상품	×××(기초상품재고액)
매출원가	×××(?)	매 입	×××(순 매 입 액)

위의 수정분개는 바로 기초상품재고액과 순매입액을 기말상품재고액과 매출원가로 전환하기 위한 것으로, 차변에 있던 기초상품재고액과 매입액은 소멸시키기 위하여 대변에 기입한 것이며 기말상품재고액과 매출원가는 지금까지 장부에 계상되지 않았으므로 이를 계상하기 위하여 차변에 기입한 것이다. 따라서 실사법을 이용하는 경우 결산시 매출원가계정을 추가로 설정하게 된다.

수정분개를 통하여 매출원가가 산출되면 이후의 회계처리과정은 장부마감단계이다.

기말상품재고액은 상품계정에서 차기이월하여 마감하고 손익계산서항목인 매출계정과 매출원가계정은 집합손익계정으로 대체하기 위한 대체분개를 하여 마감하면 된다. 이때 매입계정은 이미 차변합계와 대변합계가 같으므로 합계만 기입하고 마감하면 된다. 마감을 위한 대체분개를 정리하면 다음과 같다.

(매 출 계 정 : 순매출액) (차) 매　　출 ××× (대) 손　　익 ×××
(매출원가계정 : 매출원가) (차) 손　　익 ××× (대) 매출원가 ×××

이상에서 설명한 회계처리과정을 요약하면 다음과 같다. 다만, 기초상품재고액과 기말상품재고액의 이월시에는 분개가 필요 없으므로 이에 대한 것은 생략한다.

관련거래내용	(차 변)		(대 변)	
(기중거래)				
① 상품매입시	매　　입	xxx	외상매입금	xxx
② 매입에누리와 환출	외상매입금	xxx	매　　입	xxx
③ 매입할인	외상매입금	xxx	현　　금	xxx
			매　　입	xxx
④ 상품매출시	외상매출금	xxx	매　　출	xxx
⑤ 매출에누리와 환입	매　　출	xxx	외상매출금	xxx
⑥ 매출할인	현　　금	xxx	외상매출금	xxx
	매　　출	xxx		
(결산시)				
⑤ 수정분개(매출원가산출)	(이월)상품	xxx(기말)	(이월)상품	xxx(기초)
	매출원가(?)	xxx	매　　입	xxx
⑥ 장부마감(매 출 계 정)	매　　출	xxx	손　　익	xxx
(매출원가계정)	손　　익	xxx	매 출 원 가	xxx

지금까지 설명한 실사법에 대한 회계처리과정을 예를 들어 설명하면 다음과 같다.

예제 11-6 ▌ 실사법 : 매출원가계정에서 매출원가를 산출하는 방법

(주)푸른숲의 7월중 상품과 관련된 거래는 다음과 같다고 하자.(단, 회계기간은 1개월)

7/ 1 기초상품재고액 ₩10,000
　7 상품 ₩50,000을 2/10 n/30 조건으로 외상매입하다.
　8 외상매입한 상품 중 ₩5,000을 반품하다.

10 상품을 ₩40,000에 2/10 n/30 조건으로 외상매출하다.
11 외상매출한 상품 중 ₩10,000이 반품되어 오다.
17 7일 외상매입분에 대해 현금할인액을 제외한 매입대금을 지급하다.
20 11일 외상매출액에 대해 현금할인액을 제외한 매출대금이 회수되다.
23 상품 ₩70,000을 2/10 n/30 조건으로 외상매입하다.
24 외상매입한 상품 중 ₩7,000을 에누리받다.
25 상품을 ₩80,000에 2/10 n/30 조건으로 외상매출하다.
26 외상매출한 상품 중 ₩4,000을 에누리하여 주다.
31 실사결과 기말상품재고액은 ₩34,600이다.

이상의 거래를 분개하면 다음과 같다.

	(차 변)		(대 변)	
7/ 1	분개없음			
7	매 입	50,000	외상매입금	50,000
8	외상매입금	5,000	매 입	5,000
10	외상매출금	40,000	매 출	40,000
11	매 출	10,000	외상매출금	10,000
17	외상매입금	45,000	현 금	44,100
	매 입	900		
2	현 금	29,400	외상매출금	30,000
	매 출	600		
23	매 입	70,000	외상매입금	70,000
24	외상매입금	7,000	매 입	7,000
25	외상매출금	80,000	매 출	80,000
26	매 출	4,000	외상매출금	4,000
31	(매출원가 산출을 위한 수정분개)			
	(이월)상품	34,600	(이월)상품	10,000
	매출원가	82,500	매 입	107,100
	(마감을 위한 대체분개)			
	매 출	105,400	손 익	105,400
	손 익	82,500	매출원가	82,500

이상의 분개내용을 해당계정에 전기한 결과는 다음과 같다. 다만, 여기서는 상품과 관련된 거래만을 설명하기 위하여 상품과 관련된 계정만 기입하며 손익계정의 마감은 생략한다.

(이월)상품

7/ 1	전기이월		7/ 31	제 좌	10,000
31	제 좌	10,000	31	차기이월	34,600
		34,600			
		44,600			44,600

매 입

7/ 7	외상매입금	50,000	7/ 8	외상매입금	5,000
23	외상매입금	70,000	17	외상매입금	900
			24	외상매입금	7,000
			31	제 좌	107,100
		120,000			120,000

매 출

7/ 11	외상매출금	10,000	7/ 10	외상매출금	40,000
20	외상매출금	600	25	외상매출금	80,000
26	외상매출금	4,000			
31	손 익	105,400			
		120,000			120,000

매출원가

7/ 31	제 좌	82,500	7/ 31	손 익	82,500

손 익

7/ 31	매출원가	82,500	7/ 31	매 출	105,400

(나) 매입계정에서 매출원가를 산출하는 방법

매입계정에서 매출원가를 산출한다는 것은 수정분개 이전의 매입계정의 매입액(순매입액)을 수정분개를 통하여 매출원가로 전환시키는 것이다. 일정기간의 매출원가는 기초상품재고액에 순매입액을 가산한 금액(판매가능액)에서 기말상품재고액을 차감한 것으로 식으로 다시 정리하면 다음과 같다.

매출원가 = 기초상품재고액 + (순)매입액 − 기말상품재고액

따라서 매입계정에서 매출원가를 산출하기 위해서는 이미 매입계정에는 순매입액이 기입되어 있으므로 이에 기초상품재고액은 가산하고 기말상품재고액은 차감하면 된다. 기초상품재고액을 매입계정에 가산하기 위해서는 차변에 매입계정을 대변에 (이월)상품계정을 기입하고, 기말상품재고액을 매입계정에서 차감하기 위해서는 대변에 매입계정을 차변에 (이월)상품계정을 기입하면 된다. 이는 결국 기초상품재고액은 (이월)상품계정에서 매입계정으로 대체된 것이고, 기말상품재고액은 매입계정에서 (이월)상품계정으로 대체된 것이다. 이상의 회계처리를 요약하면 다음과 같다.

	(차 변)		(대 변)	
(기초상품재고액 : 매입계정에 가산)	매 입	xxx	(이월)상품	xxx
(기말상품재고액 : 매입계정에서 차감)	(이월)상품	xxx	매 입	xxx

이상의 수정분개를 통하여 매입계정은 순매입액에서 매출원가로 전환된다. 수정분개를 통하여 매출원가가 산출되면 이후의 회계처리과정은 장부마감단계이다. 기말상품재고액은 상품계정에서 차기이월하여 마감하고 손익계산서항목인 매출계정과 매입계정은 집합손익계정으로 대체하기 위한 대체분개를 하여 마감하면 된다. 이때 매입계정은 매출원가가 기입되어 있으므로 집합손익계정으로 마감한다. 마감을 위한 대체분개를 정리하면 다음과 같다.

(매출계정 : 순매출액)	(차) 매 출	xxx	(대) 손 익	xxx
(매입계정 : 매출원가)	(차) 손 익	xxx	(대) 매 입	xxx

4. 유가증권에 대한 수정분개 : 평가

1) 유가증권의 의의와 종류

有價證券이란 재산적 가치가 있는 사권을 표창하는 증권으로서, 권리의 발생·행사·이전이 증권을 통하여 이루어지는 것을 말한다. 회계상 유가증권이라 하면 주식과 사채 및 국·공채를 의미한다.

2) 유가증권의 평가

국제회계기준에서는 유동자산으로서의 유가증권에 대해서 단기매매금융자산과 당기손익인식금융자산으로 구분해서 처리하도록 하고 있으며, 결산일의 평가기준으로 공정가치법을 사용하도록 하고 있다. 공정가치법은 재무상태표일(결산일) 현재 단기매매증권의 장부가액(또는 취득원가)과 공정가치가 다른 경우 재무상태표상에는 단기매매금융자산을 공정가치로 계상하면서, 손익계산서상에는 공정가치의 상승시에는 기타수익인 단기매매금융자산평가이익을, 공정가액의 하락시에는 기타비용인 단기매매증권금융자산손실을 각각 계상하는 방법이다. 주식의 경우 공정가치를 시가로 보는 경우에는 재무상태표일 현재의 종가를 공정가액으로 하도록 하고 있다.

이에 대한 회계처리과정을 정리하면 다음과 같다.

(장부가액 〈공정가액) (차) 단기매매금융자산 xxx (대) 단기매매금융자산평가이익 xxx
(장부가액〉 공정가액) (차) 단기매매금융자산평가손실 xxx (대) 단기매매금융자산 xxx

예제 11-8 ▌ 유가증권의 평가

(주)지구촌이 취득하여 단기자금 운용을 위해 수시로 매매하기로 하고 보유하고 있는 유가증권의 가격 변동은 다음과 같다.

20×3년중 (주)벤처의 주식 10주를 1주당 ₩20,000 씩 ₩200,000에 취득하다.
20×3년말 (주)벤처 주식의 결산일 현재 1주당 종가는 ₩17,000이다.
20×4년말 (주)벤처 주식의 결산일 현재 1주당 종가는 ₩22,000이다.
각 기말의 회계처리는 다음과 같다.

20×3년말 (차) 단기매매금융자산평가손실 30,000 (대) 단기매매금융자산 30,000
20×4년말 (차) 단기매매금융자산 50,000 (대) 단기매매금융자산평가이익 50,000

5. 수취채권에 대한 수정분개 : 대손상각

1) 수취채권과 대손

受取債權(receivables)은 기업이 재화나 용역을 외상으로 판매하고 그 대가로 미래에 현금을 수취할 권리를 획득하거나 금전을 대여하고 차용증서나 어음 등을 수취하여 발생하는 채권을 의미한다.

수취채권은 그 발생원천에 따라 매출채권(외상매출금과 받을어음)과 기타채권(대여금, 미수금, 미수수익 등)으로 구분된다.

수취채권은 만기에 전액 회수된다는 보장이 없다. 거래처가 파산되거나 채무자가 행방불명되는 등 여러 가지 이유에 의하여 수취채권을 회수할 수 없게 되는데, 이때 발생하는 손실을 貸損償却費(bad debt expenses)라 한다. 회계기준에서는 매출채권에 대한 대손상각비는 판매비로 분류하고 기타채권에 대한 대손상각비는 기타비용으로 분류한다. 그리고 대손충당금환입은 기타수익으로 분류한다.

국제회계기준에서의 대손에 대한 회계처리방법은 충당금설정법(allowance method)과 직접상각법을 사용하도록 하고 있다.

2) 대손의 예상

충당금설정법을 이용하는 경우 먼저 대손예상액을 추산하고, 이를 대손충당금계정의 대변에 기입하여 재무상태표상 수취채권계정에서 차감하는 형식으로 계상한다.

대손예상액은 수취채권의 기말잔액에 대손예상률을 곱하여 산출하며, 이를 채권잔액비율법이라고 한다.

대손예상액 = 외상매출금의 기말잔액 ×대손예상률

예제 11-9 ▌ 대손예상액의 산출

(주)인포테크의 결산일 현재 외상매출금잔액은 ₩1,500,000이고 외상매출금에 대한 대손예상률은 2%이라고 하자. 채권잔액비율법에 의한 대손예상액을 계산하면 다음과 같다.

대손예상액 = ₩1,500,000×0.02 = ₩30,000

3) 대손의 예상에 대한 회계처리

이제 결산시 대손의 예상에 대한 회계처리과정을 설명하기로 하자. 먼저 해당 수취채권의 대손예상액을 산출하여 재무상태표상 순실현가치를 확정한다. 그리고 수정전 잔액시산표상 대손충당금계정의 잔액을 확인하여 이를 대손예상액으로 조정하면 된다. 이때 대손충당금을 증가시키는 경우에는 차변에 대손상각비계정을 대변에 대손충당금계정으로 기입하고, 대손충당금을 감소시키는 경우에는 차변에 대손충당금계정으로 대변에 대손충당금환입계정으로 기입한다. 이상의 회계처리과정을 요약하면 다음과 같다.

① 대손예상액을 산출하여 재무상태표상 수취채권의 순실현가치를 확정한다.
② 수정전 잔액시산표상 대손충당금계정의 잔액을 확인한다.
③ 수정전 잔액시산표상 대손충당금계정의 잔액을 대손예상액으로 조정한다. 이를

정리하면 다음과 같다.

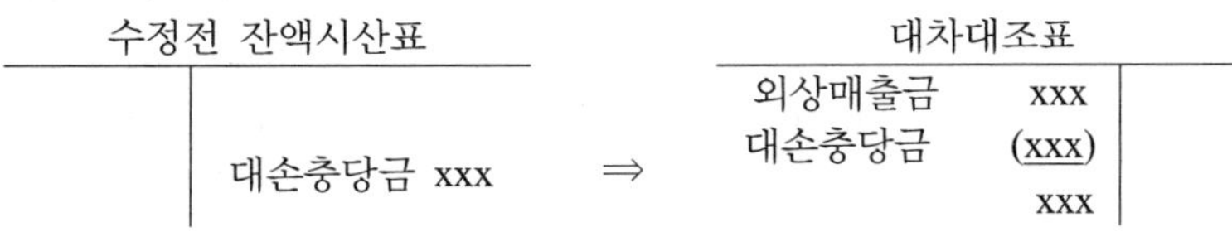

수정전 잔액시산표			대차대조표	
	대손충당금 xxx	⇒	외상매출금	xxx
			대손충당금	(xxx)
				xxx

(증가시) (차) 대손상각비 xxx (대) 대손충당금 xxx

(감소시) (차) 대손충당금 xxx (대) 대손충당금환입 xxx

예제 11-10 ▌ 결산시 대손예상에 대한 회계처리

(주)인포테크의 결산일 현재 외상매출금잔액은 ₩2,000,000이고 외상매출금에 대한 대손예상률은 1%이며 수정전 잔액시산표상 대손충당금잔액은 다음과 같다고 하자.

① 대손충당금잔액 ₩ 0인 경우 ② 대손충당금잔액 ₩8,000인 경우

③ 대손충당금잔액 ₩20,000인 경우 ④ 대손충당금잔액 ₩23,000인 경우

이상의 거래를 회계처리하면 다음과 같다.

먼저 대손예상액을 구하면 ₩20,000(=2,000,000×0.01)이므로, 재무상태표상 대손충당금계정은 ₩20,000으로 외상매출금의 순실현가치는 ₩1,980,000이 된다.

① 대손충당금잔액 ₩0인 경우

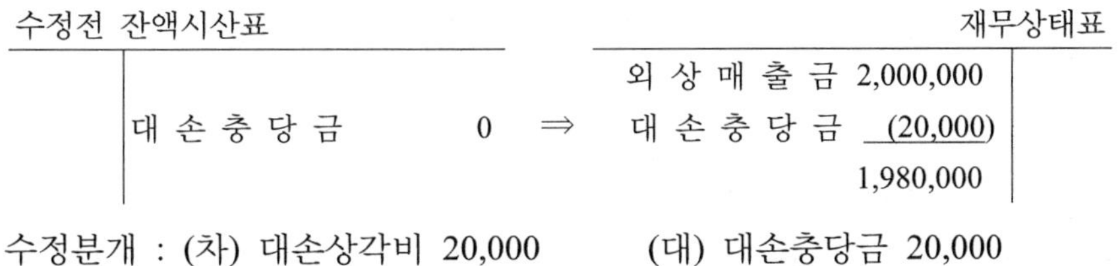

수정전 잔액시산표			재무상태표	
	대 손 충 당 금 0	⇒	외 상 매 출 금	2,000,000
			대 손 충 당 금	(20,000)
				1,980,000

수정분개 : (차) 대손상각비 20,000 (대) 대손충당금 20,000

② 대손충당금잔액 ₩8,000인 경우

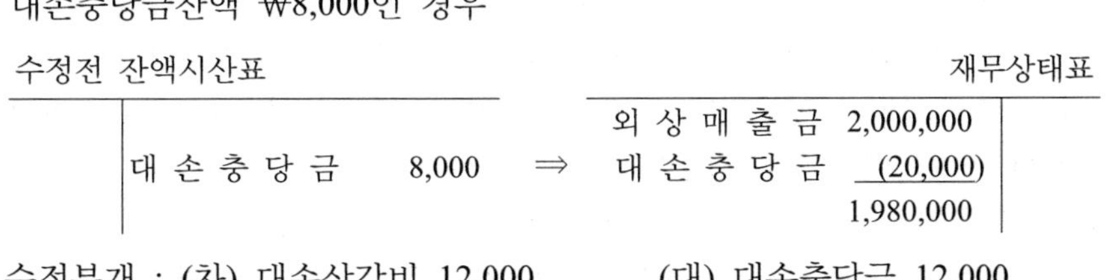

수정전 잔액시산표			재무상태표	
	대 손 충 당 금 8,000	⇒	외 상 매 출 금	2,000,000
			대 손 충 당 금	(20,000)
				1,980,000

수정분개 : (차) 대손상각비 12,000 (대) 대손충당금 12,000

③ 대손충당금잔액 ₩20,000인 경우

수정전 잔액시산표				재무상태표	
				외 상 매 출 금	2,000,000
대 손 충 당 금	20,000	⇒		대 손 충 당 금	(20,000)
					1,980,000

수정분개 : 분개없음

④ 대손충당금잔액 ₩23,000인 경우

수정전 잔액시산표				재무상태표	
				외 상 매 출 금	2,000,000
대 손 충 당 금	23,000	⇒		대 손 충 당 금	(20,000)
					1,980,000

수정분개 : (차) 대손충당금 3,000 (대) 대손충당금환입 3,000

6. 비유동자산에 대한 수정분개 : 배분 또는 상각

1) 감가상각의 의미

유형자산은 장기간 영업활동에 사용하기 위하여 보유하고 있는 자산으로 해당 계정과목으로는 토지, 건물, 구축물, 차량운반구, 비품 등을 들 수 있다. 토지를 제외한 나머지 유형자산은 기간이 경과하거나 이를 사용하면 그 경제적 가치는 감소하게 되는데, 이 경제적 가치의 감소분을 비용으로 기록하는 과정을 회계에서는 減價償却(depreciation)이라 한다. 감가상각의 의미를 예를 들어 설명하면 다음과 같다.

예제 11-11 ▌ 감가상각의 의미

3년간 탈 목적으로 승용차를 ₩10,000,000(취득원가)에 구입하였다고 하자. 3년 후 중고차를 처분했을 때 처분가치가 ₩4,000,000(잔존가치)이라고 하면, 3년 동안 이 승용차를 사용하여 감소된 경제적 가치는 얼마가 될 것인가? 당연히 3년 동안 소멸된 경제적 가치는 취득원가 ₩10,000,000에서 잔존가치 ₩4,000,000을 차감한 ₩6,000,000으로, 이것이 3년간 감가상각비가 된다.

따라서 승용차의 구입시 원가 ₩10,000,000은 자산(차량운반구)이지만, 3년 동안 사용함으로써 경제적 가치가 소멸된 ₩6,000,000은 비용(감가상각비)이 되고 잔존가치 ₩4,000,000만 자산으로 남게 된다. 그렇다면 매년 감가상각비는 얼마로 계상하여야 하는가? 이에 대한 설명은 보론에서 이루어진다. 여기서는 가장 간단한 정액법을 이용하여 설명하기로 한다. 정액법이란 매년 감가상각비를 동일하게 계상하는 방법으로, ₩6,000,000을 3년 동안 동일하게 계상하기 위해서는 매년 ₩2,000,000을 감가상각비로 계상한다. 이를 도표로 정리하면 다음과 같다.

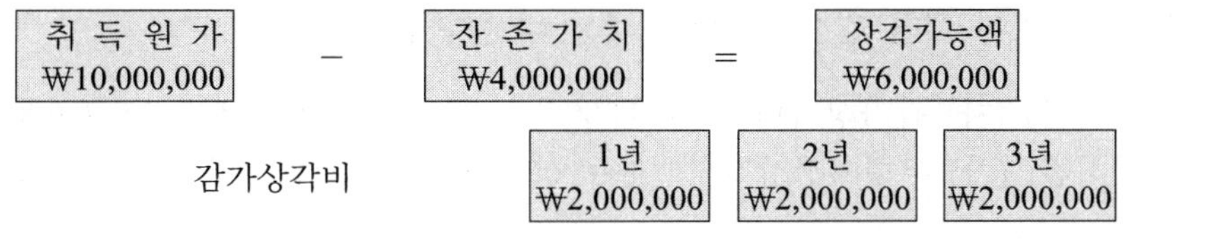

2) 상각액의 계상방법

감가상각비를 계상하는 방법에는 직접법과 간접법으로 구분된다. 직접법이란 차변에 비용인 감가상각비를 기입하고 대변에 해당 유형자산계정을 직접 기입하는 방법을 말한다. 앞의 예제에서 1차년도말 1년분 감가상각비를 인식하는 회계처리를 하면 다음과 같다.

(차) 감가상각비 2,000,000　　　　(대) 차 량 운 반 구 2,000,000

간접법이란 해당 유형자산을 직접 차감하는 것이 아니라 차감성 평가계정인 감가상각누계액을 이용하여 해당 유형자산에서 차감하는 형식으로 기입하는 방법으로, 감가상각비의 계상시 대변의 유형자산계정 대신에 감가상각누계액을 기입하면 된다. 앞의 예제에서 1차년도말 1년분 감가상각비를 인식하는 회계처리를 하면 다음과 같다.

(차) 감가상각비 2,000,000　　　　(대) 감가상각누계액 2,000,000

간접법 적용시 나타나는 감가상각누계액계정은 분개시 대변에 기입되나 이는 부채나 자본을 의미하는 것이 아니라 자산의 원가를 간접적으로 감소시키기 위한 것으로, 지금까지 기록한 감가상각비 모두를 합산해 놓은 상각누계액이다.

회계기준에서는 유형자산에 대한 상각액은 간접적으로 차감하는 방법을, 무형자산에 대한 상각액은 직접 차감하는 방법과 간접적으로 차감하는 방법 중 하나를 선택 사용하도록 하고 있다. 그리고 무형자산에 대한 상각액은 무형자산상각비로 기입한다.

(유형자산인 경우) (차) 감가상각비　　　xxx　(대) 감가상각누계액 xxx
(무형자산인 경우) (차) 무형자산상각비 xxx　(대) 해 당 계 정 xxx

이상에서 설명한 상각에 대한 회계처리를 예를 들어 설명하면 다음과 같다.

예제 11-12 ▌ 상각액의 계상방법

당기 건물에 대한 상각액은 ₩3,000,000이고 특허권에 대한 상각액은 ₩300,000이라 하자. 이에 대한 결산시 수정분개는 다음과 같다.

(건　물) (차) 감가상각비　3,000,000　　(대) 감가상각누계액 3,000,000
(특허권) (차) 무형자산상각비　300,000 (대) 특　　허　　권　300,000

자산에 대한 상각액을 해당 자산계정에서 차감하는 형식으로 계상하는 방법과 해당 자산계정을 직접 차감하는 방법에 의한 재무상태표의 계상결과는 다음과 같이 차이가 난다.

예를 들어, 건물의 취득원가는 ₩10,000,000이고 이에 대한 상각액이 ₩3,000,000이며, 특허권의 취득원가는 ₩1,000,000이고 이에 대한 상각액이 ₩300,000인 경우 재무상태표를 작성하면 다음과 같다.

재무상태표

건　　물	10,000,000	
감가상각누계액	(3,000,000)	
	7,000,000	
특　허　권	700,000	

결과적으로 상각액을 차감하는 형식으로 계상하는 유형자산은 취득원가와 상각누계액 및 당기말 미상각액(장부가액=취득원가-감가상각누계액)이 재무상태표상에 모두 보고되나, 상각액을 직접 차감하는 무형자산은 취득원가와 상각누계액에 대한 정보는 제공되지 않고 다만 해당 계정의 미상각액(장부가액)만 재무상태표상에 보고된다.

7. 8위식 정산표

정산표(work sheet)는 재무제표를 작성하기 위한 보조수단으로 사용된다고 하였다. 6위식 정산표는 제8에서 설명한 바와 같이 기말정리사항이 없는 경우에 작성하는 것이다.

이에 비하여 10위식 정산표란 수정전 잔액시산표, 기말정리사항에 대한 수정기입, 수정후 잔액시산표, 손익계산서 및 재무상태표가 포함되어 작성되는 것을 말한다. 여기서 수정후 잔액시산표의 내용이 그대로 손익계산서와 재무상태표에 이기(移記)되어 작성되므로 일반적으로 수정후 잔액시산표를 정산표에 포함시키지 않는다. 수정후 잔액시산표가 생략된 정산표를 8위식 정산표라 한다. 8위식 정산표의 양식과 작성방법은 다음 [표 11-2]와 같다.

[표 11-2] 8위식 정산표의 양식과 작성방법

정 산 표

계정과목	잔액시산표		정리기입		손익계산서		재무상태표	
	차 변	대 변	차 변	대 변	차 변	대 변	차 변	대 변
자산계정	xxx	………	△△△(+)	△△△(-)	………	………	xxx	
부채계정		xxx	△△△(-)	△△△(+)	………	………	………	
자본계정		xxx	△△△(-)	△△△(+)	………	………	………	xxx
수익계정		xxx	△△△(-)	△△△(+)	………	xxx		xxx
비용계정	xxx	………	△△△(+)	△△△(-)	xxx			
당기순이익					xxx			
								xxx
	xxx	xxx	xxx	xxx	xxx	xxx	xxx	xxx

① 계정과목란에는 자산·부채·자본·수익·비용 순으로 각 계정과목만을 기입한다.
② 잔액시산표란에는 각 계정의 잔액을 차변과 대변으로 분류하여 금액만을 기입한 후 차변과 대변의 합계를 기입하고 합계가 일치하는지를 확인한다.
③ 기말정리사항을 수정분개하여 그 내용을 해당 계정의 수정기입란에 차변과 대변으로 분류하여 기입한다. 해당계정이 없는 경우에는 계정과목란의 하단에 계정과목을 추가하여 기입하고 금액은 수정기입란에 기입한다.
④ 기말정리사항에 대한 수정분개와 수정기입란의 기입이 끝난 후 수정기입란의 차변과 대변의 합계를 산출하여 검산을 한 후 합계가 같으면 합계를 기입한다.
⑤ 수정전 잔액시산표의 금액에 수정기입란의 금액을 가감하여 그 잔액을 대차대조표와 손익계산서에 각각 기입한다.
⑥ 손익계산서와 재무상태표에서 각각 당기순손익을 산출한다. 이때 당기순손익은 같아야 한다.
⑦ 계정과목란에 당기순이익(당기순손실)을 붉은색으로 기입하고 해당금액을 손익계산서와 재무상태표에 각각 기입한다. 당기순이익(당기순손실)은 손익계산서의 차변(대변)에 주기(朱記)하고 재무상태표의 대변(차변)에 흑기(黑記)한다.
⑧ 손익계산서와 재무상태표의 차변과 대변합계를 기입하고 각각 합계가 일치하는지를 확인하여 검산한다.

예제 11-13 ▌ 8위식 정산표의 작성

수정전 잔액시산표

현 금	130,000	외상매입금	20,000
외상매출금	30,000	차 입 금	25,000
대 여 금	50,000	감가상각	
(이월)상 품	40,000	누 계 액	20,000
비 품	120,000	자 본 금	240,000
매 입	100,000	이익잉여금	30,000

소 모 품 비	20,000	매 출	157,000
이 자 비 용	2,000		
	492,000		492,000

(기말정리사항)

1. 기말상품재고액 ₩30,000
2. 이자비용 미지급액 ₩1,000
3. 이자수익 미수액 ₩2,000
4. 비품 감가상각액 ₩20,000
5. 소모품 미사용액 ₩5,000

먼저 기말정리사항에 대한 수정분개를 하여야 하므로 예에 대한 기말정리사항의 수정분개를 하면 다음과 같다.

	(차 변)		(대 변)	
1.	매입	40,000	이월상품	40,000
	이월상품	30,000	매입	30,000
2.	이자비용	1,000	미지급이자	1,000
3.	미수이자	2,000	이자수익	2,000
4.	감가상각비	20,000	감가상각누계액	20,000
5.	소 모 품	5,000	소모품비	5,000

이후 수정전 잔액시산표의 내용을 정산표의 잔액시산표란에 기입하고 수정분개 내용을 수정기입란에 기입한 후 앞에서 설명한 작성절차에 따라 손익계산서와 재무상태표를 작성한다. 작성결과는 다음과 같다.

정 산 표

(주)종착역 20×3년 12월 31일

계 정 과 목	잔액시산표		수 정 기 입		손익계산서		재무상태표	
	차 변	대 변	차 변	대 변	차 변	대 변	차 변	대 변
현 금	130,000						130,000	
외상매출금	30,000						30,000	
대 여 금	50,000						50,000	
(이월)상 품	40,000		30,000	40,000			30,000	
비 품	120,000						120,000	
외상매입금		20,000						20,000
차 입 금		25,000						25,000
감가누계액		20,000		20,000				40,000
자 본 금		240,000						240,000
이익잉여금		30,000						30,000

매　　출		157,000				157,000		
매　　입	100,000		40,000	30,000	110,000			
소 모 품 비	20,000			5,000	15,000			
이 자 비 용	2,000		1,000		3,000			
	492,000	492,000						
미지급이자				1,000				1,000
미 수 이 자			2,000				2,000	
이 자 수 익				2,000		2,000		
감가상각비			20,000		20,000			
소　모　품			5,000				5,000	
당기순이익					11,000			11,000
합　　계			28,000	28,000	159,000	159,000	367,000	367,000

정산표상의 재무상태표와 손익계산서를 국제회계기준에 따라 작성하면 다음과 같다.

예제 11-14 ▌ 재무상태표와 손익계산서

재무상태표

20×3년 12. 31 현재

(주)종착역　　　　(단위 : 원)

자　　산	금	액	부채와 자본	금	액
유 동 자 산		257,000	Ⅰ. 유 동 부 채		21,000
Ⅰ. 당 좌 자 산			1. 매 입 채 무	20,000	
1. 현　　금	130,000		2. 미지급이자	1,000	
2. 매 출 채 권	30,000		Ⅱ. 비유동부채		25,000
3. 단기대여금	50,000		1. 장기차입금	25,000	
4. 미 수 이 자	2,000		부 채 총 계	150,000	46,000
5. 소　모　품	5,000		Ⅰ. 자　본　금		240,000
Ⅱ. 재 고 자 산			1. 보통주자본금	240,000	
1. 상　　품	30,000		Ⅱ. 이익잉여금		41,000
비유동자산			1. 미처분이월 이익잉여금	41,000	
Ⅰ. 유 형 자 산		80,000			
1. 비　　품	120,000				
감가상각누계액	(40,000)		자 본 총 계		281,000
자산총계		327,000	부채 및 자본총계		327,000

손익계산서(영업이익미표시)

(주)종착역	20×3년 12. 31현재	(단위 : 원)
과　　　목	금　　　액	
Ⅰ. 매　출　액		157,000
Ⅱ. 매 출 원 가		(100,000)
Ⅲ. 매출총이익		57,000
Ⅳ. 기 타 수 익		2,000
1. 이 자 수 익	2,000	
Ⅴ. 관　리　비		(35,000)
1. 소 모 품 비	15,000	
2. 감가상각비	20,000	
Ⅵ. 금 융 비 용		(3,000)
1. 이 자 비 용	3,000	
Ⅶ. 법인세비용차감전순이익		21,000
Ⅷ. 법인세비용		(0)
Ⅸ. 당기순이익		21,000

8. 재무제표작성과 표시의 일반원칙

재무제표는 재무상태표·손익계산서·자본변동표 및 현금흐름표로 구성된다. 재무제표의 목적은 광범위한 정보이용자의 경제적 의사결정에 유용한 기업의 재무상태, 경영성과와 재무상태의 변동에 관한 정보를 제공하는 것이며 또한 위탁받은 자원에 대한 경영진의 수탁책임 결과도 보여준다. 이런 재무제표의 목적을 성취하기 위해서는 다음과 같은 작성과 표시에 관한 일반원칙을 준수하여야 하며, 제2장에서 설명한 바 있는 작성 양식에 따라 작성해야 한다.

1) 공정한 표시와 한국채택 국제회계기준의 준수

한국채택국제회계기준에 따라 작성된 재무제표는 공정하게 표시된 재무제표로 보기 때문에 기업은 한국채택국제회계기준을 준수하여 재무제표를 작성하였다는 사실을 주석에 명시적이고 제한 없이 기재하여야 한다.

2) 계속기업

경영진은 재무제표를 작성할 때 기업의 존속가능성을 평가하여야 하며, 기업이 경영활동을 청산·중단할 의도나 필요가 있으면 청산가치로 평가하고 그 이외에는 계속기업의 전제하에 재무제표를 작성한다.

3) 발생기준회계

기업은 현금흐름 정보를 제외하고는 발생기준 회계를 사용하며 작성한다. 발생기준 회계를 사용할 때 각 항목이 개념체계의 정의와 인식요건을 충족하는 시점에서 재무제표의 요소를 인식한다.

4) 중요성과 구분·통합 표시

재무제표의 중요한 항목은 재무제표의 본문 또는 주석에 그 내용을 가장 잘 나타낼 수 있도록 구분하여 표시한다. 다만 중요하지 않은 항목은 성격 또는 기능이 유사한 항목과 통합하여 표시할 수 있다.

5) 상계

한국채택국제회계기준에서 요구하거나 허용하지 않는 한 자산과 부채 그리고 수익과 비용은 상계하지 않는다. 하지만 동일한 거래에서 발생하는 수익과 관련비용의 상계표시가 거래나 실질을 반영한다면 그러한 거래의 결과는 상계하여 표시한다.

6) 보고빈도

전체의 재무제표는 적어도 1년마다 작성한다.

7) 비교정보

한국채택국제회계기준이 요구하거나 허용하지 않는 한 기업별 비교가능성을 제고하기 위하여 전기 재무제표상의 모든 계량적 정보는 당기와 비교하는 형식으로 표시한다.

8) 표시의 계속성

재무제표의 기간별 비교가능성을 제고하기 위해 재무제표의 표시와 분류는 매기 동일하게 작성해야 한다.

본론 1 감가상각방법

1) 감가상각의 의미

토지와 건설중인 자산을 제외한 유형자산은 영업활동에 사용되어 수익을 창출함으로써 그 경제적 가치는 소멸된다. 따라서 수익창출에 기여하는 동안 수익·비용대응의 원칙에 따라 소멸된 원가(expired cost)를 해당 자산에서 감소시키면서 비용으로 인식하여야 하는데 이를 감가상각이라 한다.

減價償却(depreciation)이란 원가를 내용년수 동안 체계적이고 합리적인 방법으로 기간별 할당하는 배분과정을 말한다. 따라서 감가상각이란 수익·비용대응의 원칙에 따라 특정 회계기간내에 사용된 유형자산의 원가를 그 자산의 이용으로 창출된 수익에 대응시켜 비용으로 인식하는 과정이다.

2) 감가상각비의 결정요소

매기 계상하여야 할 감가상각비를 계산하기 위해서는 취득원가, 잔존가치, 내용연수 및 감가상각방법이 필요하다. 이를 감가상각비의 결정요소라 한다.

(1) 감가상각기준액

감가상각기준액은 취득원가에서 잔존가치를 차감한 금액으로, 내용연수 동안 인식하여야 할 감가상각비의 총액을 말한다. 여기서 殘存價値(residual value)는 자산의 사용 후 처분시 예상되는 현금수입액에서 그 자산의 제거 및 처분과정에서 발생되리라 예상되는 비용을 차감한 금액이다.

(2) 내용연수

耐用年數(useful life)란 자산이 수익획득과정에 사용될 것으로 기대되는 기간으로, 내용년수의 추정시에는 당해자산의 물리적 요인(마모, 훼손 등)과 경제적 요인(부적절, 진부화 등)을 고려하여, 보다 짧은 기간을 내용연수로 하여야 한다.

3) 감가상각방법

감가상각방법이란 감가상각기준액을 내용년수 동안에 체계적이고 합리적으로 배분하기 위한 일정한 공식이나 계산방법을 말한다. 이러한 계산방법은 다양하다. 계산방법의 특징에 따라 이를 분류하면 다음과 같다.

① 시간기준
- 정액법
- 체감상각법 : 정률법, 이중체감법, 연수합계법

② 사용기준 : 생산량비례법

시간기준이란 해당자산의 사용정도와는 관계없이 시간의 경과에 따른 감가상각비를 산출하는 방법이며, 사용기준이란 해당자산의 사용정도에 따른 감가상각비를 산출하는 방법이다.

앞에서 지적한 것처럼 계속성원칙에 의하여 감가상각방법을 한 번 선택하면 특별한 사유가 없는 한 매기 계속하여 사용하여야 하며, 또한 감가상각방법의 선택은 수익·비용대응의 원칙에 따라 합리적으로 이루어져야 한다. 감가상각비의 산출식은 대부분 다음과 같다.

감가상각비 = 기준액 × 상각률

(1) 정액법(직선법)

定額法(straight-line method)은 감가상각을 시간의 함수로 보아, 매 기간 같은 금액의 감가상각비가 반영되도록 하는 방법이다. 매기 같은 금액의 감가상가비를 계상하기 위해서는 감가상각비의 계산시 상각률이 곱해지는 기준액과 상각률이 매기 같아야 한다. 그리하여 기준액으로는 감가상각기준액을 이용하고 상각률은 $\frac{1}{\text{내용년수}}$를 이용한다. 각 회계기간의 감가상각비는 다음과 같이 계산한다.

$$\text{감가상각비} = (\text{취득원가} - \text{잔존가치}) \times \frac{1}{\text{내용년수}}$$

정액법은 계산이 간편하다는 것이 장점이다. 그리고 정액법은 매기 일정하게 원가가 소멸한다는 가정으로 사용정도와는 관계없이 내용년수 동안 시간당 같은 금액의 감가상각비가 계상되므로, 시간의 경과에 따라 가치가 감소되는 건물 등의 감가상각에 적용하기에 적합한 방법이다.

(2) 정률법(또는 이중체감법)

매기 일정하게 감가상각비가 계상되는 정액법과는 달리, 내용연수의 초기에는 감가상각비를 많이 계상하고 기간이 경과할수록 점차 적게 계상하는 방법을 체감상각법(accelerated depreciation method)이라 한다. 이에는 정률법, 이중체감법 및 연수합계법이 있다. 내용연수의 초기에 보다 많은 감가상각비를 계상하는 체감상각법은 정액법에 비하여 보다 보수적인 회계처리방법이다. 따라서 내용연수 초기에 수익창출에 많이 기여하는 자산의 감가상각에 적합한 계산방법이다.

정률법과 이중체감법은 적용하는 상각률만 다를 뿐 감가상각비의 계산과정은 같으므로 이들을 함께 설명하기로 한다.

定率法(fixed-rate method)은 용어에서 알 수 있듯이 매기 감가상각비를 산출하기 위한 상각률이 일정하다. 정률법은 체감상각법 중의 하나이므로 기간이 경과함에 따라 매기 감가상각비가 줄어야 하는데, 상각률이 일정하므로 정률법의 계산상 특징은 상각률을 곱하는 기준액이 점차 감소하여야 한다는 것이다. 따라서 정률법에서는 감가상각비의 계산시 기준액으로 매기초의 장부가액(미상각액)을 이용한다. 정률법의 식을 정리하면 다음과 같다.

$$\text{매기 감가상각비} = \text{기초의 장부가액(미상각액)} \times \text{정률}$$
$$= (\text{취득원가} - \text{상각누계액}) \times \text{정률}$$

여기서 정률은 다음과 같이 계산한다.

$$\text{정률} = 1 - \sqrt[n]{\frac{\text{잔존가치}}{\text{취득원가}}} \quad (n = \text{내용년수})$$

따라서 잔존가치가 ₩0인 경우에는 사용할 수 없고, 잔존가치의 크기에 따라 상각률이 크게 영향을 받으며 정률의 계산과정이 복잡하다. 그리하여 정률법과 똑같은 계산과정을 이용하나 상각률의 산출과정을 보다 단순화한 방법이 바로 이중체감법(double declining balance method)이다. 二重遞減法에서의 상각률은 $\frac{2}{\text{내용년수}}$를 사용한다. 이는 정액법 상각률의 2배가 되므로 일명 정액법의 배법이라고도 한다. 정률법은 내용년수가 종료되면 잔존가치가 남도록 상각률이 산출되지만, 이중체감법은 그렇지 않으므로 이중체감법의 적용시에는 마지막 연도의 감가상각비는 기초의 장부가액에서 잔존가치를 차감한 금액으로 한다.

(3) 연수합계법

年數合計法(sum-of-the-years'-digits method)은 감가상각비의 계산시 상각률이 곱해지는 기준액은 매기 일정(감가상각기준액을 이용한다.)하고, 상각률이 점차 감소하여 기간이 경과함에 따라 감가상각비를 적게 계상하는 방법이다. 상각률을 점차 감소시키기 위하여, 상각률의 분모는 내용년수의 합으로 하고 분자는 내용년수의 역순으로 한다. 예를 들어, 내용년수가 3년인 경우 분모는 1에서 3까지의 합인 6으로 하고 분자는 1기에는 3, 2기에는 2, 3기에는 1로 하여 매기 상각률은 1기에는 $\frac{3}{6}$, 2기에는 $\frac{2}{6}$, 3기에는 $\frac{1}{6}$이 된다. 따라서 매기 감가상각비를 산출하는 계산식은 다음과 같다.

$$감가상각비 = (취득원가 - 잔존가치) \times \frac{기초시점에서의\ 잔여내용년수}{내용년수의\ 합}$$

(4) 생산량비례법

生産量比例法(units-of-production method)은 생산단위당 균등한 금액의 감가상각비를 반영하는 방법으로, 이는 감가상각을 사용 또는 생산량의 함수로 함수로 본다.

따라서 원가를 사용 또는 생산정도에 따라 감가상각비로 배분하기 위하여, 단위당 상각액을 $\frac{취득원가\ -\ 잔존가치}{내용년수\ 동안의\ 총추정생산량}$으로 하며, 매기 감가상각비는 실제생산량에 단위당 상각액을 곱하여 산출한다.

생산량비례법은 자산의 이용정도와 그 자산의 용역잠재력이 밀접한 관계가 있는 자산에 적용하기 적합한 감가상각방법이다. 그러나 총추정생산량을 추정하기 어렵고, 자산의 용역잠재력의 감소가 시간의 경과로 인하여 발생하거나 또는 경제적 요인(진부화나 부적응)에 기인하는 경우에는 부적합하다. 생산량비례법의 매기 감가상각비는 다음과 같이 계산한다.

$$생산단위당\ 감가상각비 = \frac{취득원가\ -\ 잔존가치}{내용년수\ 동안의\ 총추정생산량}$$

$$매년\ 감가상각비 = 실제생산량 \times 생산단위당\ 감가상각비$$

물론 위식을 다음과 같이 정리할 수도 있다.

$$매년\ 감가상각비 = (취득원가 - 잔존가치) \times \frac{실제생산량}{내용년수\ 동안의\ 총추정생산량}$$

예제 11-15 ▌ 감가상각방법에 의한 감가상각비의 산출

여객운송회사인 (주)신바람은 취득원가가 ₩50,000,000인 버스를 회사 설립시점(1월 1일)에 취득하였다. 이 버스는 3년간 사용한 후 용도를 변경하여 처분하면 그 가치는 ₩5,000,000으로 추정된다. 그리고 3년 동안 예상 총주행거리는 100,000km이다. 결산일은 12월 31일이다.

(1) 정액법 :

각 연도의 감가상각비 = (₩50,000,000 − ₩5,000,000) $\times \frac{1}{3}$ = ₩15,000,000

(2) 정률법 : 정률을 60%라고 하면

각 연도의 감가상각비는 다음과 같이 계산된다.

1차년도 감가상각비＝₩50,000,000×60%＝₩30,000,000

2차년도 감가상각비＝(₩50,000,000－₩30,000,000)×60%＝₩12,000,000

3차년도 감가상각비＝(₩50,000,000－₩42,000,000)×60%＝₩3,000,000

마지막 연도인 3차연도의 감가상각비는 기초의 장부가액에서 잔존가액을 차감해서 산출한 것임.(₩8,000,000－₩5,000,000＝₩3,000,000)

(3) 연수합계법 :

각 연도의 감가상각비는 다음과 같이 계산된다.

1차년도 감가상각비＝(₩50,000,000－₩5,000,000)×$\frac{3}{6}$＝₩22,500,000

2차년도 감가상각비＝(₩50,000,000－₩5,000,000)×$\frac{2}{6}$＝₩15,000,000

3차년도 감가상각비＝(₩50,000,000－₩5,000,000)×$\frac{1}{6}$＝₩7,500,000

(4) 생산량비례법:

각 연도의 실제 주행거리가 1차년도에 50,000km, 2차년도에 30,000km, 3차년도에 20,000km라고 가정하자. 그러면 감가상각비는 다음과 같이 계산된다.

주행거리 1km당 감가상각비＝(₩50,000,000－₩5,000,000)×$\frac{1}{100,000}$＝₩450

1차년도 감가상각비＝50,000km×₩450＝₩22,500,000

2차년도 감가상각비＝30,000km×₩450＝₩13,500,000

3차년도 감가상각비＝20,000km×₩450＝₩ 9,000,000

11-1 객관식문제

01 회계처리의 순환과정으로 맞는 것은?

① 분개-전기-시산표-수정분개-손익계산서계정마감-재무상태표계정마감-집합손익계정마감
② 분개-전기-수정분개-시산표-손익계산서계정마감-재무상태표계정마감-집합손익계정마감
③ 분개-전기-시산표-수정분개-손익계산서계정마감-집합손익계정마감-재무상태표계정마감
④ 분개-수정분개-시산표-전기-손익계산서계정마감-재무상태표계정마감-집합손익계정마감

02 다음 중 수익의 발생(예상)과 관련된 항목은?

① 미수금　　② 선수금　　③ 미수이자　　④ 선수이자

03 다음 중 비용의 이연과 관련된 항목은?

① 미지급금　　② 선급금　　③ 미지급보험료　　④ 선급보험료

04 다음 중 비용의 발생과 부채의 증가로 결합되어 나타나는 것은?

① 미지급이자　　② 선급이자　　③ 미수이자　　④ 선수이자

05 다음 중 수익의 감소와 부채의 증가로 결합되어 나타나는 것은?

① 미지급이자　　② 선급이자　　③ 미수이자　　④ 선수이자

06 "결산시 이자비용 미경과분 ₩30,000을 차기로 이월하다." 맞는 분개는?

① (차) 이자비용 30,000　　(대) 선급이자 30,000
② (차) 선급이자 30,000　　(대) 이자비용 30,000
③ (차) 이자비용 30,000　　(대) 미지급이자 30,000
④ (차) 현　　금 30,000　　(대) 이자비용 30,000

07 다음 소모품과 관련하여 결산시 소모품 미사용액 ₩10,000인 경우 이를 정리하기 위한 분개는?

(차)	소모품비	(대)
1/ 1 소모품	5,000	
3/20 현　금	25,000	

① (차) 소모품비 20,000 (대) 소 모 품 30,000
손 익 10,000
② (차) 소 모 품 10,000 (대) 소모품비 25,000
손 익 15,000
③ (차) 소 모 품 10,000 (대) 소모품비 30,000
손 익 20,000
④ (차) 소모품비 25,000 (대) 현 금 25,000

08 결산시 선급비용을 계상하지 않은 경우 그 결과에 대한 설명 중 틀린 것은?
① 비용이 과소 계상된다. ② 비밀적립금이 발생한다.
③ 이익이 과소 계상된다. ④ 자산이 과소 평가된다.

09 결산시 선수수익을 계상하지 않은 경우 그 결과에 대한 설명 중 옳은 것은?
① 소득이 은폐된다. ② 이익이 과대 계상된다.
③ 이익이 과소 계상된다. ④ 부채가 과대 계상된다.

10 결산시 미지급비용을 계상하지 않으면 어떤 결과가 나타나는가?
① 비용이 과대 계상된다. ② 가공이익이 발생한다.
③ 자산이 과소 평가된다. ④ 이익이 과소 계상된다.

11 결산 결과 당기순이익이 ₩300,000인데, 다음과 같은 계산의 착오가 있었다. 수정후에 순이익은 얼마인가? (주택관리사)

선급비용의 과대계상	₩110,000
미수수익의 과대계상	₩80,000
미지급비용의 과대계상	₩70,000
선수수익의 과대계상	₩65,000

① ₩355,000 ② ₩245,000 ③ ₩275,000 ④ ₩325,000

12 결산 결과 당기순이익 ₩400,000이 산출되었으나, 다음과 같은 사항이 발견되었다. 수정분개 후 정확한 당기순이익은?

차입금이자 미지급액	₩30,000	보험료 선급액	₩45,000
대여금이자 미수액	50,000	수수료 선수액	20,000

① ₩365,000 ② ₩405,000
③ ₩445,000 ④ ₩395,000
⑤ ₩505,000

13 다음 보기에서 기말재고액을 계산하면 얼마인가?

기초재고액 ₩200,000	총매출액 ₩1,000,000
매출총이익 150,000	환 출 액 20,000
환 입 액 60,000	총매입액 800,000

① ₩210,000 ② ₩180,000 ③ ₩190,000 ④ ₩195,000

14 다음의 자료를 보고 매출원가를 산출하라.

기초상품재고액 ₩800	총 매 입 액 ₩4,600
매 입 할 인 100	총 매 출 액 6,200
매 출 에 누 리 200	기말상품재고액 500

① ₩4,200 ② ₩4,600 ③ ₩4,800 ④ ₩4,900 ⑤ ₩5,000

15 다음은 현대상사의 영업자료이다. 이 기업의 당기 매출총이익은 얼마인가?

기초재고액 ₩500,000	당기매입액 ₩4,300,000
당기매출액 ₩5,200,000	기말상품재고액 ₩800,000

① ₩400,000 ② ₩600,000 ③ ₩900,000 ④ ₩1,200,000

16 다음 자료에 의하여 매출총이익을 산출하면?

<자료 1>	3월 1일	3월 31일
외상매출금	₩1,800,000	₩1,950,000
상 품	₩1,820,000	₩1,770,000
외상매입금	₩1,500,000	₩1,090,000

<자료 2>
3월중 외상대금 지급액 : ₩4,000,000
3월중 외상대금 회수액 : ₩4,050,000
모든 거래는 외상 거래임

① ₩390,000 ② ₩400,000 ③ ₩410,000 ④ ₩560,000

17 상품매입액의 기장의 누락되었을 경우 맞는 사항은?

① 매출원가 감소, 매출이익 증가 ② 매출원가 감소, 매출이익 감소
③ 매출원가 증가, 매출이익 증가 ④ 매출원가 증가, 매출이익 감소

18 원가 ₩300,000의 상품을 ₩400,000에 외상매출한 후 파손품이 있어 ₩40,000을 에누리해 준 경우 3분법에 의한 분개는?

① (차) 상 품 40,000 (대) 매출채권 40,000
② (차) 매 출 40,000 (대) 매출채권 40,000
③ (차) 매출에누리 40,000 (대) 매출채권 40,000
④ (차) 매출총이익 40,000 (대) 매출채권 40,000

19 다음 분개에 대한 거래를 바르게 추정한 것은?

(차) 매 출 50,000	(대) 매출채권 50,000

① 상품 ₩50,000을 외상으로 매출하다.
② 외상매입한 상품 ₩50,000을 반품하다.
③ 외상매출한 상품 ₩50,000을 에누리해 주다.
④ 외상매입한 상품에 대하여 ₩50,000을 에누리받다.

20 다음 자료를 이용하여 상품매출손익을 손익계정에서 산출하고자 한다. 결산시 회계처리 과정 중 틀린 것은? 단, 기말상품재고액은 ₩100,000이다.

이월상품	
전기이월 150,000	

매 입	
매입채무 650,000	매입채무 50,000

매 출	
매출채권 30,000	매출채권 830,000

① (차) 매 입 100,000 (대) 이월상품 100,000
② (차) 이월상품 100,000 (대) 매 입 100,000
③ (차) 손 익 650,000 (대) 매 입 650,000
④ (차) 매 출 800,000 (대) 손 익 800,000

21 다음 계정의 내용 설명으로 옳은 것은?

매		입	
현 금	1,500,000	매 입 채 무	1,50,000
매 입 채 무	1,000,000	이 월 상 품	1,170,000
이 월 상 품	1,120,000	손 익	1,400,000
손 익	1,620,000	손 익	1,620,000

① 당기의 순매입액은 ₩1,500,000이다.
② 기초상품 재고액은 ₩170,000이다.
③ 당기의 매출원가는 ₩1,400,000이다.
④ 매출 에누리는 ₩50,000이다.

22 외상매출금 기말잔액 ₩1,000,000에 대하여 2%의 대손을 예상하다. 대손충당금 잔액이 ₩5,000인 경우 옳은 분개는?

① (차) 대손상각비 20,000 (대) 대손충당금 20,000
② (차) 대손충당금 5,000 (대) 매출채권 20,000
대손상각비 15,000
③ (차) 대손충당금 15,000 (대) 매출채권 15,000
④ (차) 대손상각비 15,000 (대) 대손충당금 15,000

23 감가상각 회계처리의 본질을 가장 잘 설명한 것은?

① 자산의 평가과정이다.

② 수익에 대응시킬 원가의 배분과정이다.

③ 미래에 대체될 자산을 위한 자금의 적립과정이다.

④ 비유동자산의 시장가치가 감소한 것을 인식하는 과정이다.

24 건물 등을 구입시점에서 자산으로 기록하였다가 그 후의 회계기간 동안에 이를 상각하여 비용으로 인식하는 이유는? (증권분석사)

① 법인세를 줄이기 위하여

② 의사결정과정에서 경영자를 돕기 위하여

③ 보수주의의 회계개념을 고수하기 위하여

④ 비용을 실현된 수익에 대응시키기 위하여

25 감가상각누계액의 성격은?

① 자산의 가산계정　② 부채　③ 소유주지분

④ 비용　⑤ 자산의 차감계정

26 감가상각비를 계상하면 어떤 효과가 나타나는가?

① 순이익이 감소하고, 부채가 증가한다.

② 자본이 감소하고, 부채가 증가한다.

③ 순이익이 감소하고, 자산이 감소한다.

④ 자산이 감소하고, 자본이 증가한다.

27 다른 모든 요소가 동일하다고 가정할 경우 정액법과 체감상각법의 비교로 옳은 것은?

① 체감상각법은 자산의 내용년수가 경과할수록 정액법보다 적은 순이익을 계상한다.

② 체감상각법은 자산의 내용년수 전기간 동안 매년 정액법과 동일한 순이익을 계상한다.

③ 체감상각법은 자산의 내용년수 초기에는 정액법보다 많은 순이익을 계상한다.

④ 체감상각법은 자산의 내용년수 초기에는 정액법보다 적은 순이익을 계상한다.

⑤ 체감상각법은 자산의 내용년수 전기간 동안 정액법보다 적은 순이익을 계상한다.

28 취득원가 ₩200,000, 내용년수 10년, 잔존가액이 ₩20,000인 비품을 결산시 정액법으로 감가상각한다(결산은 연 2회). 알맞는 분개는?

① (차) 감가상각비 90,000　(대) 비품감가상각누계액 90,000

② (차) 감가상각비 18,000　(대) 비품감가상각누계액 18,000

③ (차) 감가상각비 9,000　(대) 비품감가상각누계액 9,000

④ (차) 감가상각비 20,000　(대) 비　　품 20,000

⑤ (차) 감가상각비 18,000　(대) 비　　품 18,000

29 "건물 ₩30,000,000, 건물감가상각누계액 ₩3,000,000"의 자료는 1년을 1회계기간으로 하고 있는 甲상점의 제3기 결산을 맞은 때 결산정리전 계정 잔액이다. 감가상각방법이 정액법일 때의 정리분개로 옳은 것은?

	차변	금액	대변	금액
①	(차) 감가상각비	3,000,000	(대) 건물감가상각누계액	3,000,000
②	(차) 감가상각비	3,000,000	(대) 건　　물	3,000,000
③	(차) 감가상각비	1,500,000	(대) 건물감가상각누계액	1,500,000
④	(차) 감가상각비	1,500,000	(대) 건　　물	1,500,000

30 경기(주)는 20×2년 1월 1일에 기계 1대를 구입하였다. 20×3년의 감가상각비는 얼마인가? (결산일 : 12월 31일) (주택관리사)

취득원가 : ₩100,000	잔존가치 : ₩16,810
내용년수 : 5년	정률 : 30% 정률법으로 상각

① ₩21,000　② ₩14,700　③ ₩30,000　④ ₩14,870

31 갑회사는 20×2년초 기계를 ₩6,000에 구입하였다(내용년수 5년, 잔존가치 ₩0). 이 기계를 연수합계법에 의하여 상각할 경우 2차 연도인 20×3년도의 감가상각비는? (7급공무원)

① ₩800　② ₩1,200　③ ₩1,600　④ ₩3,000

11-2 다음 (주)오솔길의 수정전 잔액시산표와 기말정리사항을 이용하여 정산표를 작성하고 회계기준에 따른 손익계산서 및 재무상태표를 작성하시오.

수정전 잔액시산표

계정	금액	계정	금액
현금	140,000	외상매입금	40,000
외상매출금	30,000	차입금	50,000
단기매매증권	40,000	감가상각누계액	40,000
(이월)상품	50,000	자본금	250,000
비품	200,000	이익잉여금	40,000
특허권	20,000	매출	260,000
매입	173,000	이자수익	5,000
소모품비	22,000		
급여	7,000		
이자비용	3,000		
	685,000		685,000

(기말정리사항)

1. 기말상품재고액 ₩40,000
2. 광고비 미지급액 ₩10,000
3. 단기매매증권의 결산일 종가는 ₩50,000
4. 외상매출금에 대한 대손예상율은 10%
5. 비품의 감가상각액 ₩10,000
6. 특허권의 상각액 ₩5,000
7. 소모품 미사용액 ₩7,000
8. 법인세 미지급액 ₩3,000

읽을거리 1

감가상각에 대한 회계변경의 숨은 의도를 읽자.

경기불황이 지속됨에 따라 96년도 실적이 악화될 것으로 예상되는 기업들 가운데서 감가상각에 대해 회계변경을 시도하는 기업이 늘고 있다. 회계변경에는 회계원칙의 변경과 회계추정의 변경이 있는 데 정당한 사유가 존재하는 경우에 한해서 회계변경이 가능하다.

회계원칙을 변경하는 기업들을 보면 모두 감가상각방법을 정률법에서 정액법으로 바꾸고 있으며 그 수는 10월말 현재 16개 기업에 달하는 것으로 보도되고 있다. 이들 기업들은 대부분 지난 92년도 이후 경기 확장기 때 막대한 설비투자를 했기 때문에 감가상각비용이 많게 계상되고 있는 특징을 지니고 있다.

이들 기업 중 한화기계는 감가상각방법 변경으로 인해 67억 원의 순이익 증가효과가 있을 것으로 예상되며, 삼립GF도 63억 원의 순이익증가가 있을 것으로 공시하고 있다.

또한 회계추정의 변경을 하기로 한 기업으로는 삼성전자가 있다. 이 기업은 지난해 적용했던 내용년수에 따른 가속상각을 올해는 적용하지 않기로 했다. 왜냐하면 올해 반도체 공급과잉에 따른 조업단축으로 가동률이 떨어져 유형자산에 대해 감가상각을 초고속으로 처리할 필요가 없어져 감가상각 처리기간을 정상적으로 조정할 필요가 생겼기 때문이라는 것이다. 삼성전자는 지난해 사상 유래없는 호황으로 인해 반도체공장을 연중무휴로 가동함에 따라 반도체 생산시설 등에 대해 감가상각비를 정상보다 짧은 기간에 계상시키기 위해 내용년수를 단축해서 처리하는 가속감가상각방법을 적용한 바 있다. 세법에서는 유형자산을 과다하게 사용할 경우 그 시설에 대한 감가상각을 내용년수를 단축해서 보통보다 빠르게 처리할 수 있도록 용인해주고 있다.

이에 따라 삼성전자는 당초 올해 2조 3천억 원에 달할 것으로 예상된 감가상각비가 5천억 원 정도 줄어든 1조 8천억 원에 이를 것으로 예상되고 있다. 이에 따라 삼성전자는 5천억 원의 순이익증가효과를 보게 될 것이다.

이러한 회계변경은 회계이익을 조정하는 수단으로 사용되기도 한다는 사실을 알아둘 필요가 있으며, 이와 같이 회계변경을 실시하기로 한 기업의 공표된 재무제표를 분석할 때는 반드시 감가상각에 대한 회계변경에 따른 이익증가효과를 감안해서 기업의 실상을 파악해야 할 것이다.

읽을거리 2

대륙횡단철도회사와 감가상각

감가상각의 중요성은 그리 오래 전부터 인식되어 온 것이 아니다. 산업혁명 이전까지는 대부분의 국가에서 감가상각을 이해하거나 인정하지 않았다. 미국도 예외는 아니었다.

19세기경 미국에서는 주주들로부터 자본을 출자받아 동부에서 서부로 철도를 가설하고 철도영업을 해서 그 이익을 배당하는 회사들이 우후죽순처럼 생겨났다. 이 회사들 대부분이 철로나 기차는 사용할수록 가치가 감소된다는 사실을 인식하지 않았다. 그 결과 매년 이익은 감가상각을 하지 않은 만큼 크게 나타났고 이익을 모두 주주에게 배당하였다. 따라서 이러한 사실을 알지 못하는 투자자들은 많은 배당을 해주는 철도회사의 주식을 사고자 하였고 결과적으로 주가는 오를 수밖에 없었다.

그러나 시간이 지나감에 따라 철로와 기차는 사용할 수 없게 되었고 과도한 이익을 배당한 철도회사들은 파산하고 말았다. 많은 철도회사들이 지불한 거액의 배당금은 이익이 아닌 자본을 배당한 것이었기 때문에 결국 아무 것도 남는 것이 없는 껍데기회사가 되어 버린 것이다.

이러한 사건이 나타남에 따라 감가상각을 해야 할 필요성과 중요성을 명확히 인식하게 된 것이다.

(이정호·이형래 공저, 재무회계원리, 조세통람사, p.243, 1997.)

연습문제 해답

⇨ 제 1 장

1-1

01 ③ 02 ③ 03 ① 04 ① 05 ② 06 ① 07 ⑤ 08 ① 09 ③ 10 ①

⇨ 제 2 장

2-1

01 ③ 02 ② 03 ② 04 ② 05 ④ 06 ③ 07 ②

08 ①

풀이 자산합계 ₩290,000－부채합계 ₩140,000－당기순이익 ₩20,000＝자본금 ₩130,000

09 ② 10 ②

11 ①

풀이 기말자산 ₩150,000－기말부채 ₩50,000＝기말자본 ₩100,000
기초자산 ₩100,000－기초부채 ₩40,000＝기초자본 ₩60,000
기말자본 ₩100,000－기초자본 ₩60,000＋배당금 ₩20,000＝수익 ₩130,000－비용 ₩?.
∴ 비용은 ₩140,000

12 ②

풀이 기말자산 ₩72,000－기말부채 ₩30,000＝기말자본 ₩42,000,
기말자본 ₩42,000－기초자본 ₩?＝당기순이익 ₩?,
총수익 ₩60,000－총비용 ₩68,000＝－당기순이익 ₩8,000.
기말자본 ₩42,000－기초자본 ₩?＝－당기순이익 ₩8,000
∴기초자본은 ₩50,000.
기초자산 ₩85,000－기초부채 ₩?＝기초자본₩50,000.
∴ 기초부채는 ₩35,000

13 ③

14 ②

풀이 기초이익잉여금₩?+당기순이익 ₩920,000－배당금 ₩480,000
=기말이익잉여금 ₩2,500,000
∴ 기초이익잉여금은 ₩2,060,000

15 ④ **16** ① **17** ② **18** ③ **19** ② **20** ② **21** ② **22** ② **23** ② **24** ① **25** ①

2-2

(1) 재무상태표

(주)희망 20×3.12.31 (단위 : 원)

현금	19,500	외상매입금	34,500
외상매출금	25,000	미지급급여	2,500
소모품	18,000	자본금	7,750
차량	12,750	이익잉여금	130,500
비품	100,000		
자산합계	175,250	부채와 자본합계	175,250

(2) 배당금은 이익잉여금 범위 내에서 가능하다. 이 회사의 기말 현재 처분전이익잉여금은 ₩145,500(기초이익잉여금 ₩120,000+당기순이익 ₩25,500)이며, 배당금 지급후의 유동성, 즉 순운전자본(₩15,000)과 유동비율이 양호한 상태를 나타내고 있기 때문에 ₩15,000정도의 배당금 지급 의사결정은 적정하다고 판단됨.

2-3

(1) 재무상태표

현금	9,200	외상매입금	14,000
외상매출금	800	미지급 급여	3,000
소모품	400	단기차입금	29,000
차량	10,000	자본금	100,000
		이익잉여금	49,400
토지	68,000		
기계	55,000		
건물	52,000		
자산합계	195,400	부채와 자본합계	195,400

(2) 유동비율=유동자산/유동부채=10,400/46,000=0.23(양호하지 못하다고 판단)

(3) 손익계산서는 수익성에 관한 정보를 제공하는데, 이는 미래의 현금창출능력을 나타내는 지표이기도 하다.
현금흐름표의 경우 기업활동별 현금의 유·출입을 통한 기업의 회계기간 동안의 현금흐름에 관한 정보를 제공하며, 이를 통해 기업의 활동별 현금흐름 창출능력 및 지급능력을 파악할 수 있게 된다.

2-4

(1) 재무상태표

현금	21,400	미지급금	54,800
외상매출금	10,600	미지급이자	12,000
토지	425,000	장기차입금	620,000
차량	15,400	자본금	100,000
비품	90,000		
건물	450,000	이익잉여금	225,600
자산합계	1,012,400	부채와 자본합계	1,012,400

(2) 유동비율=유동자산/유동부채=32,000/66,800=0.48(양호하지 못함)

2-5

(1) 재무상태표

유동자산		유동부채	
현금	30,000	외상매입금	28,000
외상매출금	40,000	단기차입금	5,000
상품	60,000	유동성장기부채	16,000
선급비용	5,000	미지급이자	12,000
비유동자산		고정부채	
만기보유증권	20,000	장기차입금	30,000
		자 본	
		자본금	19,000
		이익잉여금	45,000
자산합계	155,000	부채와 자본합계	155,000

① 순운전자본=유동자산-유동부채=135,000-61,000=74,000

② 유동비율=유동자산/유동부채=135,000/61,000=2.21(양호함)

(2) 유동성이 양호하기 때문에 단기채무 지급능력이 우수하다고 평가할 수 있다. 그러나 일주일 안에 모든 유동부채를 상환할 수 있는 능력이 있는지는 또 다른 문제이다. 이 회사는 먼저 당좌자산인 현금과 외상매출금을 이용해서 모든 유동부채를 상환할 수 있는지를 평가하여야 한다. 외상매출금 전액이 일주일 이내에 회수될 것이면 보유현금과 외상매출금 회수액이 유동부채를 초과하므로 상환하는데 문제는 전혀 없다.

그러나 일주일 이내에 회수되지 못한다면 유동부채를 상환할 수가 없게 된다. 따라서 외상매출금을 은행에 양도하거나, 담보로 제공하고 차입하는 방안을 강구할 필요가 있다. 이 경우 금액이 부족할 경우에는 상품을 담보로 제공하고 차입하는 방안도 고려될 수 있다. 이러한 방안이 실현되지 못할 경우에는 채무상환불능이 불가피하게 될 것이다.

2-6

(1) 재무상태표

자산		부채, 자본	
현금	19,000	외상매입금	25,000
단기매매증권	10,000	미지급급여	5,000
외상매출금	37,000	미지급법인세	8,000
소모품	1,000	선수수익	10,000
제품	64,000	유동성장기부채	18,000
선급보험료	5,000	장기차입금	40,000
매도가능증권	5,000	사채	30,000
기계장치	125,000	자본금	10,000
감가상각누계액	(25,000)	자본잉여금	40,000
특허권	10,000	이익잉여금	65,000
자산합계	251,000	부채와 자본합계	251,000

(2) 외상매입대금은 비유동자산을 처분해서 받는 것이 아니다. 보유현금과 유동자산중 현금으로 전환된 현금으로 받게 되는 것이다 따라서 유동성이 양호한 것으로 평가되면 지불불능의 위험이 없는 것으로 본다. 이 회사의 유동성을 유동비율로 측정해보면 다음과 같다.

유동비율=유동자산/유동부채=131,000/66,000=1.98

이 회사의 유동비율이 양호하게 나타났으므로 지불불능의 위험이 없는 것으로 보인다.

2-7

(1) 손익계산서

(주)미래 (단위 : 원)

	20×3	20×2
매출액	300,000	350,000
매출원가	(115,000)	(85,000)
매출총이익	185,000	265,000
이자수익	10,000	10,000
급 여	(115,000)	(110,000)
수도광열비	(15,000)	(8,500)
광고선전비	(10,000)	(20,000)
이자비용	(25,000)	(15,000)
법인세비용차감전순이익	30,000	121,000
법인세비용	(9,000)	(36,500)
당기순이익	21,000	85,000

(2) 이 회사는 20×3년에 당기순이익이 대폭 감소하였는데 그 원인은 주로 매출액의 대폭적인 감소와 매출원가의 대폭 상승으로 매출총이익이 급감한데 있다. 따라서 다음 연도의 수익성 향상을 위해서는 우선 매출액 증대와 매출원가 절감을 위한 강력한 영업활동 대책이 수립되어야 한다. 매출액 증대와 관련해서 광고선전비의 증액을 통해 판매촉진활동이 적극적으로 실시되도록 할 필요가 있으며, 기타 수도광열비와 같은 비용의 절감방안도 강구하여 실시하도록 한다.

2-8

(1) 손익계산서

(주)창업컨설팅 20×3.1.1~12.31 (단위 : 원)

급 여	200,000	매 출	420,000
임차료	24,000		
광고선전비	20,000		
잡 비	13,000		
이자비용	7,000		
당기순이익	156,000		
비용합계	420,000	수익합계	420,000

(2) 20×3년 12월 31일 현재 기말이익잉여금

기초이익잉여금 ₩ 124,000

가산 : 당기순이익 156,000

기말이익잉여금 ₩ 280,000

(3) 재무상태표

(주) 창업컨설팅 20×3.12.31 (단위 : 원)

현 금	170,000	외상매입금	60,000
외상매출금	30,000	장기차입금	720,00
소 모 품	20,000	자 본 금	400,000
토 지	240,000	이익잉여금	280,000
건 물	1,000,000		
자산합계	1,460,000	부채와자본합계	1,460,000

(4) 유동비율의 산식은 유동자산/유동부채이다. 따라서 이 회사의 유동비율은 ₩220,000 / ₩60,000 =3.67(또는 367%)이다. 유동비율은 단기지급능력의 측정치로 이상적으로는 2 (또는 200%) 정도되어야 단기지급능력이 양호하다고 판정한다. 이에 비춰볼 때 이 회사의 지급능력은 대단히 양호한 것으로 평가할 수 있다.

2-9

손익계산서

(주)봄봄 20×3년 1월1일~12월31일

매 출 원 가	7,000,000	매 출 액	9,000,000
급 여	2,000,000	이 자 수 익	800,000
통 신 비	150,000	유형자산처분이익	200,000
소 모 품 비	80,000		
광 고 선 전 비	100,000		
임 차 료	100,000		
세 금 과 공 과	50,000		
단기매매증권처분손실	20,000		
당 기 순 이 익	500,000		
	10,000,000		10,000,000

재무상태표

(주)봄봄 20×3년 12월31일 현재

차변	금액	대변	금액
현금	350,000	외상매입금	100,000
단기매매증권	800,000	지급어음	200,000
외상매출금	300,000	선수금	300,000
받을어음	350,000	자본금	3,000,000
대여금	500,000	이익잉여금	900,000
상품	1,200,000		
비품	1,000,000		
	4,500,000		4,500,000

2-10

(1) 손익계산서

비용	금액	수익	금액
매출원가	1,450,000	매출액	2,750,000
급여	270,000		
임차료	180,000		
수도광열비	60,000		
이자비용	40,000		
법인세비용	350,000		
당기순이익	400,000		
비용합계	2,750,000	수익합계	2,750,000

재무상태표

(주)푸른꿈 20×3. 6. 30. (단위 : 원)

차변	금액	대변	금액
현금	150,000	외상매입금	410,000
단기매매증권	50,000	장기차입금	300,000
외상매출금	300,000	자본금	100,000
상품	580,000	자본잉여금	650,000
비품	200,000	이익잉여금	1,520,000
토지	700,000		
건물	1,000,000		
자산합계	2,980,000	부채와자본합계	2,980,000

(2) 이 회사는 주식발행시에 액면을 큰 폭으로 능가하는 금액으로 발행하여 자본금의 6.5배에 해당하는 금액이 자본잉여금에 계상되어 있다. 따라서 주주의 출자금은 ₩100,000이 아니라 ₩750,000인 것이다. 또한 이 회사는 그동안 영업활동을 잘해서 이익을 많이 창출시켰으며, 이익 중 많은 부분을 회사 내 유보시켜 계속 재투자하여 회사를 성공적으로 성장 발전시켜왔다. 재투자금액은 이익잉여금에 나타난 금액으로 ₩1,520,000이며, 이 금액도 주주가 출자한 금액과 같은 것이다. 따라서 이 회사의 자본은 ₩2,270,000인 것이다.

신문기자는 단순히 자본금에 계상되어 있는 금액만 보고 이 회사를 차입에 전적으로 의존해서 경영하는 악덕기업으로 잘못 생각한 것이다. 사실 이 회사에서 조달한 차입금은 ₩300,000이며, 자기자본 ₩2,270,000에 비교하면 그 비중이 매우 낮은 것으로 재무구조가 매우 건전한 회사인 것이다.

2-11

(1) 손익계산서

비용	금액	수익	금액
매출원가	4,680,000	매 출 액	6,500,000
급 여	450,000	유형자산처분이 익	60,000
감가상각비	180,000		
수 선 비	60,000		
임 차 료	90,000		
보 험 료	20,000		
소 모 품 비	70,000		
이 자 비 용	200,000		
법인세비용	140,000		
당기순이익	670,000		
비용 합계	6,560,000	수익 합계	6,560,000

재무상태표

자산		금액	부채와자본	금액
현 금		250,000	외상매입금	400,000
외상매출금		60,000	미지급금	80,000
받을어음		50,000	미지급이자	50,000
선급비용		20,000	장기차입금	390,000
상 품		300,000	자본금	20,000
매도가능증권		150,000	자본잉여금	100,000
토 지		460,000	이익잉여금	800,000
비 품	200,000			
비품감가누계액	(70,000)	130,000		
건 물	500,000			
건물감가누계액	(140,000)	360,000		
특 허 권		60,000		
자산합계		1,840,000	부채와자본합계	1,840,000

(2) 이 회사의 당기순이익 ₩670,000과 이익잉여금잔액 ₩800,000을 놓고 보면 ₩400,000 정도의 배당금 지급은 가능할 수 있다. 그러나 이 회사의 유동부채 ₩530,000은 유동자산 ₩680,000에 비해, 그것도 당좌자산 ₩360,000과 비교해볼 때 상당한 부담이 되고 있다. 그리고 현재 보유 현금 ₩250,000과 비교해보면 배당금 지급은 더욱 어려운 문제인 것을 알 수 있다. 즉 이 회사는 단기지급능력이 매우 취약한 상황에 처해 있기 때문에 현재 시점에서 배당금을 지급하기가 어렵고 차후에 지급능력의 문제가 없어졌을 때 더 많은 배당이 가능하다는 설명으로 설득할 수 있을 것이다. 이 회사의 당기순이익 대비 자기자본의 비율(이를 자기자본이익율이라고 함)을 계산해 보면 72.8%로 대단히 높게 나타나고 있기 때문에 배당보다는 회사내에 유보해서 재투자 자금으로 사용하므로서 더 많은 이익을 창출시킬 수 있을 것이며, 이에 따라 장래에 더 많은 배당금을 지급 받을 수 있을 것이란 점도 주주를 설득할 수 있는 타당한 사유가 될 것이다.

2-12

(1) 손익계산서

매출원가	200,000	매출액	417,000
급여	40,100		
감가상각비	16,500		
광고선전비	10,000		
임차료	25,600		
수도광열비	9,500		
소모품비	7,900		
이자비용	6,000		
법인세비용	52,800		
당기순이익	48,600		
비용 합계	417,000	수익 합계	417,000

재무상태표

현금		58,350	외상매입금	25,600
외상매출금		46,500	단기차입금	20,000
소모품		29,400	장기차입금	45,800
상품		60,000	자본금	45,000
토지		70,500	이익잉여금	260,350
비품	20,000			
비품감가누계액	(4,000)	16,000		
건물	145,000			
건물감가누계액	(29,000)	116,000		
자산합계		396,750	부채와자본합계	396,750

(2) 유동비율의 산식은 유동자산/유동부채이다. 따라서 이 회사의 유동비율은 ₩194,250 / ₩45,600 =4.25(또는 425%)이다. 유동비율은 단기지급능력의 측정치로 이상적으로는 2 (또는 200%) 정도되어야 단기지급능력이 양호하다고 판정한다. 이에 비춰볼 때 이 회사의 지급능력은 대단히 양호한 것으로 평가할 수 있다.

부채비율의 산식은 부채/자본이다. 따라서 이 회사의 부채비율은 ₩91,400 / ₩305,350=0.3 (또는 30%)이다. 부채비율은 장기지급능력의 측정치로 이상적으로는 2(또는 200%) 미만이 되어야 장기지급능력이 양호하다고 판정한다. 이에 비춰볼 때 이 회사의 지급능력은 대단히 양호한 것으로 평가할 수 있다.

(3) 이익잉여금은 영업활동의 성과인 당기순이익 중 배당금으로 주주에게 분배하고 난 후의 금액을 누적한 금액이라고 할 수 있다. 따라서 영업활동의 성과가 양호하게 발생할 경우, 이 중 배당금으로 일부만 지급하고 그리고 지급된 배당금을 제외한 미분배 당기순이익이 계속 누적될 경우 자본금보다 더 많은 금액이 계상되게 된다.

2-13

(1) 손익계산서

차변		대변	
매출원가	37,000	매 출 액	120,000
급 여	18,300		
감가상각비	7,300		
광고선전비	2,700		
임 차 료	1,500		
수도광열비	5,000		
소모품비	800		
잡 비	4,000		
법인세비용	21,100		
당기순이익	22,300		
비용 합계	120,000	수익 합계	120,000

자본변동표(이익잉여금항목)

전기이월이익잉여금	156,500
가산 : 당기순이익	22,300
미처분이익잉여금	178,800
차감 : 배당금	(12,400)
차기이월이익잉여금	166,400

(2) 자본변동표(이익잉여금항목)

전기이월이익잉여금	156,500
차감 : 당기순손실	(25,000)
미처분이익잉여금	131,500
차감 : 배당금	(12,400)
차기이월이익잉여금	119,100

(3) 배당금은 처분전이익잉여금 범위내에서 회사의 지급능력을 고려하여 결정하는 것이 원칙이다. 따라서 지급능력에 문제가 없다면 배당금을 지급하는 것은 문제가 되지 않는다.

2-14

재무상태표

(주)푸른꿈 20×3. 12. 31

차변		대변	
현 금	3,400,000	외상매입금	3,000,000
외상매출금	2,600,000	지급 어음	30,000,000
받을 어음	14,000,000	자 본	36,000,000
소 모 품	800,000		
장기금융상품	6,700,000		
토 지	41,500,000		
	69,000,000		69,000,000

손익계산서

(주)꿈나라 20×3. 1. 1~12. 31

매출액		195,000
매출원가		(113,700)
매출총이익		81,300
판매비와 관리비		
판매비		20,800
관리비	24,300	(45,100)
영업이익		36,200
영업외수익		
배당금수익	1,800	1,800
영업외비용		
이자비용		4,160
유가증권처분		
손 실	4,000	(8,160)
법인세차감전순이익		29,840
법인세비용		(11,900)
당기순이익		17,940

자본변동표(이익잉여금항목)

(주)꿈나라 20×3.1. 1~12. 31

전기이월이익잉여금	58,000
가산 : 당기순이익	17,940
미처분 이익잉여금	75,940
차감 : 배당금	(7,500)
차기이월이익잉여금	68,440

2-16

(1) 손익계산서

수익		58,700
용역매출	58,700	
비용		29,300
수도광열비	12,200	
급여	17,100	
당기순이익		29,400

(2) 자본변동표(이익잉여금항목)

전기이월이익잉여금	42,700
가산 : 당기순이익	29,400
미처분이익잉여금	72,100
차감 : 배당금	(14,000)
차기이월이익잉여금	68,100

(3)

재무상태표

현금예금	7,400	외상매입금	4,500
외상매출금	15,200	단기차입금	50,000
토 지	40,000	자 본 금	20,000
건 물	80,000	이익잉여금	68,100
자산합계	142,600	부채와자본합계	142,600

2-17

최종수익성을 나타내는 당기순이익만을 가지고 이 회사의 수익성을 평가할 경우 잘못된 결론을 도출할 수도 있다. 따라서 영업활동의 수익성을 나타내는 영업이익, 영업외활동인 재무활동과 투자활동이 반영된 수익성을 나타내는 경상이익 등을 세심하게 분석해야 회사의 미래 수익성을 정확하게 예측할 수 있게 된다. (주)미래테크의 당기순이익은 전년도와 비교할 때 약간 증가한 것으로 나타나고 있어 수익성이 크게 개선되지 않은 것처럼 보인다.

그러나 영업이익을 보면 2배 이상의 증가를 보이고 있다. 이는 매출액이 20×2년도에 비해 ₩200,000이 증가한 반면에, 매출원가와 판매관리비는 오히려 ₩20,000으로 감소한 결과 때문이다. 또한 영업외수익에서도 전년도보다 4배 이상이 증가되어 경상이익이 전년도에 비해 2.7배 증가시키는 결과를 초래하였다. 따라서 매기 반복적인 성격을 지닌 경상활동을 반영한 순이익이 이렇게 큰 폭으로 증가된 것은 앞으로도 그렇게 될 가능성이 높은 것으로 예상할 수 있게 하는 합리적인 근거로 보여진다.

2-18

(1) 유동부채보다 유동자산의 비중이 더 많아지는 추세를 보이는, 다시 말해 단기지급능력이 더욱 더 양호해지고 있는 (주) 안전에 대출하는 것이 안전하다. 자본의 상태를 고려해볼 때도 (주)안전이 더 양호한 것을 알 수 있다. 유동자산의 개별항목에 대한 비중, 현금흐름표상의 영업활동으로 인한 현금흐름 등 의 정보를 통해서 지급능력을 확인할 필요가 있다.

(2) (주)안전에 비해서 매출액증가율이 높을 뿐만 아니라 호황기에는 부채의 이익확대효과(leverage effect)까지 기대할 수 있는 부채의 비중이 더 높은 (주)고속에 투자하는 것이 유리하다.
그러나 유동자산보다 유동부채가 훨씬 더 많기 때문에 단기적으로 지급불능의 위험이 있다는 점을 주목할 필요가 있다.

2-19

(1) (주)가람은 20×3년도 말 현재의 유동자산이 105,500천 원이고, 유동부채는 30,000천 원이다. 따라서 1년 이내에 만기가 도래하는 유동부채보다 1년이내에 현금으로 전환할 수 있는 유동자산이 75,500천 원이 많으므로 단기지급능력이 양호한 것으로 평가할 수 있다. 유동비율은 3.51 ($\frac{105,500}{30,000}=3.51$)로 대단히 양호한 것으로 평가할 수 있고, 부채비율은 0.16($\frac{30,000}{183,000}=0.16$)에 지나지 않아 언제든지 추가차입이 가능한 상태로 장기지급능력도 대단히 양호한 상태라고 평가할 수 있다.

(주)산천은 20×3년도 말 현재의 유동자산이 16,000천 원이고, 유동부채는 171,000천 원이다. 따라서 1년 이내에 만기가 도래하는 유동부채가 1년 이내에 현금으로 전환할 수 있는 유동자산보다 155,000천 원이나 많으므로 단기지급능력은 양호하다고 볼 수 없다.

유동비율을 계산하면 0.09($\frac{16,000}{171,000}=0.09$)에 지나지 않아 단기지급능력이 매우 불량한 상태를 보이고 있을 뿐만 아니라, 부채비율도 2.44($\frac{171,000}{70,000}=2.44$)으로 추가차입의 여력이 없기 때문에 장기지급능력 또한 양호하다고 평가할 수 없다.

따라서 (주)가람에 대출을 하는 것이 안전하다고 판단된다.

(2) 대출은 미래현금흐름과 수익성(이익창출능력)을 예측하여 결정하여야 하기 때문에 손익계산서에 대한 정보가 필요하며, 지급능력의 개선여부나 영업활동을 통한 현금의 계속적인 창출능력 등의 정보를 위해서 현금흐름표 그리고 현금예산 등이 필요하다.

2-20

(1) 영업이익은 회사의 영업활동을 반영하는 수익성지표이며, 당기순이익은 영업활동을 포함해서 모든 활동이 반영된 최종적인 수익성지표이다. 영업이익과 당기순이익 모두는 회사를 평가하는데 유용한 지표라고 할 수 있다. 그러나 영업이익은 기업의 주된 활동인 영업활동이 반영된 수익성이기 때문에 미래의 수익성을 예측하는데 유용하다. 당기순이익의 경우 경상적이고 반복적인 활동이 반영된 수익성을 나타내고 있다면, 영업이익과 마찬가지로 미래의 수익성을 예측하는데 유용하게 사용될 수 있을 것이지만, 비경상적이고 비반복적인 활동이 반영된 결과라면 미래의 수익성을 예측하는 데 한계가 있게 된다.

(2) 중단사업이익과 중단사업손실은 반복적으로 발생하는 항목이라고 볼 수 없다. 따라서 다음 연도에 발생할 가능성은 없다고 보아야 한다. 따라서 다음 연도의 순이익에 미치는 영향은 거의 없을 것으로 판단된다.

(3) (주)돌풍은 최종적인 수익성 지표인 당기순이익이 흑자로 계상된 반면에 (주)순풍은 적자를 보이고 있어, 당기순이익만을 가지고 수익성을 평가하면 (주)돌풍이 수익성이 양호한 회사로 보인다. 그러나 여러 가지 순이익을 자세히 살펴보면, 그렇지 않음을 알 수 있다. 즉, (주)돌풍은 경상적이고 반복적인 활동이 반영된 결과로써 영업손실과 경상손실이 나타나고 있어, 현재의 수익성이 매우 악화된 상황인데, 중단사업이익을 계상해서 흑자기업으로 둔갑시켜 놓고 있는 상태이다. 반면에 (주)순풍은 경상적이고 반복적인 활동이 반영된 결과로써 영업이익과 경상이익이 나타나고 있어, 현재의 수익성이 매우 양호한 상황이지만 중단사업손실이 계상되어 적자로 반전된 상태인 것이다.

따라서 현재의 수익성이 양호하고 미래의 수익성도 양호할 것으로 기대되는 (주)순풍에 투자하는 것이 바람직한 것으로 판단된다.

2-21

현금흐름표

(주)꿈과 사랑	20×3.1.1~12.31	(단위 : 원)
Ⅰ. 영업활동 현금흐름		₩320,000
가. 매출 등 수익활동으로부터의 유입액	₩ 2,800,000	
나. 매입 및 종업원에 대한 유출액	(1,480,000)	
다. 기타 영업비용으로부터의 유출액	(1,000,000)	
Ⅱ. 투자활동 현금흐름		(1,650,000)
1. 토지와 건물구입	(1,650,000)	
Ⅲ. 재무활동 현금흐름		1,380,000
1. 차입금의 차입	500,000	
2. 주식발행	1,000,000	
3. 배당금 지급	(120,000)	
Ⅳ. 현금의 감소		₩(50,000)

이 회사는 영업활동으로 인한 현금흐름의 창출능력이 저조한 상황에서 외부자금에 의존해서 과중한 투자를 하고 있기 때문에 영업활동에서 충분한 현금흐름이 창출될 수 있도록 노력을 해야 한다. 그렇지 못할 경우 자금난에 빠질 가능성이 있다.

2-22

(1)

	20×3	20×2	20×1
영업활동 현금흐름	130	(252)	(322)
투자활동 현금흐름	150	(150)	(400)
재무활동 현금흐름	(200)	400	800
현금의 증가	80	(2)	78
기초의 현금	76	78	0
기말의 현금	156	76	78

(2) 영업활동 현금흐름을 보면 20×1년과 20×2년에는 －를 나타내다가 20×3년에 이르러서 ＋로 전환된 모습을 보이고 있어, 영업활동에서 현금흐름이 본격적으로 창출되고 있음을 보여주고 있다. 이는 이 회사와 같은 신생기업에서 사업초창기에 나타나는 일반적인 현상이며, 바람직한 방향으로 진행 중이라고 말할 수 있다.

그러나 투자활동 현금흐름을 보면 20×2년도에는 20×1년도에 비해 투자규모가 대폭 축소된 형태를 보이다가 20×3년에 와서는 투자가 이루어지는 것이 아니고 오히려 자산을 처분하는 바람직하지 못한 형태를 보이고 있다. 이는 영업활동에서 창출되는 현금흐름의 크기가 아직은 만족스럽지 못한 상황에서 상환기간이 도래한 부채의 상환자금 마련 때문인 것으로 추정된다. 그러나 현재 보유하고 있는 현금과 영업활동에서 현금흐름이 창출되고 있는 추세를 보면 이 회사의 단기지급능력에는 문제가 없어 보인다. 그러나 투자활동이 부채상환자금 준비를 위해 축소되고 있다면 이는 장기적으로 미래현금창출능력이 상실되는 결과가 초래될 수도 있음을 유의해야 한다.

2-23

(주)미래전자의 손익계산서를 보면, 20×3년 수익은 ₩3,000이 증가한 것에 비해 비용은 절감됨에 따라 당기순이익은 20×2년에 비해 2배인 ₩6,000이 증가하여 양호한 수익성을 보여주고 있다. 또한 재무상태표를 보면 유동비율이 20×2년이나 20×3년 모두 2를 유지하고 있어 단기지급능력은 매우 양호한 것으로 평가된다. 그러나 부채비율은 2 이하이지만 증가추세를 보이고 잇는 점에 주의를 기울일 필요가 있다. 다행히 현금흐름표를 보면 영업활동에서의 현금창출능력이 향상되고 있어서 부채상환능력도 개선되고 있는 점이 장기지급능력을 긍정적으로 평가하게 하는 요인으로 작용될 수 있다. 한편 투자활동도 지속적으로 증가추세를 보이고 있어 회사가 확장되고 있기 때문에 미래현금창출능력도 개선될 것으로 예상할 수 있다. 또한 보유현금도 많은 편이기 때문에 지급능력도 양호한 것으로 평가할 수 있다.

따라서 은행의 입장에서 보면 유동성과 안전성 및 수익성이 모두 양호한 것으로 평가되기 때문에 이 회사에 단기대출하는 것에는 아무 문제가 없고, 장기대출의 경우에는 현재로서는 별 문제가 없지만 위험이 전혀 없다고는 볼 수 없다.

2-24

(주)희망반도체의 손익계산서를 보면 20×3년 수익이 20×2년에 비해 ₩3,000이 증가되었으나, 비용은 ₩6,000이나 증가되어 결국 당기순이익이 20×2년에 비해 ₩3,000이 감소하여 수익성이 악화되는 추세를 보이고 있다.

재무상태표를 분석해보면 유동비율이 20×2년 2에서 20×3년 1.28로 감소하여 단기지급능력도 하락추세를 보이고 있다. 부채비율도 20×2년 1.22에서 20×3년 1.77로 증가하여 부채의존도가 높아지고 있으며, 이에 따라 장기지급능력도 양호하지 못한 방향으로 진행되고 있다.

현금흐름표를 보면 영업활동에서의 현금창출능력이 감소되는 모습을 보이고 있으며, 이에 따라 영업활동에서 창출한 현금흐름으로 부채를 상환할 수 있는 능력이 저하되는 상태를 보여주고 있다. 투자활동을 보면 전년도보다 더 많은 투자를 하고 있음을 알 수 있다. 부채비율이 증가한 것은 투자활동에 부채로 조달한 자금이 일부 포함된 것으로 판단된다. 한편 이러한 부채의 증가를 통한 자금조달의 이점이 주주에게 나타나지 못하고 있다(뒤에서 배우는 자기자본이익률을 계산해보면 1.42에서 1.27로 감소되고 있는 것이 이를 말해준다. 제4장을 참고할 것).

이 회사는 현재시점에서 볼 때 전반적인 현금상태는 심각한 것은 아니지만 추세가 하락하는 모습을 보이고 있다. 따라서 단기대출은 문제가 없겠지만 이 회사의 주식에 대한 투자는 만족스러운 이익을 가져다 줄 가능성이 적어 보이므로, 구입하지 않는 것이 좋다.

2-25

(1) 현금흐름표

Ⅰ. 영업활동 현금흐름		₩260,000
매출로부터의 현금 수입액	₩600,000	
매입 및 종업원에 대한 지출액	(235,000)	
이자비용에 대한 지출액	(50,000)	
법인세 비용에 대한 지출액	(55,000)	
Ⅱ. 투자활동 현금흐름		(200,000)
기계장치 구입대금	(200,000)	
Ⅲ. 재무활동 현금흐름		(30,000)
단기차입금의 차입	150,000	
장기차입금의 상환	(30,000)	
배당금 지급액	(150,000)	
Ⅳ. 현금의 증가		30,000
Ⅴ. 기초의 현금		20,000
Ⅵ. 기말의 현금		50,000

(2) 현금흐름이 건전하지 평가하시오.

이 회사는 영업활동에서 창출된 현금흐름으로 투자활동 즉 기계장치 구입대금을 충당하고 있으며, 남은 현금과 단기차입액을 합쳐서 장기차입금의 상환 및 배당금 지급에 사용하고 ₩30,000의 현금을 증가시키고 있다. 투자활동 입장에서 보면, 투자활동이 영업활동에서 창출된 현금흐름 범위 안에서 이루어지기 때문에 영업활동으로부터의 현금흐름이 충분하게 창출되고 있다고 평가되며, 따라서 건전한 현금흐름을 보인다고 말할 수 있다.

그러나 재무활동을 고려할 경우, 특히 배당금 지급액의 규모를 고려하면 투자활동에 사용되고 남은 현금으로 충당하기에는 많은 금액이 부족하다. 따라서 자본적 지출 및 현재의 배당금 지급액 규모를 충당할 정도로 영업활동으로부터의 현금흐름이 충분하게 창출되고 있다고 평가하기는 어렵다. 물론 배당금 지급액 규모를 상당 수준 줄일 경우 이 회사의 현금흐름은 대단히 건전한 쪽으로 개선될 것이다.

2-26

(1) 손익계산서

급 여	5,000	용역매출	39,000
임 차 료	7,000		
수도광열비	2,000		
통 신 비	10,000		
당기순이익	15,000		
비용 합계	39,000	수익 합계	39,000

자본변동표(이익잉여금항목)

전기이월이익잉여금	0
가산 : 당기순이익	15,000
미처분이익잉여금	15,000
차감 : 배당금	(12,000)
차기이월이익잉여금	3,000

재무상태표

현금예금	61,000	미지급금	20,000
소 모 품	12,000	자 본 금	350,000
비 품	100,000	이익잉여금	3,000
차 량	200,000	(당기순이익	15,000)
자산합계	373,000	부채와자본합계	373,000

현금흐름표

Ⅰ. 영업활동 현금흐름		23,000
매출 대금 회수액	39,000	
소모품 구입과 비용지급	(16,000)	
Ⅱ. 투자활동 현금흐름		(300,000)
비품과 차량구입	(300,000)	
Ⅲ. 재무활동 현금흐름		338,000
주식발행대금	350,000	
배당금 지급액	(12,000)	
Ⅳ. 현금의 증가		61,000
Ⅴ. 기초의 현금		0
Ⅵ. 기말의 현금		61,000

(2) 당월의 영업성과를 살펴볼 때 당기순이익 ₩15,000이 발생되어서 이 기업의 영업 실적이 양호함을 보이고 있는 것으로 판단된다. 뿐만 아니라 대차대조표를 보면 부채(₩35,000)에 비해 자기자본(₩373,000)이 훨씬 초과하고 있고 또한 차입금이 전혀 없으므로 대단히 건전한 재무구조를 갖고 있는 것으로 평가되어진다.

한편 현금흐름표를 보면 영업활동에서도 충분한 수준은 아니지만 +의현금을 창출하고 있고, 거액의 주식발행대금과 합쳐서 큰 폭의 투자활동을 수행하고 있다. 그리고 당기순이익의 대부분을 배당금으로 지급하고서도 충분한 현금을 보유하고 있는 상태이다. 따라서 신생기업의 창업초기에 이 정도의 수익성과 건실한 재무구조, 충분한 현금흐름, 양호한 배당금 지급규모 등을 고려해 볼 때 회사를 존속시키는 것이 당연한 것으로 판단된다.

2-27

(1) 대출담당자의 평가결과에 동의할 수 없다. 현금흐름증가액이 같다고 해서 지급능력 또는 현금창출능력이 동일한 것은 아니다. 경영활동별 현금흐름의 증감액에 대한 정보를 세부적으로 분석함으로써 지급능력이나 현금창출능력을 정확히 평가할 수 있다.

(2) 첫 번째 가능한 이유는 20×3년에 자금조달이 더 이상 가능하지 않게 되었다는 점이다. 투자활동 현금흐름이 +로 표시되고 있는 점 즉, 자산을 매각해서 현금흐름을 충당 또는 확보하고 있는 점이 이를 뒷받침해준다.

두 번째는 20×3년에 상환된 차입금과 동일한 금액이 조달되었을 경우에도 재무활동 현금흐름이 0으로 표시될 수 있다.

(3) 으뜸회사의 경우 영업활동 현금흐름을 보면 창출규모도 크고 또한 증가추세를 보이고 있어 영업활동을 통한 현금흐름의 내부창출능력이 매우 양호한 것으로 평가된다. 투자활동도 영업활동 현금흐름의 범위 안에서 그리고 증가추세로 이루어지고 있어 미래의 현금창출능력이 양호할 것으로 기대할 수 있다.

그러나 버금회사는 으뜸회사에 비해 영업활동 현금흐름의 창출규모도 적고 또한 감소추세를 보이고 있어 영업활동을 통한 현금흐름의 내부창출능력이 매우 취약해지고 있는 것으로 평가된다. 투자활동도 감소추세를 보이고 있으며, 20×3년도에는 영업활동과 재무활동에서 자금조달이 여의치 못하자 기존의 자산매각을 통해 기업의 규모를 축소시켜가면서까지 투자활동으로 현금을 조달하는 심각한 곤경에 빠져있는 모습을 보이고 있어 회사의 장래가 매우 불투명한 것으로 판단된다. 따라서 으뜸회사에 대출하는 것이 안전하다고 생각된다.

2-28

영업활동 현금흐름

수입		
용역수익회수액		₩105,000
지출		
급여지급액	₩50,000	
기타영업비	26,000	76,000
영업활동에서 벌어드린 현금		₩29,000

2-29

재무상태표

현 금	₩5,000	매입채무	₩7,000
상 품	10,000	자 본 금	33,000
건 물	40,000	이익잉여금	25,000
토 지	10,000		
자산합계	₩65,000	부채와자본합계	₩65,000

손익계산서	
매 출	₩80,000
매출원가	(50,000)
관 리 비	(10,000)
당기순이익	₩20,000

자본변동표(이익잉여금항목)	
기초이익잉여금	₩10,000
당기순이익	20,000
배 당 금	(5,000)
기말이익잉여금	₩25,000

2-30

(a) 13,000　(b) 1,180　(c) 5,500　(d) 0　(e) 5,500　(f)1,000
(g) 4,500　(h) 6,500　(i) 10,000　(j) 4,500　(k) 26,500　(l) 5,500
(m) (21,000)　(n) 12,000　(o) 6,500　(p) 0　(q) 6,500

제 3 장

3-1

01 ③　02 ③　03 ①　04 ②　05 ①　06 ③　07 ①　08 ①　09 ④　10 ①　11 ②　12 ④
13 ③　14 ③　15 ②　16 ⑤　17 ④　18 ①　19 ④　20 ②　21 ②　22 ③　23 ③

3-2

(1) ① 선박은 회사 소유가 아닌 나 씨의 개인용 유람선이다. 따라서 회사의 자산에 계상시키는 것은 실체공준에 위배되게 된다. 동시에 유람선을 구입하기 위해 은행에서 대출받은 개인부채를 회사의 부채로 계상시키는 것도 실체공준에 위배되는 회계처리가 된다. 따라서 모두 회사의 재무제표에서 제외시켜야 한다.

② 재고자산을 취득원가인 ₩100,000으로 계상하지 않고 현재 판매가능액인 ₩200,000으로 계상하는 것은 계속기업의 공준 또는 역사적 원가원칙에 위배되는 회계처리가 된다.

③ 나씨가 동생에게 빌려준 돈 ₩50,000은 개인적인 거래이기 때문에 매출채권 금액에서 제외되어야 한다. 이를 포함시키는 것은 실체의 공준에 위배되는 처리가 된다.

(2) 올바른 재무상태표 작성

재무상태표

자 산		부채, 자본	
현 금	300,000	매입채무	400,000
매출채권	450,000	장기차입금	100,000
재고자산	100,000	자 본	350,000
	850,000		850,000

3-3

(1) ① 수익과 비용을 인식함에 있어서 현재 발생시점에서 수익과 비용이 처리되어야 한다. 매출에 계상된 금액 중에 ₩50,000은 작년도 분으로서 실수로 작년에 계상하지 못한 부분인데 이번 연도에 포함시킨 것은 기간별 보고의 공준 또는 발생주의에 위배되는 회계처리이기 때문에 제외되어야 한다.

② 김씨가 건물을 사용함에 있어서 실제로는 임차료의 지급이 발생되지 않았다. 따라서 김씨가 주변 건물의 임차료인 ₩200,000을 비용으로 인식하여 계상하는 것은 타당하지 않다.

③ 김씨의 휴가는 회사의 영업활동과 무관한 것으로, 이를 포함시키는 것은 실체공준에 위배되는 것이다.

(2) 올바른 손익계산서

손익계산서

매 출	550,000
급 여	(100,000)
보험료	(30,000)
당기순이익	420,000

3-4

(1) ① 현금예금중 이씨 명의의 예금잔액은 제외되어야 한다.

② 주거용 건물, 가족용 차량, 가족용 차량 미지급금, 주거건물 미지급금은 모두 제외되어야 한다. ①, ②를 포함시키는 것은 기업실체공준에 위배되게 된다.

③ 재고자산은 원래의 원가 ₩25,000,000으로 계상해야 한다. 작성시점의 구입원가로 계상하는 것은 원가주의에 위배되는 것이다.

④ 대출을 받아서 구입한 차량은 취득원가로 자산에 계상하여야 한다. 담보가 설정되었더라도 회사소유이기 때문이다. 또한 대출금도 상환금을 제외한 나머지 잔액을 부채로 계상시켜야 한다.

(2)

재무상태표

현금예금	3,000	매입채무	7,700
매출채권	9,000	차입금	8,000
재고자산	25,000	자본금	56,000
설비자산	22,000		
점포용소모품	2,700		
차량운반구	10,000		
	71,700		71,700

3-5

① 임대보증금을 자산으로 계상하지 않은 것은 기업실체공준을 위배한 것이다. 임차료와 임대보증금은 출자금액에서 지급된 것으로 보아야 한다. 따라서 ₩1,300,000은 자본금에 포함시키고 보증금은 자산에 계상시킨다.

② 구입해서 보관 중이던 기계장치도 가계에서 사용하는 것이기 때문에 이를 계상하지 않은 것은 실체의 공준을 위배한 것이다. 따라서 자산과 자본금에 계상시켜야 한다.

③ 개인신용카드로 구입한 기계장치도 가계에서 사용하는 것으로 자산과 자본에 계상해야 기업실체의 공준에 위배되지 않는다. 또한 계상금액을 정가가 아닌 구입가격 ₩4,200,000으로 계상하여야 역사적 원가원칙에 위배되지 않는다.

④ 가계 개설후 구입한 기계장치를 구입한 달의 비용으로 처리하는 것은 발생주의 또는 수익비용대응의 원칙에 위배된다. 따라서 이 경우 감가상각비 형태로 내용연수 기간에 걸쳐서 비용처리되어야 한다. 본 문제에서는 감가상각과 관련된 자료가 주어지지 않았기 때문에 당월의 감가상각비를 비용으로 계상하지 않는다.

⑤ 현금 수취가 되지 않은 수선대금은 발생주의에 따라 수선발생 시점의 수익 및 수취채권으로 계상되어야 한다.

손익계산서

매출액	2,900,000
임차료	300,000
당기순이익	2,600,000

재무상태표

현금예금	400,000	자본금	13,000,000
외상매출금	2,500,000	당기순이익	2,600,000
기계장치	11,700,000		
보 증 금	1,000,000		
자산합계	15,600,000	자본합계	15,600,000

3-6

(1) ₩18,000,000 또는 ₩27,000,000

(2) 화폐가치가 변동을 하였기 때문에 동일하지가 않다.

(3) 10년 전에 구입한 토지를 20×3년 현재의 구매력으로 환산하면 ₩18,000,000이 된다. 이 금액에 20×3년에 구입한 토지의 취득원가 ₩9,000,000을 합쳐서 ₩27,000,000으로 표시하는 것이 적절하다.

3-7

(1) 발생주의에 따른 수익의 인식은 일반적으로 현금회수시점이 아니고 판매시점이기 때문이다.

(2) 발생주의에 따른 비용의 인식은 현금지급 시점과는 관계가 없이 발생된 시점에서 이루어지기 때문에 아직 지급되지 않은 광고비가 금년도 손익계산서에 계상되게 된다.

(3) 구입된 컴퓨터는 비용이 아니라 자산이기 때문에 손익계산서에 계상되지 않고 대차대조표에 계

상되게 된다.

(4) 배당금은 이익잉여금 중 일부를 주주에게 분배하는 것으로 재무활동에 해당되는 것이다. 따라서 영업활동 또는 수익창출활동과 관련된 비용과는 다르기 때문에 손익계산서에 계상되지 않는다.

3-8

(1) 이 회사의 손익계산서는 현금주의에 입각해서 작성된 것이다. 현행 기업회계기준에서는 발생주의를 적용해서 발생된 수익과 비용이 반영되어 경영성과가 정확하게 계상된 손익계산서를 작성하도록 하고 있다. 그러나 현금주의에 의해 손익계산서를 작성하면, 수익과 비용이 적절하게 대응되어 계상되지 않으므로 경영성과가 부정확하게 측정되게 된다. 따라서 현금주의는 적절하다고 볼 수 없다.

(2)

재무상태표

현　　금	₩29,300	미지급금(비용)	₩39,000
외상매출금	52,000	선 수 금	20,000
소 모 품	700	자 본 금	59,000
건　　물	21,000	이익잉여금	23,000
토　　지	20,000		
기 계 장 치	18,000		
자산합계	₩141,000	부채와자본합계	₩141,000

손익계산서

매　　출	₩87,000
영 업 비 용	61,000
소 모 품 비	2,500
잡 손 실	500
당기순이익	₩23,000

현금흐름표

20×3.1.1~12.31　　(단위 : 원)

Ⅰ. 영업활동 현금흐름		
가. 매출 등 수익활동으로부터의 유입액	₩ 55,000	₩29,300
나. 매입 및 종업원에 대한 유출액	(25,700)	
Ⅱ. 투자활동 현금흐름		(1,000)
1. 기계장치의 구입	(1,000)	
Ⅲ. 재무활동 현금흐름		1,000
1. 주식발행대금	1,000	
Ⅳ. 현금의 감소		₩29,300
Ⅴ. 기초의 현금		0
Ⅵ. 기말의 현금		₩29,300

(3) 이 회사가 요청한 ₩100,000의 신용대출은 신중하게 결정하여야 할 것으로 보인다. 물론 이 회사는 현재의 수익성이 양호하게 나타나고 있고, 또한 단기지급능력을 평가할 수 있는 유동비율

과 장기지급능력을 평가할 수 있는 부채비율이 양호하게 나타나고 있으므로 단기 및 장기지급능력도 양호한 것으로 보인다. 그리고 영업활동으로부터도 충분한 현금흐름이 창출되고 있다. 따라서 대출을 허용하는 것이 문제가 없을 것으로 보인다. 그러나 이 회사의 재무제표에 나타난 대출여부를 결정하는데 필요한 정보의 규모를 놓고 보면, 대출요청금액에 비해 적은 금액이기 때문에 대출승인을 할 경우 위험이 따르게 된다.

따라서 미래의 수익성과 존속가능성을 정확히 평가하는데 필요한 미래기간의 추정재무제표를 회사에 요청해서 대출결정에 참고하는 것이 안전한 방법이 될 것이다. 그렇지 못한 상황에서는 이 회사가 제공할 수 있는 담보가치가 있는 자산을 고려하는 것이 하나의 방법일 수 있다. 그러나 이 회사에 담보부 대출을 허용할 경우 이 회사의 자산은 현재의 자산보다 70% 이상 증가하게 된다. 그리고 이 회사의 유형자산을 시가로 환산해보아도 담보가치로 충분하지 못하고 있다. 따라서 한수선 씨의 개인 투자자산인 보유주식을 추가로 담보제공을 할 경우 대출은 가능하다고 판단된다.

3-9

하늘은 발생주의에 입각해서 수익과 비용을 계상한 손익계산서를 작성함으로써 당기의 순이익정보를 제공하고 있다. 반면에 바다는 현금주의에 입각하여 손익계산서를 작성함으로써 당해 기간의 경영성과가 적절하게 반영된 순이익정보를 제공하지 못하고 있다. 즉 바다는 당해 기간의 경영활동에서 발생한 현금수입과 현금지출에 관련된 정보를 제공함으로써 당해 기간의 경영성과와는 전혀 관계가 없는 당해 기간의 현금흐름증가액에 관한 정보를 제공하고 있는 것이다. 따라서 바다가 작성한 손익계산서에 표시된 내용은 현금흐름표에 표시될 내용이기 때문에 경영성과를 측정하는 손익계산서라고 말할 수 없다.

두 회사간의 회계처리상의 구체적인 차이점을 열거하면 다음과 같다.

① 수익 : 하늘은 현금회수에 관계없이 가득된 시점에서 수익을 인식하고 있다. 반면에 바다는 매출이 당기에 발생되었는지에 관계없이 매출대금이 회수된 시점에서 회수된 매출대금을 수익으로 인식하고 있다.

② 비용 : 하늘은 당기에 계상할 비용을 결정하는데 대응원칙을 사용하고 있다. 그러나 바다는 당기의 매출액과의 관련성에 관계없이 모든 현금지급액을 비용으로 계상하고 있다.

③ 유형자산처분이익 : 하늘은 유형자산의 장부가액을 초과하는 처분가액과의 차액을 유형자산처분이익으로 인식하고 있다. 반면에 바다는 유형자산의 처분가액 전부를 처분시점의 수익으로 인식하고 있다.

④ 이자수익 : 하늘은 이자수익을 비록 미수부분이 있다 할지라도 당기 중에 발생된 금액 모두를 수익으로 계상하고 있다. 반면에 바다는 발생된 기간에 관계없이 수취한 금액만을 이자수익으로 계상하고 있다.

⑤ 유형자산의 구입 : 하늘은 영업용 유형자산의 구입을 손익계산서에 계상하고 있지 않다. 단지 자산을 사용함으로써 당기에 배부되는 원가만을 비용으로 계상하고 있다. 그러나 바다는 유형자산의 취득원가 전부를 구입시점의 비용으로 인식하고 있다.

⑥ 배당금 : 하늘은 소유주에 대한 배당금 지급액을 이익의 차감항목으로 인식하고 있지 않다. 그러나 바다는 배당금 지급액을 손익계산서상의 현금지출란에 계상하고 있다.

결론적으로 두 회사가 작성한 손익계산서를 통해 두 회사를 비교하는 것은 대단히 어렵다. 하늘

이 작성한 손익계산서상에 계상된 항목은 당기의 활동과 관련된 반면에, 바다가 작성한 손익계산서상에 계상된 현금 수입과 지출항목은 당기와 이전기간 및 미래기간의 거래와 관련된 것이기 때문이다.

따라서 현금수지를 특정기간의 이익을 평가하는데 사용하거나, 발생주의에 입각한 손익계산서와 비교하는 것은 의미가 없는 것이다.

3-10

손익계산서

매 출	₩385,0001
매 출 원 가	(181,000)[2]
매 출 총 이 익	204,000
급 여	(94,000)[3]
보 험 료	(2,500)4
영 업 이 익	107,500
유형자산처분이익	12,0005
법인세비용차감전순이익	119,500
법인세비용	(37,000)
당기순이익	₩119,000

1) ₩385,000=₩364,000－₩26,000+₩47,000
2) ₩181,000=₩185,000－₩21,000+₩17,000
3) ₩94,000=₩90,000－₩9,000+₩13,000
4) ₩2,500=₩30,000÷12개월
5) ₩12,000=₩28,500－₩16,500

3-11

연료비로 계상된 ₩170,000,000에 포함된 미사용분 ₩1,000,000은 그만큼 당기순이익을 과소계상시키게 된다. 이 금액은 당기순이익의 1.14%에 해당하는 금액으로서 당기 경영성과를 왜곡 표시할 정도로 중요한 금액이라고 보기는 어렵다. 따라서 재무제표에 중대한 영향을 끼치는 중대한 오류라고 볼 수 없다.

⇨ 제 4 장

4-1

01 ② 02 ④ 03 ③ 04 ① 05 ④ 06 ④ 07 ③ 08 ② 09 ④ 10 ①

11 ①

풀이 외상매출액÷{(250,000+300,000)÷2}=5 ∴외상매출액은 1,375,000.
총매출액=외상매출액+현금매출액이므로 총매출액=1,375,000+100,000=1,475,000임

12 ②

풀이 기초재고액+당기매입액－기말재고액=매출원가이므로
기초재고액+2,000,000－400,000=2,200,000이다.
∴ 기초재고액은 600,000임.
따라서 재고자산회전율은 {2,200,000÷(600,000+400,000)÷2}=4.4임

13 ③

풀이 순매출액－매출총이익=매출원가이므로
매출원가는 7,200,000－1,800,000=5,400,000이다.
재고자산회전율은 매출원가÷평균재고자산으로 5,400,000÷1,800,000=3회.
평균보유기간을 구하면 360÷3=120일.
매출채권회전율을 구하면 7,200,000÷800,000=9회.
평균회수기간을 구하면 360÷9=40일.
∴ 정상영업순환주기는 120일+40일=160일임

14 ②

풀이 유동자산÷유동부채=3, 유동부채가 2,400,000이므로 유동자산은 7,200,000이 된다. 당좌자산÷유동부채=1.8에서 유동부채가 2,400,000이므로 당좌자산은 4,320,000이 된다. 유동자산－당좌자산=재고자산이므로 재고자산은 2,880,000이 된다. 매출원가÷{(2,000,000+2,880,000)÷2}=8이므로 매출원가는 19,520,000임

15 ③

16 ③

풀이 자기자본이익률의 산식은 당기순이익÷자기자본이다. 매출액이익률은 당기순이익÷매출액으로 그 값이 5%이므로 당기순이익은 매출액×0.05가 된다. 총자본회전율은 매출액÷총자본으로 그 값이 200%이므로 매출액은 총자본×2이다. 자기자본비율은 자기자본÷총자본으로 그 값이 50%이므로 총자본은 자기자본×2가 된다. 이들 값들을 자기자본이익률의 산식에다 대입하면 0.05×2×2×자기자본÷자기자본=0.2(또는 20%)가 된다.

17 ④

풀이 (140,000－5,000)÷6,000주=22.5

18 ①

풀이 주당순이익=당기순이익 800,000÷보통주 발행주식주 10,000주=₩80 주가수익률=주식의 시가 ₩240÷주당순이익₩80=₩3.0

19 ④

풀이 (800,000＋120,000＋600,000)÷120,000＝12.67

20 ③ **21** ①

4-2

(1) ① 순운전자본: 58,000－75,000＝(17,000)

② 유동비율: 58,000÷75,000＝0.77

③ 부채비율: 75,000÷125,000＝0.6

(2) 이 기업은 유동비율이 0.77로 유동성 또는 단기지급능력이 매우 취약한 상태이다. 그러나 부채비율은 0.6으로 재무구조가 매우 건전하여 안전성 즉 장기지급능력은 양호한 것으로 판단된다. 따라서 추가적으로 자금조달할 수 있는 능력을 갖춘 기업이라 할 수 있기 때문에 현재의 유동성 위기를 대출을 통해 넘길 수 있다면 장기적으로 지급능력에는 문제가 없을 것으로 보여진다.

4-3

(1) 공통형 손익계산서

	당년도	비 중	전년도	비 중
매출액	₩480,000	100%	₩440,000	100%
매출원가	350,000	73%	240,000	55%
매출총이익	130,000	27%	200,000	45%
판매비와 관리비	100,000	21%	120,000	27%
영업이익	30,000	6%	80,000	18%
이자비용	35,000	7%	30,000	7%
법인세비용차감전순이익	(5,000)	(1%)	50,000	11%
법인세비용	(2,000)		20,000	4%
당기순이익	(3,000)	(1%)	117,600	7%

(2) 이 회사는 매출원가에 심각한 문제를 가지고 있다. 매출원가가 급증하게 된 결과로 매출총이익이 45%에서 27%로 급격히 감소했다. 이 회사가 제조회사라면, 생산제품에 과다한 결격품이 발생하고 있거나 품질관리상의 문제가 그 원인일 수 있다. 결국 이 회사는 매출원가의 문제로 인해서 전년도에 큰 폭의 당기순이익을 발생시켰던 것과는 반대로 당년도에는 당기순손실을 계상하게 된 것이다.

(3) 영업이익과 이자비용은 발생주의 개념에 따라 측정된 것이다. 따라서 보고된 발생주의에 따른 수치는 관련된 현금흐름과 차이가 날 수 있다. 예를 들어 당년도에 지급된 실제 이자지급액이 손익계산서상에 계상된 이자비용 ₩35,000보다 적을 수도 있다. 그리고 이자지급은 영업이익으로 지급되는 것이 아니고 현금으로 지급된다는 점이다. 따라서 영업이익이 이자비용보다 적다고 해서 이자를 지급할 수 없는 상황이라고 해석해서는 안 된다. 회사가 현금으로 이자지급액을 지급할 수 있는 능력을 갈고 있는 지를 알아보는 방법으로는 이자와 법인세를 지급하기 전의 영업활동으로 인한 현금흐름(현금흐름표에서 계산됨)을 계산해서 이를 이자지급액과 비교해보는 것이다. 이자와 법인세를 지급하기 전의 영업활동으로 인한 현금흐름이 이자지급액을 훨씬 초과하면, 이 회사는 영업활동에서 창출한 현금으로 이자를 충분히 갚을 수 있는 것이다. 물론 영업활동에서 창출한 현금이 이자지급액을 지급할 수 없을 정도로 불충분하더라도, 차입을 하거나 또는 기존의 자산을 매각하는 방식을 통해 필요한 현금을 확보해서 이자를 지급할 수도 있다.

4-4

(1) 공통형 손익계산서

	당년도	비 중	전년도	비 중
매출액	₩1,000,000	100%	₩700,000	100%
매출원가	700,000	70%	500,000	71.4%
매출총이익	300,000	30%	200,000	28.6%
판매비와 관리비	240,000	24%	160,000	22.9%
영업이익	60,000	6%	40,000	5.7%
이자비용	22,000	2.2%	22,000	3.1%
법인세비용차감전순이익	38,000	3.8%	18,000	2.6%
법인세비용	13,000	1.3%	6,000	0.9%
당기순이익	25,000	2.5%	12,000	1.7%

(2) 이 회사는 전년도와 비교해서 당년도에는 수익성이 개선된 모습을 보이고 있다. 매출액 대비 모든 순이익이 전년도보다 증가하였으며, 이렇게 수익성이 개선된 주된 원인은 매출원가와 이자비용의 비중이 감소된 것에서 찾을 수 있다. 그리고 자산을 효율적으로 관리한 것도 수익성을 개선시키데 영향을 미쳤다. (총자산회전률과 비유동자산회전률을 계산해 볼 것)

(3) 차입방식을 선택해서 자금을 조달하였을 경우의 당기순이익과 자기자본을 계산하면 다음과 같다. 단 장기차입금의 이자율은 10%, 법인세율은 33%로 가정한다.

	현행	장기차입
영업이익	₩60,000	₩60,000
이자비용	(22,000)	(28,000)
법인세비용차감전순이익	38,000	32,000
법인세비용	(13,000)	(11,000)
당기순이익	₩25,000	₩21,000
자기자본		
납입자본	₩113,000	₩50,000
기초이익잉여금	39,000	39,000
당기순이익	25,000	21,000
자기자본	₩177,000	₩110,000

현행방식과 차입방식하의 자기자본이익률을 계산하면 다음과 같다.

	현행	장기차입
자기자본이익률	₩25/₩177 = 14.1%	₩21/₩110 = 19.1%

주주의 생각대로 현행방식보다 차입방식하의 자기자본이익률이 높게 나타나고 있음을 알 수 있다.

4-5

(1) ① 자기자본이익률을 통해서 판단할 수 있다.

$$(주)한빛 : \frac{₩51,000}{₩233,000} = 21.9\%$$

$$(주)샛별 : \frac{₩63,000}{₩243,000} = 25.9\%$$

(주)샛별의 자기자본이익률이 더 높으므로 (주)샛별이 주주에게 이익을 더 가져다 주는 회사이다.

②

	유동비율	당좌비율
(주)한빛 :	$\frac{₩191,000}{₩80,500} = 2.4\%$	$\frac{₩66,000}{₩80,500} = 0.8$
(주)샛별 :	$\frac{₩185,000}{₩102,000} = 1.8\%$	$\frac{₩95,000}{₩102,000} = 0.9$

유동비율은 재고자산 비중이 높은 (주)한빛이 높고, 당좌비율은 (주)샛별이 약간 더 높은 것으로 나타나고 있다. 두 기업간의 큰 차이는 없다고 보여진다.

③ 채권투자자는 부채비율과 이자보상비율, 영업활동으로 인한 현금 대 고정부채비율 등에 관심을 가져야 한다. 이 문제에서는 부채비율과 이자보상비율의 계산만 가능하다.

	부채비율	이자보상비율
(주)한빛 :	$\frac{₩77,000}{₩390,500} = 19.3\%$	$\frac{₩110,000}{₩8000} = 13.8$
(주)샛별 :	$\frac{₩100,000}{₩445,000} = 22.5\%$	$\frac{₩135,000}{₩9,000} = 15.0$

(주)한빛은 부채비율이 더 양호하고, (주)샛별은 이자보상비율이 더 양호한 것으로 나타나고 있다. 두 기업 모두 사채투자대상 기업으로 적합하다고 생각된다.

④ 매출채권회전율

$$(주)한빛 : \frac{₩590,000}{₩43,000} = 13.7 \ (평균\ 27일)$$

$$(주)샛별 : \frac{₩910,000}{₩53,000} = 17.2 \ (평균\ 21일)$$

(주)샛별의 매출채권회전율 또는 회수기간이 더 빠르게 나타나고 있지만, 두 기업 모두 양호하다고 보여진다

⑤ $\underline{\text{재고자산 보유기간}} + \underline{\text{매출채권 회수기간}} = \underline{\text{정상영업주기}}$

$$\text{(주)한빛} : \frac{365}{(₩420,000\ /\ ₩125,000)} = 109\text{일}+27\text{일} = 136\text{일}$$

$$\text{(주)샛별} : \frac{365}{(₩700,000\ /\ ₩90,000)} = 47\text{일}+21\text{일} = 68\text{일}$$

⑥ 배당성향 유보율

$$\text{(주)한빛} : \frac{₩11,000}{₩51,000} = 21.6\% \qquad 78.4\%$$

$$\text{(주)샛별} : \frac{₩17,000}{₩63,000} = 27.0\% \qquad 73.0\%$$

두 기업 모두 높은 유보율을 보여주고 있으나 (주)한빛이 약간 더 많다.

(2) 투자수익률 = 매출액이익률 × 총자산회전률

$$\text{(주)한빛} : \frac{₩51,000}{₩390,500} = \frac{₩51,000}{₩590,000} \times \frac{₩590,000}{₩390,500} = 13.0\%$$

$$\text{(주)한빛} : \frac{₩63,000}{₩445,000} = \frac{₩63,000}{₩910,000} \times \frac{₩910,000}{₩445,000} = 14.1\%$$

(주)샛별의 투자수익률이 약간 더 높게 나타나고 있다. 매출액 이익률은 (주)한빛보다 낮지만, 높은 총자산회전률로 만회하고 있음을 알 수 있다.

(3) (1)과 (2)에서 계산한 재무비율에 따르면 두 기업 모두 양호한 투자대상기업이라고 볼 수 있다.

4-6

(1)

	20×3	20×2
① 유동비율	6.1	7.4
② 부채비율	0.96	0.89
③ 이자보상비율	14.5	16.6
④ 비유동자산회전률	12.5	10.8
⑤ 총자산회전율	1.59	1.52
⑥ 평균회수기간	2.9	5.9
⑦ 평균보유기간	398.2	436.0
⑧ 매출액순이익률	18.0%	19.8%
⑨ 총자산이익률	28.7%	30.0%
⑩ 자기자본이익률	56.3%	56.7%

(2) 수익성에 관련된 비율을 보면, 20×2년도에 비해 20×3년도는 하락한 모습을 보이고 있어, 수익성이 악화된 것으로 평가된다. 다른 수익성 비율에 비해 자기자본이익률이 20×2년도와 비슷한 수준을 나타내고 있는 것은 20×3년도에 부채의 증가로 인한 레버리지 효과에서 그 원인을 찾을 수 있다. 그러나 효율성과 관련된 비율을 보면 모두 약간 개선된 모습을 보이고 있어, 효율성은 약간 개선된 것으로 평가된다. 장·단기지급능력은 전년도에 비해 약간 악화된 것으로 나타나고 있다.

(3) 이 회사의 20×3년도 12월 31일 현재 장부상의 자기자본은 ₩160,000이다. 따라서 단순히 인수제안 금액인 ₩400,000과 비교하면 많은 금액을 받고 매각하는 것처럼 보인다.
그러나 이 회사의 가치를 주가이익률에 의해 평가할 경우 인수가격 이 ₩400,000이기 때문에 주가이익률이 4.4(₩400,000/ ₩90,000= 4.4)가 되는데, 이 값이 이 회사가 속한 업종의 주가수익률보다 낮은 값이라면, 이 회사의 가치가 제대로 반영된 것으로 보기 어렵다. 예를 들어 이 회사가 속한 업종의 주가수익률이 20이라고 가정한다면 이 회사의 가치는 ₩1,800,000 (₩90,000×20 = ₩1,800,000)이 된다. 따라서 이 회사에 대한 인수제안 가격 ₩400,000은 매우 낮은 가격이 되므로 최소한 이 회사가 속한 업종의 주가수익률이 반영된 가격으로 매각하는 것이 바람직하다.

4-7

(1)

	20×3	20×2
① 유동비율	1.36	0.80
② 부채비율	0.63	0.60
③ 이자보상비율	14.0	21.0
④ 비유동자산회전률	5.3	4.5
⑤ 총자산회전율	3.01	2.80
⑥ 매출액순이익률	7.4%	6.3%
⑦ 총자산이익률	22.2%	17.5%
⑧ 자기자본이익률	36.1%	28.0%

(2) 수익성에 관련된 비율을 보면, 20×2년도에 비해 20×3년도에 증가된 모습을 보이고 있어, 수익성이 개선되었다고 평가할 수 있다. 한편 효율성에 관련된 비율도 증가되어 수익성 증대에 기여하고 있음을 알 수 있다.
그리고 단기지급능력의 경우 유동비율의 증가를 통해 개선되고 있음을 알 수 있다. 장기지급능력의 경우는 부채비율이 20×2년도에 비해 약간 증가되고 있으나, 비율 값 자체가 높은 편이 아니며, 이자보상비율은 20×2년도보다 많이 하락되기는 했지만 비율 값이 높게 나타나서 이자지급능력이 충분한 것으로 평가할 수 있기 때문에 아직은 양호한 수준을 유지하고 있는 것으로 판단된다.

(3) 장기차입금 ₩84,000을 대출받을 경우, 이 회사의 부채비율은 63%에서 218.5% (₩118,000/ ₩54,000=2.185)로 대폭 증가하게 된다. 부채비율의 대폭적인 증가는 장기지급능력이 약화될 가능성이 높다는 것을 의미하게 된다. 이자보상비율에 의해서도 장기차입이 장기지급능력에 미치는 영향을 파악할 수 있다. 신규차입금에 대한 이자율을 연 10%, 그리고 신규차입을 통해 취득한 자산으로부터 이익이 전혀 창출되고 있지 않은 것으로 가정한다면, 이 회사의 이자보상비율은 14.0에서 2.7[₩28,000/(₩2,000+₩8,400)= 2.7]로 급격히 감소되게 되지만 이자지급능력은

유지된다.

그러나 신규차입을 통해 취득한 자산이 현재 자산규모와 비슷한 규모이기 때문에, 이들 자산으로부터 이익 창출수준이 비슷한 것으로 가정한다면, 이 회사의 이자보상비율은 5.38[₩56,000/(₩2,000+₩8,400)=5.38]이 되어 이자지급능력이 향상될 것이다.

결론적으로 장기차입으로 인해 부채비율이 대폭 증가되지만, 이자지급능력이 유지되고 있는 것으로 보여진다. 따라서 은행입장에서 이 회사에 대출을 승인하는 것은 문제가 없다고 판단된다.

4-8

(1)

	당년도	전년도
① 유동비율	1.9	2.53
② 당좌비율	0.69	1.09
③ 매출채권회전율	12.8회	15.8회
매출채권회수기간	28.5일	23.1일
④ 재고자산회전율	5.0회	6.3회
평균보유기간	73일	58일
⑤ 부채비율	0.88	0.72
⑥ 이자보상비율	6.6배	4.9배

(2)

① 공통형재무상태표

(주)세계전자 20×3. 12. 31 (단위 : %)

	당년도	전년도
자산		
유동자산 :		
현금	2.3	6.1
유가증권	-	0.7
매출채권(순액)	16.0	12.2
재고자산	31.7	24.4
선급비용	0.7	0.9
유동자산총계	50.7	44.3
공장 및 설비자산(순액)	49.3	55.7
자산총계	100	100
부채와 자본 :		
부채 :		
유동부채	26.7	17.5
사채, 이자율12%	20.0	24.4
부채총계	46.7	41.9
자본 :		
우선주자본금	8.3	10.2
보통주자본금	16.7	20.3
이익잉여금	28.3	27.6
자본총계	53.3	58.1
부채와 자본총계	100	100

② 공통형손익계산서

(주)세계전자 20×3.1.1~12.31 (단위 : %)

	당년도	전년도
매출액	100	100
매출원가	77.5	79.3
매출총이익	22.5	20.7
판매비와 관리비	13.1	12.6
영업이익	9.4	8.1
이자비용	1.4	1.7
법인세비용차감전순이익	8.0	6.4
법인세비용	2.4	1.9
당기순이익	5.6	4.5

(3) 앞의 (1)과 (2)의 분석결과를 정리하면 다음과 같다.

① 이 회사의 이익이 전년도에 비해 증가하였다. 이는 판매비와 관리비의 증가로 인해 부분적으로 상쇄되기는 했지만 매출원가의 감소에 따른 매출총이익의 증가에서 그 원인을 찾을 수 있다.

② 이 회사의 유동성은 전년도 이래로 매우 심하게 악화되고 있다. 유동비율과 당좌비율 모두 산업평균에 미달하고 있으며, 또한 감소하는 추세를 보이고 있는 점이 이를 말해주고 있다. 따라서 이런 추세가 계속된다면 이 회사는 얼마 안 있어 만기가 도래한 부채를 상환하는데 곤란을 겪을 가능성이 높아질 것이다.

③ 현금계정의 급격한 감소는 매출채권과 재고자산의 비중이 커진데서 그 주된 원인을 찾을 수 있다. 매출채권의 평균회수기간이 전년도에 비해 5일 정도 연장되었으며, 당연도의 평균회수기간을 산업평균과 비교할 때 10일 정도 길다는 것을 알 수 있다. 이 회사의 평균회수기간이 28.5일이라는 것은 이 회사의 많은 고객들이 할인혜택을 받고 있지 않다는 말이 된다.

④ 당연도의 재고자산회전율은 전연도의 6.3회에 비해 5회로 약간 감소되었다. 또한 이 회사는 재고자산을 회전시키는데 산업평균보다 약 2주일 정도 더 걸리고 있다. 이는 이 회사가 필요로 하는 재고자산보다 더 많은 재고자산을 보유하고 있다는 의미로 해석된다.

⑤ 결론적으로 이 회사가 매출채권과 재고자산을 적절하게 통제할 수 있을 때 대출을 승인하여야 한다고 생각된다. 매출채권의 평균회수기간을 20일 정도로 단축시키거나 재고자산의 평균보유기간을 60일 정도로 축소시킨다면 이 회사의 현금상태가 충분히 개선되어 자금의 여유가 생길 것이다. 이렇게 될 경우 설비 현대화 목적 이외의 대출은 필요하지 않게 될 것으로 판단된다.

4-9

(1)

	당년도	전년도
① 총자산이익률	6.8%	5.1%
② 자기자본이익률	9.2%	4.9%
③ 레버리지는 당연도에 +의 값을 보인다. 이는 자기자본이 익률이 총자산이익률에 비해 크기 때문이다.		

(2)

	당년도	전년도
① 주당순이익	₩1,392	₩720
② 배당수익률	4.0%	3.6%
③ 배당성향	31.0%	30.0%
④ 주가수익률	7.8	8.3
(주)한국의 주가수익률은 산업평균에 비해 낮게 나타나고 있기 때문에 투자자는 산업내 다른 기업보다 낮게 평가하고 있는 것으로 보인다.		
⑤ 주당장부가치	₩15,600	₩14,640
양 연도 모두 보통주의 주당시장가격이 주당장부가액보다 낮다. 따라서 이 회사의 주식가격은 과소평가되었을 가능성이 있다.		

(3)

	당년도	전년도
① 순운전자본	₩39,000,000	₩31,800,000
② 유동비율	2.0	2.15
③ 당좌비율	0.94	1.22
④ 매출채권회전율	7회	7.4회
평균회수기간	52일	49일
⑤ 재고자산회전율	4회	4.6회
평균보유기간	91.3일	79.3일
⑥ 부채비율	0.78	0.63
⑦ 이자보상비율	4.3배	3.4배

(4) 이 회사의 유동성과 관련된 비율의 값은 감소추세를 보이고 있으며, 또한 산업평균과 비교해 약간 낮게 나타나고 있다. 매출채권의 회수기간과 재고자산의 보유기간 모두 길어지고 있으며 산업평균과 비교해 모두 길다. 부채비율과 이자보상비율도 산업평균과 비교해 좋지 않은 결과를 보이고 있다. 결국 이 회사는 장·단기지급능력 모두 양호하지 않음을 알 수 있다. 따라서 대출은 승인하지 않는 것이 좋을 것 같다. 대신에 수익성이 호전되고 있고 주가가 저평가되어 있는 점을 이용해서 주식발행을 통해 자금을 조달하는 방안을 검토하는 것이 바람직하다는 조언을 할 필요가 있다.

⇨ 제 5 장

5-1

01 ②　02 ①　03 ①　04 ④　05 ②　06 ③　07 ⑤　08 ③　09 ④
10 ③

풀이

현금매출액	₩ 5,000,000
상품현금매입액	(3,000,000)
급여현금지급액	(1,000,000)
이자현금수취액	500,000
법인세현금지급액	(300,000)
영업활동현금흐름	₩1,200,000

11 ④ 12 ④ 13 ③ 14 ③ 15 ④ 16 ③ 17 ③ 18 ① 19 ④ 20 ④ 21 ④ 22 ③
23 ② 24 ②

5-2

설립된지 오래된 회사(성숙기에 위치한 회사를 말함)가 －의 영업활동으로 인한 현금흐름을 보이는 것은 위험한 상황에 처해 있다는 신호로 해석된다. 이러한 회사는 사실 영업활동에서 충분한 현금흐름을 창출해서 이를 투자활동에 사용하고 그리고 남은 현금으로 배당금 지급, 부채상환 등에 사용할 수 있을 정도가 되어야 한다. 이 회사의 현금흐름표를 자세히 볼 것 같으면 바로 그러한 패턴을 보이고 있음을 알 수 있다. 결국 당신의 친구는 현금잔액의 감소액을 영업활동으로 인한 현금흐름과 혼동하는 잘못을 저지르고 있는 것이기 때문에 친구의 주장은 잘못된 것이다. 현금의 최종적인 증감액은 별로 중요한 정보가 되지 못한다. 가장 중요한 정보는 영업활동으로 인한 정보라는 점을 유념할 필요가 있다.

5-3

(1) 이 회사의 현금 원천 및 그 비중과 현금용도 및 비중은 다음과 같이 공통형현금흐름표의 작성을 통해 나타낼 수 있다.

공통형현금흐름표

계정과목	유입액	유출액	유입액(%)	유출액(%)
Ⅰ. 영업활동				
영업활동으로 인한 현금흐름	620,000		21.23	
Ⅱ. 투자활동				
1. 유형자산의 처분	300,000		10.27	
2. 유형자산의 구입		1,200,000		41.10
투자활동으로 인한 현금흐름	300,000	1,200,000	10.27	41.10
Ⅲ. 재무활동				
1. 주식의 발행	2,000,000		68.49	
2. 사채의 상환		1,300,000		44.52
3. 배당금의 지급		250,000		8.56
재무활동으로 인한 현금흐름	2,000,000	1,550,000	68.49	53.08
Ⅳ. 현금유입액 및 유출액	2,920,000	2,750,000	100.00	94.18
Ⅴ. 현금의 증가(감소)	170,000			5.82

한편 이 회사의 현금 용도합계액을 기준으로 비중을 계산하면 다음과 같다.

	금액	비중
유형자산의 구입	₩1,200,000	43.6%
사채의 상환	1,300,000	47.3%
배당금의 지급	250,000	9.1%
현금의 용도합계	₩2,750,000	100.0%

(2) 이 회사는 위험도를 감소시켰다. 이 회사는 ₩1,300,000의 사채를 상환하였으며, 또한 주식을 ₩2,000,000이나 추가로 발행하였기 때문에 재무구조가 개선되었으며, 이에 따라 재무적 위험이

감소되게 된 것이다.

(3) 이 문제에서 총자산에 대한 정보가 제공되고 있지 않기 때문에 유형자산에 얼마나 투자되고 있는지를 알 수가 없다. 그러나 신규로 유형자산을 ₩1,200,000 구입하였으며, 반면에 유형자산의 처분이 ₩300,000 이루어져, 결과적으로 유형자산에 대한 투자액이 ₩900,000인 것을 알 수 있다. 이 순투자액이 기존의 자산에 대한 감가상각비와 비교해서 훨씬 많은 금액이라면 회사규모가 확장된 것으로 볼 수 있다. 이 회사의 현금흐름표상에 기존의 자산에 대한 감가상각비를 제시하지 않고 있기 때문에 순투자액과 감가상각비를 비교할 수 없지만, 순투자액이 영업활동으로 인한 현금흐름을 많이 초과하고 있기 때문에 회사규모가 확장된 것일 가능성이 높은 것으로 추정할 수 있다.

유형자산에 대한 투자자금은 영업활동으로 인한 현금흐름이 ₩620,000으로 유형자산의 순투자액 ₩900,000을 충당할 수 없으므로 재무활동을 통해서 나머지 부족한 금액을 조달하고 있다.

5-4

이 회사의 현금흐름표를 공통형 현금흐름표로 작성해보면 현금흐름의 증가원인이 명확해진다.

공통형현금흐름표

계정과목	유입액	유출액	유입액(%)	유출액(%)
Ⅰ. 영업활동				
영업활동으로 인한 현금흐름	165,000		9.91	
Ⅱ. 투자활동				
1. 기계장치의 처분	200,000		12.01	
2. 투자유가증권(A회사)의 구입		1,000,000		60.06
투자활동으로 인한 현금흐름	200,000	1,000,000	12.01	60.06
Ⅲ. 재무활동				
1. 주식의 발행	500,000		30.03	
2. 장기차입금의 차입	800,000		48.05	24.02
3. 사채의 상환		400,000		12.01
3. 배당금의 지급		200,000		12.01
재무활동으로 인한 현금흐름	1,300,000	600,000	78.08	36.04
Ⅳ. 현금유입액 및 유출액	1,665,000	1,600,000	100.00	96.10
Ⅴ. 현금의 증가(감소)	65,000			3.90

이 회사의 현금흐름표를 보면, 영업활동에서 창출되는 현금흐름이 충분하지 못하기 때문에 투자유가증권의 구입과 사채상환 및 배당금 지급에 필요한 부족현금을 확보하기 위해서 일부 기계를 처분하여 현금을 조달하였으며, 또한 재무활동을 통해 즉, 주식 발행과 장기차입금의 차입에 의해 현금이 조달되었다. 이에 따라 결과적으로 현금흐름이 증가되게 된 것이다.

한편 영업활동과 재무활동에서 창출된 현금흐름의 대부분이 A회사에 투자되고 있음을 알 수 있다. 이러한 투자가 A회사를 인수 또는 합병할 의도를 가지고 수행된 것이라면, A회사에 대한 투자가 (주)새벽별의 전체적인 수익성에 미치는 영향을 평가하기 위해 A회사의 재무제표를 검토하여야 한다. 또한 (주)새벽별이 신규로 설비투자를 하지 않고, 오히려 기존의 기계장치를 처분하고 있다는 점과 주식을 발행하고, 장기차입금을 차입해서 타기업의 인수 또는 합병에 착수하고 있는 점을 보면, 이 회사가 기업의 수명주기상 쇠퇴기에 접어들면서 대규모의 조직개편 작업을 진행하고 있는 것으로 추정된다. 이러한 점들의 성공여부가 이 회사의 미래의 수익성에 영향을 끼칠 것으로 판단된다.

5-5

(1) 이 회사의 정상적인 상황에서 ₩45,000의 현상유지에 필요한 자본적 지출 및 ₩40,000의 배당금 지급을 전제로 했을 때의 잉여현금흐름을 계산해보면 －₩35,000(₩50,000－₩45,000－₩40,000=－₩35,000)이 된다. 계산된 잉여현금흐름이 －로 나타나고 있기 때문에 이 회사는 배당에 필요한 현금을 영업활동에서 창출한 현금으로 모두 충당하지 못하고 대부분을 투자나 재무활동을 통해서 조달된 현금으로 지급하고 있는 상황이다. 따라서 ₩40,000의 배당금 지급은 안정적인 수준이 될 수 없음을 알 수 있다. 결국 ₩40,000의 배당금 지급은 영업활동에서의 현금창출능력에 비추어볼 때 지나치게 과다한 것으로, 매년 이 수준의 배당금 지급이 이루어질 경우 투자 및 재무활동에 의존할 수밖에 없기 때문에 회사의 현금흐름상태에 큰 부담을 줄 것으로 예상된다.

따라서 영업활동에서의 현금창출능력이 앞으로 대폭 개선되지 않는 한, 현재의 배당금 수준을 유지하는 것은 문제가 있기 때문에 배당금 지급수준을 낮추는 방안을 고려해야 한다.

(2) 현재 현금흐름표상에 나타난 이례적인 요인 2가지가 이 회사의 미래 배당금 지급능력을 평가하는데 고려되어야 한다. 첫째로 이 회사는 당해 연도에 유형자산을 구입하는데 이례적으로 대규모 금액을 지출하였다. 이러한 자본적 지출은 영업활동으로 인한 현금흐름의 창출수준을 현재보다 더 높은 수준으로 증가시킬 것이다. 둘째로 이 회사는 사채와 주식을 발행해서 자금을 조달했다. 이에 따라 사채에 관련된 이자지급액은 미래의 영업활동으로 인한 현금흐름을 감소시키는 쪽으로 작용할 것이며, 주식의 추가적 발행은 이 회사가 현재 수준의 주당 배당액을 유지한다면 배당금 총지급액을 증가시키는 쪽으로 작용할 것이다.

결국 이례적인 투자 및 재무활동이 유형자산에 대한 신규투자가 이자지급액과 배당금 지급액의 증가분을 능가할 정도의 현금흐름을 창출시킬 경우에만 배당금 지급능력을 개선하는데 기여하게 될 것이다.

5-6

이 회사가 사채를 예정된 상환연도보다 앞당겨서 금년도에 상환한 배경은 이 회사가 당기순손실을 보고하게 될 상황에 직면하게 된 점을 들 수 있다. 이 회사가 보고한 당기순이익은 ₩50,000이지만, 사채의 조기상환으로 인한 사채상환이익이 ₩70,000인 것을 고려하면, 이 회사는 사실상 ₩20,000의 당기순손실이 발생한 상황인 것이다. 결국 ₩20,000의 당기순손실을 흑자로 전환시키기 위해 이 회사의 경영자는 사채의 조기상환이란 방법을 이용한 것이다.

5-7

현금흐름패턴에 대한 추세분석이 당기순이익의 추세분석보다 우수한 분석적 정보를 제공한다는 주장에 동의한다. 이 회사의 당기순이익 추세를 살펴보면 20×2년까지 흑자를 시현하고 있고 20×3년에 적자로 전환되었기 때문에 20×2년까지는 수익성에 문제가 없는 것으로 보인다. 그러나 현금흐름표상의 3가지 활동별 현금흐름패턴을 보면 20×1년에 이미 이 회사의 3가지 활동별 현금흐름이 모두

+로 나타나 현금흐름에 이상이 발생하고 있음을 보여주고 있다. 이런 현금흐름의 이상은 20×2년에 개선되기보다는 오히려 악화된 모습을 보이고 있다. 이런 현상은 20×3년에도 지속되고 있을 뿐만 아니라 당기순이익도 적자로 돌아서 이 회사는 상당히 심각한 상황에 직면하였음을 알게 해준다.

따라서 현금흐름패턴에 대한 분석적 정보가 당기순이익보다 회사의 재무적 곤경에 대한 예보능력이 우수한 정보를 제공한다는 것을 알 수 있다.

5-8

3가지 경영활동에서 창출된 현금흐름이 모두 +라는 점을 부각시키자는 의견에 동의할 수 없다. 정상적인 기업의 현금흐름을 보면 투자활동으로 인한 현금흐름은 대개 -를 보인다. 왜냐하면 정상적인 기업은 매년 기존 설비의 개량과 대체 및 기업확장에 필요한 설비투자를 하기 때문이다. 이 기업은 토지취득과 배당금 지급에 소요되는 자금을 영업활동에서 충분하게 창출시키지 못했기 때문에 보유기계장치를 매각한 대금과 주식을 발행하여 조달된 자금으로 충당하고 일부 금액을 보유하고 있다.

따라서 이사회에서는 현금흐름표에서 가장 중요한 부분인 영업활동으로 인한 현금흐름에 초점을 맞추어서 주주들에게 영업활동에서 현금흐름을 충분하게 창출시키지 못한 이유와 앞으로의 대책을 설명할 수 있도록 준비를 하여야 할 것이다.

5-9

(1) 이들 3회사의 현금흐름 증가액은 모두 ₩35,000으로 동일하다. 그러나 이들 회사의 현금흐름에 대한 원천과 운용은 아주 상이하다. 알파회사는 영업활동으로 인한 현금흐름 ₩80,000을 창출하여 이를 가지고 유형자산을 ₩38,000에 취득하고 차입금 ₩7,000을 상환하고 있다. 베타회사는 영업활동으로 인한 현금흐름 ₩70,000을 창출하여 이를 가지고 유형자산을 ₩35,000에 취득하는 데만 사용하고 있다. 감마회사는 영업활동으로 인한 현금흐름을 창출하지 못하고 오히려 영업활동에서 ₩34,000을 사용하고 있다. 이에 따라 이 회사는 부족자금을 보충하기 위해서 보유하고 있는 유형자산을 ₩36,000에 처분하고 차입금 ₩33,000을 차입하여 결과적으로 현금의 증가 ₩35,000을 보고하고 있다.

이러한 현금흐름분석을 통해서 알파회사가 베타회사나 감마회사보다 미래의 의무를 이행할 수 있는 현금창출능력이 가장 우량한 회사라고 평가할 수 있다. 또한 알파회사의 영업활동을 통한 현금창출능력의 우수성은 미래의 성과에 대한 양호한 징조가 되고 있다. 반면에 감마회사 영업활동을 통한 현금창출능력의 부실은 미래의 성과에 대한 불길한 징조가 되고 있다. 물론 이러한 평가는 잠정적인 것으로서 대차대조표와 손익계산서가 제공하는 정보를 포함한 다른 정보에 의해서 뒷받침이 되어야 한다.

(2) 알파회사의 총자산현금이익률=₩80,000÷₩800,000=0.1(또는 10%)

베타회사의 총자산현금이익률=₩70,000÷₩650,000=0.108(또는 10.8%)

5-10

(1) 당기순이익 ₩1,600,000과 영업활동으로 인한 현금흐름 ₩(1,660,000)간의 차이에 대한 주된 원인은 ₩1,450,000이나 되는 재고자산에 대한 과도한 투자와 ₩3,100,000이나 되는 큰 폭의 매출채권 증대에 있다. 영업활동과 관련된 자산에 대한 과도한 투자와 비교해서 매입채무는 매우 완만하게 증가되고 있다. 이에 따라 이 회사는 매출과 이익을 큰 폭으로 신장시키면서 현금부족현상이 초래되는 이른바 풍요속의 빈곤을 경험하고 있다고 말할 수 있다.

(2) ① 매입규모의 증대는 거래조건을 유리한 방향으로 변화시킬 수 있으며, 동시에 매입채무의 증대는 영업활동으로 인한 현금흐름을 증가시키는 작용을 한다.

② 이 회사는 자기자본의 수준을 확대할 필요가 있다. 이익이 증가하고 있고 회사가 성장산업에 속한 업종이기 때문에 주당순이익을 감소시키지 않으면서 주식을 발행할 수 있다.

③ 주식발행을 통한 자기자본의 확충은 추가 차입을 위한 양호한 토대를 마련할 수 있으며, 이에 따라 회사는 빠른 속도로 성장해가는 데 필요한 자금조달을 용이하게 할 수 있다.

④ 자기자본의 확충이 이루어진 후에는 회사는 배당성향을 낮추는 방안을 고려해야 한다. 이 회사와 같이 성장속도가 빠르고 수익성이 좋은 경우에 있어서 68%(₩1,090/₩1,600)라는 배당성향은 매우 높은 것이다. 현재의 이익창출기회가 주어진 상황에서 더 많은 이익을 회사에 유보시켜 재투자에 사용함으로써 미래에 더 많은 이익을 창출시키도록 하는 것이 바람직하다.

5-11

(1) 이 회사는 수명주기상 성장단계에 있는 것으로 판단된다. 그 이유는 첫째, 매출증가 속도와 비례해서 매출채권과 재고자산의 증가 폭이 커지고 있다는 점과 둘째, 현금흐름의 상당부분이 2개 연도의 투자활동에 사용되고 있다는 점에서 찾을 수 있다. 투자된 금액은 20×3년과 20×2년 각각 ₩600,000과 ₩400,000으로 20×3년과 20×2년의 감가상각비 ₩110,000과 ₩90,000을 훨씬 초과하고 있기 때문에 기업의 규모가 계속 확장되고 있다고 볼 수 있다. 그 내용을 보면, 20×2년에는 타회사의 소유권을 취득하는데 ₩400,000을 사용하였으며, 유형자산을 구입하는데 ₩275,000을 사용하였다. 20×3년에는 타회사를 취득하는데 단지 ₩20,000을 사용하였으며, 유형자산을 추가로 구입하는데 ₩420,000을 사용하였다.

(2) 이 회사의 배당금 지급능력과 부채상환능력을 계산해보면, 배당금보상비율과 부채상환액보상비율 모두가 20×2년과 20×3년 각각 3.20배와 3.55배로 나타나고 있어 대단히 양호하다고 말할 수 있다.
따라서 이 회사는 영업활동에서 창출한 현금흐름으로 배당금은 물론 당기에 상환해야 할 부채를 충분히 상환할 능력을 가지고 있음을 알 수 있다. 즉 이 회사는 2개 연도에서 영업활동을 통해 ₩300,000 이상을 창출시키고 있는 반면에 배당금과 부채를 지급하기 위해 필요한 현금은 ₩200,000 뿐이기 때문에 투자활동에 사용할 수 있는 현금흐름까지도 창출시키고 있는 양호한 상황에 처해 있는 것이다. 이에 따라 재무활동에서 추가로 조달한 현금은 기업의 확장을 위한 자금으로 전액 사용되게 되었다. 이 회사의 지급능력이 건전함은 잉여현금흐름의 계산결과에서도 확인된다. 즉 이 회사의 2개 연도의 잉여현금흐름은 20×2년과 20×3년 각각 ₩130,000과 ₩145,000으로 모두 ₩100,000을 초과하고 있어 채권자의 입장에서 지급능력에 대해 걱정하지 않아도 될 건전한 회사로 평가된다. 단 잉여현금흐름계산시 기존설비의 대체투자분은 감가상각비에 해당하는 금액으로 보고 계산하였다.

5-12

(1) 현금흐름표는 당기의 배당금 지급액을 결정하고, 당해 연도의 투자 및 재무전략의 영향을 평가하는데 도움이 되는 척도인 당기의 유동성에 관한 정보를 제공한다. 또한 영업활동을 계속하고, 만기가 도래한 부채를 상환하고 그리고 배당금을 지급하는데 소요되는 추가적인 자금이 얼마나 될 것인지를 결정하는데 필요한 기업의 미래현금흐름(특히 영업활동으로부터의 현금흐름)을 예측하기 위한 기준을 제공한다.

(2) 이 회사가 당기에 가득한 이익으로 만기가 도래한 부채를 상환할 수 없었던 주된 이유는 현금흐름표를 보면 쉽게 발견할 수 있다. 당기순이익 ₩100,000 중 대부분은 ₩90,000인 유형자산처분이익이다. 유형자산의 처분은 투자활동이기 때문에 유형자산처분이익에 해당하는 금액에 이 유형자산의 장부가액을 합해서 투자활동으로 인한 현금흐름란에 나타나 있다. 그리고 유형자산처분이익은 당기순이익 산정항목이지만 영업활동으로 인한 현금흐름에는 영향을 미치는 항목이 아니기 때문에 당기순이익의 차감항목으로 처리되었다.

재무활동란을 보면 유형자산처분대금 ₩120,000 중 ₩80,000이 사채를 상환하는 자금으로 사용되었음을 알 수 있다. 또한 이 회사는 유형자산을 취득하기 위해 ₩45,000을 사용하였으며, 취득자금은 유형자산처분대금 중 나머지 금액인 ₩40,000과 회사의 이월자금 ₩5,000인 것으로 판단된다.

한편 이 회사는 당기에 배당금 ₩35,000을 지급하였으며, 매출채권과 재고자산이 각각 ₩20,000과 ₩30,000으로 증가하였다. 이에 따라 ₩85,000이나 되는 현금지출분이 발생하게 되었다. 이런 지출이 없었다면 당기의 만기도래 분 사채의 상환자금으로 사용되었을 것이다. 이 회사가 만기도래 분 부채를 상환하는데 곤란을 겪지 않기 위해서는 기존의 현금사용정책을 검토하고 새로운 대책을 마련해야 할 것이다.

(3) 이 문제의 정답은 없다. 가정을 어떻게 설정하느냐에 따라서 답은 달라지게 된다.

현금흐름표

(주)저녁노을	20×4.1.1~12.31	(단위 : 천원)
영업활동 현금흐름		(20,000)
당기순이익	10,000	
조정항목		
감가상각비	40,000	
매출채권증가	(20,000)	
재고자산증가	(30,000)	
매입채무감소	(20,000)	
투자활동 현금흐름		(45,000)
유형자산의 구입	(45,000)	
재무활동 현금흐름		65,000
배당금지급액	(35,000)	
차입금 차입액	100,000	
현금의 증가		0

20×4년의 차입금 추정액 ₩100,000은 다음과 같은 가정하에 산출된 것이다.

① 유형자산의 매각은 비경상적 사건이므로 20×4년에는 발생하지 않는다고 가정하며, 이 경

우 당기순이익은 ₩10,000이 된다.

② 유동자산과 유동부채의 증감은 20×3년도와 동일하다고 가정한다.

③ 기업을 유지·성장시키기 위해서는 유형자산의 대체 및 확장을 위한 투자가 필요하다. 이 기업의 유형자산에 대한 투자는 20×3년도와 동일하다고 가정한다.

④ 기업들은 대개 안정적인 배당을 하는 경향이 있다. 따라서 이 회사도 20×3년과 동일한 배당을 하는 것으로 가정한다.

이 문제는 추정현금흐름표의 유용성을 입증하기 위한 것이다. 위의 가정에 따른 추정현금흐름표를 보면 이 회사는 큰 폭의 외부자금에 의존하지 않을 수 없음을 알 수 있다. 이에 따라 이 회사의 사장은 20×4년도의 영업정책과 배당금정책에 변화가 필요하다는 것을 깨닫게 될 것이다.

5-13

▸ 대전리스회사의 약점

① 영업활동으로 인한 현금흐름이 투자활동으로 인한 현금흐름보다 적게 나타나고 있다.
이는 이 회사가 유형자산을 매각·처분해서 현금자금의 많은 부분을 조달하고 있음을 보여주는 것이다. 여기서 중요한 문제는 유형자산이 미래에 제품을 생산하는데 반드시 필요한 자산임에도 불구하고 매각·처분되었다는 점이다.

② 차입규모가 높으며, 단기 차입의 비중이 높아지고 있다.
과도한 부채는 기업의 생존에 치명적일 수 있다. 왜냐하면 부채란 어차피 상활해야 할 자금으로서 자금난에 봉착할 경우 도산의 원인이 될 수 있기 때문이다.

③ 재무활동을 통해서 차입금 상환이 순조롭게 이루어지고 있지 못하기 때문에 영업활동 뿐만 아니라 투자활동에서 조달된 현금자금까지도 거의 모두 차입금상환에 쓰이고 있다.

▸ 천안리스회사의 강점

① 영업활동으로 인한 현금흐름의 비중이 제일 높다.
성공적인 기업은 영업활동으로 인한 현금흐름의 비중이 월등하게 높은 것으로 알려지고 있다.

② 설비투자가 적정한 자금수준에서 증가추세를 보이고 있다.
적당한 설비투자는 미래의 현금창출능력이 높을 것이란 예상을 할 수 있게 해준다.

③ 차입의 정도가 높지 않으며, 차입금 상환에 쓰이고도 남을 정도이다.

④ 투자자에 대한 배당이 지속적으로 이루어지고 있다.
따라서 강점이 많은 천안리스회사에 투자하는 것이 바람직하다고 생각된다.

5-14

① 유동비율(K) = $\dfrac{\text{유동자산}}{\text{유동부채}} = \dfrac{9,187}{5,626} = 1.63$

유동비율(W) = $\dfrac{\text{유동자산}}{\text{유동부채}} = \dfrac{15,338}{9,973} = 1.53$

② 매출채권회전율(K) = $\dfrac{\text{외상매출액(순매출액)}}{\text{평균매출채권잔액}} = \dfrac{34,025}{1,570} = 21.7$

$$매출채권회전율(W) = \frac{외상매출액(순매출액)}{평균매출채권잔액} = \frac{82,494}{695} = 118.7$$

③ $$평균회수기간(K) = \frac{365}{매출채권회전율} = \frac{365}{21.7} = 16.8$$

$$평균회수기간(W) = \frac{365}{매출채권회전율} = \frac{365}{118.7} = 3.07$$

④ $$재고자산회전율(K) = \frac{매출원가액}{평균재고자산가액} = \frac{25,992}{7,317} = 3.56$$

$$재고자산회전율(W) = \frac{매출원가액}{평균재고자산가액} = \frac{65,586}{12,539} = 5.23$$

⑤ $$평균보유기간(K) = \frac{365}{재고자산회전율} = \frac{365}{3.56} = 102.5$$

$$평균보유기간(W) = \frac{365}{재고자산회전율} = \frac{365}{5.23} = 69.8$$

⑥ $$매출액순이익율(K) = \frac{당기순이익}{매출액} = \frac{296}{34,025} = 0.008$$

$$매출액순이익율(W) = \frac{당기순이익}{매출액} = \frac{2,681}{82,494} = 0.032$$

⑦ $$총자산회전율(K) = \frac{매출액}{평균자산총계} = \frac{34,025}{(17,029 + 17,504)/2} = 1.97$$

$$총자산회전율(W) = \frac{매출액}{평균자산총계} = \frac{82,494}{(32,819 + 26,441)/2} = 2.78$$

⑧ $$총자산이익율(K) = \frac{순이익}{매출액} \times \frac{매출액}{평균자산총계} = 0.008 \times 1.97 = 0.016$$

$$총자산이익율(W) = \frac{순이익}{매출액} \times \frac{매출액}{평균자산총계} = 0.032 \times 2.78 = 0.089$$

⑨ $$자기자본이익율(K) = \frac{당기순이익\text{-}우선주배당금}{평균자기자본} = \frac{296}{(6032 + 6093)/2} = 0.049$$

$$자기자본이익율(K) = \frac{당기순이익\text{-}우선주배당금}{평균자기자본} = \frac{2681}{(12726+10753)/2} = 0.228$$

⑩ $$부채비율(K) = \frac{부채총액}{자본총액} = \frac{10,997}{6,032} = 1.82$$

$$부채비율(W) = \frac{부채총액}{자본총액} = \frac{20,093}{12,726} = 1.58$$

⑪ $$이자보상비율(K) = \frac{이자와\ 법인세차감전순이익}{이자비용} = \frac{904}{494} = 1.83$$

$$이자보상비율(W) = \frac{이자와\ 법인세차감전순이익}{이자비용} = \frac{4,968}{706} = 7.04$$

⑫ $$유동부채보상비율(K) = \frac{영업활동현금흐름}{평균유동부채} = \frac{351}{5,626} = 0.06$$

$$유동부채보상비율(W) = \frac{영업활동현금흐름}{평균유동부채} = \frac{3,106}{9,973} = 0.31$$

⑬ $$매출액현금흐름이익율(K) = \frac{영업활동현금흐름}{매출액} = \frac{351}{34,025} = 0.01$$

$$매출액현금흐름이익율(W) = \frac{영업활동현금흐름}{매출액} = \frac{3,106}{82,494} = 0.037$$

⑭ $$현금흐름부채보상비율(K) = \frac{영업활동현금흐름}{평균총부채} = \frac{351}{10,997} = 0.03$$

$$현금흐름부채보상비율(W) = \frac{영업활동현금흐름}{평균총부채} = \frac{3,106}{20,093} = 0.15$$

⑮ $$자본적지출액보상비율(K) = \frac{영업활동현금흐름}{연간자본적지출액} = \frac{351}{600} = 0.58$$

$$자본적지출액보상비율(W) = \frac{영업활동현금흐름}{연간자본적지출액} = \frac{3,106}{3,734} = 0.83$$

이상의 결과를 종합하면 다음과 같다.

항　목	K-mart	Wal-mart
유동비율	1.63	1.53
매출채권회전율	21.7	118.7
평균회수기간	16.8	3.07
재고자산회전율	3.56	5.23
평균재고보유기간	102.5	69.8
매출액순이익률	0.008	0.032
총자산회전률	1.97	2.78
총자산이익률	0.016	0.089
자기자본이익률	0.049	0.228
부채비율	1.82	1.58
이자보상비율	1.83	7.04
현금흐름유동부채보상비율	0.06	0.31
매출액현금흐름이익률	0.01	0.037
현금흐름부채보상비율	0.03	0.15
자본적지출액보상비율	0.53	0.83

먼저 유동성과 안전성을 보면 K-mart의 경우 수치적으로 나타난 유동비율은 Wal-mart에 비해 다소 앞서있으나 매출채권회전율, 재고자산회전율 등의 비율을 보면 Wal-mart에 비해 상당히 좋지 않

은 것으로 나타나고 있다. 이는 많은 매출채권과 재고자산이 적기에 현금으로 전환되는데 어려움을 겪는다는 것으로 이로 인해 투자된 자금이 묶이게 되어 단기적인 유동성에 좋지 않은 결과를 초래하게 될 것이다. 또한 부채상환에 필요한 현금을 얼마나 영업활동에 의해 확보 할 수 있는가를 보여주는 현금현금흐름유동부채보상비율 및 현금흐름부채보상비율에 있어서도 K-mart에 비해 Wal-mart가 상당히 우수한 것으로 나타나고 있고, 이자보상비율의 경우도 K-mart가 영업이익으로 이자비용을 겨우 보상하는데 비해 Wal-mart는 7배 이상을 보상할 수 있는 것으로 나타나고 있어 Wal-mart의 부채상환능력과 이자지급능력이 매우 양호한 상태임을 보여주고 있다. 결국 Wal-mart가 K-mart보다 단기 및 장기지급능력이 훨씬 양호한 것으로 평가할 수 있다.

또한 두 기업의 수익성을 나타내는 여러 지표(매출액순이익률, 자기자본이익률, 투자수익률)에 있어서도 Wal-mart가 월등히 우수한 수치를 보이고 있다. 또한 자본적지출액보상비율을 보더라도 Wal-mart의 경우 연간자본적지출액의 약 80% 이상(K-mart : 50%)을 영업활동을 통해서 창출한 현금으로 확보하고 있다. 따라서 당년도 경영실적을 보면 장·단기 지급능력 및 수익성 등 모든 면에서 Wal-mart의 경영상태 및 실적이 우수한 것으로 판단됨.

5-15

이 회사는 1973년에 현금흐름의 부족현상이 심각한 정도로 발생함에 따라 1973년에 이미 계속기업으로서의 생존가능성에 의문을 제기할 수준의 심각한 자금난에 봉착하였다고 판단된다.

자금난에 이르게 된 주요원인은 다음과 같다.

첫째, 1974년과 1975년을 제외하면 비교적 일정 수준의 당기순이익이 발생되고 있음에도 불구하고 영업활동으로 인한 현금흐름이 1968년과 1969년을 제외하고는 계속 －를 기록하고 있으며, 그 수준 또한 대폭적인 감소추세를 보이고 있다. 이와 같이 이익이 창출되는 기간에도 영업활동을 통해서 현금이 창출되지 못하고 오히려 사용된 원인은 외상매출금과 재고자산의 과도한 증가에서 찾을 수 있다. 외상매출금의 증가는 회사의 공격적인 판매정책, 회사의 고객에 대한 엄격하지 않은 신용정책, 고객의 지급능력의 저하 등이 원인이 될 수 있다. 또한 재고자산의 증가는 생산라인의 확충, 상품 매입가격의 상승, 고객의 수요에 대비한 매입량 증대 등이 원인이 된다. 외상매출금과 재고자산의 어느 정도의 증가는 회사의 생산, 판매의 증대 및 신용정책의 완화에 따른 자연적인 결과로 받아들여질 수도 있으나, 사업상황이 매우 악화되고 있다는 신호일 수도 있다.

영업활동에서 창출한 현금보다 영업활동에서 더 많은 현금을 사용하는 회사는 영업활동에서의 부족현금을 외부자금으로 보충하는 방법을 찾지 않을 수 없다. 그러나 설령 단기적으로 외부자금의 조달이 가능하다 하더라도 궁극적으로 영업활동에서의 현금창출능력이 개선되지 않으면, 장기적으로 외부자금의 조달은 불가능해진다. 따라서 영업활동에서의 현금창출능력이 개선되지 않고 계속해서 －를 보이는 회사는 결국 도산할 수밖에 없다.

둘째, 이 회사는 지속적으로 유형자산과 투자유가증권에 대한 투자를 하고 있다. 이 회사가 지속적으로 유형자산에 투자를 하고 있는 것은 이 회사의 확장전략 때문인 것으로 판단된다. 그러나 영업활동에서 현금이 계속해서 창출되지 못하는 상황에서 지속적인 투자 확대는 자금부족상황을 심화시키는 원인으로 작용할 뿐이다.

셋째, 이 회사의 재무활동을 보면, 이 회사는 영업활동에서의 부족현금과 투자활동에 필요한 현금을 단기차입금에 주로 의존해서 조달하고 있다. 단기차입금에 대한 의존도가 높아질수록 도산의 위험도 높아지게 된다. 이 회사는 부채상환능력이 악화된 상황에서 단기부채의존도를 높인 것이 도산의 원인으로 작용된 것으로 보여진다. 한편 이 회사는 자금난이 계속 심화되고 있는 데도 불구하고 주주에게 계속 배당금을 지급해오고 있으며, 심지어 적자가 기록된 1975년에도 배당금을 지급하였다. 1974년까지 지급된 배당금 수준을 보면 거의 일정한 금액을 안정적으로 배당하고 있음을 알 수 있다. 자금난이 극심한 상황에서도 안정적인 배당수준을 유지한 것은, 안정적인 배당수준이 재무분석가와 투자자에게 중요한 신호가 된다는, 즉 경영자가 미래의 영업활동에서 현금흐름이 양호하게 창출될 것으로 기대하고 있으며, 배당수준도 높아질 수 있다는 신호를 전달하기 위한 것으로 해석할 수도 있다(배당의 신호효과).

그러나 이 회사는 배당금을 지급하는 대신에 이 현금을 영업활동의 부족현금, 투자활동에 소요되는 현금 또는 부채상환에 사용했어야 한다.

결국 이 회사는 영업활동에서의 현금창출능력이 상실된 상황에서 비유동자산에 대한 지속적인 투자, 배당금의 과다지급 그리고 과도한 단기차입금의 조달 등이 극심한 자금난의 원인되어 도산의 길로 들어서게 된 것이다.

⇨ 제 6 장

6-1

01 ② 02 ① 03 ③ 04 ① 05 ③ 06 ① 07 ⑤ 08 ④ 09 ③ 10 ④ 11 ③ 12 ④
13 ② 14 ④ 15 ① 16 ④ 17 ① 18 ③ 19 ④ 20 ③ 21 ② 22 ① 23 ② 24 ①
25 ⑤ 26 ④ 27 ① 28 ④ 29 ① 30 ② 31 ④ 32 ④ 33 ③ 34 ② 35 ③ 36 ②

6-2

모형변수 값과 이익조작확률

이익조작예측변수	2000년	2001년	2002년
매출채권증감지수	2.2705	0.8273	0.1191
매출총이익지수	0.4494	0.7148	-6.6803
자산질지수	0.4935	0.3656	0.4760
매출성장율지수	0.9254	1.3539	1.6081
감가상각비지수	0.0830	0.1097	0.1319
판매.관리비지수	-0.2574	-0.1676	-0.2001
레버리지지수	-0.5243	-0.3941	-0.4002
총발생액대총자산지수	0.7823	0.1936	-2.6267
상수	-4.84	-4.84	-4.84
y의 값	-0.6176	-1.8369	-12.4122
이익조작확률	0.2684	0.0331	0

적용 결과를 보면 조작연도인 2000년 및 2001년의 경우 이익조작 확률이 각각 26.84%와 3.3%으로 계산되었다. Cut-off 확률에 따라 해석해보면 2000년도의 이익조작확률 26.84%는 TypeⅡ 오류와 TypeⅠ 오류의 비용의 다양한 조합을 고려한 모든 Cut-off 확률보다 높은 값으로 이익조작이 명백함을 보여주고 있고, 2001년도는 3.3%로 2000년도의 이익조작확률보다 낮은 값이지만, TypeⅡ 오류에 비해 TypeⅠ 오류의 비용을 40배 이상으로 보았을 경우의 Cut-off 확률 2.94%보다 높은 값으로 이익

조작 가능성에 주위를 기우려야 할 경고신호를 보내주고 있다. 참고로 감리를 받고난 다음 연도인 2002년도 회계자료를 Beneish모형에 적용해 본 결과 이익조작확률이 0%로 나타나 이익조작가능성이 전혀 없음을 암시해주고 있다.

결국 Beneish모형은 2000년의 이익조작을 성공적으로 적발하고 있지만, 2001년에 대해서는 성공적이라고 보기는 어렵다. 이는 2001년의 경우 Beneish모형에 포함된 변수 중 매출성장율지수만이 의미있는 값이 되어 이익조작확률을 높이는데 기여하였지만 다른 변수들 때문에 전체적으로는 낮은 이익조작확률이 계산되었기 때문이다. 그러나 2000년에서는 매출채권증감지수, 매출성장율지수, 총발생액대총자산지수 및 자산질지수에서 의미있는 값을 보이고 있어, 이 부분에서 조작이 심하게 이루어진 것을 신호하면서 이익조작확률을 높인 것으로 판단할 수 있다. 따라서 2000년의 경우 매출채권·매출액·개발비·투자유가증권·재고자산 과대계상의 방식을 사용해서 이익조작한 사실을 Beneish모형은 적절하게 적발하였음을 보여주고 있다. 그러나 2001년의 경우는 감리결과 동일한 항목에서 조작한 것으로 지적되었지만, 매출액을 제외한 다른 항목에서는 증감변동에 큰 차이가 없었기 때문에 이익조작을 제한적으로 적발하고 있다. 또한 조작금액이 제일 많은 재고자산이 모형변수에 직접 포함되고 있지 못하기 때문에 적발하지 못하는 한계점을 발견할 수 있었다. 따라서 이 사례기업에서도 Beneish모형은 이익조작 적발에 부분적으로 타당한 모형이 되고 있는 한계점을 확인할 수 있었다.

6-3

모형변수 값과 이익조작확률

이익조작예측변수	1년전	2년전	3년전
매출채권증감지수	1.256	1.055	0.724
매출총이익지수	1.132	0.618	0.494
자산질지수	0.312	0.430	0.429
매출성장율지수	2.241	1.144	1.375
감가상각비지수	0.146	0.115	0.114
판매.관리비지수	−0.072	−0.165	−0.196
레버리지지수	−0.443	−0.297	−0.329
총발생액대총자산지수	−0.271	−0.029	−0.149
상수	−4.84	−4.84	−4.84
y의 값	−0.539	1.969	−2.378
이익조작확률	0.295	0.024	0.009

적용 결과를 보면 분식(조작)확률이 3년에 걸쳐서 증가되고 있다. 먼저 분식 적발 3년 전의 분식확률 0.9%와 2년 전의 분식확률 2.4%를 Cut-off 확률에 따라 해석해보면 TypeⅡ오류에 비해 TypeⅠ오류의 비용을 40배 이상으로 보았을 경우의 Cut-off 확률 2.94%보다 낮은 값으로 분식 가능성이 매우 낮다는 신호로 해석된다. 그러나 분식 적발 1년 전의 분식확률 29.5%는 Cut-off 확률에 따라 해석해보면 TypeⅡ오류에 비해 TypeⅠ오류의 비용을 10배 이상으로 보았을 경우의 Cut-off 확률 6.85%보다도 높은 값으로 분식 가능성이 매우 높다는 신호로 해석된다.

분식예측변수 값을 통해 분식의 가능성이 높은 항목을 살펴보면 다음과 같다.

(1) 매출채권증감지수(Days in Receivables Index)의 값이 계속 증가하고 있는 것은 매출채권이 매출액의 증가율보다 더 높다는 것을 의미한다. 이는 이 회사가 완화된 외상대금 결제조건의 실시,

대손충당금 과소계상 또는 가공의 매출채권과 매출액 계상에 등에 기인하는 것으로 해석할 수 있다.

(2) 매출총이익지수(Gross Margin Index) 의 값이 계속해서 증가하고 있는데, 이는 매출총이익률이 계속 감소하고 있음을 의미한다. 이 회사는 마진이 높은 연료와 전력제품에서 마진이 낮은 에너지 파생상품 쪽으로 이동한 것으로 알려지고 있다. 매출총이익의 감소는 다른 방법으로 가공의 이익을 만들어 내고자 하는 시도가 있었을 가능성을 높이게 된다.

(3) 매출액증가율지수(Sales Growth Index)는 매년 1.0을 초과하고 있는데, 이는 매출액이 증가하고 있음을 의미한다. 매출액의 증가율 또한 전년도보다 증가하고 있음도 보여주고 있다. 이는 이 회사가 매출증가율을 계속 유지하기 위해서 매출액에 가공매출을 포함시켰을 가능성이 높다는 신호로 보여진다.

(4) 판매비와 관리비지수(Selling and Administrative Expense Index)는 3년 동안 계속해서 감소하고 있다. 이 지수는 －의 계수를 가지고 있기 때문에 이 지수의 감소는 －y값의 감소를 초래시키며, 이에 따라 분식확률을 증가시키는 쪽으로 작용하게 된다. 이 지수가 감소한다는 것은 이 회사가 비용 처리해야 할 항목을 자본화시켰을 가능성이 있었을 것으로 추정된다.

(5) 감가상각비지수(Depreciation Index)는 분식 적발 2년 전과 1년 전 사이에서 증가된 것을 보여주고 있다. 비록 이 기간에 유형자산이 증가되었지만 감가상각비는 감소되고 있다. 이는 이 회사가 내용연수를 연장하는 식으로 감가상각비 계상액을 낮추어서 이익을 증가시켰을 가능성이 높음을 말해준다.

⇨ 제 7 장

7-1

01 ① 유동비율

20×2년	\$449,870/\$340,742	= 1.45
20×3년	\$442,679/\$344,279	= 1.29
20×4년	\$450,497/\$319,593	= 1.41

② 현금흐름유동부채보상비율

20×2년	\$117,330/(\$340,742 + \$310,742)	= 0.358
20×3년	\$442,679/(\$310,742 + \$344,279)	= 0.331
20×4년	\$450,497/(\$344,279 + \$319,593)	= 0.098

③ 부채비율

20×2년	\$654,131/(\$1,495,882 − \$1,060,017)	= 1.50
20×3년	\$608,627/(\$1,344,436 − \$1,036,273)	= 1.98
20×4년	\$618,667/(\$1,293,118 − \$1,003,387)	= 2.14

④ 총부채 대 총자산비율

20×2년	\$1,060,017/\$1,495,882	= 0.709
20×3년	\$1,036,273/\$1,344,436	= 0.771
20×4년	\$1,003,387/\$1,293,118	= 0.776

⑤ 현금흐름총부채보상비율

20×2년	$117,330/($1,071,170 + $1,060,017) = 0.110
20×3년	$442,679/($1,060,017 + $1,036,273) = 0.103
20×4년	$450,497/($1,036,273 + $1,003,387) = 0.032

⑥ 이자보상비율

20×2년	$161,792/$65,571	= 2.47
20×3년	($60,562)/$61,067	= 계산불능
20×4년	$10,458/$60,488	= 0.17

02 알트만의 Z-score

20×1년

순운전자본/총자산 :	1.2〔($427,702 − $345,560)/$1,458,481〕	0.068
이익잉여금/총자산 :	1.4(-$136,259/$1,458,481)	−0.131
EBIT/총자산 :	3.3($151,086/$1,458,481)	0.342
지분 시가/총부채 :	0.6〔($39,537 × $11)/$1,071,170〕	0.244
매출액/총자산 :	1.0($2,601,003/$1,458,481)	1.783
Z-score		2.306

20×2년

순운전자본/총자산 :	1.2〔($449,870 − $310,742)/$1,495,882〕	0.112
이익잉여금/총자산 :	1.4(-$91,370/$1,495,882)	−0.086
EBIT/총자산 :	3.3($161,792/$1,495,882)	0.357
지분 시가/총부채 :	0.6〔($39,874 × $8.25)/$1,060,017〕	0.186
매출액/총자산 :	1.0($2,722,539/$1,495,882)	1.820
Z-score		2.389

20×3년

순운전자본/총자산 :	1.2〔($442,679 − $344,279)/$1,344,436〕	0.088
이익잉여금/총자산 :	1.4(-$219,919/$1,344,436)	−0.229
EBIT/총자산 :	3.3(-$60,562/$1,344,436)	-0.149
지분 시가/총부채 :	0.6〔($39,914 × $3.625)/$1,036,273〕	0.084
매출액/총자산 :	1.0($2,680,186/$1,344,436)	1.994
Z-score		1.788

20×4년

순운전자본/총자산 :	1.2〔($450,497 − $319,593)/$1,293,118〕	0.121
이익잉여금/총자산 :	1.4(-$238,997/$1,293,118)	−0.259
EBIT/총자산 :	3.3($10,458/$1,293,118)	0.027
지분 시가/총부채 :	0.6〔($39,959 × $1.125)/$1,003,387〕	0.027
매출액/총자산 :	1.0($2,642,829/$1,293,118)	2.044
Z-score		1.960

03 올슨 모형

20×1년	
상수	−1.320
SIZE : −.407ln($1,458,481,000/192.7)	−6.447
TLTA : 6.03($1,071,170/$1,458,481)	4.429
WCTA : −1.43[($427,702 − $345,560)/$1,458,481]	−0.081
CLCA : .0757($345,560/$427,702)	0.061
NITA : −2.37(-$36,159/$1,458,481)	0.059
FUTL : −1.83($96,411/$1,071,170)	−0.165
INTWO : .285(1)	0.285
OENEG : −1.72(0)	0.000
CHIN : −.521[−$36,159 − (−$15,902)]/($36,159 + $15,902)	0.203
y값	−2.976
도산확률 : $1/1 + e^{-(-2.976)}$	4.9%

20×2년	
상수	−1.320
SIZE : −.407ln($1,495,882,000/197.7)	−6.447
TLTA : 6.03($1,060,017/$1,495,882)	4.273
WCTA : −1.43[($449,870 − $310,742)/$1,495,882]	−0.133
CLCA : .0757($310,742/$449,870)	0.052
NITA : −2.37($44,889/$1,495,882)	0.059
FUTL : −1.83($96,411/$1,071,170)	−0.071
INTWO : .285(0)	0.000
OENEG : −1.72(0)	0.000
CHIN : −.521[$44,889 − (−$36,159)]/($44,889 + $36,159)	−0.521
y값	−4.387
도산확률 : $1/1 + e^{-(-4.387)}$	1.2%

20×3년	
상수	−1.320
SIZE : −.407ln($1,344,436,000/202.7)	−6.393
TLTA : 6.03($1,036,273/$1,344,436)	4.648
WCTA : −1.43〔($442,679 − $344,279)/$1,344,436〕	−0.105
CLCA : .0757($344,279/$442,679)	0.059
NITA : −2.37(−$128,549/$1,344,436)	0.227
FUTL : −1.83($78,257/$1,036,273)	−0.138
INTWO : .285(0)	0.000
OENEG : −1.72(0)	0.000
CHIN : −.521〔−$128,549 − $44,889)〕/($128,549 + $44,889)	0.521
y값	−2.501
도산확률 : 1/1 + $e^{-(-2.501)}$	7.6%

20×4년	
상수	−1.320
SIZE : −.407ln($1,293,118,000/207.5)	−6.368
TLTA : 6.03($1,003,387/$1,293,118)	4.679
WCTA : −1.43〔($450,497 − $319,593)/$1,293,118〕	−0.145
CLCA : .0757($319,593/$450,497)	0.054
NITA : −2.37(−$19,078/$1,293,118)	0.035
FUTL : −1.83($95,400/$1,003,387)	−0.174
INTWO : .285(1)	0.285
OENEG : −1.72(0)	0.000
CHIN : −.521〔−$19,078 − (−$128,549)〕/($19,078 + $128,549)	−0.386
y값	−3.340
도산확률 : 1/1 + $e^{-(-3.340)}$	3.4%

04 비율 계산 결과를 놓고 볼 때, 이 회사는 주주지분과 총자산에 비해 부채의 수준이 높다. 높은 부채비율은 지금까지 여러 번의 적자로 인해 계상된 이월결손금에 그 원인의 일부가 있는 것으로 판단된다. 당기순이익으로 이자비용을 충당할 수 없거나 겨우 충당할 정도를 보이고 있다. 유동부채와 총부채에 비해 영업현금흐름 수준도 건전한 기업과 비교해서 낮은 편으로 생각된다. 유동비율은 만족스런 수준이라 보여지지만, 이는 이 회사가 재고자산을 많이 보유하는 소매업이라는 사실에서 그 원인의 일부를 찾을 수 있다. 이상의 위험을 측정하는 비율들은 20×2년에 취약하게 나타났고, 20×3년과 20×4년에는 큰 폭으로 악화되었다. 20×3년의 급격한 악화는 도산이 임박하였다는 명백한 신호였던 것으로 판단된다.

알트만의 Z-score를 보면 20×1년, 20×2년 그리고 20×4년은 회색지대에 해당되지만 20×3년은 높은 도산확률을 신호해주고 있다. 4년 내내 Z-score를 낮춘 주된 요인은 이월결손금에 있다. 이 회사는 20×1년 이전에도 적자가 있었던 것으로 추정되며, 주어진 4년 간의 회계자료에서도 3번이나 적자가 계상된 것을 알 수 있다. 따라서 순이익 창출능력의 결여가 도산의 주된 원인인 것으로 판단된다. 주가는 이 회사의 증대되는 곤경을 반영하고 있다. 특히 20×3년의 큰 폭의 주가하락이 이를 잘 말해준다. 20×3년은 알트만의 Z-score가 높은 도산확률지대로 포함된 연도이기도 하다. 알트만의 도산예측모형이 제조기업을 상대로 개발한 모형이란 점을 생각하면 소매업인 이회사의 Z-score는 인위적으로 부풀려져 있다고 보아야 한다. 소매업은 제조업보다 자산회전률이 높게 나타나는 경향을 가지고 있다. 이에 따라 자산회전률이 이회사의 Z-score에 큰 영향을 미치고 있다. 이 비율의 가중치가 더 낮았다면 이 회사의 Z-score는 더 높은 도산확률 지역에 위치하였을 것으로 판단된다.

올슨의 도산확률은 20×1년과 20×3년의 경우 TypeⅠ 및 TypeⅡ 오류를 최소화하는 절사점인 3.8%를 상회하고 있으며, 20×2년과 20×4년에는 절사점을 하회하고 있다. 20×3년의 부실한 영업성과는 도산확률을 20×2년에 비해 큰 폭으로 증가시키는 원인이 되고 있으며, 이는 도산이 임박한 신호였을 것으로 판단된다. 규모변수가 y값에 제일 큰 영향을 미친 것으로 보여지고 있다. 이는 이 회사가 다른 소매기업에 비해 규모가 큰 편에 속하기 때문인 것으로 보여진다.

⇨ 제 8 장

8-1

01 ④ 02 ④ 03 ① 04 ③ 05 ① 06 ① 07 ④ 08 ④ 09 ④

8-2

01 × 02 ○ 자산증가, 자산감소 03 × 04 ○ 자산증가, 자산감소 05 × 06 ○ 자산증가, 부채증가 07 ○ 자본감소, 자산감소 08 ○ 부채감소, 자산감소 09 ○ 자산증가, 자산감소, 자본증가 10 ○ 자산증가, 자본증가

8-3

01 자산증가/자산감소, 교환거래 02 자산증가/자산감소, 교환거래
03 자산증가/자산감소, 교환거래 04 비용발생/자산감소, 손익거래
05 비용발생/자산감소, 손익거래 06 비용발생/자산감소, 손익거래
07 자산증가/수익발생, 손익거래 08 자산증가/자산감소, 교환거래
09 자산증가/부채증가, 교환거래 10 자산증가/수익발생, 손익거래
11 자산증가/수익발생, 비용발생/자산감소, 혼합거래
12 자산증가/수익발생, 비용발생/자산감소, 혼합거래
13 부채감소/자산감소, 혼합거래, 비용발생
14 자산증가/자산감소, 수익발생, 혼합거래
15 자본감소/자산감소, 교환거래 16 자산증가/자산감소, 교환거래

8-4

현 금

차변		대변	
5/2	500,000	5/5	300,000
5/28	450,000	5/20	20,000
		5/30	300,000
		5/31	30,000
		5/31	50,000

비 품

차변		대변	
5/5	300,000		

상 품

차변		대변	
5/7	400,000	5/10	300,000
5/15	400,000	5/24	300,000

외상매출금

차변		대변	
5/10	450,000	5/28	450,000
5/24	450,000		

외상매입금

차변		대변	
5/30	300,000	5/7	400,000
		5/15	400,000

자 본 금

차변		대변	
		5/2	500,000

매 출

차변		대변	
		5/10	450,000
		5/24	450,000

통 신 비

차변		대변	
5/20	20,000		

매출원가

차변		대변	
5/10	300,000		
5/24	300,000		

임차료

차변		대변	
5/31	30,000		

급료

차변		대변	
5/31	50,000		

재 무 상 태 표

현 금	250,000	외 상 매 입 금	500,000
외 상 매 출 금	450,000	자 본 금	500,000
상 품	200,000	이 익 잉 여 금	200,000
비 품	300,000	(당 기 순 이 익	200,000)
	1,200,000		1,200,000

손 익 계 산 서

매 출 원 가	600,000	매 출	900,000
통 신 비	20,000		
임 차 료	30,000		
급 료	50,000		
당 기 순 이 익	200,000		
	900,000		900,000

현 금 흐 름 표

(주)푸른꿈	5/1~5/31	(단위 : 원)
Ⅰ. 영업활동 현금흐름		50,000
가. 매출 등 수익활동으로부터의 유입액	450,000	
나. 매입 및 종업원에 대한 유출액	(350,000)	
다. 영업비용의 유출액	(50,000)	
Ⅱ. 투자활동 현금흐름		(300,000)
가. 비품구입	(300,000)	
Ⅲ. 재무활동 현금흐름		500,000
가. 주식발행	500,000	
Ⅳ. 현금의 증가(Ⅰ+Ⅱ+Ⅲ)		250,000
Ⅴ. 기초의 현금		0
Ⅵ. 기말의 현금		250,000

제 9 장

9-1

01 ③ 02 ④ 03 ④ 04 ② 05 ② 06 ③ 07 ③

9-2

	(차 변)		(대 변)	
1)	상 품	500,000	현 금	150,000
			외 상 매 입 금	350,000
2)	상 품	700,000	당 좌 예 금	300,000
			지 급 어 음	400,000
3)	현 금	200,000	매 출	800,000
	외 상 매 출 금	600,000	상 품	550,000
	매 출 원 가	550,000		
4)	현 금	400,000	매 출	600,000
	받 을 어 음	200,000	상 품	700,000
	매 출 원 가	700,000		
5)	현 금	100,000	매 출	600,000
	받 을 어 음	300,000	상 품	400,000
	외 상 매 출 금	200,000		
	매 출 원 가	400,000		
6)	건 물	900,000	당 좌 예 금	900,000
7)	토 지	1,000,000	당 좌 예 금	600,000
			미 지 급 금	400,000
8)	현 금	670,000	유 가 증 권	600,000
			유가증권처분이익	70,000

	차변		대변	
9)	현 금	300,000	토 지	800,000
	미 수 금	400,000		
	유형자산처분손실	100,000		
10)	차 입 금	700,000	현 금	300,000
			당 좌 예 금	400,000
11)	지 급 어 음	500,000	당 좌 예 금	500,000
12)	외 상 매 입 금	700,000	지 급 어 음	400,000
			당 좌 예 금	300,000
13)	당 좌 예 금	640,000	대 여 금	600,000
			이 자 수 익	40,000
14)	상 품	500,000	외 상 매 입 금	500,000
15)	비 품	700,000	미 지 급 금	700,000
16)	현 금	600,000	용 역 매 출	600,000
17)	유 가 증 권	750,000	당 좌 예 금	750,000
18)	유 가 증 권	650,000	현 금	650,000
19)	현 금	550,000	유 가 증 권	600,000
	유가증권처분손실	50,000		
20)	현 금	650,000	유 가 증 권	600,000
			유가증권처분이익	50,000
21)	당 좌 예 금	1,000,000	자 본 금	1,000,000
22)	현 금	800,000	사 채	800,000
23)	이 익 잉 여 금	300,000	현 금	300,000
24)	판 매 수 수 료	300,000	현 금	300,000
25)	수 도 광 열 비	600,000	당 좌 예 금	600,000
26)	소 모 품	50,000	현 금	50,000
27)	통 신 비	200,000	현 금	200,000
28)	잡 비	100,000	현 금	100,000
29)	세 금 과 공 과	450,000	현 금	450,000
30)	법 인 세 비 용	300,000	현 금	300,000

9-3

생략.

9-4

	(차 변)		(대 변)	
4/1	현 금	1,000,000	자 본 금	1,000,000
4/3	비 품	100,000	현 금	100,000
4/5	상 품	200,000	현 금	200,000
4/10	현 금	200,000	매 출	200,000
	매 출 원 가	140,000	상 품	140,000
4/13	상 품	300,000	외 상 매 입 금	300,000
4/20	통 신 비	15,000	현 금	15,000
4/22	광 고 선 전 비	50,000	현 금	50,000
4/25	현 금	180,000	매 출	180,000
	매 출 원 가	150,000	상 품	150,000
4/30	수 도 광 열 비	60,000	현 금	60,000

[총계정원장의 전기]

현 금

날짜	계정	금액	날짜	계정	금액
4/1	자 본 금	1,000,000	4/3	비 품	100,000
4/10	제 좌	200,000	4/5	상 품	200,000
4/25	제 좌	180,000	4/20	통 신 비	15,000
			4/22	광 고 선 전 비	50,000
			4/30	수 도 광 열 비	60,000

자 본 금

날짜	계정	금액	날짜	계정	금액
			4/1	현 금	1,000,000

비 품

날짜	계정	금액	날짜	계정	금액
4/3	현 금	1,000,000			

상 품

날짜	계정	금액	날짜	계정	금액
4/5	현 금	200,000	4/10	제 좌	140,000
4/13	외 상 매 입 금	300,000	4/25	제 좌	150,000

매출원가

날짜	계정	금액	날짜	계정	금액
4/10	제 좌	140,000			
4/25	제 좌	150,000			

매 출

날짜	계정	금액	날짜	계정	금액
			4/10	제 좌	200,000
			4/25	제 좌	180,000

외상매입금

날짜	계정	금액	날짜	계정	금액
			4/13	상 품	300,000

통 신 비

날짜	계정	금액	날짜	계정	금액
4/20	현 금	15,000			

광고선전비

날짜	계정	금액	날짜	계정	금액
4/22	현 금	50,000			

수도광열비

날짜	계정	금액	날짜	계정	금액
4/30	현 금	60,000			

손 익 계 산 서

(주)푸른하늘

계정	금액	계정	금액
매 출 원 가	290,000	매 출	380,000
광 고 선 전 비	50,000	당 기 순 손 실	35,000
통 신 비	15,000		
수 도 광 열 비	60,000		
	415,000		415,000

재 무 상 태 표

(주)푸른하늘

현 금	955,000	외 상 매 입 금	300,000
상 품	210,000	자 본 금	1,000,000
비 품	100,000	이 월 결 손 금	(35,000)
	1,265,000		1,265,000

➪ 제10장

10-1

01 ③ 02 ② 03 ③ 04 ② 05 ② 06 ③ 07 ④ 08 ② 09 ④ 10 ② 11 ② 12 ③

10-2

합계잔액시산표

차 변		원면	계정과목	대 변	
잔 액	합 계			합 계	잔 액
440,000	(740,000)	1	현 금	300,000	
210,000	(400,000)	2	상 품	(190,000)	
60,000	180,000	3	외 상 매 출 금	(120,000)	
	140,000	4	외 상 매 입 금	(260,000)	120,000
		5	자 본 금	(500,000)	500,000
		6	매 출	(300,000)	(300,000)
(190,000)	190,000	7	매 출 원 가		
(20,000)	(20,000)	8	통 신 비		
(920,000)	1,670,000		합 계	1,670,000	920,000

10-3

(1) 안열심양은 채용될 수 없다. 안양은 계정과목의 분류, 계정과목의 배열순서 그리고 시산표 작성에 대한 올바른 지식을 가지고 있지 못하기 때문이다.

(2)

시 산 표

(주)우정	20××. 12. 31	(단위 : 원)
	차 변	대 변
현 금 예 금	82,100	
외 상 매 출 금	44,000	
소 모 품	11,000	
비 품	15,000	
외 상 매 입 금		4,500
미 지 급 급 여		34,000
자 본 금		125,000
이 익 잉 여 금*	24,000	
용 역 매 출		269,000
소 모 품 비	33,000	
급 여	175,000	
임 차 료	30,000	
세 금 과 공 과	12,000	
잡 비	6,400	
	432,500	432,500

* 이익잉여금 차변 잔액은 이월결손금을 의미함.

10-4

(1)

	(차 변)		(대 변)	
4/1	당 좌 예 금	1,000,000	자 본 금	1,000,000
4/2	당 좌 예 금	200,000	차 입 금	300,000
	현 금	100,000		
4/5	비 품	600,000	당 좌 예 금	600,000
4/6	소 모 품 비	15,000	현 금	15,000
4/7	상 품	200,000	외 상 매 입 금	200,000
4/11	외 상 매 출 금	150,000	매 출	150,000
	매 출 원 가	100,000	상 품	100,000
4/17	상 품	250,000	외 상 매 입 금	250,000
4/23	통 신 비	30,000	현 금	80,000
	광 고 선 전 비	50,000		
4/25	세 금 과 공 과	40,000	당 좌 예 금	40,000
4/28	외 상 매 출 금	260,000	매 출	260,000
	매 출 원 가	200,000	상 품	200,000
4/29	당 좌 예 금	150,000	외 상 매 출 금	150,000
4/30	외 상 매 입 금	200,000	당 좌 예 금	200,000

[총계정원장의 전기]

당좌예금

4/1	자 본 금	1,000,000	4/5	비 품	600,000
4/2	차 입 금	200,000	4/25	세 금 과 공 과	40,000
4/29	외 상 매 출 금	150,000	4/30	외 상 매 입 금	200,000

현금

4/2	차입금	100,000	4/6	소모품비	15,000
			4/23	제좌	80,000

외상매출금

4/11	제좌	150,000	4/29	당좌예금	150,000
4/28	제좌	260,000			

상품

4/7	외상매입금	150,000	4/11	제좌	100,000
4/17	외상매입금	250,000	4/28	제좌	200,000

비품

4/5	당좌예금	600,000			

외상매입금

4/30	당좌예금	200,000	4/7	상품	150,000
			4/17	상품	250,000

차입금

			4/2	제좌	300,000

자본금

			4/1	당좌예금	1,000,000

매출

			4/11	제좌	150,000
			4/28	제좌	260,000

매출원가

4/11	제좌	100,000			
4/28	제좌	200,000			

통신비

4/23	현금	30,000			

광고선전비

4/23	현금	50,000			

세금과공과

4/25	당좌예금	40,000			

소모품비

4/6	현금	15,000			

(2) 합계잔액시산표

차변		원면	계정과목	대변	
잔 액	합 계			합 계	잔 액
510,000	1,350,000	1	당 좌 예 금	840,000	
5,000	100,000	2	현 금	95,000	
100,000	400,000	3	상 품	300,000	
600,000	600,000	4	비 품		
260,000	410,000	5	외상매출금	150,000	
	200,000	6	외상매입금	400,000	200,000
		7	차 입 금	300,000	300,000
		8	자 본 금	1,000,000	1,000,000
		9	매 출	410,000	410,000
300,000	300,000	10	매 출 원 가		
30,000	30,000	11	통 신 비		
50,000	50,000	12	광고선전비		
40,000	40,000	13	세금과공과		
15,000	15,000	14	소 모 품 비		
1,910,000	3,495,000		합 계	3,495,000	1,910,000

(3)

[총계정원장의 마감]

당 좌 예 금

날짜	적요	금액	날짜	적요	금액
4/1	자 본 금	1,000,000	4/5	비 품	600,000
4/2	차 입 금	200,000	4/25	세금과공과	40,000
4/29	외상매출금	150,000	4/30	외상매입금	200,000
			4/30	차 월 이 월	510,000
		1,350,000			1,350,000
5/1	전 월 이 월	510,000			

현 금

날짜	적요	금액	날짜	적요	금액
4/2	차 입 금	100,000	4/6	소 모 품 비	15,000
			4/23	제 좌	80,000
			4/30	차 월 이 월	5,000
		100,000			100,000
5/1	전 월 이 월	5,000			

외 상 매 출 금

날짜	적요	금액	날짜	적요	금액
4/11	제 좌	150,000	4/29	당 좌 예 금	150,000
4/28	제 좌	260,000	4/30	차 월 이 월	260,000
		410,000			410,000
5/1	전 월 이 월	260,000			

상 품

4/7	외상매입금	150,000	4/11	제 좌	100,000
4/17	외상매입금	250,000	4/28	제 좌	200,000
			4/30	차 월 이 월	100,000
		400,000			400,000
5/1	전 월 이 월	100,000			

비 품

4/5	당 좌 예 금	600,000	4/30	차 월 이 월	600,000
		600,000			600,000
5/1	전 월 이 월	600,000			

외상매입금

4/30	당 좌 예 금	200,000	4/7	상 품	150,000
4/30	차 월 이 월	200,000	4/17	상 품	250,000
		400,000			400,000
			5/1	전 월 이 월	200,000

차 입 금

4/30	차 월 이 월	300,000	4/2	제 좌	300,000
		300,000			300,000
			5/1	전 월 이 월	300,000

자 본 금

4/30	차 월 이 월	1,000,000	4/1	당 좌 예 금	1,000,000
		1,000,000			1,000,000
			5/1	전 월 이 월	1,000,000

이익잉여금

4/30	손 익	25,000	4/30	차 월 이 월	25,000
5/1	전 월 이 월	25,000			

매 출

4/30	손 익	410,000	4/11	제 좌	150,000
			4/28	제 좌	260,000
		410,000			410,000

매 출 원 가

4/11	제 좌	100,000	4/30	손 익	300,000
4/28	제 좌	200,000			
		300,000			300,000

소 모 품 비

4/6	현 금	15,000	4/30	손 익	15,000
		15,000			15,000

통 신 비

4/23	현 금	30,000	4/30	손 익	30,000
		30,000			30,000

광 고 선 전 비

4/23	현 금	50,000	4/30	손 익	50,000
		50,000			50,000

세 금 과 공 과

4/25	당 좌 예 금	40,000	4/30	손 익	40,000
		40,000			40,000

손 익

매 출 원 가	300,000	매 출	410,000
통 신 비	30,000	이 익 잉 여 금	25,000
광 고 선 전 비	50,000		
세 금 과 공 과	40,000		
소 모 품 비	15,000		
	435,000		435,000

손 익 계 산 서

(주)그린

매 출 원 가	300,000	매 출	410,000
통 신 비	30,000	당 기 순 손 실	25,000
광 고 선 전 비	50,000		
세 금 과 공 과	40,000		
소 모 품 비	15,000		
	435,000		435,000

재 무 상 태 표

(주)그린

당 좌 예 금	510,000	외 상 매 입 금	200,000
현 금	5,000	차 입 금	300,000
외 상 매 출 금	260,000	자 본 금	1,000,000
상 품	100,000	이 익 잉 여 금	(25,000)
비 품	600,000	(당 기 순 손 실	25,000)
	1,475,000		1,475,000

⇨ 제 11 장

11-1

01 ③　02 ③　03 ④　04 ①　05 ④　06 ②　07 ③　08 ①　09 ②　10 ②

11 ②

풀이	
수정된 당기순이익	₩300,000
선급비용(자산)과대 → 당기순이익 과대	(110,000)
미수수익(자산)과대 → 당기순이익 과대	(80,000)
미지급비용(부채)과대 → 당기순이익 과소	70,000
선수수익(부채)과대 → 당기순이익 과소	65,000
수정후 당기순이익	₩245,000

12 ③

풀이	
수정된 당기순이익	₩400,000
미지급이자 미계상 → 당기순이익 과대	(30,000)
선급보험료 미계상 → 당기순이익 과소	45,000
미수이자 미계상 → 당기순이익 과소	50,000
선수수수료 미계상 → 당기순이익 과대	(20,000)
수정후 당기순이익	₩445,000

13 ③

풀이 ① 기초재고액+당기순매입액－기말재고액=매출원가

② 순매출액－매출원가=매출총이익

위의 두 산식을 이용해서 푼다.

먼저 ②식을 이용해서 매출원가를 구한다.

(₩1,000,00－₩60,000)－?=₩150,000

매출원가(?)=₩790,000

①식에다 매출원가와 주어진 값을 대입해서 기말재고액을 계산한다.

₩200,000+(₩800,000－₩20,000)－?=₩790,000

기말재고액(?)=₩190,000

14 ③

풀이 기초상품재고액+당기순매입액－기말상품재고액=매출원가의 산식을 이용하여 푼다.

₩800+(₩4,600－₩100)－₩500=?

매출원가(?)=₩4,800

15 ④

풀이 「기존재고액+당기매입액－기말재고액=매출원가」의 산식을 이용해서 매출원가를 계산한 다음 「매출액－매출원가=매출총이익」의 산식을 이용해서 매출총이익을 계산한다.

₩500,000+₩4,300,000－₩800,000=₩4,000,000(매출원가)

₩5,200,000－₩4,000,000=₩1,200,000(매출총이익)

16 ④

풀이 ① 외상매출금 계정을 이용해서 당기매출액을 계산한다.

외 상 매 출 금

3/1 기 초 잔 액	800,000	3월중 현 금	4,050,000
3월중 매 출	?	3/31 기 말 잔 액	950,000
	5,000,000		5,000,000

3월중 매출액 : ₩4.200,000

② 외상매입금 계정을 이용해서 당기매입액을 계산한다.

외 상 매 입 금

3월중 현 금	4,000,000	3/1 기 초 잔 액	1,500,000
3/31 기 말 잔 액	1,090,000	3월중 매 입	?
	5,090,000		5,090,000

3월중 매입액=₩3,590,000

③ 「기초상품재고액+당기매입액－기말상품재고액 : 매출원가」의 상식을 이용해서 매출원가를 계산한다.

₩820,000+₩3,590,000－₩770,000=₩3,640,000(매출원가)

④ 「매출액－매출원가=매출총이익」의 산식을 이용해서 매출총이익을 계산한다.

₩4,200,000－₩3,640,000=₩560,000(매출총이익)

17 ① **18** ② **19** ③ **20** ② **21** ③ **22** ④ **23** ② **24** ④ **25** ⑤ **26** ③ **27** ④ **28** ③ **29** ③

30 ①

풀이 20×2년도 감가상각비 : ₩100,000×0.3=₩30,000

20×3년도 감가상각비 : (₩100,000－₩30,000)×0.3=₩21,000

31 ③

풀이 20×2년도 감가상각비 : (₩6,000－₩0)× $\frac{5}{15}$ =₩2,000

20×3년도 감가상각비 : (₩6,000－₩0)× $\frac{4}{15}$ =₩1,600

11-2

① 차)	매 입	50,000	대) 이 월 상 품	50,000
	이 월 상 품	40,000	매 입	40,000
② 차)	광 고 선 전 비	10,000	대) 미지급광고선전비	10,000
③ 차)	단 기 매 매 증 권	10,000	대) 단기매매증권평가이익	10,000
④ 차)	대 손 상 각 비	3,000	대) 대 손 충 당 금	3,000
⑤ 차)	감 가 상 각 비	10,000	대) 감 가 상 각 누 계 액	10,000
⑥ 차)	특 허 권 상 각 비	5,000	대) 특 허 권	5,000
⑦ 차)	소 모 품	7,000	대) 소 모 품 비	7,000
⑧ 차)	법 인 세 비 용	3,000	대) 미 지 급 법 인 세	3,000

정 산 표

계정과목	잔액시산표		수 정 기 입		손익계산서		재무상태표	
	차 변	대 변	차 변	대 변	차 변	대 변	차 변	대 변
현 금	140,000						140,000	
외 상 매 출 금	30,000						30,000	
단 기 매 매 증 권	40,000		10,000				50,000	
(이 월) 상 품	50,000		40,000	50,000			40,000	
비 품	200,000						200,000	
영 업 권	20,000			5,000			15,000	
외 상 매 입 금		40,000						40,000
차 입 금		50,000						50,000
감 가 상 각 누 계 액		40,000		10,000				50,000
자 본 금		250,000						250,000
이 익 잉 여 금		40,000						40,000
매 출		260,000				260,000		
이 자 수 익		5,000				5,000		
매 입	173,000		50,000	40,000	183,000			
소 모 품 비	22,000			7,000	15,000			
급 여	7,000				7,000			
이 자 비 용	3,000				3,000			
	685,000	685,000						
광 고 선 전 비			10,000		10,000			
미 지 급 광 고 비				10,000				10,000
단기매매증권평가이익				10,000		10,000		
대 손 상 각 비			3,000		3,000			
대 손 충 당 금				3,000				3,000
감 가 상 각 비			10,000		10,000			
특 허 권 상 각 비			5,000		5,000			
소 모 품			7,000				7,000	
법 인 세 비 용			3,000		3,000			
미 지 급 법 인 세				3,000				3,000
당 기 순 이 익					36,000			36,000
합 계			138,000	138,000	275,000	275,000	482,000	482,000

재 무 상 태 표

(주)오솔길　　20×3.12.31　　(단위 : 원)

유동자산			유동부채	
현금		140,000	외상매입금	40,000
단기매매증권		50,000	단기차입금	50,000
외상매출금	30,000		미지급광고선전비	10,000
대손충당금	(3,000)	27,000	미지급법인세	3,000
상품		40,000	자　본	
소모품		7,000	자본금	250,000
비유동자산			처분전이익잉여금	76,000
비품	200,000		(당기순이익	36,000)
감가상각누계액	(50,000)	150,000		
특허권		15,000		
자산총계		429,000	부채와자본총계	429,000

손 익 계 산 서

(주)오솔길　　20×3년 1/1~12/31　　(단위 : 원)

Ⅰ. 매출액		260,000
Ⅱ. 매출원가		(183,000)
Ⅲ. 매출총이익		77,000
Ⅳ. 판매비와 관리비		(50,000)
1. 소모품비	15,000	
2. 광고선전비	10,000	
3. 감가상각비	10,000	
4. 급 여	7,000	
5. 특허권상각비	5,000	
6. 대손상각비	3,000	
Ⅴ. 영업이익		27,000
Ⅵ. 기타 수익		15,000
1. 이자수익	5,000	
2. 단기매매증권평가이익	10,000	
Ⅶ. 금융비용		(3,000)
1. 이자비용	3,000	
Ⅷ. 법인세차감전순이익		39,000
Ⅸ. 법인세비용		3,000
Ⅹ. 당기순이익		36,000

저자 약력

윤 주 석

성균관대학교 경영학과 졸업
경영학박사(동국대 대학원)
공무원 임용시험 출제위원
한국상업교육학회 부회장
회계정보학회 부회장
미RPI대학교 Business Incubator 프로그램 수료
목원대학교 사회과학연구소 소장·인터넷창업보육센터 센터장·사회과학대학장·
미시시피대학교 방문교수 역임
현) 목원대학교 서비스경영학부 교수

■ **저 서**
현대회계원론(명경사)
재무회계(명경사)
재무제표분석의 기초(도서출판 두남)
현금흐름표 읽는 법(도서출판 두남)
사업계획서 작성(도서출판 두남)

■ **주요논문**
기업도산예측을 통한 현금흐름정보의 유용성에 관한 실증적연구(중소기업연구)
목원대학교 교육원가계산에 관한 연구

재무제표 이해와 분석

초 판 1쇄 발행 —— 2015년 8월 15일
초 판 2쇄 발행 —— 2018년 3월 10일
지은이 —— 윤 주 석
펴낸이 —— 전 두 표
펴낸곳 —— 도서출판 두남
서울시 강동구 성내로6길 34-16 두남빌딩
신 고 : 제25100-1988-9호
TEL : 02) 478-2065~7, 2311
FAX : 02) 478-2068
E-mail : dunam1@unitel.co.kr
http://www.dunam.co.kr

정가 33,000원

ISBN 978-89-6414-610-1 93320